Den-A-IX-1

→ As-F-IV-1

Gerhard Andermann

Agrarwirtschaft und Agrarpolitik in Japan und in der Bundesrepublik Deutschland nach dem Zweiten Weltkrieg

Eine international vergleichende Analyse

Wissenschaftsverlag Vauk Kiel KG
1989

CIP-Titelaufnahme der Deutschen Bibliothek

Andermann, Gerhard:
Agrarwirtschaft und Agrarpolitik in Japan und in der Bundesrepublik Deutschland nach dem Zweiten Weltkrieg: eine international vergleichende Analyse / Gerhard Andermann. –
Kiel: Wiss.-Verl. Vauk, 1989
Zugl.: Göttingen, Univ., Diss., 1988
ISBN 3-8175-0048-3

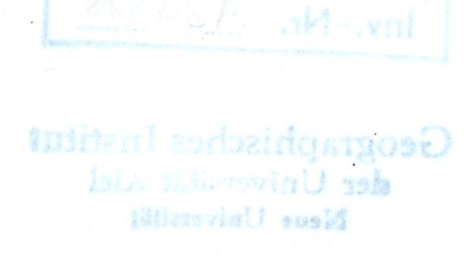

© 1989 Wissenschaftsverlag Vauk Kiel KG
Postfach 4403, D-2203 Kiel
ISBN 3-8175-0048-3

Druck und Verarbeitung: DDD, Darmstadt, Tel. 44 0 78

Inhaltsverzeichnis

	Seite
1 Einleitung	1
2 Langfristige gesamt- und agrarwirtschaftliche sowie agrarpolitische Entwicklungstendenzen (1950-1980)	3
2.1 Vorbemerkungen und Erläuterungen	3
2.1.1 Einige wesentliche Grunddaten	4
2.1.2 Niveau und Entwicklung wichtiger Wirtschaftsdaten	5
2.2 Der strukturelle Anpassungsprozeß der Landwirtschaft	9
2.3 Die Entwicklung der volkswirtschaftlichen Rahmendaten	13
2.3.1 Wohnbevölkerung	15
2.3.2 Reales Pro-Kopf-Einkommen	19
2.3.3 Allgemeines Preisniveau	22
2.3.4 Arbeitsmarktsituation	25
2.3.5 Außenwirtschaft und Agraraußenhandel	28
2.4 Die Agrarwirtschaft im gesamtwirtschaftlichen Strukturwandel	37
2.4.1 Entwicklung der Erwerbstätigkeit	38
2.4.2 Entwicklung der Produktion	42
2.4.3 Entwicklung der Arbeitsproduktivität	46
2.4.4 Entwicklung des Preisniveaus in Gesamt- und Agrarwirtschaft sowie relative Agrarpreise	52
2.4.5 Entwicklung des gesamtwirtschaftlichen und des landwirtschaftlichen Durchschnittseinkommens	57
2.5 Relative Produktivitäts-, Preisniveau- und Einkommensentwicklung	64
2.6 Spezifische Entwicklungen innerhalb des Agrarsektors	70
2.6.1 Faktoreinsatz und Faktoreinsatzverhältnisse	73
2.6.2 Produktion und Produktionsstruktur	83
2.6.3 Selbstversorgungsgrad	94
2.6.4 Partielle Produktivitäten	97
2.6.5 Faktor- und Produktpreise sowie daraus abgeleitete Relationen	104
2.6.6 Durchschnittliche faktorbezogene Einkommen	114
2.6.7 Faktorbesatz der landwirtschaftlichen Betriebe	119

	2.6.8	Betriebsgrößenstruktur in der Landwirtschaft	123
	2.6.9	Besitzstruktur in der Landwirtschaft	126
	2.6.10	Erwerbscharakter der landwirtschaftlichen Betriebe	130
	2.6.11	Beschäftigtenstatus der in der Landwirtschaft Tätigen	137
	2.6.12	Struktur der Zeitverwendung der landwirtschaftlichen Arbeitskräfte	141
	2.6.13	Struktur des landwirtschaftlichen Familieneinkommens	147
2.7		Zusammenfassende Betrachtung über die wichtigsten strukturellen Wandlungen in der japanischen und bundesdeutschen Landwirtschaft	151
2.8		Agrarpolitik: Hauptzielsetzungen und Maßnahmen	158
	2.8.1	Die unmittelbare Nachkriegszeit (1945-1950)	158
	2.8.2	Die Aufbaujahre (1950-1960)	159
	2.8.3	Die Periode der Vollbeschäftigung (1960-1970)	167
	2.8.4	Die Periode des abgeschwächten Wachstums (1970-1980)	171
2.9		Entwicklung des Volumens der finanzpolitischen Agrarförderung	174
2.10		Entwicklung der Struktur der finanzpolitischen Agrarförderung	179
2.11		Entwicklung der preispolitischen Agrarförderung	184

3 Entwicklung und Wandel der Agrarsektoren und der Agrarpolitiken   186

3.1		Gesamt- und agrarwirtschaftliche Lageanalyse und Entwicklung nach dem Zweiten Weltkrieg bis zum Beginn der 50er Jahre	186
	3.1.1	Gesamt- und agrarwirtschaftliche Ausgangslage und Entwicklung - Globale Betrachtung	186
	3.1.2	Agrarwirtschaftliche Ausgangslage und Entwicklung - Spezifische Betrachtung	190
3.2		Wirtschafts- und agrarpolitische Ausgangslage	193
	3.2.1	Hauptzielsetzungen und Problematiken der Wirtschafts- und Agrarpolitik	193
	3.2.2	Agrarpolitik: Landreformen - Reformvorschläge und deren Realisierung	195

3.3 Agrarwirtschaft und Agrarpolitik in den
    Aufbaujahren (1950-1960) 204

    3.3.1 Wesentliche gesamt- und agrarwirt-
          schaftliche Indikatoren - Globale
          Betrachtung 205
    3.3.2 Wesentliche agrarwirtschaftliche
          Indikatoren - Spezifische Betrachtung 211
    3.3.3 Agrarpolitik: Hauptzielsetzungen und
          Maßnahmen 219
    3.3.4 Vergleich der agrarpolitischen Maß-
          nahmen zwischen Japan und der BR
          Deutschland in der Aufbauperiode
          (1950-1960) 227

3.4 Das Landwirtschaftsgesetz der Bundes-
    republik und das landwirtschaftliche
    "Grundgesetz" Japans 228

    3.4.1 Wirtschaftliche Hintergründe und
          Vorgeschichte der Gesetze 228
    3.4.2 Zentrale Zielsetzungen der Gesetze 234

3.5 Agrarwirtschaft und Agrarpolitik in der
    Periode der Vollbeschäftigung (1960-1970) 236

    3.5.1 Wesentliche gesamt- und agrarwirt-
          schaftliche Indikatoren - Globale
          Betrachtung 237
    3.5.2 Wesentliche agrarwirtschaftliche
          Indikatoren - Spezielle Betrachtung 242
    3.5.3 Agrarpolitik: Hauptzielsetzungen und
          Maßnahmen 252
    3.5.4 Vergleich der agrarpolitischen Maß-
          nahmen zwischen Japan und der BR
          Deutschland in der Periode der Voll-
          beschäftigung (1960-1970) 270

3.6 Agrarwirtschaft und Agrarpolitik in der
    Periode des abgeschwächten Wirtschafts-
    wachstums (1970-1980) 271

    3.6.1 Wesentliche gesamt- und agrarwirt-
          schaftliche Indikatoren - Globale
          Betrachtung 272
    3.6.2 Wesentliche agrarwirtschaftliche
          Indikatoren - Spezielle Betrachtung 277
    3.6.3 Agrarpolitik: Hauptzielsetzungen und
          Maßnahmen 287
    3.6.4 Vergleich der agrarpolitischen Maß-
          nahmen zwischen Japan und der BR
          Deutschland in der Periode des abge-
          schwächten Wirtschaftswachstums
          (1970-1980) 327

4 Zusammenfassung 328

5 Welche Lehren können aus dem Ländervergleich von
  Agrarwirtschaft und Agrarpolitik gezogen werden?   347

Literaturverzeichnis   351

Anhang

Verzeichnis der Tabellen im Text

Nr.		Seite
1	Einige globale gesamt- und agrarwirtschaftliche Kennzahlen, Japan und BR Deutschland, 1950-1980	6
2	Entwicklung der Wohnbevölkerung, Japan und Bundesrepublik Deutschland, 1950-1980	16
3	Entwicklung des Bruttosozialprodukts zu Marktpreisen je Kopf (in konst. Preisen und US-Dollar von 1976), Japan und Bundesrepublik Deutschland, 1950-1980	21
4	Entwicklung des allgemeinen Preisniveaus (Preisindex der Lebenshaltung), Japan und Bundesrepublik Deutschland, 1953-1980	24
5	Entwicklung der Arbeitsmarktsituation, Japan und Bundesrepublik Deutschland, 1950-1980	27
6	Entwicklung der Import-Export-Relation, Japan und Bundesrepublik Deutschland, 1950-1980	29
7	Entwicklung des Import- und Exportvolumens, Japan und Bundesrepublik Deutschland, 1950-1980	31
8	Entwicklung der Import- und Exportquoten, Japan und Bundesrepublik Deutschland, 1950-1980	31
9	Entwicklung der Preisindices bei Import- und Exportgütern, Japan und Bundesrepublik Deutschland, 1955-1980	33
10	Stellung des Agraraußenhandels innerhalb des Außenhandels insgesamt, Japan und Bundesrepublik Deutschland, 1950-1980	35
11	Erwerbstätige in der Wirtschaft insgesamt sowie in der Agrarwirtschaft, Japan und BR Deutschland, 1950-1980	39
12	Gesamt- und agrarwirtschaftliche Produktion, Japan und BR Deutschland, 1954-1980	43
13	Arbeitsproduktivität in der Gesamtwirtschaft und in der Agrarwirtschaft, 1954-1980	47
14	Preisniveau (BIP-Deflatoren) der gesamt- und agrarwirtschaftlichen Produktion, Japan und BR Deutschland, 1954-1980	53
15	Gesamt- und agrarwirtschaftliche Realeinkommen, Japan und BR Deutschland, 1954-1980	58

16 Gesamt- und agrarwirtschaftliche Realeinkommen je Erwerbstätigen, Japan und BR Deutschland, 1954-1980	59
17 Die veränderte relative Position der Agrarwirtschaft in der Gesamtwirtschaft, Japan und BR Deutschland, 1954-1980	65
18 Faktoreinsatz in der Landwirtschaft, Japan und BR Deutschland, 1954-1978	75
19 Faktoreinsatzverhältnisse in der Landwirtschaft, Japan und BR Deutschland, 1954-1978	80
20 Volumen und Struktur der Agrarproduktion, Japan und BR Deutschland, 1954-1978	85
21 Anbauflächen nach Hauptgruppen, Japan und BR Deutschland, 1950-1979	89
22 Bestandsentwicklung der Hauptviecharten, Japan und BR Deutschland, 1950-1979	92
22a Entwicklung des Selbstversorgungsgrades in Japan und in der BR Deutschland, 1955-1979	95
22b Selbstversorgungsgrad landwirtschaftlicher Erzeugnisse, Japan und BR Deutschland, 1960-1978	95
23 Entwicklung der partiellen Bruttoproduktivitäten, Japan und BR Deutschland, 1954-1978	99
24 Wachstumsrechnung ("Growth Accounting"): Beiträge faktorbezogener Produktivitäten und Intensitäten zum Produktivitätswachstum, Japan und BR Deutschland, 1954-1978	101
25 Realpreisentwicklung wichtiger Input- und Outputgrößen, Japan und BR Deutschland, 1954-1978	107
26 Preisrelationen zwischen wichtigen Input- und Outputgrößen, Japan und BR Deutschland, 1954-1978	111
27 Reales Betriebseinkommen je Flächen- und je Arbeitseinheit, Japan und BR Deutschland, 1957-1978	116
28 Faktorausstattung der landwirtschaftlichen Betriebe, Japan und BR Deutschland, 1950-1980	121
29 Größenstruktur der landwirtschaftlichen Betriebe, Japan und BR Deutschland, 1950-1980	125
30 Besitzarten der landwirtschaftlichen Betriebe, Japan und BR Deutschland, 1950-1980	128

31	Erwerbscharakter der landwirtschaftlichen Betriebe, Japan und BR Deutschland, 1960-1980	133
32	Beschäftigtenstatus der in der Landwirtschaft Tätigen, Japan und BR Deutschland, 1950-1980	140
33	Ständige und nichtständige Arbeitskräfte in der Landwirtschaft, Japan und BR Deutschland, 1960-1978	146
34	Reales Gesamteinkommen der landwirtschaftlichen Familie, Japan und BR Deutschland, 1977/78-1980/81	150
35	Zusammenfassende Darstellung der längerfristigen strukturellen Veränderungen, Japan und BR Deutschland, 1954-1978	152
35a	Strukturelle Wandlungen der landwirtschaftlichen Betriebe, des Gesamteinkommens der landwirtschaftlichen Familie sowie des Faktors Arbeit, Japan und BR Deutschland, 1950-1980	157
36	Volumen der finanzpolitischen Agrarförderung, Japan und BR Deutschland, 1960-1979	175
37	Struktur der finanzpolitischen Agrarförderung, Japan und BR Deutschland, 1951-1979	181
38	Nominale Protektionsraten in Japan und in der BR Deutschland, 1955-1980	185
39	Schätzung der nominalen landwirtschaftlichen Protektion in 11 Industrieländern (einschl. EG), gewichtete Durchschnitte von 13 Produkten (%)	187
40	Landwirtschaftliche Betriebe, gegliedert nach Betriebsgrößenklassen, Japan und BR Deutschland, vor bzw. nach dem Zweiten Weltkrieg, Betriebe in 1000 bzw. (v.H.)	202
41	Landwirtschaftliche Betriebe und Fläche, gegliedert nach Besitzverhältnissen, Japan und BR Deutschland, vor bzw. nach dem Zweiten Weltkrieg	202
42	Gesamt- und agrarwirtschaftliche Indikatoren, Japan und BR Deutschland, Zusammenfassung, 1950-1960	210
43	Agrarwirtschaftliche Indikatoren, Japan und BR Deutschland, Zusammenfassung, 1950-1960	215
44	Gesamt- und agrarwirtschaftliche Indikatoren, Japan und BR Deutschland, Zusammenfassung, 1960-1970	243

45	Agrarwirtschaftliche Indikatoren, Japan und BR Deutschland, Zusammenfassung, 1960-1970	248
46	Gesamt- und agrarwirtschaftliche Indikatoren, Japan und BR Deutschland, Zusammenfassung, 1970-1980	276
47	Agrarwirtschaftliche Indikatoren, Japan und BR Deutschland, Zusammenfassung, 1970-1980	281

Verzeichnis der Übersichten im Text

Nr.		Seite
1	Das Landwirtschaftsgesetz der Bundesrepublik und das landwirtschaftliche "Grundgesetz" Japans im Vergleich	235

Verzeichnis der Schaubilder im Text

Nr.		Seite
1	Bevölkerung	16
2	Wachstum der Wohnbevölkerung, Japan und BR Deutschland, 1950-1980, Veränderungsraten	17
3	Bruttosozialprodukt je Kopf (real)	23
4	Wachstum des Bruttosozialprodukts zu Marktpreisen/Kopf, Japan und BR Deutschland, 1950-1980	23
5	Entwicklung der Arbeitslosenquote, Japan und BR Deutschland, 1950-1980	27
6	Stellung der Agarwirtschaft im Außenhandel	35
7	Erwerbstätige	40
8	Reales BIP zu Marktpreisen (gleitende 3-Jahres-Durchschnitte)	44
9	Reales BIP je Erwerbstätigen (gleitende 3-Jahres-Durchschnitte)	49
10	Relative Arbeitsproduktivität (gleitende 3-Jahres-Durchschnitte)	51
11	BIP-Deflatoren (gleitende 3-Jahres-Durchschnitte)	54
12	Relative Preise (gleitende 3-Jahres-Durchschnitte)	56

13 Reales NIP zu Faktorkosten (gleitende 3-Jahres-Durchschnitte)	60
14 Reales NIP je Erwerbstätigen (gleitende 3-Jahres-Durchschnitte)	61
15 Relative Einkommen (gleitende 3-Jahres-Durchschnitte)	63
16 Faktoreinsatz in der Landwirtschaft	76
17 Faktorintensitäten	81
18 Volumen der Agrarproduktion (gleitende 3-Jahres-Durchschnitte)	86
19 Partielle Bruttoproduktivitäten	100
20 Realpreisentwicklung der Produktionsfaktoren (gleitende 3-Jahres-Durchschnitte)	108
21 Realpreisentwicklung von Agrarprodukten und Betriebsmitteln (gleitende 3-Jahres-Durchschnitte)	110
22 Landwirtschaftliche Terms of Trade (Agrarproduktpreise:Betriebsmittelpreise)	113
23 Faktorbezogene Realeinkommen und Land-Man-Ratio (gleitende 3-Jahres-Durchschnitte)	117
24 Volumen der finanzpolitischen Agrarförderung (Realausgaben in 3-Jahres-Durchschnitten)	177
25 Relative finanzpolitische Agrarförderung (AF) (gleitende 3-Jahres-Durchschnitte)	178

Verzeichnis der Tabellen im Anhang

Nr.		Seite
1	Gesamt- und agrarwirtschaftliche Indikatoren, Japan, 1950-1960	III
2	Gesamt- und agrarwirtschaftliche Indikatoren, Bundesrepublik Deutschland, 1950-1960	VI
3	Agrarwirtschaftliche Indikatoren, Japan, 1950-1960	IX
4	Agrarwirtschaftliche Indikatoren, Bundesrepublik Deutschland, 1950-1960	XII

5 Veränderungen in der Produktion, der Produktionsstruktur, dem Input, der Intensität und der Produktivität in der japanischen Landwirtschaft, 1950-1960 (Preise zur Basis 1934-36=100) XV

6 Veränderungen in der Produktion, der Produktionsstruktur, dem Input, der Intensität und der Produktivität in der bundesdeutschen Landwirtschaft, 1950-1960 (Preise zur Basis 1950/51=100) XVII

7 Entwicklung wichtiger agrarwirtschaftlicher Output- und Inputpreise, Japan, 1952-1960 (Preisindices, Basisjahr 1952=100) XIX

8 Entwicklung wichtiger agrarwirtschaftlicher Output- und Inputpreise, Bundesrepublik Deutschland, 1950/51-1960/61 (Preisindices, Basisjahr 1950/51=100) XX

9 Gesamt- und agrarwirtschaftliche Indikatoren, Japan, 1960-1970 XXI

10 Gesamt- und agrarwirtschaftliche Indikatoren, Bundesrepublik Deutschland, 1960-1970 XXIV

11 Agrarwirtschaftliche Indikatoren, Japan, 1960-1970 XXVII

12 Agrarwirtschaftliche Indikatoren, Bundesrepublik Deutschland, 1960-1970 XXX

13 Veränderungen in der Produktion, der Produktionsstruktur, dem Input, der Intensität und der Produktivität in der japanischen Landwirtschaft, 1960-1970 (Preise zur Basis 1934-1936=100) XXXIII

14 Veränderungen in der Produktion, der Produktionsstruktur, dem Input, der Intensität und der Produktivität in der bundesdeutschen Landwirtschaft, 1962/63-1970/71 (Preise zur Basis 1962/63=100) XXXV

15 Entwicklung wichtiger agrarwirtschaftlicher Output- und Inputpreise, Japan, 1960-1970 (Preisindices, Basisjahr 1960=100) XXXVII

16 Entwicklung wichtiger agrarwirtschaftlicher Output- und Inputpreise, Bundesrepublik Deutschland, 1960/61-1970/71 (Preisindices, Basisjahr 1962/63=100) XXXVIII

17 Gesamt- und agrarwirtschaftliche Indikatoren, Japan, 1970-1980 XXXIX

18 Gesamt- und agrarwirtschaftliche Indikatoren, Bundesrepublik Deutschland, 1970-1980 — XLII

19 Agrarwirtschaftliche Indikatoren, Japan, 1970-1980 — XLV

20 Agrarwirtschaftliche Indikatoren, Bundesrepublik Deutschland, 1970-1980 — XLVIII

21 Veränderungen in der Produktion, der Produktionsstruktur, dem Input, der Intensität und der Produktivität in der japanischen Landwirtschaft, 1970-1980 (Preise zur Basis 1970=100) — LII

22 Veränderungen in der Produktion, der Produktionsstruktur, dem Input, der Intensität und der Produktivität in der bundesdeutschen Landwirtschaft, 1970-1980 (Preise zur Basis 1970=100) — LIII

23 Entwicklung wichtiger agrarwirtschaftlicher Output- und Inputpreise, Japan, 1970-1980 (Preisindices, Basisjahr 1970=100) — LV

24 Entwicklung wichtiger agrarwirtschaftlicher Output- und Inputpreise, Bundesrepublik Deutschland, 1970-1980 (Preisindices, Basisjahr 1970=100) — LVI

25 Anbauflächen nach Hauptgruppen, Japan und BR Deutschland, 1950-1979 — LVII

26 Bestandsentwicklung der Hauptviertarten, Japan und BR Deutschland, 1950-1979 — LVII

Verzeichnis der Übersichten im Anhang

Nr. — Seite

1 Überblick über den agrarpolitischen Instrumenteneinsatz und über wichtige Markierungspunkte in der agrarwirtschaftlichen Entwicklung in Japan, vom Ernährungskontrollgesetz (1942) bis Ende der 1940er Jahre — LIX

2 Überblick über den agrarpolitischen Instrumenteneinsatz und über wichtige Markierungspunkte in der agrarwirtschaftlichen Entwicklung in der BR Deutschland, 1946 bis 1949 — LX

3 Überblick über den agrarpolitischen Instrumenteneinsatz und über wichtige Markierungspunkte in der agrarwirtschaftlichen Entwicklung in Japan, Anfang der 1950er bis Anfang der 1960er Jahre — LXII

4 Überblick über den agrarpolitischen Instrumenteneinsatz und über wichtige Markierungspunkte in der agrarwirtschaftlichen Entwicklung in der BR Deutschland, Anfang der 1950er bis Anfang der 1960er Jahre   LXIV

5 Überblick über den agrarpolitischen Instrumenteneinsatz und über wichtige Markierungspunkte in der agrarwirtschaftlichen Entwicklung in Japan, Anfang bis Ende der 1960er Jahre   LXVI

6 Überblick über den agrarpolitischen Instrumenteneinsatz und über wichtige Markierungspunkte in der agrarwirtschaftlichen Entwicklung in der BR Deutschland, Anfang bis Ende der 1960er Jahre   LXVIII

7 Überblick über den agrarpolitischen Instrumenteneinsatz und über wichtige Markierungspunkte in der agrarwirtschaftlichen Entwicklung in Japan, Anfang der 1970er bis Anfang der 1980er Jahre   LXX

8 Überblick über den agrarpolitischen Instrumenteneinsatz und über wichtige Markierungspunkte in der agrarwirtschaftlichen Entwicklung in der BR Deutschland, Anfang der 1970er bis Anfang der 1980er Jahre   LXII

1 Einleitung

Die Bundesrepublik und insbesondere Japan haben nach dem Desaster des verlorenen Krieges ein geradezu phänomenales wirtschaftliches Wachstum realisiert. Die Agrarwirtschaft trug nicht unwesentlich zu diesem Wachstum bei; sie leistete durch eine enorme Produktionssteigerung nach dem Krieg einen Beitrag zum Zahlungsbilanzausgleich; des weiteren trug sie zur Stabilisierung des Arbeitsmarktes bei, indem sie nach Kriegende kurzzeitig zusätzliche Arbeitskräfte aufnahm und später wieder freisetzte; vor allem bildete die Landwirtschaft ein wichtiges Arbeitskräftereservoir während der industriellen Hochkonjunktur. Durch die Freisetzung von Arbeitskräften konnte einerseits die Produktivität innerhalb des Agrarsektors gesteigert und andererseits das gesamtwirtschaftliche Wachstum beschleunigt werden. Dennoch blieb ein nicht unerheblicher Rückstand des landwirtschaftlichen gegenüber dem gesamtwirtschaftlichen Produktivitätsniveau bestehen. Hieraus resultierte gleichzeitig ein entsprechender Einkommensrückstand der Agrarwirtschaft gegenüber der Gesamtwirtschaft, und dies implizierte einen vielfältigen agrarpolitischen Handlungsbedarf. Insbesondere mit Blick auf die vergleichsweise großzügige Agrarpreispolitik in Japan in den 60er Jahren stellt sich die Frage, inwieweit diese Politik die Produktivitätsentwicklung im Agrarsektor gehemmt hat: es wurden überschüssige Produktionsfaktoren in der Landwirtschaft gehalten. In der Bundesrepublik verlief die Produktivitätsentwicklung im Agrarsektor als Folge einer vergleichsweise weniger aktiven Agrarpreispolitik günstiger. Die Landwirtschaft beider Länder leistete während der Mangelsituationen des Kriegs- und unmittelbaren Nachkriegszeitraumes einen wichtigen Beitrag zur Versorgung der Bevölkerung mit Nahrungsgütern. Jedoch kehrten sich diese Mangelsituationen als Folge verfehlter Agrarpreispolitiken im Zuge der wirtschaftlichen Entwicklung in Überschußsituationen bei zentralen Agrargütern um: für Japan galt dieses insbesondere für Reis, für die Bundesrepublik für Milch und Zucker. Schließlich stellt sich somit für beide Volkswirtschaften die Frage, in welcher Weise das Problem des agrarstrukturellen Anpassungsprozesses gelöst wurde und welche Anpassungsdefizite weiterhin bestehen.

Beide Länder zeigen also hinsichtlich ihrer agrar- und gesamtwirtschaftlichen Entwicklung große Parallelen. Weitere bestehen in der freiheitlichen Wirtschaftsordnung, in den alliierten Maßnahmen zur Demokratisierung der Gesamt- und Agrarwirtschaft, in der unzureichenden durchschnittlichen Betriebsgröße innerhalb der Landwirtschaft, in der zunehmenden Bedeutung der Nebenerwerbslandwirtschaft, in dem starken Einfluß der landwirtschaftlichen Interessenverbände auf die politische Willensbildung, in dem vergleichsweise hohen Protektionsniveau bei zentralen Agrargütern, in dem hohen Maß an Importabhängigkeit bei wichtigen Industrie- und Agrarrohstoffen und in dem hohen Maß an Exportabhängigkeit bei industriellen Gütern.

Zielsetzung der vorstehenden Arbeit ist es, anhand relevanter Indikatoren und Fakten, Ähnlichkeiten und Unterschiede in den lang- und mittelfristigen Entwicklungsverläufen der Gesamt- und Agrarwirtschaft und der staatlichen Agrarpolitik herauszuarbeiten. Als besonderes Ziel stellt sich dabei, Art und Umfang des wachsenden staatlichen Interventionismus' im Agrarsektor im Zeitablauf darzustellen.

Als Vorgehensweise wurde gewählt, zunächst (Kapitel 2.1) eine Grobskizze der wesentlichen gesamt- und agrarwirtschaftlichen Entwicklungstendenzen zu entwerfen. Nach einigen Anmerkungen zum agrarstrukturellem Anpassungsprozeß (Kapitel 2.2) folgt eine Beschreibung der volkswirtschaftlichen Rahmendaten beider Länder (Kapitel 2.3): Wohnbevölkerung, reales Pro-Kopf-Einkommen, allgemeines Preisniveau, Arbeitsmarktsituation sowie Außenwirtschaft und Agraraußenhandel. Im Anschluß hieran (Kapitel 2.4 und 2.5) steht eine Betrachtung über die Rolle des Agrarsektors im gesamtwirtschaftlichen Strukturwandel. Es wird auf zentrale Fragenkomplexe wie Erwerbstätigkeit, Produktion, Produktivität und relative Agrarpreise sowie Gesamt- und Durchschnittseinkommen eingegangen. Als weiteres (Kapitel 2.6 und 2.7) erfolgt eine Behandlung spezifischer Entwicklungen und Strukturwandlungen innerhalb des Agrarsektors. In diesem Zusammenhang werden die Entwicklung des Faktoreinsatzes und der Faktoreinsatzverhältnisse, der Produktion und der Produktionsstruktur, des Selbstversorgungsgrades, der Faktor- und Produktpreise u.v.a. mehr dargestellt. Im Mittelpunkt des anschließenden Arbeitsschrittes (Kapitel 2.8) steht eine Betrachtung über Hauptzielsetzungen und Maßnahmen der Agrarpolitik in beiden Ländern. Als nächstes (Kapitel 2.9 bis 2.11) folgt dann eine Analyse der Entwicklung der finanz- und preispolitischen Agrarförderung. Im letzten Arbeitsschritt (Kapitel 3) wird eine periodenbezogene Betrachtung der wichtigsten gesamt- und agrarwirtschaftlichen und agrarpolitischen Entwicklungsverläufe vorgenommen. Bei den Perioden wurde eine Untergliederung in frühe Nachkriegszeit (1945-1950), Aufbauperiode (1950-1960), Periode der Vollbeschäftigung (1960-1970) und Periode des abgeschwächten Wirtschaftswachstums (1970-1980) gewählt. Zum Zwecke der vergleichenden Analyse werden gesamt- und agrarwirtschaftliche Indikatoren herangezogen sowie die Schwerpunktbereiche der Agrarpolitik dargestellt. In der Schlußbetrachtung (Kapitel 4) erfolgt eine zusammenfassende Darstellung der wesentlichen Entwicklungstendenzen der Gesamt- und Agrarwirtschaft und der Agrarpolitik sowie der wichtigsten Ergebnisse und Lehren aus dem bilateralen Ländervergleich.

2 Langfristige gesamt- und agrarwirtschaftliche sowie agrarpolitische Entwicklungstendenzen (1950 - 1980)

2.1 Vorbemerkungen und Erläuterungen

Ziel dieses dieses Kapitels soll es sein, in groben Zügen die wesentlichen langfristigen Entwicklungstendenzen in der Gesamtwirtschaft und in der Agrarwirtschaft für Japan und für die Bundesrepublik herauszuarbeiten. Im Rahmen dieser Langfristbetrachtung wird bei der Mehrzahl der verwendeten Indikatoren der Zeitraum ab Beginn der 50er Jahre bis Ende der 70er/Anfang der 80er Jahre zugrunde gelegt. Eine derartige Vorgehensweise empfiehlt sich aus Zweckmäßigkeitsgründen (Datenverfügbarkeit, Datenvollständigkeit u.ä.). Insbesondere die Angaben für die unmittelbare Nachkriegszeit weisen diesbezüglich nicht unerhebliche Mängel auf; zudem handelt es sich bei den Daten teilweise um Extremwerte, die als Bezugsgrößen für langfristige Index- und Meßzahlenreihen nicht (oder nur bedingt) geeignet sind. Der Langfristbetrachtung wird in Gestalt der nachstehenden Tabelle 1 für beide Länder eine kurze Charakterisierung einiger globaler Kennzahlen vorangestellt: Bevölkerungsdichte, gesamtwirtschaftiches Leistungsniveau sowie relative Position der Agrarwirtschaft in der Gesamtwirtschaft. Als Stichjahre wurden 1950 und 1980 zugrunde gelegt. Die Kenngrößen werden nachfolgend interpretiert und eingangs durch einige zusätzliche Informationen über die Größenordnungen (Absolutwerte) der herangezogenen Grunddaten ergänzt.

2.1.1 Einige wesentliche Grunddaten

Japan besitzt innerhalb des Betrachtungszeitraumes eine Wirtschaftsfläche von 363 (1950) bzw. 378 Tsd. qkm (1980). Die Bundesrepublik (einschl. Saarland und West-Berlin) umfaßt im Vergleich hierzu eine Gesamtfläche von 247 Tsd. qkm. Der jeweilige Wirtschaftsraum bildet in Japan die natürliche Ressourcenbasis für 84 (1950) bzw. 118 Mio. Menschen (1980), in der Bundesrepublik demgegenüber für eine Bevölkerung von 50 Mio. (1950) bzw. 62 Mio. (1980).

Die Landwirtschaftsfläche (einschl. Grünland verminderte sich in Japan von 60 Tsd. qkm in 1950 auf 57 Tsd. qkm in 1980. In der Bundesrepublik war (ist) das landwirtschaftliche Areal mehr als doppelt so groß: 1950 umfaßte es 140 Tsd. qkm, 1980 132 Tsd. qkm. Als Sonderfaktoren sind jedoch für Japan anzuführen, daß die Grünlandflächen statistisch nur sehr unzureichend erfaßt werden und daß zudem auf den Ackerflächen teilweise Mehrfachernten möglich sind.

Die Agrarbevölkerung schrumpfte in Japan von 37,8 Mio. in 1950 auf 26,3 Mio. in 1970. In der Bundesrepublik verminderte sie sich innerhalb des gleichen Zeitraumes von 7,0 auf 2,8 Mio. Die Zahl der in der Landwirtschaft Erwerbstätigen ging in Japan von 16 Mio. in 1950 auf 5,8 Mio. in 1980 zurück. In der Bundesrepublik stellte sich im Vergleich hierzu ein Rückgang von 5 Mio. in 1950 auf 1,4 Mio. in 1980 ein.

2.1.2 Niveau und Entwicklung wichtiger Wirtschaftsdaten

Aus den Kennzahlen in Tabelle 1 können vorerst folgende Grundaussagen bezüglich Niveau und Entwicklung beider Volkswirtschaften sowie hinsichtlich der veränderten gesamtwirtschaftlichen Position der jeweiligen Agrarwirtschaft abgeleitet werden:

1. Beide Länder besitzen eine relativ hohe und im Zeitablauf steigende Bevölkerungsdichte (Einwohner je Quadratkilometer): In Japan erhöhte sie sich von 229 in 1950 auf 310 in 1980; in der Bundesrepublik stieg sie von 203 in 1950 auf 249 in 1980.

2. Besonders große Unterschiede zeigen sich zwischen den Dichteziffern beider Länder, wenn statt der Wirtschaftfläche die Landwirtschaftsfläche als Bezugsbasis gewählt wird. Wegen des extrem geringen Anteils der Landwirtschaftsfläche an der Gesamtfläche müssen in Japan sehr viel mehr Menschen je Quadratkilometer Landwirtschaftsfläche ernährt werden als in der Bundesrepublik: In Japan lag die Anzahl der Menschen in 1980 bei 2.100, in der Bundesrepublik bei 500.

3. Höhere Quoten der Agrarbevölkerung, geringerer Anteil der Landwirtschaftsfläche sowie niedriger volkswirtschaftlicher Entwicklungsstand (s. nachfolgend) bedingen für Japan

Tabelle 1: Einige globale gesamt- und agrarwirtschaftliche Kennzahlen, Japan und BR Deutschland, 1950 - 1980[a]

Zeile		1950 Japan (1)	1950 BR Deutschland (2)	1980 Japan (3)	1980 BR Deutschland (4)
I	Bevölkerungsdichte (D_1) (Einwohner je qkm Wirtschaftsfläche)	229	203	310	249
II	Bevölkerungsdichte (D_2) (Einwohner je qkm Landwirtschaftsfläche)	1 384	352	2 070	467
III	Man-Land-Ratio (Erwerbstätige in der Agrarwirtschaft je qkm Landwirtschaftsfläche)	266	36	102	11
IV	Bruttosozialprodukt je Kopf (in konstanten Preisen und US-Dollar von 1976)	733	2 236	5 833	8 222
V	Anteil der Landwirtschaftsfläche an der Wirtschaftsfläche (in i.v.)	16,6	57,5	15,0	53,2
VI	Anteil der Agrarbevölkerung an der Gesamtbevölkerung (in v.H.)	45,4	14,1	15,1 (1970)	4,7 (1970)
VII	Anteil der in der Agrarwirtschaft (L) Erwerbstätigen an den Erwerbstätigen insgesamt (in v.H.)[b,c]	39,2*	20,0	10,8	5,6
VIII	Anteil der Agrarwirtschaft (L) am Bruttoinlandsprodukt zu Marktpreisen in jeweiligen Preisen (in v.H.)[b,c]	17,8*	8,5*	4,0	2,1
IX	Anteil der Agrarwirtschaft (L) am Bruttoinlandsprodukt zu Marktpreisen in konstanten Preisen von 1976 (in v.H.)[b,c]	18,9*	5,7*	4,4	2,6
X (=VIII:IX)	Sektorale Realpreisentwicklung (impliziter BIP_L-Deflator : impliziter BIP-Deflator) (in v.H.)	94,5 (82,2)[d]	148,2	93,0	82,7
XI (=IX:VII)	Relation von agrar- und gesamtwirtschaftlicher Durchschnittsproduktivität (in v.H)[b,c]	48,2*	28,7*	40,4	46,1
XII	Relation von agrar- und gesamtwirtschaftlichen Durchschnittseinkommen (in v.H.)[b,c,e]	56,2*	52,6*	34,8	35,8

a Bundesgebiet einschließlich Saarland und W-Berlin.
b Ø 1979/80.
c 1950 ≙ 1953.
d Andere Datenbasis.
e Nettoinlandsprodukt zu Faktorkosten je Erwerbstätigen.

Quellen: Die Zusammenstellung erfolgte überwiegend auf der Basis der im Anhang ausgewiesenen Tabellen und Übersichten. Wegen Änderung innerhalb der statistischen Abgrenzung u.ä. beinhalten die Angaben teilweise geringfügige Verzerrungen. Die Angaben in konstanten Preisen sind nur sehr vorsichtig zu interpretieren, da die zugrunde zu legenden (verketteten) Preisdeflatoren teilweise erheblich variieren. Bei den mit * gekennzeichneten Anteilsgrößen wurden die Grunddaten wegen diverser Brüche in den Zeitreihen angepaßt (Die Brüche wurden durch entsprechende Verknüpfungen der Zeitreihen beseitigt).

eine erheblich weitere Man-Land-Ratio[1], d.h. eine größere Zahl in der Landwirtschaft Erwerbstätiger je Quadratkilometer Landwirtschaftsfläche: In 1980 betrug die Anzahl der Menschen in Japan 102, in der Bundesrepublik 11. Hieraus kann man folgern, daß der japanische Landwirt erheblich flächenintensiver wirtschaften muß als der deutsche und sich gleichzeitig die durchschnittliche Betriebsgröße (gemessen an der Fläche) in Japan wesentlich ungünstiger gestaltet als in der Bundesrepublik.

4. Niveau und Verlauf der volkswirtschaftlichen Entwicklung lassen sich am umfassendsten am Leistungsindikator "reales Bruttosozialprodukt je Kopf" ablesen. Es ist erkennbar, daß Japan, ausgehend von einer vergleichsweise niedrigeren volkswirtschaftlichen Entwicklungsstufe in 1950, gegenüber der Bundesrepublik erheblich aufholen konnte: In Japan betrug das reale Bruttosozialprodukt je Kopf in 1950 733 US-Dollar, in der Bundesrepublik 2.236 US-Dollar. 1980 lag es in Japan bei 5.800 US-Dollar, in der Bundesrepublik bei 8.200 US-Dollar.

5. Die relative "Bedeutung" des Agrarsektors innerhalb der Gesamtwirtschaft, insbesondere ablesbar an den Anteilen dieses Sektors ("Agrarquoten") an der Bevölkerung, an den Erwerbstätigen insgesamt sowie an den gesamtwirtschaftlichen Produktions- und Einkommensgrößen (wie beispielsweise dem Bruttoinlandsprodukt), ist als weiterer Indikator für den jeweiligen volkswirtschaftlichen Entwicklungsstand beider Länder anzuführen. Beiden Volkswirtschaften ist gemeinsam, daß die "Agrarquoten" seit 1950 erheblich zurückgegangen sind. Der Ländervergleich der Anteile läßt darüber hinaus erkennen, daß die Agrarwirtschaft in Japan noch eine größere Rolle spielt als in der Bundesrepublik.

---

1) Die Man-Land-Ratio bildet das Reziprok der gewöhnlich in der Literatur vorfindbaren Land-Man-Ratio. Aus Gründen der besseren Vergleichbarkeit wurde für die Fläche der Quadratkilometer und nicht der Hektar als Bezugsbasis gewählt.

6. Als Ähnlichkeit zwischen beiden Ländern zeigt sich ferner, daß die Anteile der Landwirtschaft an den Beschäftigten insgesamt merklich oberhalb der landwirtschaftlichen Produktionsanteile liegen. Das beschriebene Phänomen charakterisiert die Problematik der "Produktivitätslücke" und folglich auch der "Einkommensdisparität".

7. Im Hinblick auf die "Produktivitätslücke", d.h. der Relation von agrar- und gesamtwirtschaftlicher Durchschnittsproduktivität, ist zu beobachten, daß sie in der Bundesrepublik zwischen den Referenzzeitpunkten verringert werden konnte, während sie sich in Japan noch vergrößerte: In der Bundesrepublik verengte sie sich von 28,7 v.H. in 1953 auf 46,1 v.H. in 1979/80, in Japan erweiterte sie sich von 48,2 v.H. in 1953 auf 40,4 v.H. in 1979/80.

8. Bei der durchschnittlichen Einkommensentwicklung (Nettoinlandsprodukt zu Faktorkosten je Erwerbstätigen) zeigt sich in beiden Ländern zwischen Agrar- und Gesamtwirtschaft eine Zunahme der Disparität: In Japan erweiterte sich das Einkommensverhältnis zwischen Agrar- und Gesamtwirtschaft von 56,2 v.H. in 1953 auf 34,8 v.H. in 1979/80; in der Bundesrepublik erweiterte es sich von 52,6 v.H. in 1953 auf 35,8 v.H. in 1979/80.

9. Die sektoralen Realpreise[2], d.h. die Austauschverhältnisse zwischen Agrar- und Gesamtwirtschaft, blieben in Japan zwischen den Betrachtungszeitpunkten 1953 und 1979/80 nahezu konstant, wohingegen sie sich in der Bundesrepublik deutlich zuungunsten der Landwirtschaft entwickelten: In Japan senkte sich das Preisverhältnis zur Basis 1976=100 von 94,5 v.H. in

---

[2] Abgebildet mittels des Verhältnisses der Implizit-Preisdeflatoren des/der gesamt- und agrarwirtschaftlichen Bruttoinlandsprodukts/Bruttowertschöpfung. MANEGOLD spricht in diesem Zusammenhang von Realpreiseffekten. Vgl. D. MANEGOLD, Zusammenhänge zwischen Agrarpreisen, Erzeugereinkommen und Verbraucherausgaben unter den Bedingungen des gemeinsamen Marktes. In: H.E. BUCHHOLZ, G. SCHMITT und E. Wöhlken (Hrsg.), Landwirtschaft und Markt. Arthur Hanau zum 80. Geburtstag. Hannover 1982, S. 61-85, hier S. 66. Siehe auch die dort angeführte Literatur.

1953 auf 93,0 v.H. in 1979/80, in der Bundesrepublik reduzierte es sich zur Basis 1976=100 von 148,2 v.H. in 1953 auf 82,7 v.H. in 1979/80. Analog kann die Realpreisentwicklung auch an der unterschiedlichen Entwicklung der Agarquoten am nominalen sowie am Bruttoinlandsprodukt zu konstanten Preisen abgelesen werden.

2.2 Der strukturelle Anpassungsprozeß der Landwirtschaft

Wie aus der Tabelle 1 zu entnehmen war und wie bereits im vorstehenden Abschnitt kommentiert wurde, ging der Anteil der in der Landwirtschaft Erwerbstätigen an den Erwerbstätigen insgesamt in Japan von knapp 40 v.H. in 1953 auf knapp 11 v.H. in 1980 zurück. In der Bundesrepublik reduzierte sich der Anteil von 20 v.H. in 1953 auf 5 1/2 v.H. in 1980. In ähnlicher Weise ging auch der Anteil der Agrarwirtschaft an der gesamtwirtschaftlichen Produktion (reales Bruttoinlandsprodukt zu Marktpreisen) zurück. In Japan verringerte sich der Anteil von knapp 19 v.H. in 1953 auf knapp 4 1/2 v.H. in 1980. Für die Bundesrepublik lauten die entsprechenden Angaben 5,7 v.H. für 1953 und gut 2 1/2 v.H. für 1980.

Die Rückgänge des Agrarsektors an den Erwerbstätigen und der gesamtwirtschaftlichen Produktion charakterisieren den strukturellen Anpassungsprozeß der Landwirtschaft. Er ist ein allgemeines Phänomen, welches als Folge des wirtschaftlichen Fortschritts in allen sich entwickelnden Volkswirtschaften zu beobachten ist. Die Begründung für den relativen Bedeutungsverlust der Agrarwirtschaft in der Gesamtwirtschaft findet sich in dem Engelschen Gesetz, d.h. dem Tatbestand, daß die Verbraucher von ihrem Einkommenszuwachs einen wachsenden Anteil zum Kauf von Industriewaren und Dienstleistungen ausgeben und daß sich daher der Anteil der Ausgaben für Nahrungsmittel an den Gesamtausgaben vermindert[3].

Ein weiteres wesentliches Charakteristikum des landwirtschaftlichen Anpassungsprozesses in wachsenden Volkswirtschaften bildet das häufig zu beobachtende "Zurückbleiben" der landwirtschaftlichen hinter den außerlandwirtschaftlichen (oder allgemeiner: den gesamtwirtschaftlichen) Einkommen. Begründet ist diese "Disparität" vornehmlich darin, daß die Abwanderung aus der Landwirtschaft wegen vielfältiger Mobilitätshemmnisse und anderer Faktoren (Qualifikation etc.) offensichtlich nicht in dem Tempo erfolgt, wie der technische Fortschritt Arbeitskräfte freisetzen könnte[4].

Ein hilfreiches (erklärendes) Konzept für die intersektorale "Einkommensdisparität" bildet die Theorie der Nutzungs- oder Opportunitätskosten.

Auf den in der Landwirtschaft eingesetzten Faktor Arbeit bezogen, handelt es sich bei den Opportunitätskosten, einer Definition von G. SCHMITT zufolge, "um jene Lohn- und Gehaltssumme, die die in der Landwirtschaft Tätigen jeweils verdienen (können), würden sie nach der bestmöglichen alternativen Verwertung ihrer Arbeitskraft außerhalb der Landwirtschaft streben. Diese Opportunitätskosten liegen in der Regel weit unterhalb der, keine qualitativen Unter-

---

3) Vgl. A. HANAU, Probleme der Agrarpreispolitik. In: Vorträge zur Hochschultagung der Landwirtschaftlichen Fakultät der Christian-Albrechts-Universität zu Kiel, Heft 8, 1952, S. 9-26, hier S. 20.
4) Vgl. hierzu unter anderem die Arbeiten von Th.W. SCHULTZ, Agriculture in an Unstable Economy. New York and London 1945; E.M. Ojala, Agriculture and Economic Progress. London 1952; J.R. BELLERBY, Agriculture and Industry. Relative Income. London 1956; H. WEBER, Die Landwirtschaft in der volkswirtschaftlichen Entwicklung. Eine Betrachtung über Beschäftigung und Einkommen (Berichte über Landwirtschaft, Sh. 161). Hamburg und Berlin 1955.

schiede, Mobilitätskosten u.v.m. berücksichtigenden Kosten in neoklassischen Gleichgewichtsmodellen"[5]).

Entsprechend der Theorie der Opportunitätskosten müßte somit Hauptziel staatlicher Agrarpolitik sein, die offensichtlich zu niedrigen Nutzungskosten der landwirtschaftlichen Arbeitskräfte zu erhöhen, um auf diesem Wege deren Mobilität zu fördern, wodurch die Produktivität (und folglich das Einkommen) der in der Landwirtschaft verbleibenden Arbeitskräfte gesteigert und somit die "Einkommensdisparität" vermindert (oder sogar beseitigt) würde. Durch eine vermehrte Arbeitsmobilität wiederum erführe auch die Mobilität sonstiger im Agrarsektor beschäftigter Produktionsfaktoren, d.h. des Faktors Boden und darüber hinaus auch des Faktors Kapital, eine Beschleunigung.

HANAU sieht in der "Einkommensdisparität" den "ökonomische(n) ( ) Antrieb, der die unterbezahlten Arbeitskräfte in andere Produktionszweige und Berufe zieht" und betrachtet die Abwanderung landwirtschaftlicher Arbeitskräfte in den außerlandwirtschaftlichen Bereich als unausweichlichen historischen Prozeß innerhalb der wirtschaftlich-technischen Entwicklung eines jeden Landes, der zwar zeitweilig als Folge wirtschaftlicher oder anderer Krisen stagnieren kann, sich aber danach umso stärker fortsetzt[6]).

Die Abwanderung landwirtschaftlicher Arbeitskräfte bildet somit - und dieses gilt es im weiteren Verlauf des Vergleichs zwischen Japan und der Bundesrepublik deutlich herauszuarbeiten - ein zentrales Element innerhalb des

---

5) Zitat übernommen von G. SCHMITT, Landwirtschaft in der Marktwirtschaft. In: D. CASSEL, G. GUTMANN, H.J. THIEME (Hrsg.), 25 Jahre Marktwirtschaft in der Bundesrepublik Deutschland. Konzeption und Wirklichkeit. Stuttgart 1972, S. 329-350, hier S. 339.
6) Vgl. A. HANAU, Die Stellung der Landwirtschaft in der Sozialen Marktwirtschaft. "Agrarwirtschaft", Jg. 1958, H. 1, S. 1-15. Neu abgedruckt in: E. GERHARDT und P. KUHLMANN (Hrsg.), Agrarwirtschaft und Agrarpolitik (Neue Wissenschaftliche Bibliothek, Bd. 30). Köln und Berlin, S. 70-95. Zitat wurde von S. 80 entnommen.

agrarstrukturellen Anpassungsprozesses beider Volkswirtschaften.

Jedoch war der enorme Anpassungsprozeß - wie die vorangegangene Globalanalyse bereits hat erkennen lassen - immer noch nicht "kräftig" genug, um die strukturellen Ungleichgewichte, sprich: insbesondere die "Einkommensdisparität", zu beseitigen.

Eine am Opportunitätskostenprinzip auszurichtende Agrarpolitik hätte den Charakter einer "sektoralen Strukturpolitik", die mittels "eines umfassenden Bündels von Instrumenten aus dem Bereich der regionalen Wirtschafts- und Infrastrukturpolitik, dem Bereich der Arbeitsmarkt- und Bildungspolitik und demjenigen der Sozialpolitik" realisiert werden könnte, "um die Erreichung einer optimalen Faktorkombination innerhalb des Agrarsektors zu erleichtern"[7].

Dieser sektorspezifischen Sichtweise ist vom Standpunkt der Gesamtwirtschaft her die globale (eben: gesamtwirtschaftliche) Betrachtungsweise gegenüberzustellen. Die Gesamtwirtschaftspolitik ist in beiden Ländern dem Wachstums-, dem Verteilungs- und dem Vollbeschäftigungsziel, dem Ziel der Geldwertstabilität sowie dem Ziel des außenwirtschaftlichen Gleichgewichts verpflichtet[8]. Wird dem gesamtwirtschaftli-

---

7) Zitate übernommen von G. SCHMITT, Landwirtschaft in der Marktwirtschaft, a.a.O., S. 339.
8) Vgl. T. SHIMANO, Wirtschaftspolitik und wirtschaftlicher Aufstieg Japans und der Bundesrepublik. In: A. BARING und M. SASE (Hrsg.), Zwei zaghafte Riesen. Deutschland und Japan seit 1945. Stuttgart und Zürich 1977, S. 385-408, siehe hier S. 388.- H.H. FRANCKE verwendet in Verbindung mit einer vergleichenden Darstellung der Notenbankpolitik beider Länder für die wirtschaftspolitischen Zielvariablen den Begriff Endzielvariablen und führt als solche "Leistungsbilanz", "Investitionen", "Beschäftigung" und "Preisniveau" an. Vgl. H.H. FRANCKE, Notenbankpolitik und internationaler Handel: National differierende Strategien. Eine Fallstudie: Japan - Bundesrepublik Deutschland. In: Th. DAMS und K. JOJIMA (Hrsg.), Internationale Wirtschaftsbeziehungen. Japan - Europäische Gemeinschaften - Bundesrepublik Deutschland (Schriften zu Regional- und Verkehrsproblemen in Industrie- und Entwicklungsländern, Bd. 38), Berlin 1983, S. 170-189, siehe hier insbesondere die periodisierte und nach Rangfolgen der Zielkategorien geordnete Darstellung auf S. 189.

chen Wachstumsziel Priorität eingeräumt unter der Annahme, daß durch Wachstum Strukturwandlungen angeregt, sprich: neue Arbeitsplätze und verbesserte Einkommensmöglichkeiten geschaffen werden (= Steigerung der Opportunitätskosten), so kann der Bogen zur Agrarpolitik gespannt und die simpel anmutende Aussage getroffen werden, daß "Wirtschaftswachstum die beste Agrarpolitik sei": Als Folge des wirtschaftlichen Wachstums verbessert sich das durchschnittliche Realeinkommensniveau, und es steigt für Arbeitskräfte, die bislang in Sektoren mit vergleichsweise geringer Produktivität und folglich auch vergleichsweise niedrigen Realeinkommen - wie beispielsweise der Landwirtschaft - beschäftigt waren, der Anreiz, in höherproduktive Sektoren mit besseren Verdienstmöglichkeiten abzuwandern. Durch den Struktureffekt verbessern sich gleichzeitig auch die Produktivität und somit auch die Realeinkünfte der im schrumpfenden Sektor verbleibenden Arbeitskräfte.

2.3 Die Entwicklung der volkswirtschaftlichen Rahmendaten

Gesamtwirtschaftliche Rahmendaten und deren Veränderungen werden i.d.R. als globale Indikatorgrößen für die in einer Volkswirtschaft sich vollziehenden Wachstumsprozesse, für den Strukturwandel und für die sich verändernden Stabilitätsbedingungen (Beschäftigung, Preisniveau, Außenwirtschaft) herangezogen. Zudem markieren sie den Erreichungsgrad wirtschaftspolitischer Grundziele[9], und nicht zuletzt sind sie - bei sektorspezifischer Betrachtung - auch im Hinblick auf Form, Richtung und Intensität des agrarstrukturellen Anpassungsprozesses von zentraler Bedeutung. Dar-

---

[9] Bezüglich einiger kritischer Anmerkungen zum Wachstumsziel, Sozialprodukt und Wohlstand in Japan und in der Bundesrepublik siehe U. HAMMER, Faktorallokation und Produktivitätsfortschritte als Erklärungskomponenten des Produktionswachstums in der Bundesrepublik Deutschland und in Japan während der Nachkriegszeit (Europäische Hochschulschriften Bd. 187, Reihe V, Volks- und Betriebswirtschaft), Frankfurt 1978.

über hinaus determinieren die gesamtwirtschaftlichen Daten - und hier vor allem das Wachstum der volkswirtschaftlichen Realeinkommensgrößen - über ihren mittelbaren Einfluß auf die verfügbaren Haushaltsmittel (Staatsbudget) in nicht unerheblichem Maße den Finanzrahmen für die jeweiligen Sektorpolitiken, d.h. auch für die Agrarpolitik[10].

Als wesentliche gesamtwirtschaftliche Kenngrößen werden in der vorstehenden Betrachtung die Entwicklung

- der Wohnbevölkerung,
- des realen Bruttosozialprodukts je Kopf,
- der Arbeitsmarktsituation,
- des allgemeinen Preisniveaus sowie
- der Außenwirtschaft und des Agraraußenhandels

dargestellt.

---

[10] Auf die vielfältigen Interdependenzen zwischen Wirtschaftsentwicklung, agrarstrukturellem Anpassungsgrad, Wirtschaftspolitik und Agrarpolitik etc. wird im weiteren noch näher eingegangen werden. Bezüglich einer grundsätzlichen Darstellung der Problematik am Beispiel westlicher Industrieländer vgl. G.SCHMITT, The Relationship between Agricultural Policy, the Economy and Economic Policy on the National Level in Different Economic Systems at Varying Stages of Economic Development: Concepts, Frictions and Solutions: Western Industrialized Countries with Market Economic Systems (Working Paper No. 35 des Instituts für Agrarökonomie der Universität Göttingen). Göttingen 1976. - Im Hinblick auf eine ausführliche Erörterung wirtschaftspolitischer Konzeptionen und wirtschaftspolitischer Praxis im internationalen Vergleich siehe D. CASSEL (Hrsg.), Wirtschaftspolitik im Systemvergleich. München 1984. Bezüglich Japans siehe hier insbesondere den Aufsatz von W. KRAUS, Japan: Wirtschaftspolitik jenseits von Markt und Plan, S. 247-262 , und für die Bundesrepublik siehe K.-H. HARTWIG, Bundesrepublik Deutschland: Wirtschaftspolitik in der Sozialen Marktwirtschaft, S. 179-195.

2.3.1 Wohnbevölkerung[11]

Das Wachstum der Wohnbevölkerung ist unmittelbar positiv korreliert mit der Entwicklung der (potentiellen) gesamtwirtschaftlichen Nachfrage und folglich speziell auch mit der Entwicklung des Nachfragepotentials nach Agrar- und Ernährungsgütern.

Ob dieses Potential letztendlich ausgeschöpft werden kann, hängt jedoch ab vom Niveau und von der Entwicklung der verfügbaren Realeinkommen je Kopf. Für Japan und die Bundesrepublik ist zu unterstellen, daß letzteres - die unmittelbare Nachkriegszeit und die frühen 50er Jahre ausgenommen - für die Nahrungsgüternachfrage als solche keinen entscheidenden limitierenden Faktor gebildet hat.

In der Tabelle 2 sowie in den Schaubildern 1 und 2 wird die Entwicklung der Wohnbevölkerung für den Zeitraum 1950-1980 skizziert. Die Tabelle zeigt auf, daß - bezogen auf Zehnjahresperioden - in beiden Ländern die Zuwächse[12] in den 50er Jahren am größten waren. In den 60er Jahren dagegen schwächten sich die Steigerungsraten sowohl in der Bundesrepublik als auch in Japan ab. Recht uneinheitlich verlief die Entwicklung im Vergleich zwischen beiden Ländern in den 70er Jahren: Während sich in der Bundesrepublik die Zuwächse noch weiter verminderten, konnte in Japan sogar wieder eine leichte Zunahme der Steigerungsraten beobachtet werden, dabei allerdings vornehmlich zurückzuführen auf das verstärkte Wachstum in der ersten Hälfte der Dekade (s. v.a. Schaubild 2).

---

11) Hinsichtlich einer noch differenzierteren Darstellung und Kommentierung der Bevölkerungsentwicklung in Japan und in der Bundesrepublik vgl. U. HAMMER, Faktorallokation und Produktivitätsfortschritte ..., a.a.O., S. 34ff.
12) Bei den Zuwachsraten handelt es sich um Jahresdurchschnitte. Auch im nachfolgenden wird von <u>jahresdurchschnittlichen</u> Veränderungsraten ausgegangen. Eine Ausnahme bilden lediglich die in Schaubildern 2 und 4 abgebildeten jährlichen Änderungsraten (siehe auch den jeweiligen Vermerk in den FN 13 und 14).

Tabelle 2 : Entwicklung der Wohnbevölkerung, Japan und Bundesrepublik Deutschland, 1950 - 1980

Jahr	Japan			Bundesrepublik Deutschland		
	1000	1950=100	Veränderung[a]	1000	1950=100	Veränderung[a]
1950	83 658	100,0	.	49 989	100,0	.
1960	94 112	112,5	+1,2	55 433	112,2	+1,0
1970	104 348	124,7	+1,0	60 651	121,3	+0,9
1980	116 800	139,6	+1,1	61 566	123,2	+0,1
1980: 1950			+1,1			+0,7

[a] Jahresdurchschnittliche Veränderungsraten, in v.H.(geometrische Durchschnitte).
Quellen: s. Anhangtabellen. - Eigene Berechnungen

Schaubild 1.

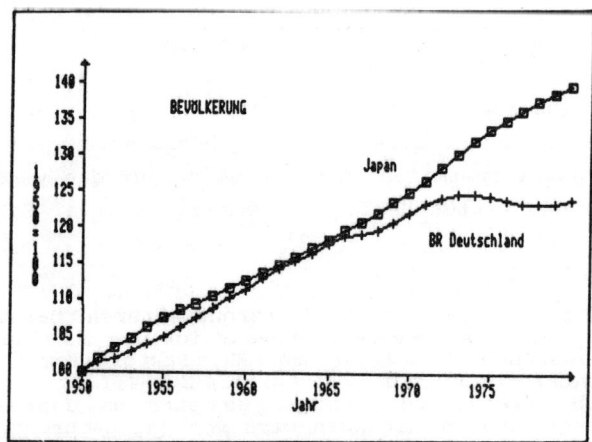

Quellen: s. Anhangtabellen. - Eigene Berechnungen.

Schaubild 2 : **Wachstum der Wohnbevölkerung, Japan und BR Deutschland, 1950-1980, Veränderungsraten**[1]

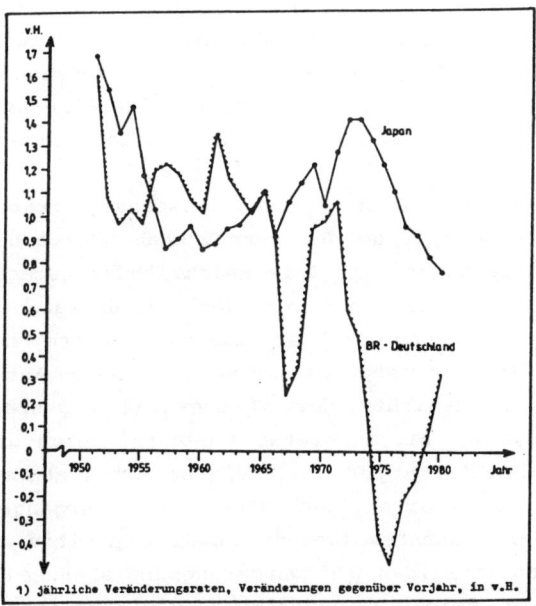

1) jährliche Veränderungsraten, Veränderungen gegenüber Vorjahr, in v.H.

Quellen: s. Anhangtabellen. - Eigene Berechnungen.

Über den Gesamtzeitraum (1950-1980) hinweg betrachtet, lagen die Zuwachsraten der Wohnbevölkerung in Japan (1,1 v.H.) deutlich höher als in der Bundesrepublik (0,7 v.H.) (s. Tabelle 2, bezüglich der kumulierten Zuwächse siehe ebenda sowie auch Schaubild 1). Mit Blick auf die Entwicklung der Wohnbevölkerung in der Bundesrepublik ist der Hinweis einzufügen, daß ein erheblicher Teil des in den 50er, 60er und frühen 70er Jahren zu beobachtenden Wachstums auf positive Migrationssalden insbesondere durch Zuwanderungen aus der Sowjetischen Besatzungszone (50er Jahre) sowie ausländische Arbeitnehmer (60er und frühe 70er Jahre) zurückzuführen war. Für Japan traf Vergleichbares für den zugrunde gelegten Zeitraum nicht zu, d.h., das natürliche Bevölkerungswachstum lag in diesem Land deutlich höher als in der Bundesrepublik.

Zu Mitte der 70er Jahre (Rezessionsphase) traten in der Bundesrepublik als Folge der verstärkten Rückwanderung ausländischer Arbeitnehmer in ihre Heimatländer negative Migrationssalden auf. Verknüpft mit der (vorübergehenden) konjunkturellen Erholung in der zweiten Hälfte der Dekade setzte eine (vorübergehende) Umkehrung dieser Entwicklungstendenz ein. Angesichts der fortgesetzt angespannten Arbeitsmarktlage und nicht zuletzt angereizt durch die gewährten Rückkehrbeihilfen für ausländische Arbeitnehmer ist für die Zukunft zu erwarten, daß die in der Vergangenheit die Entwicklung der Wohnbevölkerung zumeist positiv beeinflussenden Migrationssalden (Einwanderungsüberschüsse) eine geringere Rolle spielen (ungefähres Gleichgewicht zwischen Ein- und Auswanderung) oder eher gegenteilig wirken werden (Auswanderungsüberschüsse)[13].

Das für beide Länder abgebildete Wachstum der Wohnbevölkerung ist global in der Weise zu interpretieren, daß von ihm in Japan ein vergleichsweise stärkerer quantitativer Einfluß auf die Güternachfrage insgesamt und somit auch auf die Nah-

---

13) Die in den letzten beiden Absätzen beschriebenen Sondereinflüsse auf die Bevölkerungsentwicklung können besonders gut an den jährlichen Veränderungsraten (Veränderungen gegenüber Vorjahr) abgelesen werden. Siehe Schaubild 2.

rungsgüternachfrage ausging als in der Bundesrepublik. Es ist jedoch zu erkennen, daß auch in Japan in den letzten Jahren die Steigerungsraten der Wohnbevölkerung rückläufig sind. Für beide Länder kann somit die Aussage getroffen werden, daß von dem Wachstum der Wohnbevölkerung zukünftig keine wesentlichen positiven Impulse im Hinblick auf eine Ausweitung des Volumens der Nahrungsgüternachfrage ausgehen werden. Eher ist Gegenteiliges zu erwarten.

2.3.2 Reales Pro-Kopf-Einkommen

Das reale Bruttosozialprodukt je Kopf bildet den umfassendsten gesamtwirtschaftlichen Einkommens- und Leistungsindikator. Als solcher wird er häufig herangezogen, um den volkswirtschaftlichen Entwicklungsstand und - bei Betrachtung seiner Veränderung im Zeitablauf - das wirtschaftliche Wachstum eines Landes zu messen und gleichzeitig zu indizieren, inwieweit globale wirtschaftspolitische Wachstumsziele realisiert werden.

Mit Blick auf den Agrarbereich kann das Wachstum der volkswirtschaftlichen Pro-Kopf-Einkommens analog dem der Wohnbevölkerung als wesentliche globale Bestimmungsgröße für die Ausweitung des Volumens der Nahrungsgüternachfrage herangezogen werden. Allerdings ist zu beobachten, daß Einkommenswachstum und Steigerung der globalen Nahrungsgüternachfrage nicht parallel verlaufen, sondern divergieren, da mit steigendem Einkommen ein beständig sinkender Anteil für Nahrungsgüter aufgewandt wird (Engelsches Gesetz). Wie intensiv sich die Nachfrage nach Nahrungsgütern bei wachsenden Realeinkommen entwickelt, ist somit in entscheidendem Maße davon abhängig, ab welchem Niveau Steigerungen des Einkommens erzielt werden.

Niveau und Wachstum der Realeinkommen üben natürlich nicht nur einen Einfluß auf das Volumen, sondern auch auf die Struktur der Nahrungsgüternachfrage (Bedarfsstruktur) aus:

So ist gewöhnlich zu beobachten, daß mit steigendem Einkommen der Ausgabenanteil für höherwertige Nahrungsgüter - und hier insbesondere für tierische Veredlungsprodukte - steigt.

Des weiteren ist anzunehmen, daß das volkswirtschaftliche Pro-Kopf-Einkommen ein globales Opportunitätskostenmaß für die in der Landwirtschaft Beschäftigten bildet, deren Veränderung als zeitverzögerter, d.h. einem gewissen time lag unterliegender Indikator für die Intensität des agrarstrukturellen Wandels, m.a.W. insbesondere für die Abwanderung landwirtschaftlicher Arbeitskräfte herangezogen werden kann.

Die Steigerungsraten des Bruttosozialprodukts lagen in Japan in allen Dekaden des Betrachtungszeitraumes (1950-1980) oberhalb der in der Bundesrepublik realisierten (s. Tabelle 3). Ein besonders großer Abstand ist für die 60er Jahre erkennbar. Über die Gesamtperiode hinweg gesehen, lagen die Zuwachsraten in Japan um etwa ein Drittel oberhalb derjenigen in der Bundesrepublik. Allerdings ist im Hinblick auf Japan an das geringere Ausgangsniveau des Je-Kopf-Einkommens zu Anfang der 50er Jahre zu erinnern: In konstanten Preisen und US-Dollar betrug es in 1950 nur ein Drittel, in 1980 gut zwei Drittel des bundesdeutschen Äquivalents (s. Tabelle 3).

Zu beurteilen an der Höhe der Änderungsraten des realen Bruttosozialprodukts je Kopf, wurde bei periodenbezogener Betrachtung (s. Tabelle 3) die zentrale wirtschaftspolitische Zielsetzung "wirtschaftliches Wachstum" in beiden Ländern in den 50er und 60er Jahren vergleichsweise am erfolgreichsten realisiert, allerdings zeigt der Blick auf die Entwicklung in der Bundesrepublik, daß hier in den 60er Jahren (3,8 v.H.) die hohen Steigerungsraten der 50er Jahre (6,9 v.H.) nicht mehr erreicht werden konnten, wohingegen sich in Japan das Wachstum in der 60er Dekade (9,9 v.H.) gegenüber der Vordekade (8,1 v.H.) sogar noch beschleunigte. In den 70er Jahren schwächte sich das wirtschaftliche Wachstum in beiden Volkswirtschaften ab. Besonders gravierend gestaltete sich der Rückgang in Japan, jedoch lag die Wachs-

Tabelle 3 : Entwicklung des Bruttosozialprodukts zu Marktpreisen je Kopf (in konst. Preisen und US-Dollar von 1976), Japan und Bundesrepublik Deutschland, 1950 - 1980

Jahr	Japan			Bundesrepublik Deutschland		
	US-Dollar	1950=100	Veränderung[a]	US-Dollar	1950=100	Veränderung[a]
1950	733	100,0	.	2 236	100,0	.
1960	1 597	217,7	+8,1	4 350	194,5	+6,3
1970	4 001	557,9	+9,9	6 315	282,4	+3,8
1980	5 833	795,4	+3,6	8 222	367,6	+2,7
1980: 1950			+7,7			+4,4

[a] Jahresdurchschnittliche Veränderungsraten, in v.H.(geometrische Duchschnitte).

Quellen: s. Anhangtabellen. - Eigene Berechnungen

tumsrate mit 3,6 v.H. immer noch oberhalb der in der Bundesrepublik beobachteten (2,7 v.H.)[14].

2.3.3 Allgemeines Preisniveau

Eines der Hauptziele der Gesamtwirtschaftspolitik sowohl der Bundesrepublik als auch Japans bildet die Preisniveaustabilität. Es wird für beide Volkswirtschaften anhand der Entwicklung des Preisindexes der allgemeinen Lebenshaltung aufgezeigt, inwieweit dieser stabilitätspolitischen Zielsetzung Rechnung getragen werden konnte (s. Tabelle 4).

Als Betrachtungsperiode liegt der Zeitraum 1953-1980 zugrunde. Die insbesondere mit Blick auf Japan durch eine stark inflationäre Entwicklung zu kennzeichnende Anfangsphase der 50er Jahre (Koreaboom) bleibt somit ausgeklammert.

Wie die vergleichende Betrachtung der Änderungsraten erkennen läßt, bestand in der Periode 1953-1960 in beiden Ländern ein recht hohes Maß an Preisniveaustabilität. In den 60er Jahren beschleunigte sich der Preisniveauanstieg, allerdings in Japan in stärkerem Maße als in der Bundesrepublik. Die Steigerungsrate erhöhte sich in Japan von 1,9 auf 5,7 v.H., in der Bundesrepublik von 1,9 auf 2,6 v.H. In der 70er Dekade setzte sich der Preisauftrieb in beiden Volkswirtschaften - und hier besonders ausgeprägt in der japanischen - verstärkt fort: In letzterer lagen die Preissteigerungsraten während dieser Phase bei 9 v.H. In der Bundesrepublik gestalteten sich die Verhältnisse in diesem Zeitabschnitt wiederum günstiger: Hier betrug die Steigerungsrate des Preisniveaus 5 v.H. Über die Gesamtperiode hinweg betrachtet, vollzog sich der Preisniveauanstieg in der Bundesrepublik

---

14) Noch differenzierter können die aufgezeigten Entwicklungstendenzen des realen Bruttosozialprodukts je Kopf an den Schaubildern 3 (kumulierte jährliche Zuwächse) und 4 (Veränderungen gegenüber Vorjahr) abgelesen werden. Auf eine ausführlichere Kommentierung wird verzichtet.

Schaubild 3

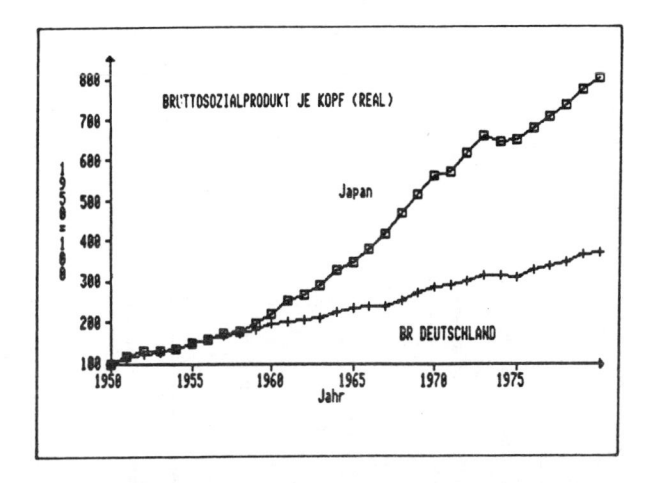

BRUTTOSOZIALPRODUKT JE KOPF (REAL)

Japan

BR DEUTSCHLAND

Quellen: s. Anhangtabellen. - Eigene Berechnungen.

Schaubild 4: Wachstum des Bruttosozialprodukt zu Marktpreisen/Kopf, Japan und BR Deutschland [1], 1950 - 1980

(in Preisen von 1976; jährliche Veränderungsraten, Veränderungen gegenüber dem Vorjahr, in v.H.)

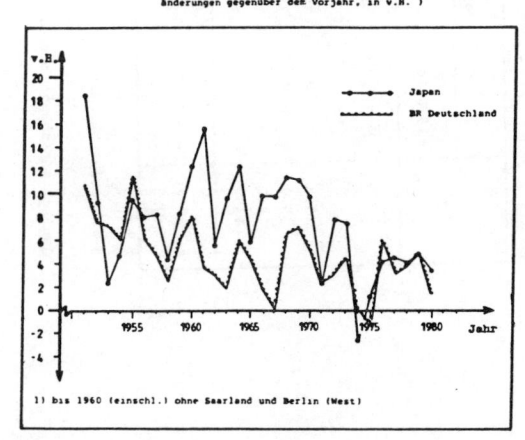

Japan
BR Deutschland

1) bis 1960 (einschl.) ohne Saarland und Berlin (West)

Quellen: s. Anhangtabellen. - Eigene Berechnungen.

Tabelle 4 : Entwicklung des allgemeinen Preisniveaus (Preisindex der Lebenshaltung), Japan und Bundesrepublik Deutschland, 1953 - 1980

Jahr	Japan			Bundesrepublik Deutschland		
	1976=100	1953=100	Veränderung[a]	1976=100	1953=100	Veränderung[a]
1953	26,8	100,0	.	49,9	100,0	.
1960	30,4	113,4	+1,8	55,6	111,4	+1,9
1970	53,1	198,1	+5,7	71,5	143,3	+2,6
1980	125,5	468,3	+9,0	116,0	232,5	+5,0
1980: 1953			+5,9			+3,2

a Jahresdurchschnittliche Veränderungsraten, in v.H.(geometrische Durchschnitte).

Quelle: s. Anhangtabellen. - Eigene Berechnungen.

(3,2 v.H.) knapp einhalbmal so schnell wie in Japan (6,9 v.H.), woraus erkennbar ist, daß das wirtschaftliche Leitziel "Preisniveaustabilität" in der Bundesrepublik wesentlich erfolgreicher realisiert werden konnte als in Japan.

2.3.4 Arbeitsmarktsituation[15]

Das Ziel der Vollbeschäftigung zählt neben dem im vorhergehenden bereits angesprochenen Wachstums- und Preisniveaustabilitätsziel zu den wirtschaftspolitischen Kernzielen beider Länder. Allerdings gehen die Meinungen darüber, was unter Vollbeschäftigung zu verstehen ist, sehr weit auseinander[16].

Im folgenden wird die gesamtwirtschaftliche Arbeitsmarktsituation durch die relative Zahl der Arbeitslosen (Arbeitslosenquote) charakterisiert.

Hinsichtlich der Entwicklung der Arbeitslosenquote (Anteil der Arbeitslosen an den Erwerbspersonen) in beiden Volkswirtschaften im Zeitraum 1950-1980 ist erkennbar, daß diese in der Bundesrepublik, die 60er Jahre ausgenommen, zumeist höher war. Besonders uneinheitlich gestaltete sich die Ar-

---

[15] Bezüglich einer ausführlicheren Darstellung die Beschäftigung determinierender Größen wie Bevölkerung, Erwerbspersonen, Erwerbstätige, Arbeitslose, offene Stellen etc. für beide Länder siehe U. HAMMER, Faktorallokation und Produktivitätsfortschritte ..., a.a.O., S. 33ff.- Speziell mit Blick auf Japan vergleiche des weiteren K. HUSSMANN, Bevölkerung, Beschäftigungsstruktur und Arbeitsmarkt. In: H.-B. GIESLER (Hrsg.), Die Wirtschaft Japans. Düsseldorf und Wien 1971, S. 104-126.- In bezug auf die Bundesrepublik vergleiche W. GLASTETTER, R. PAULERT, U. SPÖREL, Die wirtschaftliche Entwicklung in der Bundesrepublik Deutschland 1950-1980. Frankfurt 1983, S. 140ff.
[16] TH. PÜTZ beispielsweise führt aus, daß "die Regierungen () Vollbeschäftigung für gegeben (halten), wenn der Prozentsatz der Arbeitslosigkeit auf einen Spielraum von etwa 1,5 bis 4 % beschränkt bleibt". TH. PÜTZ, Grundlagen der theoretischen Wirtschaftspolitik. Stuttgart 1975. Zitat wurde von S. 61 übernommen.

beitsmarktsituation im Vergleich zwischen beiden Ländern in den 50er Jahren (s. Schaubild 5).

In der Tabelle 5 werden, um ein ausgewogenes Gesamtbild der Arbeitsmarktsituation in den einzelnen Dekaden zu erhalten, Mehrjahresdurchschnitte der Zahl der Erwerbspersonen, der Zahl der Arbeitslosen und der Arbeitslosenquote ausgewiesen. Bezüglich Japans ist bemerkenswert, daß die Zahl der Erwerbspersonen kräftig anstieg und daß offensichtlich dennoch die Zahl der Arbeitslosen relativ niedrig gehalten werden konnte. In der Bundesrepublik nahm sich der Anstieg der Erwerbspersonen vergleichsweise bescheiden aus, aber trotzdem war die relative Zahl der Arbeitslosen in diesem Land deutlich höher. Eine Ausnahme bildeten - wie weiter oben bereits angesprochen - die 60er Jahre: Im Durchschnitt dieser Dekade betrug die Arbeitslosenquote lediglich 0,8 v.H. In Japan lag die entsprechende Durchschnittsquote bei 1,3 v.H.

Die zuvor getroffenen Aussagen bzgl. der relativen Arbeitslosenzahlen sind jedoch in der Weise zu relativieren, als anzumerken ist, daß die für Japan ausgewiesenen Arbeitslosenqoten nur sehr bedingt mit denjenigen in der Bundesrepublik vergleichbar sind. So führt beispielsweise A. ERNST aus, daß die offiziellen Arbeitslosenzahlen der japanischen Regierung (Labour Force Survey) "mit einer ganzen Reihe von Mängeln behaftet (sind), die tendenziell zu einer Unterschätzung der Arbeitslosigkeit führen". Die Autorin kommt zu dem Ergebnis, daß die "tatsächliche Höhe der Arbeitslosigkeit () bei Männern um mindestens ein Viertel bis ein Drittel, bei Frauen um mindestens das Zweieinhalbfache über den offiziellen Arbeitslosenzahlen liegen (dürfte)"[17].

Die Gesamtperiode (1950-1980) zugrunde legend und unter Beachtung der vorstehenden Kritik bezüglich der Aussagefähig-

---

[17] A. ERNST, Arbeitslosigkeit und Unterbeschäftigung in Japan. In: Mitteilungen aus der Arbeitsmarkt und Berufsforschung, 11. Jg. (1978), H. 1, S. 34-38. Zitate wurden der S. 35 bzw. S. 34 entnommen. Siehe auch den späteren Aufsatz der Autorin: Beschäftigungsprobleme und Beschäftigungspolitik in Japan. In: Mitteilungen aus der Arbeitsmarkt- und Berufsforschung in Japan, 14. Jg. (1981), H.2, S. 81-98.

Schaubild 5

Entwicklung der Arbeitslosenquote[1], Japan und BR Deutschland, 1950-1980

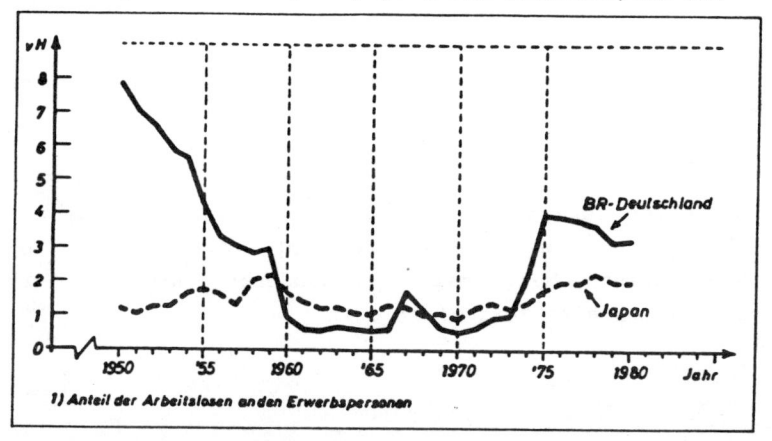

1) Anteil der Arbeitslosen an den Erwerbspersonen

Quellen: s. Anhangtabellen. - Eigene Berechnungen.

Tabelle 5 : Entwicklung der Arbeitsmarktsituation, Japan und Bundesrepublik Deutschland 1950 - 1980

Zeitraum	Zahl der Erwerbspersonen, in 1000		Zahl der Arbeitslosen, in 1000		Arbeitslosenquote, in v.H.	
	Japan	BR Deutschland	Japan	BR Deutschland	Japan	BR Deutschland
⌀ 1950 - 1960	41 137	24 938	654	1 109	1,6	4,4
⌀ 1960 - 1970	48 202	26 739	612	216	1,3	0,8
⌀ 1970 - 1980	53 732	26 915	918	669	1,7	2,5

Quelle: s. Anhangtabellen. - Eigene Berechnungen.

keit der Daten, bildeten die 60er Jahre für beide Volkswirtschaften das Jahrzehnt mit den niedrigsten Arbeitslosenquoten. Im Hinblick hierauf erscheint es gerechtfertigt, für beide Länder den Begriff "Periode der Vollbeschäftigung" zu prägen.

Aus agrarsektoraler Sicht kann die (relative) Zahl der Arbeitslosen als Indikator für die Beurteilung oder Einschätzung der (Bedingungen für) Migrationen von Erwerbstätigen zwischen der Agrarwirtschaft und den übrigen Wirtschaftszweigen herangezogen werden. Ein Anstieg der gesamtwirtschaftlichen Arbeitslosenquote wird i.d.R. negativ, ein Rückgang dagegen positiv mit der Abwanderung landwirtschaftlicher Arbeitskräfte korreliert sein.

2.3.5 Außenwirtschaft und Agraraußenhandel

Als weiteres wirtschaftliches Grundziel beider Marktwirtschaften ist das außenwirtschaftliche Gleichgewicht anzuführen. Im allgemeinen wird hierunter das Zahlungsbilanzgleichgewicht verstanden. Abweichend hiervon soll im folgenden mehr auf das Handelsbilanzgleichgewicht (Import-Export-Relation) abgehoben werden.

Nach der Beschreibung der längerfristigen Gestaltung der Import-Export-Relation wird eine Vorstellung desbezüglich vermittelt, wie sich langfristig Volumina und Preise im Außenhandel beider Volkswirtschaften entwickelt haben und welche relative "Bedeutung" dem Außenhandel in der Gesamtwirtschaft zukommt. Abschließend erfolgt dann eine Skizzierung darüber, wie sich die relative "Position" des Agraraußenhandels beider Länder innerhalb des Außenhandels insgesamt gewandelt hat.

Tabelle 6 zeigt mittels mehrjähriger Durchschnitte der auf der Basis von Wertgrößen gebildeten Import-Export-Relation auf, daß sich Japan von der 50er bis hin zur 70er Dekade

Tabelle 6 : Entwicklung der Import-Export-Relation[a] Japan und Bundesrepublik Deutschland, 1950 - 1980

Zeitraum	Japan Exportwerte= 1,00	BR Deutschland Exportwerte= 1,00
Ø 1950 - 1960	1,28	0,91
Ø 1960 - 1970	1,04	0,88
Ø 1970 - 1980	0,98	0,93

a Verhältnis Importwerte zu Exportwerte.

Quelle: Eigene Berechnungen. - Datengrundlage s. Anhangtabellen.

sukzessive von einem Import- zu einem Exportland entwickelt hat. Die Bundesrepublik hingegen war bereits in den 50er Jahren als Exportland einzustufen, in den 60er Jahren konnte es als solches seine Position noch ausbauen, wohingegen sich in den 70er Jahren gegenüber den Vordekaden eine vergleichsweise ungünstigere Situation einstellte.

Der Vergleich der Außenhandelsvolumina läßt erkennen (s. hierzu Tabelle 7), daß sowohl das Import- als auch das Exportvolumen Japans Mitte der 50er Jahre noch weit unterhalb desjenigen der Bundesrepublik lag. Hieraus ist zu deduzieren, daß einerseits der volkswirtschaftliche Entwicklungsstand Japans, wie dies ja bereits aus dem Vergleich des realen Bruttosozialprodukts je Kopf ersichtlich war, in den 50er Jahren noch erheblich unterhalb desjenigen der Bundesrepublik lag und andererseits auch das Maß der Außenhandelsverflechtung geringer war. Letzteres läßt sich u.a. auch an den Quoten der Import- bzw. Exportwerte am nominalen Bruttosozialprodukt ablesen (s. Tabelle 8): Die Quoten sind in der Bundesrepublik zumeist erheblich größer als in Japan.

Der Außenhandel ist somit rein quantitativ in Japan von geringerer Bedeutsamkeit als in der Bundesrepublik. Allerdings muß auch der qualitative Aspekt berücksichtigt werden: Japan ist bei elementaren Rohstoffen fast ausschließlich auf Importe angewiesen. Hinzu kommen noch wichtige Importe an Investitionsgütern. Den Exporten ist somit eine große "strategische" Bedeutung beizumessen[18].

Des weiteren ist erkennbar, daß die Importquote in Japan seit den 50er Jahren zurückgegangen ist, wohingegen die Exportquote ausgedehnt werden konnte. In der Bundesrepublik bestand diesbezüglich eine gleichmäßigere Entwicklung, d.h. Import- und Exportquoten weiteten sich nahezu im gleichen Umfang aus.

---

18) Vgl. Y. YAWATA, Hintergründe, Instrumentarium und Daten der japanischen Außenhandelspolitik. In: A. LEMPER (Hrsg.), Japan in der Weltwirtschaft (Probleme der Weltwirtschaft, Studien, Bd. 17). München 1974, S. 59-94, hier S. 62f.

Tabelle 7 : Entwicklung des Import- und Exportvolumens[a],
Japan und Bundesrepublik Deutschland, 1955 - 1980

Jahr	Japan Mio.US-Dollar	1955=100	BR Deutschland Mio.US-Dollar	1955=100
(1) Importe				
1955	5 929	100,0	16 854	100,0
1980	74 152	1250,7	120 982	717,8
1980: 1950 (in v.H.)[b]		10,6		8,2
(2) Exporte				
1955	3 330	100,0	13 593	100,0
1980	93 121	2 796,4	106 501	783,5
1980: 1950 (in v.H.)[b]		14,3		8,6

a In konst. Preisen und US-Dollar von 1976.
b Jahresdurchschnittliche Veränderungsraten (geometrische Durchschnitte).

Quelle: Eigene Berechnungen. - Datengrundlage s. Anhangtabellen.

Tabelle 8 : Entwicklung der Import- und Exportquoten[a], Japan und Bundesrepublik Deutschland, 1950 - 1980

Zeitraum	Japan v.H.	Bundesrepublik Deutschland v.H.
Importquoten		
⌀ 1950 - 1960	11,2	13,3
⌀ 1960 - 1970	9,3	14,9
⌀ 1970 - 1980	8,0	20,0
Exportquoten		
⌀ 1950 - 1960	8,7	14,7
⌀ 1960 - 1970	8,9	16,9
⌀ 1970 - 1980	11,0	21,5

a Import- bzw. Exportwerte in v.H. des nominalen Bruttosozialprodukts zu Marktpreisen.

Quellen: Eigene Berechnungen. - Datengrundlage s. Anhangtabellen.

Als wesentliche der vielfältigen Gründe für die - im Vergleich zur Bundesrepublik, aber auch im internationalen Vergleich - niedrige japanische Importquote können folgende angeführt werden[19]:

1. "Die Importe (setzen, der Verf.) sich nach wie vor überwiegend aus Gütern zusammen, über die Japan nicht verfügt (Roh- und Brennstoffe) oder die vom technisch-industriellen Entwicklungsstand her (noch) nicht hergestellt werden."

2. "Rohstoffe und Energie (wurden, der Verf.) lange Zeit billig und reichlich auf dem Weltmarkt angeboten, so daß auch rohstoff- und energieintensive Produktionen in Japan - wie auch in anderen Industrieländern - relativ wirtschaftlich betrieben werden konnten."

3. "Starker Importschutz und die Unterbewertung des Yen im Festkurssystem behinderten ... inländische Anpassungsprozesse. Der Strukturwandel vollzog sich daher stark im Wege der 'Ergänzung', d.h. neue Bereiche kamen hinzu, ohne daß die anderen (vollständig) aufgegeben wurden. Unter diesen Gegebenheiten entwickelte sich ein bis heute anhaltend hoher 'Selbstversorgungsgrad' Japans bei verarbeiteten Gütern, bei gleichzeitig starkem (und industriepolitisch gefördertem) Drang auf die Exportmärkte".

In der Tabelle 9 wird die Entwicklung der Import- und Exportgüterpreise skizziert. Es ist für Japan erkennbar, daß - über den Gesamtzeitraum hinweg betrachtet - die Exportgüterpreise merklich langsamer stiegen als die Importgüterpreise, m.a.W., die Terms of Trade verschlechterten sich. Für die Bundesrepublik stellte sich im Außenhandel zwar ebenfalls eine Verschlechterung der Austauschverhältnisse ein, allerdings in einem im Vergleich zu Japan abgeschwächteren Maße.

---

[19] Zitate übernommen von H.-E. SCHARRER, W. HESSE, H. KRÄGENAU, Japans Wirtschaftsentwicklung, Außenhandel und Wettbewerbsfähigkeit, Hamburg 1982, S. 465f.

Tabelle 9 : Entwicklung der Preisindices bei Import- und Exportgütern, Japan und Bundesrepublik Deutschland, 1955 - 1980

Jahr	Japan		Bundesrepublik Deutschland	
	1976=100	Veränderung[a]	1976=100	Veränderung
Import-güter				
1955	50,6	.	71,5	.
1970	45,6	-0,7	65,9	-0,5
1980	145,5	+12,3	127,3	+6,8
1955: 1980		+4,3		+2,3
Export-güter				
1955	73,3	.	60,6	.
1970	73,5	+0,0	70,6	+1,0
1980	106,4	+3,8	115,0	+5,0
1955: 1980		+1,5		+2,6

a Jahresdurchschnittliche Veränderungsraten, in v.H. (geometrische Durchschnitte).
Quellen: Eigene Berechnungen. - Datengrundlage s. Anhangtabellen

Bei differenzierter Sicht wird deutlich, daß die in der Langfristbetrachtung für beide Länder ungünstig verlaufene Entwicklung der Terms of Trade ausschließlich dem Preisauftrieb bei Importgütern in den 70er Jahren - und hierbei vor allem der drastischen Energieverteuerung - zuzuschreiben war. In den Dekaden vorher hatten sich die Austauschverhältnisse vornehmlich zugunsten der beiden Volkswirtschaften entwickelt. Darüber hinaus indiziert die oben angesprochene Entwicklung der Exportgüterpreise, daß sich die internationale Wettbewerbsposition Japans langfristig vergleichsweise günstiger gestaltete als die der Bundesrepublik.

Tabelle 10 beschreibt anhand mehrjähriger Durchschnittsquoten und Schaubild 6 mittels der jährlichen Anteilsgrößen den "Bedeutungswandel" des Agraraußenhandels innerhalb des Außenhandels insgesamt.

Als Analogie erweist sich im Vergleich zwischen beiden Volkswirtschaften, daß im langen Trend - allerdings in der Bundesrepublik weitaus stetiger und kräftiger als in Japan - der Anteil der Ernährungsgüterimporte an den Gesamtimportwerten zurückgegangen ist. Bei den Ernährungsgüterexporten zeigt sich im Vergleich zwischen beiden Ländern ein divergierendes Bild: Während in Japan, längerfristig betrachtet, der Anteil rückläufig war, weitete er sich in der Bundesrepublik ab Beginn der 60er Jahre nahezu kontinuierlich aus.

Bezüglich der ausgewiesenen "Agrarquoten" an den Außenhandelswerten ist jedoch anzumerken, daß sie - bedingt durch die unterschiedliche Entwicklung der Außenhandelspreise von Ernährungsgütern und den Gütern insgesamt - die "volumenmäßige Bedeutung" des Ernährungsaußenhandels nicht unmerklich unterschätzen, da die Ernährungsgüterpreise i.d.R. langsamer steigen als die Güterpreise insgesamt: Bezogen auf die Volumina (in Klammer: jeweils Angabe für die Wertgrößen) lag die "Agrarquote" am Gesamtimport in Japan in 1955 bei 25,6 v.H. (25,3 v.H.), in 1980 bei 14,8 v.H. (10,4 v.H.). In der Bundesrepublik betrugen die Anteile im Ver-

Tabelle 10 : Stellung des Agraraußenhandels innerhalb des Außen-
         handels insgesamt, Japan und Bundesrepublik Deutschland,
         1950 - 1980

Zeitraum	Japan	Bundesrepublik Deutschland
Agrarimportwerte: Gesamtimportwerte (in v.H.)		
⌀ 1950 - 1960	19,9	24,2
⌀ 1960 - 1970	13,0	16,0
⌀ 1970 - 1980	12,4	13,1
Agrarexportwerte: Gesamtexportwerte (in v.H.)		
⌀ 1950 - 1960	6,9	2,5
⌀ 1960 - 1970	4,1	2,8
⌀ 1970 - 1980	1,5	4,6

Quellen: Eigene Berechnungen. - Datengrundlage s. Anhangtabellen

Schaubild 6

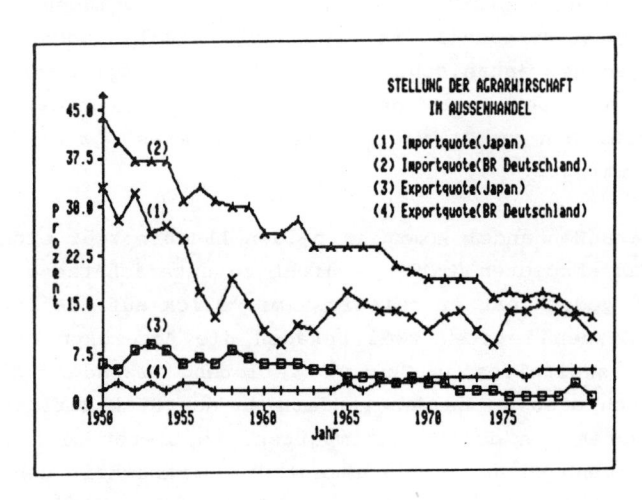

STELLUNG DER AGRARWIRTSCHAFT
IM AUSSENHANDEL

(1) Importquote(Japan)
(2) Importquote(BR Deutschland).
(3) Exportquote(Japan)
(4) Exportquote(BR Deutschland)

Quellen: s. Anhangtabellen. - Eigene Berechnungen.

gleich hierzu in 1955 28,5 v.H. (31,2 v.H.), in 1980 16,0 v.H. (12,7 v.H.). Die "Agrarquote" am Gesamtexport umfaßte demgegenüber in der Bundesrepublik in 1955 2,5 v.H. (2,7 v.H.), in 1980 5,4 v.H. (5,3 v.H.). Diese Quotenausweitung um mehr als 100 Prozent ist nicht zuletzt durch die Schaffung des Instrumentariums der Gemeinsamen EWG-Agrarmarktpolitik begünstigt worden. Für Japan lag die "Agrarquote" an den Wertgrößen 1955 bei 6,3 v.H. und 1980 bei 1,2 v.H. (Für die Volumengrößen können keine Angaben gemacht werden, da für die Ernährungsgüterexporte kein Preisindex ausgewiesen wird. Jedoch dürften auch hier tendenziell die auf der Grundlage von Volumengrößen berechneten Anteile oberhalb der auf der Grundlage von Wertgrößen ermittelten gelegen haben.)

An den vorstehend besprochenen Globaldaten und Maßgrößen dürfte deutlich geworden sein, daß der Außenhandel für beide Länder von essentieller Bedeutung ist. Dies gilt für die Bundesrepublik in noch stärkerem Maß als für Japan, wie insbesondere anhand der Quoten der Ein- und Ausfuhrwerte am nominalen gesamtwirtschaftlichen Bruttosozialprodukt aufgezeigt worden ist. Sichtbar wird das angesprochene Faktum zudem auch ganz einfach daran, daß das Exportvolumen der bundesdeutschen Wirtschaft im Jahre 1980 absolut noch oberhalb desjenigen der japanischen Volkswirtschaft lag, obwohl letztere im gleichen Jahr, gemessen am realen Bruttosozialprodukt, über ein um etwa ein Drittel höheres Wirtschaftsaufkommen verfügte.

Dem Agraraußenhandel kommt in beiden Ländern zwar eine - gemessen an absoluten Größen - nicht zu unterschätzende Bedeutung zu, jedoch hat er relativ - mit Blick auf die Bundesrepublik in den letzten zwei Dekaden die Agrarexporte ausgenommen - zweifellos an Gewicht verloren. Besonders deutlich zeigt sich dies in beiden Ländern an der Rückläufigkeit der "Agrarquoten" an den Gesamtimporten. Es bietet sich in diesem Zusammenhang an, wiederum auf die Wirksamkeit des Engelschen Gesetzes zu verweisen. Allerdings ist - mit speziellem Bezug auf das angeführte Beispiel - natürlich zu beachten, daß ein Teil der Anteilsreduzierung auf Importsubstitution zurückzuführen war. Letztere wurde dadurch begünstigt, daß in beiden Ländern ein hohes Maß an Agrarprotektion bestand.

2.4 Die Agrarwirtschaft im gesamtwirtschaftlichen Strukturwandel

In den weiteren Betrachtungen soll differenzierter, als dies in der im Abschnitt 2.1.2 vorangestellten Grobskizze erfolgen konnte, dargestellt werden, wie sich langfristig die relative "Position" oder "Bedeutung" der Landwirtschaft innerhalb der Gesamtwirtschaft gewandelt hat. Als Referenzperiode wird für die meisten Indikatorgrößen - aus Gründen der Datenverfügbarkeit - der Zeitraum 1954-1980 zugrunde gelegt. Bei den Produktions-, Preis- und Einkommensdaten wurden bei den Berechnungen Dreijahresdurchschnitte verwendet, um zufallsbedingte Schwankungen möglichst auszuschalten. Zur Charakterisierung der strukturellen Veränderungen werden als Kenngrößen einerseits die Anteile der Agrarwirtschaft an zentralen gesamtwirtschaftlichen Aggregaten (Faktoreinsatz, Produktion und Einkommen) und andererseits Verhältniswerte, d.h. Relationen zwischen agrar- und gesamtwirtschaftlichen Niveaugrößen (durchschnittliche Preisniveaus, Produktivitäten und Einkommen), herangezogen. Abschließend werden dann die Wandlungen der Strukturgrößen für beide Agrarwirtschaften gegenübergestellt, und es wird herausgearbeitet, ob und welche Gesetzmäßigkeiten sich hinter den Strukturveränderungen verbergen und welche ersten Schlußfolgerungen daraus aus agrarökonomischer Sicht ableitbar sind.

2.4.1 Entwicklung der Erwerbstätigkeit[20]

In der Tabelle 11 und im Schaubild 7 werden für beide Länder die Entwicklung der Zahl der Erwerbstätigen in der Gesamt- und in der Agrarwirtschaft skizziert, des weiteren werden jeweils einige Strukturdaten (Anteilsgrößen) und deren Änderungen ausgewiesen.

Es ist erkennbar, daß die 50er Jahre für beide Volkswirtschaften durch eine merkliche Zunahme der Zahl der Erwerbstätigen insgesamt zu charakterisieren waren. Im Hinblick auf Japan traf dieses abgeschwächter auch für die 60er und 70er Jahre zu. In der Bundesrepublik hingegen waren innerhalb der letztgenannten Zeiträume entweder nur vergleichsweise geringe Zuwächse oder sogar Rückgänge der Erwerbstätigenzahlen zu beobachten. In Japan stieg die Zahl der Erwerbstätigen von etwa 36,7 Mio. in 1950 auf ca. 53,4 Mio. in 1980. In der Bundesrepublik erhöhte sie sich von etwa 21,2 Mio. in 1950 auf ca. 26,7 Mio. in 1970. Danach, d.h. bis 1980, sank sie auf ca. 26,3 Mio.

Die Zahl der in der Landwirtschaft Erwerbstätigen ging innerhalb der Betrachtungsperiode in beiden Ländern mit ähnlich hohen Veränderungsraten zurück. Ein größerer Unterschied bestand lediglich in der ersten Hälfte der 50er Jahre. Im Durchschnitt, d.h. über den Gesamtzeitraum hinweg betrachtet, beliefen sich die Abwanderungsraten der in der Landwirtschaft Erwerbstätigen in beiden Volkswirtschaften auf ungefähr 3 1/2 (Japan) bzw. 4 v.H. (Bundesrepublik). In einzelnen Perioden lagen die Mobilitätsraten jedoch auch darüber. Insbesondere galt dieses für die 60er (v.a. zweite Hälfte) sowie für die erste Hälfte der 70er Jahre.

---

[20] Bezüglich einer differenzierten Darstellung der Struktur und Entwicklung der Erwerbstätigkeit nach Wirtschaftsbereichen vgl. u.a. U. HAMMER, Faktorallokation und Produktivitätsfortschritte ..., a.a.O., S. 89 ff.

Tabelle 11: Erwerbstätige in der Wirtschaft insgesamt sowie in der Agrarwirtschaft, Japan und BR Deutschland, 1950 - 1980

A. Absolut- und Anteilsgrößen

Jahr	Gesamtwirtschaft		Agrarwirtschaft		Gesamtwirtschaft : Agrarwirtschaft	
	Japan	BR Deutschland	Japan	BR Deutschland	Japan	BR Deutschland
	in Tausend		in Tausend		in v.H.	
	1	2	3	4	5	6
1950	35 720	21 203	15 990	5 027	44,8	23,7
1960	44 360	26 247	13 400	3 623	30,2	13,8
1970	50 940	26 668	8 860	2 262	17,4	8,5
1980	53 360	26 302	5 770	1 436	10,8	5,5

B. Veränderung

Jahr	Gesamtwirtschaft				Agrarwirtschaft				Agrarwirtschaft : Gesamtwirtschaft			
	Japan		BR Deutschland		Japan		BR Deutschland		Japan		BR Deutschland	
	1950 = 100	Veränderung[a]	1950 = 100	Veränderung[a]	1950 = 100	Veränderung[a]	1950 = 100	Veränderung[a]	1950 = 100	Veränderung[a]	1950 = 100	Veränderung[a]
	1a	1b	2a	2b	3a	3b	4a	4b	5a	5b	6a	6b
1950	100,0	.	100,0	.	100,0	.	100,0	.	100,0	.	100,0	.
1960	124,2	+ 2,0	123,8	+ 2,2	83,8	- 2,5	72,1	- 3,2	67,5	- 3,9	58,2	- 5,3
1970	142,6	+ 1,4	125,8	+ 0,2	55,4	- 4,1	45,0	- 4,6	38,9	- 5,4	35,8	- 4,8
1980	155,0	+ 0,8	124,0	- 0,1	36,1	- 4,2	28,6	- 4,4	24,2	- 4,6	23,0	- 4,3
1980 : 1950		+ 1,5		+ 0,7		- 3,3		- 4,1		- 4,6		- 4,8

a Jahresdurchschnittliche Veränderungsraten, in v.H: (geometrische Durchschnitte).

Quellen: s. Anhangtabellen - eigene Berechnungen.

Schaubild 7

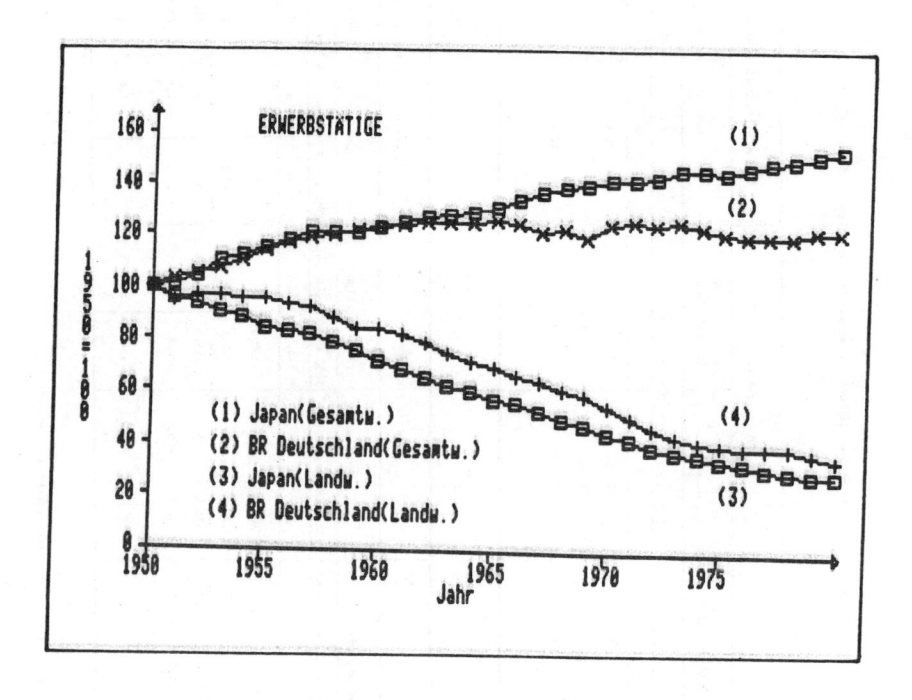

ERWERBSTÄTIGE

(1) Japan(Gesamtw.)
(2) BR Deutschland(Gesamtw.)
(3) Japan(Landw.)
(4) BR Deutschland(Landw.)

1950 = 100

Quellen: s. Anhangtabellen. - Eigene Berechnungen.

Die sich vermindernde Zahl der landwirtschaftlichen Erwerbstätigen kennzeichnet in bezug auf den Arbeitseinsatz für beide Länder ein hohes Maß an strukturellem Wandel. Als einfache Maßgrößen für die Strukturentwicklung können in diesem Zusammenhang die Anteile der in der Landwirtschaft Erwerbstätigen an den Erwerbstätigen insgesamt und die Veränderungen dieser Strukturmaße im Zeitablauf herangezogen werden[21]. Die Anteilsniveaus der landwirtschaftlichen Erwerbstätigen lagen in Japan in 1950 bei 44,8 v.H., in der Bundesrepublik bei 23,7 v.H.; 1980 betrugen sie in Japan 10,8 v.H. und in der Bundesrepublik 5,5 v.H.

Am Ländervergleich wird deutlich, daß trotz der merklichen Unterschiede hinsichtlich des Niveaus der Anteilsgrößen (s. Tabelle 11) deren Änderungsraten im Durchschnitt über den zugrunde gelegten Zeitraum (1950-1980) nahezu identisch waren, wenngleich in den Unterperioden mehr oder minder große Unterschiede bestanden: So lag in den 50er Jahren die Strukturveränderungsrate in der Bundesrepublik um 1 1/2 Prozentpunkte oberhalb, im Durchschnitt der 60er und 70er Jahre um 3/4 Prozentpunkte unterhalb derjenigen in Japan.

---

[21] Die Strukturveränderungen entsprechen - unter Vernachlässigung des Infinitesimalgliedes - der Differenz zwischen der Wachstumsrate (W) des Teilaggregates (A) und derjenigen des Gesamtaggregates (B): $W(A/B) = W(A) - W(B)$. - F. DOVRING spricht beispielsweise unter Zugrundelegung der Differenzgröße $W(Bev_{NL}) - W(Bev)$ von einer Differenzwachstumsrate (coefficient of differential growth). Siehe F. DOVRING, Der landwirtschaftliche Anteil an einer wachsenden Bevölkerung (Deutsche Übersetzung von H. GERHARDT).In: E. GERHARDT und P. KUHLMANN (Hrsg.), Agrarwirtschaft und Agrarpolitik (Neue Wissenschaftliche Bibliothek, Bd. 30), Köln und Berlin 1969, S. 346-366. Englischer Originaltext siehe F. DOVRING, The State of Agriculture in a Growing Population. In: "Monthly Bulletin of Agricultural Economics and Statistics", Vol. 8, No. 8/9, Rom 1959. - B.F. JOHNSTON verwendet den Terminus in analoger Weise bezogen auf die Differenz der Wachstumsraten zwischen den nichtlandwirtschaftlichen Erwerbstätigen und den Erwerbstätigen insgesamt. Vgl. B.F. JOHNSTON, The Japanese "Model" of Agricultural Development. Its Relevance to Developing Nations. In: K. OHKAWA, B.F. JOHNSTON and H. KANEDA, Agriculture and Economic Growth: Japan's Experience. Princeton and Tokyo 1970, S. 58-102. Siehe hier S. 70 f. sowie S.73 (Tabelle 1). Bezüglich einer ausführlicheren Fassung s. B.F. JOHNSTON, Agriculture and Economic Development: The Relevance of the Japanese Experience. In:" Food Research Institute Studies", VI, No. 3 (1966), pp. 251-312.

Die Strukturveränderungsraten machen deutlich, daß in bezug auf die Intensität der strukturellen Anpassung des landwirtschaftlichen Arbeitskräfteeinsatzes zwischen beiden Volkswirtschaften ein noch größeres Maß an Ähnlichkeit bestand, als dies anhand der Mobilitätsraten aufgezeigt werden konnte. Gemessen an den Strukturveränderungsraten hat sich die Friktion des landwirtschaftlichen Arbeitskräfteeinsatzes – die 50er Jahre außer acht lassend – in Japan sogar schneller vollzogen als in der Bundesrepublik. Wohingegen die Betrachtung der Abwanderungsraten zu einem umgekehrtem Ergebnis geführt hatte. Die Erklärung findet sich in der eingangs dargestellten divergierenden Entwicklung der Zahl der Erwerbstätigen insgesamt: In Japan vollzog sich der agrarstrukturelle Wandel in bezug auf den Faktor Arbeit bei im Vergleich zur Bundesrepublik relativ stärker steigender Zahl des Arbeitskräfteeinsatzes in der Wirtschaft insgesamt.

2.4.2 Entwicklung der Produktion[22]

Die Tabelle 12 und das Schaubild 8 vermitteln einen Eindruck von der längerfristigen Entwicklung des gesamt- und des agrarwirtschaftlichen Bruttoinlandsprodukts beider Länder.

Die Produktionsaggregate werden in der Tabelle jeweils in konstanten Preisen und US-Dollar von 1976 ausgewiesen. Bei vorsichtiger Interpretation der Dollarvergleichsgrößen ist erkennbar, daß das japanische Inlandsprodukt zu Anfang der 50er Jahre in etwa um ein Drittel unterhalb, 1980 dagegen um ein Drittel oberhalb desjenigen der Bundesrepublik lag[23]:

---

[22] Bezüglich differenzierterer Darstellungen der längerfristigen Entwicklung von Produktion und sektoraler Produktionsstruktur siehe u.a. U. HAMMER, Faktorallokation und Produktivitätsfortschritte ..., a.a.O., S. 177 ff. (Japan und BR Deutschland, 1953-1970); W. GLASTETTER, R. PAULERT, U. SPÖREL, Die wirtschaftliche Entwicklung ..., a.a.O., S. 86 ff. (BR Deutschland, 1950-1980).
[23] Hinsichtlich der Problematik von Niveaurelationen beim internationalen Vergleich siehe U. HAMMER, Faktorallokation und Produktivitätsfortschritte ..., a.a.O., S. 165 ff.

Tabelle 12: Gesamt- und agrarwirtschaftliche Produktion,[a] Japan und BR Deutschland, 1954 - 1980[b]

A. Absolut- und Anteilsgrößen

Jahr	Gesamtwirtschaft		Agrarwirtschaft		Agrarwirtschaft : Gesamtwirtschaft	
	Japan	BR Deutschland	Japan	BR Deutschland	Japan	BR Deutschland
	in Mio. US-Dollar		in Mio. US-Dollar		i.V.	
	1	2	3	4	5	6
1954	94 128	160 584	19 372	9 703	20,6	6,0
1960	152 774	240 360	24 410	10 095	16,0	4,2
1970	407 342	377 626	27 394	11 833	6,7	3,1
1980	680 573	298 237	28 456	12 979	4,2	2,6

B. Veränderungen

Jahr	Gesamtwirtschaft				Agrarwirtschaft				Agrarwirtschaft : Gesamtwirtschaft			
	Japan		BR Deutschland		Japan		BR Deutschland		Japan		BR Deutschland	
	1954 = 100	Veränderung	1954 = 100	Veränderung	1954 = 100	Veränderung	1954 = 100	Veränderung	1954 = 100	Veränderung	1954 = 100	Veränderung
	1a	1b	2a	2b	3a	3b	4a	4b	5a	5b	6a	6b
1954	100,0	.	100,0	.	100,0	.	100,0	.	100,0	.	100,0	.
1960	162,3	+ 8,4	149,7	+ 7,0	126,0	+ 3,9	104,0	+ 0,7	77,6	- 4,1	69,5	- 5,9
1970	432,8	+10,3	235,2	+ 4,6	141,4	+ 1,2	122,0	+ 1,6	32,7	- 8,3	51,9	- 2,9
1980	723,0	+ 5,3	319,3	+ 2,8	146,9	+ 0,4	133,8	+ 0,9	20,3	- 4,6	43,1	- 1,8
1980 : 1954		+ 7,9		+ 4,5		+ 1,5		+ 1,1		- 5,9		- 3,2

[a] Bruttoinlandsprodukt zu Marktpreisen in konst. Preisen und US-Dollar von 1976, zugrunde gelegte Umrechnungskurse:
1 US-Dollar ≙ 296,55 Yen ≙ 2,518 DM.

[b] Bei den ausgewiesenen Jahresdaten handelt es sich um dreijährige Durchschnitte.

[c] Jahresdurchschnittliche Veränderungsraten, in v.H. (geometrische Durchschnitte).

Quellen: s. Anhangtabellen - eigene Berechnungen.

Schaubild 8

REALES BIP ZU MARKTPREISEN)
(Gltd.3-Jahres-Durchschnitte)

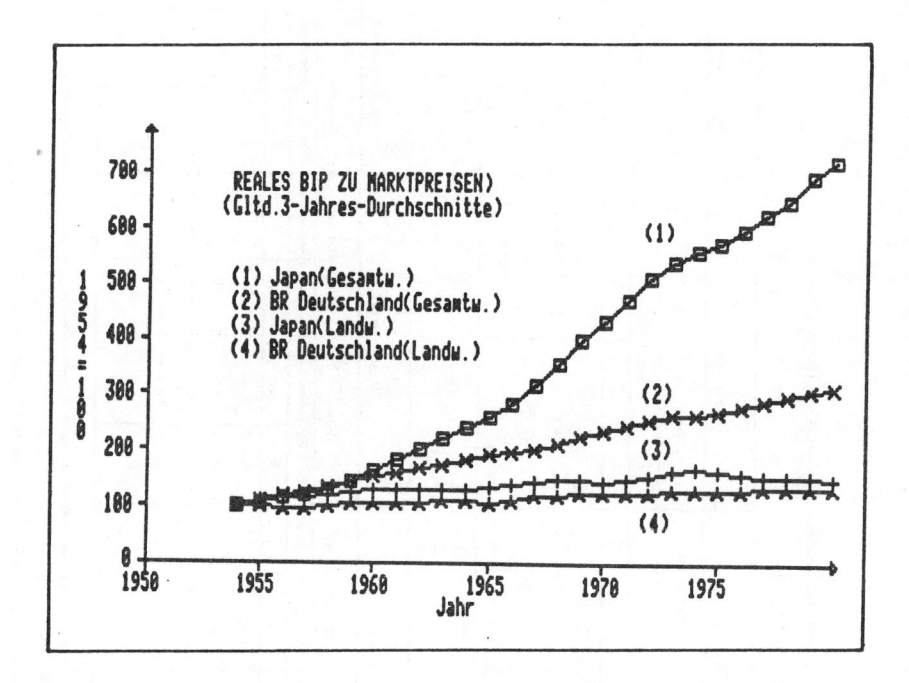

(1) Japan(Gesamtw.)
(2) BR Deutschland(Gesamtw.)
(3) Japan(Landw.)
(4) BR Deutschland(Landw.)

1954 = 100

Quellen: s. Anhangtabellen. – Eigene Berechnungen.

In Japan betrug das Inlandsprodukt in 1954 94,1 Mrd. US-Dollar, in der Bundesrepublik 160,6 Mrd. US-Dollar. Bis 1980 stieg es in Japan auf 680,6 Mrd. US-Dollar, in der Bundesrepublik auf 298,2 Mrd. US-Dollar.

Aus den im Zeitablauf veränderten Größenordnungen wird bereits deutlich, daß die japanische Wirtschaft, allerdings ausgehend von einem im Vergleich zur Bundesrepublik niedrigeren Entwicklungsstand - wie dieses ja auch schon in Verbindung mit der vergleichenden Darstellung des realen Bruttosozialprodukt je Kopf herausgearbeitet worden ist -, relativ rascher wuchs: Die frühen 50er Jahre ausgenommen, lagen die Wachstumsraten in Japan durchweg höher als in der Bundesrepublik. Besonders überlegen gestaltete sich das Produktionswachstum der japanischen Volkswirtschaft in den 60er und frühen 70er Jahren. Während dieser Perioden waren die Zuwachsraten in Japan mehr als doppelt so hoch wie in der Bundesrepublik.

Das agrarwirtschaftliche Bruttoinlandsprodukt Japans war in 1953, gemessen an den Dollarvergleichsgrößen, etwa doppelt so groß wie dasjenige der Bundesrepublik. Im Jahre 1980 betrug das Größenverhältnis 2 1/4 : 1, woran ablesbar ist, daß die japanische Agrarwirtschaft im zugrunde gelegten Untersuchungszeitraum etwas rascher wuchs.

Mit Hilfe der ebenfalls in der Tabelle 12 ausgewiesenen Änderungsraten läßt sich diese Aussage differenzieren: Die Steigerungsraten weisen für den japanischen Agrarsektor sowohl für die 50er als auch für die 60er Jahre ein höheres Wachstum aus als für den bundesdeutschen. In den 70er Jahren bestand in bezug auf das Produktionswachstum eine mehr oder minder stark ausgeprägte Unterlegenheit der japanischen Agrarwirtschaft (insbesondere zurückzuführen auf die deutliche Abschwächung der Zuwächse nach 1973/74).

Angesichts der aufgezeigten Divergenzen zwischen den Steigerungsraten in den einzelnen Dekaden, zeigt sich bei globaler, die Gesamtperiode einbeziehender Sicht, im Vergleich zwischen beiden Agrarwirtschaften ein recht unterschiedliches Bild: Während das japanische agrare Bruttoinlandsprodukt jährlich um 1,5 v.H. stieg, lag der entsprechende Steigerungssatz für die Bundesrepublik bei nur 1,1 v.H. Für beide Agrarwirtschaften in etwa gleichhohe Wachstumsraten ergeben sich, wenn statt 1954 das Jahr 1957 als Basisjahr gewählt und somit bezüglich Japans der insbesondere aus der Reisrekordernte von 1955 resultierende Wachstumseffekt unberücksichtigt bleibt: In diesem Fall liegen die Steigerungsraten in beiden Ländern etwas oberhalb 1 v.H.

Eine Gegenüberstellung der gesamtwirtschaftlichen mit den agrarwirtschaftlichen Änderungsraten des Bruttoinlandsprodukts führt für beide Länder zu dem für entwickelte Volkswirtschaften charakteristischen Ergebnis, daß der Agrarsektor langsamer expandierte als die Wirtschaft insgesamt und folglich der Anteil dieses Wirtschaftszweiges an der volkswirtschaftlichen Gesamtproduktion beständig zurückging. Das Anteilsniveau sank in Japan von 20,6 v.H. in 1954 auf 4,2 v.H. in 1980; in der Bundesrepublik verminderte es sich von 6,0 v.H. in 1954 auf 2,6 v.H. in 1980 (s. Tabelle 12).

Die Landwirtschaft erweist sich somit in beiden Ländern als ein relativ schrumpfender Sektor. Bei periodenbezogener Sicht wird deutlich, daß, sich bedingend aus der jeweiligen Intensität des Wachstums der Agrarwirtschaft einerseits und derjenigen der Gesamtwirtschaft andererseits, sich der relative Schrumpfungsprozeß des Agrarsektors in Japan in den 60er, in der Bundesrepublik in den 50er Jahren am raschesten vollzog.

2.4.3 Entwicklung der Arbeitproduktivität

Als Maßgröße für die Entwicklung der partiellen Arbeitsproduktivität kann das reale Bruttoinlandsprodukt je Erwerbstätigen herangezogen werden. In der Tabelle 13 werden hierzu für die Gesamt- und die Agrarwirtschaft einige Daten ausge-

Tabelle 13: Arbeitsproduktivität[a],[b] in der Gesamtwirtschaft und in der Agrarwirtschaft, Japan und BR Deutschland, 1954 - 1980

A. Absolut- und Anteilsgrößen

Jahr	Gesamtwirtschaft		Agrarwirtschaft		Agrarwirtschaft : Gesamtwirtschaft	
	Japan	BR Deutschland	Japan	BR Deutschland	Japan	BR Deutschland
	in US-Dollar		in US-Dollar		in v.H.	
	1	2	3	4	5	6
1954	2 360	6 891	1 268	2 202	53,7	32,0
1960	3 444	9 158	1 822	2 786	52,8	30,4
1970	7 997	14 160	3 092	5 231	38,7	36,9
1980	12 294	18 943	4 932	9 038	40,1	47,7

B. Veränderung

Jahr	Gesamtwirtschaft				Agrarwirtschaft				Agrarwirtschaft : Gesamtwirtschaft			
	Japan		BR Deutschland		Japan		BR Deutschland		Japan		BR Deutschland	
	1954=100	Veränderung[c]	1954=100	Veränderung[c]	1954=100	Veränderung[c]	1954=100	Veränderung[c]	1954=100	Veränderung[c]	1954=100	Veränderung[c]
	1	2	3	4	5	6	7	8	9	10	11	12
1954	100,0	.	100,0	.	100,0	.	100,0	.	100,0	.	100,0	.
1960	145,9	+ 6,5	132,9	+ 4,9	143,7	+ 6,2	126,5	+ 4,0	98,4	- 0,3	95,2	- 0,8
1970	338,9	+ 4,4	205,5	+ 4,5	243,9	+ 5,4	237,5	+ 6,5	72,0	- 3,1	115,6	+ 2,0
1980	521,0	+ 4,4	274,9	+ 3,0	389,0	+ 4,8	410,4	+ 5,6	74,7	+ 0,4	149,3	+ 2,6
1980 : 1954		+ 6,6		+ 4,0		+ 5,4		+ 5,5		- 1,1		+ 1,6

[a] Bruttoinlandsprodukt zu Marktpreisen je Erwerbstätigen in konst. Preisen und US-Dollar von 1976; zugrunde gelegte Umrechnungkurse:
  1 US-Dollar ≙ 296,55 Yen ≙ 2,518 DM.
[b] Bei den Produktionsgrößen wurden für die ausgewiesenen Jahre jeweils dreijährige Durchschnitte verwendet.
[c] Jahresdurchschnittliche Veränderungsraten, in v.H. (geometrische Durchschnitt).

Quellen: s. Anhangtabellen - eigene Berechnungen.

wiesen. Eine graphische Darstellung der Entwicklungstendenzen vermittelt Schaubild 9.

Bei vorsichtiger Interpretation der absoluten Größen (Dollarvergleichswerte) ist festzustellen, daß die Arbeitsproduktivität in der Gesamtwirtschaft in Japan in 1954 etwa ein Drittel, in 1980 etwa zwei Drittel derjenigen in der Bundesrepublik betrug. Ein etwas anderes Bild bestand bezüglich der Arbeitsproduktivität in der Landwirtschaft: Sie lag in Japan sowohl in 1954 als auch in 1980 um knapp einhalb unterhalb derjenigen in der Bundesrepublik.

Die gesamtwirtschaftliche Arbeitsproduktivität hatte in Japan die größten Zuwächse in den 50er (6 1/2 v.H.) und insbesondere in den 60er Jahren (knapp 9 v.H.), in der Bundesrepublik insbesondere in den 50er (knapp 5 v.H.) und in den 60er Jahren (4 1/2 v.H.). In den 70er Jahren trat in beiden Ländern eine Abschwächung ein (in Japan auf knapp 4 1/2 v.H., in der Bundesrepublik auf 3 v.H.). Über den Gesamtzeitraum hinweg lag der jährliche Zuwachs in Japan bei gut 6 1/2, in der Bundesrepublik bei 4 v.H.

Die landwirtschaftliche Arbeitsproduktivität erfuhr in beiden Ländern leicht divergierende Zuwachsraten: Sie lagen in den 50er Jahren oberhalb 6 (Japan) bzw. bei 4 v.H. (Bundesrepublik), in den 60er Jahren bei knapp 5 1/2 bzw. 6 1/2 v.H., in den 70er Jahren nahe 5 v.H. bzw. gut 5 1/2 v.H. und über die Gesamtperiode hinweg in beiden Ländern bei 5 1/2 v.H.

Der Vergleich der Steigerungsraten der Arbeitsproduktivität in der Gesamt- mit denjenigen in der Landwirtschaft läßt erkennen, daß in Japan im langfristigen Trend die Arbeitsproduktivität in der Volkswirtschaft insgesamt, in der Bundesrepublik diejenige im Agrarsektor rascher stieg. Ausnahmen bildeten - bei differenzierter Betrachtung - für beide Länder die 50er und für Japan die 70er Jahre.

Schaubild 9

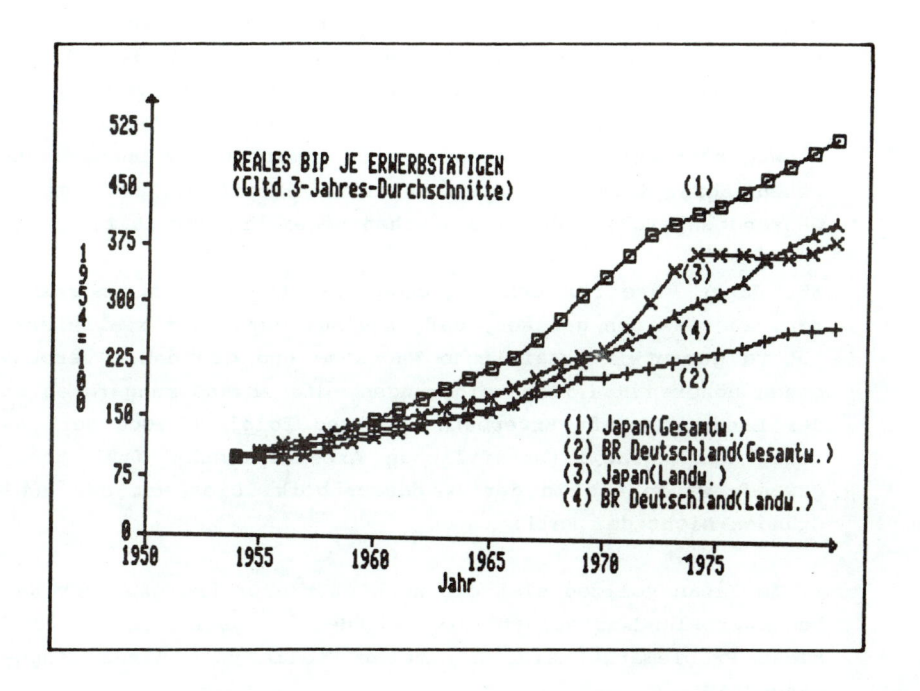

```
                        REALES BIP JE ERWERBSTÄTIGEN
                        (Gltd.3-Jahres-Durchschnitte)
```

(1) Japan(Gesamtw.)
(2) BR Deutschland(Gesamtw.)
(3) Japan(Landw.)
(4) BR Deutschland(Landw.)

Quellen: s. Anhangtabellen. - Eigene Berechnungen.

In der Tabelle 13 sowie im Schaubild 10 wird die Relation zwischen gesamt- und agrarwirtschaftlicher Arbeitsproduktivität abgebildet.

Die Verhältnisgrößen weisen aus, daß die landwirtschaftliche Arbeitsproduktivität in Japan 1954 etwa 54, in 1980 etwa 40 v.H. der gesamtwirtschaftlichen betrug. In der Bundesrepublik gestaltete sich die Ausgangssituation mit 32 v.H. in 1954 noch ungünstiger. Allerdings stieg dieser Verhältniswert bis 1980 auf fast 47 v.H. an. Über die Gesamtperiode hinweg betrachtet, verbesserte sich somit in der bundesdeutschen Agrarwirtschaft die "relative Arbeitsproduktivität", während es sich in der japanischen umgekehrt verhielt.

Für Japan wäre für den zugrunde gelegten Betrachtungszeitraum zu erwarten gewesen, daß, bedingt durch das realisierte höhere gesamtwirtschaftliche Wachstum und die damit verbundenen höheren Reallohnsteigerungen, die Abwanderungsraten in der Landwirtschaft Erwerbstätiger und folglich auch der Anstieg der agrarwirtschaftlichen Arbeitsproduktivität höher gewesen wären als in der Bundesrepublik. Dies war aus zwei Gründen nicht der Fall:

1. In Japan vollzog sich ein noch stärkerer Übergang zur Nebenerwerbslandwirtschaft als in der Bundesrepublik. (Auf diese Problematik wird an anderer Stelle noch näher eingegangen.)

2. In Japan stiegen im langen Entwicklungstrend die relativen Agrarpreise an, in der Bundesrepublik gingen sie zurück. (Diese Thematik wird im nachfolgenden Abschnitt behandelt.)

Als Folge der vergleichsweise günstigeren Agrarpreisentwicklung gestalteten sich auch die Faktorentlohnungen in der japanischen Agrarwirtschaft vergleichsweise günstiger, und dieses entfaltete hemmende Wirkungen auf die Reallokation landwirtschaftlicher Produktionsfaktoren und dabei insbesondere auf diejenige landwirtschaftlicher Arbeitskräfte. (Auf diesen Aspekt wird ebenfalls später noch näher eingegangen.)

Schaubild 10

RELATIVE ARBEITSPRODUKTIVITÄT[a]
(Gltd.3-Jahres-Durchschnitte)

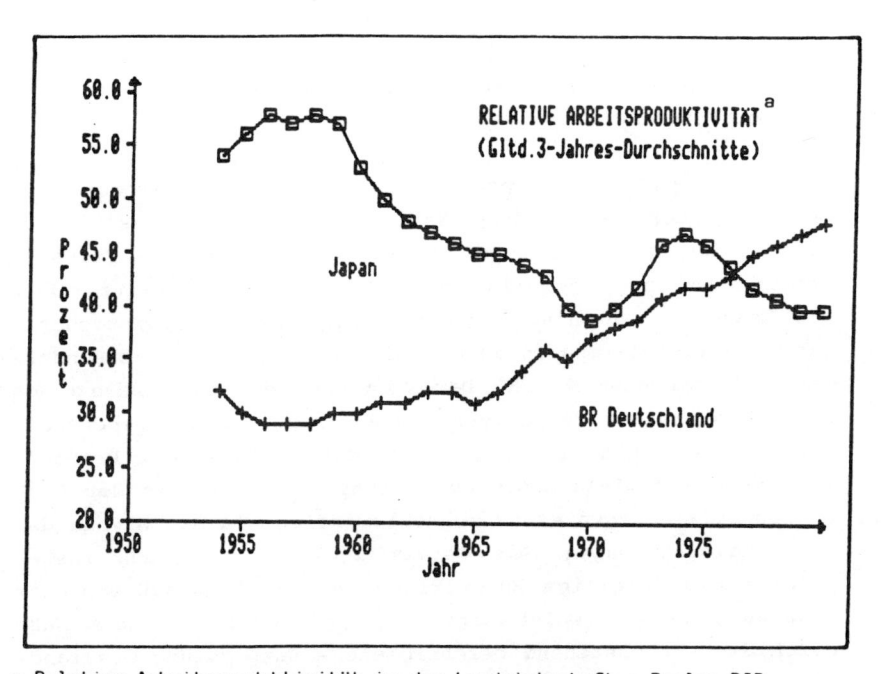

Prozent (y-Achse): 20.0 bis 60.0
Jahr (x-Achse): 1950 bis nach 1975

Kurven: Japan, BR Deutschland

a Relative Arbeitsproduktivität in der Landwirtschaft = Reales BIP zu Marktpreisen in der Agrarwirtschaft/Erwerbstätige in der Agrarwirtschaft: Reales BIP zu Marktpreisen in der Gesamtwirtschaft/Gesamtzahl der Erwerbstätigen.

Quellen: s. Anhangtabellen. - Eigene Berechnungen.

2.4.4 Entwicklung des Preisniveaus in Gesamt- und Agrarwirtschaft sowie relative Agrarpreise

Die Tabelle 14 und das Schaubild 11 vermitteln einen Eindruck von der agrar- und gesamtwirtschaftlichen Preisniveauentwicklung. Als Indikatorgrößen werden jeweils die Implizitpreisdeflatoren des Bruttoinlandsprodukts zu Marktpreisen (BIP) herangezogen. Darüber hinaus werden die Relationen zwischen gesamt- und agrarwirtschaftlichen Deflatoren, d.h. die relativen Agrarpreise aufgezeigt.

Der gesamtwirtschaftliche BIP-Deflator kennzeichnet für beide Länder eine von Dekade zu Dekade ansteigende Preissteigerungsrate, wobei erkennbar ist, daß die Geldentwertung in Japan jeweils etwas rascher voranschritt. Über die Gesamtperiode hinweg gesehen, lag die gesamtwirtschaftliche Inflationsrate in Japan bei etwa 5 1/3, in der Bundesrepublik bei etwa 4 v.H. Der Vergleich der Entwicklung des BIP-Deflators mit derjenigen des Preisindexes der Lebenshaltung (s. Abschnitt 2.6.3) zeigt, daß in Japan das Preisniveau des Bruttoinlandsprodukts etwas langsamer, in der Bundesrepublik dagegen etwas schneller stieg als das Niveau der Lebenshaltungskosten. Als Determinante hierfür kann insbesondere die jeweilige Entwicklung der Ernährungsgüterpreise angeführt werden, welche ihrerseits wiederum in hohem Maße durch die - nachstehend beschriebene - Entwicklung des landwirtschaftlichen Implizit-Preisdeflators beeinflußt wird.

Der agrarsektorale BIP-Deflator kennzeichnet für die 50er Jahre (1954-1960) sowohl für Japan mit 1 v.H. als auch für die Bundesrepublik mit 1 1/2 v.H. einen vergleichsweise geringen Agrarpreisanstieg. Die 60er und 70er Jahre zeichnen sich dagegen für Japan durch recht hohe jährliche Zuwächse (in beiden Dekaden etwa 7 v.H.) aus. In der Bundesrepublik lagen die Steigerungsraten demgegenüber in den 60er Jahren bei 1 und den 70er Jahren bei 2 1/4 v.H.

Jedoch besagen die aufgezeigten Veränderungsraten der nominalen Agrarpreise wenig, sofern sie nicht mit der Preisni-

Tabelle 14: Preisniveau (BIP-Deflatoren) der gesamt- und agrarwirtschaftlichen Produktion[a], Japan und BR Deutschland, 1954 - 1980[b]

Jahr	Gesamtwirtschaft					Agrarwirtschaft					Agrarwirtschaft : Gesamtwirtschaft			
	Japan		BR Deutschland			Japan		BR Deutschland			Japan		BR Deutschland	
	1976=100	Veränderung[c]	1976=100	Veränderung[c]		1976=100	Veränderung[c]	1976=100	Veränderung[c]		1976=100	Veränderung[c]	1976=100	Veränderung[c]
	1a	1b	2a	2b		3a	3b	4a	4b		5a	5b	6a	6b
1954	30,7	.	42,8	.		25,5	.	64,2	.		83,1	.	150,0	.
1960	36,9	+ 3,1	49,7	+ 2,6		27,9	+ 1,5	69,7	+ 1,4		75,5	- 1,5	140,0	- 1,1
1970	58,1	+ 4,6	71,0	+ 3,6		53,9	+ 6,8	76,2	+ 0,9		92,8	+ 2,1	107,3	- 2,6
1980	117,1	+ 7,3	117,2	+ 5,1		107,4	+ 7,1	95,5	+ 2,3		91,7	- 0,1	81,4	- 2,7
1980: 1950		+ 5,3		+ 4,0			+ 5,7		+ 1,5			+ 0,4		- 2,3

a Bruttoinlandsproduktion zu Marktpreisen.

b Den ausgewiesenen Jahresdaten liegen jeweils dreijährige Durchschnitte zugrunde.

c Jahresdurchschnittliche Veränderungsraten, in v.H. (geometrische Durchschnitte).

Quellen: s. Anhangtabellen - eigene Berechnungen.

Schaubild 11

BIP-DEFLATOREN
(Gltd.3-Jahres-Durchschnitte)

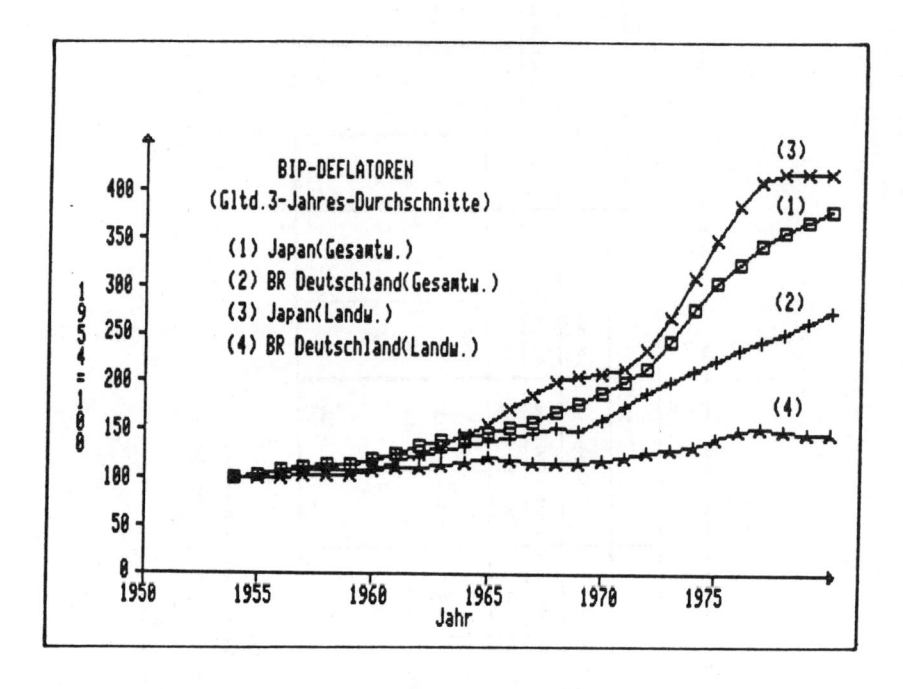

(1) Japan(Gesamtw.)
(2) BR Deutschland(Gesamtw.)
(3) Japan(Landw.)
(4) BR Deutschland(Landw.)

1954 = 100

Quellen: s. Anhangtabellen. - Eigene Berechnungen.

veauentwicklung in der Wirtschaft insgesamt verglichen bzw. - was das gleiche ist - als Relation zu dieser ausgedrückt werden (s. Tabelle 14 sowie Schaubild 12).

Die in der eben genannten Weise abgebildeten relativen Agrarpreise - sie werden bereits in Verbindung mit der im Abschnitt vorangestellten Grobskizze erwähnt - entwickelten sich in Japan in den 50er Jahren (1954-1960) mit jährlich - 1 1/2 v.H. recht deutlich zuungunsten des Agrarsektors. In der Bundesrepublik bestand während dieser Periode ein ähnlicher Entwicklungstrend, jedoch verlief er, gemessen an einer jährlichen Veränderungsrate von ungefähr - 1 v.H. nicht ganz so ungünstig für die Landwirtschaft. Die 60er Jahre brachten für die japanische Agrarwirtschaft mit jährlich + 2 v.H. eine kräftigen Verbesserung der Austauschverhältnisse, und in den 70er Jahren konnten sie zumindest annähernd konstant gehalten werden. Für die Bundesrepublik hingegen waren beide Dekaden mit jährlich - 2,6 (60er Jahre) bzw. - 2,7 v.H. (70er Jahre) durch deutliche Verschlechterungen der relativen Agrarpreise zu kennzeichnen. Die für Japan überaus günstige Entwicklung der relativen Agrarpreise in der 60er Dekade war vor allem der in dieser Periode betriebenen aktiven Agrarpreispolitik - insbesondere beim Hauptprodukt Reis - zuzuschreiben. (Hierauf wird später noch differenzierter eingegangen.)

Über die Gesamtperiode (1954-1980) hinweg betrachtet, erfuhren die landwirtschaftlichen Austauschverhältnisse in Japan eine geringfügige Verbesserung, die deutsche Agrarwirtschaft dagegen hatte mit jährlich etwa - 2 v.H. deutliche Kaufkrafteinbußen zu erleiden. Dieses Ergebnis kennzeichnet somit, wie ebenfalls bereits im Abschnitt 2.1.2 skizziert, einen wesentlichen Unterschied zwischen der japanischen und bundesdeutschen Agrarwirtschaft.

Schaubild 12

RELATIVE PREISE[a]
(Gltd-3-Jahres-Durchschnitte)

1976 = 100

BR Deutschland

Japan

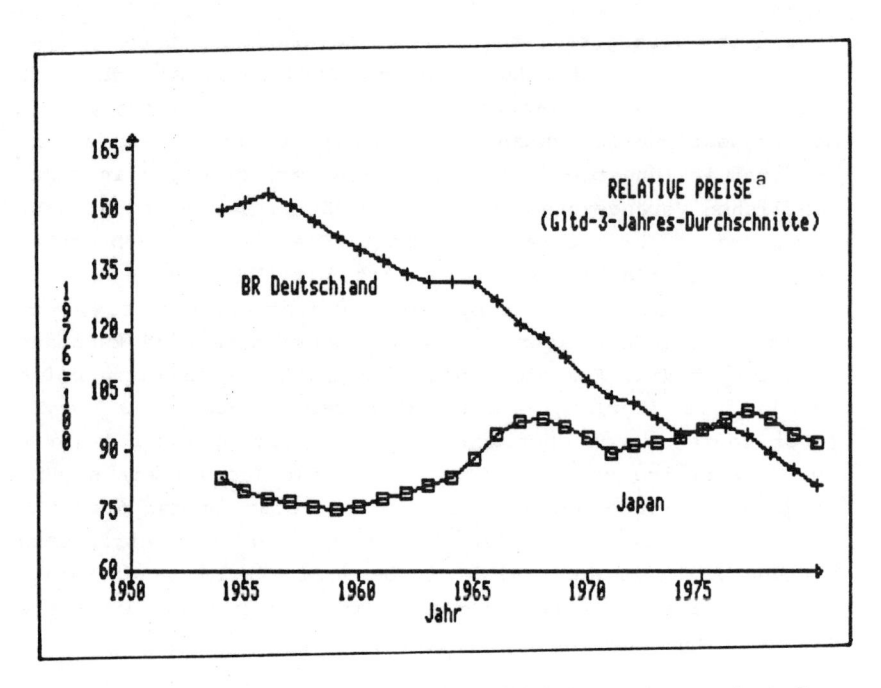

Jahr

a Relative Preise in der Landwirtschaft = BIP-Deflator Agrarwirtschaft : BIP-Deflator Gesamtwirtschaft.

Quellen: s. Anhangtabellen. - Eigene Berechnungen.

2.4.5 Entwicklung des gesamtwirtschaftlichen und des landwirtschaftlichen Durchschnittseinkommens

Tabelle 15 bildet für beide Länder die gesamt- und agrarwirtschaftliche Entwicklung des realen Nettoinlandsprodukts zu Faktorkosten, Tabelle 16 diejenige des realen Nettoinlandsprodukts zu Faktorkosten je Erwerbstätigen ab, und die Schaubilder 13 und 14 vermitteln zudem in graphischer Form einen noch detaillierteren Einblick in die Entwicklungstrends der Realeinkommensgrößen.

Bei Zugrundelegung der Dollarvergleichsgrößen lag das Einkommen der japanischen Volkswirtschaft in 1954 real etwa um zwei Fünftel unterhalb desjenigen der Bundesrepublik. Bezogen auf die Landwirtschaft, gestalteten sich die Verhältnisse zum gleichen Zeitpunkt etwas anders: Das reale Sektoreinkommen war in Japan um ein Drittel höher als in der Bundesrepublik. In 1980 betrug das japanische Inlandseinkommen etwa das Eineinhalbfache der bundesdeutschen Vergleichsgröße, und das landwirtschaftliche Sektoreinkommen umfaßte sogar mehr als das Zweieinhalbfache desjenigen in der Bundesrepublik.

Die vergleichende Betrachtung der Entwicklung der beschriebenen Größenverhältnisse zwischen beiden Ländern zeigt, wie dies ja auch bereits in Verbindung mit der Produktionsentwicklung herausgearbeitet worden ist, daß das allgemeine Wirtschaftswachstum sich in Japan deutlich kräftiger vollzog als in der Bundesrepublik. Auch der Anstieg des sektoralen Realeinkommens der Landwirtschaft war in Japan vergleichsweise kräftiger: Während es in diesem Land mit jährlich etwa 1 v.H. expandierte, ging es in der Bundesrepublik mit jährlich etwa 1 1/2 v.H. zurück.

Aufgrund der vorgezeichneten jeweils divergierenden Wachstumsraten der Realeinkommen zwischen der Volkswirtschaft insgesamt und dem Agrarsektor erfuhr letzterer in beiden Ländern einen nicht unerheblichen relativen "Bedeutungsverlust". Die diesbezügliche Strukturänderungsrate, d.h. die

Tabelle 15: Gesamt- und agrarwirtschaftliche Realeinkommen[a], Japan und BR Deutschland, 1954 - 1980[b]

A. Absolut- und Anteilsgrößen

Jahr	Gesamtwirtschaft		Agrarwirtschaft		Agrarwirtschaft : Gesamtwirtschaft	
	Japan	BR Deutschland	Japan	BR Deutschland	Japan	BR Deutschland
	Mio. US-Dollar		Mio. US-Dollar		v.H.	
	1	2	3	4	5	6
1954	69 922	119 342	15 666	11 816	22,4	9,9
1960	121 528	186 730	17 770	12 399	14,6	5,5
1970	338 070	293 892	25 378	10 975	7,5	3,7
1980	584 365	385 644	20 757	7 727	3,6	2,0

Jahr	Gesamtwirtschaft				Agrarwirtschaft				Agrarwirtschaft : Gesamtwirtschaft			
	Japan		BR Deutschland		Japan		BR Deutschland		Japan		BR Deutschland	
	1954 = 100	Veränderung[c]	1954 = 100	Veränderung[c]	1954 = 100	Veränderung[c]	1954 = 100	Veränderung[c]	1954 = 100	Veränderung[c]	1954 = 100	Veränderung[c]
	1a	1b	2a	2b	3a	3b	4a	4b	5a	5b	6a	6b
1954	100,0	.	100,0	.	100,0	.	100,0	.	100,0	.	100,0	.
1960	173,8	+ 9,7	156,3	+ 7,7	113,4	+ 2,1	104,9	+ 0,8	65,3	- 6,9	67,1	- 6,4
1970	483,5	+10,8	246,1	+ 4,6	162,0	+ 3,6	92,9	- 1,2	33,5	- 6,4	37,7	- 5,6
1980	835,7	+ 5,6	322,9	+ 2,8	132,5	- 2,0	65,4	- 3,4	15,9	- 7,2	20,3	- 6,0
1980 1954		+ 8,5		+ 4,6		+ 1,1		- 1,6		- 6,8		- 6,0

a Deflationierung erfolgte mit BIP-Deflator (1976=100). Die deflationierten Einkommensgrößen wurden auf der Basis der 1976er Devisenkurse in US-Dollar umgerechnet: 1 US-Dollar ≡ 296,55 Yen ≡ 2,518 DM.
b Den ausgewiesenen Jahresdaten liegen jeweils dreijährige Durchschnitte zugrunde.
c Jahresdurchschnittliche Veränderungsraten, in v.H. (geometrische Durchschnitte).

Quellen: s. Anhangtabellen - eigene Berechnungen.

Tabelle 16: Gesamt- und agrarwirtschaftliche Realeinkommen[a] je Erwerbstätigen, Japan und BR Deutschland, 1954 - 1980[b]

A. Absolut- und Anteilsgrößen

Jahr	Gesamtwirtschaft		Agrarwirtschaft		Agrarwirtschaft : Gesamtwirtschaft	
	Japan	BR Deutschland	Japan	BR Deutschland	Japan	BR Deutschland
	US-Dollar		US-Dollar		v.H.	
	1	2	3	4	5	6
1954	1 753	5 125	1 025	2 682	58,5	52,3
1960	2 740	7 114	1 326	3 422	48,4	48,1
1970	6 637	11 000	2 864	4 852	43,2	44,0
1980	10 556	14 662	3 597	5 381	34,1	36,7

B. Veränderung

Jahr	Gesamtwirtschaft				Agrarwirtschaft				Agrarwirtschaft : Gesamtwirtschaft			
	Japan		BR Deutschland		Japan		BR Deutschland		Japan		BR Deutschland	
	1954 = 100	Veränderung[c]	1954 = 100	Veränderung[c]	1954 = 100	Veränderung[c]	1954 = 100	Veränderung[c]	1954 = 100	Veränderung[c]	1954 = 100	Veränderung[c]
	1a	1b	2a	2b	3a	3b	4a	4b	5a	5b	6a	6b
1954	100,0	.	100,0	.	100,0	.	100,0	.	100,0	.	100,0	.
1960	156,3	+ 7,7	138,8	+ 5,6	129,3	+ 4,4	127,6	+ 4,1	82,8	- 3,1	91,9	- 1,4
1970	378,6	+ 9,3	215,0	+ 4,5	279,4	+ 8,0	180,9	+ 3,6	73,8	- 1,1	84,1	- 0,9
1980	602,2	+ 4,7	286,0	+ 2,9	350,9	+ 2,3	100,7	+ 1,0	58,3	- 2,3	70,1	- 1,8
1980 ÷ 1954		+ 7,1		+ 4,1		+ 4,9		+ 2,7		- 2,1		- 1,4

a Deflationierung erfolgte mit BIP-Deflator (1976 = 100). Die deflationierten Einkommensgrößen wurden auf der Basis der 1976er Devisenkurse in US-Dollar umgerechnet: 1 US-Dollar ≙ 296.55 Yen ≙ 2,518 DM.

b Den ausgewiesenen Jahresdaten liegen jeweils dreijährige Durchschnitte zugrunde.

c Jahresdurchschnittliche Veränderungsraten, in v.H. (geometrische Durchschnitte).

Quellen: a. Anhangtabellen - eigene Berechnungen.

Schaubild 13

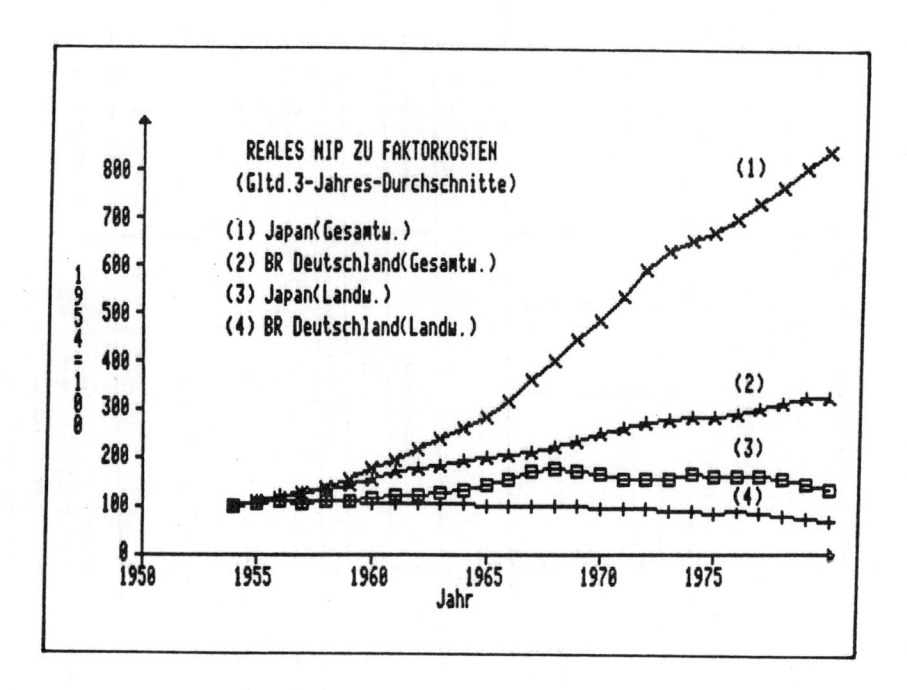

REALES NIP ZU FAKTORKOSTEN
(Gltd.3-Jahres-Durchschnitte)

(1) Japan(Gesamtw.)
(2) BR Deutschland(Gesamtw.)
(3) Japan(Landw.)
(4) BR Deutschland(Landw.)

1954 = 100

Quellen: s. Anhangtabellen,- Eigene Berechnungen.

Schaubild 14

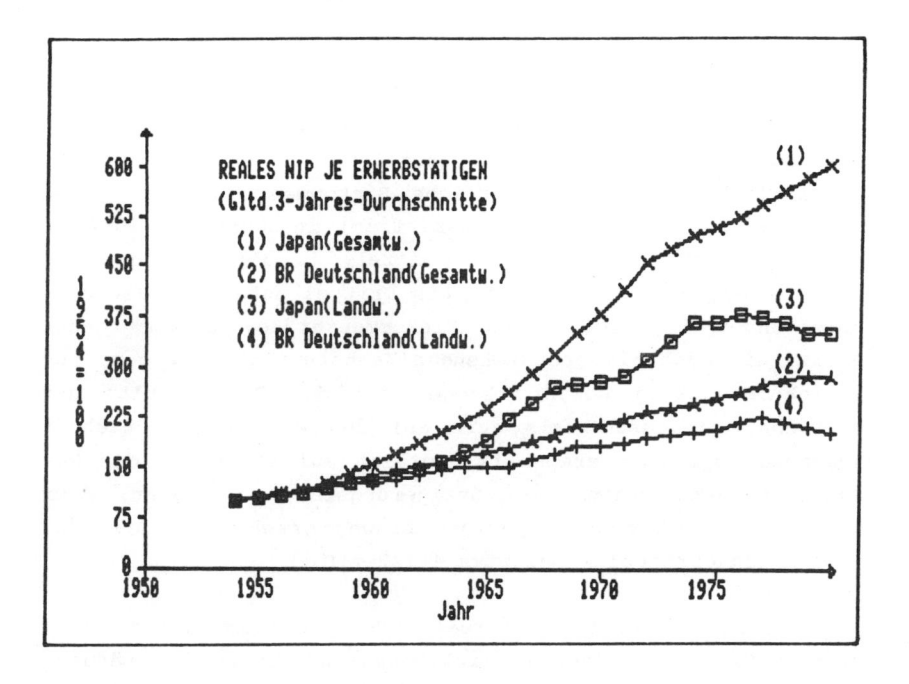

REALES NIP JE ERWERBSTÄTIGEN
(Gltd.3-Jahres-Durchschnitte)

(1) Japan(Gesamtw.)
(2) BR Deutschland(Gesamtw.)
(3) Japan(Landw.)
(4) BR Deutschland(Landw.)

1954 = 100

Quellen: s. Anhangtabellen. - Eigene Berechnungen.

Veränderung des Anteils der Landwirtschaft am Nettoinlandsprodukt, läßt erkennen, daß dieser Prozeß sich in beiden Ländern annähernd mit gleicher Intensität vollzog, m.a.W., die Differenz zwischen gesamt- und agrarwirtschaftlichem Einkommenswachstum war in beiden Volkswirtschaften nahezu identisch, wenngleich sich die Wachstumsraten insgesamt in Japan - wie oben aufgezeigt - auf einem höheren Niveau bewegten.

Absolut, d.h. bezogen auf Dollarvergleichsgrößen, lagen das durchschnittliche gesamtwirtschaftliche und auch das durchschnittliche agrarwirtschaftliche Einkommen (jeweils reales Nettoinlandsprodukt je Erwerbstätigen) in Japan in 1954 um etwa zwei Drittel bzw. drei Fünftel, in 1980 dagegen nur noch um etwa ein Viertel bzw. ein Drittel unterhalb der entsprechenden bundesdeutschen Einkommensgröße. Japan konnte somit, wie auch die nachstehenden Wachstumsraten zeigen, realeinkommensmäßig sowohl bezogen auf den Durchschnitt der Wirtschaft insgesamt als auch auf den der Agrarwirtschaft gegenüber der Bundesrepublik deutlich aufholen: Für die Gesamtwirtschaft lagen die Steigerungsraten in Japan, über die gesamte Betrachtungsperiode hinweg gesehen, bei 8 1/2, in der Bundesrepublik bei etwa 4 1/2 v.H.

Bei den durchschnittlichen realen Sektoreinkommen der Landwirtschaft verlief der Entwicklungstrend in beiden Ländern zwar in ähnlicher Weise wie in der Gesamtwirtschaft, jedoch lagen die Steigerungsraten durchweg niedriger.

Letzteres spiegelt sich in der Entwicklung der relativen Agrareinkommen, d.h. dem durchschnittlichen Sektoreinkommen in der Landwirtschaft in v.H. des durchschnittlichen Einkommens in der Wirtschaft insgesamt, wider: Sowohl in der Bundesrepublik als auch in Japan - und hier sogar noch etwas stärker ausgeprägt - ist ein nahezu stetiger Rückgang der relativen Agrareinkommen zu beobachten; in Japan sank der Vomhundertsatz von 58 1/2 (1954) auf etwa 34 in 1980, in der Bundesrepublik von knapp 52 1/2 (1954) auf knapp 37 in 1980 (s. hierzu Tabelle 16 und Schaubild 15).

Schaubild 15

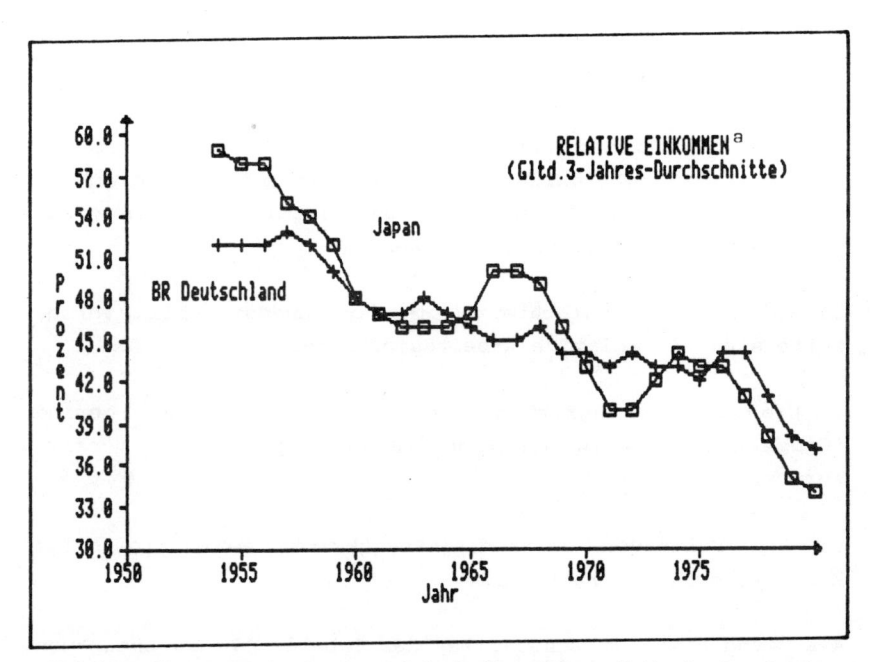

[Figure: Relative Einkommen (Gltd. 3-Jahres-Durchschnitte) – Prozent vs. Jahr (1950–1975+), showing curves for Japan and BR Deutschland]

a Relative Einkommen in der Landwirtschaft = NIP zu Faktorkosten in der Landwirtschaft/Erwerbstätige in der Agrarwirtschaft: NIP zu Faktorkosten in der Agrarwirtschaft/Gesamtzahl der Erwerbstätigen.

Quellen: s. Anhangtabellen. - Eigene Berechnungen.

2.5 Relative Produktivitäts-, Preisniveau- und Einkommensentwicklung in der Agrarwirtschaft

Zusammenfassung

In der Tabelle 17 werden für die Agrarwirtschaften beider Länder die bereits besprochenen Verhältnisgrößen "relative Abeitsproduktivität", "relative Preise" und "relative Durchschnittseinkommen" gegenübergestellt.

Die grundsätzlichen Unterschiede und Ähnlichkeiten in der langfristigen Entwicklungstendenz dieser Indikatoren im Vergleich zwischen Japan und der Bundesrepublik können zusammenfassend wie folgt skizziert werden:

a) In Japan verschlechterte, in der Bundesrepublik verbesserte sich die relative Arbeitsproduktivität.

b) Die relativen Agrarpreise erfuhren in Japan eine geringfügige Anhebung, in der Bundesrepublik gingen sie merklich zurück.

c) Die relativen Durchschnittseinkommen waren in beiden Agrarwirtschaften rückläufig.

Als grundsätzliche Tendenz ist der Tabelle 17 zu entnehmen, daß die Entwicklung der relativen landwirtschaftlichen Arbeitsproduktivität in beiden Ländern offensichtlich negativ korreliert ist mit derjenigen der relativen Agrarpreise. Es ist in diesem Zusammenhang vorsichtig zu konstatieren, daß - sofern von der Agrarpreispolitik als einer staatlichen Instrumentvariable ausgegangen wird - in Japan durch eine vergleichsweise aktive Preispolitik die Mobilität der landwirtschaftlichen Arbeitskräfte reduziert und damit das Wachstum der relativen Arbeitsproduktivität gehemmt, während sie in der Bundesrepublik durch eine vergleichsweise weniger aktive Preispolitik stimuliert wurde.

Tabelle 17: Die veränderte relative Position der Agrarwirtschaft in der Gesamtwirtschaft, Japan und BR Deutschland, 1954 – 1980

Jahr	Relative[a] Arbeitsproduktivität				Relative[a] Preise				Relative[a] Einkommen			
	Japan		BR Deutschland		Japan		BR Deutschland		Japan		BR Deutschland	
	v.H.	Veränderung	v.H.	Veränderung	1976=100	Veränderung	1976=100	Veränderung	v.H.	Veränderung	v.H.	Veränderung
	1a	1b	2a	2b	3a	3b	4a	4b	5a	5b	6a	6b
1954	53,7	.	32,0	.	83,1	.	150,0	.	58,5	.	52,3	.
1960	52,8	- 0,3	30,4	- 0,8	75,5	- 1,5	140,0	- 1,1	48,4	- 3,1	48,1	- 1,4
1970	38,7	- 3,1	36,9	+ 2,0	92,8	+ 2,1	107,3	- 2,6	43,2	- 1,1	44,0	- 0,9
1980	40,0	+ 0,4	47,7	+ 2,6	91,7	- 0,1	81,4	- 2,7	34,1	- 2,3	36,7	- 1,8
1980: 1950		- 1,1		+ 1,6		+ 0,4		- 2,3		- 2,1		- 1,4

- Verhältnis der agrarsektoralen zu den gesamtwirtschaftlichen Aggregat- bzw. Niveaugrößen (Gesamtwirtschaft = 100 v.H.).

Quellen: Zusammengestellt auf der Grundlage der Tabellen 13, 14 und 16.

Allerdings vermochte die in der Bundesrepublik beobachtete Verbesserung der relativen landwirtschaftlichen Arbeitsproduktivität einen Rückgang der relativen Agrareinkommen nicht zu verhindern, d.h, der Zuwachs der relativen Arbeitsproduktivität und der ihm inhärente agrarstrukturelle Wandlungsprozeß war offenbar nicht kräftig genug, die relative Einkommenssituation der Landwirte zu verbessern. In der japanischen Agrarwirtschaft bestand demzufolge, abzulesen an dem Rückstand der sektoralen Arbeitsproduktivität gegenüber derjenigen in der Gesamtwirtschaft, ein noch größeres strukturelles Anpassungsdefizit.

Die aufgezeigten Zusammenhänge zwischen der Entwicklung der relativen landwirtschaftlichen Arbeitsproduktivität, der relativen Agrarpreise sowie der relativen Durchschnittseinkommen lassen sich besonders gut am Beispiel der 60er Jahre verdeutlichen: In Japan sank während dieser Periode die relative Arbeitsproduktivität jährlich um 3 v.H. Gleichzeitig verbesserten sich die relativen Agrarpreise in diesem Land mit einer Rate 2 v.H., und bei den relativen Durchschnittseinkommen war ein Rückgang von jährlich 1 v.H. zu beobachten. In der Bundesrepublik betrug die Steigerungsrate der relativen Arbeitsproduktivität in dem Auswahlzeitraum 2 v.H. Gleichzeitig sanken die relativen Agrarpreise jährlich um 2 1/2 v.H. und die relativen Durchschnittseinkommen verminderten sich in ähnlichem Umfang wie Japan, nämlich um jährlich etwa 1 v.H.

Die für beide Länder dargestellten Entwicklungstendenzen zeigen auf einfache Weise, daß "Einkommen" durch "relative (oder Real-)Preise" und "Produktivität" determiniert wird. Wie das "Beispiel Japan" demonstriert, gehen ohne Zweifel von einer aktiven Agrarpreispolitik (zumindest kurzfristig) positive Wirkungen auf die Agrareinkommen aus, jedoch stellt sich die Frage, ob der gleiche Effekt - und das "Beispiel Bundesrepublik" scheint dieses zu belegen - nicht auch durch

Produktivitätssteigerungen erreicht werden kann[24].

Erste Schlußfolgerungen

Die bisherigen Ausarbeitungen haben am Beispiel des Agrarsektors erkennbar werden lassen, welche enorm große Rolle der Strukturwandel, d.h. die Reallokation der Produktionsfaktoren in beiden Volkswirtschaften in den letzten drei Dekaden gespielt hat.

Der strukturelle Anpassungsprozeß war (und ist) eine der bedeutsamsten Quellen für die Steigerung der Wohlfahrt und folglich auch des Wohlstandes beider Volkswirtschaften, sich erklärend daraus, daß Produktionsfaktoren (und hier vor allem Arbeitskräfte) aus vergleichsweise unproduktiven Sektoren - wie etwa der Landwirtschaft[25] - in solche mit höherer Produktivität abwanderten, gleichzeitig die Effizienz der in den Sektoren verbleibenden Faktoren verbessert wurde (wird) und darüber hinaus zwischen den eingesetzten Produktionsfaktoren Substitutionsprozesse stattfanden (stattfinden),

---

24) Bezüglich einer genaueren Analyse der Einkommenswirksamkeit der Agrarpreisstützung vgl. inbesondere G. SCHMITT und S. TANGERMANN, Die zukünftige Rolle der Agrarpreispolitik der EG (Göttinger Schriften zur Agrarökonomie, H. 56). Göttingen 1983, S. 3 ff.
25) Hinsichtlich der positiven Wirkungen der Veränderung diverser Einflußgrößen - wie Kapitaleinsatz, Wissensfortschritt, Größenprogression etc., darunter auch der Abwanderung landwirtschaftlicher Arbeitskräfte - auf das Wachstum der Volkswirtschaften am Beispiel westlicher Industrieländer für den Zeitraum 1950 bis 1962 vgl. E.F. DENISON, Why Growth Rates Differ. Postwar Experience in Nine Western Countries. Washinton, D.C. 1967, 201 pp. In die Analyse einbezogen waren die westeuropäischen Länder Belgien, Dänemark, Frankreich, Westdeutschland, Italien, die Niederlande, Norwegen und Großbritannien sowie die Vereinigten Staaten. In einer späteren Arbeit, E.F. DENISON and W.K. CHUNG, Economic Growth and its Sources. In: H. PATRICK and H. ROSOVSKY (Eds.), Asia's New Giant. How the Japanese Economy Works. Washington, D.C. 1976, 67-151 pp., wurden auch Japan und Kanada in die Analyse einbezogen. Der dort abgedruckten Tabelle 2-13, S. 98 f. sind für Japan und die Bundesrepublik Deutschland folgende "Beiträge (contributions) der Reallokation landwirtschaftlicher Arbeitskräfte zum gesamtwirt-

und zwar in der Weise, daß der relativ knappe (teure) Faktor jeweils durch den relativ weniger knappen (billigen) Faktor ersetzt wurde (wird).

Bei der Analyse der Produktivitätsentwicklung im Agrarsektor darf die Betrachtung jedoch nicht - beispielsweise - auf das durchschnittliche Niveau der Arbeitsproduktivität im Vergleich zu anderen Sektoren oder der Wirtschaft insgesamt beschränkt bleiben, es müssen auch die <u>Wachstumsraten</u> Berücksichtigung finden. Bei letzteren zeigt sich - und dies vor allem mit Blick auf die Bundesrepublik, daß der Agrarsektor durchaus mit den übrigen Sektoren "mithalten" konnte bzw. sogar über dem Durchschnitt lag. Für Japan traf letzteres allerdings nur kurzzeitig für die 50er Jahre sowie für die Enddekade des Betrachtungszeitraumes zu.

Insgesamt ist bei der Interpretation der gemessenen Produktivitätsfortschritte jedoch kritisch in Kalkül zu ziehen, daß die in die Berechnungen eingehenden Globaldaten mit nicht unerheblichen Unsicherheitsgraden, Mängeln etc. behaftet sind. So ist beispielsweise in bezug auf den Arbeitseinsatz für beide Agrarwirtschaften zu konstatieren, daß er noch schneller zurückgegangen ist, als dies durch die Ent-

---

schaftlichen Wachstum zu entnehmen (Die mit * gekennzeichneten Daten wurden vom Verfasser berechnet.):

	Japan (1953-71)	Deutschland (1950-62)
Standardisierte Wachstumsrate in v.H. (A)	8,81	6,27
Verbesserte Ressourcenallokation..., darunter: durch Einschränkung des landwirtschaftl. Faktoreinsatzes (Arbeitskräfte), Wachstumsrate in v.H. (B)	0,64	0,77
Beitrag von B zu A, in v.H.	7,3*	12,3*

Der für Japan zu beobachtende Wachstumsbeitrag wäre nach Meinung der beiden Autoren wahrscheinlich noch höher ausgefallen, hätte in den 60er Jahren nicht eine beachtliche staatliche Agrarpreisstützung (insbesondere beim Reis) bestanden. Vgl. E.F. DENISON and W.K. CHUNG, Economic Growth ..., a.a.O., S. 133.- Im Hinblick auf eine erweiterte Fassung des Beitrages von DENISON/CHUNG siehe E.F. DENISON and W.K. CHUNG, How Japan's Economy Grew so Fast. The Sources of Postwar Expansion. Washington, D.C. 1976.

wicklung der Zahl der landwirtschaftlich Erwerbstätigen belegt werden kann. Demzufolge dürften auch das Niveau und möglicherweise auch das Wachstum der durchschnittlichen landwirtschaftlichen Einkommen sowohl in Japan als auch in der Bundesrepublik unterschätzt worden sein. Darüber hinaus stellt sich natürlich die Frage, ob die herangezogenen landwirtschaftlichen Produktions- und Einkommensdaten die jeweiligen Verhältnisse hinreichend genau abbilden, sprich ob Unzulänglichkeiten in der Erfassung, Bewertung etc. dieser Aggregatgrößen tendenziell nicht ebenfalls eine Unterschätzung des Niveaus und u.U. auch des Wachstums der durchschnittlichen Produktivität und des durchschnittlichen Einkommens im Agrarsektor implizieren.

Unbenommen der angesprochenen Datenproblematik und der aus ihr notwendigerweise resultierenden Verzerrungen in bezug auf die Abbildung der tatsächlichen Entwicklung, finden sich in der bisherigen Ausarbeitung deutliche Anzeichen dafür - und dies insbesondere mit Blick auf die Entwicklung in der Bundesrepublik -, daß theoriegemäß längerfristig die Preise derjenigen Güter real sinken müssen, bei denen im Vergleich zu anderen Erzeugnissen überdurchschnittliche Produktionsfortschritte erzielt und die vergleichsweise einkommensunelastisch nachgefragt werden. Als Folge von Produktivitätsfortschritten notwendig werdende Realpreissenkungen können kurz- und mittelfristig zwar durch binnen- und außenmarktpolitische Maßnahmen verhindert werden, längerfristig sind jedoch Anpassungen unvermeidbar, und zwar aus folgenden Gründen:

a) Als Folge überhöhter Produktpreise ist i.d.R. teure Überschußproduktion "vorprogrammiert", d.h., es kommt zu Fehllokationen der Produktionsfaktoren.

b) Überhöhte Produktpreise lassen sich nur realisieren, wenn der Binnenmarkt reguliert und gleichzeitig ein wirksamer Außenschutz errichtet wird, d.h., vergleichbare billigere ausländische Produkte vom Binnenmarkt ferngehalten werden. Das hohe Protektionsniveau, häufig verknüpft mit der Praxis, Überschußprodukte mit Hilfe des Instruments der Exporterstattungen auf die Weltmärkte zu transferieren, beinhaltet ein hohes handelspolitisches Konfliktpotential.

c) Überhöhte Produktpreise sind auf lange Sicht kein geeignetes Instrument, um die landwirtschaftlichen Einkommen zu stützen: Einerseits stößt der Staat auf budgetäre Ausgabengrenzen, andererseits hemmen überhöhte Preise notwendige Strukturanpassungen, d.h. verbauen aus einzelbetrieblicher Sicht den Weg, über Verbesserungen der Faktorproduktivitäten Einkommenssteigerungen zu erzielen.

2.6 Spezifische Entwicklungen innerhalb des Agrarsektors

Im nun folgenden Abschnitt der Arbeit tritt an die Stelle einer vornehmlich gesamtwirtschaftlich angelegten, sprich: globalen Betrachtungsweise eine stärker sektorspezifisch ausgerichtete Sicht[26].

---

[26] Die in diesem Kapitel aufzuzeigenden landwirtschaftlichen Entwicklungs- und Strukturverläufe werden auf der Basis spezifizierter Daten vorgenommen. Soweit es notwendig erscheint, werden die Daten hinsichtlich ihrer Aussagekraft kritisch hinterfragt. Jedoch bleiben diesbezüglich sicherlich noch viele Fragen offen. - Von der vielfältigen Literatur, die auf den zu behandelnden Komplex des agrarwirtschaftlichen Entwicklungs- und Strukturwandlungsprozesses in beiden Ländern bzw. vornehmlich einem Land eingeht, seien insbesondere angeführt H. SATO and G. SCHMITT, Political Management of Agriculture in Postwar Japan and the Federal Republic of Germany. Draft Paper, Sept. 1983; M. NAMIKI, Struktur und Entwicklung der Landwirtschaft. In: K. OKOCHI und Y. TAMANOI, Wirtschaft Japans (Wirtschaft und Gesellschaft Ostasiens, Bd. 1). Düsseldorf 1973; Y. HAYAMI, A Century of Agricultural Growth in Japan. Tokyo 1975; K. TSUCHIYA, Productivity and Technical Progress in Japanese Agriculture. Tokyo 1976; Y. KAWAMURUA, Urbanization, Part-Time Farm Households and Community Agriculture: Japan's Experience after World War II. Cornell University, Ph. D. 1978; Y.KURODA, The Present State of Agriculture in Japan. In: E.N. CASTLE and K. HEMMI with S.A. SKILLINGS, U.S.-Japanese Agricultural Trade Relations. Washington, D.C. 1982, pp. 91-147; S. YAMADA, Country Study on Agricultural Productivity, Measurement and Analysis: 1945-1980. Draft Paper, Oct. 1984; H.M. BRONNY, Struktur und Entwicklung der japanischen Landwirtschaft, "Zeitschrift für Agrargeographie", 4. Jhrg. (1986), S. 155-182; H.H. HERLEMANN und H. STAMER, Pro-

Als Zielsetzung wird dabei verfolgt, darzustellen, daß die agrarstrukturellen Wandlungen in beiden Wirtschaftsräumen zwar sehr vielfältiger Natur sind, daß ihnen jedoch einige wesentliche, für beide Länder gleichermaßen zutreffende Grundcharakteristika inhärent sind.

Als Hypothese wird zugrunde gelegt, daß in beiden Agrarwirtschaften in langfristiger Sicht der Preismechanismus sowohl auf den Faktor- als auch den Produktmärkten durchaus im Sinne der neoklassischen Theorie funktionierte: Die Faktorallokationen folgten nach Richtung und Intensität weitgehend den veränderten Faktor- und Produktpreisrelationen.

Die Wirksamkeit des Preismechanismus besagt allerdings noch sehr wenig in bezug auf die immer wiederkehrende Fragestel-

---

duktionsgestaltung und Betriebsgröße in der Landwirtschaft unter dem Einfluß der wirtschaftlich-technischen Entwicklung (Kieler Studien, H. 44). Kiel 1958; R. PLATE und E. WOERMANN, Landwirtschaft im Strukturwandel der Volkswirtschaft (Agrarwirtschaft, Sh 14). Hannover 1962; E. GUTH, Analyse des Marktes für landwirtschaftliche Arbeitskräfte (Agrarwirtschaft, Sh 52). Hannover 1973 ; S. TANGERMANN, Landwirtschaft im Wirtschaftswachstum. Hannover 1975; DERSELBE, Entwicklung von Produktion, Faktoreinsatz und Wertschöpfung in der deutschen Landwirtschaft seit 1950/51 (Working Paper No. 32 des Instituts für Agrarökonomie der Universität Göttingen). Göttingen 1976; R. BEHRENS und H. de HAEN, Vergleich der gesamten Produktion, des aggregierten Faktoreinsatzes und der Produktivität in der Landwirtschaft der EG-Länder 1963-1976 (Göttinger Schriften zur Agrarökonomie, H. 48). Göttingen 1980; R. BEHRENS, Vergleichende Analyse der Entwicklung der Produktionsfaktoren in der Landwirtschaft der Europäischen Gemeinschaft. Diss. Göttingen 1981; D.K. BRITTON, The Development of Agriculture in Germany and the UK: 4. A Comparison of Output , Structure and Productivity. Ashford 1981; H.E. BUCHHOLZ, G. SCHMITT and E. WÖHLKEN (Hrsg.), Landwirtschaft und Markt, a.a.O.; D. ANDREWS, M. MITCHEL, A. WEBER, The Development of Agriculture in Germany and the UK: 3. Comparative Time Series 1870-1975. Ashford 1979; E. BÖCKENHOFF u.a. (Hrsg.), Landwirtschaft unter veränderten Rahmenbedingungen (Schriften der Gesellschaft für Wirtschafts- und Sozialwissenschaften e.V., Bd. 19). Münster-Hiltrup 1982; G. SCHMITT, Der Strukturwandel der deutschen Landwirtschaft. In: H. KÖTTER, G. SCHMITT u.a., Auf dem Lande leben (Kohlhammer Taschenbücher, Bd. 1066). Stuttgart 1983, S. 24-42; E. NEANDER, Agrarstrukturwandlungen in der Bundesrepublik Deutschland. "Zeitschrift für Agrargeographie", 1. Jhrg. (1983), S. 201-238.

lung, inwieweit die Anpassungen im Faktoreinsatz und notwendige Veränderungen der Produktpreise sich rasch genug vollzogen bzw. in welchem Umfang sie durch Einflußgrößen der verschiedensten Art gehemmt, manipuliert oder sogar verhindert wurden. Daß die Faktoranpassungen offensichtlich nicht rasch genug vorangeschritten sind, ist im letzten Abschnitt ja bereits anhand der relativen landwirtschaftlichen Produktivitäts- und Einkommensentwicklung dargestellt worden.

Es wird im weiteren in der Weise verfahren, daß zunächst die Entwicklung der wichtigsten landwirtschaftlichen Faktoreinsatz-, Produktions- und Preisgrößen sowie daraus abgeleiteter Relationen dargestellt werden, wobei im Anschluß an die Produktionsentwicklung eine Beschreibung der Entwicklung des Selbstversorgungsgrades eingeflochten wird. Es folgt dann eine Betrachtung über die Entwicklung der durchschnittlichen arbeits- und flächenbezogenen Einkommen in beiden Agrarwirtschaften. Es wird in diesem Zusammenhang herausgearbeitet, in welchem Maß die Veränderung der arbeitsbezogenen Flächenintensität (Land-Man-Ratio) einerseits und diejenige des flächenbezogenen Realeinkommens andererseits zum Wachstum des arbeitsbezogenen Einkommens beitragen.

In den hierauf folgenden Arbeitsschritten wird auf die Entwicklung der Zahl der landwirtschaftlichen Betriebe, deren (durchschnittlichen) Faktorbesatz, Besitzstruktur und Erwerbscharakter eingegangen. Dies dient dem Zweck, Aufschlüsse über Art, Richtung und Intensität spezifischer betriebsbezogener (Struktur-)Veränderungen zu erhalten. In analoger Absicht, werden nachfolgend dann noch einige zentrale arbeits- und einkommensstrukturelle Veränderungen aufgezeigt.

Im anschließenden Gliederungspunkt 2.7 erfolgt eine zusammenfassende Darstellung der Ergebnisse und zudem der Versuch, Interdependenzen zwischen Grad, Richtung und Intensität der Agrarstrukturanpassung einerseits (siehe die Arbeitsabschnitte 2.6.1 bis 2.6.6) sowie Stand, Richtung und Verlauf betrieblicher und sozioökonomischer Differenzierungsvorgänge andererseits aufzuzeigen (siehe die Arbeitsabschnitte 2.6.7 bis 2.6.13).

2.6.1 Faktoreinsatz und Faktoreinsatzverhältnisse

<u>Die Entwicklung des Faktoreinsatzes</u>

Als zentrale Kenngrößen für den agrarsektoralen Faktoreinsatz in beiden Ländern werden nachstehend die Faktoren Arbeit[27], Boden und Kapital herangezogen. Vorleistungen werden nicht in die Betrachtung aufgenommen, da für den Ländervergleich keine nach einheitlichen Kriterien abgeleiteten Volumengrößen für den Vorleistungsaufwand verfügbar sind. Es wird daher in diesem Abschnitt der Arbeit gänzlich darauf verzichtet, einen diesbezüglichen Indikator auszuweisen.

Der Arbeitseinsatz wird für Japan durch die "male equivalents"[28], für die Bundesrepublik Deutschland durch die Arbeitskrafteinheiten bzw. Vollarbeitskräfte (Voll-Ak)[29] gekennzeichnet. Obgleich beide Maßgrößen wegen unterschiedlicher Definitionen nur grob angenähert miteinander vergleichbar sind, wird im weiteren simplifizierend im Hinblick auf

---

27) Bezüglich einer ausführlichen Darstellung des landwirtschaftlichen Arbeitseinsatzes in der Bundesrepublik siehe J. von BRAUN, Analyse und Projektion der Arbeitskräfte in der Landwirtschaft der Bundesrepublik Deutschland (Agrarwirtschaft, Sh. 77).Hannover 1979 sowie E. GUTH, Analyse des Marktes für landwirtschaftliche Arbeitskräfte, a.a.O.
28) Die Daten für die "Male equivalents" wurden von S. YAMADA, Country Study ..., a.a.O. übernommen. Sie wurden von ihm ermittelt, indem er die männlichen Arbeitskräfte mit 1,0 und die weiblichen mit 0,8 gewichtete.
29) Eine Arbeitskrafteinheit (früher: Vollarbeitskraft) entspricht "der Arbeitsleistung einer Person, die das ganze Jahr mit betrieblichen Arbeiten (ohne Haushalt) voll beschäftigt war. Die geringere Arbeitsleistung von voll beschäftigten Arbeitskräften, die unter 16 bzw. über 65 Jahre alt sind, wird durch Abzüge berücksichtigt. Der Betriebsleiter erhält keinen altersbedingten Abzug. Teilbeschäftigte Arbeitskräfte werden entsprechend dem Umfang ihrer Beschäftigung mit Bruchteilen einer AK-Einheit bewertet". Zitiert in: BMELF, Statistisches Jahrbuch über Ernährung, Landwirtschaft und Forsten der Bundesrepublik Deutschland 1982, Münster-Hiltrup 1982, S. 47.

beide Maßgrößen einheitlich von "Arbeitseinheiten" (AE) gesprochen[30].

Die Zahl der Arbeitseinheiten ging in beiden Ländern im Zeitraum 1954-1978 durchschnittlich um jährlich etwa 3 1/2 (Japan) bzw. 4 1/2 v.H. (Bundesrepublik) zurück. Der Abwanderungsprozeß der landwirtschaftlichen Arbeitskräfte vollzog sich somit in der Bundesrepublik rascher als in Japan, sieht man von den Divergenzen ab, die sich aus der unterschiedlichen Abgrenzung der Arbeitseinheiten ergeben. Am ausgeprägtesten war der Rückgang der Arbeitskräfte in der Bundesrepublik in den 50er, in Japan hingegen in den 70er Jahren (s. Tabelle 18 sowie Schaubild 16).

Als Indikatorgröße für den Bodeneinsatz wird die "landwirtschaftliche Fläche" herangezogen. In bezug auf Japan wird hierunter die landwirtschaftliche Kulturfläche ausschließlich Dauergrünland, in bezug auf die Bundesrepublik die landwirtschaftliche Nutzfläche bzw. landwirtschaftlich genutzte Fläche, d.h. einschließlich Dauergrünland, verstanden[31]. Die landwirtschaftliche Fläche verminderte sich in beiden Ländern, über den Gesamtzeitraum hinweg betrachtet, zwar mit ähnlicher Veränderungsrate, jedoch zeigt sich in den Teilperioden ein recht divergierendes Bild: So wurde in Japan die bewirtschaftete Fläche in den 50er Jahren sogar noch ausgedehnt, wohingegen in den 60er und noch ausgeprägter in den 70er Jahren vergleichsweise kräftige Rückgänge zu beobachten waren. In der Bundesrepublik Deutschland vollzog

---

30) Die in den FN 28 und 29 wiedergegebenen Definitionen zeigen auf, daß diese Verfahrensweise nicht unproblematisch ist, da für Japan der Arbeitseinsatz vermutlich nicht unerheblich überschätzt wird und folglich die Aussagefähigkeit des bilateralen Ländervergleichs nicht unwesentlich eingeschränkt wird. Auf den o.b. Verfahrensgang wurde aber letztlich dennoch zurückgegriffen, da die gewählten Indikatoren für die betreffenden Länder jeweils die am besten angenäherten Maßgrößen für den Arbeitseinsatz darstellen.
31) Dieser Weg mußte beschritten werden, da bezüglich des Dauergrünlandes in der japanischen Statistik keine konsistenten Datenreihen vorhanden sind. Der Fehler, der sich aus der Vernachlässigung des Dauergründlandes ergibt, dürfte indes nicht allzu groß sein, da es - auf die Gesamtfläche bezogen - nur von marginaler Bedeutung ist. Siehe hierzu die Anhangtabellen.

Tabelle 18: Faktoreinsatz in der Landwirtschaft, Japan und BR Deutschland, 1954 - 1978

A. Absolutgrößen

Jahr	Faktor Arbeit ("Arbeitseinheiten")[a]		Faktor Boden (Landwirtschaftliche Fläche)		Faktor Kapital[d] (Realkapitalbestand)	
	Japan[b]	BR Deutschland[c]	Japan[b]	BR Deutschland[c]	Japan[b]	BR Deutschland[f]
	in 1000		in 1000 ha		in Mio. US-Dollar	
	1	2	3	4	5	6
1954	13 698	3 377	5 935	14 415	24 875	42 125
1960	12 330	2 483	6 072	14 266	28 280	50 691
1970	8 996	1 580	5 796	13 799	40 752	72 399
1978	6 113	974	5 461	13 489	54 284	80 115

B. Niveau- und Änderungsgrößen

Jahr	Arbeit				Boden				Kapital			
	Japan		BR Deutschland		Japan		BR Deutschland		Japan		BR Deutschland	
	1954 = 100	Veränderung[e]	1954 = 100	Veränderung[e]	1954 = 100	Veränderung[e]	1954 = 100	Veränderung[e]	1954 = 100	Veränderung[e]	1954 = 100	Veränderung[e]
	1a	1b	2a	2b	3a	3b	4a	4b	5a	5b	6a	6b
1954	100,0	.	100,0	.	100,0	.	100,0	.	100,0	.	100,0	.
1960	90,0	- 1,7	73,5	- 5,0	102,3	+ 0,4	99,0	- 0,2	113,3	+ 2,1	120,3	+ 3,1
1970	65,7	- 3,1	46,8	- 4,4	97,7	- 0,5	95,7	- 0,3	163,8	+ 3,8	171,9	+ 3,6
1978	44,6	- 4,7	32,0	- 4,6	92,6	- 0,7	93,6	- 0,3	218,2	+ 3,6	190,2	+ 1,3
		- 3,3		- 4,6		- 0,3		- 0,3		+ 3,3		+ 2,7

a Japan: men-equivalents; BR Deutschland Arbeitskrafteinheiten bzw. Voll-AK.
b ohne Dauergrünland.
c Landwirtschaftliche Nutzfläche (LN) bzw. landwirtschaftliche genutzte Fläche (LF).
d Kapitalstock in konst. Preisen und US-Dollar von 1976 (Umrechnungskurs: 1 US-Dollar ≙ 296,55 Yen ≙ 2,518 DM).
e Jahresdurchschnittliche Veränderungsraten (geometrische Durchschnitte).
f Einschließlich Forstwirtschaft und Fischerei.
Quellen: s. Anhangtabellen - eigene Berechnungen.

Schaubild 16

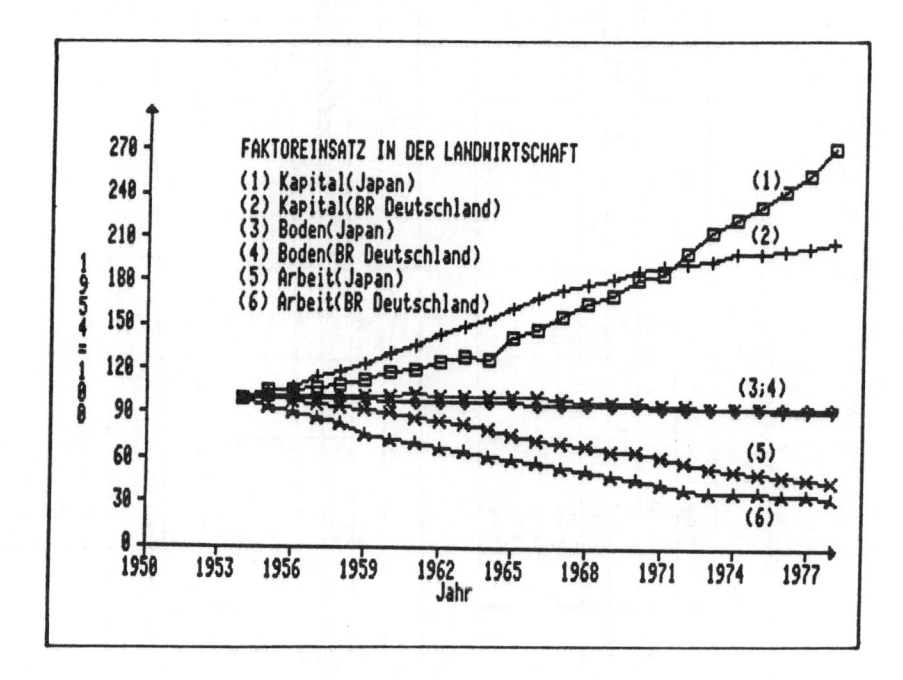

1954 = 100

FAKTOREINSATZ IN DER LANDWIRTSCHAFT
(1) Kapital(Japan)
(2) Kapital(BR Deutschland)
(3) Boden(Japan)
(4) Boden(BR Deutschland)
(5) Arbeit(Japan)
(6) Arbeit(BR Deutschland)

Jahr

Quellen: s. Anhangtabellen. - Eigene Berechnungen.

sich die Verminderung des Flächeneinsatzes gleichmäßiger. Bezüglich Japans ist auszuführen, daß die Flächenabnahme in den 60er Jahren insbesondere auf das kräftige Wirtschaftswachstum und die damit einhergehende verstärkte Nachfrage nach Bauland, Industriefläche etc. sowie die Zunahme der Brache zurückzuführen war. In der Entwicklung für die 70er Jahre dürfte sich - neben anderen Determinanten - insbesondere auch der Einfluß der Flächenstillegungsprogramme widerspiegeln (s. Tabelle 18 sowie Schaubild 16).

Bei der Bewertung der Entwicklung des landwirtschaftlichen Flächeneinsatzes in Japan ist darüber hinaus im Betracht zu ziehen, daß insbesondere in den 50er, aber auch in den 60er Jahren Mehrfachernten (vor allem Zweifachernten "double cropping") noch recht stark verbreitet waren. So lag beispielsweise der Landnutzungsgrad, d.i. das Verhältnis zwischen Landwirtschaftsfläche und landwirtschaftlicher Anbaufläche, in 1955 bei 136 v.H., in 1960 bei 133 v.H. und in 1970 bei 109 v.H. Die Relativzahlen geben zu der Überlegung Anlaß, ob es nicht eventuell sinnvoller sein könnte, statt der Landwirtschaftsfläche die landwirtschaftliche Anbaufläche als Flächenindikator heranzuziehen, da in ihr die Mehfachnutzungen durch ein entsprechendes Zählverfahren statistisch Berücksichtigung finden. Diese Verfahrensweise wurde aber letzlich nicht gewählt, weil auch in der Bundesrepublik bestimmte Formen der Mehfachnutzung (v.a. Zweit- und Zwischenfruchtanbau) existieren, die in der Statistik über die Anbaufläche jedoch nicht erfaßt werden. Es sind somit für Japan und die BR Deutschland keine vergleichbaren Datenreihen vorhanden. Folglich mußte die Landwirtschaftsfläche als Flächenmaßstab beibehalten werden.

Für den Faktor Kapital wurde für beide Agrarsektoren der reale Kapitalstock (Ausrüstungen und Gebäude), ausgedrückt in konstanten Preisen und US-Dollar von 1976, zugrunde gelegt. Allerdings ergibt sich für die Bundesrepublik eine nicht unerhebliche Überschätzung des Kapitalbestandes, da das Gesamtaggregat Forstwirtschaft und Fischerei miteinschließt, und insbesondere auch deshalb, weil beim Gebäudekapital die Wohnhäuser mitenthalten sind[32].

Nichtsdestotrotz dürfte - in der Gesamtheit gesehen - der landwirtschaftliche Kapitalbestand in der Bundesrepublik absolut größer sein[33].

Die Erfassung, Abgrenzung und Deflationierung des Kapitalbestandes ist im Hinblick auf beide Agrarwirtschaften - dies kann sicherlich verallgemeinernd auch auf andere Länder übertragen werden - mit besonders vielen Problemen behaftet, und die Fehlermargen sind somit als sehr hoch einzuschätzen. Die mittels dieser Aggregatgröße abgebildeten bzw. abgeleiteten Entwicklungsverläufe, Relationen etc. sind also immer nur sehr vorsichtig zu interpretieren.

Der Kapitaleinsatz im Agrarsektor wurde in der Bundesrepublik vor allem in den 50er und 60er Jahren, in Japan besonders in der 60er und 70er Dekade erhöht. Im Durchschnitt des Betrachtungszeitraumes lag die Wachstumsrate des landwirtschaftlichen Kapitalstocks in Japan etwas höher als in der Bundesrepublik (s. Tabelle 18 sowie Schaubild 16). Die Erklärung findet sich nicht zuletzt in dem geringeren Ausgangsniveau des Kapitalbestandes in Japan. Dies wird bei der Darstellung des betrieblichen Kapitalstocks noch deutlich werden.

---

[32] Für den landwirtschaftlichen Kapitalstock wurden bezüglich Japans "Maschinen, Stall- und Lagergebäude, Gewächshäuser, Silos etc." (s. S. YAMADA, Country Study ..., a.a.O., Pg. 146), hinsichtlich der Bundesrepublik "Ausrüstungen und Bauten" (=reproduzierbares Anlageverögen, s. Statistisches Bundesamt, Lange Reihen, 1950 bis 1984 (Volkswirtschaftliche Gesamtrechnungen, Fachserie 18, Reihe S. 7), Stuttgart und Mainz, Juli 1985, S. 124 ff.) in die Betrachtung einbezogen.
[33] Deutlich wird dieses vornehmlich am realen Maschinenkapital: In Japan umfaßte es in 1978 ca. 19, in der Bundesrepublik hingegen nahezu 37 Mrd. US-Dollar. In 1954 beliefen sich die entsprechenden Vermögenstitel auf annähernd 2 (Japan) bzw. 11 Mrd. US-Dollar (Bundesrepublik). (Eigene Berechnungen, die Grunddaten wurden den in der FN 32 ausgewiesenen Quellen entnommen).

Die Entwicklung des Kapitalbestandes markiert deutlich die in beiden Agrarwirtschaften im Zuge des Wirtschaftswachstums durch den technischen Fortschritt induzierte zunehmende Mechanisierung[34] und hiermit verknüpft auch den Übergang zu kapitalintensiveren Produktionsverfahren.

Die vorstehend in ihren Entwicklungsverläufen dargestellten und kritisch hinterfragten Absolutgrößen des Faktorbestandes lassen in bezug auf die bundesdeutsche Landwirtschaft die im Vergleich zum japanischen Agrarsektor reichlichere Ausstattung mit Boden und auch mit Kapital[35] sowie merklich geringere Ausstattung mit Arbeitskräften sichtbar werden (s. Tabelle 18).

Die Entwicklung der Faktoreinsatzrelationen

Noch plastischer lassen sich die Unterschiede in der Faktorausstattung zwischen beiden Agrarwirtschaften demonstrieren, wenn die absoluten Faktorproportionen (Faktorintensitäten) hergeleitet werden (s. Tabelle 19 sowie Schaubild 17).

Es ist erkennbar, daß die bodenbezogene Arbeitsintensität für Japan aufgrund der vorgegebenen natürlichen Ressourcenausstattung erheblich größer ausfällt als für die Bundesrepublik. Innerhalb der zugrunde gelegten Betrachtungsperiode hat sich dieser Abstand sogar noch ausgeweitet, zurückzuführen auf die vergleichsweise höhere Mobilität der landwirtschaftlichen Arbeitskräfte in der Bundesrepublik.

Zudem ist zu ersehen, daß - begründet in dem vergleichsweise niedrigeren Volumen des Agrarkapitals und dem gleichzeitig vergleichsweise höheren landwirtschaftlichen Arbeitseinsatz

---

[34] Vornehmlich sichtbar werden an der Ausweitung des Maschinenkapitals. Bezüglich der absoluten Größenordnungen s. FN 33.
[35] Vorbehaltlich der gemachten Einschränkungen der Aussagefähigkeit in Verbindung mit den unterschiedlichen definitorischen Abgrenzungen des Kapitalbestandes.

Tabelle 19: Faktoreinsatzverhältnisse in der Landwirtschaft, Japan und BR Deutschland, 1954 -1978

A. Absolutgrößen

Jahr	Arbeit : Boden		Kapital : Arbeit		Kapital : Boden	
	Japan	BR Deutschland	Japan	BR Deutschland	Japan	BR Deutschland
	Arbeitseinheiten je Hektar		US-Dollar je Arbeitseinheit		US-Dollar je Hektar	
	1	2	3	4	5	6
1954	2,31	0,23	1 816	12 474	4 191	2 922
1960	2,03	0,17	2 286	20 415	4 641	3 553
1970	1,55	0,11	4 530	45 822	7 031	5 247
1978	1,18	0,07	8 880	82 253	9 940	5 939

B. Niveau und Veränderung der Faktoreinsatzverhältnisse

Jahr	Arbeit : Boden				Kapital : Arbeit				Kapital : Boden			
	Japan		BR Deutschland		Japan		BR Deutschland		Japan		BR Deutschland	
	1954 = 100	Veränderung[e]	1954 = 100	Veränderung[e]	1954 = 100	Veränderung[e]	1954 = 100	Veränderung[e]	1954 = 100	Veränderung[e]	1954 = 100	Veränderung[e]
	7a	7b	8a	8b	9a	9b	10a	10b	11a	11b	12a	12b
1954	100,0	.	100,0	.	100,0	.	100,0	.	100,0	.	100,0	.
1960	88,0	- 2,1	73,3	- 4,8	125,9	+ 3,9	163,7	+ 8,6	110,7	+ 1,7	121,6	+ 3,3
1970	67,2	- 2,7	48,9	- 4,6	249,5	+ 7,1	367,3	+ 8,4	167,8	+ 4,2	179,5	+ 4,0
1978	48,7	- 3,9	34,2	- 4,4	489,0	+ 8,8	659,4	+ 7,6	237,2	+ 4,4	203,2	+ 1,6
		- 3,0		- 4,4		+ 6,8		+ 8,2		+ 3,7		+ 3,0

[e] Jahresdurchschnittliche Veränderungsraten, in v.H. (geometrische Durchschnitte).

Quellen: n. Tabelle 18 - eigene Berechnungen.

Schaubild 17

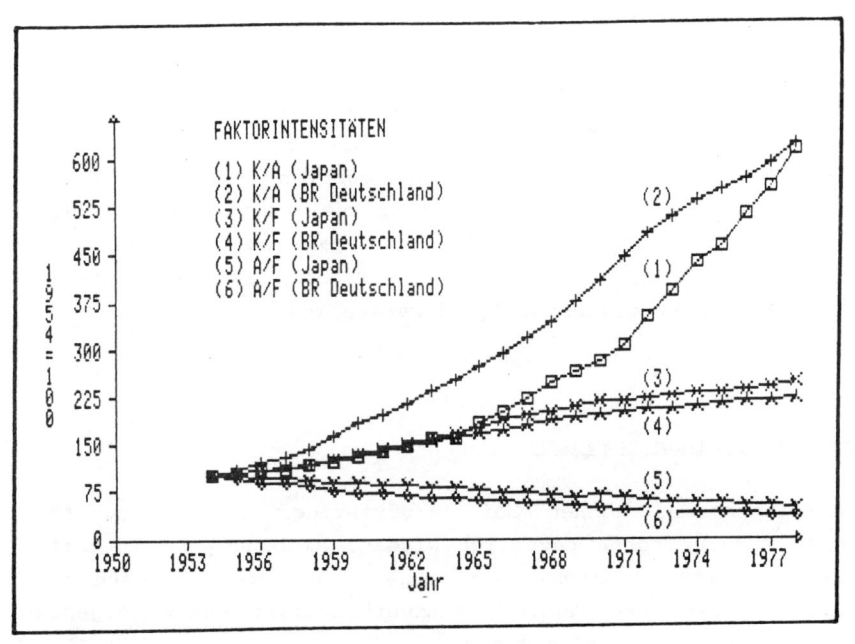

FAKTORINTENSITÄTEN

(1) K/A (Japan)
(2) K/A (BR Deutschland)
(3) K/F (Japan)
(4) K/F (BR Deutschland)
(5) A/F (Japan)
(6) A/F (BR Deutschland)

Zeichenerklärung: A = Arbeit
F = Fläche (Boden)
K = Kapital

Quellen: s. Anhangtabellen. – Eigene Berechnungen.

sowie dessen langsamerer Friktion - der Kapitalbesatz je Arbeitseinheit in Japan deutlich unterhalb desjenigen in der Bundesrepublik liegt. Innerhalb des Untersuchungszeitraumes hat sich diese Diskrepanz offensichtlich noch erheblich verstärkt. Diese Aussage relativierend, ist jedoch wiederum anzufügen, daß diese Tendenz aufgrund des überschätzten Arbeitseinsatzes in Japan nicht unwesentlich überzeichnet sein dürfte. Hinzu kommt, daß der für die Bundesrepublik ausgewiesene Kapitaleinsatz aufgrund der bereits angesprochenen Abgrenzungsprobleme zur Forstwirtschaft und Fischerei sowie der Miterfassung des landwirtschaftlichen Wohngebäudekapitals überschätzt wird. Insgesamt dürften sich die Unterschiede im Kapitaleinsatz je Arbeitseinheit (und folglich auch je Flächeneinheit) somit nicht ganz so gravierend gestalten, wie dies aus den in der Tabelle 19 ausgewiesenen Indikatorgrößen geschlußfolgert werden könnte.

<u>Die Entwicklung insgesamt</u>

Zusammenfassend können bei langfristiger Betrachtung für beide Agrarsektoren bezüglich Niveau, Richtung und Intensität der Veränderung des Faktoreinsatzes (unter Einbezug der Vorleistungen) und Faktoreinsatzverhältnisse somit folgende Grundaussagen getroffen werden:

1. Wie in allen sich entwickelnden Volkswirtschaften üblicherweise beobachtbar, wurde auch in der japanischen und bundesdeutschen Agrarwirtschaft, der Einsatz von Arbeit und in begrenzterem Umfang - auch von Boden stetig eingeschränkt, derjenige von Kapital (und Vorleistungen) hingegen stetig ausgeweitet. M. a. W.: Arbeit und Boden wurden durch Kapital (und Vorleistungen) und darüber hinaus Arbeit durch Boden substituiert[36].

---

[36] Der Begriff "Substitution" wird für jegliche Formen niveaubedingter Veränderungen der Faktoreinsatzrelationen verwendet.

2. Richtung und Ausmaß der sich in beiden Agrarwirtschaften vollziehenden Substitutionsprozesse spiegeln sich in den veränderten landwirtschaftlichen Faktorintensitäten wider: Die flächenbezogene Arbeitsintensität (Man-Land-Ratio) ist ständig zurückgegangen, während die arbeits- und die flächenbezogene Kapitalintensität stetig gestiegen sind.

2.6.2 Produktion und Produktionsstruktur[37]

Die Produktionsentwicklung wird anhand von Volumengrößen dargestellt. Letztere wurden ermittelt, indem die Wertgrößen durch einen verketteten Laspeyres-Preisindex (Basisjahr 1976=100) dividiert wurden. Wegen der bekannten Schwächen des Laspeyres-Preisindexes[38] impliziert diese Vorgehensweise, daß die tatsächliche Volumenentwicklung nur näherungsweise, d.h. verzerrt abgebildet wird. Im Hinblick auf die der Arbeit zugrunde liegende recht allgemein gehaltene Zielsetzung, die wichtigsten langfristigen Entwicklungstendenzen beider Agrarwirtschaften eher in einem globalen Sinne darzustellen, erscheinen diese Verzerrungen jedoch vernachlässigbar.

Als Indikator für die Produktionsentwicklung wird in der nachstehenden Betrachtung das Volumen der Gesamtproduktion verwendet, und zwar begründet in der Zielsetzung, die Produktionsleistung möglichst umfassend, sprich als Resultat aus dem Zusammenwirken aller eingesetzten Produktionsfakto-

---

37) Ein detaillierter Überblick diesbezüglich relevanter und anderer allgemeiner, die landwirtschaftlichen Produktmärkte betreffender Aspekte für die Bundesrepublik findet sich vor allem in U. HAMM, Projektion der Agrarmärkte in der BR Deutschland für die 80er Jahre. (Agrarwirtschaft, Sh 97.) Hannover 1983.
38) Beim Laspeyres-Preisindex wird bekanntlich das Mengengerüst eines bestimmten Basisjahres konstant gehalten. Die Deflationierung einer Wertgröße mittels dieses Indexes ergibt folglich jeweils nur eine Proxi (Näherungsgröße) für die Volumengröße. Angezeigter wäre es, einen Paasche-Index zu verwenden, da bei ihm das Mengengerüst jährlich angepaßt wird. Ein solcher war jedoch nicht für beide Länder verfügbar.

ren, d.h. auch der landwirtschaftlichen Vorleistungen, abzubilden. Letztere müßten somit, dieser Logik folgend, als eigener Produktionsfaktor behandelt werden.

Dies konnte jedoch nicht geschehen, da - wie weiter vorn bereits vermerkt - kein einheitlicher Indikator für den Vorleistungsaufwand verfügbar war.

Nach diesen Vorbemerkungen soll eine Vorstellung darüber vermittelt werden, mit welcher Intensität sich das Produktionswachstum in beiden Agrarwirtschaften vollzog und welche langfristigen globalen Strukturänderungen sich in der Agrarproduktion[39] beider Länder einstellten.

Das Volumen der Agrarproduktion stieg in beiden Ländern im Durchschnitt der Betrachtungsperiode (1954-1978) mit Wachstumsraten oberhalb 2 v.H. an. Im Ländervergleich expandierte die landwirtschaftliche Erzeugung in Japan (Steigerungsrate: 2,5 v.H.) etwas rascher als in der Bundesrepublik (Steigerungsrate: 2,2 v.H.). Das kräftigere Wachstum in Japan war insbesondere auf die starke Ausweitung der Reisproduktion in den 50er Jahren zurückzuführen. (Hierauf wurde im Kapitel 2.6.2. bereits hingewiesen.) Die höchsten Wachstumsraten der Agrarproduktion konnten in beiden Ländern jeweils in den 50er Jahren beobachtet werden, während sich in den 60er und noch stärker in den 70er Jahren die Zuwächse abschwächten (s. Tabelle 20 sowie Schaubild 18).

Die pflanzliche Produktion expandierte in der japanischen Agrarwirtschaft nahezu doppelt so schnell wie in der Landwirtschaft der Bundesrepublik. Die stärkste Ausweitung konnte in beiden Ländern - und hier besonders ausgeprägt in Japan - jeweils in den 50er Jahren beobachtet werden. Die 60er und 70er Dekade hingegen waren jeweils durch gemäßig-

---

[39] Auf eine Wiedergabe der zugrunde gelegten Absolutgrößen wird verzichtet, da bereits in Verbindung mit der Entwicklungsbeschreibung der Bruttowertschöpfung ein ungefährer Eindruck von den absoluten Größenordnungen vermittelt worden ist. Allerdings ist der Hinweis anzufügen, daß sich die Größenrelationen bei Verwendung der Gesamtproduktionsgrößen um einiges zugunsten der Bundesrepublik verschieben.

Tabelle 20: Volumen[a] und Struktur der Agrarproduktion, Japan und BR Deutschland, 1954 - 1978[b]

Produktion insgesamt

Jahr	Japan[c]		BR Deutschland	
	1954 = 100	Veränderung	1954 = 100	Veränderung
1954	100,0	.	100,0	.
1960	136,0	+ 5,3	120,4	+ 3,1
1970	162,0	+ 1,8	154,9	+ 2,6
1978	182,0	+ 1,5	166,7	+ 0,9
1978: 1954		+ 2,5		+ 2,2

Pflanzliche Produktion

Jahr	Japan		BR Deutschland	
	1954 = 100	Veränderung	1954 = 100	Veränderung
1954	100,0	.	100,0	.
1960	132,0	+ 4,7	105,4	+ 1,5
1970	135,4	+ 0,3	116,7	+ 0,6
1978	142,6	+ 0,7	122,4	+ 2,5
1978: 1954		+ 1,5		+ 1,5

Tierische Produktion

Jahr	Japan		BR Deutschland	
	1954 = 100	Veränderung	1954 = 100	Veränderung
1954	100,0	.	100,0	.
1960	184,7	+ 10,8	129,4	+ 4,4
1970	484,1	+ 10,1	186,4	+ 3,7
1978	658,2	+ 3,9	203,2	+ 1,1
1978: 1954		+ 8,2		+ 3,0

Anteile an der Gesamtproduktion:

Pflanzliche Produktion

Jahr	Japan		BR Deutschland	
	v.H.	Veränderung	v.H.	Veränderung
1954	92,4	.	45,2	.
1960	89,2	- 0,5	41,1	- 1,6
1970	77,2	- 1,5	34,1	- 1,9
1978	72,4	- 8,0	33,2	- 0,3
1978: 1954		- 1,0		- 1,3

Tierische Produktion

Jahr	Japan		BR Deutschland	
	v.H.	Veränderung	v.H.	Veränderung
1954	7,6	.	54,8	.
1960	10,4	+ 5,2	58,9	+ 1,2
1970	22,8	+ 8,2	65,9	+ 1,1
1978	27,6	+ 2,4	66,8	+ 2,0
1978: 1954		+ 5,5		+ 8,0

a Grunddaten (Bruttoproduktionswerte) in Preisen von 1976.
b Den ausgewiesenen Jahresdaten liegen jeweils dreijährige Durchschnitte zugrunde: 1954 ≙ ⌀ 1953-55, 1960 ≙ ⌀ 1959-60 ...).
c Ohne Seidenproduktion.
d Jahresdurchschnittliche Veränderungsraten, in v.H. (geometrische Durchschnitte).

Quellen: a. Anhangtabellen -eigene Berechnungen.

Schaubild 18

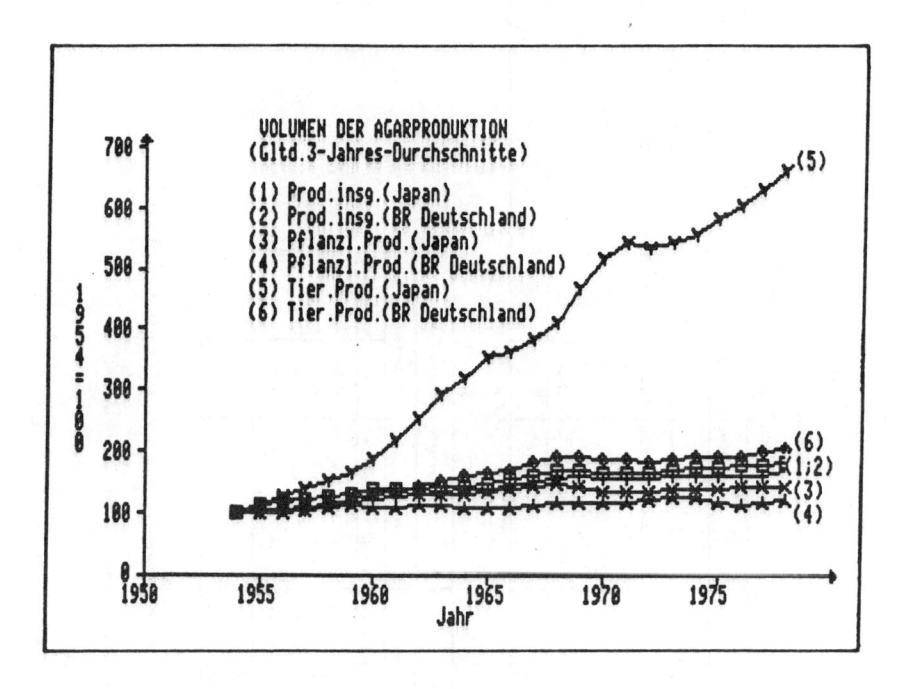

VOLUMEN DER AGARPRODUKTION
(Gltd.3-Jahres-Durchschnitte)

(1) Prod.insg.(Japan)
(2) Prod.insg.(BR Deutschland)
(3) Pflanzl.Prod.(Japan)
(4) Pflanzl.Prod.(BR Deutschland)
(5) Tier.Prod.(Japan)
(6) Tier.Prod.(BR Deutschland)

1954 = 100

Jahr

Quellen: s. Anhangtabellen. - Eigene Berechnungen.

tere Zuwachsraten zu kennzeichnen (s. Tabelle 20 sowie Schaubild 18).

Die tierische Produktion erfuhr innerhalb der Agrarproduktion beider Länder - und hier vor allem in Japan[40] - eine deutlich kräftigere Expansion als die pflanzliche Erzeugung, wenngleich sich in den 70ern gegenüber den Vorperioden sichtlich abgeschwächte Steigerungsraten des tierischen Produktionsvolumens einstellten (s. Tabelle 20 sowie Schaubild 18).

Als Konsequenz aus dem besonders intensiven Wachstum der tierischen Produktion ging der Anteil des pflanzlichen Produktionszweiges an der Gesamtproduktion in beiden Agrarwirtschaften nahezu stetig zurück.

Dieses ist ein Erscheinungsbild, wie es sich, induziert durch sich wandelnde Ernährungsgewohnheiten, für fast alle sich entwickelnden Volkswirtschaften ergibt.

Besonders gravierend gestaltete sich der Umstrukturierungsprozeß der Agrarproduktion in Japan: Ausgehend von etwas 92 v.H. in 1954, ging der Anteil der pflanzlichen Produktion auf etwa 72 v.H. in 1978 zurück. In der Bundesrepublik verminderte er sich im Vergleich hierzu von etwa 45 v.H. in 1954 auf etw 33 v.H. in 1978 (s. Tabelle 20).

Hinter dem dargestellten Faktum der vor allem für Japan außerordentlich hohen sowohl niveau- als auch anteilsmäßigen Ausweitung der tierischen Erzeugung verbirgt sich - wie bereits angesprochen - der starke Wandel der Ernährungsgewohnheiten, und dieser wiederum steht in engem Zusammenhang zur Realeinkommensentwicklung je Kopf (oder allgemeiner: zum Wirtschaftswachstum). Die offensichtlich hohe (positive) Korrelation zwischen Wirtschaftswachstum und der Nachfrage nach tierischen Produkten und folglich auch der Produktion derselben zeigte sich insbesondere in den 70er Jahren: Mit

---

[40] Begründet in dem vergleichsweise niedrigen Ausgangsniveau.

dem abgeschwächten Wirtschaftswachstum ging eine in den Zuwachsraten deutlich gebremste tierische Erzeugung einher, wenngleich einschränkend gesagt werden muß, daß ein Teil des abgeschwächten Wachstumstempos der tierischen Produktion sicherlich auch auf die zeitweilige Futtermittelverteuerung sowie den Anstieg der Energiepreise vor Mitte der 70er Jahre zurückzuführen war. Vornehmlich mit Blick auf das hohe Konsumniveau bei Agrarerzeugnissen kommt des weiteren für die Bundesrepublik noch hinzu, daß sich offensichtlich zunehmend auch bei tierischen Produkten die Sättigungstendenzen zu verstärken begannen. Als zentrale Determinante für den kräftigen Anstieg der Nachfrage nach tierischen Produkten ist natürlich zudem die vergleichsweise günstige Preisentwicklung zu nennen. Hierauf wird im Abschnitt 2.6.5 noch ausführlicher eingegangen.

Auf eine differenzierte Darstellung der strukturellen Entwicklung des Volumens der Agrarproduktion nach Gütergruppen wird an dieser Stelle verzichtet.

Stattdessen wird im weiteren skizziert, welche langfristigen strukturellen Veränderungen sich innerhalb der dargestellten Hauptproduktionssparten tierische und pflanzliche Erzeugung vollzogen haben. Als Indikator wird für erstere die Veränderung der Bodennutzungsstruktur und für letztere die Veränderung der Viehhaltungsstrukturen gewählt.

Bezüglich der Entwicklung der Bodennutzungsstruktur zeigt sich in Japan, daß sich Reis-, Gemüse-, Handelsgewächs- und Futterbau zuungunsten des Getreide- sowie Hülsen- und Hackfruchtbaus ausweiteten. In der Bundesrepublik gewannen der Getreide- und neuerlich auch der Handelsgewächsanbau bedeutungsmäßig zuungunsten des Hülsen- und Hackfrucht- sowie Gemüse- und Futterpflanzenanbaus hinzu (s. Tabelle 21), wobei bezüglich des Hackfruchtanbaus zu vermerken ist, daß sich seine Einschränkung vornehmlich aufgrund des Rückgangs des Kartoffel- und Futterrübenbaus ergab, wohingegen der Zuckerrübenbau sogar noch ausgedehnt wurde.

Tabelle 21: Anbauflächen nach Hauptgruppen, Japan und BR Deutschland[a], 1950 - 1979

A. Absolut- und Änderungsgrößen

Hauptanbaugruppen

Jahr	Reis					Getreide				Hülsen- und Hackfrüchte				Gemüse und Gartengewächse			
	Japan		BR Deutschland			Japan		BR Deutschland		Japan		BR Deutschland		Japan		BR Deutschland	
	1000 ha	Veränderung[b]	1000 ha	Veränderung[b]		1000 ha	Veränderung[b]	1000 ha	Veränderung[b]	1000 ha	Veränderung[b]	1000 ha	Veränderung[b]	1000 ha	Veränderung[b]	1000 ha	Veränderung[b]
	1a	1b				2a	2b	3a	3b	4a	4b	5a	5b	6a	6b	7a	7b
1950	3 011,0	.				2 143,5	.	4 204,0	.	1 220,2	.	2 190,0	.	503,4	.	165,0	.
1960	3 308,0	+ 0,9				1 689,6	- 2,4	4 899,0	+ 1,5	1 220,9	0,0	1 888,0	- 1,5	753,4	+ 4,1	82,0	- 6,8
1970	2 923,0	- 1,2				519,3	- 11,1	5 184,0	+ 0,6	617,0	- 6,6	1 291,0	- 3,7	1 103,7	+ 3,9	82,0	0,0
1979	2 497,0	- 1,7				296,8	- 6,0	5 234,0	+ 0,1	436,9	- 3,8	860,0	- 4,4	1 045,6	- 0,6	58,0	- 3,8
		- 0,6							+ 0,8		- 3,5		- 3,2		+ 2,6		- 3,5

Hauptanbaugruppen

Jahr	Handelsgewächse				Futterpflanzen				Anbaufläche insgesamt			
	Japan		BR Deutschland		Japan		BR Deutschland		Japan		BR Deutschland	
	1000 ha	Veränderung[b]	1000 ha	Veränderung[b]	1000 ha	Veränderung[b]	1000 ha	Veränderung[b]	1000 ha	Veränderung[b]	1000 ha	Veränderung[b]
	8a	8b	9a	9b	10a	10b	11a	11b	12a	12b	13a	13b
1950	455,7	.	147,0	.	301,2	.	1 227,0	.	7 635,0	.	7 983,0	.
1960	593,3	+ 2,7	61,0	- 8,4	506,3	+ 5,3	954,0	- 2,9	8 071,5	+ 0,6	1 884,0	- 0,1
1970	419,6	- 3,4	117,0	+ 6,7	735,6	+ 3,8	839,0	- 1,3	6 318,2	- 2,4	7 513,0	- 0,5
1979	383,5	- 1,0	157,0	+ 3,3	1 002,0	+ 3,5	970,0	+ 1,6	5 661,8	- 1,2	7 279,0	- 0,4
		- 0,6		+ 0,2		+ 4,2		- 0,9		- 1,0		- 0,3

8. Struktur- (Anteile-) und Veränderungsgrößen

Hauptanbaugruppen

Jahr	Reis				Getreide				Hülsen- und Hackfrüchte				Gemüse und Gartengewächse			
	Japan		BR Deutschland		Japan		BR Deutschland		Japan		BR Deutschland		Japan		BR Deutschland	
	v.H.	Veränderung	v.H.	Veränderung	v.H.	Veränderung	v.H.	Veränderung	v.H.	Veränderung	v.H.	Veränderung	v.H.	Veränderung	v.H.	Veränderung
	14a	14b			15a	15b	16a	16b	17a	17b	18a	18b	19a	19b	20a	20b
1950	39,4	.			28,1	.	52,7	.	16,0	.	27,4	.	6,6	.	2,1	.
1960	41,0	+ 0,4			20,9	- 2,9	62,1	+ 1,7	15,1	- 0,5	24,0	- 1,3	9,3	+ 3,5	1,0	- 6,6
1970	46,3	+ 1,2			8,9	- 8,9	69,0	+ 1,1	9,8	- 4,3	17,2	- 3,3	17,5	+ 6,5	1,1	+ 0,5
1979	44,1	- 0,5			5,2	- 4,9	71,9	+ 0,5	7,7	- 2,6	11,8	- 4,1	18,5	+ 0,6	0,8	- 3,4
		+ 0,4				- 5,6		+ 1,1		- 2,5		- 2,9		+ 3,6		

Hauptanbaugruppen

Jahr	Handelsgewächse				Futterpflanzen			
	Japan		BR Deutschland		Japan		BR Deutschland	
	v.H.	Veränderung	v.H.	Veränderung	v.H.	Veränderung	v.H.	Veränderung
	21a	21b	22a	22b	23a	23b	24a	24b
1950	6,0	.	1,8	.	3,9	.	16,0	.
1960	7,4	+ 2,1	0,8	- 8,3	6,3	+ 4,7	12,1	- 2,8
1970	6,6	- 1,0	1,6	+ 7,2	11,6	+ 6,4	11,2	- 0,8
1979	6,8	+ 0,2	2,2	+ 3,7	17,7	+ 4,8	13,3	+ 2,0
		+ 0,4		+ 0,5		+ 5,3		- 0,6

a Die Daten enthalten infolge der Gebietsveränderung eine geringfügige Verzerrung.
b Jahresdurchschnittliche Veränderungsraten, in v.H. (geometrische Durchschnitte).
Quellen: s. Anhangtabellen - eigene Berechnungen.

Begründet in den unterschiedlichen topographischen und Klimaverhältnissen sind die Anbaustrukturen zwischen Japan und der Bundesrepublik natürlich nur sehr bedingt vergleichbar. Offenkundig wird dies vor allem an der jeweiligen Hauptanbaufrucht: Japan (Reis); Bundesrepublik (Getreide). Insbesondere der Naßreisbau kennzeichnet für Japan im Vergleich zur Bundesrepublik das von vornherein höhere Intensitätsniveau. Trotz der grundverschiedenen Ausgangsgegebenheiten in den Anbaustrukturen sind in beiden Ländern aber dennoch ähnliche Entwicklungstendenzen erkennbar, und zwar derart, daß vergleichsweise arbeitsintensive und/oder preislich wenig attraktive Anbaugruppen zugunsten solcher zurückgedrängt werden, bei denen die Produktionstechnik vergleichsweise weit vorangeschritten ist, die ertragreich sind und/oder bei denen vergleichsweise günstige Preise erzielt werden.

Im Hinblick auf den längerfristigen Wandel der Tierhaltung ist auszuführen (s. Tabelle 22), daß in beiden Ländern - gemessen an den absoluten Größen - die Rindvieh- sowie insbesondere die Schweine- und Geflügelhaltung ausgedehnt, während die übrigen Viehhaltungszweige (Pferde, Schafe und Ziegen) eingeschränkt wurden. Der starke Rückgang der Pferdehaltung erklärt sich aus der zunehmenden und mittlerweile sicherlich nahezu vollständigen Substitution der tierischen Zugkraft durch Traktoren, während die deutliche Verminderung der Schaf- und Ziegenhaltung zum einen auf die Ausweitung des um das Rauhfutter konkurrierenden Rindviehs sowie zum anderen - dies gilt nur in bezug auf die Schafhaltung - auf die zunehmende Verdrängung der Wollfaser durch die Kunstfaser zurückgeführt werden kann.

Der beschriebene Entwicklungsverlauf indes bildet kein Spezifikum für die hier betrachteten Länder. Er vollzieht sich in ähnlicher Weise in der volkswirtschaftlichen Entwicklung nahezu eines jeden Landes.

In der Bundesrepublik ging in den 70er Jahren auch die Geflügelhaltung zurück (s. Tabelle 22), was auf einen Verlust an Wettbewerbsfähigkeit dieses Viehhaltungszweiges hin-

Tabelle 22: Bestandsentwicklungen der Hauptviebarten, Japan und BR Deutschland[a], 1950 - 1979

A. Absolut- und Änderungsgrößen

Jahr	Hauptviebarten												
	Rindvieh				Schweine				Geflügel			
	Japan		BR Deutschland		Japan		BR Deutschland		Japan		BR Deutschland	
	1000 VE[c]	Veränderung[d]	1000 VE[c]	Veränderung[d]	1000 VE[c]	Veränderung[d]	1000 VE[c]	Veränderung[d]	1000 VE[c]	Veränderung[d]	1000 VE[c]	Veränderung[d]
	1a	1b	2a	2b	3a	3b	4a	4b	5a	5b	6a	6b
1950	2 450,0	.	11 149,0	.	121,6	.	2 278,0	.	165,5	.	480,6	.
1960	3 163,0	+ 2,6	12 867,0	+ 1,4	383,4	+ 12,2	3 155,2	+ 2,9	521,5	+ 12,2	600,3	+ 2,2
1970	3 593,0	+ 1,3	14 026,0	+ 0,9	1 267,0	+ 12,7	4 193,8	+ 2,9	2 235,3	+ 15,7	986,0	+ 5,1
1979	4 150,0	+ 1,6	15 050,0	+ 0,8	1 898,2	+ 4,6	4 474,8	+ 0,7	2 918,5	+ 3,0	849,3	- 1,6
		+ 1,8		+ 1,0		+ 9,9		+ 2,2		+ 10,4		+ 2,0

Jahr	Hauptviebarten							
	Pferde				Schafe und Ziegen			
	Japan		BR Deutschland		Japan		BR Deutschland	
	1000 VE[c]	Veränderung[d]	1000 VE[c]	Veränderung[d]	1000 VE[c]	Veränderung[d]	1000 VE[c]	Veränderung[d]
	7a	7b	8a	8b	9a	9b	10a	10b
1950	1 071,0	.	1 570,0	.	77,2	.	229,0	.
1960	673,0	- 4,5	710,0	- 7,6	134,9	+ 5,7	138,7	- 7,4
1970	137,0	- 14,7	253,0	- 9,8	18,2	- 18,2	89,3	- 4,3
1979	22,0	- 18,7	380,0	+ 4,6	8,3	- 8,4	116,5	+ 3,0
		- 12,5		- 4,8		- 7,4		- 3,2

Jahr	Vieh insgesamt			
	Japan		BR Deutschland	
	1000 VE[c]	Veränderung[d]	1000 VE[c]	Veränderung[d]
	11a	11b	12a	12b
1950	3 885,3	.	15 876,6	.
1960	4 875,8	+ 2,3	17 471,2	+ 1,0
1970	7 250,5	+ 4,0	19 548,1	+ 1,1
1979	8 997,0	+ 2,4	20 870,6	+ 0,7
				+ 0,9

B. Struktur (Anteils-) und Veränderungsgrößen

Jahr	Hauptvieharten											
	Rindvieh				Schweine				Geflügel			
	Japan		BR Deutschland		Japan		BR Deutschland		Japan		BR Deutschland	
	v.H.	Veränderung	v.H.	Veränderung	v.H.	Veränderung	v.H.	Veränderung	v.H.	Veränderung	v.H.	Veränderung
	13a	13b	14a	14b	15a	15b	16a	16b	17a	17b	18a	18b
1950	63,1	.	70,2	.	3,1	.	15,0	.	4,3	.	3,0	.
1960	64,5	+ 0,3	73,4	+ 0,5	7,9	+ 9,7	18,1	+ 1,9	10,7	+ 9,6	3,4	+ 1,3
1970	49,6	- 2,7	71,8	- 0,3	17,5	+ 8,3	21,5	+ 1,7	30,8	+ 11,2	5,0	+ 3,9
1979	46,1	- 0,8	72,1	+ 0,1	21,1	+ 2,1	21,4	0,0	32,4	+ 0,6	4,1	- 2,4
				+ 0,1		+ 6,8		+ 1,2		+ 7,2		+ 1,0

Jahr	Hauptvieharten							
	Pferde				Schafe und Ziegen			
	Japan		BR Deutschland		Japan		BR Deutschland	
	v.H.	Veränderung	v.H.	Veränderung	v.H.	Veränderung	v.H.	Veränderung
	19a	19b	20a	20b	20a	20b	21a	21b
1950	27,6	.	9,9	.	2,0	.	1,9	.
1960	13,8	- 6,7	4,1	- 7,6	2,8	+ 3,4	0,8	- 8,3
1970	1,9	- 18,0	1,3	- 9,8	0,3	- 21,3	0,5	- 5,4
1979	0,2	- 20,3	1,8	+ 4,6	0,1	- 10,5	0,6	+ 2,3
		- 15,0		- 4,8		- 10,0		- 4,1

a Geringfügige Verzerrungen als Folge der Gebietsänderung. c 1 VE ≙ 1 Pferd ≙ 1 Rind ≙ 5 Schweine ≙ 10 Schafe ≙ 10 Ziegen ≙ 100 Stück Geflügel.
b 1979 ohne Ziegen. d Jahresdurchschnittliche Veränderungsraten, in v.H. (geometrische Durchschnitte).

Quellen: a. Anhangstabellen - eigene Berechnungen.

deutet. Die Pferde- und Schafhaltung wurden wieder etwas ausgedehnt, wobei die Wiederaufstockung des Pferdebestandes vornehmlich dem Hobbyaspekt zuzuschreiben ist; die Schafhaltung dürfte aus Gründen der Nutzung von Restgrünland sowie des Anstiegs der Nachfrage nach Schaffleisch seitens der ausländischen Arbeitnehmer und deren Familien wieder ausgeweitet worden sein. Zudem hat sicherlich auch die Zahlung von Mutterschafprämien u. dgl. die Wiederaufstockung des Schafbestandes stimuliert.

Die auf der Basis der Vieheinheiten berechneten Strukturgrößen folgen in beiden Agrarwirtschaften im großen und ganzen der Entwicklung der Absolutgrößen. An Besonderheiten ist erkennbar, daß in Japan die Rindviehhaltung nach 1960 aufgrund der außerordentlichen Expansion des tierischen Veredlungszweiges (Geflügel und Schweine) an relativem Gewicht zu verlieren begann. Allerdings schwächte sich dieser Prozeß in den 70er Jahren ab (s. Tabelle 22).

In der Bundesrepublik verlor die Rindviehhaltung in den 60er Jahren, ebenfalls induziert durch die starke Ausweitung der tierischen Veredlungssektors, an relativem Gewicht, jedoch kehrte sich dieser Trend in den 70er Jahren wieder um (s. Tabelle 22).

2.6.3 Selbstversorgungsgrad

Die Tabellen 22a und 22b vermitteln einen Überblick über die Entwicklung der Selbstversorgungsgrade. Der Selbstversorgungsgrad insgesamt (Versorgungsgrad einschließlich Nahrungsgüterimporte) (s. Tabelle 22a) verminderte sich in Japan nach offiziellen Angaben von 93 v.H. in 1955 auf 74 v.H. in 1979; wird der Selbstversorgungsgrad auf der Grundlage inländisch erzeugter Originalkalorien (Primärkalorien) berechnet, so liegt er noch deutlich niedriger: 1955: 84 v.H., 1977: 44 v.H. (lt. Angaben des Bureau of Agricultural Economics in Canberra, Australia). In der Bundesrepublik verbes-

Tabelle 22a: Entwicklung des Selbstversorgungsgrades in Japan und in der BR Deutschland, 1955-1979

Jahr	Japan in v.H.[1]	(in v.H.)[2]	BR Deutschland in v.H.[3]	(in v.H.)[4]
1955	93	(84)	71	(77)
1960	90	(76)	70	(77)
1970	76	(50)	67	(81)
1979	74	(44)[5]	74	(91)
1979 : 1955[6]	80	(52)	104	(118)

1) Heimische Produktion: heimischen Verbrauch (berechnet auf der Grundlage von Kalorien).
2) Berechnet auf der Basis von Originalkalorien (Primärkalorien).
3) Heimische Produktion: heimischen Verbrauch (berechnet auf der Grundlage von Getreideeinheiten; = Nettoselbstversorgungsgrad).
4) Heimische Produktion zuzgl. Importfuttermittel: heimischen Verbrauch (berechnet auf der Grundlage von Getreideeinheiten; = Bruttoselbstversorgungsgrad).
5) Angabe von 1977.
6) 1955 = 100.

Quelle: Offizielle Statistiken, Bureau of Agricultural Economics (BAE, Australia).

Tabelle 22b: Selbstversorgungsgrad landwirtschaftlicher Erzeugnisse, Japan und BR Deutschland, 1960-1978

	1960		1970		1978	
	Japan	BR Deutschland	Japan	BR Deutschland	Japan	BR Deutschland
Getreide insgesamt	83	79	48	70	37	91
Reis	102	-	106	-	111	-
Weizen	39	75	9	78	6	105
Hülsenfrüchte	44	25	13	43	9	33
Sojabohnen	28	-	4	-	5	-
Zucker	18	90	23	87	22	127
Gemüse	100	69	99	47	97	33
Obst	100	71	84	54	78	50
Eier	101	59	97	85	97	74
Rindfleisch	96	83	90	91	73	106
Schweinefleisch	96	93	98	92	90	88
Milch und Molkereiprodukte	89	n.v.	89	n.v.	89	n.v.
Butter	n.v.	97	n.v.	96	n.v.	132

n.v. = Nicht verfügbar

Quellen: Offizielle Statistiken.

serte sich der Bruttoselbstversorgungsgrad (Versorgungsgrad einschließlich Importfuttermittel) von 77 v.H. in 1955 auf 91 v.H. in 1979. Der Nettoselbstversorgungsgrad (Versorgungsgrad ausschließlich Importfuttermittel) erhöhte sich von 71 v.H. in 1955 auf 74 v.H. in 1979.

Gegliedert nach einzelnen Produkten (s. Tabelle 22b), ergibt sich hinsichtlich der Entwicklung der Selbstversorgungsgrade folgendes Bild: Bei Getreide insgesamt, d.h. einschließlich Reis, stellt sich für Japan zwischen 1960 und 1978 eine Halbierung des Selbstversorgungsgrades ein, insbesondere zurückzuführen auf den Anbaurückgang beim übrigen Getreide (d.h. Getreide o. Reis). Bei Reis selbst ist eine Zunahme des Selbstversorgungsgrades zu beobachten. In der Bundesrepublik ist beim Getreide insgesamt und u.a. auch beim Weizen eine Zunahme des Selbstversorgungsgrades zu verzeichnen. Bei Hülsenfrüchten - und hier u.a. auch bei den Sojabohnen - tritt in Japan ein kräftiger Rückgang des Selbstversorgungsgrades in Erscheinung. In der Bundesrepublik ist bei Hülsenfrüchten, über die Gesamtperiode hinweg gesehen, eine Verbesserung des Selbstversorgungsgrades erkennbar. Beim Zucker kann in Japan ein leichter, in der Bundesrepublik ein kräftiger Anstieg des Selbstversorgungsgrades beobachtet werden. Beim Gemüse besteht in Japan nahezu vollständige Selbstversorgung. Für die Bundesrepublik trifft dieses nicht zu: Hier sinkt der Selbstversorgungsgrad von 69 in 1960 auf 33 in 1978. Obst zeigt ein beiden Ländern einen Rückgang des Selbstversorgungsgrades. Bei Eiern besteht in Japan nahezu vollständige Selbstversorgung, in der Bundesrepublik steigt die Selbstversorgungsrate an. Rind- und Schweinefleisch besitzen in beiden Ländern ein recht hohes Selbstversorgungsniveau, allerdings ist für Japan (Rind- und Schweinefleisch) und für die Bundesrepublik (Schweinefleisch) eine leichte Rückläufigkeit erkennbar. Beim Rindfleisch besteht für die Bundesrepublik eine positive Tendenz. Bei Milch und Milcherzeugnissen bleibt in Japan der Selbstversorgungsgrad mit knapp 90 v.H. unverändert. Für die Bundesrepublik ist kein derartiger Indikator verfügbar. Stellvertretend sei die Entwicklung bei

Butter aufgezeigt: Hier steigt der Selbstversorgungsgrad von
97 v.H. in 1960 auf 132 v.H. in 1978.

2.6.4 Partielle Bruttoproduktivitäten[41]

<u>Die Entwicklung im einzelnen</u>

Die partiellen Produktivitäten wurden errechnet, indem die
in den Abschnitten 2.6.2 und 2.6.1 dargestellten Gesamtoutput- und Inputgrößen durcheinander dividiert wurden[42].

Die in diesen Größen enthaltenen Ungenauigkeiten gehen folglich auch mit in die Produktivitätsmaße ein und können sich
dort entweder kumulieren oder gegenseitig aufheben.

Wird positives Produktionswachstum unterstellt, so markiert
das Vorzeichen der Produktivitätsentwicklung, ob der Einsatz
eines Faktors schneller (Produktivitätsentwicklung negativ)
oder langsamer (Produktivitätsentwicklung positiv) als die
Produktion gesteigert worden bzw. ob er zurückgegangen ist
(Produktivitätsentwicklung ebenfalls positiv). Ein Rückgang
der Produktion bewirkt, c.p., eine Verminderung der Produktivität.

Die vergleichende Analyse läßt erkennen, daß die arbeits-
und flächenbezogenen Bruttoproduktivitäten in beiden Ländern

---

[41] Ein spezieller Überblick über die Produktivitätsentwicklung in der bundesdeutschen Landwirtschaft in der jüngeren Zeit findet sich bei J. ZEDDIES und A. HENZE, Einkommenswirkung der Produktivitätsentwicklung (Schriftenreihe des BMELF, Reihe A: Angewandte Wissenschaft, H.270). Münster-Hiltrup 1982.- Bezüglich Japan siehe v. a. S. YAMADA, Country Study ..., a.a.O.
[42] Bei der Beurteilung der in dieser Weise abgeleiteten Produktivitätsgrößen ist zu berücksichtigen, daß Ausweitungen des Vorleistungseinsatzes produktions- und somit auch produktivitätssteigernde Wirkungen entfalten. Zeitbezogene Vergleiche sind folglich strenggenommen nur dann sinnvoll, wenn unterstellt wird, daß der Anteil der Vorleistungen an der Gesamtproduktion konstant bleibt.

in ähnlichem Maß gesteigert werden konnten. Die periodenbezogene Sicht läßt deutlich werden, daß von Dekade zu Dekade eine gewisse Abschwächung in den Produktivitätszuwächsen auftrat (s. Tabelle 23 sowie Schaubild 19).

Die kapitalbezogene Bruttoproduktivität ging in beiden Agrarwirtschaften, die 50er Jahre ausgenommen, kontinuierlich zurück. Besonders ausgeprägte Produktivitätsverminderungen zeigten sich in der Bundesrepublik in den 60er, in Japan in den 70er Jahren. Über die Gesamtperiode hinweg (1954 - 1978) war der jährliche Rückgang der kapitalbezogenen Produktivität in Japan (0,8 v.H.) etwas höher als in der Bundesrepublik (0,5 v.H.). Zum größeren Teil zurückzuführen war dieses auf den im Abschnitt 2.6.1 bereits aufgezeigten vergleichsweise stärkeren Anstieg des Realkapitalbestandes in der japanischen Agrarwirtschaft, wobei das Hauptmaß der diesbezüglichen Inputsteigerung auf die 60er und 70er Jahre entfiel.

Die Entwicklung im Rahmen einer Wachstumsrechnung ("Growth Accounting)

Es wird im folgenden, jeweils bezogen auf zwei Faktoren, untersucht, welche Erklärungsbeiträge veränderte Einsatzrelationen und die veränderte Produktivität des einen Faktors zur Anhebung der Produktivität des anderen Faktors leisten (s. Tabelle 24).

Beispielsweise kann das arbeitsbezogene Produktivitätswachstum w(Q/A) als Summe aus der Veränderung der kapitalbezogenen Produktivität w(Q/K) und der kapitalbezogenen Arbeitsintensität w(A/K) dargestellt werden. Die Erklärungsbeiträge von w(Q/K) und w(K/A) ergeben sich, indem diese jeweils in v.H. der gemeinsamen Summe w(Q/K) + w(K/A) ausgedrückt werden.

Tabelle 23: Entwicklung der partiellen Bruttoproduktivitäten[a], Japan und BR Deutschland, 1954 - 1978

Jahr	Arbeitsproduktivität				Bodenproduktivität				Kapitalproduktivität			
	Japan		BR Deutschland		Japan		BR Deutschland		Japan		BR Deutschland	
	1954 = 100	Veränderung[b]	1954 = 100	Veränderung[b]	1954 = 100	Veränderung[b]	1954 = 100	Veränderung[b]	1954 = 100	Veränderung[b]	1954 = 100	Veränderung[b]
	1a	1b	2a	2b	3a	3b	4a	4b	5a	5b	6a	6b
1954	100,0	.	100,0	.	100,0	.	100,0	.	100,0	.	100,0	.
1960	151,1	+ 7,1	163,5	+ 8,5	133,0	+ 4,9	121,5	+ 3,3	120,1	+ 3,1	100,03	+ 0,005
1970	249,5	+ 5,1	333,1	+ 7,4	167,8	+ 2,2	162,8	+ 3,0	98,9	- 1,9	90,1	- 1,0
1978	403,3	+ 6,2	520,7	+ 5,7	196,5	+ 2,1	178,1	+ 1,1	83,4	- 2,1	87,6	- 0,3
1954 : 1978		+ 6,0		+ 7,1		+ 2,9		+ 2,4		- 0,8		- 0,5

a Verhältnis des Volumens der Bruttoproduktion (dreijährige Durchschnitte) zum jeweiligen Faktoreinsatz.
b Jahresdurchschnittliche Veränderungsraten, in v.H; (geometrische Durchschnitte).

Quellen: Datengrundlage s. Anhangtabellen - eigene Berechnungen.

Schaubild 19

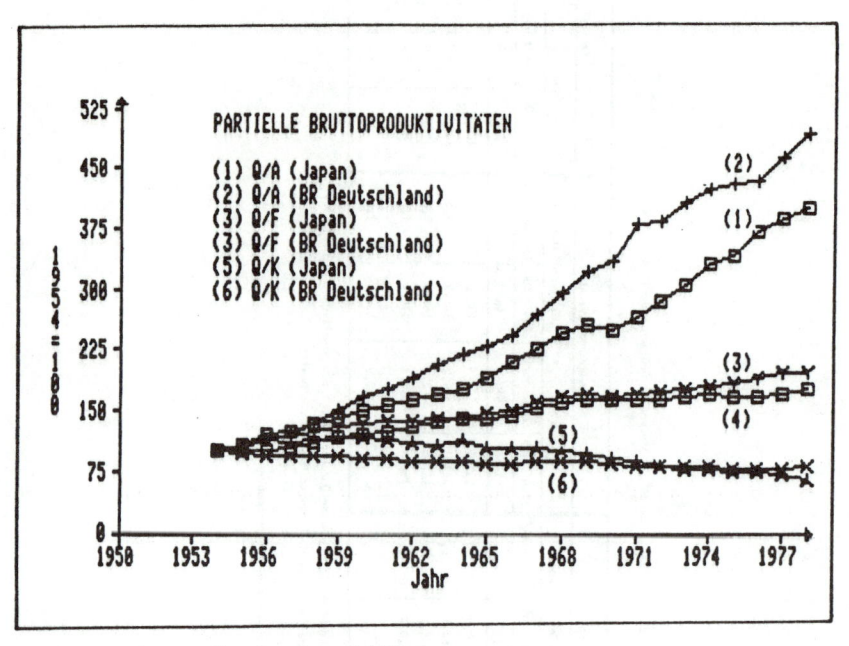

PARTIELLE BRUTTOPRODUKTIVITÄTEN

(1) Q/A (Japan)
(2) Q/A (BR Deutschland)
(3) Q/F (Japan)
(3) Q/F (BR Deutschland)
(5) Q/K (Japan)
(6) Q/K (BR Deutschland)

Zeichenerklärung: Q = Agrarproduktion
A = Arbeit
F = Fläche (Boden)
K = Kapital

Quellen: s. Anhangtabellen.- Eigene Berechnungen.

Tabelle 24: Wachstumsrechnung Growth-Accounting[a]: Beiträge faktorbezogener Produktivitäten und Intensitäten zum Produktivitätswachstum, Japan und BR Deutschland, 1954 - 1978[a]

W (Arbeitsproduktivität) = W (Kapitalproduktivität) + W (arbeitsbezogene Kapitalintensität)

Zeit-raum	Japan		BR Deutschland	
v.H.[b]	W (Q/K)	W (K/A)	W (Q/K)	W (K/A)
	1	2	3	4
1954-60	+ 37	+ 63	+ 0	+ 100
1960-70	- 37	+ 137	- 14	+ 114
1970-78	- 32	+ 132	- 5	+ 105
1954-78	- 12	+ 112	- 7	+ 107

W (Bodenproduktivität) = W (Arbeitsproduktivität) + W (arbeitsbezogene Bodenintensität)

Zeit-raum	Japan			BR Deutschland		
v.H.[b]	W (Q/B)	W (B/A)		W (Q/B)	W (B/A)	
	5	6		7	8	
1954-60	+ 68	+ 31		+ 40	+ 60	
1960-70	+ 45	+ 55		+ 40	+ 60	
1970-78	+ 35	+ 65		+ 17	+ 83	
1954-78	+ 49	+ 51		+ 33	+ 67	

W (Kapitalproduktivität) = W (bodenbezogene Kapitalintensität) + W (bodenbezogene Arbeitsproduktivität) + W (bodenbezogene Arbeitsintensität)

Zeit-raum	Japan		BR Deutschland		Japan		BR Deutschland	
v.H.[b]	W (Q/K)	W (K/B)	W (Q/K)	W (K/B)	W (Q/A)	W (A/B)	W (Q/A)	W (A/B)
	9	10	11	12	13	14	15	16
1954-60	+ 54	+ 46	+ 0	+ 100	+ 142	- 42	+ 230	- 130
1960-70	- 83	+ 183	- 35	+ 135	+ 212	- 112	+ 228	- 128
1970-78	- 91	+ 191	- 28	+ 128	+ 261	- 161	+ 447	- 347
1954-78	- 26	+ 126	- 22	+ 122	+ 197	- 97	+ 271	- 171

W (Arbeitsproduktivität) = W (kapitalbezogene Arbeitsintensität) + W (Bodenproduktivität) + W (kapitalbezogene Bodenintensität)

Zeit-raum	Japan		BR Deutschland		Japan		BR Deutschland	
v.H.[b]	W (A/A)	W (A/K)	W (Q/A)	W (A/K)	W (Q/B)	W (B/K)	W (Q/B)	W (B/K)
	17	18	19	20	21	22	23	24
1954-60	+ 245	- 145	+ 1 262	- 1 162	+ 179	- 79	+ 3 020	- 2 920
1960-70	- 316	+ 416	- 1 545	+ 1 645	- 122	- 222	+ 312	+ 412
1970-78	- 409	+ 509	+ 4 407	- 4 307	- 110	+ 210	+ 371	+ 471
1954-78	- 1 637	+ 1 737	+ 30 018	- 29 918	- 442	+ 542	+ 511	+ 611

a Für die ausgewiesenen Jahre liegen jeweils dreijährige Durchschnitte zugrunde.
b Die Erklärungsbeiträge der Wachstumsraten ergeben zusammen jeweils 100 Prozent.

Quelle: Berechnet auf der Basis der in den Tabellen 18 und 20 ausgewiesenen Daten.

Im Hinblick auf die Entwicklung (Anstieg) der Arbeitsproduktivität ist erkennbar, daß die veränderte (verbesserte) Ausstattung der Arbeitseinheiten mit Kapital bzw. Boden, d.h. die Veränderung (Steigerung) der arbeitsbezogenen Intensitäten, in beiden Ländern jeweils den größten Wachstumsbeitrag leistete (s. Tabelle 24).

Analoge Aussagen können auch bezüglich der Entwicklung der Bodenproduktität, sofern sie durch das Wachstum der Kapitalproduktivität und der bodenbezogenen Kapitalintensität erklärt wird, und hinsichtlich der Veränderung der Kapitalproduktivität getroffen werden. Allerdings handelt es sich bei letzterer um einen Sonderfall, und zwar insofern, als die Kapitalproduktivität nicht steigt, sondern zurückgeht und dieses jeweils auf verminderte kapitalbezogene Intensitäten zurückzuführen ist (s. Tabelle 24).

Eine Ausnahme von der Regel, daß den veränderten Faktoreinsatzrelationen jeweis der größte Erklärungsbeitrag für das realisierte faktorbezogene Produktivitätswachstum zufällt, zeigt sich in beiden Agrarwirtschaften beim Wachstum der Bodenproduktivität, sofern dieses durch die gestiegene Arbeitsproduktivität einerseits und die gesunkene bodenbezogene Arbeitsintensität andererseits erklärt wird: Die vergleichsweise hohen Zuwächse der Arbeitsproduktivität vermögen nicht durch die rückläufigen bodenbezogenen Arbeitsintensitäten aufgezehrt bzw. überkompensiert zu werden (s. Tabelle 24).

Das Wachstum der Arbeitsproduktivität wird in beiden Ländern vor allem durch den Anstieg der arbeitsbezogenen Kapitalintensität determiniert, d.h., der mit dem vermehrten Kapitaleinsatz einhergehende Rückgang der Kapitalproduktivität liegt nicht unerheblich unterhalb dieser Rate (s. Tabelle 24).

Wird die Veränderung der Kapitalproduktivität ihrerseits in Abhängigkeit von der Entwicklung der Arbeitsproduktivität und der kapitalbezogenen Arbeitsintensität abgebildet, so ist erkennbar, daß der Rückgang der Kapitalproduktivität sich vornehmlich aus der Verminderung der kapitalbezogenen Arbeitseintensität (veringerter Arbeitbesatz je Kapitaleinheit) erklärt: Am grundsätzlichen Ergebnis ändert sich somit nichts. Lediglich die Sichtweise hat sich verändert (s. Tabelle 24).

Als wichtigstes Resultat der Wachstumsrechnung kann festgehalten werden, daß die beobachteten faktorbezogenen Produktivitätszuwächse insbesondere auf veränderte Faktoreinsatzrelationen - und hier vornehmlich zwischen den Faktoren Arbeit und Kapital - zurückzuführen waren. Als Folge der verbesserten Ausstattung der Arbeitseinheiten mit Kapital, aber auch mit Boden, vermochte die Arbeitsproduktivität in beiden Agrarwirtschaften nicht unerheblich gesteigert zu werden. Darüber hinaus hatte der vermehrte Kapitaleinsatz natürlich auch positive Wirkungen auf die Bodenproduktivität.

Gemeinsames Charakteristikum in beiden Ländern: der Rückgang der Kapitalproduktivität

Es können für den Rückgang der Kapitalproduktivität folgende Erklärungshypothesen formuliert werden:

1. Der Rückgang der Kapitalproduktivität resultiert kraft ökonomischer Gesetzmäßigkeit aus den längerfristig gesunkenen realen Kapitalgüterpreisen.

2. Der Rückgang der Kapitalproduktivität muß zwangsläufig eintreten, da der Kapitalstock und nicht eine Kapitalflußgröße (Investitionen) als Kapitaleinsatzindikator verwendet wird. Die Auslastung des Kapitalstocks ist in der überwiegenden Zahl der landwirtschaftlichen Betriebe und somit auch in der Agrarwirtschaft insgesamt nicht gewährleistet (markantes Beispiel: erhebliche Übermechanisierung in der Mehrzahl der landwirtschaftlichen Betriebe).

2.6.5 Faktor- und Produktpreise sowie daraus abgeleitete Relationen

Es soll im weiteren eine vergleichende Analyse der Realpreisentwicklung wesentlicher Input- und Outputgrößen zwischen beiden Agrarwirtschaften vorgenommen werden. Die Realpreise wurden ermittelt, indem die Nominalpreisindices (Laspeyres) bzw. die Preismeßzahlen einheitlich mittels des Implizit-Preisindexes des BIPs (Paasche) des betreffenden Landes deflationiert wurden. Bei den verwendeten Preisindices und -meßzahlen mußten wegen wechselnder Basisjahre oder statistisch bedingter Brüche in den Zeitreihen Verkettungen vorgenommen werden.

Für die Abbildung der Preisniveauentwicklung des Faktors Arbeit wurde eine Meßzahl der Stundenlöhne abhängig in der Landwirtschaft Beschäftigter verwendet. Es wird somit implizit unterstellt, daß es sich hierbei um einen adäquaten Indikator handelt, um näherungsweise die Entwicklung der Entlohnung bzw. der Entlohnungsansprüche aller in der Agrarwirtschaft Tätigen abzubilden. Nicht zuletzt auch mit Blick auf den Opportunitätskostenaspekt erscheint diese Verfahrensweise gerechtfertigt, da die in der Landwirtschaft gezahlten Löhne die Entwicklung der Nutzungskosten sicherlich realitätsnäher abzubilden vermögen als vergleichbare, um Mobilitätskosten etc. zu bereinigende außerlandwirtschaftliche Lohnindikatoren.

Die Preisniveauentwicklung des Faktors Boden wird ebenfalls mittels einer Meßzahl dargestellt. Als Berechnungsgrundlage dienten die durchschnittlichen Kaufpreise landwirtschaftlicher Grundstücke[43]. Es erübrigt sich an dieser Stelle eigentlich der Hinweis, daß dieser Bodenpreisindikator, das gilt für beide Länder gleichermaßen, aus vielfältigen erhebungstechnischen, auf mangelnde Repräsentativität und auf besondere außerlandwirtschaftliche Einflußgrößen zurückzu-

---

[43] Für Japan wurde der Preis für Ackerland (Naßfelder) zugrunde gelegt.

führenden Gründen[44] in seiner Aussagekraft stark eingeschränkt ist. Mangels Verfügbarkeit einer besseren Maßgröße mußte jedoch notgedrungen auf ihn zurückgegriffen werden.

Für den Faktor Kapital wird als Preisniveauindikator der Preisindex für landwirtschaftliche Investitionsgüter (landwirtschaftliche Maschinen, Ausrüstungsgüter, Bauten etc.) verwendet. Wenngleich dieser Maßgröße aufgrund der qualitativen Veränderungen der Mengenkomponenten - häufig angeführtes Argument: "ein Traktor der 50er Jahre ist nicht mit einem Traktor der 70er Jahre vergleichbar" - nur ein begrenzter Aussagegehalt zukommt, vermag sie dennoch den globalen Entwicklungsverlauf annähernd zu markieren.

Als weitere Kenngröße für die Darstellung der Preisniveauentwicklung auf der Inputseite wird der Betriebsmittelpreisindex in die Analyse einbezogen. In diese Maßgröße gehen die Preise der Waren und Dienstleistungen für die laufende landwirtschaftliche Produktion sowie die Preise für Neubauten und neue Maschinen ein. In Verbindung mit dem Preisindex für Agrarprodukte wird sie häufig herangezogen, um die Preis-Kosten-Entwicklung in der Agrarwirtschaft zu charakterisieren oder, m.a.W., um Aufschlüsse über Richtung und Intensität der jeweils wirksamen Realpreiseffekte zu erhalten.

Als Indikatorgröße für die Agrarpreisentwicklung in beiden Ländern, d.h. für die Outputseite, wird der soeben angesprochene Preisindex für Agrarprodukte benutzt. Zudem erfolgt jeweils die Ausweisung eines Preisindexes für die Hauptproduktionssparten tierische und pflanzliche Produktion.

Es ist nochmals ausdrücklich hervorzuheben, daß die abgebildeten Preisreihen zentraler landwirtschaftlicher Input- und Outputgrößen die tatsächliche Entwicklung aufgrund der dargelegten und vielfältiger anderer Unzulänglichkeiten in den

---

[44] Bezüglich der Problematik der Preisentwicklung auf dem landwirtschaftlichen Bodenmarkt in der Bundesrepublik (am Beispiel Schleswig-Holsteins) siehe insbesondere H. FEUERSTEIN, Bodenpreis und Bodenmarkt (Agrarwirtschaft, Sh 44). Hannover 1971.

zugrunde gelegten Index- und Meßkonzepten und zudem auch in der Datenbasis sowie deren Repräsentativität nur schemenhaft abzubilden vermögen. Aus der vergleichenden Betrachtung der Zeitreihen zu ziehende Schlußfolgerungen sind daher stets mit einem gewissen Vorbehalt zu belegen.

Die Entwicklung der Faktorpreise

Die Analyse der Preisreihen führt zu dem Ergebnis, daß

a) sich in beiden Ländern der Faktor Arbeit am stärksten verteuerte,

b) der Faktor Boden ebenfalls einen nicht unerheblichen Preisanstieg erfuhr,

c) beim Faktor Kapital in Japan eine Verbilligung, in der Bundesrepublik eine geringfügige Verteuerung auftrat und die landwirtschaftlichen Betriebsmittel in beiden Volkswirtschaften im Preis sanken (s. Tabelle 25 sowie Schaubild 20).

Der Faktoreinsatz entwickelte sich somit in beiden Agrarwirtschaften umgekehrt proportional zu den realen Faktorpreisen: Der "teure" Faktor Arbeit wurde durch den "billigen" Faktor Kapital und natürlich auch durch den "nicht ganz so teuren" Faktor Boden substituiert. Darüber hinaus gab es natürlich auch Substitutionen von Boden durch Kapital, und zudem vollzogen sich Austauschprozesse zwischen den genannten Faktoren und den landwirtschaftlichen Vorleistungsgütern (Betriebsmitteln). M.a.W.: Die relativ teureren Faktoren wurden jeweils durch die relativ billigeren Faktoren ersetzt.

Es wird somit für beide Agrarwirtschaften eine Entwicklungsdynamik sichtbar, wie sie in modifizierter Form in allen Ländern besteht, und zwar jeweils in Abhängigkeit von dem Ausgangsniveau und der Ausgangsstruktur der natürlichen

Tabelle 25: Realpreisentwicklung[a] wichtiger Input- und Outputgrößen, Japan und BR Deutschland, 1954 - 1978[b]

	Faktor Arbeit (Stundenlöhne[c])				Faktor Boden (Bodenpreise)				Faktor Kapital (Investitionsgüterpreise[d])			
	Japan		BR Deutschland		Japan		BR Deutschland		Japan		BR Deutschland	
Jahr	1954 = 100	Veränderung[e]	1954 = 100	Veränderung[e]	1954 = 100	Veränderung[e]	1954 = 100	Veränderung[e]	1954 = 100	Veränderung[e]	1954 = 100	Veränderung[e]
	1a	1b	2a	2b	3a	3b	4a	4b	5a	5b	6a	6b
1954	100,0	.	100,0	.	100,0	.	100,0	.	100,0	.	100,0	.
1960	112,1	+ 1,9	128,5	+ 4,3	169,4	+ 9,2	109,6	+ 1,5	99,3	- 0,1	101,4	+ 0,2
1970	262,9	+ 8,9	212,5	+ 5,2	189,0	+ 1,1	133,2	+ 2,0	79,6	- 2,2	103,3	+ 0,2
1978	364,6	+ 4,2	288,7	+ 3,9	242,6	+ 3,2	166,0	+ 2,8	75,3	- 0,7	109,8	+ 0,8
1978: 1954		+ 5,5		+ 4,5		+ 3,8		+ 2,1		- 1,2		+ 0,4

	Agrarprodukte insgesamt (Index)				Pflanzliche Produkte (Index)				Tierische Produkte (Index)			
	Japan		BR Deutschland		Japan		BR Deutschland		Japan		BR Deutschland	
Jahr	1954 = 100	Veränderung[e]	1954 =100	Veränderung[e]	1954 = 100	Veränderung[e]	1954 = 100	Veränderung[e]	1954 = 100	Veränderung[e]	1954 = 100	Veränderung[e]
	7a	7b	8a	8b	9a	9b	10a	10b	11a	11b	12a	12b
1954	100,0	.	100,0	.	100,0	.	100,0	.	100,0	.	100,0	.
1960	83,2	- 3,0	97,4	- 0,4	82,3	- 3,2	98,8	- 0,2	86,3	- 2,4	94,1	- 1,0
1970	101,6	+ 2,0	77,7	- 2,2	107,0	+ 2,6	81,4	- 1,9	82,4	- 0,5	71,0	- 2,8
1978	111,9	+ 1,2	73,0	- 0,8	116,8	+ 1,1	85,6	+ 0,6	83,4	+ 0,1	63,5	- 1,4
1978 : 1954		+ 0,5		- 1,3		+ 0,7		- 0,6		- 0,8		- 1,9

a Als Deflator wurde der Implizit-Preisindex des Bruttoinlandsprodukts zu Marktpreisen (BIP) herangezogen.
b Den ausgewiesenen Jahresdaten liegen jeweils dreijährige Durchschnitte zugrunde.
c Stundenlöhne der abhängig landwirtschaftlich Beschäftigten.
d Preisindex für landwirtschaftliche Maschinen, Ausrüstungsgüter, Bauten etc.
e Jahresdurchschnittliche Veränderungsraten, in v.H: (geometrische Durchschnitte).

Quellen: Datengrundlage s. Anhangtabellen - eigene Berechnungen.

Schaubild 20

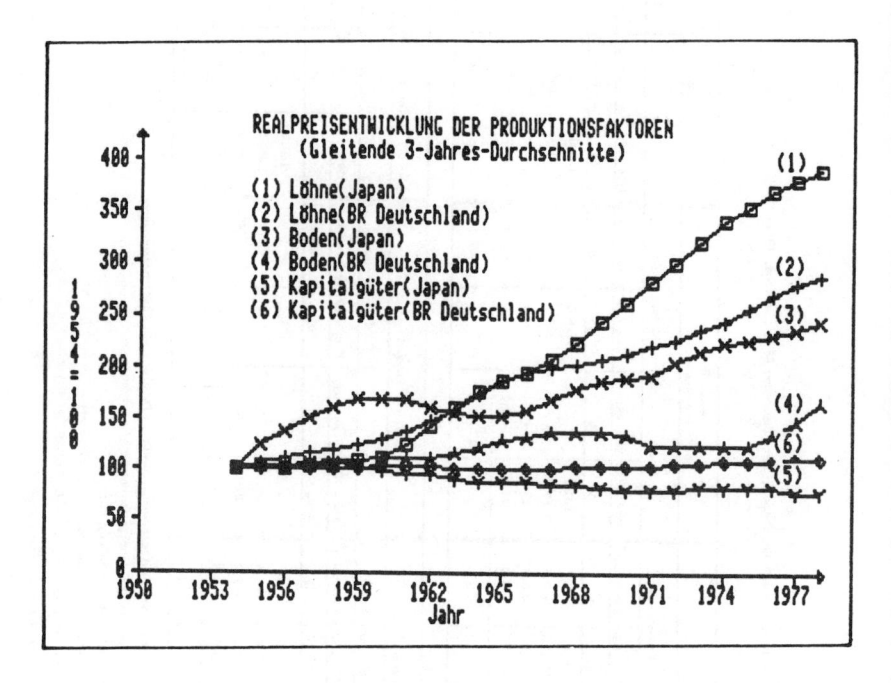

REALPREISENTWICKLUNG DER PRODUKTIONSFAKTOREN
(Gleitende 3-Jahres-Durchschnitte)

(1) Löhne(Japan)
(2) Löhne(BR Deutschland)
(3) Boden(Japan)
(4) Boden(BR Deutschland)
(5) Kapitalgüter(Japan)
(6) Kapitalgüter(BR Deutschland)

1954 = 100

Quellen: s. Anhangtabellen. - Eigene Berechnungen.

Ressourcenausstattung, dem Stand der volkswirtschaftlichen Entwicklung sowie den vielfältigen Formen administrativer Einflußnahme auf den landwirtschaftlichen Produkt- und Faktormärkten (einschließlich der institutionellen Rahmenbedingungen).

Die Entwicklung der Produkt- und Betriebsmittelpreise

Es können folgende Verlaufsmuster festgestellt werden:

a) Die realen Agrarproduktpreise erfuhren in Japan einen Anstieg, in der Bundesrepublik hingegen einen Rückgang (s. Tabelle 25 sowie Schaubild 21).

b) In beiden Ländern sind die Realpreise von Betriebsmitteln zurückgegangen (s. Schaubild 21).

Es bestätigt sich bezüglich Punkt a) das im Arbeitsabschnitt 2.4.4 gefundene Analyseergebnis, demzufolge bei langfristiger Betrachtung in der japanischen Agrarwirtschaft positive, in der bundesdeutschen Landwirtschaft hingegen negative Realpreiseffekte überwogen. Dieses war - wie an jener Stelle vermerkt - besonders auf die Entwicklung in den 60er Jahren zurückzuführen (Phase der Hochpreispolitik beim Reis).

Die Entwicklung wichtiger Preisrelationen

Hergeleitet von den besprochenen Input- und Outputpreisen werden in der Tabelle 26 die Austauschverhältnisse zwischen den eingesetzten Produktionsfaktoren sowie zwischen diesen und den Agrarprodukten insgesamt dargestellt. Es sind dabei folgende langfristige Entwicklungstendenzen ablesbar:

Schaubild 21

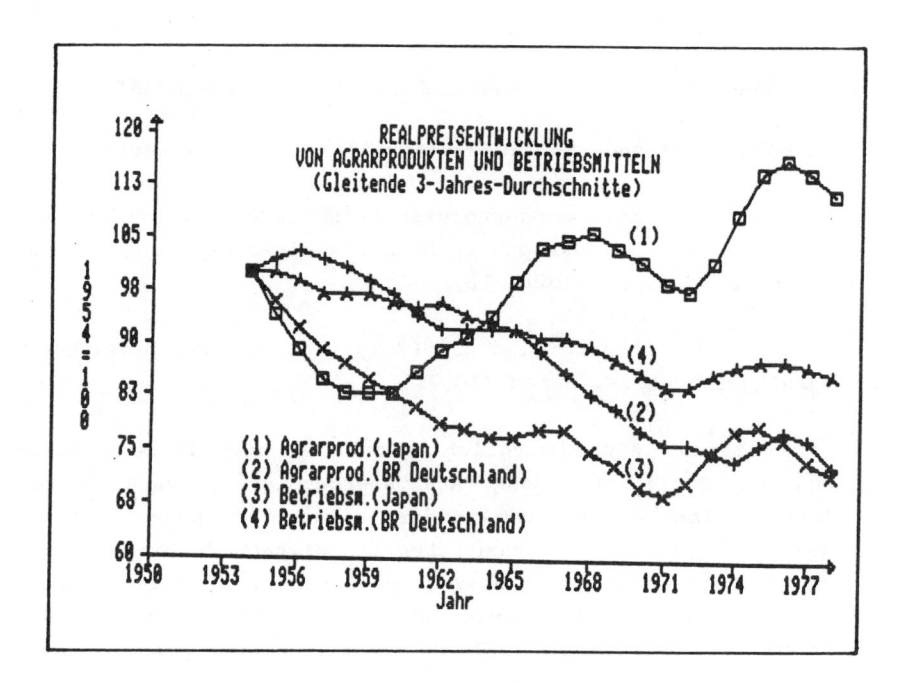

REALPREISENTWICKLUNG VON AGRARPRODUKTEN UND BETRIEBSMITTELN
(Gleitende 3-Jahres-Durchschnitte)

1954 = 100

(1) Agrarprod.(Japan)
(2) Agrarprod.(BR Deutschland)
(3) Betriebsm.(Japan)
(4) Betriebsm.(BR Deutschland)

Quellen: s. Anhangtabellen. - Eigene Berechnungen.

Tabelle 26: Preisrelationen zwischen wichtigen Input- und Outputgrößen, Japan und BR Deutschland, 1954 - 1978[a]

Jahr	Faktor Arbeit : Faktor Boden (Stundenlöhne[b] : Bodenpreise)				Faktor Kapital : Faktor Boden (Investitionsgüterpreise[c] : Bodenpreise)				Faktor Kapital : Faktor Arbeit (Investitionsgüterpreise[c] : Stundenlöhne)			
	Japan		BR Deutschland		Japan		BR Deutschland		Japan		BR Deutschland	
	1954=100	Veränderung[d]	1954=100	Veränderung	1954=100	Veränderung	1954=100	Veränderung	1954=100	Veränderung	1954=100	Veränderung
	1a	1b	2a	2b	3a	3b	4a	4b	5a	5b	6a	6b
1954	100,0	.	100,0	.	100,0	.	100,0	.	100,0	.	100,0	.
1960	66,2	- 6,6	117,2	+ 2,7	58,6	- 8,5	87,8	- 2,1	88,5	- 2,0	78,9	- 3,9
1970	139,1	+ 7,7	159,5	+ 3,1	42,1	- 3,2	64,3	- 3,1	30,3	-10,2	48,6	- 4,7
1978	150,3	+ 1,0	173,9	+ 1,1	31,0	- 3,8	51,8	- 2,7	20,6	- 4,7	38,0	- 3,0
		+ 1,7		+ 2,3		- 4,8		- 2,7		- 6,4		- 3,9

Jahr	Agrarprodukte : Faktor Arbeit (Agrarproduktpreise : Stundenlöhne)				Agrarprodukte : Faktor Boden (Agrarproduktpreise: Bodenpreise)				Agrarprodukte : Faktor Kapital (Agrarproduktpreise: Investitionsgüterpreise)				Agrarprodukte : Betriebsmittel (Agrarproduktpreise : Betriebsmittelpreise)			
	Japan		BR Deutschland		Japan		BR Deutschland		Japan		BR Deutschland		Japan		BR Deutschland	
	1954=100	Veränderung	1954=100	Veränderung	1954=100	Veränderung	1954=100	Veränderung	1954=100	Veränderung	1954=100	Veränderung	1954=100	Veränderung	1954=100	Veränderung
	7a	7b	8a	8b	9a	9b	10a	10b	11a	11b	12a	12b	13a	13b	14a	14b
1954	100,0	.	100,0	.	100,0	.	100,0	.	100,0	.	100,0	.	100,0	.	100,0	.
1960	74,2	- 4,9	75,8	- 4,5	49,1	-11,2	88,8	- 2,0	83,8	- 2,9	96,0	- 0,7	100,7	+ 0,1	101,2	+ 0,2
1970	38,6	- 6,3	3,66	- 7,0	53,8	- 0,0	58,3	- 4,1	127,7	+ 4,3	75,2	- 2,4	144,6	+ 3,5	90,8	- 1,1
1978	30,7	- 2,8	25,3	- 4,5	46,1	- 1,9	44,0	- 3,5	148,7	+ 1,9	66,5	- 1,5	155,1	+ 0,9	84,9	- 0,8
		- 4,8		- 5,6		- 3,2		- 3,4		+ 1,7		- 1,7		+ 1,8		- 0,7

a Den ausgewiesenen Jahresdaten liegen jeweils dreijährige Durchschnitte zugrunde.
b Stundenlöhne der abhängig landwirtschaftlich Beschäftigten.
c Preisindex für landwirtschaftliche Maschinen, Ausrüstungsgüter, Bauten etc.
d Jahresdurchschnittliche Veränderungsraten, in v.H. (geometrische Durchschnitte).

Quellen: Datengrundlage s. Anhangtabellen - eigene Berechnungen.

a) Die Preisrelation Arbeit:Boden entwickelte sich in beiden Agrarwirtschaften zuungunsten des Faktors Boden.

b) Die Preisverhältnisse Kapital:Boden und Kapital:Arbeit gestalteten sich jeweils zuungunsten des Faktors Kapital.

c) Die Preisrelation Agrarprodukte: Arbeit erfuhr in beiden Agrarwirtschaften eine stetige Verschlechterung.

d) Mit Einschränkungen traf dieses auch für das Preisverhältnis Agrarprodukte:Bodenpreise zu.

e) Bei der Preisrelation Agrarprodukte:Kapital und Agrarprodukte:Betriebsmittel (s. Schaubild 22) zeigt sich im Ländervergleich eine divergierende Entwicklung: In Japan wandelten sich die Austauschverhältnisse jeweils zugunsten, in der Bundesrepublik jeweils zuungunsten der Agrarprodukte.

Die für die japanische Agrarwirtschaft günstige Entwicklung der zuletzt genannten Preisrelationen spiegelt den kumulierten Effekt aus dem vergleichsweise hohen nominalen Anstieg der Agrarproduktpreise einerseits und dem vergleichsweise geringen nominalen Zuwachs der Kapitalgüter- bzw. Betriebsmittelpreise andererseits wider.

In der Bundesrepublik verhielt es sich umgekehrt: Hier resultierte der für die Landwirtschaft ungünstige Tauscheffekt aus dem vergleichsweise niedrigen Anstieg der nominalen Agrarproduktpreise auf der einen und dem vergleichsweise hohen Zuwachs der nominalen Kapitalgüter- bzw. Betriebsmittelpreise auf der anderen Seite. Entscheidend war jedoch, daß der Verlust an Tauschkraft der Agrarprodukte gegenüber dem Faktor Kapital bzw. gegenüber den Betriebsmitteln weniger gravierend war als gegenüber den übrigen Faktoren, und dieser Unterschied war letztlich maßgeblich dafür, daß diese - und hierbei insbesondere der Faktor Arbeit - mit fortschreitender volkswirtschaftlicher Entwicklung in der Bundesrepublik ebenso wie in Japan in zunehmendem Maße durch Kapital bzw. Betriebsmittel substituiert wurden.

Schaubild 22

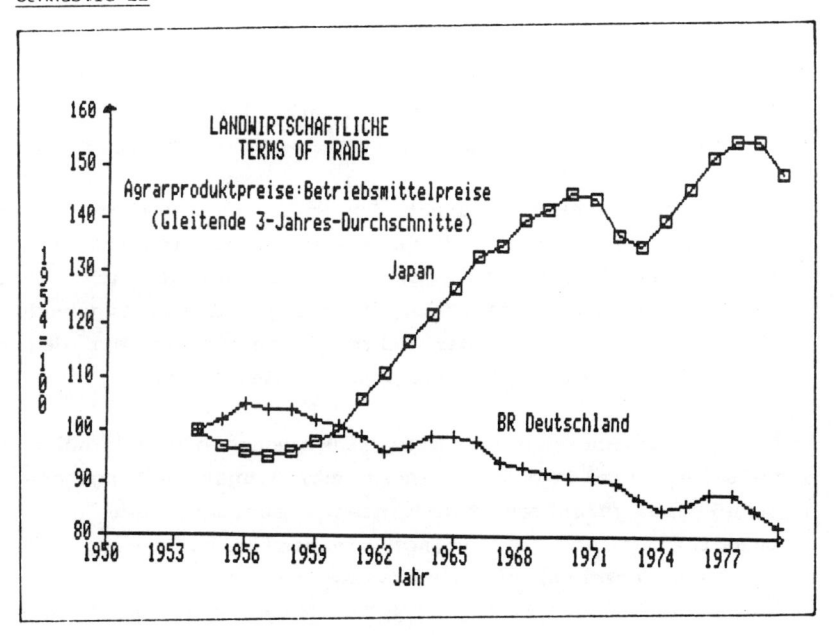

LANDWIRTSCHAFTLICHE TERMS OF TRADE
Agrarproduktpreise:Betriebsmittelpreise
(Gleitende 3-Jahres-Durchschnitte)
1954 = 100

Japan

BR Deutschland

Quellen: s. Anhangtabellen. - Eigene Berechnungen.

2.6.6 Durchschnittliche faktorbezogene Einkommen

Nachdem in den vorangegangenen Arbeitsschritten die langfristige Entwicklung wesentlicher agrarwirtschaftlicher Input- und Outputgrößen, ihrer Preise und daraus abgeleiteter Relationen skizziert worden ist, soll nunmehr der Einkommensentwicklung in beiden Agrarwirtschaften nachgegangen werden. Als Betrachtungsebene wird, abweichend vom Vorhergehenden, aufgrund der Datenverfügbarkeit die Mikroebene gewählt. Als Einkommensindikator liegt der vergleichenden Betrachtung das Betriebseinkommen (Bundesrepublik) bzw. eine ihm in etwa vergleichbare Einkommensgröße (Japan) zugrunde.

Das Betriebseinkommen dient der Entlohnung der im landwirtschaftlichen Betrieb eingesetzten Produktionsfaktoren Arbeit, Boden und Kapital, d.h., es beinhaltet auch das Entgelt für Fremdarbeitskräfte, Fremdkapital und zugepachteten Boden. Mit Blick auf den Makrobereich ist es mit dem Nettoinlandsprodukt zu Faktorkosten vergleichbar.

Für Japan kann die gewählte Einkommensgröße nur näherungsweise ermittelt werden, indem zum Einnahmen-Ausgaben-Überschuß die gezahlten Fremdzinsen, Pachtzahlungen u.ä. hinzuaddiert werden. Allerdings bleiben kalkulatorische Größen wie bspw. Abschreibungen unberücksichtigt.

Die landwirtschaftliche Einkommensgröße wurde jeweils auf den Arbeits- sowie den Flächeneinsatz[45] bezogen, um durchschnittliche faktorbezogene Einkommensindikatoren zu erhalten.

Ein wichtiges Faktum im Hinblick auf die Grenzen der Vergleichbarkeit des landwirtschaftlichen Betriebseinkommens in

---

45) Für Japan wurden hinsichtlich des Faktors Arbeit die im Abschnitt 2.6.1 abgegrenzten durchschnittlich je Betrieb eingesetzten "Arbeitseinheiten", bezüglich des Faktors Boden die durchschnittliche Flächenausstattung der in der Stichprobe (Farm Household Economic Survey) enthaltenen Betriebseinheiten zugrunde gelegt. Für die Bundesrepulik wurden für das Betriebseinkommen je Arbeits- bzw. Flächeneinheit die Angaben aus der Agrarberichterstattung verwendet.

Japan mit dem in der Bundesrepublik besteht darin, daß in der Bundesrepublik für den gewählten Einkommensmaßstab jeweils die Betriebsergebnisse der Vollerwerbsbetriebe, während in Japan den Berechnungen die Abschlüsse der Betriebe insgesamt zugrunde liegen, d.h. auch die Betriebsergebnisse der Vielzahl an Nebenerwerbsbetrieben. Sie liegen mit ihren durchschnittlichen Einkommen gewöhnlich unterhalb der Zu- und Vollerwerbsbetriebe. Dies bedeutet, daß für die Bundesrepublik die durchschnittlichen Einkommen tendenziell überschätzt werden.

Trotz der angesprochenen Einschränkungen der Vergleichbarkeit soll im weiteren für die beiden Agrarwirtschaften eine gegenüberstellende Betrachtung der Einkommensmaßstäbe vorgenommen werden. Es wird dabei von Realgrößen[46] ausgegangen.

Die absoluten flächenbezogenen Einkommensgrößen (US-Dollar-Basis) spiegeln für Japan die im Vergleich zur Bundesrepublik erheblich höhere Flächenproduktivität und zudem die günstigeren Realpreise für Agrarprodukte wider: Das japanische Realeinkommen je Flächeneinheit betrug zu Beginn der Betrachtungsperiode (1957) ungefähr das Dreifache, am Ende des Beobachtungszeitraumes (1978) etwa das Sechsfache des bundesdeutschen Äquivalents (s. Tabelle 27), d.h. , die Wachstumsintensität des flächenbezogenen Realeinkommens war, über den Gesamtzeitraum hinweg gesehen, in Japan deutlich höher als in der Bundesrepublik (s. auch Schaubild 23).

Die jährlichen Zuwachsraten belegen dieses: Im Durchschnitt des Beobachtungszeitraumes waren in der japanischen Agrarwirtschaft reale Einkommenssteigerungen je Flächeneinheit von jährlich über 2 v.H. zu verbuchen, wohingegen in der bundesdeutschen Landwirtschaft jährliche flächenbezogene Realeinkommensrückgänge von etwa 1/2 v.H. auftraten (s. Tabelle 27).

---

46) Als Deflator wurde jeweils der Implizitpreisindex des Bruttoinlandsprodukts zu Marktpreisen (BIP) zugrunde gelegt.

Tabelle 27: Reales Betriebseinkommen[a,b] je Flächen- und je Arbeitseinheit sowie Land-Man-Ratio, Japan und BR Deutschland, 1957 - 1978[c]

A. Absolutgrößen

Jahr	Reales Betriebseinkommen je ha		Reales Betriebseinkommen je Arbeitseinheit		Land-Man-Ratio	
	Japan	BR Deutschland	Japan	BR Deutschland	Japan	BR Deutschland
	in US-Dollar		in US-Dollar		in ha pro AE	
	1	2	3	4	5	6
1957	2 111	640	922	3 848	0,47	5,56
1960	2 199	655	1 115	4 834	0,51	6,94
1970	2 930	604	2 003	8 177	0,68	12,34
1978	3 435	592	3 128	10 035	0,91	17,19

B. Niveau- und Änderungsgrößen

Jahr	Reales Betriebseinkommen je ha				Reales Betriebseinkommen je Arbeitseinheit				Land-Man-Ratio			
	Japan		BR Deutschland		Japan		BR Deutschland		Japan		BR Deutschland	
	1957 = 100	Veränderung[d]	1957 = 100	Veränderung[d]	1957 = 100	Veränderung[d]	1957 = 100	Veränderung[d]	1957 = 100	Veränderung[d]	1957 = 100	Veränderung[d]
	1a	1b	2a	2b	3a	3b	4a	4b	5a	5b	6a	6b
1957	100,0	.	100,0	.	100,0	.	100,0	.	100,0	.	100,0	.
1960	104,2	1,4	102,2	+ 0,8	112,3	4,0	125,6	7,9	107,8	+ 2,5	119,4	+ 6,1
1970	128,8	2,9	94,3	- 0,8	201,9	6,0	212,5	5,4	145,4	+ 3,0	224,5	+ 6,5
1978	162,7	2,0	92,6	- 0,3	315,3	5,7	260,8	2,6	193,7	+ 3,6	280,0	+ 2,8
1978: 1957		2,3		- 0,4		5,6		4,7		+ 3,2		+ 5,0

a In konstanten Preisen und US-Dollar von 1976.
(Als Deflator wurde der Implizitpreisindex des Bruttoinlandsprodukts zu Marktpreisen (BIP) herangezogen.
Zugrunde gelegte Devisenumrechnungskurse: 1 US-Dollar ≙ 296,55 Yen ≙ 2,518 DM).
b Für Japan: Angenäherte Einkommensgröße.
c Die ausgewiesenen Jahreswerte entsprechen jeweils dreijährigen Durchschnitten.
d Jahresdurchschnittliche Veränderungsraten, in v.H. (geometrische Durchschnitte).

Quellen: s. Anhangtabellen - eigene Berechnungen.

Schaubild 23

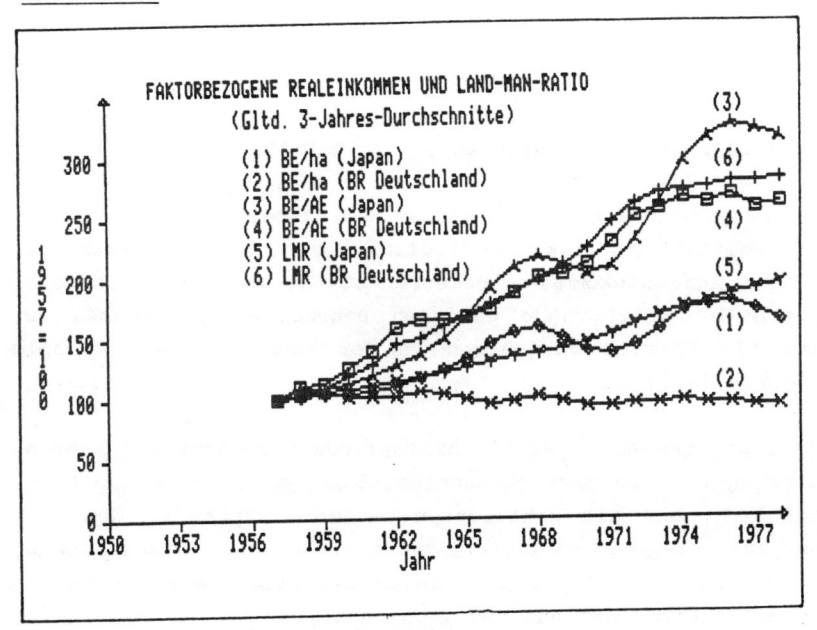

FAKTORBEZOGENE REALEINKOMMEN UND LAND-MAN-RATIO
(Gltd. 3-Jahres-Durchschnitte)

(1) BE/ha (Japan)
(2) BE/ha (BR Deutschland)
(3) BE/AE (Japan)
(4) BE/AE (BR Deutschland)
(5) LMR (Japan)
(6) LMR (BR Deutschland)

Zeichenerklärung: BE = Reales Betriebseinkommen
AE = Arbeitseinheit
LMR = Land-Man-Ratio

Quellen: s. Anhangtabellen. - Eigene Berechnungen.

Bei periodenbezogener Sichtweise ist bezüglich der Wachstumsintensität des flächenbezogenen Einkommens zu vermerken, daß für Japan die höchsten realen Steigerungsraten auf die 60er Jahre entfielen. Vergleichsweise geringere Zuwächse waren insbesondere in der Teilperiode der 50er und darüber hinaus in den 70er Jahren zu verzeichnen (s. Tabelle 27).

In der Bundesrepublik war lediglich in der Teilphase der 50er Jahre ein positives flächenbezogenes Realeinkommenswachstum zu verbuchen, während vor allem die 60er, aber auch die 70er Dekade durch reale flächenbezogene Einkommensrückgänge zu charakterisieren waren (s. Tabelle 27).

Der Vergleich der Absolutgrößen der arbeitsbezogenen landwirtschaftlichen Einkommen (Dollarvergleichswerte) markiert, daß das Agrareinkommen, gemessen mittels dieses Indikators, innerhalb des zugrunde gelegten Betrachtungszeitraumes nur etwa ein Viertel desjenigen in der Bundesrepublik umfaßte (s. Tabelle 27).

Für Japan ist bei spezifischer periodenbezogener Betrachtung in bezug auf die Einkommensentwicklung je Arbeitseinheit ersichtlich, daß die kräftigsten realen Zuwächse in den 60er und 70er Jahren realisiert wurden. In der ausgewiesenen Teilperiode der 50er Jahre fielen die Wachstumsraten hingegen etwas niedriger aus (s. Tabelle 27).

Im Hinblick auf die Bundesrepublik ist auszuführen, daß die ausgeprägtesten realen Einkommenszuwächse je Arbeitseinheit in der Endphase der 50er, darüber hinaus aber auch noch in der 60er Dekade zu verbuchen waren. Ein abgeschwächtes reales Wachstum der arbeitsbezogenen Einkommen war dagegen in den 70er Jahren zu beobachten (s. Tabelle 27).

Des weiteren ist erkennbar, daß im Durchschnitt der Gesamtperiode in Japan eine um etwa 1 v.H. höhere Wachstumsrate realisiert werden konnte (s. Tabelle 27).

Abschließend ist bezüglich der für beide Agrarwirtschaften vorgenommenen Beschreibung der flächen- und arbeitsbezogenen Realeinkommensentwicklung als wichtigstes Ergebnis festzuhalten, daß, über die gesamte Periode hinweg gesehen, in der Bundesrepublik der Realeinkommensanstieg je Arbeitseinheit ausschließlich der gesteigerten arbeitsbezogenen Flächenintensität, d.h. der verbesserten Land-Man-Ratio, zuzuschreiben war und diese zudem noch den Rückgang des flächenbezogenen Realeinkommens kompensieren mußte, während in Japan die Verbesserung der Land-Man-Ratio nur zu etwa 60 v.H. zum arbeitsbezogenen Realeinkommenszuwachs beitrug und der andere Teil folglich auf das gestiegene Realeinkommen je Flächeneinheit zurückzuführen war[47].

2.6.7 Faktorbesatz der landwirtschaftlichen Betriebe

Wird der Agrarsektor als Summe von Wirtschaftseinheiten verstanden, so ist der landwirtschaftliche Betrieb als kleinste selbständige Wirtschaftseinheit einzustufen.

Als solche bildet er ein wesentliches Element innerhalb des agrarwirtschaftlichen Beziehungsgeflechts und folglich auch eine wichtige Ansatzstelle für Staat und Verwaltung, was sich nicht zuletzt auch darin äußert, daß der landwirtschaftliche Betrieb zumeist als Klassifikationskriterium innerhalb statistischer Erhebungen erscheint. Allerdings ist in diesem Zusammenhang anzumerken, daß dieses Faktum allein noch nichts darüber aussagt, ob der Betrieb in jedem Fall die geeignete Bezugsgröße darstellt: Dieses ist von der jeweiligen Fragestellung abhängig.

---

[47] Der relative Beitrag des Wachstums der arbeitsbezogenen Flächenintensität, w(ha/AE), zur Steigerung des arbeitsbezogenen Einkommens, w(BE/AE), ergibt sich, in dem w(ha/AE) in v.H. der Summe w(BE/AE) + w(ha/AE) ausgedrückt wird, wobei letztere der Wachstumsrate des arbeitsbezogenen Einkommens, w(BE/AE), entspricht.

Im Hinblick auf den Ländervergleich bezieht sich der Terminus "landwirtschaftlicher Betrieb" nachstehend für Japan auf die dort übliche statistische Erhebungseinheit "landwirtschaftlicher Haushalt", für die Bundesrepublik auf alle Betriebe ab 1 ha landwirtschaftlicher Nutzfläche (LN) bzw. landwirtschaftliche genutzter Fläche (LF)[48].

Mit "Faktorbesatz" wird die durchschnittliche Ausstattung der landwirtschaftlichen Betriebe mit den Faktoren Boden Arbeit und Kapital bezeichnet. Er wurde ermittelt, indem die im Abschnitt 2.6.1 dargestellten realen Faktoraggregate[49] durch die Anzahl der Betriebe dividiert wurden.

In bezug auf die Flächenausstattung der landwirtschaftlichen Betriebe, d.h. die durchschnittliche Betriebsgröße, findet sich die im Abschnitt 2.1.2 geäußerte Vermutung bestätigt, daß aufgrund des ungünstigen Verhältnisses zwischen Boden- und Arbeitskräfteausstattung je Betrieb in Japan sehr viel kleiner sein werde: Mit 0,95 ha in 1950 und 1,17 ha in 1980 besitzt Japan eine extrem niedrige Flächenausstattung je Betrieb. In der Bundesrepublik gestalte(te)n sich die Verhältnisse im Vergleich hierzu günstiger: Ausgehend von etwa 8 ha in 1950, erfuhr der Flächenbestand je Betrieb bis 1980 (15 ha) nahezu eine Verdopplung (s. Tabelle 28).

Die Zahl der Arbeitseinheiten je Betrieb verminderte sich in beiden Agrarwirtschaften in ähnlichem Umfang: Während der Besatz in 1950 noch oberhalb zwei Arbeitseinheiten lag, reduzierte er sich bis 1980 auf gut eine Arbeitseinheit (s. Tabelle 28).

---

48) Die vorgenommene Gleichsetzung ist im Sinne eines "empirischen Hilfsgriffs" zu sehen, da vom streng sachlogischen Gesichtspunkt her eine derartige Gleichsetzung unzulässig ist.
49) Für die Bundesrepublik den Faktor Boden ausgenommen. Hier wurde die Fläche der Betriebe ab 1 ha LN bzw. LF zugrunde gelegt.

Tabelle 28: Faktorausstattung der landwirtschaftlichen Betriebe, Japan und BR Deutschland, 1950-1980

	Flächenausstattung (Hektar je Betrieb)				Arbeitskräfteausstattung (Arbeitseinheiten je Betrieb)				Kapitalausstattung (Realkapital je Betrieb)			
	Japan[a]		BR Deutschland[b]		Japan[c]		BR Deutschland[d]		Japan[e]		BR Deutschland[f]	
	ha	Veränderung[g]	ha	Veränderung[g]	AE	Veränderung[g]	AE	Veränderung[g]	US-Dollar	Veränderung[g]	US-Dollar	Veränderung[g]
	3a	3b	4a	4b	5a	5b	6a	6b	7a	7b	8a	8b
1950	0,95	.	8,17	.	2,37	.	2,32	.	3 900	.	24 654	.
1960	1,00	+ 0,6	9,34	+ 1,3	2,03	- 1,3	1,79	- 2,6	4 853	+ 2,2	36 592	+ 4,0
1970	1,08	+ 0,8	11,68	+ 2,3	1,68	- 1,9	1,46	- 2,0	7 892	+ 5,0	66 850	+ 6,2
1980	1,17	+ 0,8	15,27	+ 2,7	1,31	- 2,5	1,22	- 2,8	12 621	+ 4,8	103 145	+ 4,4
1950 : 1980		+ 0,7		+ 2,1		- 1,5		- 2,1		+ 4,0		+ 4,9

a Ohne Dauergrünland.
b Fläche der Betriebe mit 1 ha landwirtschaftlicher Fläche (LN bzw. LF) und darüber.
c men equivalents.
d Arbeitskrafteinheiten bzw. Voll-AK.
e Sektoraler Kapitalstock je Betriebseinheit in konst. Preisen und US-Dollar von 1976 (1 US-Dollar = 296,55 Yen = 2,518 DM).
f Wie e, jedoch Verzerrung (Überschätzung), da im Gesamtkapitalstock die Bereiche Forstwirtschaft und Fischerei mit enthalten sind.
g Jahresdurchschnittliche Veränderungsraten, in v.H. (geometrische Durchschnitte).

Quellen: s. Anhangtabellen - eigene Berechnungen.

Der sektorale Kapitalbesatz je landwirtschaftlichen Betrieb[50] lag in der Bundesrepublik über die gesamte Betrachtungsperiode hinweg um ein Mehrfaches oberhalb der japanischen Vergleichsgröße. Es spiegelt sich hierin die höhere Kapitalintensität der bundesdeutschen Agrarbetriebe wider (s. Tabelle 28). Die jährlichen Wachstumsraten zeigen, daß in beiden Agrarwirtschaften in den 60er und 70er Jahren jeweils die höchsten Steigerungen des betrieblichen Kapitalstocks realisiert wurden (s. Tabelle 28).

Zusammenfassend kann festgehalten werden, daß die Veränderungen der betrieblichen Faktorausstattung - in ähnlicher Weise wie die sektoralen Faktorbestände - wertvolle Aufschlüsse darüber vermitteln, welche globalen Umstrukturierungs- und Konzentrationsprozesse sich in beiden Agrarwirtschaften vollzogen haben. Als wesentliche Charakteristika für den zugrunde gelegten Betrachtungszeitraum ab 1950 sind vor allem der Rückgang des betrieblichen Arbeitsbesatzes sowie die Expansion des betrieblichen Kapital- und Flächenbesatzes herauszustellen. Die Entwicklung des Kapitalbestandes dokumentiert vor allem das Fortschreiten des landwirtschaftlichen Mechanisierungsprozesses oder allgemein den Übergang zu kapitalintensiveren Produktionsverfahren. Bezüglich Japans ist zu vermerken, daß sich dieser Prozeß in den letzten Jahren im Vergleich zur Bundesrepublik etwas beschleunigte (wobei allerdings das vergleichsweise niedrigere Ausgangsniveau der betrieblichen Kapitalausstattung in Japan nicht übersehen werden darf!). Einen unverkennbaren Engpaßfaktor innerhalb der Entwicklung der Faktorausstattung und folglich auch der Einkommenskapazität der landwirtschaftlichen Betriebe bildete insbesondere mit Blick auf Japan das vergleichsweise geringe Wachstum der betrieblichen Bodenausstattung. Letzteres wiederum war vornehmlich determiniert -

---

50) Die ausgewiesenen Vergleichsgrößen sind nur sehr vorsichtig zu interpretieren. Mit Blick auf die Bundesrepublik ist zu beachten, daß die durchschnittlichen Realkapitalbestände systematisch überschätzt werden, da das zugrunde gelegte Gesamtaggregat die Bereiche Forstwirtschaft und Fischerei sowie das landwirtschaftliche Wohngebäudekapital miteinschließt.

wie im folgenden Arbeitsabschnitt aufgezeigt werden wird - durch die vergleichsweise niedrige Betriebsaufgaberate.

2.6.8 Betriebsgrößenstruktur[51]) in der Landwirtschaft

Auf den Faktor Boden bezogen verläuft der landwirtschaftliche Betriebsgrößenstrukturwandel in wachsenden Volkswirtschaften gewöhnlich in der Weise, daß flächenarme Klein- und Mittelbetriebe die Bewirtschaftung einstellen bzw. einschränken und die freiwerdenden Ländereien (zumeist pachtweise) anderen Betrieben überlassen.

Abweichungen von diesem Entwicklungspfad zeigen sich regelmäßig dann, wenn besondere institutionelle, (sozio)ökonomische u. a. Einflußgrößen in irgendeiner Form hemmend auf die Faktorwanderungen wirken. Hinsichtlich des Faktors Boden ist für Japan auszuführen, daß die dortige Bodengesetzgebung die Bodenwanderung behindert hat. Als weiterer hemmender Faktor für den Grundstücksverkehr (Verkauf) sind für beide Länder - und hier insbesondere für Japan - die hohen Bodenpreise zu nennen.

Im weiteren sollen die wichtigsten Entwicklungstendenzen der Betriebsgrößenstruktur für beide Länder dargestellt werden. Es wurden bei der Betrachtung jeweils unterschiedliche Flächengrößenklassen zugrunde gelegt[52]), da aufgrund der enor-

---

51) Der Darstellung veränderter Betriebsgrößenstrukturen in beiden Agrarwirtschaften bleibt im folgenden auf den Faktor Boden beschränkt.- Hinsichtlich einer genaueren Untersuchung des Betriebsgrößenstrukturwandels in der Bundesrepublik siehe V. BEUSMANN, Analyse des landwirtschaftlichen Betriebsgrößenstrukturwandels unter Verwendung eines Markovmodells mit variablen Übergangswahrscheinlich keiten (Agrarwirtschaft, Sh 83), Hannover 1980.
52) Natürlich ist diese Verfahrensweise nicht minder problematisch und strenggenommen nicht zulässig. Besser wäre es in jedem Fall, Die Größenmerkmale der Betriebe an für beide Länder vergleichbaren Kriterien (bspw. Einkommensgrößen) zu messen. Ein solcher Weg konnte jedoch wegen unzulänglicher Datenbasis nicht beschritten werden.

men Divergenz in der durchschnittlichen Betriebsgröße ein Vergleich identischer flächenbezogener Größenkategorien zwischen beiden Agrarwirtschaften nicht sinnvoll erschien.

Konkret ist beim Ländervergleich zunächst erkennbar, daß in der Untersuchungsperiode (1950-1980) der Hofaufgabeprozeß in der Bundesrepublik vergleichsweise rascher voranschritt (s. Tabelle 29): Mit einer jährlichen Abnahmerate von 2,3 v.H. vollzog er sich hier mehr als doppelt so schnell wie in Japan (jährlicher Rückgang: 0,9 v.H.), und er übte somit vergleichsweise kräftigere Impulse auf die Bodenwanderung (insbesondere auf dem Wege der Verpachtung) aus.

Die differenzierte Sicht des Betriebsaufgabeprozesses in beiden Agrarwirtschaften verdeutlicht zudem, daß er sich, sowohl absolut als auch strukturell (anteilsmäßig) betrachtet, in den unteren Betriebsgrößenklassen jeweils am schnellsten vollzog (s. Tabelle 29). Als Besonderheit zeigt sich jedoch für Japan, daß in den 70er Jahren die untere Betriebsgrößenkategorie erstmalig wieder anteilig hinzugewann (s. Tabelle 29), wobei diese Zunahme offensichtlich zuungunsten der mittleren Betriebsgrößenklasse erfolgte: Es ist anzunehmen, daß die mittelgroßen japanischen Betriebe ihre Fläche möglicherweise wegen der Aufnahme einer Nebenerwerbstätigkeit abgestockt und diese in zunehmendem Maße größeren Wirtschaftseinheiten überlassen haben. In der Bundesrepublik war ein derartiges Phänomen nicht zu beobachten.

Stattdessen vollzog sich hier der Strukturwandel in der gewohnten Weise, d.h., die höheren Betriebsgrößenklassen gewannen absolut und/oder anteilsmäßig beständig zuungunsten der unteren Größenkategorien hinzu. Dies kann zudem auch sehr gut daran abgelesen werden, daß die Wachstumsschwelle, d.i. die Grenze zwischen zu- und abnehmenden Größenklassen, sich im Zeitablauf kontinuierlich nach oben verlagerte. Dabei ist erkennbar, daß die absolute Wachstumsschwelle jeweils in Abhängigkeit von der Veränderung der Zahl der Betriebe insgesamt der strukturellen (relativen) Wachstumsschwelle voraneilt (s. Tabelle 29).

Tabelle 29: Größenstruktur der landwirtschaftlichen Betriebe, Japan und BR Deutschland, 1950 - 1980

A. Absolut- und Änderungsgrößen

Jahr	J: unter 1,0 ha D: 1,0 - 10,0 ha				Betriebsgrößenklassen								Betriebe insgesamt			
					1,0 - 1,0 ha 10,0 - 50,0 ha				3,0 und mehr ha 50,0 und mehr ha							
	Japan		BR Deutschland		Japan		BR Deutschland		Japan		BR Deutschland		Japan		BR Deutschland	
	1000	Veränderung	1000	Veränderung	1000	Veränderung	1000	Veränderung	1000	Veränderung	1000	Veränderung	1000	Veränderung	1000	Veränderung
	1a	1b	2a	2b	3a	3b	4a	4b	5a	5b	6a	6b	7a	7b	8a	8b
1950	4 412,4	.	1 232,3	.	1 483,6	.	372,5	.	27,3	.	15,7	.	5 923,3	.	1 620,5	.
1960	4 164,5	- 0,6	960,4	- 2,5	1 606,0	+ 0,8	408,5	+ 0,9	35,8	+ 2,7	16,3	+ 0,4	5 806,3	- 0,2	1 385,3	- 1,6
1970	3 590,7	- 1,5	638,5	- 4,0	1 512,7	- 0,6	425,4	+ 0,4	60,4	+ 5,4	19,3	+ 1,7	5 163,8	- 1,2	1 083,1	- 2,4
1980	3 225,0	- 1,1	406,9	- 4,4	1 220,0	- 2,1	359,2	- 1,7	95,0	+ 4,6	31,3	+ 5,0	4 540,0	- 1,3	797,4	- 3,0
1980 1950		- 1,0		- 3,6		- 0,1		+ 0,1		+ 4,2		+ 2,3		- 0,9		- 2,3

B. Struktur- (Anteile) und Strukturveränderungsgrößen

Jahr	J: unter 1,0 ha D: 1,0 - 10,0 ha				Betriebsgrößenklassen							
					1,0 - 3,0 ha 10,0 - 50,0 ha				3,0 ha und mehr 50,0 ha und mehr			
	Japan		BR Deutschland		Japan		BR Deutschland		Japan		BR Deutschland	
	v.H.	Veränderung	v.H.	Veränderung	v.H.	Veränderung	v.H.	Veränderung	v.H.	Veränderung	v.H.	Veränderung
	9a	9b	10a	10b	11a	11b	12a	12b	13a	13b	14a	14b
1950	74,5	.	76,0	.	25,0	.	23,0	.	0,5	.	1,0	.
1960	71,7	- 0,4	69,3	- 0,9	27,7	+ 1,0	29,5	+ 2,5	0,6	+ 3,0	1,2	+ 2,0
1970	69,5	- 0,3	59,0	- 1,6	29,3	+ 0,6	39,3	+ 2,9	1,1	+ 6,6	1,8	+ 4,2
1980	71,0	+ 0,2	51,0	- 1,4	26,9	- 0,9	45,1	+ 1,4	2,1	+ 6,0	3,9	+ 8,2
		- 0,2		- 1,3		+ 0,2		+ 2,3		+ 5,2		+ 4,8

a Jahresdurchschnittliche Veränderungsraten, in v.H. (geometrische Durchschnitte).

Quellen: a. Anhangtabellen - eigene Berechnungen.

Insgesamt ist bezüglich des sich in beiden Agrarwirtschaften vollziehenden betrieblichen Größenstrukturwandels zu vermerken, daß er sich in der Bundesrepublik, begünstigt durch den rascheren Hofaufgabeprozeß, schneller vollzog als in Japan. Auch bestanden in den 70ern Jahren keine Japan vergleichbaren Verhältnisse, wonach - wie oben angesprochen - offensichtlich in mittleren Größenklassen die Tendenz bestand, Restflächen in Eigenbewirtschaftung zu behalten, was im Endeffekt dazu führte, daß die unteren Betriebskategorien sich anteilig ausweiten konnten.

Wird die Intensität des Hofaufgabeprozesses als Indikator für die Freisetzung landwirtschaftlicher Produktionsfaktoren - hier insbesondere des Faktors Boden - verwendet, so gilt, daß die Betriebsaufgabe in Japan ungleich weniger zur Bodenmobilität beitrug als in der Bundesrepublik[53].

2.6.9 Besitzstruktur in der Landwirtschaft

In der Entwicklung der Besitzstruktur, d.h. der Gliederung der landwirtschaftlichen Betriebe in Betriebe mit (ausschließlich) Pachtland, mit (ausschließlich) Eigenland oder mit Pacht- und Eigenland (Gemischtbetriebe) spiegeln sich in besonderem Maße die Wirkungen institutioneller Veränderungen auf den landwirtschaftlichen Boden- und Bodennutzungsmärkten wider. Darüber hinaus spielen natürlich auch vielfältige (sozio)ökonomische Bestimmungsgrößen eine wichtige Rolle.

Sofern nicht außergewöhnliche Hemmnisse in bezug auf die Reallokation der landwirtschaftlichen Produktionsfaktoren bestehen, ist für wachsende Volkswirtschaften zu unterstellen, daß in diesen in Verbindung mit dem fortschreitenden Betriebsgrößenstrukturwandel der Anteil der Gemischtbetriebe

---

53) Dieser Tatbestand wurde bereits in Verbindung mit der Entwicklung der betrieblichen Faktorausstattung angesprochen.

zunehmen wird, d.h., die Bedeutung der Landverpachtung als Bodennutzungsform nimmt stetig zu.

Es erfolgt im weiteren für beide Agrarwirtschaften eine grobe Skizzierung der Besitzarten nach Anzahl und Struktur für den Zeitraum 1950 bis 1980[54]. Die in der unmittelbaren Nachkriegsphase, d.h. zwischen 1945 und 1950, im Zuge von Agrarreformmaßnahmen durchgesetzten Umwälzungen in den Besitzverhältnissen bleiben somit unbeachtet[55].

Der längerfristige Entwicklungsverlauf der nach Besitzarten gruppierten landwirtschaftlichen Betriebe markiert, daß sich in Japan bis 1960 die Zahl der Betriebe mit (ausschließlich) Eigenland absolut vermehrte. In der Anschlußphase setzte bei dieser Besitzkategorie eine zahlenmäßig rückläufige Tendenz ein. Im Vergleich hierzu drastische absolute Rückgänge vollzogen sich bei den Betrieben mit (ausschließlich) Pachtland sowie den Betrieben mit Pacht- und Eigenland (s. Tabelle 30).

In der Bundesrepublik verlief die Entwicklung umgekehrt, d.h., die Zahl der Betriebe mit (ausschließlich) Eigenland ging zurück, während die Zahl der Betriebe mit Pacht- und Eigenland sowie mit (ausschließlich) Pachtland anstieg. Bezüglich der letztgenannten Gruppe stellte sich jedoch ab Beginn der 70er Jahre ein rückläufiger Trend ein (s. Tabelle 30).

Wie sich aus der aufgezeigen Entwicklungstendenz der Absolutgrößen bereits ableiten läßt, gewannen in Japan die Be-

---

54) Als Folge divergierender Abgrenzungskriterien in den Grunddaten ist die Vergleichbarkeit der ausgewiesenen Struktur- und Änderungsgrößen stark eingeschränkt: Während in Japan die Zuordnung der Betriebe zu den Besitzklassen nach Maßgabe bestimmter Bandbreiten erfolgt, ist sie in der Bundesrepublik an vergleichsweise starre Abgrenzungskriterien gebunden. Aufgrund dieses Faktums werden die Eigentümer- und Pachtbetriebe in Japan im Vergleich zur Bundesrepublik zahlen- und anteilsmäßig über-, die Gemischtbetriebe dagegen zahlen und anteilsmäßig unterschätzt.
55) Auf diese Fragestellung wird insbesondere im Gliederungspunkt 3.2.2 noch ausführlicher eingegangen werden.

Tabelle 30: Besitzarten der landwirtschaftlichen Betriebe, Japan und BR Deutschland, 1950 - 1980

A. Absolut- und Anteilsgrößen

Betriebe mit ...

Jahr	(ausschl.) Eigenland				(ausschl. Pachtland)				Pacht- und Eigenland				Betriebe insgesamt			
	Japan		BR Deutschland		Japan		BR Deutschland		Japan		BR Deutschland		Japan		BR Deutschland	
	1000	Veränderung[a]	1000	Veränderung[a]	1000	Veränderung[a]	1000	Veränderung[a]	1000	Veränderung[a]	1000	Veränderung[a]	1000	Veränderung[a]	1000	Veränderung[a]
	1a	1b	2a	2b	3a	3b	4a	4b	5a	5b	6a	6b	7a	7b	8a	8b
1950	3 821,5	.	536,6	.	312,4	.	57,2	.	2 001,4	.	764,4	.	6 135,3	.	1 385,2	.
1960	4 552,5	+ 1,8	406,7	- 4,2	178,0	- 5,5	61,3	+ 0,7	1 308,6	- 4,2	636,0	- 1,8	6 039,1	- 0,2	1 104,0	- 2,2
1970	4 241,4	- 0,7	237,5	- 2,6	85,2	- 7,1	55,1	- 1,4	1 002,0	- 2,6	512,4	- 2,1	5 328,6	- 1,2	803,0	- 3,1
1980	4 028,9	- 0,5	206,2	- 5,4	47,5	- 5,7	29,3	- 5,8	573,8	- 5,4	447,8	- 1,3	4650,2	- 1,4	683,3	- 1,6
1980 : 1950		+ 0,2		- 4,1		- 6,1		- 2,2		- 4,1		- 1,8		- 0,9		- 2,3

B. Struktur- (Anteils-)[b] und Strukturänderungsgrößen

Betriebe mit

Jahr	(ausschl.) Eigenland				(ausschl.) Pachtland				Pacht- und Eigenland			
	Japan		BR Deutschland		Japan		BR Deutschland		Japan		BR Deutschland	
	v.H.	Veränderung[a]	v.H.	Veränderung[a]	v.H.	Veränderung[a]	v.H.	Veränderung[a]	v.H.	Veränderung[a]	v.H.	Veränderung[a]
	9a	9b	10a	10b	11a	11b	12a	12b	13a	13b	14a	14b
1950	62,3	.	32,6	.	5,1	.	4,1	.	32,6	.	55,2	.
1960	75,4	+ 1,9	21,7	- 4,0	3,0	- 5,3	5,6	+ 3,0	21,7	- 4,0	57,6	+ 0,4
1970	79,6	+ 0,5	18,8	- 1,4	1,6	- 5,9	6,6,	+ 1,8	18,8	- 1,4	63,8	+ 1,0
1980	86,6	+ 0,9	12,3	- 4,1	1,0	- 4,4	4,3	- 4,2	12,3	- 4,1	65,5	+ 0,3
1980 : 1950		+ 1,1		- 3,2		- 5,2		+ 0,1		- 3,2		+ 0,6

a Jahresdurchschnittliche Veränderungsraten, in v.H. (geometrische Durchschnitte).
b Jeweilige Besitzkategorien in Relation zur Gesamtzahl der Betriebe.

Quellen: a. Anhangtabellen - eigene Berechnungen.

triebe mit (ausschließlich) Eigenland anteilsmäßig ziemlich kräftig zuungunsten der Betriebe mit (ausschließlich) Pachtland sowie insbesondere der Betriebe mit Pacht- und Eigenland hinzu, während in der Bundesrepublik die Entwicklung konträr verlief, d.h., der Anteil der Betriebe mit (ausschließlich) Eigenland ging zugunsten des Anteils der Betriebe mit Pacht- und Eigenland zurück. Bei den Betrieben mit (ausschließlich) Pachtland stellte sich zu Beginn der 70er Jahre zunächst ein Anstieg, danach jedoch ein Rückgang des Anteilsniveaus ein (s. Tabelle 30).

Die vorstehende Analyse läßt erkennen, daß das eingangs dieses Abschnitts für wachsende Volkswirtschaften unterstellte Entwicklungsmuster der Besitzstrukturen nur für die Bundesrepublik zutrifft. Bezüglich Japans ist festzustellen, daß - neben anderen Bestimmungsgrößen - vor allem die dortigen institutionellen Gegebenheiten (Bodengesetzgebung etc.) die Bodenmobilität - und hierbei insbesondere die verpachtungsbezogene - nicht nur gehemmt haben, sondern ihr offensichtlich sogar zuwider liefen (sich dokumentierend in dem Verlust an relativer Bedeutsamkeit der Betriebe mit Pacht- und Eigenland sowie (ausschließlich) Pachtland[56]).

---

[56] Allerdings haben sich in neuerer Zeit außerhalb der Verpachtung im eigentlichen Sinne neue Formen der Nutzungsüberlassung (bspw. Landnutzungsverträge für eine Erntesaison) herausgebildet.

2.6.10 Erwerbscharakter der landwirtschaftlichen Betriebe[57]

Anhand der Untersuchung des Entwicklungsverlaufs und der strukturellen Veränderungen des Erwerbscharakters der landwirtschaftlichen Betriebe können wichtige Erkenntnisse darüber gewonnen werden, welche spezifischen ökonomischen Verhaltensmuster oder Anpassungsstratigien seitens der Landwirte (und der mithelfenden Familienangehörigen) bestehen, um Anschluß an die steigenden außerlandwirtschaftlichen Einkommen zu finden.

In wachsenden Volkswirtschaften vollzieht sich der Wandel des Erwerbscharakters oder der sozialökonomische Wandel der landwirtschaftlichen Betriebe häufig in der Weise, daß Betriebe mit unzureichendem Einkommen zunächst zum Zuerwerb (teilweiser außerlandwirtschaftlicher Einkommenserwerb), dann zum Nebenerwerb (überwiegender außerlandwirtschaftlicher Einkommenserwerb) übergehen und schließlich - zumeist im Generationenwechsel - ganz aufgegeben werden[58].

Es wird zu prüfen sein, inwieweit ein vergleichbares Verlaufsmuster auf die längerfristige sozialökonomische Ent-

---

[57] Terminologie in Anlehnung an die (bundesdeutsche) Agrarstatistik. Die Begrifflichkeit ist strenggenommen falsch. Exakter wäre es, von einer Gliederung (Ordnung) der landwirtschaftlichen Betriebe nach Maßgabe des Erwerbscharakters und/oder des Erwerbseinkommens des Betriebsinhabers bzw. Inhaberehepaares (Bundesrepublik) oder der landwirtschaftlichen Familienarbeitskräfte (Japan) zu sprechen.
[58] Vgl. G. SCHMITT, Diskriminierung des landwirtschaftlichen Nebenerwerbs? "Innere Kolonisation", 17. Jhrg. (1968), S. 391 -393 sowie DERSELBE, Veränderte Rahmenbedingungen und sozialökonomischer Strukturwandel in der Landwirtschaft. "Agrarwirtschaft", Jhrg. 31 (1982), S. 1 - 6. - Bezüglich einer internationalen Betrachtung der Problematik des landwirtschaftlichen Nebenerwerbs siehe OECD, Part-Time Farming. Paris 1977 und 1978. (Vgl. dort insbesondere die Länderstudien über Japan und die Bundesrepublik). Hinsichtlich Japans siehe darüber hinaus v.a. R. KADA, Part-Time Family Farming. Off-Farm Employment and Farm Adjustments in the United States and Japan. Tokyo 1980. In bezug auf die Bundesrepublik vgl. BMELF (Hrsg.), Nebenerwerbslandwirtschaft in der Diskussion (Schriftenreihe des BMELF, Reihe A: Angewandte Wissenschaft, H. 264). Bonn 1982.

wicklung der landwirtschaftlichen Betriebe in beiden Ländern übertragbar ist.

Der Terminus "Vollerwerb" wird bezüglich Japans für alle landwirtschaftlichen Betriebe (Haushalte) verwandt, deren Arbeitskräfte (Mitglieder) ausschließlich in der eigenen Landwirtschaft tätig sind. Dem "Zuerwerb" werden alle Betriebe (Haushalte) zugeordnet, die größtenteils von der eigenen Landwirtschaft leben. Zum "Nebenerwerb" werden alle Betriebe (Haushalte) gerechnet, deren Einkommen hauptsächlich außerhalb der Landwirtschaft verdient wird[59].

In der Bundesrepublik werden all diejenigen Betriebe als "Vollerwerbsbetriebe" eingestuft, bei denen das außerbetriebliche Erwerbseinkommen des Inhaberehepaares, soweit überhaupt vorhanden, unter 10 v.H. des gesamten Erwerbseinkommen liegt. Den "Zuerwerbsbetrieben" werden alle Betriebe mit einem Anteil des außerbetrieblichen Erwerbseinkommens des Inhaberehepaares von 10 bis unter 50 v.H. zugerechnet. Zu den "Nebenerwerbsbetrieben" zählen alle übrigen Betriebe, d.h. Betriebe, deren Inhaber überwiegend (außerbetrieblich) tätig sind und/oder bei denen das Erwerbseinkommen des Inhaberehepaares überwiegend aus außerbetrieblichen Quellen stammt[60].

An den vorstehend für beide Länder dargestellten Definitionen der Erwerbskategorien wird deutlich, daß eine Vergleichbarkeit der in dieser Weise geordneten landwirtschaftlichen Betriebe zwischen beiden Agrarwirtschaften nur sehr bedingt möglich ist. Dies begründet sich vor allem in dem Faktum, daß in der Bundesrepublik nur das Erwerbseinkommen des Be-

---

59) Bezüglich der Definitionen vgl. bspw. Japan Statistical Yearbook 1982, Pg. 117.
60) Definitionen in geringfügig veränderter Form übernommen von Agrarbericht 1984, Materialband, S. 18. - Hinsichtlich der Vollerwerbs- und Zuerwerbsbetriebe ist ergänzend anzumerken, daß diese ihrerseits in der Kategorie "Haupterwerbsbetriebe" zusammengefaßt werden. In Haupterwerbsbetrieben ist der "Betriebsinhaber ( ) überwiegend im Betrieb tätig und (das, der Verf.) Erwerbseinkommen des Betriebsinhaberehepaares stammt überwiegend aus dem landwirtschaftlichen Unternehmen". Zitat s. EBENDA.

triebsleiterehepaares als Referenzkriterium herangezogen wird und nicht das Gesamteinkommen des landwirtschaftlichen Betriebes (Haushaltes). In bezug auf die Bundesrepublik bedeutet dieses insbesondere, daß die Bedeutung des landwirtschaftlichen Nebenerwerbs nicht unerheblich unter- und diejenige des landwirtschaftlichen Vollerwerbs nicht unerheblich überschätzt wird.

Trotz der sich aus den Definitionsunterschieden zwangsläufig ergebenden nur sehr bedingten Vergleichbarkeit der Erwerbskategorien soll im folgenden dennoch ein Vergleich vorgenommen und die wichtigsten Entwicklungstendenzen aufgezeigt werden.

Es ist erkennbar, daß in Japan der Vollerwerb, darüber hinaus aber auch der Zuerwerb absolut als auch relativ (anteilig) erheblich zugunsten des Nebenerwerbs an "Gewicht" verloren hat. In der Bundesrepublik gestaltete sich die Situation etwas anders: Hier gewannen Voll- und Nebenerwerbsbetriebe bei insgesamt, d.h. in allen Erwerbskategorien, rückläufiger Anzahl landwirtschaftliicher Betriebe in etwa gleichstark gegenüber den Zuerwerbsbetrieben an relativer "Bedeutung" hinzu (s. Tabelle 31).

Bei periodenbezogener Betrachtung ist ersichtlich, daß sich in Japan der anteilsmäßige "Bedeutungsverlust" beim Vollerwerb in der Phase des außerordentlichen Wirtschaftswachstum während der 60er Jahre am raschesten vollzog. In der Bundesrepublik, in der während dieser Phase ebenfalls vergleichsweise günstige gesamtwirtschaftliche Wachstumsraten realisiert werden konnten, erfuhren die Vollerwerbsbetriebe demgegenüber eine geringfügige anteilige Zunahme. Die Zuerwerbsbetriebe büßten in beiden Agrarwirtschaften vor allem in den 70er Jahren an relativem "Gewicht" ein. Bei den Nebenerwerbsbetrieben zeigte sich im Vergleich zwischen beiden Ländern hingegen wiederum ein divergierendes Bild: In Japan gewannen sie, korrespondierend zum anteilsmäßigen Rückgang der Vollerwerbsbetriebe, insbesondere in den 60er Jahren an relativer "Bedeutung" hinzu. In der Bundesrepublik

Tabelle 31: Erwerbscharakter der landwirtschaftlichen Betriebe, Japan und BR Deutschland, 1960 - 1980

A. Absolut- und Änderungsgrößen

Jahr	Vollerwerb					Zuerwerb					Nebenerwerb					Betriebe insgesamt			
	Japan		BR Deutschland			Japan			BR Deutschland		Japan			BR Deutschland		Japan		BR Deutschland	
	1000	Verände-rung	1000	Verände-rung		1000	Verände-rung		1000	Verände-rung	1000	Verände-rung		1000	Verände-rung	1000	Verände-rung	1000	Verände-rung
1960	2 078	.	566	.		2 036	.		357	.	1 942	.		462	.	6 056	.	1 385	.
1970	831	- 8,8	467	- 1,9		1 802	- 1,2		234	- 4,1	2 709	+ 3,4		383	- 1,9	5 402	- 1,1	1 083	- 2,4
1980	623	- 2,8	397	- 1,6		1 002	- 5,7		87	- 9,5	3 036	+ 1,1		314	- 2,0	4 661	- 1,5	798	- 3,0
1980 : 1960		- 5,8		- 1,8			- 3,5			- 6,8		+ 2,3			- 1,9		- 1,3		- 2,7

B. Struktur- (Anteile-) und Strukturveränderungsgrößen

	Vollerwerb				Zuerwerb				Nebenerwerb			
	Japan		BR Deutschland		Japan		BR Deutschland		Japan		BR Deutschland	
	v.H.	Verände-rung	v.H.	Verände-rung	v.H.	Verände-rung	v.H.	Verände-rung	v.H.	Verände-rung	v.H.	Verände-rung
1960	34,3	.	40,9	.	33,6	.	25,8	.	32,1	.	33,4	.
1970	15,4	- 7,7	43,1	+ 0,5	33,4	- 0,1	21,6	- 1,8	50,2	+ 4,6	35,3	+ 0,6
1980	13,4	- 1,4	49,8	+ 1,5	21,5	- 4,3	10,9	- 6,7	65,1	+ 2,6	39,4	+ 1,1
1980 : 1960		- 4,6		+ 1,0		- 2,2		- 4,2		+ 3,6		+ 0,8

a Jahresdurchschnittliche Veränderungsraten, in v.H. (geometrische Durchschnitte).

Quellen: a. Anhangtabellen - eigene Berechnungen.

dagegen war die stärkste Ausweitung des Anteils der Nebenerwerbsbetriebe in den 70er Jahren zu beobachten, hier offensichtlich vornehmlich begründet in der deutlichen anteiligen Einschränkung des landwirtschaftlichn Zuerwerbs (s. Tabelle 31)[61]).

Für die Periode der 50er Jahre kann die sozioökonomische Entwicklung der landwirtschaftlichen Betriebe in beiden Ländern wegen der im Hinblick auf die Bundesrepublik unvollständigen Datenbasis nicht analog der 60er und 70er Dekade dargestellt werden. Es wurde daher anhand einer Hilfsgröße, nämlich der Zahl der Betriebsinhaber (natürliche Personen), die ihren Betrieb haupt-/nebenberuflich bewirtschaften, eine Aufteilung der bundesdeutschen Betriebe nach dem Erwerbscharakter vorgenommen[62]). Bei dieser Vorgehensweise ergäbe sich bei den Nebenerwerbsbetrieben für das Jahr 1949 ein Anteil von etwa 15, für 1960 ein Anteil von etwa 24 v.H., entsprechend einer jährlichen Strukturänderungsrate von +4,3 v.H., der Anteil der Haupterwerbsbetriebe, d.h., der Zu- und Vollerwerbsbetriebe zusammen, läge demzufolge in 1949 bei 85 und in 1960 bei 76 v.H., gleichkommend einer jährlichen Strukturänderungsrate von -1,2 v.H. In Japan gestaltete sich die sozialökonomische Strukturentwicklung der landwirtschaftlchen Betriebe im Vergleich hierzu wie folgt: Der Anteil der Nebenerwerbsbetriebe erhöhte sich von etwa 21 1/2 v.H. (1950) auf etwa 32 v.H. in 1960, entsprechend einer jährlichen Strukturänderungsrate von etwa +4 v.H., während sich die Zahl der Haupterwerbsbetriebe von über 78 v.H.

---

61) Wie oben angedeutet und auch aus der Tabelle 24 ersichtlich, vollzog sich der Rückgang des Anteils des Zuerwerbs allerdings nicht allein zugunsten des Nebenerwerbs, sondern auch, und zwar sogar in noch etwas stärkerem Maße, zugunsten des Vollerwerbs.
62) Diese Vorgehensweise findet sich bei R. GEBAUER, Sozialökonomische Differenzierungsprozesse in der Landwirtschaft der Bundesrepublik Deutschland - Bestimmungsgründe und Konsequenzen. Diss. Göttingen (in Vorbereitung). Die für die Bundesrepublik nachstehend im Text ausgewiesenen Strukturgrößen wurden auf der Grundlage von GEBAUER übernommener fiktiver Daten ermittelt. Anzumerken ist, daß GEBAUER die Betriebe unter 2 ha unberücksichtigt läßt, was zur Folge hat, daß die Anteile der Nebenerwerbsbetriebe unter- und entsprechend diejenigen der Haupterwerbsbetriebe überschätzt werden.

(1950) auf etwa 68 v.H. in 1960 verminderte, gleichzusetzen einer jährlichen Anteilsreduzierung von 1,4 v.H.

Das dargestellte Entwicklungsbild für die 50er Jahre belegt - in ähnlicher Weise wie das für die 60er Jahre gezeichnete -, daß hohes Wirtschaftswachstum und folglich sich verbessernde außerlandwirtschaftliche Erwerbsmöglichkeiten den sozialökonomischen Strukturwandel in der Weise beeinflussen, daß der Nebenerwerb an relativer "Bedeutung" gewinnt. Bezüglich des Zuerwerbs ist erkennbar, daß er in ausgeprägten Wachstumsphasen anteilsmäßig vergleichsweise weniger stark zurückgeht als in konjunkturellen Schwächephasen. Die anteilsbezogene Entwicklungstendenz des Vollerwerbs ergibt sich als Resultante der Wandlungen der übrigen Erwerbsategorien. Jeweils abhängig vom Vorzeichen des dominierenden Strukturtrends, schrumpft der Vollerwerb in wirtschaftlichen Wachstumsphasen anteilsmäßig schneller (Japan) bzw. wächst er anteilsmäßig langsamer (Bundesrepublik) als in Zeiten wirtschaftlicher Rezession.

Der für beide Agrarwirtschaften skizzierte Verlauf des sozialökonomischen (Struktur-)Wandels der landwirtschaftlichen Betriebe macht deutlich, daß das diesbezüglich zu Anfang dieses Abschnitts hypothesenhaft formulierte und implizit günstige Mobilitätsbedingungen für den Faktor Arbeit unterstellende Verlaufsmuster nicht in vollem Umfang zutrifft, dies gilt insbesondere mit Blick auf Japan: Der Nebenerwerb erweist sich offensichtlich in diesem Land, vermutlich vornehmlich bedingt durch die gegebene (begrenzte) Bodenausstattung der landwirtschaftlichen Betriebe sowie aufgrund unzureichender Möglichkeiten und/oder bestehender vielfältiger Hemmnisse, die Wirtschaftsfläche zu erweitern, abzustocken oder gänzlich abzugeben, als vergleichsweise stabile und im Zeitablauf sogar an absoluter oder zumindest relativer Bedeutsamkeit gewinnende Erwerbsform. Darüber hinaus dürften jedoch auch noch eine Reihe anderer Einflußgrößen die Entwicklung bzw. die Beständigkeit der Nebenerwerbsbetriebe gefördert haben. Als wichtigste können in diesem Zusammenhang angeführt werden:

1. Die Weiterführung der Nebenerwerbsbetriebe wird erleichtert und begünstigt durch die weitgehende Spezialisierung auf profitable Anbaufrüchte sowie durch den überbetrieblichen Maschineneinsatz u. a. Formen der betrieblichen Kooperation.

2. Es müssen in den Nebenerwerbsbetrieben Einkünfte erwirtschaft werden, um die unzureichende soziale Sicherung der landwirtschaftlichen Altenteiler zu verbessern.

3. Die Nebenerwerbsbewirtschaftung wird weiterbetrieben, um vorhandene freie (nicht anderweitig nutzbare) Zeitkapazitäten der Familienangehörigen (v.a. Ehefrauen und Altenteiler) auszulasten.

4. Die Nebenerwerbsbetriebe werden aus Hobby-, Eigenversorgungs- oder traditionellen Aspekten fortgeführt.

5. Die Nebenerwerbsbetriebe werden aufrecht erhalten, um eine vorhandene Kapitalausstattung (v.a. Maschinen) weiter zu nutzen.

In welchem Maße in der Bundesrepublik - in gleicher Weise wie für Japan angenommen - eine (relative) Beständigkeit bzw. ein (relativer) Bedeutungsgewinn der Nebenerwerbslandwirtschaft besteht, der nicht durch ungünstige Mobilitätsbedingungen des Faktors Arbeit erklärbar ist, ist schwer zu ermessen. Wird die Frage bejaht, so könnten als Erklärungsgrößen prinzipiell ähnliche genannt werden wie für Japan. Allerdings dürfte der Faktor Boden eine weitaus geringere Rolle als Hemmschuh für den sozialökonomischen Strukturwandel (ins besondere in bezug auf die Aufgabe von Nebenerwerbsbetrieben) spielen, sich dokumentierend darin, daß in der Bundesrepublik die Bodenmobilität - gemeint ist v.a. die verpachtungsbezogene - vergleichsweise stärker ausgeprägt ist.

Es ist an dieser Stelle noch einmal ausdrücklich anzumerken, daß die herausgearbeiteten Unterschiede in den sozialökonomischen (Struktur-)Wandlungen der landwirtschaftlichen Betriebe zwischen beiden Ländern - und hier insbesondere die vergleichsweise stärkere (relative) Bedeutungszunahme der landwirtschaftlichen Nebenerwerbsbetriebe - nur sehr vorsichtig interpretiert werden sollten. Es ist in diesem Zusammenhang an die eingangs dieses Abschnitts erläuterten unterschiedlichen sozialökonomischen Klassifikationskriterien der landwirtschaftlichen Betriebe in beiden Ländern zu erinnern. Einheitliche Abgrenzungskriterien würden sicherlich ein im Vergleich zwischen beiden Agrarwirtschaften ähnlicheres Bild der Entwicklungs- und Strukturverläufe der Betriebe ergeben. Würde bspw. in der Bundesrepublik ein Japan vergleichbares landwirtschaftliches Familieneinkommenskonzept verwendet, so wäre sicherlich zu beobachten, daß in der Bundesrepublik der landwirtschaftliche Nebenerwerb eine noch erheblich größere Bedeutung zukommmt, als es die derzeitigen Daten erkennbar werden lassen. Die Grunderkenntnis indes, nämlich daß die Nebenerwerbslandwirtschaft in Japan eine vergleichsweise größere Bedeutung spielt, dürfte unverändert bleiben.

2.6.11 Beschäftigtenstatus der in der Landwirtschaft Tätigen

Im Abschnitt 2.6.1 wurden bereits einige die Beschäftigung betreffende Kenngrößen dargestellt. Es wurde dabei darauf hingewiesen, daß die Daten aufgrund diverser Unterschiede in der statistischen Abgrenzung, der Erhebungstechnik etc. zwischen Japan und der Bundesrepublik nicht vollständig vergleichbar sind. Diesbezügliche Vorbehalte sind auch im Hinblick auf die nachfolgende Entwicklungsbeschreibung des Beschäftigtenstatus der in der Landwirtschaft Tätigen geltend zu machen, da die hierbei zugrunde gelegten Daten den gleichen Quellen entnommen worden sind. Abweichend von der in diesem Kapitel bisher geübten Praxis, die Landwirtschaft ohne Forstwirtschaft und Fischerei zu analysieren und den Faktor Arbeit durch die im Gliederungspunkt 2.6.1 definierten "Arbeitseinheiten" abzubilden, werden in der vorstehenden Betrachtung, sich bedingend aus der durch die Statistik vorgegebenen Datenstrukturierung, die Erwerbstätigen in der Landwirtschaft einschließlich Forstwirtschaft und Fischerei als Arbeitsgrundlage für die Ableitung der die Entwicklung des Beschäftigtenstatus charakterisierenden Indikatorgrößen herangezogen.

Das Gliederungsschema des Beschäftigtenstatus der in der Landwirtschaft Tätigen, d.h. deren Stellung im Beruf, gestaltet sich in beiden Ländern wie folgt: "Lohn- und Gehaltsempfänger", "mithelfende Familienangehörige" und "Selbständige".

Für wachsende Volkswirtschaften gilt, daß in Verbindung mit dem agrarstrukturellen Anpassungsprozeß und der ihn in besonderem Maße kennzeichnenden Abwanderung landwirtschaftlicher Arbeitskräfte, sich zunächst vor allem bei der Zahl der mithelfenden Familienangehörigen sowie der Lohn- und Gehaltsempfänger und schließlich auch bei der Zahl der Selbständigen Friktionen vollziehen . Mit fortschreitender Konzentration in der Landwirtschaft dürften jedoch zunehmend auch Grenzen der Substitution von Arbeit durch Kapital sichtbar werden. In bezug auf die Entwicklung der Zahl der Lohn- und Gehaltsempfänger dürfte sich dieses in der Weise äußern, daß nach Überschreiten einer bestimmten Schwelle, diese Statuskategorie numerisch vergleichsweise langsamer an Bedeutsamkeit verlieren oder sogar wieder an Bedeutsamkeit gewinnen wird.

Resultierend aus den unterschiedlichen Abnahmeraten der den einzelnen Statuskategorien zugehörigen landwirtschaftlichen Arbeitskräfte dürfte somit langfristig der Anteil der mithelfenden Familienangehörigen sinken und der Anteil der Selbständigen zunehmen. Bezüglich der Lohn- und Gehaltsempfänger wird sich vermutlich zunächst ein anteilsmäßiger Rückgang, nach Überschreiten eines Minimums jedoch möglicherweise ein anteilsmäßiger Anstieg einstellen.

Nach den vorangestellten definitorischen Erläuterungen sowie der Erörterung des hypothetischen Entwicklungs- und Strukturbildes des Beschäftigungscharakters der in der Landwirtschaft Tätigen, werden im weiteren für beide Länder die tatsächlichen diesbezüglichen Entwicklungsverläufe und Strukturwandlungen beschrieben.

Die Hauptbeobachtungen können wie folgt zusammengefaßt werden:

a) Sich bedingend aus dem allgemein rückläufigen Trend der Zahl in der Landwirtschaft Tätiger, waren in beiden Ländern die Besetzungen sämtlicher Statuskategorien rückläufig[63]. Der vergleichsweise stärkere zahlenmäßige Rückgang vollzog sich sowohl in Japan als auch in der Bundesrepublik bei den mithelfenden Familienangehörigen. In der Bundesrepublik war darüber hinaus auch bei der Zahl der Lohn- und Gehaltsempfänger eine deutliche Rückläufigkeit zu beobachten. In Japan war der absolute Rückgang dieser Kategorie vergleichsweise weniger stark ausgeprägt[64]. Die Gruppe der Selbständigen verminderte sich in beiden Agrarwirtschaften numerisch vergleichsweise langsamer als die übrigen Kategorien (s. Tabelle 32).

b) Als Folge der vorgezeichneten divergierenden Veränderungen in den Absolutgrößen ergaben sich die nachstehenden strukturellen Verschiebungen: In beiden Agrarwirtschaften ging der Anteil der mithelfenden Familienangehörigen sowie der Lohn- und Gehaltsempfänger[65] zugunsten des Anteils der Selbständigen zurück. Allerdings läßt die differenzierte Sicht deutlich werden, daß sich bei der Kategorie der Lohn- und Gehaltsempfänger in beiden Agrarwirtschaften in den letzten Jahren eine Umkehr des langfristigen Trends vollzo-

---

63) Bei längerfristiger (periodenbezogener Sicht); Ausnahme: die Kategorie "Lohn- und Gehaltsempfänger" in den 50er Jahren.
64) Zurückzuführen war dieses auf den zeitweiligen Anstieg der Zahl der Lohn- und Gehaltsempfänger in den 50er Jahren.
65) In bezug auf Japan die 50er Jahre ausgenommen.

Tabelle 32: Beschäftigtenstatus der in der Landwirtschaft[a] Tätigen, Japan und BR Deutschland, 1950 - 1980

A. Absolut- und Änderungsgrößen

Jahr	Lohn- und Gehaltsempfänger				Mithelfende Familienangehörige				Selbständige				Beschäftigte insgesamt			
	Japan		BR Deutschland		Japan		BR Deutschland		Japan		BR Deutschland		Japan		BR Deutschland	
	1000	Veränderung[b]	1000	Veränderung[b]	1000	Veränderung[b]	1000	Veränderung[b]	1000	Veränderung[b]	1000	Veränderung[b]	1000	Veränderung[b]	1000	Veränderung[b]
	1a	1b	2a	2b	3a	3b	4a	4b	5a	5b	6a	6b	7a	7b	8a	8b
1950	850	.	1 006	.	9 520	.	2 733	.	5 560	.	1 288	.	15 930	.	5 027	.
1960	840	+ 1,0	533	- 6,2	7 230	- 2,7	1 931	- 3,4	4 560	- 2,0	1 159	- 1,0	12 730	- 2,2	3 623	- 3,2
1970	470	- 6,7	295	- 5,7	4 620	- 4,4	1 200	- 4,6	3 780	- 1,9	767	- 4,0	8 870	- 3,5	2 262	- 4,6
1980	450	- 0,4	243	- 1,9	2 620	- 5,5	680	- 5,5	2 700	- 3,3	513	- 3,9	5 770	- 4,2	1 436	- 4,4
1980 : 1950		- 2,1		- 4,6		- 4,2		- 4,5		- 2,4		- 3,0		- 3,3		- 4,1

B. Struktur- (Anteils-) und Strukturveränderungsgrößen

Jahr	Lohn- und Gehaltsempfänger				Mithelfende Familienangehörige				Selbständige			
	Japan		BR Deutschland		Japan		BR Deutschland		Japan		BR Deutschland	
	v.H.	Veränderung	v.H.	Veränderung	v.H.	Veränderung	v.H.	Veränderung	v.H.	Veränderung	v.H.	Veränderung
	9a	9b	10a	10b	11a	11b	12a	12b	13a	13b	14a	14b
1950	5,3	.	20,0	.	59,8	.	54,4	.	34,9	.	25,6	.
1960	7,4	+ 3,3	14,7	- 3,0	56,8	- 0,5	53,3	- 0,2	35,8	+ 0,3	32,0	+ 2,2
1970	5,3	- 3,3	13,0	- 2,3	52,1	- 0,9	53,1	- 0,04	42,6	+ 1,8	33,9	+ 0,6
1980	7,8	+ 3,9	16,9	+ 2,6	45,4	- 1,4	47,4	- 1,1	46,8	+ 0,9	35,7	+ 0,5
1980 : 1950		+ 1,3		- 0,6		- 0,9		- 0,5		+ 1,0		+ 1,1

[a] Einschließlich Forstwirtschaft und Fischerei
[b] Jahresdurchschnittliche Veränderungsraten, in v.H. (geometrische Durchschnitte).

Quellen: s. Anhangtabellen - eigene Berechnungen.

gen hat, d.h., der Anteil dieser Kategorie beginnt sich wieder auszuweiten (s. Tabelle 32).

Die skizzierten Entwicklungs- und Strukturverläufe stimmen somit weitgehend mit denjenigen überein, wie sie eingangs dieses Gliederungspunktes hypothesenhaft vorgezeichnet worden sind, wenngleich für Japan einige Abweichungen unverkennbar sind. Dies betrifft insbesondere die 50er Jahre.

Als wesentliches gemeinsames Merkmal beider Agrarwirtschaften ist die Dominanz der Familienarbeitsverfassung herauszustellen, was sich insbesondere in dem hohen Anteil der mithelfenden Familienangehörigen manifestiert. Jedoch ist auch erkennbar, daß mit fortschreitenden landwirtschaftlicher Strukturanpassung die Lohnarbeitsverfassung, sich dokumentierend in dem Anteil der Lohn- und Gehaltsempfänger, offenbar wieder an relativer Bedeutsamkeit gewinnt. Für die Bundesrepublik könnte die beobachtete Bedeutungszunahme auch dadurch zu erklären sein, daß in zunehmendem Maße im landwirtschaftlichen Betrieb tätige Familienangehörige aus versicherungsrechtlichen Gründen als Lohn- und Gehaltsempfänger geführt werden.

2.6.12 Struktur der Zeitverwendung der landwirtschaftlichen Arbeitskräfte

In Verbindung mit der Darstellung der sozialökonomischen (Struktur-)Entwicklung der landwirtschaftlichen Betriebe ist bereits angesprochen worden, daß seitens der landwirtschaftlichen Arbeitskräfte spezifische Anpassungsstrategien bestehen, um Anschluß an die im Zuge der volkswirtschaftlichen Entwicklung vergleichsweise stärker steigenden außerlandwirtschaftlichen Einkommen zu finden[66]. Dies spiegelt sich

---

[66] Bezüglich einer differenzierteren Behandlung dieser Problematik, allerdings nur beschränkt auf die Bundesrepublik, siehe G. SCHMITT, Vernachlässigte Aspekte der Anpassungsflexibilität der Landwirtschaft und ihre agrarpolitischen Implikationen. "Agrarwirtschaft", Jg. 32 (1983), S. 1-13.

insbesondere auch darin wider, daß die in der Landwirtschaft Beschäftigten verstärkt freie Zeitkapazitäten im außerlandwirtschaftlichen (Erwerbs-)Bereich allozieren, m.a.W. die "Verwendung" ihrer Zeit ändern.

Als globale Indikatorgrößen für diesen Prozeß können u.a. auch die Zahlen der ständigen und nichtständigen Arbeitskräfte in der Landwirtschaft und deren Veränderungen im Zeitablauf herangezogen werden. Bezüglich Japans wurden für die Zahl der ständigen Arbeitskräfte die Kategorie "household members who are exclusively engaged in their own agriculture" und für die nichtständigen Arbeitskräfte die Kategorie "household members who have subsidiary jobs other than agriculture but spend more days on their own agriculture" zugrunde gelegt[67].

Allerdings bestehen hinsichtlich der definitorischen Abgrenzung der Erhebungskategorien einige Unklarheiten. So korrespondieren z.B. die ausgewiesenen Daten "people mainly engaged in agriculture"[68] nur unzureichend mit den ausgewiesenen Daten für "household members who are exclusively engaged in their own agriculture" (letztere liegen zahlenmäßig sogar oberhalb der erstgenannten Kategorie!) Höchstwahrscheinlich sind in den Zahlenangaben für die ausschließlich in der Landwirtschaft Beschäftigen die Personen der Kategorie "mainly keeping house/engaged in agriculture also" mit enthalten, was einer nicht unerheblichen Überschätzung des landwirtschaftlichen Arbeitseinsatzes gleichkäme.

Des weiteren impliziert die vorgegebene Bezeichnung für die nichtständigen Arbeitskräfte ("household members who have subsidiary jobs other than agriculture but spend more days on their own agriculture", daß Personen, deren berufliche Aktivitäten überwiegend auf den außerlandwirtschaftlichen Bereich konzentriert sind, d.h., die nur "nebenbei" in der Landwirtschaft arbeiten, statistisch gänzlich vernachlässigt

---

67) Siehe beispielsweise Japan Statistical Yearbook 1982, Table "Farm population by prefectures", Pg. 121.
68) Siehe EBENDA, Table "Increased or decreased population of farm households", Pg. 122.

werden, was im Endeffekt bedeutet, daß die Zahl der nichtständigen Arbeitskräfte nicht unwesentlich unterschätzt wird.

Für die Bundesrepublik erfolgte die Ermittlung der Zahl

a) der ständigen landwirtschaftlichen Arbeitskräfte, indem die Erhebungskategorien "ständige bzw. vollbeschäftige Familienarbeitskräfte" mit "ständige Lohnarbeitskräfte" aggregiert,

b) der nichtständigen landwirtschaftlichen Arbeitskräfte, indem die Erhebungskategorien "nichtständige bzw. teilbeschäftige Familienarbeitskräfte" und "nichtständige Lohnarbeitskräfte" summiert wurden.

Bezugseinheit der statistischen Erhebungen bilden jeweils die landwirtschaftlichen "Betriebsinhaber und ihre mit ihnen im gemeinsamen Haushalt lebenden Familienangehörigen und Verwandten", m.a.W. der landwirtschaftliche Haushalt, sowie die "familienfremden Arbeitskräfte"[69].

Hinsichtlich der Zahl der ständigen Familienarbeitskräfte ist anzumerken, daß sie die numerische bedeutsame Gruppe der ausschließlich im landwirtschaftlichen Haushalt tätigen weiblichen Arbeitskräfte, d.h. vornehmlich der Hausfrauen, mit einschließt. Die Zahl der ständig und ausschließlich mit betrieblichen Arbeiten befaßten Familienarbeitskräfte liegt wesentlich niedriger: Bezogen auf das Endjahr (1978) des zugrunde liegenden Betrachtungszeitraumes (1960-1978) betrug beispielsweise die Zahl der im landwirtschaftlichen Haushalt und Betrieb vollbeschäftigten Familienarbeitskräfte etwa 1,23 Mio., hierunter 0,74 Mio. weiblichen Geschlechts, wohingegen die Zahl der ausschließlich im Betrieb vollbeschäftigen Familenarbeitskräfte nur 0,53 Mio. umfaßte.

An dem letzteren dürfte deutlich geworden sein, daß die Zahl der ständig in der Landwirtschaft beschäftigten Familienar-

---

[69] Termini laut amtlicher Statistik.

beitskräfte (und folglich auch die Zahl der ständig in der Landwirtschaft Tätigen insgesamt) sowohl als Maßgröße in Verbindung mit der Darstellung des landwirtschaftlichen Arbeitseinsatzes als auch als Hilfsgröße für die Ermittlung der Zeitverwendung(sstruktur) der landwirtschaftlichen Arbeitskräfte nur bedingt verwendbar ist.

Eine weitere Begrenzung des Aussagegehaltes, allerdings in umgekehrter Richtung wirkend, ergibt sich für die Bundesrepublik bei Zugrundelegung der Globaldaten aus dem Zuordnungsmodus der nichtständig bzw. teilzeitlich beschäftigten Familienarbeitskräfte. Auf diese Gruppe entfallen auch Hausfrauen und zudem insbesondere landwirtschaftliche Altenteiler, was impliziert, daß die Bedeutung der eigentlich interessierenden Zielgruppe der Betrachtung, nämlich Beschäftigte, die parallel zu ihrer landwirtschaftlichen noch einer außerlandwirtschaftlichen Tätigkeit nachgehen, überschätzt wird[70].

Es sind - dies ist sicherlich erkennbar geworden - für die Bundesrepublik in bezug auf die begrenzte Aussagekraft der Grund- oder Globaldaten und ihrer Zuordnungen gewisse Analogien zu Japan erkennbar[71]. Trotz der für beide Agrarwirtschaften spezifischen Mängel in der Aussagefähigkeit der bestehenden Arbeitskräftetypisierungen, wird im folgenden anhand des vorhandenen Datenmaterials dennoch versucht, einige

---

70) Bezüglich einer differenzierten Darstellung der längerfristigen und auch jüngeren Entwicklung der Zahl der landwirtschaftlich Teil- und Vollbeschäftigten nach Altersgruppen und Geschlecht für die Bundesrepublik, siehe F. FASTERDING, Berufliche Mobilität der Inhaber landwirtschaftlicher Betriebe und ihrer Familienangehörigen (Institut für Strukturforschung, FAL Braunschweig-Völkenrode, Arbeitsbericht 83/6). Braunschweig. August 1983.
71) Gemeint ist in diesem Zusammenhang vor allem der vermutete Sachverhalt hinsichtlich der Klassifizierung der überwiegend in den landwirtschaftlichen Haushalten tätigen Personen als ständige landwirtschaftliche Arbeitskräfte und die hiermit verbundene absolute und relative Überschätzung dieser Arbeitskräftekategorie. - Zusätzlich dürften jedoch auch für Japan vergleichbare Überlegungen zutreffen, wie sie bezüglich der Bundesrepublik im Hinblick auf die nichtständig bzw. teilzeitlich tätigen landwirtschaftlichen Familienarbeitskräfte vorgetragen worden sind.

Erkenntnisse über die länderspezifischen Grundstrukturen und Grundtendenzen des zeitlichen Engagements ("Zeitverwendung") der in der Landwirtschaft Tätigen zu gewinnen.

Als Untersuchungsperiode liegt der Betrachtung der Zeitraum 1960-1978 zugrunde. Die 50er Jahre konnten nicht in die Analyse einbezogen werden, da für Japan keine vollständigen Daten vorliegen.

Der empirische Befund bezüglich der (Struktur-)Entwicklung der Zeitverwendung der landwirtschaftlichen Arbeitskräfte läßt sich wie folgt zusammenfassen (s. Tabelle 33):

1. Die Zahl der ständigen Arbeitskräfte ist in beiden Agrarwirtschaften kontinuierlich sowohl absolut als auch anteilig (relativ) zurückgegangen.

2. Die Zahl der nichtständigen Arbeitskräfte stieg in Japan sowohl absolut als auch anteilsbezogen, in der Bundesrepublik hingegen nur anteilsbezogen an.

Aus der für Japan beobachteten kräftigen Zunahme der Zahl der nichtständigen Arbeitskräfte einerseits und - hiermit verknüpft - einer im Vergleich zur Bundesrepublik niedrigeren Abnahme der landwirtschaftlichen Arbeitskräfte insgesamt resultierte, daß die nichtständigen Arbeitskräfte in Japan, gemesssen an der Höhe der Strukturveränderungsrate, stärker an Bedeutsamkeit hinzugewonnen als in der Bundesrepublik.

Das Entwicklungs- und Strukturbild der jeweils nach ihrer Zeitverwendung typisierten landwirtschaftlichen Arbeitskräfte belegt somit für beide Agrarwirtschaften die vorangestellte Hypothese bezüglich des Vorhandenseins spezifischer Formen sozioökonomischer Differenzierung des Faktors Arbeit im volkswirtschaftlichen Entwicklungsprozeß. Allerdings sind bei der Beurteilung der dargestellten Maßgrößen die angesprochenen Vorbehalte bezüglich der Aussagefähigkeit mit zu berücksichtigen. Gemeint ist in diesem Zusammenhang insbesondere die offensichtlich in beiden Agrarwirtschaften anzu-

Tabelle 33: Ständige und nichtständige Arbeitskräfte in der Landwirtschaft, Japan und BR Deutschland, 1960 - 1978

A. Absolut- und Änderungsgrößen

Jahr	Ständige Arbeitskräfte						Nichtständige Arbeitskräfte						Arbeitskräfte insgesamt			
	Japan		BR Deutschland				Japan		BR Deutschland				Japan		BR Deutschland	
	1000	Veränderung[a]	1000		Veränderung[a]		1000	Veränerung[a]	1000		Veränderung[a]		1000	Veränderung[a]	1000	Veränderung[a]
	1a	1b	2a		2b		3a	3b	4a		4b		5a	5b	6a	6b
1960	13 096	.	3 318		.		4 560	.	1 523		.		17 656	.	4841	.
1970	8 428	- 4,3	2 010		- 4,9		7 038	+ 4,4	1 384		- 1,0		15 456	- 1,3	3394	- 3,5
1978	6 064	- 4,0	1 295		- 5,3		6 523	- 0,9	1 365		- 1,1		12 587	- 2,5	2560	- 3,5
1978 : 1960		- 4,2			- 5,1			+ 2,0			- 1,0			- 1,9		- 3,5

B. Struktur- (Anteils-) und Strukturveränderungsgrößen

Jahr	Ständige Arbeitskräfte						Nichtständige Arbeitskräfte				
	Japan		BR Deutschland				Japan		BR Deutschland		
	v.H.	Veränderung[a]	v.H.		Veränderung[a]		v.H.	Veränderung[a]	v.H.		Veränderung[a]
	7a	7b	8a		8b		9a	9b	10a		10b
1960	74,2	.	68,5		.		25,8	.	31,5		.
1970	54,5	- 3,0	59,2		- 1,5		45,5	+ 5,8	40,8		+ 2,6
1978	48,2	- 1,5	50,6		- 2,0		51,8	+ 1,6	49,4		+ 2,4
		- 2,4			- 1,7			+ 3,9			+ 2,5

[a] Jahresdurchschnittliche Veränderungsraten, in v.H. (geometrische Durchschnitte).

Quellen: s. Anhangtabellen - eigene Berechnungen.

treffende Überschätzung der ständigen landwirtschaftlichen Arbeitskräfte. Träfe sie zu, so müßten dieser Arbeitskräftekategorie zahlen- und anteilsmäßig eine noch geringere Bedeutsamkeit zugemessen werden. Die Grundannahme hinsichtlich der Richtung des sozialökonomischen Anpassungsprozesses in bezug auf die Zeitallokation des Faktors Arbeit würde durch eine derartige Korrektur noch zusätzlich gestützt werden.

2.6.13 Struktur des landwirtschaftlichen Familieneinkommens

Komplementär zu den dargestellten Kenngrößen für die Entwicklung des Erwerbscharakters der landwirtschaftlichen Betriebe (Haushalte) sowie der Zeitallokation der dort Tätigen können als zusätzliche Indikatorgrößen für den fortschreitenden Prozeß der sozialökonomischen Differenzierung in der Landwirtschaft und gleichzeitig als Indiz für eine zunehmende Integration der Agrarwirtschaft (und der in ihr lebenden Menschen) in eine wachsende Volkswirtschaft das Niveau und der Anteil außerlandwirtschaftlicher Einkommen am Gesamteinkommen der landwirtschaftlichen Familie herangezogen werden. Entsprechend gewinnen die außerlandwirtschaftlichen Einkünfte der landwirtschaftlichen Haushalte sowohl absolut als auch relativ an Bedeutung. Sie wirken damit stabilisierend auf die Gesamteinkommensentwicklung und - unter Zugrundelegung der Gesamteinkommensgröße - auch positiv auf die Einkommensverteilung innerhalb der landwirtschaftlichen wie auch im Vergleich zur übrigen Bevölkerung. M.a.W.: Die steigenden außerlandwirtschaftlichen Einkommen leisten einen wichtigen Beitrag zur Milderung des auf die Landwirtschaft sich auswirkenden Einkommensdrucks und damit der Einkommensdisparität[72].

---

72) Bezüglich einer Spezifizierung und eines empirischen Belegs für die vorgetragene Integrationsthese siehe G. SCHMITT, Die andere Dimension der fortschreitenden Integration der Landwirtschaft in eine wachsende Volkswirtschaft: Das Beispiel der Vereinigten Saaten. "Berichte über Landwirtschaft", Bd. 62 (1984), S. 13-39.

Nachstehend wird für beide Länder, gegliedert nach landwirtschaftlichen, außerlandwirtschaftlichen und Gesamteinkommen, eine Analyse der Einkommensentwicklung der landwirtschaftlichen Familien (Haushalte) vorgenommen[73)74)]. Erhebungseinheit ist jeweils der landwirtschaftliche Haushalt; allerdings besteht hinsichtlich der personalen Abgrenzung des Haushalts bei der Einkommensermittlung zwischen Japan und der Bundesrepublik ein wichtiger Unterschied: Während in Japan die Einkommen aller Haushaltsmitglieder erfaßt werden[75)], werden hierunter in der Bundesrepublik in den Agrarberichten nur die Einkommen des Betriebsleiterehepaars eingestuft. Die Vergleichbarkeit der Einkommensgrößen zwischen beiden Ländern wird hierdurch erheblich eingeschränkt. Dieses gilt insbesondere für das außerlandwirtschaftliche Einkommen: Es ist zu vermuten, daß sowohl in Japan als auch in der Bundesrepublik neben dem Betriebsleiterehepaar auch die übrigen Familienangehörigen nicht unwesentlich zum außerlandwirtschaftlichen Einkommenserwerb beitragen[76)].

Als Vergleichszeitraum wurde der Betrachtung, determiniert durch die Datenverfügbarkeit, die Periode 1976/77 bis

---

73) Im weiteren wird jeweils von den "realen" Einkommensgrößen ausgegangen. Die Deflationierung erfolgte einheitlich mit dem impliziten Preisindex des Bruttoinlandsprodukts zu Marktpreisen (BIP).
74) Als landwirtschaftliches Einkommen des Haushalts bzw. der Familie wurde für die BR Deutschland der Gewinn je Familienarbeitskraft zugrunde gelegt. Dieses erscheint insofern gerechtfertigt, als der Besatz mit Familienarbeitskräften pro Betrieb über den Betrachtungszeitraum im Durchschnitt eine Person betrug (ermittelt als gewichtige Größe des Einsatzes von Familienarbeitskräften in den verschiedenen Erwerbskategorien: Voll-, Zu- und Nebenerwerb).
75) Bei exakter Darlegung der Begrifflichkeit in den Agrarberichten der Bundesregierung sind für die BR Deutschland als Bezeichnung für die statistische Erhebungseinheit die Termini "(landwirtschaftliche, d. Verf.) Familie - bis 1976/77 - und "(landwirtschaftliches, d. Verf.) Unternehmen" - Zeitraum danach - anzuführen. In der vorstehenden Betrachtung werden beide Begriffe synonym verwendet.
76) Siehe R.G. GEBAUER und G. SCHMITT, Anmerkungen zum Agrarbericht 1984 der Bundesregierung. "Agrarwirtschaft", 33. Jg. (1984), H. 4, S. 97-104 sowie G. SCHMITT, Zur Ermittlung der "sozialen Lage der in der Landwirtschaft tätigen Menschen" in den Agrarberichten der Bundesregierung. "Agrarwirtschaft", 33. Jg. (1984), H. 10, S. 301-307.

1980/81 zugrunde gelegt. Trotz der an den vorangestellten Anmerkungen deutlich gewordenen engen Aussagegrenzen wird im weiteren eine Beschreibung und Interpretation der spezifischen Einkommensindikatoren vorgenommen.

Zur ungefähren Einschätzung der absoluten Dimension der Einkommensgrößen werden wiederum Dollarvergleichswerte ausgewiesen (s. Tabelle 34). Es ist ersichtlich, daß in Japan das landwirtschaftliche Haushaltseinkommen nur etwa 50 v.H. desjenigen in der Bundesrepublik erreichte. Ein anderes Bild bestand hinsichtlich des außerlandwirtschaftlichen Einkomens: Dieses lag in Japan um das 2,4fache oberhalb desjenigen in der Bundesrepublik. Hierin spiegelt sich, wie weiter oben angesprochen, der Einbezug der übrigen Familienarbeitskräfte (neben dem Betriebsleiterehepaar) in die Einkommensrechnung. Dieser Effekt geht natürlich ebenso in das Gesamteinkommen ein. Letzteres lag in Japan um das 1,1- bis 1,2fache oberhalb desjenigen in der Bundesrepublik.

Die differenzierte Betrachtung der realen Entwicklung der Einkommensgrößen im Zeitablauf zeigt ferner, daß das landwirtschaftliche Einkommen in beiden Ländern einer nicht unerheblichen Abnahme unterlag. Bezogen auf die Basis Ø 1976/77-1978/79 = 100 betrugen in Japan die negativen Wachstumsraten im Durchschnitt über den Gesamtzeitraum nahe 11 v.H., in der Bundesrepublik über 7 v.H. (s. Tabelle 34).

Die außerlandwirtschaftlichen Einkommen nahmen in beiden Ländern zu: Sie wuchsen im Durchschnitt über den Beobachtungszeitraum in Japan mit einer Jahresrate von 5 v.H., in der Bundesrepublik von 7 1/2 v.H., d.h., die Anteile am Gesamteinkommen weiteten sich in beiden Ländern zuungunsten des landwirtschaftlichen Einkommens aus: in Japan stieg das außerlandwirtschaftliche Einkommen von 70 v.H. in Ø 1976/77-1978/79 auf 79 v.H. in Ø 1980/81, in der BR Deutschland, dieser zeitlichen Differenzierung entsprechend, von 33 v.H. auf 43 1/2 v.H. (s. Tabelle 34).

Tabelle 34: Reales[a] Gesamteinkommen der landwirtschaftlichen Familie,[b] Japan und BR Deutschland, 1977/78 - 1980/81

A. Absolut- und Änderungsgrößen

Jahr	Landwirtschaftliches Einkommen				Außerlandwirtschaftliches Einkommen				Gesamteinkommen			
	Japan		BR Deutschland		Japan		BR Deutschland		Japan		BR Deutschland	
	US-Dollar	Veränderung[d]	US-Dollar	Veränderung[d]	US-Dollar	Veränderung[d]	US-Dollar	Veränderung[d]	US-Dollar	Veränderung[d]	US-Dollar	Veränderung[d]
	1a	1b	2a	2b	3a	3b	4a	4b	5a	5b	6a	6b
1977/78[c]	3 776	.	7 433	.	8 914	.	3 656	.	12 691	.	11 090	.
1980/81	2 763	- 9,9	5 884	- 7,5	10 337	+ 5,1	4 548	+ 7,5	13 099	+ 1,1	10 431	- 2,0

B. Struktur- (Anteils-) und Strukturveränderungsgrößen

Jahr	Landwirtschaftliches Einkommen				Außerlandwirtschaftliches Einkommen			
	Japan		BR Deutschland		Japan		BR Deutschland	
	v.H.	Veränderung[d]	v.H.	Veränderung[d]	v.H.	Veränderung[d]	v.H.	Veränderung[d]
	7a	7b	8a	8b	9a	9b	10a	10b
1977/78[c]	29,8	.	67,0	.	70,2	.	33,0	.
1980/81	21,1	- 10,9	56,4	- 5,6	78,9	+ 4,0	43,6	+ 9,8

a In konstanten Preisen und US-Dollar von 1976 (Als Deflator wurde der Implizit-Preisindex des Bruttoinlandprodukts zu Marktpreisen (BIP) verwendet. Zugrunde gelegte Devisenumrechnungskurse: 1 US-Dollar ≙ 296,55 Yen ≙ 2,518 DM.
b Japan: gesamte Familie, Bundesrepublik: Betriebsleiterehepaar.
c Dreijähriger Durchschnitt 1976/77 - 1978/79 (Bundesrepublik).
d Jahresdurchschnittliche Veränderungsraten, in v.H. (geometrische Durchschnitte).

Quellen: s. Anhangtabelle -eigene Berechnungen

Die in beiden Ländern zu beobachtende Entwicklung der Einkommen bzw. Einkommenskomponenten der landwirtschaftlichen Haushalte belegt somit im großen und ganzen die vorangestellte Hypothese bezüglich der absoluten und relativen Bedeutungszunahme der außerlandwirtschaftlichen Einkünfte. Weitergehende Schlußfolgerungen können jedoch aus den Daten wegen der Kürze des Beobachtungszeitraumes sowie der erwähnten Inkonsistenz in den Erhebungseinheiten nicht gezogen werden.

2.7 Zusammenfassende Betrachtung über die wichtigsten strukturellen Wandlungen in der japanischen und bundesdeutschen Landwirtschaft

Als wichtigste Gemeinsamkeiten (Analogien) und Unterschiede (Divergenzen) in der langfristigen Entwicklung beider Agrarwirtschaften erweisen sich insbesondere folgende (Tabelle 35):

a) Die relativen Preise der Produktionsfaktoren folgten in ihrer Entwicklungstendenz jeweils ihren partiellen Bruttoproduktivitäten.

Dies manifestierte sich darin, daß die relativen Preise sowie die Produktivitäten der Faktoren Arbeit und Boden stiegen, während die relativen Preise sowie die Produktivitäten des Faktors Kapital zurückgingen. Eine Ausnahme bildete im Hinblick auf den längerfristigen Entwicklungsverlauf in der Bundesrepublik der Faktor Kapital. Bei ihm war ein Anstieg der relativen Preise zu beobachten. Allerdings lag dieser erheblich unterhalb desjenigen der übrigen Produktionsfaktoren.

b) Es verminderten sich jeweils die Intensitäten derjenigen Produktionsfaktoren, zugunsten derer sich die Preisverhältnisse veränderten, vice versa.

Tabelle 35: Zusammenfassende Darstellung der längerfristigen strukturellen Veränderungen, Japan und BR Deutschland, 1954 - 1978

	Veränderung der			
	Faktorpreisrelationen		Faktorintensitäten	
	Japan 1	BR Deutschland 2	Japan 3	BR Deutschland 4
Arbeit : Boden	+ 1,7	+ 2,3	- 3,0	- 4,4
Kapital : Arbeit	- 6,4	- 3,9	+ 6,8	+ 8,2
Kapital : Boden	- 4,8	- 2,7	+ 3,7	+ 3,0
	Veränderung der			
	Output-Input-Preisrelationen		Faktorproduktivitäten	
	Japan 5	BR Deutschland 6	Japan 7	BR Deutschland 8
Gesamtproduktion : Arbeit	- 4,8	- 5,6	+ 6,0	+ 7,1
Gesamtproduktion : Boden	- 3,2	- 3,4	+ 2,9	+ 2,4
Gesamtproduktion : Kapital	- 1,7	- 1,7	- 0,8	- 0,5
	Veränderung der			
	Output-Output- Preisrelation		Output-Output-Mengenrelation	
	Japan 9	BR Deutschland 10	Japan 11	BR Deutschland 12
tierische : pflanzliche Produkte	- 1,4	- 1,2	+ 6,6	+ 2,1

Quelle: Zusammengestellt auf der Grundlage der Tabellen 19, 29, 23 und 26.

Konkret bedeutet dieses, daß in beiden Agrarwirtschaften der relativ teure Faktor Arbeit zunehmend durch den relativ billigeren Faktor Kapital und darüber hinaus auch durch den relativ billigeren Faktor Boden substituiert wurde, d.h., die kapital- und flächenbezogenen Arbeitsintensitäten verminderten sich. Des weiteren wurde natürlich der Faktor Boden teilweise auch durch den relativ billigeren Faktor Kapital ersetzt, d.h. die bodenbezogene Kapitalintensität erhöhte sich.

c) Die Preisverhältnisse zwischen tierischen und pflanzlichen Produkten gestalten sich in beiden Agrarwirtschaften jeweils entgegengesetzt zur Entwicklungsrichtung der Relation des Produktionswachstums zwischen den beiden Erzeugungszweigen bzw. der Veränderung der Produktionsstruktur. Konkret verliefen diese Wandlungsprozesse in der Weise, daß unabhängig von der jeweiligen Richtung der Realpreisveränderungen sich das Preisverhältnis zuungunsten der tierischen Produkte entwickelte. Gleichzeitig zeigte sich in beiden Ländern bei der tierischen Produktion ein stärkeres Wachstum als bei der pflanzlichen Erzeugung, d.h., die erstere weitete sich anteilsmäßig aus. Zurückzuführen war die scheinbar inverse Angebotsreaktion in den beiden Hauptproduktionszweigen insbesondere auf das unterschiedliche Maß, in welchem infolge technischer Fortschritte Kostensenkungen und Kapazitätserweiterungen und folglich Mehrproduktionen induziert wurden: Eine vergleichsweise stärkere Mehrproduktion im tierischen Produktionssektor bewirkte offensichtlich eine vergleichsweise ungünstigere Preisentwicklung in diesem Produktionszweig.

In bezug auf das Produktionssortiment bei tierischen und pflanzlichen Erzeugnissen bestand in beiden Agrarwirtschaften als gemeinsamer Entwicklungstrend, daß vergleichsweise arbeitsintensive Anbaufrüchte und traditionelle Viehhaltungszweige zunehmend verdrängt wurden. Es setzten sich in vermehrtem Maße Produktionsformen oder -verfahren durch, die einer verstärkten Mechanisierung, Spezialisierung und/oder Konzentration zugänglich, d.h. in der Regel kapitalintensiver waren, bzw. die aufgrund veränderter Preisverhältnisse an Profitabilität gewonnen haben.

Die Produktionsfaktoren bewegten sich in beiden Agrarwirtschaften offensichtlich jeweils in Richtung ihrer optimalen Aufwandshöhe (optimale spezielle Intensität) und optimalen Aufwandsstruktur (optimale Faktorkombinationen bzw. -intensitäten), d.h. reagierten gemäß dem ökonomischen Prinzip, demzufolge im (Gewinn-)Optimum die Preise der Faktoren ihren Wertgrenzproduktivitäten bzw. die relativen Preise der Faktoren ihren physischen Grenzproduktivitäten und in dem die Grenzrate der Substitution zwischen zwei Faktoren ihrem umgekehrten Preisverhältnis entsprechen. Die ökonomische Theorie besagt des weiteren, daß die Faktorentlohnung sich als Produkt aus Produktpreis und physischer Grenzproduktivität ergibt. Eine hohe physische Produktivität der eingesetzten Faktoren kann somit durch niedrige Produktpreise konterkariert bzw. eine geringere physische Produktivität durch hohe Produktpreise kompensiert werden. In bezug auf die japanische Agrarwirtschaft ist in diesem Zusammenhang zu vermerken, daß die vergleichsweise günstige Entwicklung der relativen Agrarpreise und die mit dieser zweifellos verbundenen posititven Einkommenseffekte den positiven Produktivitätseffekten teilweise zuwider liefen, und zwar insofern, als bedingt durch die höheren Agrarpreise die Wertgrenzproduktivitäten der eingesetzten Faktoren auf einem höheren Niveau gehalten und folglich auch die Faktorallokation gehemmt und mithin die Produktivitätsentwicklung der im Agrarsektor eingesetzten Faktoren insgesamt negativ beeinflußt wurden. Für die deutsche Landwirtschaft galt das Gegenteil: Induziert durch die vergleichsweise ungünstige Entwicklung der relativen Agrarpreise wurde der strukturellen Anpassungsprozeß offensichtlich forciert, insbesondere sichtbar werdend an der sich vergleichsweise rascher vollziehenden Verbesserung der Land-Man-Ratio.

Es wurde versucht, den Beitrag der verbesserten Land-Man-Ratio zum Wachstum des durchschnittlichen Faktoreinkommens (Faktor Arbeit und Faktor Boden) abzuschätzen. Die Analyse zeigte, daß in der Bundesrepublik das arbeitsbezogene Realeinkommen ausschließlich aufgrund einer verbesserten Land-Man-Ratio, d.h. gesteigerten Flächenausstattung je Arbeitseinheit, erhöht und durch letztere auch der Rückgang des flächenbezogenen Realeinkommens ausgeglichen wurde. In Japan war dagegen ein nicht unbeachtlicher Teil des Zuwachses des arbeitsbezogenen Realeinkommens dem flächenbezogenen Einkommenswachstum zu verdanken. Die Steigerung des flächenbezogenen Realeinkommens wiederum war determiniert durch die Entwicklung der relativen Agrarpreise (Realpreiseffekt) sowie der physischen Flächenproduktivität (Produktivitätseffekt). Bezüglich der japanischen Agrarwirtschaft ist verdeutlicht worden, daß Produktivitäts- und Realpreiseffekte positiv auf das flächenbezogene Einkommen wirkten; wohingegen in der Bundesrepublik ein negativer Realpreiseffekt bestand, der über das Maß der physischen Produktivitätssteigerung je Flächeneinheit hinausging und folglich einen Rückgang des flächenbezogenen Realeinkommens bewirkte. Allerdings stand diesem auf der Faktoreinsatzseite eine verbesserte Land-Man-Ratio gegenüber, und die günstige Entwicklung letzterer wiederum bewirkte, daß - in der Gesamtheit betrachtet - die arbeitsbezogenen Realeinkommenszuwächse in der Bundesrepublik nur knapp unterhalb der in Japan realisierten lagen.

Die Analyse der Entwicklung der durchschnittlichen faktorbezogenen Einkommen und ihrer Kontribuenten exemplifiziert recht deutlich die vorangestellten Aussagen bezüglich der Zusammenhänge zwischen Realpreis- und Produktivitätseffekten und markiert eindeutig die diesbezüglich zwischen beiden Agrarwirtschaften bestehenden Unterschiede. Allerdings vermögen die im Vergleich zwischen beiden Ländern divergierenden Wirkungsgrade (Intensitäten) und Wirkungsrichtungen der Realpreis- und Produktivitätseffekte als solche noch nicht die vermuteten Beziehungszusammenhänge belegen, denen zufolge die beschriebenen Effekte einander zuwider laufen (konterkarieren) bzw. sich gegenseitig ausgleichen (kompensieren) können.

Die wichtigsten Ergebnisse in bezug auf die jeweilige Richtung, Intensität und Struktur der Wandlungen der landwirtschaftlichen Betriebe, des landwirtschaftlichen Produktionsfaktors Arbeit sowie des Gesamteinkommens der landwirtschaftlichen Familie in beiden Ländern können wie folgt zusammengefaßt werden (s. Tabelle 35a):

a) Hinsichtlich der Entwicklung der durchschnittlichen Faktorausstattung der landwirtschaftlichen Betriebe ist unabhängig der stark divergierenden absoluten Ausgangsgrößen zu beobachten, daß sich die betriebliche Flächenausstattung in der Bundesrepublik erheblich schneller vergrößerte als in Japan, wohingegen sowohl hinsichtlich der Verminderung des betrieblichen Arbeitskräftebesatzes ("Arbeitseinheiten") als auch bezüglich der Ausweitung des betrieblichen Kapitaleinsatzes im vergleich zwischen beiden Agrarwirtschaften nahezu ein Gleichverlauf zu bestehen schien.

b) Der Betriebsgrößenstrukturwandel verlief in beiden Ländern in ähnlicher Weise, d.h., die höheren Betriebsgrößenklassen gewannen zuungunsten der niedrigeren hinzu. Allerdings vollzog er sich in Japan als Folge einer im Vergleich zur Bundesrepublik nur etwa halb so hohen Betriebsaufgaberate langsamer.

c) Das Besitzartenverhältnis der landwirtschaftlichen Betriebe wandelte sich in Japan zugunsten der Betriebe mit Eigenland, in der Bundesrepublik dagegen zugunsten der Gemischtbetriebe (Betriebe mit Pacht- und Eigenland).

d) Die Erwerbsstruktur der landwirtschaftlichen Betriebe (vollständig gemeinsame Datenbasis ab 1960) verlagerte sich in Japan vom Voll- und Zuerwerb hin zum Nebenerwerb, in der Bundesrepublik vom Zuerwerb hin zum Voll- und Nebenerwerb.

e) Der Beschäftigtenstatus der in der Landwirtschaft Tätigen wandelte sich in beiden Ländern anteilsmäßig zugunsten der Selbständigen sowie - spezifische Teilperioden (Japan: 60er

Tabelle 35a: Strukturelle Wandlungen der landwirtschaftlichen Betriebe, des Gesamteinkommens der landwirtschaftlichen Familie sowie des Faktors Arbeit, Japan und BR Deutschland 1950 - 1980[a]

	Veränderung[b] der ..			
	Absolutgrößen		Strukturgrößen (Anteilswerte)	
	Japan	BR Deutschland	Japan	BR Deutschland
	1a	1b	2a	2b
A. Betriebliche Faktorausstattung				
Fläche	+ 0,7	+ 2,1		
Arbeitseinheiten	- 1,9	- 2,1		
Realkapital	+ 4,0	+ 4,9		
B. Betriebsgrößenstruktur				
Kategorie I	- 1,0	- 3,6	- 0,2	- 1,3
Kategorie II	- 0,6	+ 0,1	+ 0,2	+ 2,3
Kategorie III	+ 4,2	+ 2,3	+ 5,2	+ 4,8
Betriebe insgesamt	- 0,9	- 2,3		
C. Besitzartenverhältnisse				
Betriebe mit				
(ausschl.) Eigenland	+ 0,2	- 4,1	+ 1,1	- 3,2
(ausschl.) Pachtland	- 6,1	- 2,2	- 5,2	+ 0,1
Pacht- und Eigenland	- 4,1	- 1,8	- 3,2	+ 0,6
Betriebe insgesamt	- 0,9	- 2,3		
D. Erwerbsstruktur[c]				
Vollerwerbsbetriebe	- 5,8	- 1,8	- 4,6	+ 1,0
Zuerwerbsbetriebe	- 3,5	- 6,8	- 2,2	- 4,2
Nebenerwerbsbetriebe	+ 2,3	- 1,9	+ 3,6	+ 0,8
Betriebe insgesamt	- 1,3	- 2,7		
E. Beschäftigtenstatus				
Lohn- und Gehaltsempfänger	- 2,1 (- 0,4)[e]	- 4,6 (- 1,9)[e]	+ 1,3 (+ 3,9)[e]	- 0,6 (+ 2,6)[e]
Mithelfende Familienangehörige	- 4,2	- 4,5	+ 1,0	+ 1,1
Selbständige	- 2,4	- 3,0	- 0,9	- 0,5
Beschäftigte insgesamt	- 3,3	- 4,1		
F. Zeitverwendungsstruktur[c]				
Ständige Arbeitskräfte	- 4,2	- 5,1	- 2,4	- 1,7
Nichtständige Arbeitskräfte	+ 2,0	- 1,0	+ 3,9	+ 2,5
Arbeitskräfte insgesamt	- 1,9	- 3,5		
G. Einkommensstruktur[d]				
Landw. Einkommen	- 9,9	- 7,5	- 10,9	- 5,6
Außerldw. Einkommen	+ 5,1	+ 7,5	+ 4,0	+ 9,8
Gesamteinkommen	+ 1,1	- 2,0		

a Abweichende Zeiträume sind jeweils gekennzeichnet.
b Jahresdurchschnittliche Veränderungsraten, in v.H. (geometrische Durchschnitte).
c 1960 - 1980
d Ø 1976/77 - 1978/79 bis 1980/81.
e 1970-1980

Quellen: Zusammengestellt anhand der Tabellen 28, 29, 30, 31, 32, 33 und 34.

Jahre, Bundesrepublik 50er und 60er Jahre) ausgenommen - der Lohn- und Gehaltsempfänger.

2.8 Agrarpolitik: Hauptzielsetzungen und Maßnahmen

2.8.1 Die unmittelbare Nachkriegszeit (1945-1950)

Die wirtschaftspolitischen Zielsetzungen der frühen Nachkriegszeit (1945-1950) wurden in beiden Ländern vornehmlich auf Drängen der Besatzungsmächte einerseits von gesellschaftspolitisch motivierten Demokratisierungszielen dominiert, andererseits und vor allem waren sie angesichts der kriegsfolgebedingten wirtschaftlichen Notlagensituation auf die Sicherung und Verbesserung der Versorgung der Bevölkerung insbesondere mit Nahrungsmitteln ausgerichtet.

Im Hinblick auf die Demokratisierung bestand bezogen auf die Landwirtschaft die Forderung nach vielfältigen Agrarreformmaßnahmen (vor allem Bodenreformmaßnahmen, s. Kapitel 3.2.2). Die Versorgungssicherungsziele betrafen in bezug auf die Agrar- und Ernährungswirtschaft die Zielsetzung der Sicherstellung einer weitestgehenden Versorgung der Bevölkerung mit Ernährungsgütern.

In unmittelbarem Zusammenhang damit stand das Ziel "Steigerung der nationalen Agrarproduktion" und gleichzeitig auch die gesamtwirtschaftliche Zielsetzung "außenwirtschaftliches Gleichgewicht". Da die Zahlungsbilanz kriegsfolgebedingt stark defizitär war, begründet einesteils in dem drastischen Rückgang der Industriegüterexporte und anderenteils in der enorm gestiegenen Abhängigkeit bei agrarischen und anderen Versorgungsgüterimporten, fiel dem Agrarsektor die vordringliche Aufgabe zu, die nationale Erzeugung von Ernährungsgütern zu forcieren, um Devisenausgaben für Agrarexporte einzusparen und gleichzeitig Mittel für essentielle Industriegüterimporte freizusetzen.

Ferner bestand angesichts der desolaten Lage der Gesamtwirtschaft das Bestreben, den Anstieg der Nahrungsgüterpreise möglichst zu begrenzen, damit von ihm keine preis- und lohnniveautreibenden Wirkungen ausgingen, der soziale Frieden und der wirtschaftliche Wiederaufbau nicht gefährdet sowie die internationale Wettbewerbsfähigkeit nicht beeinträchtigt würde. Darüber hinaus hatte der Agrarsektor in beschäftigungspolitischer Hinsicht eine wichtige Pufferfunktion zu übernehmen, d.h., er mußte in Gestalt der vorübergehenden zusätzlichen Aufnahme von Arbeitskräften als Folge des Zustroms von Flüchtlingen, Kriegsheimkehrern etc. einen Beitrag zur Linderung des aktuten Beschäftigungsproblems leisten.

Neben dem bereits angesprochenen indirekt über die Begrenzung des Agrarpreisanstiegs und hieraus folgend auch der Lohnzuwächse erbrachten Beitrags zum wirtschaftlichen Wiederaufbau, d.h. der Förderung der gesamtwirtschaftlichen und hier speziell der industriellen Investitionstätigkeit, leisteten der Agrarsektor oder besser: die in ihm Beschäftigten diesbezüglich auch einen direkten Beitrag auf dem Wege hoher Steuern und Abgaben (Japan: v.a. Betriebssteuern, Bundesrepublik: v.a. Betriebssteuern und Soforthilfe).

2.9.2 Die Aufbaujahre (1950-1960)

Japan

"Mit Beginn des Korea-Krieges änderte sich die Konzeption der bisherigen (japanischen, der Verf.) Agrarpolitik schlagartig durch Übergang von einer 'ausbeutenden' zu einer 'protektionistischen' Agrarpolitik"[77]. Die in diesem Zusammenhang eingeleitete auf die Stärkung der nationalen Agrarproduktion ausgerichtete Politik fand eine zusätzliche Begründung in der Beendigung der Ernährungslieferungen

---
77) T. OUCHI, Grundtendenzen der Agrarpolitik. In: K. Okochi und Y. Tamanoi, Wirtschaft Japans, a.a.O., S.99.

seitens der amerikanischen Besatzungsmacht und in der dato auf den Weltmärkten zu beobachtenden Stagnation des Agrarhandels[78]. Die Zielsetzung bzw. Forderung 'Steigerung der nationalen Agrarproduktion' "was taken up in this period as a main line of postwar (Japanese, der Verf.) agricultural policy"[79].

Als wesentliche Indizien für die offensichtliche Umorientierung in der japanischen Agrarpolitik können die Einführung des Shoupschen Steuersystems - es brachte eine wesentliche Reduzierung der Steuerbelastung für die Agrarproduzenten -, die kräftige Erhöhung des offiziellen Reispreises sowie die diversen Förderungsmaßnahmen[80] für die nationale Landwirtschaft angeführt werden. Alles in allem wurden somit die ökonomischen Anreize für eine Ausweitung der landwirtschaftlichen Produktion erheblich verbessert, und zudem bewirkte der durch den Korea-Krieg induzierte wirtschaftliche Aufschwung einen beträchtlichen Anstieg der kaufkräftigen Nachfrage nach Ernährungsgütern.

Als wichtigste administrative Maßnahmenbereiche innerhalb der praktischen Agrarpolitik Japans sind für die 50er Jahre betriebliche Förderungsmaßnahmen (Unterstützung der Eigentümerlandwirtschaft, der Siedlung etc.), legislative Aktivitäten für das Genossenschafts- und Kreditwesen, den landwirtschaftlichen Boden- und Pachtmarkt und die ländliche Infrastruktur, regulative Eingriffe auf dem Markt für landwirtschaftliche Betriebsmittel (Dünge- und Futtermittel) sowie den landwirtschaftlichen Produktmärkten (v.a. Reis, Weizen und Gerste, des weiteren Kartoffeln, Konkons und Rohseide, Raps, Sojabohnen, Zuckerrüben u.a.) anzuführen.

---

78) Siehe T. OGURA (Ed.), Agricultural Development in Modern Japan. FAO Association, Tokyo 1963, S. 179.
79) EBENDA.
80) Dies betraf insbesondere Investitionen zur Bodenverbesserung, zur Urbarmachung von Land sowie zur Infrastrukturverbesserung. Zusätzlich wurden Kredite vergeben, um die Einführung neuer Produktionsverfahren und -techniken zu beschleunigen.

Die vorbezeichneten administrativen Aktivitäten auf den landwirtschaftlichen Faktor- und Produktmärkten zielten einerseits auf die teilweise bzw. vollständige Aufhebung noch bestehender Bewirtschaftungsmaßnahmen, auf Maßnahmen zur Liberalisierung der Einfuhr bestimmter Agrargüter, der Marktstabilisierung bei Düngemitteln sowie der Preisstabilisierung bei wichtigen Agrarprodukten (Weizen, Gerste etc.). Beim Hauptprodukt Reis wurde vor dem Hintergrund des 1951 ausgebrochenen Korea-Krieges die für 1952 geplante Aufhebung der Bewirtschaftung kraft alliierter Intervention verhindert, d.h., für dieses Agrargut behielt das Ernährungskontrollgesetz von 1942 seine volle Gültigkeit.

Wichtigstes Merkmal des Ernährungsgüterkontrollgesetzes ist, daß die Produzentenpreise (staatliche Aufkaufpreise) und die Konsumentenpreise (staatliche Abgabepreise) quasi autonom[81] voneinander festgelegt werden, wobei sich erstere vornehmlich an sozialen und den Lebensstandard berücksichtigenden Kriterien, letztere an den Produktionskosten und anderen wirtschaftlichen Indikatorgrößen ausrichten sollten.

Das Fortbestehen der dirigistischen Eingriffsinstrumente beim Reis und diverser indirekter Steuerungsmöglichkeiten bei den übrigen Produkten erleichterten letztlich den Übergang zu der protektionistischen Agrarpolitik: Die Instrumente für eine wirksame Preis- und Mengensteuerung bei den zentralen Agrarprodukten waren vorhanden. Sie brauchten lediglich der veränderten Situation angepaßt zu werden: Es galt, die nationale Agrarproduktion - und hier vor allem die Reiswirtschaft von den nach der Korea-Hausse rückläufigen Weltmarktpreisen abzukoppeln, um einen drastischen Rückgang des inländischen Agrarpreisniveaus und folglich der inländischen Agrareinkommen zu verhindern und zudem Anschluß an die kräftig gestiegenen außerlandschaftlichen Einkommen zu finden.

---

81) Natürlich gilt dieses nur in dem Maß, wie der Staat bereit und in der Lage ist, die Kosten für den Ausgleich der Differenz zwischen beiden Preisen zu übernehmen.

BR Deutschland

Mittels der Schaffung diverser Marktordnungen wurde in der Bundesrepublik zu Beginn der 50er Jahre der Übergang zu einer protektionistischen Agrarpolitik vollzogen. Es zeigt sich hierin eine Parallele zu Japan.

Während der Korea-Krise erfolgte eine Angleichung (Anhebung) der bundesdeutschen Inlandspreise bei Agrarprodukten an die stark gestiegenen Einfuhrpreise (cif-Preise). Eine solche Anpassung wurde erforderlich, da für eine Ausweitung der Einfuhrsubventionen (Getreide, Zucker) im Bundesetat keine Deckung bestand, und nicht zuletzt war sie auch notwendig, so wurde argumentiert, um die Wettbewerbskraft der bundesdeutschen Agrarwirtschaft zu verbessern. Im Zeichen der letztgenannten Zielsetzung standen zudem eine Reihe von Reformmaßnahmen zur Entlastung der Landwirte von der überhöhten Steuer- und Abgabenlast der Nachkriegsjahre sowie diverse Förderungsmaßnahmen zur Verbesserung der Effizienz der Agrarproduktion.

Als nach der Krise in Fernost der Weltmarktpreis für Agrargüter wieder sank, wurden die Agrarpreise - und hier vor allem die Getreidepreise auf dem hohen Niveau belassen bzw. sogar noch weiter angehoben. "Für die Begründung der protektionistischen Maßnahmen trat der Gesichtspunkt der Autarkie zurück, da die schnellen Verbesserungen der Zahlungsbilanz die Nahrungssorgen behoben. Vorwiegend wurde eine Steigerung der landwirtschaftlichen Einkommen um der Gerechtigkeit willen verlangt"[82].

In einem Bericht des Europäischen Wirtschaftsrates (OEEC) wird in Verbindung mit der Beibehaltung des überhöhten Getreidepreisniveaus angemerkt: "Die große politische Bedeutung der Getreidepreise und ihr relativ hohes Niveau ist ein auffallendes Merkmal der deutschen Agrarpolitik ... Obwohl die Getreidepreise auf dem Weltmarkt gesunken und auch die

---

[82] C. v. DIETZE, Grundzüge der Agrarpolitik, Hamburg und Berlin 1967. S. 187.

Futtergetreidepreise in verschiedenen Mitgliedsländern gefallen sind, sind die Getreidepreise in Deutschland auf dem hohen Niveau von 1952 geblieben. Die relative Wettbewerbsfähigkeit der Veredlungsproduktion hat sich dadurch verschlechtert[83].

Mit den rückläufigen Weltmarktpreisen für Agrargüter und der vergleichsweise raschen Erholung der inländischen Agrarproduktion und natürlich auch als Folge des Anstiegs insbesondere der Industriegüterexporte trat in der Bundesrepublik das in der frühen Nachkriegsphase akute Devisenproblem in den frühen 50er Jahren zunehmend in den Hintergrund und auch der Versorgungssicherungsaspekt verlor an Priorität. Stattdessen gewannen verstärkt sektorale einkommenspolitische Zielsetzungen an Bedeutsamkeit und fanden ihren entsprechenden Niederschlag in der Ausgestaltung und Anwendung des agrarpolitischen Mitteleinsatzes.

Als wichtigste konkrete Maßnahmenebenen bestanden in der Bundesrepublik in den 50er Jahren neben den landwirtschaftlichen Produktmärkten die betriebliche Förderung (landwirtschaftliche Siedlung, einzelbetriebliche Investitionen etc.), das landwirtschaftliche Kredit- und Kooperationswesen (einschl. des Genossenschaftswesens), der landwirtschaftliche Boden- und Pachtmarkt sowie die ländliche Infrastruktur, die Betriebsmittelmärkte (Subventionierungsmaßnahmen bei Düngemitteln und Dieselöl, Neuregelungen bezüglich des Sortenschutzes, der Schädlingsbekämpfung und des Pflanzenschutzes sowie des Saatgut-, Tierzucht- und Veterinärwesens) und die Agrarsozialpolitik (Einführung einer Alterssicherung für Landwirte).

Eine Kodifizierung erfuhren die agrarpolitischen Zielsetzungen in der Bundesrepublik im Landwirtschaftsgesetz von 1955 sowie im EWG-Vertrag von 1957, und nicht zuletzt fanden sie ihren Niederschlag in den vielfältigen den jeweiligen ad-

---

[83] BMELF (Hrsg.), Landwirtschaftliche Preis- und Einkommenspolitik in Europa und Nordamerika (OEEC-Veröffentlichung: Agricultural Policies in Europe and North America. Price and Income Policies. Paris 1957). Bonn 1958, S. 123.

ministrativen Maßnahmen zugrunde liegenden Gesetzen und Verordnungen.

Die Analyse der im Landwirtschaftsgesetz niedergelegten agrarpolitischen Ziele bestätigt die Aussage, daß einkommenspolitischen Zielsetzungen ("Teilnahme der Landwirtschaft an der fortschreitenden Entwicklung der Volkswirtschaft") an Priorität gewannen. Ähnliches galt auch in bezug auf sozialpolitische Zielvorstellungen ("Angleichung der sozialen Lage der in der Landwirtschaft tätigen Menschen an die vergleichbarer Berufsgruppen"). Zudem indiziert das Gesetz, daß Effizienzzielen ("Steigerung der (Arbeits)Produktivtät") ebenfalls ein stärkeres Gewicht zubemessen wurde, und darüber hinaus enthält es Zielvorstellungen in bezug auf die Ernährungssicherung ("bestmögliche Versorgung der Bevölkerung mit Ernährungsgütern") sowie den "Ausgleich der naturbedingten Nachteile (des Agrarsektors) gegenüber anderen Wirtschaftsbereichen".

Die Initiative für die Schaffung des Landwirtschaftsgesetzes ging von der landwirtschaftlichen Interessenvertretung, d.h. dem Deutschen Bauernverband (DBV), aus und entsprach seiner Forderung nach einem "Paritätsgesetz". Dem DBV "kam es ... (angesichts der nach dem Korea-Krieg auf den Weltagrarmärkten zu beobachtenden Preisrückgänge, der Verf.) auf eine dauernde Sicherung erhöhter Agrarpreise an, auf eine den ständigen politischen Auseinandersetzungen entzogene Institutionalisierung"[84]. Allerdings gelang es dem Verband nicht, im Gesetz eine - wie auch immer geartete - Index- oder Paritätsautomatik zu verankern. Dies sicherlich insbesondere vor dem Hintergrund, daß von seiten der wissenschaftlichen Beiräte beim Bundesernährungsminister und beim Bundeswirtschaftsminister grundsätzliche Bedenken vorgetragen worden waren "gegen die Paritätsforderung überhaupt und vor allem gegen die Automatik, mit der festgestellte Disparität bestimmte Regierungsmaßnahmen auslösen sollte"[85]. Jedoch enthält das Gesetz eine Klausel über eine jährlich vor-

---

84) C. v. DIETZE, Grundzüge der Agrarpolitik, a.a.O, S. 188.
85) EBENDA.

zunehmende Vergleichsrechnung bezüglich der Entlohnung der eingesetzten Produktionsfaktoren.

Daß in das Landwirtschaftsgesetz die die Steigerung der (Arbeits)Produktivität betreffenden Zielvorstellungen aufgenommen wurden, war vornehmlich einem diesbezüglichen Vorschlag des Bundesverbandes der Deutschen Industrie (BDI) zu verdanken. Die Verankerung des von sozialpolitischen Motiven geleiteten Ziels "Angleichung der sozialen Lage ...) im Landwirtschaftsgesetz erfolgte aufgrund eines entsprechenden Vorschlages der Sozialdemokraten.

Eine spezifisch strukturpolitisch ausgerichtete Zielsetzung ist im Landwirtschaftsgesetz nicht enthalten. Jedoch wurde 1953 ein nach dem damaligen Bundesernährungsminister H. LÜBKE benanntes Agrarprogramm (Lübke-Plan) aufgelegt. Es enthielt als wesentliches Element die Verbesserung der Agrarstruktur mit den Maßnahmenebenen Landeskultur, Flächenzusammenlegung, Betriebsaufstockung sowie Auflockerung von Dorflagen. Der Agrarstrukturverbesserung förderlich waren v.a. die Neuregelung des Flurbereinigungsrechts von 1953, die Verstärkung des staatlichen Mitteleinsatzes, die Lockerung des Pachtrechts von 1952 sowie diverse gesetzgeberische Maßnahmen zur Förderung der ländlichen Siedlung. Der Mittelaufwand für die Verbesserung der Agrarstruktur und der Verbesserung der Lebensbedingungen auf dem Lande wird seit 1956 zum größten Teil aus dem Haushalt des Grünen Planes bestritten.

Des weiteren fehlt im Landwirtschaftsgesetz auch eine spezifische Zielsetzung in bezug auf die Förderung des internationalen Handelsaustausches. Dieser Tatbestand ist insofern etwas verwunderlich, als die Bundesrepublik Ende der 40er Jahre und in den frühen 50er Jahren Mitglied bedeutender internationaler mit Fragen der Handelsliberalisierung befaßter Organisationen wurde und zudem die Gründung der Europäischen Wirtschaftsgemeinschaft unmittelbar bevorstand. Von daher wäre eigentlich eine Forcierung des Freihandelsgedankens auch im Agrarsektor zu erwarten gewesen. Letzteres war jedoch offensichtlich nicht der Fall, wie dem nachstehenden Zitat von C. v. DIETZE zu entnehmen ist: "Der Eintritt in internationale Bindungen hatte für die Agrarpolitik der Bundesrepublik grundsätzliche Bedeutung. Aber er hat die Möglichkeiten der Marktregelung nicht erheblich eingeschränkt, auch nicht ihre protektionistische Handhabung, die nach der Korea-Krise (1950/51) einsetzte"[86].

Die agrarpolitischen Zielsetzungen der Europäischen Wirtschaftsgemeinschaft (EWG) sind in den Römischen Verträgen von 1957 in den Artikeln 39 und 110 niedergelegt und lassen im Vergleich zu den Zielen des Landwirtschaftsgesetzes eine stärker (struktur)anpassungs-, freihandels- sowie verbraucherpolitisch ausgerichtete Akzentuierung erkennen. Ersteres wird daran deutlich, daß das verteilungspolitische Ziel "Steigerung bzw. Angleichung des landwirtschaftlichen Einkommens" auf eine Pro-Kopf-Größe bezogen und somit implizit der Zusammenhang mit dem Effizienzziel (Steigerung der (Arbeits)Produktivität) verdeutlicht wird. Es stand dahinter die Erkenntnis, daß der landwirtschaftliche Strukturwandel - insbesondere in Gestalt der Abwanderung landwirtschaftlicher Arbeitskräfte, darüber hinaus auch durch Verbesserung der Betriebsgrößenstruktur und der betrieblichen Kapitalausstattung - am geeignetsten sei, daß Problem der landwirtschaftlichen Einkommensdisparität zu mildern. Die besondere Bedeutsamkeit des im Grunde genommen das zentrale Motiv für die Europäische Wirtschaftsintegration bildenden Freihandelsaspekts spiegelte sich darin wider, daß ihm im EWG-Vertrag ein spezifischer Artikel gewidmet wird. Die besondere Betonung des Freihandelsgedankens wiederum kann zusammen mit der dem Sicherheitsziel "Sicherstellung der Versorgung" beigeordneten Zielsetzung "zu angemessenen Preisen" in der Weise ausgelegt werden, daß dem agrarpolitischen Zielsystem des EWG-Vertrages offensichtlich stärker verbraucherfreundlich ausgerichtete Komponenten inhärent sind. Des weiteren läßt der agrarpolitische Zielkatalog der EWG erkennen, daß in ihm auch "Marktstabilisierung" als spezifisches Zielelement aufgenommen worden ist. Auch hierin zeigt sich ein

---

86) C. v. DIETZE, Grundzüge der Agrarpolitik, a.a.O., S. 187.

Unterschied zum Landwirtschaftsgesetz: In letzterem wurde auf eine Explifizierung dieses Ziels verzichtet.

2.8.3 Die Periode der Vollbeschäftigung (1960-1970)

Die Diskussion der agrarpolitischen Zielsetzungen und Instrumente in den 50er Jahren hat bereits deutlich werden lassen, daß agrarstrukturpolitische Ziele i.w.S. offensichtlich allmählich an Bedeutsamkeit hinzugewannen. Dieser Prozeß setzte sich in den 60er Jahren mit verstärkter Intensität fort. Nicht zuletzt angesichts der überdurchschnittlichen Wachstumsraten der außerlandwirtschaftlichen Einkommen und - hiermit verknüpft - des sich vergrößernden Abstandes zu den landwirtschaftlichen Einkommen verfestigte sich immer mehr die Erkenntnis, daß das chronische Problem der landwirtschaftlichen Einkommensdisparität längerfristig am ehesten auf dem Wege der landwirtschaftlichen Strukturanpassung gemildert werden könnte. Es mußte m.a.W. die Abwanderung von Produktionsfaktoren - und hier vor allem von Arbeitskräften - aus der Landwirtschaft in andere Sektoren forciert und die Produktivität der im Agrarsektor verbleibenden Faktoren gesteigert werden (Verringerung der landwirtschaftlichen Stückkosten).

Auf dem Wege der Preisstützung oder vergleichbarer Maßnahmen konnte die landwirtschaftliche Einkommensdisparität zwar ebenfalls vermindert werden, jedoch brachten diese Interventionen häufig jeweils nur auf kürzere Sicht Verbesserungen mit sich. Längerfristig dagegen entfalteten sie faktorkonservierende Wirkungen, d.h. hemmten den landwirtschaftlichen Anpassungsprozeß und folglich auch das Wachstum des durchschnittlichen Sektoreinkommens. Zudem hatten derartige Maßnahmen, da zumeist auf einige zentrale Agrarprodukte konzentriert, häufig strukturelle Produktionsüberschüsse zur Folge.

Eine wichtige Begründung für die in den 60er Jahren in beiden Ländern wachsende Überzeugung, daß die Agrarpolitik sich von protektionistischen Instrumenten (Preisstützung, Zölle, Importkontingente etc.) abkehren und sich stärker solchen anpassungspolitischer Art zuwenden müsse, lag nicht zuletzt auch darin, daß die Integration beider Volkswirtschaften in den Welthandel während der rapiden wirtschaftlichen Expansionsphase der 60er Jahre rasch voranschritt und sich folglich gleichzeitig auch die Anpassungszwänge der Nationalwirtschaften an die Bedingungen der internationalen Märkte verschärften. In diesen Rahmen einzuordnen sind natürlich die bereits in den 50er Jahren auf internationaler und multilateraler Ebene einsetzenden vielfältigen Aktivitäten, den Freihandelsgedanken voranzutreiben (Abbau von Zöllen, Handelsbarrieren etc.).

Die für beide Länder in den 60er Jahren vermutete Zunahme der Priorität agrarstrukturpolitischer Maßnahmen führte allerdings nicht unmittelbar zu einer überproportionalen Zunahme diesbezüglicher administrativer Aktivitäten. Vielmehr bestand auch im Bereich der landwirtschaftlichen Preis- und Einkommenspolitik das hohe Maß staatlicher Eingriffsintensität fort. Mit Blick auf Japan war letzteres vornehmlich zu begründen durch die Schaffung neuer bzw. die Reform bestehender Markt- und Preisregelungen für verschiedene Agrarprodukte. Für die Bundesrepublik traf ein ähnlicher Aspekt zu. In diesem Land mußten die diversen landwirtschaftlichen Marktordnungen in Verbindung mit dem Übergang zur Gemeinsamen EWG-Agrarpreispolitik angepaßt werden.

Japan

Die in der vorgenannten Richtung sich wandelnden Vorstellungen über eine zweckmäßigere Orientierung der Agrarpolitik fanden in Japan ihren sichtbaren Niederschlag in dem landwirtschaftlichen Grundgesetz von 1961. "Das 'Grundgesetz für die Landwirtschaft' bedeutete () für die Agrarpolitik wie für die Landwirtschaft einen epochalen Wandel. Das System des Kleinstfeldbaus, daß über viele Tausend Jahre bestanden hatte, sollte mit einem Schlage zerstört und zahlreiche neue Wirtschaftseinheiten sollten geschaffen werden, die sich auf das Doppelte der bisherigen Durchschnittsgrößen beliefen"[87]. Sobald es um eine Realisierung dieser Zielvorstellungen ging, war jedoch zu beobachten, daß, da eine gewisse Stagnation in der Agrarproduktion sichtbar wurde, die Produktionssteigerung und - hier vor allem beim Reis - wieder zum zentralen Anliegen der Agrarpolitik wurde[88].

Offensichtlich im Widerspruch zu der mit der Verabschiedung des landwirtschaftlichen Grundgesetzes geplanten stärkeren Betonung strukturpolitischer Zielsetzungen stand die Einführung der Produktionskosten- und Einkommensausgleichsrechnung für die jährliche Festlegung des Reispreises (1960). In dieses Berechnungsverfahren gehen die Zuwächse der Industriearbeiterlöhne als dynamische Komponente ein. Dieses führte während der wirtschaftlichen Boomphase Japans während der 60er Jahre zu einem überproportionalen Anstieg des Reispreises.

Die dem Agrarstrukturbereich zurechenbaren administrativen Aktivitäten betrafen in Japan vornehmlich die langfristige Förderung der Strukturanpassung (Programme zur Beschleunigung der Strukturverbesserung), Programme zur Modernisierung der Landwirtschaft, zur Förderung des Zusammenschlusses und der Erweiterung des Aktions- und Wirkungsbereichs landwirtschaftlicher Genossenschaften sowie landwirtschaftlicher Kredit- und Finanzierungssysteme und schließlich Programme zur selektiven Produktionsförderung. Insbesondere der zuletzt angesprochene Bereich war unmittelbar verknüpft mit der Maßnahmenebene landwirtschaftliche Preise und Einkommen und wurde zusammen mit dieser vornehmlich von vielfältigen Maßnahmen zur Beeinflussung der Preise und Märkte bei zentralen Agrarprodukten vereinnahmt.

---

[87] T. OUCHI, Grundtendenzen der Agrarpolitik, a.a.O., S. 111.
[88] Vgl. EBENDA, S. 114.

BR Deutschland

Hier stellte sich die Problematik einer unzureichend angepaßten Agrarwirtschaft an die Bedingungen einer rasch wachsenden Volkswirtschaft, d.h. das Problem der landwirtschaftlichen Einkommensdisparität sowie der unzureichenden internationalen Wettbewerbsfähigkeit des Agrarsektors, in verschärfter Form in Verbindung mit der Gründung der Europäischen Wirtschaftsgemeinschaft und dem hiermit in Verbindung stehenden allmählichen Übergang zu einer Gemeinsamen Agrarmarktpolitik.

Für die bundesdeutsche Landwirtschaft war dieser Übergang mit dem Erfordernis einer Angleichung der Agrarpreise, d.h. insbesondere einer 10%igen nominalen Senkung der Getreidepreise, verknüpft, da das nationale Agrarpreisniveau oberhalb desjenigen der Mehrzahl der übrigen EWG-Partnerländer lag. Als Kompensation wurden den Landwirten flächengebundene direkte Beihilfen gezahlt und verschiedene andere nationale Ausgleichsmaßnahmen zugebilligt.

In bezug auf den Agrarstrukturbereich i.w.S. wurden in der Bundesrepublik in den 60er Jahren diverse Maßnahmen zur Betriebsstruktur- (einzelbetriebliche Förderung) sowie zur Agrarstrukturverbesserung (insbesondere mit dem Ziel der Erhöhung der Boden- und Arbeitsmobilität) eingeleitet. Die administrativen Aktivitäten im Bereich der landwirtschaftlichen Einkommen und Preise betrafen schwerpunktmäßig die bereits angesprochenen Maßnahmen zur Angleichung der nationalen Marktordnungen an die der EWG. Innerhalb der Kategorie der sonstigen agrarpolitischen Maßnahmen traten als neuer Förderungsbereich die von Natur beteiligten Gebiete hinzu. Des weiteren wuchs die Bedeutsamkeit des Agrarsozialbereichs.

2.8.4 Die Phase des abgeschwächten Wachstums (1970-1980)

Die grundsätzlichen agrarpolitischen Zielsetzungen in beiden Ländern blieben auch in den 70er Jahren bestehen. Jedoch ergaben sich teilweise Veränderungen der Prioritäten. In Japan erfuhr das Selbstversorgungsziel als Bestandteil der Markt- und Preispolitik angesichts der Krise auf den Welternährungsmärkten zu Beginn der 70er Jahre eine Aufwertung. Jedoch wurde es modifiziert in der Hinsicht, daß nicht Selbstversorgung an sich als Ziel bestand, sondern daß eine Differenzierung nach einzelnen Produkten vorgenommen wurde: Während bei Reis eine Überschußsituation bestand, war bei Getreide (o. Reis), Sojabohnen etc. eine Mangellage vorhanden. Es wurden daher Programme intitiiert mit dem Ziel, einesteils die Überschußproduktion beim Reis zu vermindern und anderenteils die Produktion alternativer Produkte zu fördern. In der Bundesrepublik blieb das Ziel "Stützung der landwirtschaftlichen Einkommen" - insbesondere mittels der Preisstützung bei zentralen Agrarprodukten - Hauptelement des agrarpolitischen Zielkataloges.

Japan

Hier lag das Schwergewicht der agrarpolitischen Maßnahmen in den 70er Jahren in der Drosselung der Reisproduktion und der Förderung von Alternativkulturen, der Änderung von Marktordnungen und anderer gesetzlicher Regelungen, der Steigerung der nationalen Agrarproduktion, der Förderung der landwirtschaftlichen Bodennutzung, Landverbesserung und Landgewinnung, der einzelbetrieblichen Förderung, der Erhöhung der Bodenmobilität, der Verbesserung der sozialen Sicherung sowie des Umweltschutzes.

Ende der 60er Jahre wurde in Japan erstmals ein Reislanddiversifizierungsprogramm durchgeführt. Es zeigte jedoch nicht die erwartete Wirkung. Es wurden daher in den Folgejahren noch diverse andere Programme mit verbesserten Anreizen angeschlossen. Im Bereich der Marktordnungen wurde das Konkon- und Rohseidestabilisierungssystem um ein Instrument des Außenhandelsschutzes erweitert. Zur Minderung des Ernterisikos wurde Obst 1973/74 in das Ernteversicherungssystem aufgenommen. Für bessere Qualitäten von Reis wurde ab Beginn der 70er Jahre ein partieller Handel auf dem freien Markt gestattet. Des weiteren wurde ein Kontingentierungssystem für Reis eingeführt. Angesichts des Engpasses auf den Welternährungsmärkten zu Beginn der 70er Jahre wurde ein Programm zur Steigerung der nationalen Agrarproduktion und darüber hinaus Programme zur Förderung der landwirtschaftlichen Bodennutzung, der Landverbesserung und der Landgewinnung durchgeführt. Gemeinsam war diesen Programmen, daß nicht so sehr die Produktion als solche gesteigert werden, sondern daß die Priorität - wie weiter vorn bereits angesprochen - auf Alternativprodukte zum Reis (Getreide, Soja, Futterpflanzen etc.) gelegt werden sollte. Gleichzeitig enthielten die Programme auch Elemente, um die Bodenmobilität zu steigern (v.a. Förderung der Verpachtung). Als weiteres Instrument zur Erhöhung der Bodenmobilität wurde eine Landabgaberente eingeführt. Im Bereich der einzelbetrieblichen Förderung wurden Mitte der 70er Jahre für hauptberufliche Landwirte Betriebsführungsbeihilfen für Alternativkulturen zum Reis eingeführt. Im Bereich der sozialen Sicherung wurden eine Altersrente für Landwirte geschaffen. Der Umweltschutzbereich war in der 70er Dekade durch diverse Maßnahmen in bezug auf den Einsatz von Agrarchemikalien und zur Verhinderung der Bodenverseuchung sowie der Luftverschmutzung zu kennzeichnen.

Grundsätzlich ist für die 70er Jahre festzuhalten, daß die Reispreisstützung trotz der vielfältigen Bemühungen um eine Diversifizierung der Agrarproduktion Hauptelement der Einkommenspolitik blieb und den Hauptausgabeposten innerhalb der finanzpolitischen Agrarförderung bildete.

BR Deutschland

Als agrarpolitische Schwerpunktbereiche bestanden in der Bundesrepublik in den 70er Jahren die Bereiche Agrarproduktion und Agrarmarkt, EG-Finanzierung, währungspolitische und Grenzausgleichsmaßnahmen, landwirtschaftliche Einkommen, Agrarstrukturpolitik, soziale Sicherung und Umweltschutzpolitik.

Die Hauptaktivitäten im Bereich von Agrarproduktion und Agrarmarkt bildeten die Neueinführung von Marktordnungen für Hopfen, Saatgut und Schaffleisch sowie die Neuorganisation bestehender Marktordnungen (v.a. Zucker, Milch, Gemüse und Obst sowie Getreide). Im Bereich der EG-Finanzierung wurde der Gemeinschaftshaushalt schrittweise auf Eigenmittel (Vomhundertsatz der Mehrwertsteuerbemessungsgrundlage) umgestellt. Währungspolitische und Grenzausgleichsmaßnahmen wurden erforderlich, um Divergenzen zwischen den in gemeinsamen Währungseinheiten festgelegten Agrarpreisen und den Währungsparitäten auszugleichen. Im Mittelpunkt des Bereichs landwirtschaftliche Einkommen standen Maßnahmen, die die Veränderung der Besteuerung der landwirtschaftlichen Einkommen, Liquiditätshilfen für Einbußen aufgrund der DM-Aufwertung sowie Sonderreglungen der Mehrwehrtsteuer als Kompensation für den Abbau des negativen Grenzausgleichs betrafen.

Die Agrarstrukturpolitik stand insbesondere im Zeichen einer schrittweisen Verwässerung der ursprünglich als gezielte Investitionshilfe gedachten einzelbetrieblichen Förderung. Das System der sozialen Sicherung wurde in den 70er Jahren verbessert und erweitert. Die Umweltschutzpolitik erfuhr erste rechtliche Grundlegungen, wenngleich zu kritisieren ist, daß sie zumeist nur deklamatorischen Charakter besaßen und konkrete Maßnahmen zunächst noch ausblieben.

In bezug auf die Markt- und Preispolitik ist anzumerken, daß innerhalb der Bundesrepublik bzw. der EG vielfältige Bemühungen unternommen wurden, um die Überschußsituation bei

Milch abzubauen (Abschlachtprämie, Mitverantwortungsabgabe etc.). Jedoch waren diese Bemühungen von vornherein zum Scheitern verurteilt, da der Milchpreis aus einkommenspolitischen Gründen auf relativ hohem Stützungsniveau beibehalten wurde. Ähnlich wie für Japan ist auch für die Bundesrepublik die Aussage zu treffen, daß der größte Teil der finanzpolitischen Aufwendungen auf die Preisstützung bei zentralen Agrarprodukten (Milch, Zucker, Getreide) entfiel. Als Unterschied ergibt sich jedoch im Vergleich zu Japan, daß die Produktion nur bedingt diversifizierbar ist. Eine Ausnahme besteht möglicherweise lediglich in bezug auf eiweißhaltige Produkte (Bohnen) sowie auf nachwachsende Rohstoffe.

2.9 Entwicklung des Volumens der finanzpolitischen Agrarförderung

Die längerfristige Entwicklung der finanzpolitischen Agrarförderung, jeweils gemessen an den Staatsausgaben für die Landwirtschaft (Japan: ohne Ausgaben der Haushalte der Präfekturen; Bundesrepublik: einschließlich EG-Marktordnungsausgaben - ohne Strukturbereich - und ausschließlich der Ausgaben der Bundesländer), läßt erkennen, daß diese in beiden Staaten in der Betrachtungsperiode 1960-1979 einen beträchtlichen Umfang angenommen hat. So stiegen die Realausgaben in Japan von 1,5 Mrd. US-Dollar in 1960 auf 7,3 Mrd. US-Dollar in 1979, in der Bundesrepublik von 1,8 Mrd. US-Dollar in 1960 auf 3 Mrd. US-Dollar in 1979 (s. Tabelle 36).

Die 60er Jahre zeichnen sich insbesondere mit Blick auf Japan durch einen kräftigen Anstieg der realen Agrarausgaben aus. Diese Entwicklung ist vor allem der Reispreisstützung zuzuschreiben. Die Wachstumsraten der Landwirtschaftsausgaben erreichten in Japan knapp 15 v.H. In der Bundesrepublik gestalteten sie sich mit 5 v.H. vergleichsweise

Tabelle 36: Volumen der finanzpolitischen Agrarförderung[a], Japan und BR Deutschland, 1960-1979[b]

Jahr	Agrarförderung (real)[c]			Agrarförderung (real)[c]				Agrarförderung in v.H. des Staatsbudgets				Agrarförderung in v.H. des landwirtschaftlichen Nettoinlandsprodukts zu Faktorkosten			
	Japan	BR Deutschland		Japan		BR Deutschland		Japan		BR Deutschland		Japan		BR Deutschland	
	Mio. US-Dollar[f]	Mio. US-Dollar[f]		1960=1	Veränderung	1960=1	Veränderung	v.H.	Veränderung	v.H.	Veränderung	v.H.	Veränderung	v.H.	Veränderung
1960	1 511	1 813		1,00	.	1,00	.	9,2	.	6,1	.	8,4	.	14,9	.
1970	5 876	3 280		3,89	+14,6	1,66	+5,2	12,4	+3,0	6,6	+0,8	23,3	+10,7	29,8	+7,2
1979	7 304	3 001		6,96	+6,7	1,64	-0,2	8,6	-3,9	4,1	-5,1	44,6	+7,5	37,3	+2,5
					+10,8		+2,6		-0,4		-2,1		+9,2		+4,5

[a] Japan: Ausgaben der General Accounts (Staatshaushalt, d.h. ausschließlich der Haushalte der Präfekturen), BR Deutschland: Ausgaben aus dem Bundeshaushalt: einschließlich EG-Marktordnungsausgaben (d.h., ohne Strukturausgaben) und ausschließlich der Ausgaben aus den Länderhaushalten.
[b] Dreijährige Durchschnitte, die mittleren Jahre wurden jeweils ausgewiesen.
[c] Deflationierung erfolgte mit BIP-Deflator (1975=100).
[d] Jahresdurchschnittliche Veränderungsraten, in v.H. (geometrische Durchschnitte).
[f] Umrechnungskurs: 1 US-Dollar ≡ 296,55 Yen ≡ 2,518 DM.

Quellen: s. Anhangtabellen. - Eigene Berechnungen

gemäßigter (s. Tabelle 36 und Schaubild 24). Hier traten in den 60er Jahren insbesondere die Aufwendungen für die Gemeinsame EWG-Agrarpreispolitik bzw. für damit in Verbindung stehende Übergangs- bzw. Ausgleichsreglungen in den Vordergrund.

Die 70er Jahre brachten für Japan, induziert durch eine im großen und ganzen gemäßigtere Reispreispolitik, zwar im Vergleich zur Vordekade abgeschwächte Steigerungsraten der Agrarausgaben mit sich, mit knapp 7 v.H. waren sie jedoch nicht unerheblich. Für die Bundesrepublik ergab sich hingegen in der 70er Dekade ein geringfügiger Rückgang der realen Landwirtschaftsausgaben (s. Tabelle 36 und Schaubild 24), da als Folge vergleichsweise hoher Weltmarktpreise die EG-Ausgaben real auf niedrigerem Niveau lagen.

Für den Betrachtungszeitraum insgesamt ist in bezug auf den Ländervergleich festzuhalten, daß - von den Wachstumsraten her betrachtet - sich der reale Agrarausgabenanstieg in Japan kräftiger gestaltete (s. Tabelle 36 und Schaubild 24).

Ein von der Größenvorstellung her plastischeres Bild der Agrarausgaben ergibt sich, wenn letztere als Quote, d.h. in v.H. des Staatsbudgets abgebildet wird (s. Tabelle 36 und Schaubild 25). Die Quotenveränderungen weisen für beide Länder die 60er Jahre als die Dekade mit überdurchschnittlichem Agrarausgabenanstieg aus. Die 70er Dekade ist für beide Volkswirtschaften durch rückläufige Agrarausgabenquoten zu charakterisieren. Entwicklungstrends dieser Art sind durch die Dynamik des volkswirtschaftlichen Wachstums vorgezeichnet: Innerhalb der Gesamtwirtschaft verliert die Landwirtschaft als Folge der rascheren Expansion der übrigen Sektoren stetig an relativer Bedeutung - wie dieses ja bereits in den Gliederungspunkten 2.6.1, 2.6.2 und 2.6.6 anhand der Entwicklung der Anteilsgrößen der Landwirtschaft an zentralen volkswirtschaftlichen Aggregaten aufgezeigt worden ist. Folglich muß auch der Anteil der Agrarausgaben am Staatsbudget zurückgehen.

Schaubild 24:

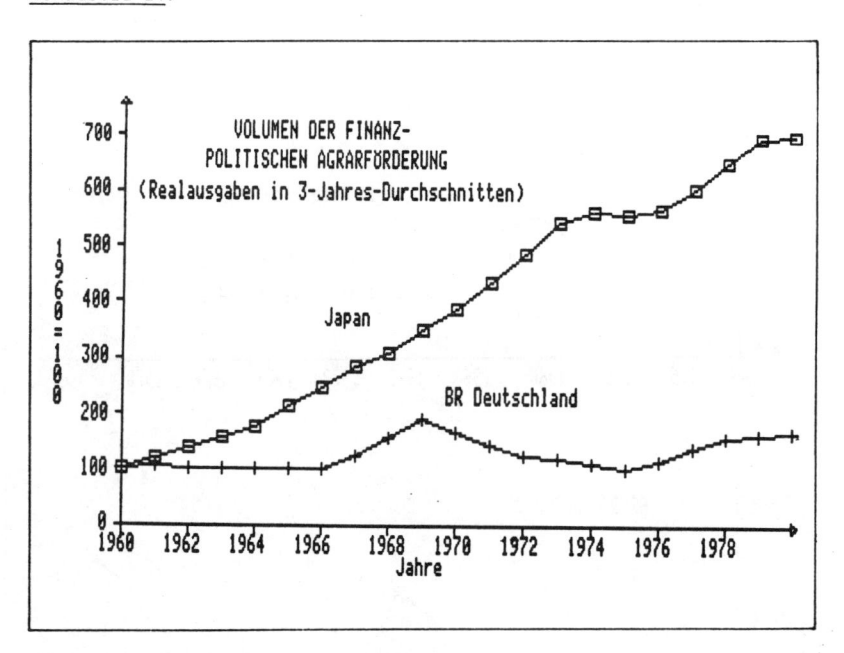

VOLUMEN DER FINANZ-POLITISCHEN AGRARFÖRDERUNG
(Realausgaben in 3-Jahres-Durchschnitten)

1960 = 100

Japan

BR Deutschland

Quellen: s. Anhangtabellen- . Eigene Berechnungen.

Schaubild 25:

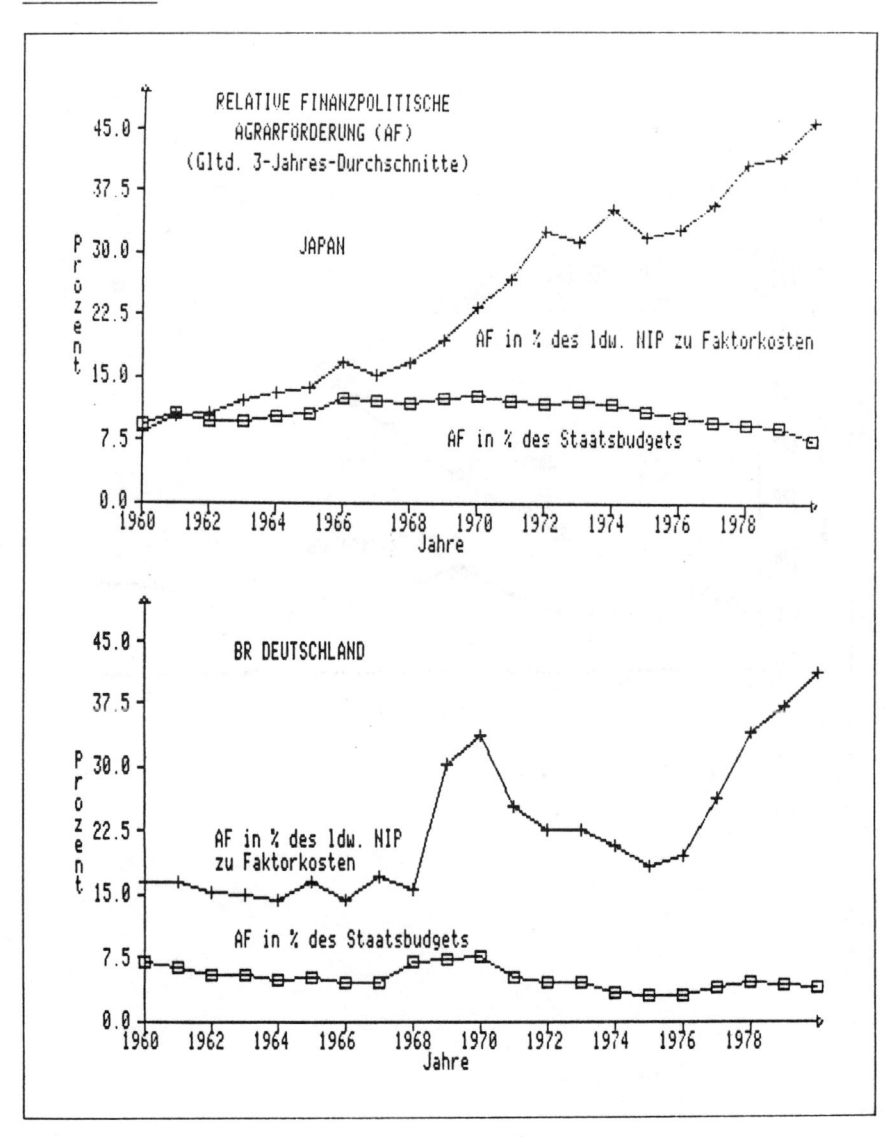

RELATIVE FINANZPOLITISCHE AGRARFÖRDERUNG (AF)
(Gltd. 3-Jahres-Durchschnitte)

JAPAN
- AF in % des ldw. NIP zu Faktorkosten
- AF in % des Staatsbudgets

BR DEUTSCHLAND
- AF in % des ldw. NIP zu Faktorkosten
- AF in % des Staatsbudgets

Quellen: s. Anhangtabellen. – Eigene Berechnungen.

Als Indiz für eine unverhältnismäßig hohe Subventionierung der Agrarwirtschaft wird häufig die Quote der Agrarausgaben am Nettoinlandsprodukt zu Faktorkosten der Landwirtschaft herangezogen. Wird die Entwicklung dieser Quote im Zeitablauf betrachtet, so ist erkennbar, daß sie sich in beiden Volkswirtschaften stetig ausgeweitet hat (s. Tabelle 36 und Schaubild 25).

Der Vergleich der Quotenniveaus (Agrarausgaben in v.H. des landwirtschaftlichen Nettoinlandsprodukts zu Faktorkosten) läßt erkennen, daß der Agrarförderung in Japan offensichtlich eine größere Bedeutung zukommt als in der Bundesrepublik: So lag in 1979 die Quote in Japan bei 44 1/2 v.H., in der Bundesrepublik bei gut 37 v.H. (s. Tabelle 36). Allerdings ist bei der Beurteilung der Quoten mit ins Kalkül zu ziehen, daß das nominale landwirtschaftliche Nettoinlandsprodukt zu Faktorkosten in Japan in den 70er Jahren recht langsam expandierte bzw. sogar rückläufig war und sich hieraus logischerweise eine überdurchschnittliche Ausweitung der Agrarausgabenquote ergab. In dieser Erscheinung spiegelt sich die Wende der japanischen Agrarpolitik in den 70er Jahren wider: Statt einer vornehmlich über den Reispreis vorgenommenen Einkommensstützungspolitik wurden schwerpunktmäßig in 1971/72 besondere Maßnahmen zur Produktionseinschränkung (Kontingentierung) sowie zur Produktionsdiversifizierung eingeleitet.

2.10 Struktur der finanzpolitischen Agrarförderung

Es ist voranzustellen, daß die ausgewiesenen Anteilsgrößen für die diversen Bereiche der finanzpolitischen Landwirtschaftsförderung zwischen beiden Ländern nur eingeschränkt vergleichbar sind: Einerseits bedingt durch die Abgrenzung der Budgetgrößen (Japan: Staatshaushalt - die Daten für die lokalen Haushalte, d.h. die Präfekturen, sind leider nicht verfügbar -; BR Deutschland: zusammengefaßte Haushaltssummen von Bund und Ländern), andererseits begründet in der divergierenden Abgrenzung der einzelnen Ausgabensparten.

Trotz der aus dem Vorgenannten deutlich gewordenen eingeschränkten Aussagefähigkeit der Strukturgrößen soll im folgenden dennoch versucht werden, die wichtigsten längerfristigen Entwicklungstendenzen zu skizzieren:

Es ist erkennbar, daß in Japan bis zu Anfang der 70er Jahre die anteiligen Ausgaben für den agrarstrukturpolitischen Bereich ausgeweitet wurden. Zu Mitte der 70er Jahre bestand jedoch offensichtlich zeitweilig ein umgekehrter Trend, d.h., der Ausgabenanteil für strukturpolitische Maßnahmen ging zurück (s. Tabelle 37).

Darüber hinaus ist bezüglich der Veränderungsraten des strukturpolitischen Ausgabenbereichs für Japan zu vermerken, daß sie negativ korreliert sind mit denen des Aufwandsbereichs für einkommenspolitische Förderungsmaßnahmen. Es spiegelt sich hierin wiederum insbesondere die Dominanz der Reispreisstützungspolitik sowie deren Folgekosten (für Lagerhaltung, Exportsubvention, inferiore Verwertung etc.). Forciert wurde der Ausgabenanstieg zudem durch die Reisrekordernte von 1966.

Der prozentuale Ausgabenanteil für sonstige landwirtschaftliche Förderungsmaßnahmen ergibt sich als Residualgröße zwischen der Anteilssumme der übrigen Aufwandsbereiche und 100. Es zeigt sich insbesondere in den 60ern und zu Anfang der 70er Jahre eine negative Wechselbeziehung zum Bereich der einkommenspolitischen Agrarförderung, d.h., auch der Ausgabenbereich "Sonstige" wurde durch die außerordentliche Expansion der Aufwendungen insbesondere für die Reispreisstützung zurückgedrängt. Ab Mitte der 70er Jahre stellte sich gleichläufig zur Einschränkung der Ausgaben für einkommenspolitische Förderungsmaßnahmen eine Umkehrung des Strukturverlaufs ein (s. Tabelle 37).

Tabelle 37: Struktur der finanzpolitischen Agrarförderung[a], Japan und BR Deutschland, 1951-1979[b]

Jahr	Verbesserung von Produktion, Produktivität und Struktur		Strukturpolitische Landwirtschaftsförderung[c]		Preis- und Einkommensstützung		Einkommenspolitische Landwirtschaftsförderung[c]		Sonstige Fördermaßnahmen			
	Japan		BR Deutschland		Japan		BR Deutschland		Japan		BR Deutschland[c]	
	v.H.	Veränderung[d]	v.H.	Veränderung[d]	v.H.	Veränderung[d]	v.H.	Veränderung[d]	v.H.	Veränderung[d]	v.H.	Veränderung[d]
1951	20,6	.	61,4	.	41,3	.	32,0	.	38,2	.	6,6	.
1960	36,0	+ 6,4	43,1	- 3,9	25,1	- 5,4	53,5	+ 5,9	39,0	+ 0,2	3,3	- 7,4
1970	37,7	+ 0,5	41,3	- 0,4	43,9	+ 5,7	45,0	- 1,7	18,6	- 7,1	13,8	+ 15,2
1972	45,7	+10,1	44,0	+ 3,2	37,2	+ 8,0	38,8	- 7,1	17,3	- 3,5	17,2	+ 11,8
1974	34,9	-12,6	24,5	.	48,4	-14,1	33,6	.	16,7	- 1,7	41,9	.
1979[e]	40,8	+ 5,4	14,8	- 9,6	37,1	- 8,4	52,0	+ 9,1	22,0	+ 9,6	33,2	- 4,6
		+ 2,7		- 2,1[f]		- 0,4		+ 1,8[f]		- 2,1		+ 4,1

[a] Japan: General Accounts (Zentralhaushalt); BR Deutschland: Bundes- und Länderhaushalte.
[b] Dreijährige Durchschnitte, mittlere Jahre sind jeweils ausgewiesen.
[c] In der Zeitreihe für die BR Deutschland besteht ein Bruch.
[d] Jahresdurchschnittliche Veränderungsraten, in v.H. (geometrische Durchschnitte).
[e] Japan 1977.
[f] 1951-1970

Quellen: s. Anhangtabellen. - Eigene Berechnungen.

In bezug auf die Bundesrepublik ist ersichtlich, daß das zu Beginn des Betrachtungszeitraums bestehende Schwergewicht der strukturpolitischen Förderungsmaßnahmen in den 50er Jahren verlorenging und die einkommenspolitische Landwirtschaftsförderung zu dominieren begann. Allerdings setzte sich dieser Trend in den 60er Jahren nicht fort, und es war zu beobachten, daß die Ausgabensparte "sonstige Förderungsmaßnahmen" stark expandierte. Als wesentlicher Posten fiel hierunter insbesondere der Aufwand für die Agrarsozialpolitik. (Die Agrarsozialaufwendungen wurden in der vorstehenden Betrachtung als gesonderter Ausgabenposten behandelt. Sie hätten aber ebensogut der einkommenspolitischen Einkommensförderung zugerechnet werden können. Dies hätte zur Folge gehabt, daß letztere in noch stärkerem Maße gestiegen wäre.) In der 70er Dekade zeigte sich kein einheitliches Entwicklungsbild: Während sich zu Beginn des Jahrzehnts die strukturpolitische Landwirtschaftsförderung noch ein wenig zuungunsten der einkommenspolitischen Agrarförderung ausweitete, bestand nach 1974 ein umgekehrtes Phänomen, d.h., die strukturpolitische Agrarförderung wurde anteilsmäßig recht kräftig durch die einkommenspolitische Landwirtschaftsförderung zurückgedrängt. In abgeschwächterem Maße betraf dieses auch die sonstigen Förderungsmaßnahmen, d.h., sie verloren ebenfalls zugunsten des einkommenspolitischen Förderungsbereichs an relativem "Gewicht" (s. Tabelle 37).

Zusammenfassend ist in bezug auf den längerfristigen Ländervergleich auszuführen, daß die strukturelle Entwicklung der finanzpolitischen Landwirtschaftsförderung in beiden Volkswirtschaften recht unterschiedlich verlief. Als Gemeinsamkeit erweist sich jedoch, daß der einkommenspolitischen Agrarförderung vom Anteilsniveau her in beiden Ländern die größte Bedeutung zufällt. Als zweitgrößte Ausgabensparte folgt der strukturpolitische und als drittgrößter Ausgabenposten schließlich der als "sonstige Förderungsmaßnahmen" definierte Bereich.

Des weiteren ist erkennbar, daß in beiden Agrarwirtschaften zwischen dem Bereich der struktur- und der einkommenspolitischen Agrarförderung eine negative Wechselbeziehung bestand, während bezüglich des Bereichs "sonstige Förderungsmaßnahmen" keine eindeutigen Interdependenzen zu identifizieren waren.

Der periodenbezogene Vergleich der Ausgabenstrukturentwicklung verdeutlicht, daß in einzelnen Untersuchungsabschnitten im Vergleich zwischen beiden Ländern jeweils divergierende Entwicklungstendenzen bestanden: So genossen in den 50er sowie zu Anfang und in der zweiten der 70er Jahre in Japan offensichtlich die strukturpolitischen, in der Bundesrepublik die einkommenspolitischen Förderungsmaßnahmen eine größere Priorität. In den übrigen Zeitabschnitten verhielt es sich jeweils umgekehrt. Im Vergleich zwischen beiden Ländern jeweils gegenläufige Entwicklungstendenzen zeigten sich im übrigen auch bei den "sonstigen Förderungsmaßnahmen".

Als Fazit kann aus dem vorgenommenen Vergleich der strukturellen Entwicklung der Landwirtschaftsausgaben in beiden Ländern gezogen werden, daß die einkommenspolitische Agrarförderung zu dominieren tendierte.

Vornehmlich am Beispiel des Strukturbildes des finanzpolitischen Mittelaufwands für die japanische Agrarwirtschaft ist deutlich geworden, daß der Kontrolle des Ausgabenbereichs "einkommenspolitische Förderungsmaßnahmen" die wichtigste Bedeutung zuzukommen hat. Gerät dieser Aufwandsbereich als Folge der nur sehr schwer oder überhaupt nicht bremsbaren Eigendynamik von Preisstützungsmaßnahmen außer Kontrolle, so tendiert er gegenüber den übrigen Aufwandsbereichen zu überwiegen, und es bedarf nunmehr einerseits besonderer strukturpolitischer Maßnahmen, um die durch die Preisstützungspolitik hervorgerufenen Fehlallokationen der eingesetzten Faktoren zu beseitigen und andererseits besonderer Maßnahmen, um die angehäuften Produktionsüberschüsse zu beseitigen. An dem Vorgenannten wird exemplarisch die Irrationalität der betriebenen Agrarpolitik sichtbar: Anstatt von vornherein eine gezielte, d.h. Faktorfehlallokationen vermeidende bzw. die Faktorwanderung in die optimale Verwendung fördernde Politik zu verfolgen, wurde eher eine unkoordinierte "Stückwerkspolitik" betrieben.

2.11 Entwicklung der preispolitischen Agrarförderung

Im nachstehenden soll die Entwicklung der preispolitischen Agrarförderung anhand der nominalen Protektionsraten[89] einiger ausgewählter Agrarprodukte aufgezeigt werden, und zwar für Reis (Japan), für Weizen (Japan und BR Deutschland) und für Gerste (BR Deutschland) (s. Tabelle 38). Für beide Länder ist erkennbar, daß das Protektionsniveau bis 1970 anstieg, danach war es aufgrund steigender Weltmarktpreise rückläufig. Zum Ende der Betrachtungsperiode stieg es jedoch wieder an. Insgesamt betrachtet war die Protektion in Japan nicht unerheblich stärker ausgeprägt als in der Bundesrepublik. Die starke Ausweitung der Protektion bei Reis in den 60er Jahren war auf die während dieser Phase betriebene aktive Preispolitik zurückzuführen. Beim Weizen wurde eine aktive Preispolitik in den 70er Jahren eingeleitet (u.a. Gewährung von Anbauprämien). In der Bundesrepublik war das Protektionsniveau vor allem bei Weizen in den 70er Jahren aufgrund des hohen Weltmarktpreises recht niedrig, d.h., der Inlandspreis reichte nahe an den Weltmarktpreis heran.

Eine durchschnittliche nominale Protektionsrate, d.h. eine Protektionsrate unter Einbezug mehrerer Produkte, findet sich bei M. HONMA und Y. HAYAMI[90]. Die beiden Autoren berechnen das Maß der Protektion in 11 westlichen Industrieländern, indem sie die landwirtschaftliche Produktion zu Weltmarktpreisen eines jeden Landes von der landwirtschaft-

---

[89] Von größerer Aussagefähigkeit wäre die effektive Protektionsrate. Diese konnte jedoch wegen mangelnder Datenbasis nicht berechnet werden.
[90] Vgl. M. HONMA and Y. HAYAMI, Structure of Agricultural Protection in Industrial Countries. "Journal of International Economics". Vol. 20 (1986), pp. 115-129, hier S. 118.

Tabelle 34: Nominale Protektionsraten in Japan und in der BR Deutschland, 1955-1980

Jahr	Japan									BR Deutschland				
	geschälter Reis			Weizen			Weizen			Gerste		
	Produzenten-preis[1]	Import-preis[2]	Nominale Protektions-rate[3]	Produzenten-preis	Import-preis	Nominale Protektions-rate[3]	Produzenten-preis	Import-preis	Nominale Protektions-rate	Produzenten-preis	Import-preis	Nominale Protektions-rate
	Preis in Yen je kg			Preis in Yen je kg			Preis in DM je t			Preis in DM je t		
1955	76	52	1,46	34	26	1,30	414	318	1,30	353	288[10]	1,23
1960	77	48	1,58	36	24	1,50	407	289	1,41	376	240[10]	1,57
1965	120	58	2,07	45	25	1,82	422	268	1,46	391	256[11]	1,53
1970	151	55	2,73	57	25	2,33	358	237	1,51	304	203[12]	1,50
1975	286	114	2,51	136	59	2,31	441	388	1,11	380	339[12]	1,12
1980	325	105	3,10	178	49	3,63	461	387	1,19	411	313[12]	1,31
1980[13]:1955	428	202	212	523	189	279	111	122	91	86	109	107

1 Qualitätsgrade 1 bis 4 bis 1975 (Qualitätsgrade 1 und 2 in 1980).
2 CIF-Preis je Einheit der japanischen Importe.
3 Produzentenpreis dividiert durch Importpreis.
4 Aufkaufpreis der Regierung (ab 1975 sind Anreizzahlungen inbegriffen).
5 CIF-Preis je Einheit der japanischen Importe.
6 Durchschnittspreis über die Qualitäten (ohne Mehrwertsteuer).
7 CIF-Preis für Hardwinter II (USA).
8 Durchschnittspreise über alle Qualitäten (ohne Mehrwertsteuer).
9 CIF-Preis oder frei Nordseehäfen.
10 Gerste Kanada.
11 Futtergerste, USA, gelb II/III.
12 Futtergerste Kanada.
13 1955=100.

Quellen: E.A. Saxon und K. Anderson, Japanese Protection in Historical Perspective (Research Paper No. 94) Canberrra 1982.
Statistisches Jahrbuch über Ernährung, Landwirtschaft und Forsten, versch. Jahrgänge.

lichen Produktion zu Binnenmarktpreisen abziehen und den Rest in Relation zur landwirtschaftlichen Produktion zu Weltmarktpreisen setzen[90a]. Tabelle 39 gibt die Untersuchungsergebnisse wieder. Es ist erkennbar, daß die Schweiz in 1980 das höchste Protektionsniveau aufweist. An zweiter Stelle folgt Japan, an dritter Stelle Schweden, an vierter Stelle Italien, an fünfter Stelle die Bundesrepublik, an 6. Stelle die EG, ... und schließlich an letzter Stelle die Vereinigten Staaten mit einer Protektion von praktisch Null. Ferner wird deutlich, daß in fast allen Ländern die Protektion von 1955 bis 1970 angestiegen ist, bis 1975 setzte aufgrund steigender Weltmarktpreise ein Rückgang ein, danach war wieder ein Anstieg zu beobachten.

3 Entwicklung und Wandel der Agrarsektoren und der Agrarpolitiken

3.1 Gesamt- und agrarwirtschaftliche Lageanalyse und Entwicklung nach dem 2. Weltkrieg bis zum Beginn der 50er Jahre

3.1.1 Gesamt- und agrarwirtschaftliche Ausgangslage und Entwicklung - Globale Betrachtung[91]

a) Bevölkerung und Erwerbstätigkeit

Die Bevölkerungszahl Japans betrug 1950 83 Mio. und lag, begründet in der hohen Zahl von Rückwanderern und Flüchtlingen

---

[90a] Vgl. M. HONMA and Y. HAYAMI, Structure of Agricultural Protection ..., a.a.O., S. 116f.
[91] Bezüglich der ausgewiesenen Daten vergleiche für Japan Japan Statistical Yearbook, Jhrg. 1952, 1954, 1958 und 1961 sowie S. YAMADA, Changes in Output and in Conventional and Nonconventional Inputs in Japanese Agriculture since 1880. "Food Research Institute Studies", Vol. VII, No. 3, 1967,Pg. 371-413; für die Bundesrepublik Statistisches Jahrbuch für die Bundesrepublik Deutschland, Jg. 1952; Statistisches Handbuch über Ernährung, Landwirtschaft und Forsten, Jg. 1956; Statistisches Jahrbuch über Ernährung, Landwirtschaft und Forsten, Jhrg. 1957 sowie Statistisches Bundesamt (Hrsg.), Wirtschaftskunde der Bundesrepublik Deutschland, Stuttgart und Köln 1955.

Tabelle 39: Schätzung der nominalen landwirtschaftlichen Protektion in 11 Industrieländern (einschl. EG), gewichtete Durchschnitte von 13 Produkten (%)[a]

	1955	1960	1965	1970	1975	1980
Vereinigte Staaten	2,4	0,9	8,2	10,9	4,0	- 0,1
EG (Durchschnitt)[b]	30,7	32,8	40,3	47,1	27,1	35,7
Frankreich	31,2	23,4	28,2	44,1	28,0	29,6
Bundesrepublik Deutschland	28,0	40,6	46,8	44,3	35,8	42,0
Italien	43,3	46,5	60,2	64,2	35,6	53,8
Niederlande	11,9	19,2	30,7	34,4	28,6	24,9
Vereinigtes Königreich	34,9	33,7	18,9	24,9	5,6	32,1
Dänemark	4,5	3,2	4,6	16,3	28,3	24,4
Schweden	31,3	40,3	46,3	61,3	40,9	55,9
Schweiz	53,0	55,0	64,9	84,2	86,8	113,1
Japan	17,5	41,1	67,6	72,7	74,4	83,5

a Es werden 13 Produkte eingeschlossen: Weizen, Roggen, Gerste, Hafer, Mais, Zuckerrüben, Kartoffeln, Rindfleisch, Schweinefleisch, Hühnerfleisch, Eier und Milch.

b Gewichtete Durchschnitte von Frankreich, der Bundesrepublik Deutschland, Italien und der Niederlande für 1955-70; zuzüglich Vereinigtes Königreich und Dänemark für 1975-80.

Quelle: In leicht veränderter Form übernommen von M. Honma und Y. Hayami, Structure of Agricultural Protection in Industrial Countries. Journal of International Economics, Vol. 20 (1986), pp. 115-129, hier S. 118.

sowie einer hohen Geburtenrate, deutlich (etwa 18 v.H.) oberhalb derjenigen der Vorkriegszeit. Ähnliches traf auch für die Bundesrepublik zu. Hier bzw. auf dem Gebiet der späteren Bundesrepublik (ohne West-Berlin) lag die Bevölkerungszahl in 1950 mit ca. 48 Mio. um etwa 21 v.H. oberhalb derjenigen der Vorkriegszeit.

Japan war noch bedeutend stärker agrarisch geprägt als die Bundesrepublik. Der Anteil der Landwirtschaft an den Erwerbstätigen (Japan) bzw. Erwerbspersonen (Bundesrepublik) betrug in Japan in der frühen Nachkriegsperiode über 50 v.H. (1945: 52 v.H., 1950: 50 v.H.); in der Bundesrepublik lag der Anteil bei 22 v.H. (1950). Indem er kurzfristig zusätzliche Arbeitskräfte aufnahm, übernahm der Agrarsektor eine wichtige Pufferfunktion in bezug auf die Beschäftigung. Erkennbar wird dieses daran, daß die Anteile der landwirtschaftlich Erwerbstätigen an der Gesamtzahl der Erwerbstätigen in der Nachkriegszeit höher lagen als in der Vorkriegszeit.

b) Produktion

Die Agrarwirtschaft gewann - zumindestens in Japan - als Produktionssektor in der frühen Nachkriegszeit an Bedeutung hinzu. Der Anteil der Agrarwirtschaft am realen Nettoinlandsprodukt zu Faktorkosten (Japan) bzw. realen Nettosozialprodukt zu Faktorkosten (Bundesrepublik) lag in der frühen Nachkriegsperiode in Japan bei nahezu 30 v.H. (1945) bzw. knapp 22 v.H (1950), in der Bundesrepublik bei 11 v.H. (1948/49 und 1949/50). In Japan war der Anteil des landwirtschaftlichen Nettoinlands- bzw. Nettosozialprodukts in der Vorkriegszeit niedriger (20 v.H.), auf dem Gebiet der späteren Bundesrepublik höher (1936: 13 v.H.).

Der Index der Industrieproduktion sank in Japan (1936=100) als Folge der Kriegseinwirkungen deutlich ab (1945=60). Ähnliches traf auch für den Index der Agrarproduktion zu

(1945=66). In der Bundesrepublik bzw. auf dem Gebiet der späteren Bundesrepublik gingen der Index der Industrie- sowie der Agrarproduktion ebenfalls deutlich zurück: beide 1936=100, beide 1948/49=78.

c) Außenwirtschaft

Im Bereich der Außenwirtschaft gewannen in beiden Ländern die Ernährungsgüterimporte und - weniger stark ausgeprägt - die Ernährungsgüterexporte absolut und anteilsmäßig an Bedeutung hinzu.

Bestehende Defizite in der Nahrungsgüterversorgung mußten in verstärktem Maße durch (Netto-)Importe abgedeckt werden. Wegen der hierfür aufzuwendenden Devisen bildete die Importsubstitution der Ernährungsgüter, d.h. die Forcierung der nationalen Agrarproduktion, ein vorrangiges Ziel der Wirtschaftspolitik. Die eingesparten Devisen wurden dringend für die Wiederingangsetzung der Industriegüterproduktion, d.h. die Finanzierung von Industriegüterimporten, benötigt.

d) Preisniveau

Die Preisniveauentwicklung wurde in beiden Ländern in der unmittelbaren Nachkriegszeit durch die Inflation geprägt, in Japan jedoch weitaus stärker als in der Bundesrepublik: So stieg der Großhandelspreisindex in Japan (1934-36=100) von 350,3 in 1945 auf über 47 Tsd. in 1950. In der Bundesrepublik bzw. auf dem Gebiet der späteren Bundesrepublik stieg der Preisindex der Lebenshaltung (1938=100) von 1946=126 auf 156 in 1950.

e) Zusammenfassung

Als wichtigste Entwicklungstendenzen der unmittelbaren Nachkriegszeit können für beide Länder die starke Zunahme der Bevölkerung, die Zunahme der landwirtschaftlichen Arbeitskräfte, die Depression in der gesamt- und agrarwirtschaftlichen Produktion und die besonders in Japan stark ausgeprägte Inflation angeführt werden. Insgesamt erfuhr der Agrarsektor in Beschäftigung und Produktion eine Bedeutungszunahme gegenüber den übrigen Sektoren. Im Agraraußenhandel waren beide Länder Nettoimporteure an Ernährungsgütern.

3.1.2 Agrarwirtschaftliche Ausgangslage und Entwicklung – Spezifische Betrachtung[92]

a) Landwirtschaftliche Nutzfläche

Aufgrund der ungünstigen topographischen Verhältnisse betrug die landwirtschaftliche Nutzfläche in Japan (5 Mio. ha) in der unmittelbaren Nachkriegszeit nur etwa 14 v.H. der Gesamtfläche. In der Bundesrepublik umfaßte die landwirtschaftliche Nutzfläche (13 Mio. ha) etwa 58 v.H. der Gesamtfläche.

b) Landwirtschaftliche Betriebe und durchschnittliche
   Flächenausstattung

Die Zahl der landwirtschaftlichen Betriebe erhöhte sich in Japan von etwa 5,5 Mio. (Vorkriegszeit) auf etwa 5,9 Mio. in 1947 und etwa 6,2 Mio. in 1949. Es spiegeln sich in diesen Daten insbesondere die Bodenreformmaßnahmen (vgl. Kapitel 3.2.2) wider. In der Bundesrepublik bzw. auf dem Gebiet der

---

92) Bezüglich der ausgewiesenen Daten siehe FN 91 auf S. 186.

späteren Bundesrepublik blieb die Zahl der Betriebe zwischen 1939 und 1949 mit ca. 2 Mio. nahezu unverändert.

Als Folge der Zunahme der landwirtschaftlichen Betriebe sank die durchschnittliche Betriebsgröße (landwirtschaftliche Nutzfläche (LN) je Betrieb) in Japan von 0,92 ha in 1940 auf 0,85 ha in 1947 und 0,82 ha in 1950. In der Bundesrepublik bzw. auf dem Gebiet der späteren Bundesrepublik hingegen blieb sie unverändert.

c) Volumen und Struktur der Agrarproduktion sowie Flächennutzung

In der Bruttoproduktion der Agrargüter ist die Nachkriegsdepression klar erkennbar. Die Bruttoproduktion sank in Japan von Ø 1935-39=100 auf 82 in Ø 1945-49, in der Bundesrepublik bzw. auf dem Gebiet der späteren Bundesrepublik von Ø 1935-38=100 auf 86 in Ø 1948/49-1949/50. In den Folgejahren stieg die Bruttoerzeugung jedoch rasch an: So lag sie in Japan in den Jahren Ø 1950-54 bei 98, in der Bundesrepublik bzw. auf dem Gebiet der späteren Bundesrepublik in den Jahren Ø 1950/51-1954/55 sogar bei 124 (Basisjahre jeweils wie vorstehend.

Die Struktur der Agrarproduktion wandelte sich in Japan in der unmittelbaren Nachkriegszeit zugunsten der pflanzlichen Erzeugung, während die tierische Produktion und vor allem die Seidenraupenhaltung an Bedeutung verloren. In der Bundesrepublik bzw. auf dem Gebiet der späteren Bundesrepublilk gewann ebenfalls die pflanzliche Erzeugung (hier vor allem Kartoffeln und Hülsenfrüchte) an Bedeutung hinzu.

Die Struktur der Flächennutzung veränderte sich in der Weise, daß in Japan in der frühen Nachkriegszeit vor allem der Reis-, Kartoffel-, Hülsenfrucht- als auch der Obst- und Gemüsebau zuungunsten der Maulbeerstrauch- und sonstigen Anbaukulturen relativ an Bedeutung gewannen. Auf dem Gebiet der späteren Bundesrepublik war innerhalb der Flächennutzung ein Bedeutungsverlust des Getreideanbaus zugunsten der übrigen Kulturen (Hülsenfrucht- und Hackfruchtanbau, Gemüse und Gartengewächse und sonstige) zu beobachten.

d) Produktivität

An der Produktivitätsentwicklung lassen sich für beide Länder ebenfalls deutlich die Auswirkungen der Nachkriegsdepression ablesen: So lagen die durchschnittlichen Naturalerträge bei Gerste und Weizen in Japan in den Jahren Ø 1945-47 um über 40 v.H. unter dem Niveau der Jahre Ø 1938-40, bei Reis hingegen wird ein vergleichsweise geringer Produktivitätsrückgang, bei Kartoffeln (ohne Süßkartoffeln) sogar ein Produktivitätsanstieg ausgewiesen. Bezüglich der Produktivitätsentwicklung in der Landwirtschaft auf dem Gebiet der späteren Bundesrepublik ist in der unmittelbaren Nachkriegs verglichen zur Vorkriegsperiode erkennbar, daß im Bereich der Bodenproduktion die durchschnittlichen Naturalerträge bei den Hauptfrüchten Winterroggen, Winterweizen, Spätkartoffeln sowie Zuckerrüben für die Jahre Ø 1946-48 fast durchgängig bis zu einem Fünftel unterhalb des Vorkriegsvergleichsniveau lagen; in den Jahren Ø 1948-51 wurde es jedoch bereits bis zu einem Sechstel überschritten.

e) Zusammenfassung

Die Zahl der landwirtschaftlichen Betriebe erfuhr in Japan in der unmittelbaren Nachkriegszeit bodenreformbedingt eine nicht unbeträchtliche Zunahme, während sie in der Bundesrepublik nahezu unverändert blieb. Die Flächenproduktivität ging in beiden Ländern in der unmittelbaren Nachkriegszeit zurück. Gleichzeitig wandelte sich die Produktionsstruktur zugunsten der intensiveren Anbaufrüchte.

3.2 Wirtschafts- und agrarpolitische Ausgangslage

3.2.1 Hauptzielsetzungen und Problematiken der Wirtschafts- und Agrarpolitik

Die wirtschafts- und agrarpolitische Ausgangssituation stand im Zeichen des mit dem Kriegsende einhergehenden Rückgangs der Industriegüter- sowie insbesondere der Agrarproduktion. Die Hauptaufgabe der Wirtschaftspolitik sowie folglich auch der Agrarpolitik bestand darin, die Produktions- und Versorgungsengpässe zu beseitigen. Bevor diese nicht überwunden waren, mußten die wichtigsten Versorgungs- und Ernährungsgüter zwangsbewirtschaftet, d.h. Preise und Mengen staatlicherseits administriert werden.

Hauptinstrumente für die Bewirtschaftungsmaßnahmen im Agrarbereich bildeten in Japan das Ernährungsgüterkontrollgesetz von 1942 und diverse andere Gesetze und Verordnungen (Verabschiedung in der frühen Nachkriegszeit). Auf dem Gebiet der späteren Bundesrepublik blieb das Nahrungsbewirtschaftungs- und Festpreissystem, das zu Beginn des Krieges installiert worden war, zunächst bestehen. Es wurde in der frühen Nachkriegsperiode durch diverse Gesetze und Verordnungen ergänzt. (Einen Überblick über Gesetze, Verordnungen etc. der frühen Nachkriegsperiode vermitteln die Übersichten 1 (Japan) und 2 (Bundesgebiet bzw. Gebiet der späteren Bundesrepublik) im Anhang.)

Die vielfältigen staatlichen Kontrollen und Reglementierungen vermochten jedoch nicht die nicht unerheblichen Schwarzmarkt- und Kompensationsgeschäfte zu unterbinden. Dies galt insbesondere für den unmittelbaren Nachkriegszeitraum.

Die Hauptzielsetzungen der Wirtschaftspolitik - und hier vor allem auch der Agrarpolitik - standen im Zeichen der von den Alliierten geforderten "Demokratisierung" (Neuordnung) der Wirtschaft. Für den Agrarsektor stand hierhinter insbesondere die Absicht, das Großbauerntum (Japan) bzw. den Großgrundbesitz (spätere Bundesrepublik) zu zerschlagen und gleichzeitig die Flächenausstattung der Kleinbauern zu verbessern.

Noch vor dem Ziel "Demokratisierung in der Landwirtschaft" bestand als Hauptziel der Agrarpolitik die Sicherstellung der Ernährung. Weitere Zielsetzungen bildeten a) die Aufnahme zusätzlicher Menschen und damit gleichzeitig auch Arbeitskräfte im ländlichen Raum, b) indirekte und direkte Kapital- und Finanztransfers von der Landwirtschaft in die übrigen Sektoren und c) der Beitrag der Agrarwirtschaft zum Ausgleich der Zahlungsbilanz durch Importsubstitution.

Das Ziel "Sicherung der Ernährung" war eng verknüpft mit der Zielsetzung "Produktionssteigerung und Produktivitätserhöhung". Beide waren abhängig von einer ausreichenden Menge an Vorleistungsgütern (Maschinen und Geräte, Energie, Düngemittel, Saatgut etc.). Diese wiederum bildeten nach dem Krieg wesentliche Engpaßfaktoren.

Die "Aufnahme zusätzlicher Menschen und damit gleichzeitig auch Arbeitskräfte" gestaltete sich im großen und ganzen recht unproblematisch, zumal die Arbeitskräfte nur vorübergehend in der Landwirtschaft tätig wurden und sobald als möglich wieder in die anderen Sektoren strebten.

Indirekte und direkte Kapital- und Finanztransfers von der Landwirtschaft in die übrigen Sektoren" wurden durch das Niedrighalten des Agrarpreisniveaus sowie eine verstärkte Belastung des Agrarsektors mit Steuern und Abgaben geleistet.

Der "Beitrag zum Ausgleich der Zahlungsbilanz" wurde dadurch erbracht, daß die inländische Agrarproduktion so rasch wie möglich gesteigert werden mußte, um Devisen für ansonsten zu tätigende Agrarimporte einzusparen.

3.2.2 Agrarpolitik: Landreformen - Reformvorschläge und Realisierung

Bodenreform in Japan

Eine wesentliche Rolle in der unmittelbaren Nachkriegsentwicklung der japanischen Landwirtschaft spielt die Landreform[93]. Die Initiierung dieser Reform ist einesteils japanischen Bestrebungen, anderenteils dem Drängen der amerikanischen Besatzungsmacht zuzuschreiben. Die in den Jahren 1947-50 durchgeführte Landreform bildet die zweite größere Landreform in der neueren Geschichte der japanischen Landwirtschaft: Die erste Landreform wurde in den Anfangsjahren der Meiji-Restauration (1867) durchgeführt.

Die Bodenreformgesetzgebung nach 1945 vollzog sich in zwei Phasen[94]. Die erste fand ihren Ausgang in Reformbemühungen und -ansätzen ab Anfang der 30er Jahre und abgeschwächt auch während der Kriegszeit. Am Ende der Phase stand unmittelbar nach Kriegsende die Verabschiedung eines Bodenreformgesetzes

---

[93] Vgl. hierzu u.a. R.P. DORE, Land Reform in Japan. London-New York-Toronto 1959 (1st Print), London 1984 (2nd Print); L.I. HEWES, Japan - Land and Men. An Account of the Japanese Land Reform Program 1945-51. Westport 1974 (Reprint); M. KAJITA, Land Reform in Japan (Agriculture, Forestry and Fisheries Conference. Agricultural Development Series, No. 2). Tokyo 1965; o.V., Retrospect on and Documents of Land Reform in Japan. "The Developing Economies", Vol. IV (1966), pp. 195-219; T. KOBAYASHI, The Land Reform in Japan. PH.D., Berkely 1970. Z. AMED, Land Reforms in South-East Asia. New Delhi 1975, pp. 11-64, Lit. pp. 191-192.
[94] Das ist eine Sichtweise. Bei einigen amerikanischen Autoren scheint diese Einteilung auf Widerspruch zu stoßen. Sie beurteilen das erste Reformgesetz wohl eher als taktisches Manöver der japanischen Regierung im Vorfeld der erwarteten weitaus rigoroseren Reformvorstellung der amerikanischen Besatzungsmacht. Desgleichen scheinen auch die Reformansätze der Vorkriegs- und Kriegszeit von ihnen eher als Zugeständnisse der Militärs (Sympathiewerben, Beschwichtigung), denn als zielgerichtete Bodenreformbestrebungen eingeschätzt zu werden. Vgl. hierzu L.I. HEWES, Japan - Land and Man ..., a.a.O.

(I. Bodenreformgesetz, Ende Dezember 1945)[95]. Dieses Gesetz fand jedoch nicht die Billigung der amerikanischen Besatzungsmacht[96]; die Amerikaner drängten auf eine weitergehendere Reform. Nach intensiven Gesprächen gelang es beiden Seiten, eine Kompromißlösung zu finden, so daß ein verbessertes Gesetzeswerk schließlich in der zweiten Phase (II. Bodenreformgesetz, Oktober 1946) in Kraft treten konnte.

Die wichtigsten Leitlinien, Bestimmungen und kurz- bis mittelfristigen Folgewirkungen des Landreformgesetzes können wie folgt charakterisiert werden:

(1) Die landwirtschaftliche Nutzfläche sollte weitgehend in das Eigentum ihrer Bewirtschafter überführt werden.

(2) Die Realisierung dieses Leitgedankens erfolgte a) durch preislimitierten staatlichen Landankauf von nichtortsansässigen Verpächtern (absentee landlords: gesamte Fläche), ortsansässigen Verpächtern (resident landlords: Fläche oberhalb 1 ha - nationaler Durchschnitt - bzw. 4 ha - Hokkaido -) und ortsansässigen selbstbewirtschaftenden Grundeigentümern (owner cultivators: Fläche oberhalb 3 ha - nationaler Durchschnitt - bzw. 12 ha - Hokkaido -) und b) durch anschließenden Weiterverkauf der Fläche an die Kleinlandwirte (überwiegend vorherige Pächter)[96a].

---

95) Ein Vorentwurf dieses Gesetzes wurde den Amerikanern Anfang Dezember 1945 zugeleitet. Hieraufhin ließen diese der japanischen Administration wenige Tage später eine knapp formulierte Direktive zukommen, bis März des darauffolgenden Jahres Vorschläge für eine stärkere Demokratisierung und für mehr Gerechtigkeit innerhalb der japanischen Landwirtschaft zu unterbreiten.
96) Die im Gesetz festgelegten Flächenhöchstgrenzen hätten nicht zu dem gewünschten Umfang der Flächenmobilisierung geführt.
96a) Aufgrund der Klimaverhältnisse (kaltes Klima) ist der Reisanbau in Hokkaido weniger stark verbreitet, und es herrschen extensivere Fruchtarten wie Weizen, Gerste, Hülsenfrüchte und Futterpflanzen vor. Die extensiveren Anbauformen bedingen eine größere durchschnittliche Betriebsgröße. Dieser Tatbestand wurde bei der Bemessung der Flächenhöchstgrenzen berücksichtigt.

(3) Die vorgenannten Flächengrenzen betrafen auch zukünftigen Flächenerwerb; fernerhin erfolgten Reglementierungen bezüglich des verbliebenen Pachtlandes (Festlegung extrem niedriger Pachtpreise, Verbot der Naturalpacht, Verstärkung des Pächterschutzes).

(4) Innerhalb der Landwirtschaft hatte die Bodenreform positive[97] Wirkungen auf Beschäftigung, Produktion, Produktivität, Einkommen und seine Verteilung sowie auf Konsum und Investitionen.

(5) Die durch die Landreform induzierte Ausdehnung der landwirtschaftlichen Produktion sorgte für eine Entlastung der Zahlungsbilanz.

(6) Die Bodenneuordnung leistete einen Beitrag zur Befriedung des ländlichen Raumes (Revolten, Radikalisierungen der Pächter gehörten der Vergangenheit an).

---

97) Über das Ausmaß (bzw. ob überhaupt positive Wirkungen vorhanden waren) bestehen je nach Autor und Betrachtungsgegenstand erhebliche Meinungsunterschiede. Vgl. hierzu z.b. H. KANEDA, Structural Change and Policy Response in Japanese Agriculture after the Land Reform. "Economic Development and Cultural Change", Vol. 28 (1979), No. 1, pp. 469-507.

Bodenreform in der Bundesrepublik Deutschland

Einen wichtigen Bestandteil ursprünglich geplanter alliierter Maßnahmen zur wirtschaftlichen und politischen Neuordnung Deutschlands nach dem verlorenen Krieg bildet die Bodenreform[98]. Für den Bereich der Bundesrepublik erfuhr sie dabei vor allem eine siedlungspolitische Akzentuierung. Beim Versuch der Konkretisierung der Leitvorstellungen für die nach dem 2. Weltkrieg durchzuführende Bodenreform zeigte sich schon sehr bald, daß über deren Umfang und Verfahrensweise zwischen den Besatzungsmächten erhebliche Meinungsunterschiede[99] bestanden. Dennoch wurde Einigung erzielt, die Bodenneuordnung bis Ende 1947 durchzuführen. Die westlichen Alliierten genügten formal diesem Auftrag, indem sie Gesetze zur Einleitung einer Bodenreform beschlossen; in der sowjetischen Besatzungszone hingegen wurden schon unmittelbar nach Kriegsende umfassende Bodenreformmaßnahmen eingeleitet.

---

[98] Einen Überblick über die Bodenreform in der späteren Bundesrepublik vermittelt G.J. TRITTEL, Die Bodenreform - ein Beitrag der Besatzungsmächte zur gesellschaftlichen Strukturreform Nachkriegsdeutschlands 1945-1949. "Zeitschrift für Agrargeschichte und Agrarsoziologie", 30. Jg. (1982), H. 1, S. 28-47; DERSELBE, "Siedlung" statt "Bodenreform". Die Erhaltung der Agrarbesitzstruktur in Westdeutschland (1948/49). "Zeitschrift für Agrargeschichte und Agrarsoziologie", 27. Jg. (1979), H. 2, S. 181-207. Siehe ferner U. ENDERS, Die Bodenreform in der amerikanischen Besatzungszone 1945-1949 unter besonderer Berücksichtigung Bayerns (Studien zur Wirtschafts- und Sozialgeschichte, Bd. 2). Ostfildern 1982; O. POPPINGA, Bauernland in Junkerhand. Bodenreform in Hessen (Schriftenreihe des Fachbereichs Stadtplanung/Landschaftsplanung Gesamthochschule Kassel GhK, Bd. 5). Darmstadt 1983.
[99] Anfängliche Vorstellungen der Besatzungsmächte zielten in Richtung einer Neuverteilung der landwirtschaftlichen Nutzfläche oberhalb einer bestimmten Hektargrenze. In den einzelnen Zonen wurden folgende Grenzen wirksam: sowjetische Zone: Flächenabgabe oberhalb 100 ha; amerikanische Zone: progressive Staffelabgabe, bei 100 ha landwirtschaftlicher Nutzfläche beginnend; britische Zone: Flächenabgabe oberhalb 100 ha landwirtschaftlicher Nutzfläche oder 130 Tsd. RM Einheitswert (Niedersachsen, Nordrhein-Westfalen) oder 50 Tsd. RM Bodenwert (Schleswig-Holstein); französische Zone: länderweise sehr unterschiedliche Regelungen.

In den westlichen Zonen vermochten sich auch in der Folgezeit Bodenreformmaßnahmen nur bedingt durchzusetzen. Hierfür können folgende Begründungen angeführt werden:

(1) Es bestand seitens der westlichen Besatzungsmächte kein einheitliches Reformkonzept, kein einheitliches Bestreben, eine durchgreifende Bodenneuordnung durchzuführen.

(2) Die Umverteilungsmasse aus einer Bodenreform auf dem Gebiet der späteren Bundesrepublik war von den westlichen Alliierten (vor allem den Amerikanern) aus Unkenntnis über die zu der Zeit bereits vorherrschende klein- und mittelbetriebliche Struktur überschätzt worden.

(3) Zwischen und auch innerhalb der deutschen Parteien bestanden diviergierende Vorstellungen hinsichtlich Form, Ausmaß und Zielsetzung einer Bodenneuordnung sowie hinsichtlich der Entschädigungshöhe; es vermochten sich schließlich diejenigen Kräfte[100] durchzusetzen bzw. ihren Einfluß geltend zu machen, die eher einer gemäßigten Reform, im Sinne der Siedlung[101] zuneigten.

(4) Als Folge einer Bodenreform wurden Erzeugungs-, Produktivitäts- und volkswirtschaftliche Effizienzeinbußen

---

[100] Die Vertretungen der Bauernschaft, vor allem die neubegründeten Bauernverbände, standen traditionell "unorganischen" Zugriffen auf den Boden ablehnend gegenüber (wohl nicht zuletzt unter dem Einfluß der Großbauern) und vermochten in den traditionell bürgerlichen Parteien (CDU, FDP) und anderen Entscheidungsgremien weitgehend ihre Vorstellungen durchzusetzen.
[101] Im Zuge des politischen Willensbildungsprozesses wurde aus real- und finanzwirtschaftlichen, aber auch aus eigentumspolitischen Gründen heraus, das bodenreformpolitische Argument mehr und mehr durch das siedlungspolitische Argument verdrängt. Als äußeres Zeichen hierfür mag die Verabschiedung des Flüchtlingssiedlungsgesetzes durch den Länderrat (Juli 1949) gewertet werden. Zum Zwecke der Siedlung wurden folgende Flächen herangezogen: staatlicher Domänenbesitz und andere in öffentlichem Eigentum befindliche Flächen, Flächen aus staatlichen Programmen zur Kulturlandgewinnung, Flächen auslaufender oder verwaister Betriebe ("wüste Höfe"), Flächen aus dem Besitz von Kriegsverbrechern, im Rahmen der Bodenreform- bzw. Siedlungsgesetzgebung abgegebene bzw. verpachtete Flächen des Großgrundbesitzes.

befürchtet. Das Erzeugungsargument wog um so mehr, als in der unmittelbaren Nachkriegszeit eine prekäre Ernährungssituation bestand.

(5) Die Großbetriebe erfüllen innerhalb der Landwirtschaft wichtige Spezialaufgaben (Saat- und Pflanzgutvermehrung, Sortenprüfung, Tierzucht Einführung von Innovationen, Ausbildung). Ferner besitzt die Produktion der Großbetriebe (v.a. Getreide) einen Komplementärcharakter zu der Veredlungsproduktion der Klein- und Mittelbetriebe.

(6) Die in Verbindung mit einer durchgreifenden Bodenreform erforderlichen Enteignungsmaßnahmen wären wegen der Entschädigungsnotwendigkeit sehr kostspielig und langwierig gewesen. Des weiteren hätte die Schaffung einer Vielzahl neuer Betriebseinheiten zu Engpässen bei der Bereitstellung von Betriebsmitteln geführt. Zudem fehlten auch hierfür die erforderlichen Finanzmittel.

Bodenreform in Japan und in der Bundesrepublik - Vergleich

In beiden Ländern sollte nach dem Willen der Alliierten eine Bodenneuordnung durchgeführt werden. Das jeweilige Ausmaß der tatsächlich realisierten Reform war jedoch sehr unterschiedlich: Während in Japan (nicht zuletzt unter dem Druck der Okkupationsmacht) eine fast vollständige Realisierung zu beobachten war, bestanden in Deutschland sehr große Unterschiede im Realisierungsgrad zwischen den Westzonen (= spätere Bundesrepublik: nur teilweise Realisierung) und der Ostzone (spätere Deutsche Demokratische Republik: vollständige Realisierung[102]).

---

[102] Allerdings wurde diese Realisierung wieder rückgängig gemacht durch die 1952 einsetzende Begründung Landwirtschaftlicher Produktionsgenossenschaften (LPGs). Mit Mitteln des indirekten Zwangs gelang es, bis April 1960 nahezu alle Bauern diesen LPGs anzugliedern.

Anhaltspunkte über den Umfang und die Richtung der Bodenneuordnung in Japan und der Bundesrepublik im unmittelbaren Nachkriegszeitraum geben die Veränderung der Zahl und der Verteilung der landwirtschaftlichen Betriebe und Fläche nach Betriebsgrößen- (s. Tabelle 40) und Besitzklassen (s. Tabelle 41).

Die Zahl der landwirtschaftlichen Betriebe und deren Verteilung zeigt, daß die Gesamtzahl der Betriebe in Japan um 13,4 v.H. stieg, sichtbar werdend am Zuwachs in den Größenklassen bis 1 ha, in den darübergehenden Klassen war ein Rückgang der Betriebe zu beobachten. In der Bundesrepublik war ein marginaler Rückgang der Betriebe festzustellen, und die Verteilung blieb nahezu unverändert.

Bei den Besitzverhältnissen der Betriebe vollzog sich in Japan ein enormer Wandel: Der Anteil des Pachtlandes an der Gesamtfläche sank von 45,9 auf 9,9 v.H. In der Bundesrepublik kam es zu einer geringfügigen Erhöhung des Pachtlandanteils. In Japan halbierte sich nahezu der Anteil der Betriebe mit Pachtland an der Gesamtzahl der Betriebe von 68,7 auf 37,7 v.H. In der Bundesrepublik war eine bescheidene Ausweitung des Anteils der Betriebe mit Pachtland an der Gesamtzahl der Betriebe zu verzeichnen (Anstieg von 54,4 auf 57,8 v.H.).

Tabelle 40:
Landwirtschaftliche Betriebe, gegliedert nach Betriebsgrößenklassen, Japan und BR Deutschland, vor bzw. nach dem Zweiten Weltkrieg, Betriebe in 1 000 bzw. (v.H.)

Jahr	Betriebsgrößenklassen						Betriebe insgesamt[1]
	J: unter 0,5 ha D: 2 - 5 ha	0,5 - 1 ha 5 - 10 ha	1 - 2 ha 10 - 20 ha	2 - 3 ha 20 - 50 ha	3 - 5 ha 50 - 100 ha	über 5 ha über 100 ha	
I. Japan (ausschl. Hokkaido)							
1946	2 170,5 (39,69)	1 767,2 (32,31)	1 311,2 (23,97)	186,0 (3,40)	32,6 (0,60)	1,8 (0,03)	5 469,3 (100,0)
1950	2 460,7 (41,54)	1 951,7 (32,95)	1 307,8 (22,08)	175,8 (2,97)	26,5 (0,45)	0,8 (0,01)	5 923,3 (100,0)
II. BR Deutschland (ausschl. Saarland und West-Berlin)							
1939	543,6 (38,03)	409,8 (28,67)	274,4 (19,20)	157,7 (11,03)	29,5 (2,06)	14,5 (1,01)	1 429,5 (100,0)
1949	530,1 (37,39)	404,6 (28,55)	280,4 (19,78)	159,1 (11,22)	29,2 (2,06)	14,4 (1,02)	1 417,8 (100,0)

Anmerkung: 1) Aufsummierte Spaltenwerte; bei v.H.-Angaben ± 0,01 Rundungsdifferenz.

Quellen: Eigene Berechnungen. - Datenbasis: Für Japan: Takekazu OGURA, Can Japanese Agriculture Survive. A Historical and Comparative Approach. Tokyo 1979, Pg. 677.
Für BR Deutschland: Statistisches Bundesamt, Bevölkerung und Wirtschaft 1872-1972, Stuttgart und Mainz 1972, S. 152.

Tabelle 41:
Landwirtschaftliche Betriebe und Fläche, gegliedert nach Besitzverhältnissen, Japan und BR Deutschland, vor bzw. nach dem Zweiten Weltkrieg

A Landwirtschaftliche Betriebe, in 1 000 bzw. (v.H.)

Jahr	Betriebe mit Pachtland[1]	Betriebe insgesamt
I. Japan (einschl. Hokkaido)		
1946	3 790 (68,67)	5 519 (100,00)
1950	2 314 (37,72)	6 135 (100,00)
II. BR Deutschland (ausschl. Saarland und West-Berlin)		
1939	777,1 (54,36)	1 429,5 (100,00)
1949	819,7 (57,81)	1 417,9 (100,00)

B Landwirtschaftliche Fläche, in 1 000 ha bzw. (v.H.)

Jahr	Pachtfläche	Fläche insgesamt
I. Japan (einschl. Hokkaido)		
1946	2 368 (54,06)	5 155,0 (100,00)
1950	515 (90,10)	5 200,0 (100,00)
II. BR Deutschland		
1939	2 367,6 (11,14)	21 257,6 (100,00)
1949	2 459,6 (11,57)	21 255,4 (100,00)

Anmerkung: 1) Abgrenzung für Japan: Betriebe, bei denen die Eigentumsfläche weniger als 10 v.H. der Gesamtfläche beträgt.

Quellen: Eigene Berechnungen. - Datengrundlage: Für Japan: Takekazu OGURA, Can Japanese Agriculture Survive? ..., a.a.O., pp. 747-748.
Für BR Deutschland: Statistisches Bundesamt, Bevölkerung und Wirtschaft ..., a.a.O., S. 152.

Zusammenfassende Wertung der Bodenreform in beiden Ländern nach dem Zweiten Weltkrieg

Die Bodenreform in Japan bewirkte eine beachtliche Zunahme der Zahl der Betriebe in den unteren Größenklassen. Hauptgegenstand der Reformmaßnahmen bildete vor allem die Erneuerung des Pachtwesens und somit die Beseitigung der diesem zugeschriebenen negativen Wirkungen auf Produktion und Produktivität.

Die alliierte Besatzungsmacht garantierte eine zügige Durchführung der Bodenneuordnung und verhinderte ein mögliches Hinterlaufen und Verwässern durch die Reformgegner. Die Ergebnisse und Wirkungen der Bodenreform und ihrer Nachfolgegesetzgebung einer ökonomischen Bewertung zu unterziehen ist ein komplexes Unterfangen, aber rückblickend ist sicherlich die Aussage zutreffend, daß die anfänglich positiven durch längerfristig negative Wirkungen überkompensiert worden sind[103].

Die Bodenreform in der Bundesrepublik mag ihres realisierten Ausmaßes nach als Fehlschlag gewertet werden, als Positivum sind jedoch deutlich die in ihrem Umfeld durchgeführten Siedlungsmaßnahmen herauszustellen.

---

[103] Vgl. H. KANEDA, Structural Change and Policy Response ..., a.a.O.

3.3 Agrarwirtschaft und Agrarpolitik in den Aufbaujahren (1950-1960)

In diesem sowie den dann folgenden Kapiteln 3.4 und 3.5 soll jeweils mittels periodenbezogener "gesamt- und agrarwirtschaftlicher", spezifischer "agrarwirtschaftlicher" sowie einiger ergänzender landwirtschaftlicher Indikatoren ein detailliertes Bild der Landwirtschaft a) als Teil der Gesamtwirtschaft und b) als eigenständiger Sektor gezeichnet werden. (Im bereits abgehandelten Kapitel 3.1.1 konnte eine derartig detaillierte Beschreibung wegen mangelnder Datenbasis leider nicht vorgenommen werden.)

Die "gesamt- und agrarwirtschaftlichen Indikatoren" beschreiben den Bedeutungswandel der Agrarwirtschaft in der Gesamtwirtschaft, während die "agrarwirtschaftlichen" und die ergänzenden landwirtschaftlichen Indikatoren wichtige Charakteristika des Agrarsektors abbilden.

Als wichtigste Bereiche werden bei den "gesamt- und agrarwirtschaftlichen Indikatoren" die Fläche, die Bevölkerung, die Erwerbstätigkeit, die Produktion, die Produktivität, das Preisniveau und der Außenhandel zugrunde gelegt. Bei den "agrarwirtschaftlichen" und den ergänzenden landwirtschaftlichen Indikatoren liegt das Schwergewicht bei der landwirtschaftlichen Fläche, den landwirtschaftlichen Arbeitskräften, den landwirtschaftlichen Betrieben, dem landwirtschaftlichen Maschinenbesatz, der Anbaugliederung des Ackerlandes, der Tierbesatzdichte, der Agrarerzeugung, den Erträgen, den Leistungskennziffern der tierischen Produktion, dem landwirtschaftlichen Produktionsvolumen und seiner Struktur, dem Faktoreinsatz, den Faktorintensitäten, den Faktorproduktivitäten sowie den landwirtschaftlichen Input- und Outputpreisen.

Als Zielsetzung liegt der Darstellung der Indikatoren zugrunde, die Niveauverschiebungen und strukturellen Wandlungen der Agrarwirtschaft in der Gesamtwirtschaft sowie die niveaumäßigen und strukturellen Veränderungen innerhalb der

Agrarwirtschaft nach Richtung und Intensität aufzuzeigen und Ähnlichkeiten und Unterschiede herauszuarbeiten.

Die ausführlichere Diskussion der Indikatoren wird jeweils auf die wichtigsten Kenngrößen beschränkt.

Im Anschluß an vergleichende Betrachtung der wichtigsten Indikatoren erfolgt jeweils eine Darstellung der wesentlichen agrarpolitischen Zielsetzungen sowie der Schwerpunktbereiche der agrarpolitischen Maßnahmen.

3.3.1 Wesentliche gesamt- und agrarwirtschaftliche Indikatoren - Globale Betrachtung

a) Allgemeine Entwicklung

Die Aufbaujahre (1950-1960) waren für beide Volkswirtschaften durch hohes gesamtwirtschaftliches Wachstum zu kennzeichnen. Die Nachkriegsdepression in der gesamt- wie auch agrarwirtschaftlichen Produktion konnte in beiden Ländern bereits in den frühen 50er Jahren überwunden werden, d.h., der Wiederaufbau schritt rasch voran, und es trat das typische Bild des gesamtwirtschaftlichen Strukturwandels, nämlich die Abwanderung von Arbeitskräften von weniger produktiven in höherproduktive Sektoren in Erscheinung, insbesondere betraf dieses den Agrarsektor. Das Maß der Abwanderung landwirtschaftlicher Arbeitskräfte vermochte jedoch nicht die Produktivitätslücke zwischen Gesamt- und Agrarwirtschaft zu schließen, d.h., die ungünstige relative landwirtschaftliche Arbeitsproduktivität blieb bestehen.

b) Bevölkerung, Bevölkerungsdichte und Land-Man-Ratio

Bei der Wohnbevölkerung waren in Japan in den 50er Jahren, verglichen zur unmittelbaren Nachkriegszeit, gemäßigte Zuwächse zu registrieren (s. Tabelle 1, Abschnitt B, im Anhang). Die Begründung lag in der verminderten Zahl der Rückwanderer und in dem mäßigeren natürlichen Wachstum. In der Bundesrepublik galt Vergleichbares für die zweite Hälfte des Jahrzehnts, während in der ersten Hälfte die Zuwachsrate mit 2,3 v.H. noch recht hoch war (s. Tabelle 2, Abschnitt B, im Anhang).

Als Folge des Bevölkerungswachstums und der nahezu unveränderten Gesamtfläche stieg die Bevölkerungsdichte (s. Tabellen 1 + 2, jeweils Abschnitt B, im Anhang) in Japan von 229 Einwohnern je qkm in 1950 auf 253 Einwohner je qkm in 1960, in der Bundesrepublik von 203 in 1950 auf 227 in 1960. Die landwirtschaftliche Man-Land-Ratio (Einwohner je qkm landwirtschaftlich genutzter Fläche) (s. Tabellen 1 + 2, jeweils Abschnitt B, im Anhang) stieg in Japan von 1384 in 1950 auf 1495 in 1960, in der Bundesrepublik von 352 in 1950 auf 394 in 1960. Die landwirtschaftliche Man-Land-Ratio dokumentiert insbesondere für Japan die überaus knappe Ausstattung mit dem Faktor Boden.

c) Erwerbstätigkeit

Der Anteil der Landwirtschaft an den Erwerbstätigen insgesamt verminderte sich in Japan - je nach Datenbasis - von 52 bzw. 45 v.H. in 1953 auf 33 bzw. 31 v.H. in 1960 (s. Tabelle 1, Abschnitt C, im Anhang). In der Bundesrepublik reduzierte sich der Anteil von 25 v.H. in 1950 auf 14 v.H. in 1960 (s. Tabelle 2, Abschnitt C, im Anhang). Der Rückgang der Anteile spiegelt jeweils die Zunahme der Arbeitsmobilität wider, welche als Folge der Verbesserung der außerlandwirtschaftlichen Einkommens- und Beschäftigungssituation auftrat.

d) Produktion

Das reale gesamtwirtschaftliche Bruttoinlandsprodukt (s. Tabelle 1, Abschnitt D, im Anhang) stieg in Japan in den 50er Jahren mit einer Rate von über 9 v.H., in der Bundesrepublik mit 8 v.H. (s. Tabelle 2, Abschnitt D, im Anhang).

Das reale agrarwirtschaftliche Bruttoinlandsprodukt erhöhte sich demgegenüber mit jährlich 5 v.H. (Japan) und 3 v.H. (Bundesrepublik).

Bedingt durch das gegenüber der Gesamtwirtschaft geringere Wachstum des Agrarsektors verminderten sich die realen Anteile (Agrarquoten) in Japan (s. Tabelle 1, Abschnitt D, im Anhang) von 22,7 v.H. in 1953 auf 17,6 v.H. in 1960. In der Bundesrepublik (s. Tabelle 2, Abschnitt D, im Anhang) lagen die Quoten bei 7 v.H. in 1950 und 4,5 v. H. in 1960.

e) Bruttosozialprodukt je Kopf

In gleicher Richtung wie die gesamtwirtschaftliche Produktion entwickelte sich in beiden Ländern auch das reale Bruttosozialprodukt je Kopf (s. Tabellen 1 + 2, jeweils Abschnitt D, im Anhang). Die Zuwachsraten lagen in Japan bei 7 1/2, in der Bundesrepublik bei 7 v.H.

f) Arbeitsproduktivität und Durchschnittseinkommen

Das reale Bruttoinlandsprodukt je Erwerbstätigen (s. Tabellen 1 + 2, jeweils Abschnitt D, im Anhang), als globaler Produktivitäts- und Einkommensmaßstab, weist in Japan für Agrar- und Gesamtwirtschaft für den Zeitraum 1953-60 annähernd identische Steigerungsraten aus, d.h., es trat für die Agrarwirtschaft, ausgenommen die positive Zwischenphase um 1955, keine Verschlechterung, aber auch keine Verbesserung der Einkommens- und Produktivitätslage ein: Die Einkommen und die Produktivität innerhalb des Agrarsektors blieben, abhängig von der jeweiligen zugrunde gelegten Erwerbstätigenzahl im Durchschnitt um 43-47 v.H. hinter derjenigen der Gesamtwirtschaft zurück. In der Bundesrepublik lagen die landwirtschaftliche Produktivität und somit gleichzeitig auch das landwirtschaftliche Einkommen über den gesamten Zeitraum der Wiederaufbauphase um mehr als 70 v.H. unterhalb der- bzw. desjenigen der Gesamtwirtschaft oder, m.a.W., die Produktivitäts- und Einkommenslücke zuungunsten der Landwirtschaft blieb ebenfalls über den gesamten Zeitraum nahezu unverändert.

g) Preisniveau

Die gesamtwirtschaftliche Preisniveauentwicklung (s. Tabellen 1 + 2, jeweils Abschnitt E, im Anhang), abbildbar mittels des Preisindexes der Lebenshaltung resp. des impliziten Preisdeflators des Bruttoinlandsprodukts, weist für die 50er Jahre - für Japan die durch den Koreaboom bedingte inflationäre Phase zu Beginn des Jahrzehnts (1950-52) ausgenommen - eine relativ hohe Preisniveaustabilität aus: insgesamt belief sich der jährliche Preisniveauanstieg in beiden Ländern auf annähernd 2 bzw. 3 v.H.

Die Agrarpreisniveauentwicklung (s. Tabellen 1 + 2, jeweils Abschnitt E, im Anhang), zunächst dargestellt mittels der Änderungsraten des impliziten landwirtschaftlichen BIP-Deflators über den Zeitraum 1953-60, war in Japan durch im Vergleich zur Gesamtwirtschaft um fast 2 v.H. mäßigere Steigerungsraten zu charakterisieren, d.h., die Agrarprodukte hatten Kaufkraftverluste hinzunehmen. In der Phase 1953-55 mußten sogar nominale Einbußen hingenommen werden. Allerdings waren diesen Preisrückgängen während des Korea-Booms nicht unerhebliche Preisauftriebe vorangegangen.

In der Bundesrepublik stieg das Agrarpreisniveau, über die gesamte Wiederaufbauphase hinweg betrachtet, mit einer Rate von 2,2 v.H., wobei allerdings differenzierend zu vermerken ist, daß das Agrarpreisniveau in der ersten Hälfte der 50er Jahre vor allem unter Einwirkung des durch die Koreakrise 1951/52 ausgelösten Nachfragebooms schneller, in der zweiten Hälfte dagegen deutlich langsamer anstieg als das Preisniveau der Gesamtwirtschaft (impliziter BIP-Deflator). Die Agrarprodukte erlangten demzufolge in der ersten Phase der 50er Jahre, Kaufkraftgewinne, in der zweiten Phase der Dekade dagegen Kaufkrafteinbußen.

h) Außenwirtschaft

Die jährliche Steigerung des Exportwertes der Agrargüter (s. Tabellen 1 + 2, jeweils Abschnitt F, im Anhang) erreichte in Japan 17,3 v.H., in der Bundesrepublik 18,7 v.H. Bei den Importwerten der Agrarerzeugnisse zeigten sich dagegen geringere Zuwächse: Japan 4,8 v.H., Bundesrepublik 8,4 v.H. Absolut und relativ (Anteile) lagen die wertmäßigen Agrarimporte in beiden Ländern oberhalb der wertmäßigen Agrarexporte, d.h., beide Länder waren Nettoimporteure von Ernährungsgütern.

Einen Gesamtüberblick über die diskutierten wesentlichen gesamt- und agrarwirtschaftlichen Indikatoren (b-d) vermittelt Tabelle 42.

i) Zusammenfassung

Das Bevölkerungswachstum erfuhr in beiden Ländern in den Aufbaujahren gegenüber der unmittelbaren Nachkriegszeit eine Abschwächung. Die Zahl der landwirtschaftlichen Arbeitskräfte ging in beiden Agrarwirtschaften zurück, d.h., der Anteil an den Erwerbstätigen verminderte sich. Die gesamtwirtschaftliche Produktion stieg in beiden Volkswirtschaften kräftig an. Die Agrarwirtschaft konnte diesem Produk-

Tabelle 42: Gesamt- und agrarwirtschaftliche Indikatoren, Japan und BR Deutschland, Zusammenfassung, 1950-1960

	Japan			BR Deutschland		
	1950	1960	Jahresdurchschnittliche Veränderungen (nach Zinseszins), in v.H.	1950	1960	Jahresdurchschnittliche Veränderungen (nach Zinseszins), in v.H.
I Bevölkerung, in Mio.	83,2	93,4	+ 1,2	50,0	56,2	+ 1,0
II Landwirtschaftliche Erwerbstätige, in v.H. der Erwerbstätigen insgesamt	51,6[1]	32,6	- 4,5	24,8	14,4	- 5,3
III Landwirtschaftliche Produktion (RIP), in v.H. der Produktion insgesamt, beide zu konst. Preisen von 1976)	22,7[1]	17,6	- 3,5	7,0	4,5	- 4,4
IV Bruttosozialprodukt je Kopf, in konst. Preisen[2]) und US-Dollar von 1976[2])	733	1 597	+ 7,5	2 236	4 350	+ 6,9
V Relative landwirtschaftliches Arbeitsproduktivität[3]), in v.H.	53,0[1]	54,0	+ 0,3	28,2	27,8	- 0,1
VI Relative Agrarpreise[4]), in v.H.	86,2[1]	75,6	- 1,7	145,4	134,3	- 0,8
VII Agrarexporte, in v.H. der Exportwerte insgesamt	6,3	6,3	± 0	2,3	2,3	± 0
VIII Agrarimportwerte, in v.H. der Importwerte insgesamt	32,1	11,1	- 10,1	44,1	26,3	- 5,0

1) 1953.
2) Umrechnungskurse 1 US-Dollar ≙ 2,3655 Yen ≙ 2,518 DM.
3) Agrarwirtschaftliches Bruttoinlandsprodukt zu konstanten Preisen je Erwerbstätigen in der Landwirtschaft : gesamtwirtschaftliches Bruttoinlandsprodukt zu konstanten Preisen je Erwerbstätigen in der Gesamtwirtschaft.
4) Agrarwirtschaftlicher BIP-Deflator : gesamtwirtschaftlicher BIP-Deflator.

Quellen: Siehe Tabellen 1 und 2 im Anhang.

tionswachstum nicht folgen, ihr Anteil an der Gesamtproduktion verminderte sich kontinuierlich. In bezug auf die Arbeitsproduktivität blieb der Agrarsektor nicht unerheblich hinter der Gesamtwirtschaft zurück. In beiden Ländern herrschte, den Korea-Boom außer acht lassend, ein recht hohes Maß an Preisniveaustabilität. Die landwirtschaftlichen Terms of Trade entwickelten sich nach der Korea-Hausse in beiden Volkswirtschaften zuungunsten des Agrarsektors. Der Agraraußenhandel zeigte in den 50er Jahren eine kräftige Expansion, der Status beider Länder als Nettoimporteure blieb jedoch bestehen.

3.3.2 Wesentliche agrarwirtschaftliche Indikatoren - Spezifische Betrachtung

a) Faktoreinsatz und Faktorintensitäten

Der Faktoreinsatz im Agrarsektor beider Länder (s. Tabellen 5 + 6, jeweils Abschnitt C, im Anhang) verlagerte sich in den 50er Jahren - und hier vor allem in der zweiten Jahrzehnthälfte - zunehmend vom Faktor Arbeit auf den Faktor Kapital: Einschränkungen beim Arbeitskräfteeinsatz standen Ausdehnungen des Kapitaleinsatzes gegenüber. Der Flächeneinsatz hingegen blieb nahezu unverändert.

Die sich wandelnden Faktoreinsatzniveaus drückten sich in entsprechenden Änderungen der Faktorintensitäten aus: Während sich die bodenbezogene Arbeitsintensität verminderte, erhöhten sich die bodenbezogene Kapitalintensität und die arbeitsbezogene Kapitalintensität (s. Tabellen 5 + 6, jeweils Abschnitt D, im Anhang).

b) Produktion

Die Entwicklung des Volumens der Agrarproduktion (s. Tabellen 5 + 6, jeweils Abschnitt A, im Anhang) zeigt, daß die Produktion in Japan vornehmlich während der ersten (Reisrekordernte von 1955), in der Bundesrepublik vernehmlich in der zweiten Dekadenhälfte anstieg. Über das ganze Jahrzehnt hinweg betrachtet, lagen die Zuwachsraten in Japan bei 4,2, in der Bundesrepublik bei 3,7 v.H.

Mit dem Wachstum der Gesamtproduktion (Bruttoproduktion) einher ging der zunehmende Einsatz von Vorleistungsgütern. Die Steigerungsraten (1950-60) lagen in Japan bei 6, in der Bundesrepublik bei 5 v.H.

c) Partielle Produktivitäten

Wird das Ergebnis der Bruttoproduktion auf den Faktoreinsatz bezogen, so erhält man die partiellen Bruttoproduktivitäten (s. Tabellen 5 + 6, jeweils Abschnitt D, im Anhang). Die Analyse letzterer ergibt, daß Arbeits- und Bodenproduktivität in den 50er Jahren beständig anstiegen, während die Kapitalproduktivität nach Mitte der Dekade zu sinken begann.

d) Preisniveau bei Output- und Inputgütern sowie Preisverhältnisse

In der Phase des Wiederaufbaus entwickelten sich die Agrarpreise (s. Tabellen 7 + 8, im Anhang) in beiden Ländern bis Mitte der Periode günstiger als in der zweiten Hälfte, vor allem induziert durch den Korea-Boom.

In bezug auf die Agrarpreisstruktur ist zu erkennen, daß für die pflanzlichen Produkte stärkere Preisanhebungen als für die tierischen bestanden. In Japan war dies insbesondere zurückzuführen auf den starken Anstieg bei Reis, Hackfrüchten, Obst und Nüssen sowie Gemüse, in der Bundesrepublik auf den starken Preisanstieg bei Getreide, Hackfrüchten und Gemüse (jeweils zu Beginn des Jahrzehnts).

Die Entwicklung der landwirtschaftlichen Inputpreise war in Japan während der 50er Jahre, von Ausnahmen abgesehen, durch niedrige Preisniveauzuwächse zu charakterisieren. Im besonderen galt dieses für Handelsdünger und Zukauffuttermittel. Vergleichsweise ausgeprägte Teuerungstendenzen zeigten sich bei landwirtschaftlichem Zubehör (Maschinen und Geräte), Saat- und Pflanzgut, bei den Lohnkosten und am deutlichsten bei den Grundstückspreisen. In der Bundesrepublik hoben sich bei den landwirtschaftlichen Inputs während der Aufbauphase vor allem die Löhne kräftig an, aber auch die Preise für Bauten, Maschinen und Grundstücke wie auch für Zukaufsfuttermittel stiegen nicht unerheblich.

Aus der Entwicklung Agrarproduktpreise relativ zu den Betriebsmittelpreisen ist für Japan zu schließen, daß sich die Austauschverhältnisse vor allem in der ersten, dagegen abgeschwächter in der zweiten Hälfte der 50er Jahre zugunsten der Agrarwirtschaft entwickelten: Am meisten galt dieses für die pflanzlichen, weniger stark jedoch für die tierischen sowie für die Seidenrohprodukte. Auch in der Bundesrepublik gestalteten sich in den 50er Jahren die Austauschverhältnisse der Agrarprodukte gegenüber den Betriebsmitteln sowie inbesondere gegenüber den variablen Inputs - hier vorrangig gegenüber dem Handelsdünger - relativ günstig. (Das vorstehend jeweils für beide Länder aufgezeigte Ergebnis deckt sich teilweise nicht mit demjenigen, was im Abschnitt zuvor mittels der impliziten BIP-Deflatoren gefunden worden ist. Die Begründung liegt möglicherweise in unterschiedlichen Gewichtungen der Preise der einbezogenen Input- und Outputgrößen bzw. in den grundsätzlichen Unterschieden der verwendeten Meßkonzepte.)

In der Tendenz ungünstiger entwickelten sich in beiden Ländern die Austauschverhältnisse zwischen den Agrarprodukten einerseits und den Faktoren Arbeit (Löhne), Kapital (Japan: landwirtschaftliches Zubehör, Bundesrepublik: Bauten, Maschinen) sowie Boden (Grundstückspreise) andererseits.

Einen zusammenfassenden Gesamtüberblick über die bisher besprochenen agrarwirtschaftlichen Indikatoren (a-d) gibt Tabelle 43.

e) Landwirtschaftliche Betriebe und durchschnittliche Flächenausstattung

Die Zahl der landwirtschaftlichen Betriebe verminderte sich in Japan (s. Tabelle 3, Abschnitt A, im Anhang) von ca. 6,2 Mio. in 1950 auf 6,1 Mio. in 1960, in der Bundesrepublik (s. Tabelle 4, Abschnitt A, im Anhang) von 1,9 Mio. in 1950 auf 1,6 Mio. in 1960. Die Betriebsaufgaberate lag in Japan bei 0,2, in der Bundesrepublik bei 1,6 v. Der betriebliche Strukturwandel vollzog sich somit in der Bundesrepublik deutlich schneller.

Die durchschnittliche Betriebsgröße blieb daher mit 1,0 ha in Japan nahezu unverändert, wohingeben sie in der Bundesrepublik von 7 ha in 1950 auf 8,1 ha in 1960 stieg. Die Zahlen belegen deutlich die große Flächenarmut Japans.

f) Flächenbezogener Arbeitsbesatz

Der durchschnittliche flächenbezogene Arbeitsbesatz (AK/100 ha) sank in Japan - je nach Datenbasis - von 301 bzw. 314 in 1950 auf 239 bzw. 252 in 1960, in der Bundesrepublik von 38,4 in 1950 auf 26,3 in 1960. Die Kennzahlen markieren im Vergleich zur Bundesrepublik die hohe absolute flächenbezogene Arbeitsintensität der japanischen Landwirtschaft.

Tabelle 63: Agrarwirtschaftliche Indikatoren, Japan und BR Deutschland, Zusammenfassung, 1950-1960

	Japan			BR Deutschland		
	1950	1960	Jahresdurchschnittliche Veränderungen (nach Zinseszins), in v.H.	1950[1]	1960[2]	Jahresdurchschnittliche Veränderungen (nach Zinseszins), in v.H.
I Faktoreinsatzniveaus, 1950=100						
Arbeit	100,0	83,7	- 1,8	100,0	64,1	- 4,4
Boden	100,0	103,6	+ 0,4	100,0	100,1	- 0,01
Kapital	100,0	155,0	+ 4,5	100,0	146,1	+ 3,9
II Faktorintensitäten, 1950=100						
Arbeit : Boden	100,0	80,8	- 2,1	100,0	64,0	- 4,4
Kapital : Boden	100,0	149,6	+ 4,1	100,0	145,9	+ 3,8
Kapital : Arbeit	100,0	185,2	+ 6,4	100,0	228,0	+ 8,6
III Volumen der Agrarproduktion (Bruttoproduktion), 1950=100	100,0	151,3	+ 4,2	100,0	143,7	+ 3,7
IV Struktur der Agrarproduktion (Bruttoproduktion), in v.H.						
Pflanzliche Produktion	92,3	84,5	- 0,9	28,7	25,1	- 1,3
Seidenproduktion	2,6	2,4	- 0,7	.	.	.
Tierische Produktion	5,1	13,0	+ 9,8	71,3	74,9	+ 0,5
V Partielle Produktivitäten, 1950=100						
Bruttoproduktion : Arbeit	100,0	180,8	+ 6,1	100,0	242,2	+ 8,4
Bruttoproduktion : Boden	100,0	146,0	+ 3,9	100,0	167,9	+ 5,3
Bruttoproduktion : Kapital	100,0	97,6	- 0,2	100,0	98,4	- 0,2
VI Landwirtschaftliche Outputpreise, Japan 1952=100, BR Deutschland 1950/51=100	100,0[1]	112,9	+ 1,5	100,0	127,2	+ 2,4
VII Landwirtschaftliche Betriebsmittelpreise, Japan 1952=100, BR Deutschland 1950/51=100	100,0[1]	100,8	+ 0,1	100,0	129,8	+ 2,6

1) 1952.
2) 1950/51.
3) 1960/61.

Quellen: Siehe Tabellen 5-8 im Anhang.

g) Anbaustruktur

Die Gliederung des Ackerlandes nach Hauptgruppen vermittelt einen Eindruck von der Struktur der Bodenproduktion. Für Japan (s. Tabelle 3, Abschnitt C, im Anhang) zeigt sich in den 50er Jahren eine deutliche Dominanz des Reisanbaues (Anteile: 1950: 39,4 v.H.; 1960: 41 v.H.). In der Bundesrepublik (s. Tabelle 4, Abschnitt C, im Anhang) lag das Schwergewicht beim Getreideanbau (Anteile: 1950: 53 v.H.; 1960: 62 v.H.). Die zweitwichtigste Anbaufrucht bildete(n) in Japan das Getreide (1950: 28 v.H.; 1960: 21 v.H.), in der Bundesrepublik die Hackfrüchte (1950: 25,6 v.H.; 1960: 23,3 v.H.). Als weitere Anbauarten erscheinen in beiden Ländern der Hülsenfrucht-, der Gemüse- und Gartengewächs-, der Handelsgewächs- und der Futterpflanzenanbau.

h) Tierbesatzdichte

Die Betrachtung der Tierbesatzdichte (s. Tabellen 3 + 4, jeweils Abschnitt D, im Anhang) zeigt zunächst einmal den absolut höheren Tierbesatz in der Bundesrepublik. Eine Ausnahme bildet lediglich das Geflügel (Japan: 1950: ca. 3200 Tiere je 1000 ha, 1960: ca. 9700 Tiere je 1000 ha; Bundesrepublik: 1950: ca. 3500 Tiere je 1000 ha, 1960 ca. 4400 Tiere je 1000 ha). Eine der Bundesrepublik vergleichbare Besatzdichte zeigt sich bei der Rindviehhaltung (Japan: 1950: 481 Tiere je 1000 ha, 1960: 594 Tiere je 1000 ha; Bundesrepublik: 1950: 829 Tiere je 1000 ha, 1960: 916 Tiere je 1000 ha).

Die Entwicklung der Besatzdichten läßt erkennen, daß in Japan insbesondere die Milchkuh- sowie die Schweine- und Geflügelhaltung in den 50er Jahren an Bedeutung gewannen, abgeschwächter traf dieses auch noch für die Schaf- und Ziegenhaltung zu. Die Pferdehaltung dagegen verlor an Bedeutung: Die tierische Zugkraft wurde zunehmend durch Maschinen ersetzt. In der Bundesrepublik gewannen insbesondere die

Schweine- und Geflügelhaltung an Bedeutung, darüber hinaus aber auch die Rindviehhaltung. An Bedeutung verloren die Ziegen-, die Schaf-, die Pferde- und die Milchkuhhaltung.

i) Struktur der Agrarproduktion

Die Analyse der Struktur des Volumens der Agrarproduktion (s Tabellen 5 + 6, jeweils Abschnitt B, im Anhang) führt zu dem Ergebnis, daß in Japan in den 50er Jahren das Schwergewicht auf der pflanzlichen Produktion (Anteile: 1950: 92 v.H.; 1960: 85 v.H.) - und hier vor allem beim Reis (Anteile: 1950: 56 v.H., 1960 49 v.H. - lag. Die tierische Produktion hatte mit 5 v.H. in 1950 und 13 v.H. in 1960 eine vergleichsweise geringe Bedeutung. In der Bundesrepublik lag der Schwerpunkt bei der tierischen Produktion (Anteile: 1950/51: 71 v.H., 1960/61: 75 v.H). Auf die pflanzliche Produktion entfielen 29 v.H. (1950/51) bzw. 25 v.H. (1960/61) des Produktionsvolumen.

j) Physische Produktivitäten

Die Ertragsentwicklung nach Hauptfruchtarten sowie die Leistungskennziffern der tierischen Produktion vermitteln einen Einblick in die Entwicklung der physischen Produktivitäten (s. Tabellen 3 + 4, jeweils Abschnitte F + G, im Anhang). Es ist erkennbar, daß in Japan das Ertragsniveau beim Reis mit 30 dt/ha (Anfang der 50er Jahre) bzw. 37 dt/ha (Ende des Jahrzehnts) etwa dem des Weizens in der Bundesrepublik (27 bzw. 32 dt/ha) entsprach, wohingegen Weizen als Anbaufrucht in Japan deutlich niedrigere Erträge (20 bzw. 22 dt/ha) brachte. Das gleiche galt auch für Kartoffeln und Zuckerrüben. Bei den tierischen Ertragszahlen hingegen bestand ein umgekehrtes Bild. Hier lagen die Erträge in Japan höher: Milchleistung/Jahr, Japan: 3415 bzw. 3544 l/Kuh; Bundesrepublik: 2779 bzw. 3164 l/Kuh; Legeleistung/Jahr, Japan: 177

bzw. 194 Eier/Henne; Bundesrepublik: 113 bzw. 123 Eier/Henne.

k) Zusammenfassung

Im Bereich des Faktoreinsatzes stellte sich in der Aufbauphase in beiden Ländern das typische Bild des agrarstrukturellen Anpassungsprozesses ein, d.h., es wurde zunehmend der Faktor Arbeit durch den Faktor Kapital substituiert. Jeweils in Abhängigkeit von der agrarwirtschaftlichen Produktion und dem Faktoreinsatz stellten sich Änderungen der partiellen Bruttoproduktivitäten ein: Die Arbeits- und Flächenproduktivität stiegen an, während sich die Kapitalproduktivität in Abhängigkeit vom Tempo der Veränderung des Kapitaleinsatzes entweder erhöhte oder rückläufig war.

Bezogen auf die Gruppen der landwirtschaftlichen Outputs und Inputs, entwickelten sich die Austauschverhältnisse zwischen Agrarprodukten und wichtigen Inputs wie Handelsdünger und Zukauffuttermittel zugunsten der Agrarprodukte, während sie sich zwischen Agrarprodukten und Löhnen bzw. Kapitalgütern zuungunsten der Agrarprodukte gestalteten. Der Betriebsaufgabeprozeß vollzog sich in der Aufbauphase in Japan erheblich langsamer als in der Bundesrepublik. Bei den Viehbesatzdichten fällt in beiden Agrarwirtschaften insbesondere die starke Expansion der Schweine- und Geflügelhaltung auf. Die Struktur der Agrarproduktion wandelte sich insbesondere in Japan in der Weise, daß die tierische Erzeugung an Bedeutung hinzugewann.

3.3.3 Agrarpolitik: Hauptzielsetzungen und Maßnahmen

Zu Beginn der 50er Jahre lag angesichts der Korea-Krise in beiden Ländern die Priorität bei agrar- bzw. ernährungspolitischen Sicherheitszielen, d.h., es galt, mit allen möglichen Mitteln die inländische Agrarproduktion zu steigern. Als die Krise abgeklungen war, traten Stabilisierungs- und Stützungsziele und mithin preis- und einkommenspolitisch motivierte Ziele in den Vordergrund. Die Lage auf den Welternährungsmärkten entspannte sich, und die Preise begannen zu fallen und das inländische Preisniveau zu unterschreiten. Um einen Rückgang der landwirtschaftlichen Einkommen als Folge sinkender Preise zu vermeiden, wurden protektionistische Marktordnungssysteme geschaffen bzw. bestehende Systeme in solche umgewandelt. Darüber hinaus wurden jedoch auch strukturpolitische Zielsetzungen verfolgt. Es lag hierbei die Erkenntnis zugrunde, daß die Effizienz der Agrarproduktion längerfristig erhöht und auf diese Weise die landwirtschaftlichen Einkommen gesteigert werden müßten.

<u>Schwerpunktbereiche der agrarpolitischen Maßnahmen</u>

JAPAN

a) Preis- und Einkommenspolitik[104]

Als wichtigste preis- und einkommenspolitische Maßnahmen der 50er Jahre sind für Japan insbesondere zu nennen: die Beendigung der Bewirtschaftung bei Futtergetreide und Dünger (1950), das Gesetz über die Stabilisierung von Nachfrage und Angebot bei Futtermitteln (1950), die Liberalisierung der Importe von Futtermitteln (1950), die Regierungsverordnung über den jährlichen Ankauf von Reis (1951-54), die Änderung des Ernährungskontrollgesetzes (1951), die Einführung der

---

[104] Vgl. T.OGURA (Ed.), Agricultural Development in Modern Japan. Japan FAO Association, Tokyo 1963, S. 204-210.

Einkommensparitätsrechnung beim Reis (1952), das Konkon- und Rohseidestabilisierungsgesetz (1953), das landwirtschaftliche Preisstabilisiergungsgesetz (1953: einbezogene Produkte: Kartoffeln, Süßkartoffeln, Kartoffelstärke, Raps, Sojabohnen und Zuckerrüben), das Gesetz über die vorübergehende Stabilisierung von Nachfrage und Angebot bei Düngemitteln (1954), das Gesetz über vorübergehende Maßnahmen zur Stabilisierung von Ammonsulfatexporten (1954) sowie die Einführung eines freiwilligen Zeichnungssystems für Reislieferungen (1955: u.a. Gewährung von Vorauszahlungen, Steuererlassen etc.). (Bezüglich eines chronologischen Gesamtüberblicks der Gesetze, Verordnungen etc. vergl. Übersicht, im Anhang. Ein Abriß über den sich in den 50er Jahren vollziehenden Willensbildungsprozeß in bezug auf die allgemeine landwirtschaftliche Gesetzgebung, gemeint ist das landwirtschaftliche "Grundgesetz", erfolgt in Kapitel 3.4.)

Einige gesetzliche Maßnahmen im Bereich der japanischen Agrarpolitik sollen im folgenden näher erläutert werden: Durch die Änderung von 1951 verlor das Ernährungsgüterkontrollgesetz für Kartoffeln, Süßkartoffeln und andere weniger bedeutsame Produkte seine Gültigkeit. Hinsichtlich Weizen, Gerste und Nacktgerste erfuhr es wichtige Änderungen, d.h., das System der Zwangsablieferungen, Rationierungen und Festpreise wurde abgeschafft. Eine wichtige Ausnahme bildete die Hauptanbaufrucht Reis: Für sie blieb das System der Ablieferungsquoten und Festpreise bestehen. Weizen, Gerste und Nacktgerste wurden in ein System indirekter Preis- und Mengenregulierung eingebunden, d.h., es wurden Mindestpreise festgesetzt, für dessen Garantie seitens der Regierung eine "unbegrenzte" Interventionspflicht bestand.

Da Reis von der 1951 erfolgten Markt- und Preisliberalisierung bei wichtigen Agrarprodukten ausgespart worden war, mußten die Reisproduzenten auch weiterhin den gesamten Reis (Saatgut und Eigenverbrauch ausgenommen) bei den staatlichen Interventionsstellen abliefern. Die Festlegung der Aufkaufpreise orientierte sich an der Entwicklung der Produktionskosten, des allgemeinen Preisniveaus sowie anderer relevanter ökonomischer Faktoren (Preisparitätsrechnung). 1952-59 erfolgte die Preisfestsetzung mittels der Einkommensparitätsrechnung und nach 1960 mittels der Produktionskosten- und Einkommensausgleichrechnung.

Innerhalb der Preisparitätsrechnung wurde die Preisbestimmung in Abhängigkeit von der Preisentwicklung der Güter und Dienstleistungen, die die Landwirte in Anspruch nahmen vorgenommen. Die Einkommensparitätsrechnung stellte eine verbesserte Berechnungsweise der Preisparität dar: In die Berechnung gingen nicht nur die Preisentwicklungen der Güter- und Dienstleistungen ein, sondern auch Änderungen innerhalb des Einsatzes der Vorleistungsgüter. Sie zielte auf einen Ausgleich hinsichtlich der Wachstumslücke zwischen Arbeitnehmereinkommen und den Einkommen der landwirtschaftlich Beschäftigten. Die Produktionskosten- und Einkommensausgleichrechnung basiert auf einer staatlichen Produktionskostenkalkulation, wobei die Lohnkosten für die unbezahlten Familienarbeitskräfte mit Hilfe des Durchschnittslohns der Industriearbeiter kalkuliert werden.

Mit der sich nach 1951 einstellenden Entspannung auf den Welternährungsmärkten und dem Anstieg des Preisparitätsindexes wirkte das indirekte Kontrollsystem bei Weizen, Gerste und Nacktgerste in zunehmendem Maße als ein System der Preisstützung. Die Preisfestsetzung erfolgte auf dem Niveau der staatlichen Aufkaufpreise von 1950 und 1951, fortgeschrieben mittels des landwirtschaftlichen Paritätsindexes (Index der von den Landwirten gezahlten Betriebsmittel- und Verbraucherpreise (Basisjahr Ø 1950/51 - 1951/52 = 100). Ab 1957 wurden die staatlichen Aufkaufpreise bei Weizen, Gerste und Nacktgerste stärker angehoben als die staatlichen Abgabepreise. Es stellten sich somit für die staatlichen Aufkaufstellen Verluste ein. Teilweise konnten diese über die positiven Differenzbeträge zwischen den staatlichen Abgabepreisen und den Importpreisen ausgeglichen werden. Das indirekte Kontrollsystem war nun in ein System der direkten und absoluten Kontrolle übergegangen, da nahezu die gesamten

Mengen an Weizen, Gerste und Nacktgerste bei den staatlichen Aufkaufstellen angeliefert wurden.

In gleicher Weise wie beim Getreide (Weizen, Gerste, Nacktgerste) wirkten die schrittweisen Preisanhebungen wie auch die anfänglich noch bestehenden Bonussysteme beim Reis zu Anfang der 50er Jahre in Richtung einer allmählichen Zunahme der Preisstützung.

Als weiteres Mittel, die landwirtschaftlichen Einkommen zu erhöhen, ist die Verminderung der Steuer- und Abgabenlast zu nennen. Insbesondere im ersten Jahrfünft nach dem Krieg hatte die japanischen Agrarproduzenten schwer unter ihr zu leiden. Eine Milderung stellte sich erst nach 1950 ein, einesteils als Ergebnis der Shoup-Mission und anderenteils in Verbindung mit Problemen, vollständige Reisablieferungen sicherzustellen[105].

b) Strukturpolitik

Folgende Maßnahmen wurden wirksam: Eingriffe auf den landwirtschaftlichen Faktormärkten (Faktor Boden: Gesetz über den landwirtschaftlichen Boden (1952); Bodenverbesserungsmaßnahmen (1952; 1954)); Förderung der Gründung neuer Bauern- und Fischerdörfer sowie allgemeine oder gezielte (produktspezifische) Investitionsförderung über Beihilfen und/oder Darlehen (Darlehen für Eigentümerlandwirte (1950; 1955); Förderung der Milchviehhaltung (1950) sowie der Viehhaltung allgemein (1953)); Schaffung, Reorganisation und/oder Förderung landwirtschaftlicher Markt-, Kredit- und Beratungsorgane etc. (land-, forst- und fischwirtschaftliche Genossenschaften und Zusammenschlüsse (1950; 1954) sowie

---

[105] Reduzierte Lieferquoten und Bonuszahlungen vermochten die Landwirte nicht dazu bewegen, den Reis vollständig abzuliefern. Es wurde daher die Möglichkeit einer anonymen Ablieferung geschaffen, d.h., das Entgelt für diese Lieferung wurde der Besteuerung entzogen. Vgl. hierzu R.P. DORE, Landreform in Japan, a.a.O., Pg. 235.

Kreditkörperschaften (1953); landwirtschaftliche Ausschußorgane (1951); landwirtschaftliche Mechanisierung (1953)). (Bezüglich eines chronologischen Gesamtüberblicks der Gesetze, Verordnungen etc. vergl. Übersicht 3, im Anhang.)

Erläuternd sei ergänzt, daß die eingangs des Jahrzehnts begonnenen Maßnahmen zur Erhöhung der Produktivität in der japanischen Landwirtschaft, d.h. die Maßnahmen zur Landverbesserung (Bewässerung, Dränung, Konsolidierung) sowie die Maßnahmen zur Neulandgewinnung in den 50er Jahren fortgeführt wurden, darüber hinaus natürlich auch die Maßnahmen zur Verbesserung der Ausbildung, Beratung und Information in der Landwirtschaft sowie die Förderung des landwirtschaftlichen Genossenschaftswesens. Des weiteren erfolgte eine Ausdehnung der Kredit- und Finanzhilfen. Das Gesetz über den landwirtschaftlichen Bodens (1952) bewirkte eine Festschreibung der Ergebnisse der Landreform.

c) Selektiv wirksame Maßnahmen

Als selektiv wirksame Förderungsmaßnahmen kamen Ausgleichshilfen zugunsten schneereicher und Kaltklimagebiete (ab 1951) sowie bei Naturkatastrophen (ab 1952) zur Anwendung.

BR DEUTSCHLAND

a) Preis- und Einkommenspolitik

Die preis- und einkommenspolitischen Maßnahmen fanden ihre Ausprägung vor allem in der Anhebung der Brotgetreidepreise (Annäherung an das hohe Weltmarktpreisniveau (1950)), der Freigabe der Schlachtvieh- sowie der Futtergetreidepreise (1950), der Errichtung von Einfuhr- und Vorratsstellen (1950), dem Gesetz über den Verkehr mit Zucker (1951), dem Gesetz über den Verkehr mit Milch (1951), der erneuten Anhebung der Brotgetreidepreise (1951), der Wiedereinführung der Bindung der Futtergetreidepreise (1951), dem Gesetz über den Verkehr mit Vieh und Fleisch (1951), der Gewährung von Dieselölsubventionen (1951), dem Gesetz über die Abwicklung der landwirtschaftlichen Entschuldung (1952), der Gewährung von Düngersubventionen (1955/56), dem Gesetz zur Förderung der deutschen Eierwirtschaft (1956) und den Milchsubventionen (1957). (Bezüglich eines chronologischen Gesamtüberblicks der Gesetze, Verordnungen etc. vgl. Übersicht 4, im Anhang. Ein kurzer Überblick über die allgemeine Landwirtschaftsgesetzgebung erfolgt, wie bereits für Japan vermerkt, im Kapitel 3.4.))

Zum besseren Verständnis einzelner Maßnahmen sei folgendes ausgeführt: Beim Getreide wurde zu Beginn der 50er Jahre die Politik der Importsubventionen aus Gründen des Niedrighaltens des inländischen Agrar- und Ernährungsgüterpreisniveaus zunächst noch fortgeführt, wenngleich zu Beginn des Wj 1950/51 angesichts der DM-Abwertung[106] eine erste und im Frühjahr 1951 unter dem Druck der unter dem Einfluß des Korea-Krieges stark gestiegenen Weltmarktpreise, aber auch mitbeeinflußt durch die Forderung der landwirtschaftlichen Interessenvertretung nach Paritätspreisen[107], eine zweite Erhöhung der Getreidepreise erfolgte.

Da sich die Befürchtung hinsichtlich einer weiteren regionalen Ausweitung des Korea-Krieges nicht bestätigte, gingen die Weltrohstoffpreise - und somit auch die Agrargüterpreise - nach dem Preishoch in 1951/52 wieder merklich zurück. Dieser Zeitpunkt markierte den allmählichen Übergang von einer Politik der Preisbindung zu einer Politik der Preisstützung.

---

106) Abwertung gegenüber dem Dollar und gegenüber den Währungen einiger europäischer Nachbarländer, sofern diese nicht ebenfalls Abwertungen gegenüber dem Dollar vollzogen. Der Wechselkurs wurde von 3,337 DM/Dollar auf 4,20 DM/Dollar heraufgesetzt. Dieses entspricht einem Abwertungssatz der DM von 20 v.H.
107) Memorandum des Deutschen Bauernverbandes zur agrarpolitischen Lage, "Deutsche Bauernkorrespondenz", Nr. 9 vom 21.2.1951.

Es ist schwierig abzuschätzen, welchen besonderen Einfluß der Koreakrieg und die von ihm ausgelöste Preishausse auf den Welternährungsgütermärkten auf die sich gerade "etablierende" Agrarpolitik der Bundesrepublik hatte. Eines ist sicher: Die Preishausse beschleunigte den Prozeß der administrativen Angleichung der unter dem Weltmarktpreisniveau liegenden bundesdeutschen Getreidepreise.

Das System der Preisbindungen (Höchst- und Festpreise), Importsubventionen, Ablieferungsverpflichtungen und der Bewirtschaftungsmaßnahmen bei den wichtigsten Agrarprodukten wurde zu Beginn der 50er Jahre schrittweise in ein Marktordnungssystem überführt. Als wichtigste Gesetze traten in Kraft das Getreidegesetz (1950), das Milch- und Fettgesetz (1951), das Vieh- und Fleischgesetz (1951) und das Zuckergesetz (1951).

In Verbindung mit der Verabschiedung der Gesetze stand die Einrichtung von Einfuhr- und Vorratsstellen für Getreide und Futtermittel, Milcherzeugnisse und Fette, Fleisch und Fleischerzeugnisse sowie von Einfuhrstellen für Zucker. Diese staatlichen Interventionsorgane regulieren die Einfuhr, die Vorratshaltung und die Preisbildung bei den vorgenannten Grundnahrungsmitteln.

Nachdem sich die "Korea-Hausse" auf den Welternährungsgütermärkten gelegt hatte, in den USA 1954 erstmalig wieder Getreideüberschußprobleme sichtbar wurden und folglich die Weltmarktpreise zu sinken begannen, gelangte die Schleusenfunktion der Einfuhr- und Vorratsstellen zur Wirksamkeit, d.h., die Preise für Importgetreide wurden durch Abschöpfungen auf das höhere inländische Preisniveau "heraufgeschleust".

An diesem Beispiel wird deutlich, daß die Einfuhr- und Vorratsstellen nicht nur vorrangig agrarpreis- und agrarmarktstabilisierende Aufgaben zu erfüllen, sondern darüber hinaus insbesondere auch preisstützende Funktionen auszuüben hatten, zumal bereits abzusehen war, daß auf den Welternährungsgütermärkten längerfristig eine Entspannung eintreten würde und es von daher angezeigt gewesen wäre, das inländische Preisniveau stärker an das sinkende Weltmarktpreisniveau anzugleichen.

b) Strukturpolitik

Strukturpolitische Maßnahmen bestanden in den Eingriffen auf den landwirtschaftlichen Faktormärkten (Gesetz über das landwirtschaftliche Pachtwesen (1952); Flurbereinigungsgesetz (1953)); der Förderung der überbetrieblichen Maschinenverwendung (1951); der Förderung der landwirtschaftlichen Siedlung (1953; 1957) und der einzelbetrieblichen Förderung (Zinsverbilligungsmaßnahmen im Rahmen des Grünen Planes (1956ff.)). (Bezüglich eines chronologischen Gesamtüberblicks der Gesetze, Verordnungen etc. vgl. Übersicht 4, im Anhang.)

Zur näheren Begründung einzelner Gesetze sei folgendes ausgeführt: Das Landpachtgesetz von 1952 beinhaltete eine Lockerung des Pachtschutzes, d.h., die Rechtsstellung des Eigentümers wurde gestärkt und somit die Bereitschaft zur Verpachtung gefördert. An die Stelle der früheren Genehmigungspflicht der Pachtverträge trat die Anzeigepflicht.

Das Flurbereinigungsgesetz von 1953 schuf eine bessere Handhabe für Flurbereinigungsverfahren und zielte auf eine Erhöhung der Produktivität.

Das Gesetz zur Förderung der landwirtschaftlichen Siedlung von 1953 zielte im Unterschied zum Flüchtlingssiedlungsgesetz von 1949 insbesondere auf die einheimischen Siedlungsbewerber. 1957 wurde zusätzlich ein Gesetz zur Förderung der Landarbeitersiedlung und des Landarbeiterwohnungsbaus verabschiedet.

c) Agrarsozialpolitik

Die wichtigste agrarsozialpolitische Maßnahme der 50er Jahre bildete in der Bundesrepublik die Verabschiedung des Gesetzes über eine Altershilfe in der Landwirtschaft (1957). Das Gesetz zielte darauf, eine ergänzende Alterssicherung zum landwirtschaftlichen Altenteil zu schaffen, und es enthält als strukturpolitische Komponente die Förderung der Hofabgabe an den Betriebsnachfolger.

3.3.4. Vergleich der agrarpolitischen Maßnahmen zwischen Japan und der BR Deutschland in der Aufbauperiode (1950-1960)

Die Gegenüberstellung der agrarmarktpolitischen Maßnahmen in der 50er Jahren macht deutlich, daß in beiden Ländern zunächst die Absicht bestand, die staatlichen Reglementierungen und Bewirtschaftungsmaßnahmen der Kriegs- und unmittelbaren Nachkriegszeit schrittweise abzubauen. Eine völlige Marktfreigabe bei den zentralen Produkten scheiterte jedoch am Einspruch der Alliierten, die befürchteten, daß das Ernährungssystem zusammenbrechen würde. In Verbindung mit den Preisrückgängen als Folge des Abflauens der durch die Korea-Krise ausgelösten Preishausse auf den Welternährungsmärkten wurden zudem in beiden Ländern nicht zuletzt unter dem Einfluß der landwirtschaftlichen Interessenvertretungen sehr schnell wieder "regulierende" und "stabilisierende" Maßnahmen auf den landwirtschaftlichen Produkt- und Faktormärkten eingeführt. Die Maßnahmen dienten letztlich als Vorwand, modifizierte Systeme der Preisstützung auf den zentralen Agrarmärkten zu installieren. Die einmalige Chance, nach Kriegs- und unmittelbarer Nachkriegszeit den staatlichen Agrarprotektionismus gänzlich abzubauen, wurde mithin vertan.

Zentrale Elemente der Strukturpolitik der 50er Jahre bildeten in beiden Ländern Bodenverbesserungs- bzw. Infrastrukturmaßnahmen und/oder die Flurbereinigung sowie Maßnahmen der landwirtschaftlichen Siedlung und zudem vor allem die einzelbetriebliche Investitionsförderung.

3.4. Das Landwirtschaftsgesetz der Bundesrepublik und das landwirtschaftliche "Grundgesetz" Japans

3.4.1 Wirtschaftliche Hintergründe und Vorgeschichte der Gesetze

Im Zuge des kräftigen wirtschaftlichen Wachstums in den 50er Jahren zeigte sich in beiden Ländern eine fortgesetzte Diskrepanz (Disparität) zwischen landwirtschaftlichen und gesamtwirtschaftlichen Einkommen. Angereizt durch die vergleichsweise hohen außerlandwirtschaftlichen Einkommen wanderten in zunehmendem Maße Arbeitskräfte aus der Landwirtschaft ab bzw. gingen zur Teilzeitlandwirtschaft über.

BR Deutschland[108]

Wegen des Fortbestehens einer unverändert ungünstigen relativen Einkommenssituation in der Landwirtschaft verstärkte sich verständlicherweise vornehmlich auf Seiten der landwirtschaftlichen Interessenvertretung - die Forderung nach Ausweitung der staatlichen Protektion zugunsten der Landwirtschaft, um ihr Anschluß an die gesamtwirtschaftliche Entwicklung zu ermöglichen.

---

108) Zum Landwirtschaftsgesetz vgl. C. PUVOGEL, Der Weg zum Landwirtschaftgesetz. Bonn, München, Wien 1957; V. Gräfin von BETHUSY-HUC, Demokratie und Interessenpolitik. Wiesbaden 1962, S. 1-35 sowie S. 114-118; F. MEHLER, Ziel-Mittel-Konflikte als Problem der Wirtschaftspolitik. Ein Beitrag zur Theorie der Wirtschaftspolitik, exemplifiziert an der praktischen Agrarpolitik. Berlin 1970, S. 359-381; OEEC, Agrarpolitik in Europa und Nordamerika. Deutsche Übersetzung vom Bundesministerium für Wirtschaftliche Zusammenarbeit. Bonn 1956, Länderkapitel Bundesrepublik Deutschland, S. 83-103, hier S. 86f.; DIESELBE, Landwirtschaftliche Preis- und Einkommenspolitik in Europa und Nordamerika. Deutsche Übersetzung vom Bundesministerium für Wirtschaft in Zusammenarbeit

Als Politikinstrumente wurden Mittel der Handels-, Steuer-, Kredit- und Preispolitik vorgeschlagen.

Als wichtigstes Instrument der Handelspolitik fungierte der Außenhandelsschutz, und natürlich kollidierte dieser mit den Bemühungen um Handelsliberalisierung[109] und folglich den Bestrebungen, die heimische Landwirtschaft stärker der Konkurrenz des Weltmarktes auszusetzen, d.h., sie international wettbewerbsfähiger zu machen.

Die Diskussion um die Notwendigkeit eines stärkeren Agrarschutzes hatte ihre Wurzeln zunächst in der sich nach dem Ausbruch des Koreakrieges wieder verstärkenden Ernährungsgüterknappheit. Hieran anschließend, d.h., nachdem sich die Krisensituation in Korea entschärft hatte und sich auf den Weltmärkten nach 1954, insbesondere forciert durch eine überaus günstige Getreideernte in den Vereinigten Staaten, fallende Ernährungsgüter einstellten, stützte sich die Argumentation der landwirtschaftlichen Interessenvertretung wieder stärker auf den Paritätsgedanken: Während die agrarischen Interessenvertreter vorher, d.h. zu Zeiten hoher Weltmarktpreise, die Anpassung der inländischen Niedrigpreise an dieses höhere Niveau gefordert hatten, trat jetzt das Argument "Stabilisierung des inländischen Agrarpreisniveaus" in den Vordergrund, wobei der Begriff "Stabilisierung" implizit

---

mit dem Bundesministerium für Ernährung, Landwirtschaft und Forsten. Bonn 1958. Länderkapitel Bundesrepublik Deutschland, S. 115-147, hier S. 120f.; OECD, Agrarpolitik 1966. Deutsche Übersetzung vom Bundesministerium für Wirtschaft und dem Bundesministerium für Ernährung, Landwirtschaft und Forsten. Bonn 1968, Länderkapitel Bundesrepublik Deutschland, S. 168-185, hier S. 168f.
109) Eine verstärkte Dringlichkeit von Maßnahmen in dieser Richtung stellte sich nicht zuletzt vor dem Hintergrund des Beitritts der BR Deutschland zu wichtigen internationalen Organisationen, die mit Handelsfragen befaßt sind (in Klammern sind jeweils die Abkürzungen der englischen Bezeichnung der Organisationen sowie das Beitrittsjahr vermerkt): Europäischer Wirtschaftsrat (OEEC, 1948), Allgemeines Zoll- und Handelsabkommen (GATT, 1951) sowie Internationaler Währungsfonds (IMF, 1952).

dem Begriff "Stützung" gleichgestellt wurde[110].

Die Forderungen des landwirtschaftlichen Berufsstandes mündeten ein in den Ruf nach einem "Paritätsgesetz", wobei allerdings der Begriff "Parität" eine vielfältige Auslegung erfuhr und folglich auch die Mittel und Wege, den "Zustand der Parität" zu erreichen[111].

Angesichts der wichtigen Bedeutung der landwirtschaftlichen Bevölkerung als Wählerschicht konnte dieser "Ruf" nicht überhört werden: Es setzte in den Parteien , in den zuständigen Parlamentsgremien, bei wichtigen industriellen Interessengruppen etc. eine lebhafte Diskussion um die Notwendigkeit und Gestalt eines derartigen Gesetzes ein.

---

[110] Exemplifiziert wird dieses an der nachstehenden Formulierung des Bauernverbandes: "Die Schlachtviehpreise (oder allgemeiner: Die Agrarpreise ..., der Verf.) müssen ... auf einer Höhe stabilisiert werde, die eine angemessene Entlohnung der Erzeuger nach den Grundsätzen des Landwirtschaftsgesetzes gewährleistet". Zit. in C. PUVOGEL, Der Weg ..., a.a.O., S. 58 und S. 172.

[111] Das Ifo-Institut in München erstattete im Juni im Auftrag des Deutschen Bauernverbandes ein Gutachten des Inhalts "Die Paritätsforderungen für die westdeutsche Landwirtschaft". Dem Ifo-Institut zufolge "lassen sich die vorkommenden Begriffe (der Parität, der Verf.) im Grunde auf drei Kategorien zurückführen:

1. Eine 'Preisparität' läuft auf die Angleichung der Argrarpreisindices an die Preisindices von Industrieerzegnissen, insbesondere von landwirtschaftlichen Betriebsmitteln, hinaus;

2. eine 'Einkommensparität' richtet sich auf ein Einkommen für die Landwirtschaft, das gleichbleibend in einem bestimmten Verhältnis zur Einkommensentwicklung anderer Wirtschaftszweige steht;

3. 'Einnahmen-/Aufwandsdisparität' zielt auf eine laufende Angleichung der landwirtschaftlichen Einnahmen an den Betriebsaufwand".

(Die unterstrichenen Begriffe sind im Orginal kursiv gedruckt). Zit. in: Die Paritätsforderung für die westdeutsche Landwirtschaft. Zusammenfassende Darstellung des Problems und Verfahrens. Gutachten erstattet vom Ifo-Institut für Wirtschaftsforschung, München, im Auftrag des Deutschen Bauernverbandes. Bonn 1952. Abgedruckt in: C. PUVOGEL, Der Weg ..., a.a.O., Anlage 2, S. 182.

Auf eine detaillierte Darstellung des politischen Willensbildungsprozesses in der Vorphase sowie vom erstmaligen Entwurf des Gesetzes seitens des Bauernverbandes bis hin zur letztendlichen Verabschiedung seitens des Parlaments im Juli 1955 soll an dieser Stelle verzichtet werden[112].

Japan[113]

Aufgrund des sich in der Veränderung des Arbeitskräfteeinsatzes manifestierenden agrarsektoralen Strukturwandels wuchs in Japan die Befürchtung, daß auf längere Sicht das Volumen der Agrarproduktion zurückgehen und folglich der Selbstversorgungsgrad bei Nahrungsgütern sinken werde, und dies impliziere, daß die japanische Landwirtschaft in (noch) stärkerem Maße als bisher über markt-, preis-, einkommens- und strukturpolitische Instrumente etc. gestützt werden müsse.

Als Instrument zählte hierzu auch der Außenhandelsschutz. Andererseits bedrängten jedoch (angesichts wachsender Exportüberschüsse) die Haupthandelspartner Japan, das Land

---

112) Hinsichtlich einer ausführlicheren Darstellung des "Weges zum Landwirtschaftgesetz" vgl. C. PUVOGEL, Der Weg ..., a.a.O.
113) Zum landwirtschaftlichen "Grundgesetz" vgl. T. OGURA, Can Japanese Agriculture Survive. A Histiorical Approach. Tokyo 1979. Chapt. 5-3 "The Enactment of the Agricultural Basic Law; DERSELBE, Agrarian Problems and Agricultural Policy in Japan. A Historical Sketch. Tokyo 1967. Chapt. III "Recent Agricultural Policy and Problems of the Agrarian Structure. 1. The Basic Law"; OECD, Agricultural Policy in Japan. Paris 1974. Chapt. II "Policy Objectives and Measures", 41 pp.; DIESELBE, Agricultural Policies in 1966, a.a.O., "Country Chapter: Japan", 339 pp.; BUREAU OF AGRICULTURAL ECONOMICS, Japanese Agricultural Policies. Their Origin, Nature andd Effects on Production and Trade (Policy Monograph No. 1). Canberra 1981, Appendix B (Agricultural Basic Law, 153 pp.; T. TAYAMA, Die Entwicklung des landwirtschaftlichen Bodenrechts in der japanischen Neuzeit (Schriftenreihe des Instituts für Landwirtschaftsrecht der Universität Göttingen, Bd. 19). Köln 1978. Vierter Abschnitt "Das landwirtschaftliche Bodenrecht und das Landwirtschaftsgesetz von 1961", S. 61 ff.

möge seinen Handel - und hier insbesondere auch den Agraraußenhandel - stärker liberalisieren[114]. Ein Abbau des Außenhandelsschutzes bei Agrargütern bedeutete, daß die japanische Landwirtschaft gegenüber dem Weltmarkt wettbewerbsfähiger werden, sprich, daß Struktur und Effizienz des Faktoreinsatzes verbessert werden mußten.

Vor dem Hintergrund einer Reihe von Problemfeldern (unzureichende Produktivität der landwirtschaftlichen Arbeitskräfte, Verschlechterung der relativen Einkommenssituation der landwirtschaftlichen Bevölkerung, Veränderung der sozioökonomischen Betriebsstruktur, Veränderung der Nachfragestruktur nach Nahrungsgütern etc.) erklärt sich die Forderung nach einem "Grundgesetz" für die Landwirtschaft.

Mitbestärkt wurde diese Forderung sicherlich auch durch die Tatsache, daß Industrieländer wie beispielsweise Frankreich und die Bundesrepublik bereits spezielle Gesetze für die Landwirtschaft verabschiedet hatten. Diese Gesetze dienten Japan gewissermaßen als Vorbild.

Die japanische Regierung berief im Juli 1959 einen Untersuchungsausschuß[115], der sich mit den "Grundproblemen" in den Bereichen Land-, Forst- und Fischereiwirtschaft befassen sollte. Der Ausschuß legte als Ergebnis seiner Arbeit im Mai 1960 ein Gutachten über "Grundprobleme der Landwirtschaft und erforderliche Gegenmaßnahmen" vor.

Auf der Grundlage dieses Gutachtens erarbeitete die japanische Regierung schließlich das "Grundgesetz" für die Landwirtschaft und legte es im Februar 1961 dem Parlament vor.

---

114) Der politische Druck wuchs zudem nicht zuletzt auch deshalb, da Japan dem Währungsfonds beigetreten war.
115) Der Ausschuß setzte sich aus 40 Mitgliedern aus Wissenschaft, Unternehmungen, landwirtschaftlichen Verbänden, Presse usw. zusammen. Vgl. T. OUCHI, Grundtendenzen der Agrarpolitik. In: K. OKOCHI und Y. TAMONOI (Hrsg.). Wirtschaft Japans (Wirtschaft und Gesellschaft Ostasiens, Bd. 1), Düsseldorf 1973, S. 95-120, hier S. 107.

Ähnlich wie für das deutsche Landwirtschaftsgesetz kann auch für das landwirtschaftliche" Grundgesetz" Japans die Aussage getroffen werden, daß es sich letztlich um eine Kompromißlösung handelte, von der jede Gruppe der Beteiligten ihre speziellen Forderungen ableiten konnte. Für die landwirtschaftlichen Interessengruppen bot das Gesetz wichtige Argumentationshilfen und stärkte mithin ihren Rückhalt hinsichtlich der Forderung nach paritätischer Entlohnung.

Der vergleichsweise große Einfluß der landwirtschaftlichen Interessenvertretung spiegelte sich zuvörderst in der Durchsetzung der Produktionskosten- und Einkommens-Ausgleichsrechnung als Basis für die Preisanhebungsraten bei Reis ab 1960. Die japanische Regierung war aus wahltaktischen Erwägungen heraus praktisch "gezwungen", dieses neue Berechnungsverfahren einzuführen, da die landwirtschaftlichen Interessenorganisationen die regierende Liberaldemokratische Partei stützte und obgleich die Wirkungsrichtung des landwirtschaftlichen "Grundgesetzes" eigentlich eine ganz andere sein sollte, nämlich die "Einkommensparität" über ein ausgewogenes Wachstum der (Arbeits)Produktivität zu erreichen[116].

OUCHI beleuchtet in Verbindung mit der Verabschiedung des landwirtschaftlichen "Grundgesetzes" und der Forderung nach stärkerer staatlicher Unterstützung, verknüpft mit dem Hinweis auf wahltaktische Erwägungen, zusätzlich einen institutionellen Aspekt der Landwirtschaftsförderung, welcher sich darin begründete, daß angesichts eines um die Mitte der 50er Jahre auftretenden Budgetengpasses für die Finanzierung agrarpolitischer Maßnahmen sowohl für die Beamten des Ministeriums für Land- und Forstwirtschaft als auch für die landwirtschaftlichen Verbände und Dorfeliten, deren Aktivitäten vom Ministerium finanziell unterstützt wurden, eine prekäre Lage entstand. "Die Abgeordneten der konservativen Parteien, deren Einfluß vornehmlich in den Bauerndörfern

---

116) Vgl. in diesem Zusammenhang T. OGURA, Can Japanese Agriculture Survive, a.a.O., Chapt. 3-3 "The Postwar Food Problem and Food Policy", Pg. 208.

lag, stellten sich grundsätzlich gegen eine Kürzung des Etats des Landwirtschafts- und Forstministeriums, (und, der Verf.) ... von seiten der Bauerndörfer (wurde) die Forderung immer lauter, zusammen mit der Schaffung eines 'Grundgesetzes für die Landwirtschaft' und einer hierauf fußenden Reform der Agrarpolitik den Etat des Ministeriums für Landwirtschaft und Forstwirtschaft zu sichern"[117].

3.4.2 Zentrale Zielsetzungen der Gesetze

Der Vergleich der Hauptzielsetzungen (s. Übersicht 1) läßt erkennen, daß dem Landwirtschaftsgesetz der Bundesrepublik eine umfassendere Zielformulierung zugrunde liegt als dem landwirtschaftlichen "Grundgesetz" Japans. Dies gilt insbesondere für die Zusätze "bestmögliche Versorgung der Bevölkerung mit Ernährungsgütern" sowie "Ausgleich der naturbedingten und wirtschaftlichen Nachteile". Als wichtigste Elemente finden sich in den Gesetzen die Ziele Produktivitäts- und Einkommenssteigerung (bzw. Angleichung der sozialen Lage)

Bei den Spezifikationen zu den Hauptzielsetzungen im Bereich von Produktion und Produktivität stehen in beiden Agrarwirtschaften Produktions- und Effizienzziele im Vordergrund. Besondere Betonung erfährt in Japan die Zielsetzung "selektive (gezielte) Ausweitung der Agrarproduktion". In der Bundesrepublik findet sich eine vergleichbare Zielsetzung bei den Strukturzielen ("strukturelle Anpassung der Agrarproduktion an sich wandelnde Nachfrageverhältnisse"). Im Bereich Preise, Markt und Einkommen liegt in beiden Agrarwirtschaften das Schwergewicht auf Zielsetzungen, die die Stabilisierung (bzw. Stützung) von Agrarprodukt- und Betriebsmittelpreisen sowie Einkommen betreffen, wobei in der Bundesrepublik als besondere Ziele die "Verbesserung der Preis-

---

[117] In Anlehnung an/ zit. in T. Ouchi, Grundtendenzen der Agrarpolitik, a.a.O., S. 106 f.

Übersicht 1: Das Landwirtschaftsgesetz der Bundesrepublik und das landwirtschaftliche "Grundgesetz" Japans im Vergleich

	Bundesrepublik	Japan
Hauptzielsetzungen	- Teilnahme der Landwirtschaft an der fortschreitenden Entwicklung der Volkswirtschaft; - bestmögliche Versorgung der Bevölkerung mit Ernährungsgütern; - Ausgleich der naturbedingten und wirtschaftlichen Nachteile (des Agrarsektors gegenüber anderen Wirtschaftsbereichen); - Steigerung der Produktivität (der in der Landwirtschaft eingesetzten Produktionsfaktoren); - Angleichung der sozialen Lage der in der Landwirtschaft Tätigen an die vergleichbarer Berufsgruppen.	- Steigerung der landwirtschaftlichen (Arbeits-) Produktivität, d.h. Minderung der Disparität zwischen der Landwirtschaft und den übrigen Wirtschaftsbereichen; - Steigerung der Einkommen der in der Landwirtschaft Beschäftigten, d.h. Erreichung eines Lebensstandards vergleichbar demjenigen der Beschäftigten anderer Wirtschaftssektoren.
Spezifikationen der Hauptzielsetzungen: Produktion und Produktivität	- Rationalisierung, Erhöhung, Sicherung und Stabilisierung der landwirtschaftlichen Produktion; - Steigerung der Effizienz des Faktoreinsatzes, d.h. Erhöhung der Produktivität.	- selektive (gezielte) Ausweitung der Agrarproduktion, d.h. Anpassung der Produktion an sich verändernde Nachfrageverhältnisse; - Verbesserung der Produktivität und Steigerung der Agrarproduktion durch effizientere Ressourcennutzung und Verbesserung der Agrartechnologie.
Preise, Markt und Einkommen	- Stabilisierung (und Stützung der Agrarpreise, darüber hinaus auch der Betriebsmittelpreise); - Förderung von Maßnahmen zur Qualitätssteigerung und Kostensenkung bei Agrarprodukten; - Maßnahmen zur Hebung des Verbrauchs von Ernährungsgütern (Verbraucheraufklärung, Absatzwerbung, Absatztechnik); - Verbesserung der Preiswürdigkeit und somit gleichzeitig auch Stärkung der internationalen Wettbewerbsfähigkeit bei Agrarprodukten; - produktionskostendeckende, gleichzeitig aber auch sozial tragbare Agrarpreise; - Minderung, wenn nicht sogar Beiseitung der Disparität zwischen allgemein- und landwirtschaftlichen Einkommen.	- Stabilisierung der Agrarproduktpreise und Stützung der landwirtschaftlichen Einkommen; - Förderung und Rationalisierung von Absatz, Weiterverarbeitung und Vermarktung von Agrarprodukten; - Verbesserung von Produktion und Verteilung landwirtschaftlicher Betriebsmittel und Stabilisierung von deren Preisen.
Struktur, Beratung und ländliche Wohlfahrt	- Verbesserung der Betriebsgrößenstruktur; - Förderung der Mechanisierung der Landwirtschaft; - Maßnahmen zur Erleichterung der strukturellen Anpassung der Agrarproduktion an sich wandelnde Nachfrageverhältnisse; - Förderung von Maßnahmen der allgemeinen und (Infra-) Strukturverbesserung (landwirtschaftliches Ausbildungs- und Beratungswesen, Flurbereinigung, wasserwirtschaftliche Maßnahmen, Wegebau, Wasserversorgung ländlicher Gebiete, Verbesserung der Abwässerbeseitigung etc.); - Erreichung eines angemessenen Lebensstandards für die Landbevölkerung.	- Strukturverbesserung und Modernisierung der Landwirtschaft (Verbesserung der Betriebsgrößenstruktur, Flächenzusammenlegung, besondere Förderung der "lebensfähigen" Betriebe, Ausweitung der Formen überbetrieblicher Zusammenarbeit, Verbesserung der Mechanisierung etc); - Verbesserung der Ausbildung der Betriebsleiter und Schaffung von Anreizen für die Familienangehörigen, außerhalb der Landwirtschaft erwerbstätig zu werden; - Angleichung der Lebensbedingungen im ländlichen Raum, d.h. der Sozialstandards der hier lebenden Menschen an diejenigen im städtischen Raum (durch Maßnahmen der Infrastrukturverbesserung etc.).

Quellen: Zusammengestellt auf der Grundlage von Texten bzw. Textauszügen des Landwirtschaftsgesetzes der Bundesrepublik Deutschland und des landwirtschaftlichen "Grundgesetzes" Japans.

würdigkeit und somit gleichzeitig auch Stärkung der internationalen Wettbewerbsfähigkeit bei Agrarprodukten" und "produktionskostendeckende, gleichzeitig aber auch sozial tragbare Preise" in Erscheinung treten. Im Abschnitt Struktur, Beratung und ländliche Wohlfahrt findet sich in bezug auf den japanischen Agrarsektor insbesondere der Hinweis, daß die "lebensfähigen Betriebe" eine besondere Förderung erhalten sollen. Darüber hinaus ist als ausdrückliches Ziel definiert, "daß für Familienangehörige Anreize geschaffen werden sollen, außerhalb der Landwirtschaft erwerbstätig zu werden". Als gemeinsame Zielsetzung besteht in beiden Agrarwirtschaften die Forderung nach "Erreichung eines angemessenen Lebens- bzw. Sozialstandards für die Landbevölkerung".

Insgesamt läßt der Vergleich erkennen, daß im Hinblick auf die grundsätzlichen Zielsetzungen und deren Spezifikationen zwischen beiden Agrarwirtschaften ein hohes Maß an Gemeinsamkeit besteht. Als zentrale Elemente finden sich in beiden Agrargesetzen das Produktivitäts- und Einkommensziel. Darüber hinaus wird erkennbar, daß der Preisstabilisierung oder besser: der Preisstützung eine wichtige Rolle in bezug auf die Agrareinkommen zugeschrieben wird.

3.5 Agrarwirtschaft und Agrarpolitik in der Periode der Vollbeschäftigung (1960-1970)

Die Periode der Vollbeschäftigung ist für beide Volkswirtschaften durch ein geringes Maß an Arbeitslosigkeit und - dies gilt vornehmlich für Japan - durch ein kräftiges gesamtwirtschaftliches Wachstum zu kennzeichnen. Des weiteren ist auszuführen, daß das Tempo der Abwanderung landwirtschaftlicher Arbeitskräfte in Japan gegenüber den 50er Jahren zunahm, während es sich in der Bundesrepublik umgekehrt verhielt. Zurückzuführen war letzteres auf das gegenüber der 50er Dekade abgeschwächte Wirtschaftswachstum. Wegen des im Vergleich zur Gesamtwirtschaft mäßigen landwirtschaftlichen Wachstums blieb der japanische Agrarsektor in bezug auf die

Produktivitätsentwicklung weit hinter der Gesamtwirtschaft zurück. Ähnliches betraf auch die Bundesrepublik in der ersten Hälfte der 60er Jahre. In der zweiten Hälfte der Dekade konnte jedoch die Agrarwirtschaft gegenüber der Gesamtwirtschaft aufholen.

3.5.1 Wesentliche gesamt- und agrarwirtschaftliche Indikatoren - Globale Betrachtung

a) Bevölkerung

Es setzte in Japan (s. Tabelle 9, Abschnitt B, im Anhang) ein verglichen zur unmittelbaren Nachkriegszeit und zur ersten Hälfte der 50er Jahre gemäßigteres Wachstum der Wohnbevölkerung ein (Jahresraten um 1 v.H.). In der Bundesrepublik (s. Tabelle 10, Abschnitt B, im Anhang) verzeichnete man in den 60er Jahren deutlich geringere Zuwächse als in der 50er Dekade: Vor allem galt dieses für die zweite Hälfte des Jahrzehnts, wohingegen in der ersten Hälfte annähernd Wachstumsraten wie in der zweiten Hälfte der 50er Jahre registriert werden konnten. Die Begründung lag einerseits in dem drastischen Rückgang der Zahl der einströmenden Flüchtlinge (Mauerbau in Berlin, Errichtung der Demarkationslinie) und andererseits in dem Rückgang der Geburtenrate.

b) Erwerbstätigkeit

Im japanischen Agrarsektor (s. Tabelle 9, Abschnitt C, im Anhang) setzte sich der insbesonere nach Mitte der 50er Jahre sichtbar gewordene Rückgang der Zahl der Erwerbstätigen fort: Die Abwanderungsraten lagen in der Größenordnung von 3-4 v.H., und es verminderte sich folglich der Anteil der landwirtschaftlich Erwerbstätigen an der Gesamtzahl der Erwerbstätigen von über 30 v.H. am Anfang auf unter 20 v.H. am Ende der 60er Jahre. Auch in der Bundesrepublik (s. Tabelle 10, Abschnitt C, im Anhang) setzte sich der landwirtschaftliche Abwanderungsprozeß fort, allerdings mit verminderter Intensität: Während die Abwanderungsrate der landwirtschaftlich Erwerbstätigen in den 50er Jahren bei 5 v.H. lag, reduzierte sie sich in der 60er Dekade auf Sätze um 3 v.H. Der Anteil an den Erwerbstätigen insgesamt sank von knapp 14 v.H. in 1960 auf 8 1/2 v.H. in 1970.

c) Produktion

Bei der Entwicklung des realen gesamtwirtschaftlichen Bruttoinlandsprodukts Japans (s. Tabelle 9, Abschnitt D, im Anhang) zeigten sich für die Periode der Vollbeschäftigung erhebliche Wachstumserfolge. Beim realen agrarwirtschaftlichen Bruttoinlandsprodukt war dagegen ein merkliches Zurückbleiben in den Zuwächsen zu beklagen, was sich äußerte in dem weiteren Absinken der Agrarquote am realen gesamtwirtschaftlichen Bruttoinlandsprodukt. In der Bundesrepublik (s. Tabelle 10, Abschnitt D, im Anhang) erfuhren das reale gesamt- und agrarwirtschaftliche Bruttoinlandsprodukt weitere Steigerungen, wobei letzteres in der ersten Hälfte der 60er Jahre im Wachstum zunächst zurückblieb, in der zweiten Hälfte der Dekade dagegen aufholen konnte. Der landwirtschaftliche Produktionsanteil sank von 4,5 in 1960 auf 3,2 in 1970.

d) Bruttosozialprodukt je Kopf

Das reale Bruttosozialprodukt je Kopf (s. Tabellen 9 + 10, jeweils Abschnitt D, im Anhang), als umfassendster Produktivitäts- bzw. Einkommensindikator, kennzeichnt für die 60er Jahre als Ergebnis der Produktionsanhebungen für beide Länder weiterhin beachtliche Leistungs- bzw. Wohlstandssteigerungen, wobei in Japan die Steigerungsraten diejenigen der 50er Jahre sogar übertrafen.

d) Arbeitsproduktivität und Durchschnittseinkommen

Das reale Bruttoinlandsprodukt je Erwerbstätigen (s. Tabellen 9 + 10, jeweils Abschnitt D, im Anhang) weist aus, daß in Japan bei den bereits während der Aufbaujahre erzielten außerordentlichen Steigerungen der Arbeitsproduktivität und somit letztlich der Einkommen in der Periode der Vollbeschäftigung sogar noch zugelegt werden konnte. Für den Agrarsektor traf dieses nur bedingt zu: Die Produktivitätszuwächse blieben in den 60er Jahren erheblich hinter denen der Vordekade zurück trotz der gleichzeitig zu beobachtenden zunehmenden Abwanderung landwirtschaftlich Erwerbstätiger, verbunden war dieses mit einem vergleichsweise schwachen Anstieg des realen agrarwirtschaftlichen Bruttoinlandsprodukts.

In der Produktivitätsentwicklung der Agrarwirschaft der Bundesrepublik, ebenfalls abgebildet mittels des realen agrarwirtschaftlichen Bruttoinlandsprodukts je Erwerbstätigen, spiegelt sich insbesondere der Mitte der 60er Jahre zu beobachtende Produktionseinbruch und die nachfolgende außerordentliche Erholungsphase wider. Über die 60er Dekade hinweg betrachtet - und hier vor allem bezogen auf die zweiten Hälfte - konnte die bundesdeutsche Agrarwirtschaft trotz der insgesamt recht bescheidenen Produktionsausdehnungen aufgrund der relativ hohen Mobilität der landwirtschaftlich Erwerbstätigen zwar einen Teil des Produktivitäts- und Einkommensrückstandes gegenüber der Gesamtwirtschaft aufholen, allerdings reichten Produktionssteigerungen einerseits und Abwanderung andererseits bei weitem noch nicht aus, um ein vergleichsweises, d.h. paritätisches, Einkommensniveau wie die Erwerbstätigen der Gesamtwirtschaft zu erzielen.

e) Preisniveau

Die Inflation, wiederum dargestellt mittels des Konsumentenpreisindexes bzw. des BIP-Deflators, zeigte in Japan (s. Tabelle 9, Abschnitt E, im Anhang), in den 60er Jahren einen erheblichen Auftrieb: die Jahresraten über die Gesamtdekade hinweg lagen mehr als drei- bzw. zweifach oberhalb derjenigen der Periode 1953-1960. Noch stärkere Preisauftriebstendenzen als in der Gesamtwirtschaft bestanden im Agrarbereich (s. Tabelle 9, Abschnitt E, im Anhang). Betrug der jährliche Preisanstieg, gemessen am landwirtschaftlichen BIP-Deflator, in den 50er Jahren (Periode 1953-60) noch etwas oberhalb 1 v.H., so lag er in den 60er Jahren bei 7 v.H. Für die Bundesrepublik (s. Tabelle 10, Abschnitt D, im Anhang) zeichnete sich die 60er ähnlich wie die 50er Dekade durch ein im Durchschnitt relativ stabiles Preisniveau aus, wenngleich die Änderungsraten der Preisdeflatoren um etwa einhalb bis drei Viertel Prozentpunkte höher lagen: So pendelte sich beispielsweise die Änderungsrate des Preisindexes für die Lebenshaltung bei 2,6 v.H. ein (50er Jahre: 1,9 v.H.), diejenige des BIP-Deflators bei 3,6 v.H. (50er Jahre: 3,0 v.H.). Das Agrarpreisniveau stieg in der Bundesrepublik (s. Tabelle 10, Abschnitt E, im Anhang), abgebildet mittels des sektoralen BIP-Deflators, mit einer gegenüber den 50er Jahren erheblich abgesenkten Rate, vor allem verursacht durch die Preisrückgänge in der zweiten Hälfte der 60er Dekade. Die Rückgänge waren vornehmlich zu erklären durch die preislichen Absenkungen beim Leitprodukt Getreide während der Startphase zur Gemeinsamen EWG-Agrarpreispolitik im Jahre 1967.

Aus der Entwicklung der Relation agrarwirtschaftlicher zu gesamtwirtschaftlicher BIP-Deflator ist zu schließen, daß sich in Japan (s. Tabelle 9, Abschnitt E, im Anhang) in der Phase der Vollbeschäftigung die Austauschverhältnisse zugunsten der Agrarwirtschaft entwickelten. In der Bundesrepublik (s. Tabelle 10, Abschnitt E, im Anhang) gestalteten sich die Terms of Trade in den 60er Jahren zunehmend zuungunsten des

Agrarsektors, d.h., die Preis-Kosten-Situation verschlechterte sich.

f) Außenwirtschaft

Bei den Exporten an Ernährungsgütern trat in Japan (s. Tabelle 9, Abschnitt F, im Anhang) eine deutliche Abschwächung ein, bei den Importen an Ernährungsgütern hingegen setzte sich die zum Ende der 50er Jahre beobachtete Tendenz zur Einschränkung zunächst, d.h. bis nach Mitte der 60er Dekade, nicht fort. In der Bundesrepublik (s. Tabelle 10, Abschnitt F, im Anhang) setzten sich die Steigerungen der Ernährungsgüterexporte in den 60er Jahren fort. Dies galt in etwas abgeschwächterem Maße auch für die Ernährungsgüterimporte.

Die relative Position der Ernährungswirtschaft war in Japan während der Periode der Vollbeschäftigung auf der Exportseite also weiterhin durch einen Bedeutungsverlust gekennzeichnet (sinkende Anteile), auf der Importseite hingegen fand (bis nach Mitte der Dekade) eine Quotenausweitung statt, die sich allerdings bis zum Ende des Jahrzehnts wieder in hohen Maße zurückbildete. Als Folge der Steigerung der inländischen Agrarproduktion setzte sich in der Bundesrepublik die bereits in den 50er Jahren erkennbar gewordene Tendenz zur relativen Einschränkung der Ernährungsgüterimporte fort, gleichzeitig trat auch zunehmend eine relative Ausweitung der Ernährungsgüterexporte in Erscheinung, wobei anzumerken ist, daß letztere, gemessen an ihrem Anteil an den Gesamtexporten in den 60er Jahren noch keine große Bedeutung hatten: am Anfang des Jahrzehnts lag der Anteil bei 2,3, am Ende bei 4,4 v.H. Anders hingegen verhielt es sich bei den Ernährungsgüterimporten: Ihr Anteil lag am Anfang der Dekade bei gut einem Viertel, am Ende bei knapp einem Fünftel an den Gesamtimporten.

Ein geraffter Überblick über die beschriebenen gesamt- und agrarwirtschaftlichen Entwicklungstendenzen (a-f) findet sich in der Tabelle 44.

g) Zusammenfassung

Das gemäßigtere Wachstum der Wohnbevölkerung blieb in beiden Ländern in den 60er Jahren bestehen. Im Zuge des landwirtschaftlichen Anpassungsprozesses setzte sich der Rückgang der Anteile des Agrarsektors an Erwerbstätigen und Produktion fort. Letztere entfaltete insbesondere in Japan ein ausgeprägtes Wachstum. Die durchschnittliche landwirtschaftliche Arbeitsproduktivität wuchs in der Bundesrepublik in den 60er Jahren rascher als die durchschnittliche gesamtwirtschaftliche. In Japan verhielt es sich umgekehrt. Das gesamt- und insbesondere das agrarwirtschaftliche Preisniveau erfuhren in Japan einen Auftrieb, während in der Bundesrepublik auch weiterhin ein relativ stabiles Preisniveau zu beobachten war. Die landwirtschaftlichen Terms of Trade entwickelten sich in Japan deutlich zugunsten, in der Bundesrepublik dagegen zuungunsten des Agrarsektors. Im Agraraußenhandel lagen in beiden Volkswirtschaften die Agrarimport- oberhalb der Agrarexportquoten, d.h., beide Länder blieben Nettoimporteure von Ernährungsgütern.

3.5.2 Wesentliche agrarwirtschaftliche Indikatoren - Spezielle Betrachtung

a) Faktoreinsatz und Faktorintensitäten

In den 60er Jahren veränderten sich die Einsatzniveaus der Faktoren in der Weise, daß Arbeit und - in gemäßigteren Umfang - auch Boden weniger und Kapital mehr eingesetzt wurden (s. Tabellen 13 + 14, jeweils Abschnitt C, im Anhang). Der Ländervergleich zeigt, daß in Japan der Kapitaleinsatz stär-

Tabelle 44: Gesamt- und agrarwirtschaftliche Indikatoren, Japan und BR Deutschland, Zusammenfassung, 1960-1970

	Japan			BR Deutschland		
	1960	1970	Jahresdurchschnittliche Veränderungen (nach Zinsenzins), in v.H.	1960	1970	Jahresdurchschnittliche Veränderungen (nach Zinsenzins), in v.H.
I Bevölkerung, in Mio.	93,4	103,7	+ 1,1	56,2	60,7	+ 0,9
II Landwirtschaftliche Erwerbstätige, in v.H. der Erwerbstätigen insgesamt	32,6	19,3	- 5,1	13,6	8,5	- 4,6
III Landwirtschaftliche Produktion (BIP), in v.H. der Produktion insgesamt (beide zu konst. Preisen von 1976)	17,6	7,3	- 8,3	4,3	3,2	- 3,1
IV Bruttosozialprodukt, in konst. Preisen und US-Dollar von 1976[1]	1 597	4 091	+ 9,9	4 350	6 315	+ 3,6
V Relative landwirtschaftliche Arbeitsproduktivität[2], in v.H.	54,0	38,1	- 3,4	31,9	37,3	+ 1,6
VI Relative Agrarpreise[3], in v.H.	75,7	90,8	+ 1,8	134,1	102,0	- 2,7
VII Agrarexportwerte, in v.H. der Exportwerte insgesamt	6,2	3,4	- 6,1	2,3	3,5	+ 4,4
VIII Agrarimportwerte, in v.H. der Importwerte insgesamt	12,2	13,6	+ 1,1	26,3	19,1	- 3,2

1) Umrechnungskurse: US-Dollar ≡ 296,55 Yen ≡ 2,518 DM.
2) Agrarwirtschaftliches Bruttoinlandsprodukt zu konst. Preisen je Erwerbstätigen in der Landwirtschaft : gesamtwirtschaftliches Bruttoinlandsprodukt zu konst. Preisen je Erwerbstätigen in der Gesamtwirtschaft.
3) Agrarwirtschaftlicher BIP-Deflator : Gesamtwirtschaftlicher BIP-Deflator.

Quellen: Siehe Tabellen 1 und 10 im Anhang.

ker gesteigert wurde als in der Bundesrepublik. Als Erklärungsgrund hierfür kann vor allem das verglichen zur Bundesrepublik niedrigere Ausgangsniveau des Mechanisierungsgrades und demzufolge der insgesamt absolut niedrigere Realkapitalbestand angeführt werden.

Als Folge der Niveauverschiebungen der Faktoreinsätze sank in beiden Ländern die bodenbezogene Arbeitsintensität weiterhin ab, während die boden- und die arbeitsbezogene Kapitalintensität fortgesetzt anstiegen (s. Tabellen 13 + 14, jeweils Abschnitt D, im Anhang).

Bei der Betrachtung der Faktorintensitäten ist für Japan für die 60er Dekade besonders die hohe Steigerungsrate der bodenbezogenen Kapitalintensität hervorzuheben. Als charakteristisch für beide Länder sind darüber hinaus die hohen Zuwächse der arbeitsbezogenen Kapitalintensität herauszustellen.

b) Produktion

Die Bruttoproduktion stieg in Japan (s. Tabelle 13, Abschnitt A, im Anhang) in den 60er Jahren jährlich um 2 v.H.

In der Bundesrepublik dagegen (s. Tabelle 14, Abschnitt A, im Anhang) wuchs die Bruttoproduktion im gleichen Zeitraum um jährlich gut 3 v.H.

c) Partielle Produktivitäten

Die partiellen Bruttoproduktivitäten (s. Tabellen 13 + 14, jeweils Abschnitt D, im Anhang) entwickelten sich wie folgt: die Boden- und Arbeitsproduktivität stiegen, während die Kapitalproduktivität sank.

Als wesentliche Merkmale sind anzuführen, daß in der Bundesrepublik aufgrund der höheren Arbeitsmobilität sich der Produktivitätsanstieg, bezogen auf den Faktor Arbeit, schneller vollzog als in Japan. Bei der Kapitalproduktivität stellte sich als Folge der überaus hohen Steigerung des Kapitaleinsatzes eine stark negative Entwicklung ein. In der Bundesrepublik bestand zwar ebenfalls eine negative Entwicklung, jedoch war sie weitaus weniger stark ausgeprägt.

d) Output- und Inputpreise und Preisverhältnisse

Die landwirtschaftlichen Outputpreise stiegen in Japan (s. Tabelle 15, im Anhang) während der Periode der Vollbeschäftigung deutlich schneller als in der Aufbauperiode. Hohe Preiszuwachsraten waren insbesondere bei der Hauptanbaufrucht Reis zu verzeichnen sowie in der Gruppe der pflanzlichen Nebenprodukte vor allem beim Gemüse. Getreidefrüchte (o. Reis) erfuhren innerhalb der Gruppe der pflanzlichen Produkte vergleichsweise geringe Preisanhebungen. Jedoch lag der durchschnittliche Preisanstieg bei tierischen Produkten sogar noch unterhalb dieser Zuwächse. Bei den Preisen für Seidenrohprodukte trat gegenübern den 50er Jahren eine deutlich günstigere Entwicklungstendenz ein.

Die Veränderungen des Preisniveaus bei den wichtigsten Agrarinputs (s. Tabelle 15, im Anhang) gestalteten sich in der 60er Dekade unterschiedlich: Während die Betriebsmittelpreise insgesamt recht mäßige Preiszuwächse erfuhren (Zuwachsraten um 3 v.H.) und die Preissteigerungsrate bei Handelsdünger sowie bei landwirtschaftlichem Zubehör sogar noch einiges darunter lag, waren bei Saat- und Pflanzgut noch merklich höhere Preisanhebungen zu beobachten. Eine rege Anstiegsdynamik zeigte sich bei den Löhnen (insbesondere in der zweiten Hälfte der 60er Jahre). Beim Faktor Boden (Bodenpreise) trat, sich deutlich absetzend von der stürmischen Aufwärtsentwicklung während der Vordekade, vor allem in der ersten Hälfte der 60er Jahre eine Preisberuhigung ein.

Sich herleitend aus der Entwicklung der Output- und Inputpreise, gestalteten sich die wichtigsten Preisverhältnisse in den 60er Jahren wie folgt: Innerhalb der Gruppe der Agrarprodukte entwickelten sich die Preisverhältnisse zuungunsten der tierischen Produkte. Die landwirtschaftlichen Terms of Trade (Preis-Kosten-Relation), gemessen am Verhältnis Index der Produktpreise zu Index der Betriebsmittelpreise, veränderten sich in nicht unerheblichem Maße zum Vorteil des Agrarsektors.(Dieses Ergebnis stimmt mit dem überein, was auch schon in Verbindung mit den BIP-Deflatoren im Abschnitt vorher gefunden worden ist.) Beim Faktor Arbeit (Löhne) und abgeschwächter auch beim Faktor Boden (Bodenpreise) setzte sich die relative Teuerungstendenz, d.h. die Verbesserung der Austauschverhältnisse, gegenüber dem Faktor Kapital (landwirtschaftliches Zubehör, Bauten, Maschinen etc.) fort.

In der Bundesrepublik (s. Tabelle 17, im Anhang) erfuhren die Agrarproduktpreise insgesamt in der zweiten Hälfte der 60er Jahre erheblich verminderte Zuwachsraten, bei Getreide und Hülsenfrüchten senkten sich die Preise sogar noch unter das 1960/61er Niveau ab. Die Begründung hierfür lag in der nominalen Senkung der Getreidepreise beim Übergang zur gemeinsamen Agrarpreispolitik in 1967. Die Preiszuwächse bei den tierischen Produkten blieben, über das ganze Jahrzehnt hinweg betrachtet, auch weiterhin hinter denen der pflanzlichen Erzeugnisse zurück, wenngleich sich der Abstand in der zweiten Hälfte der Dekade zu vermindern begann. Bei Eiern stellte sich über das ganze Jahrzehnt hinweg eine Tendenz zur Preissenkung ein.

In der Gruppe der wichtigsten landwirtschaftlichen Inputpreise (s. Tabelle 17, im Anhang) zeigten sich bei Löhnen und Grundstückspreisen vergleichsweise ausgeprägte Zuwächse, während bei den Preisen für Maschinen und Bauten mittlere und denjenigen für Handelsdünger und Zukaufsfuttermittel eher mäßige Anhebungsraten zu verzeichnen waren.

Die beschriebenen unterschiedliche Entwicklungen der Preisniveaus bei den wichtigsten Output- und Inputgütern implizierten folgende wesentliche Änderungen der Preisverhältnisse: Die preisliche Bevorteilung der pflanzlichen gegenüber den tierischen Produkten setzte sich auch in den 60er Jahren fort, wenngleich in der zweiten Hälfte des Jahrzehnts abgeschwächter. Die Preis-Kosten-Entwicklung (Index der Agrarproduktpreise:Index der Betriebsmittelpreise) gestaltete sich insbesondere zum Ende der 60er Dekade hin zunehmend zuungunsten der Landwirtschaft. (Auch dieses Ergebnis ist bereits im Abschnitt zuvor mittels der BIP-Deflatoren gefunden worden.)

Bei der Preisentwicklung der Produktionsfaktoren Arbeit (Löhne), Boden (Grundstückspreise) und Kapital (Bauten, Maschinen) zeigten sich beim Kapital vergleichsweise die niedrigsten Zuwachsraten, d.h., die Tendenz zur relativen Verbilligung dieses Faktors verstetigte sich.

Als wesentliche Divergenz in der Agrarpreisentwicklung beider Länder erwiesen sich zum einen das generell höhere Maß der durchschnittlichen Preisanhebungen in Japan und zum anderen die dort anzutreffende, bezogen auf wichtige Inputfaktoren, positive Entwicklung der Preis-Kosten-Verhältnisse. Konvergente Entwicklungslinien in beiden Ländern hingegen zeigten sich einerseits in bezug auf die positive Gestaltung der Preisverhältnisse pflanzlicher gegenüber tierischen Erzeugnissen und andererseits in bezug auf die zu konstatierende, an dem unterschiedlichen Maß der Faktorpreissteigerungen evident werdende, wachsende relative Vorzüglichkeit des Kapitaleinsatzes.

Einen zusammenfassenden Gesamtüberblick über die wichtigsten Entwicklungstrends bei den beschriebenen Indikatoren (a-d) liefert Tabelle 45.

Tabelle 45: Agrarwirtschaftliche Indikatoren, Japan und BR Deutschland, Zusammenfassung, 1960-1970

	Japan			BR Deutschland		
	1960	1970	Jahresdurchschnittliche Veränderungen (nach Zinseszinns), in v.H.	1960	1970	Jahresdurchschnittliche Veränderung (nach Zinseszinns) in v.H.
I Faktoreinsatzniveau, 1960=100						
Arbeit	100,0	69,6	- 3,6	100,0[1]	65,1[2]	- 5,2
Boden	100,0	95,6	- 0,5	100,0[1]	97,1[2]	- 0,4
Kapital	100,0	233,0	+ 8,8	100,0[1]	136,7[2]	+ 4,0
II Faktoreinsatzintensitäten, 1960=100						
Arbeit:Boden	100,0	72,8	- 3,1	100,0[1]	67,1[2]	- 4,9
Kapital:Boden	100,0	243,8	+ 9,3	100,0[1]	140,7[2]	+ 4,4
Kapital:Arbeit	100,0	334,7	+12,8	100,0[1]	209,9[2]	+ 9,7
III Volumen der Agrarproduktion (Bruttoproduktion), 1960=100	100,0	122,0	+ 2,0	100,0[1]	129,0[2]	+ 3,2
IV Struktur der Agrarproduktion (Bruttoproduktion), in v.H.						
Pflanzliche Produktion	84,5	69,1	- 2,0	28,7[2]	28,5[2]	- 0,1
Seidenproduktion	2,4	1,9	- 2,5	.	.	.
Tierische Produktion	13,0	29,0	+ 8,3	71,3[2]	71,5[2]	+ 0,03
V Partielle Produktivitäten, 1960=100						
Bruttoproduktion:Arbeit	100,0	175,3	+ 5,8	100,0[2]	198,0[2]	+ 8,9
Bruttoproduktion: Boden	100,0	127,7	+ 2,5	100,0[1]	132,8[2]	+ 3,6
Bruttoproduktion: Kapital	100,0	52,4	- 6,3	100,0[1]	94,6[2]	- 0,7
VI Landwirtschaftliche Outputpreise Japan 1960=100, BR Deutschland 1962/63=100	100,0	194,9	+ 6,9	95,3[3]	106,0[2]	+ 1,1
VII Landwirtschaftliche Betriebsmittelpreise, Japan 1960=100 BR Deutschland 1962/63=100	100,0	134,0	3,0	94,1	20,8[2]	+ 2,5

1) 1962/63.
2) 1970/71.
3) 1960/61.

Quellen: Siehe Tabellen 13-16 im Anhang.

e) Landwirtschaftliche Betriebe und durchschnittliche
   Flächenausstattung

Die Entwicklung der Zahl der landwirtschaftlichen Betriebe charakterisiert, daß sich in Japan (s. Tabelle 11, Abschnitt A, im Anhang) der betriebliche Strukturwandel in den 60er gegenüber den 50er Jahren deutlich beschleunigte: Die Betriebsaufgaberate lag bei 1,2 v.H. (50er Jahre: 0,2 v.H.).

In der Bundesrepublik dagegen (s. Tabelle 12, Abschnitt A, im Anhang) vollzog sich der betriebliche Strukturwandel wiederum schneller: Von 1,6 v.H. (50er Jahre) stieg die Rate auf 2,6 v.H. in der 60er Dekade.

Die durchschnittliche Flächenausstattung der Betriebe erfuhr als Folge der Betriebsaufgaben positive Wachstumsimpulse. So konnten in Japan (s. Tabelle 11, Abschnitt A, im Anhang) Zuwachsraten von 0,8 v.H. (50er Jahre: 0,2 v.H.), in der Bundesrepublik (s. Tabelle 12, Abschnitt A, im Anhang) um 2,5 v.H. (50er Jahre: 1,6 v.H.) beobachtet werden.

f) Flächenbezogener Arbeitsbesatz

Der durchschnittliche flächenbezogene Arbeitsbesatz (AK je 100 ha) ging in beiden Ländern weiterhin zurück, in Japan (s. Tabelle 11, Abschnitt A, im Anhang) jährlich um 3,0-3,2 (50er Jahre: 2,2-2,3 v.H.), in der Bundesrepublik demgegenüber (s. Tabelle 12, Abschnitt A, im Anhang) um 4,1-4,7 v.H. (50er Jahre: 4,1-4,3 v.H).

g) Anbaustruktur

Bei den anbaustrukturellen Änderungen (pflanzliche Produktion) verstetigten sich in Japan (s. Tabelle 11, Abschnitt C, im Anhang) die bereits in den 50er Jahren sichtbar gewordenen Tendenzen: Die Flächenanteile von Reis, Gemüse und Gartengewächsen sowie Futterpflanzen wurden zuungunsten von Getreide (o. Reis), Hülsen- und Hackfrüchten sowie Handelsgewächsen ausgedehnt.

In der Bundesrepublik (s. Tabelle 12, Abschnitt C, im Anhang) verlagerte sich das Kulturartenverhältnis weiterhin von Hack(und Hülsen-)früchten, Gemüse und Gartengewächsen und Futterpflanzen weg hin zum verstärkten Anbau von Getreide und Handelsgewächsen.

h) Viehbesatzdichten

Die Viehbesatzdichte stieg Japan (s. Tabelle 11, Abschnitt D, im Anhang) in den 60er Jahren vor allem beim Milchvieh sowie nicht zuletzt bei Schweinen und Geflügel. Bei der Haltung der übrigen Tierarten (Pferde, Schafe und Ziegen) setzten merkliche Rückgänge der Besatzdichten ein.

In der Bundesrepublik (s. Tabelle 12, Abschnitt D, im Anhang) bestätigten sich im wesentlichen die Entwicklungslinien der 50er Jahre: Rindvieh-, Schweine- und Geflügelbestände (je Flächeneinheit) wurden weiterhin aufgestockt, Pferde-, Schaf- und Ziegenhaltung (je Flächeneinheit) wurden eingeschränkt. In der Rindviehhaltung kam es entgegen der Entwicklung in den 50er Jahren zu einem Anstieg der Tierbesatzzahlen. Auch bei den Schafen zeichnete sich ab Mitte der 60er Dekade eine Trendumkehr ab, d.h., die bisherige Tendenz zur Abstockung verwandelte sich in eine Tendenz zur Aufstockung.

i) Produktionsstruktur

Die Struktur des landwirtschaftliche Produktionsvolumens veränderte sich in Japan (s. Tabelle 13, Abschnitt B, im Anhang) mit gegenüber den 50er Jahren beschleunigter Rate zugunsten der tierischen Produktion. Der Anteil stieg von 13 v.H. in 1960 auf 29 v.H. in 1970. Die Erzeugung von pflanzlichen Produkten sowie Seidenrohprodukten hingegen erlitt relative Bedeutungseinbußen.

In der Bundesrepublik (s. Tabelle 14, Abschnitt B, im Anhang) setzte sich die auch während der 50er Dekade zu beobachtende relative Ausweitung der tierischen Produktion zuungunsten der pflanzlichen in eingeschränktem Maße fort, wenngleich bis zum Ende der 60er Jahre hin eine Umkehr dieses Trends erkennbar wurde. Der Anteil der tierischen Produktion stieg von 71,3 in 1962/63 auf 73,3 in 1965/66 und verminderte sich danach auf 71,5 v.H. (1970/71).

j) Physische Produktivitäten

In der Sparte der pflanzlichen Produktion konnten in Japan (s. Tabelle 11, Abschnitt F, im Anhang) die hohen physischen Produktivitätszuwächse (Hektarerträge) der 50er Jahre nicht mehr erreicht werden. Eine Ausnahme bildete die Zuckerrübe. Bei ihr konnten sogar noch leicht erhöhte Ertragszuwächse erzielt werden.

In der Bundesrepublik (s. Tabelle 12, Abschnitt F, im Anhang) dagegen gestalteten sich die Zuwächse noch merklich günstiger als in der Vordekade. Dieses kann, wie bereits an der relativen Ausweitung der pflanzlichen Produktion in der zweiten Jahrzehnthälfte erkennbar geworden , als deutliches Indiz dafür gewertet werden, daß auch die relative ökonomische Vorzüglichkeit der pflanzlichen Produktion während dieser Zeitspanne zugenommen hat.

Im tierischen Produktionsbereich konnten in Japan (s. Tabelle 11, Abschnitt G, im Anhang) die durchschnittliche Milchleistung des Milchviehs sowie die durchschnittliche Legeleistung der Hennen noch gesteigert werden. Ähnliches galt auch für die Bundesrepublik (s. Tabelle 12, Abschnitt G, im Anhang).

k) Zusammenfassung

Bei den Faktoreinsatzniveaus setzten sich die bereits in der Aufbauperiode beobachteten Entwicklungstendenzen fort. Das gleiche betraf auch die Entwicklung der Faktorintensitäten und der partiellen Bruttoproduktivitäten. Der landwirtschaftliche Strukturwandel hielt unvermindert an (Bundesrepublik) bzw. beschleunigte sich sogar (Japan). Erkennbar wurde dieses auch an der Entwicklung der Zahl der landwirtschaftlichen Betriebe. Das Austauschverhältnis zwischen Agrarprodukten und Betriebsmitteln entwickelte sich in Japan in der Periode der Vollbeschäftigung deutlich zugunsten der Agrarprodukte. In der Bundesrepublik verhielt es sich umgekehrt. Bei der Analyse der Anbaustrukturen wird deutlich, daß die Hauptanbaufrüchte auch weiterhin produktionsanteilig hinzugewannen. Innerhalb der Struktur der Viehhaltung setzte sich insbesondere die Expansion der Schweine- und Geflügelhaltung fort. In bezug auf die Entwicklung der Produktionsstruktur blieb in Japan die starke Tendenz zur Ausweitung des tierischen Produktionszweigs bestehen, während sich in der Bundesrepublik dieser Trend zum Ende der Dekade hin umzukehren schien.

3.5.3 Agrarpolitik : Hauptzielsetzungen und Maßnahmen

Unterzieht man den agrarpolitischen Instrumenteneinsatz einer näheren Betrachtung, so ist erkennbar, daß in den 60er Jahren (s. Übersichten 5 + 6, im Anhang) in beiden Ländern offensichtlich preis- und einkommenspolitische Ziele dominierten. Jedoch fiel auch strukturpolitischen Zielsetzungen verstärkt eine zunehmende Bedeutung zu. Eine derartige Tendenz hatte sich bereits in der Aufbauperiode angedeutet.

Die in beiden Ländern auch in der 60er Dekade fortbestehenden Stabilisierungs- bzw. Stützungsziele (Märkte, Preise und Einkommen) fanden ihren Niederschlag in dem Ausbau bestehender bzw. in der Neuerrichtung weiterer Marktordnungen, Außenmarktreglungen etc. für die wichtigsten Agrarprodukte. Für die Bundesrepublik trat als besonderes Moment hinzu, daß als Folge des allmählichen Übergangs zur Gemeinsamen Agrarpreispolitik der EWG die gesamten Marktordnungen etc. neu geregelt werden mußten.

Bezüglich agrar- bzw. ernährungspolitischer Sicherheitsziele, am umfassendsten abgebildet mittels des Selbstversorgungsgrads, wuchs in Japan in den 60er[118] und - wie später noch näher ausgeführt werden wird - insbesondere in den 70er Jahren[119] die Besorgnis vor einer wachsenden Auslandsabhängigkeit bei Ernährungsgütern[120]. Daß diese Furcht nicht unbegründet war, zeigt das deutliche Sinken des Selbstversorgungsgrades, berechnet auf der Basis von Originalkalorien[121]. In der Bundesrepublik war zwar ebenfalls eine Verringerung des Selbstversorgungsgrades zu beobachten, jedoch fiel diese weit weniger gravierend aus[122].

---

[118] Ein diesbezüglicher (impliziter) Hinweis findet sich bei T. OGURA, Agrarian Problems and Agricultural Policy in Japan. I.A.E.A., Occasional Papers Series No. 1, 1967, pp. 46-47.
[119] Vgl. DERSELBE, Implications of Japan's Declining Food Self-Sufficiency Ratio. " The Developing Economies", Vol. XIV, No. 4, Dec. 1976, pp. 417-448.
[120] Die angesprochene Besorgnis um das Sinken des Selbstversorgungsgrades, wie im weiteren noch deutlich werden wird, mündete zwar kurzfristig nicht unmittelbar ein in speziell auf eine Anhebung des Selbstversorgungsgrades ausgerichtete Politiken, jedoch wurden die Selbstversorgung betreffende Zielsetzungen - zumindest implizit - unzweifelbar ein wichtiger Bestandteil der übrigen Maßnahmenbereiche der Agrarpolitik und zudem ein wichtiger Faktor in den längerfristigen Ernährungsstrategien.
[121] Die Selbstversorgung sank von einer Quote von 76 v.H. in 1960 auf 50 v.H. in 1970.
[122] Der Nettoselbstversorgungsgrad, d.h. die Versorgung unter Ausschluß der Ernährungsgüterimporte (Nettoimporte), verringerte sich von 70 v.H. in 1960 auf 67 v.H. in 1970.

Schwerpunktbereiche der agrarpolitischen Maßnahmen

JAPAN

Bei der Darstellung und Diskussion der wesentlichen Zielsetzungen des japanischen "Grundgesetzes" für die Landwirtschaft von 1961 ist bereits darauf hingewiesen worden, daß es als wichtige Intention beihaltete, strukturpolitischen Zielsetzungen zukünftig ein stärkeres Gewicht beizubemessen. Es lag hierbei die Erkenntnis zugrunde, daß das Problem der Einkommensdisparität in der Landwirtschaft bei längerfristiger Perspektive vornehmlich durch Produktivitätssteigerungen gelöst werden konnte: M.a.W., es war angezeigt, die Produktion auf solche Betriebe zu konzentrieren, die "lebensfähig" waren, d.h. in denen Einkommen erwirtschaft werden konnten, die eine angemessene Entlohnung der eingesetzten Produktionsfaktoren gewährleisten[123], und zudem waren Bestrebungen zu unterstützen, Formen genossenschaftlicher Zusammenschlüsse, genossenschaftlicher Landnutzung und Viehhaltung etc. noch stärker zu fördern als bisher. Das gleiche galt auch für die traditionellen Flurbereinigungsmaßnahmen (Flächenzusammenlegungen, ländliche Infrastrukturmaßnahmen etc.).

---

123) KANEDA urteilt in Verbindung mit der Verabschiedung des landwirtschaftlichen "Grundgesetzes" (1961) sowie der Änderung des Gesetzes über den landwirtschaftlichen Boden (1962) wie folgt: These legislative actions reflect the switch in basic agricultural policy orientation from the almost exclusive concern on the land ownership-tenure system to the more fundamental concern on the viability of agricultural activities in a dynamic economy". Zit. in: H. KANEDA, Structural Change and Policy Response ..., a.a.O., Pg. 480. Eine ähnliche Deutung der Ziele des Landwirtschaftlichen "Grundgesetzes" findet sich in einer OECD-Studie von 1978: "The law was enacted at a time when it was deemed necessary to modernise agriculture in order to cope with the increasing disparity in productivity and incomes between agriculture and the other sectors in conditions of rapid economic growth ... It was implied in the law that a large number of viable farms, meaning essentially full-time farms, would have to be created, which provide sufficient incomes to the farmers from agricultural activities". Zit. in OECD, Part-Time Farming. Germany, Japan, Norway, United States. Paris 1977, Pg. 31.

In der Landwirtschaft sollte der Weg einer beschleunigten Strukturanpassung beschritten werden, d.h., einerseits war der Arbeitskräfteeinsatz zu reduzieren (landwirtschaftliche Arbeitskräfte mußten in andere Sektoren abwandern) und andererseits waren die verbleibenden Arbeitskräfte mit mehr Kapital und Boden auszustatten.

Eine strukturelle Veränderung hatte jedoch nicht nur beim Faktoreinsatz zu erfolgen, sondern auch bei der Agrarproduktion: Auf längere Sicht war zu erwarten, daß der Verbrauch von Reis und Gerste (für Nahrungszwecke) zurückgehen und derjenige von Obst, Gemüse, Fleisch und Milcherzeugnissen sich ausweiten würde. Es bestand somit das Erfordernis, eine "selektive" Produktionspolitik zu betreiben.

Die zuvor angerissenen in den 60er Jahren stärker in den Vordergrund tretenden Zielsetzungen "Forcierung der Strukturanpassung", sprich stärkere Ausrichtung der Agrarpolitik auf die "lebensfähigen" Betriebe, und "Förderung der Formen zwischen- und überbetrieblicher Zusammenarbeit" (insbesondere auf genossenschaftlicher Basis) sowie "selektive Produktionsausweitung" fanden ihren Niederschlag in einer Vielzahl neu hinzutretender agrarpolitischer Gesetze, Verordnungen etc. Im weiteren werden einige besonders wichtig erscheinende Maßnahmenbereiche näher erläutert. (Bezüglich eines Gesamtüberblicks der Gesetze, Verordnungen etc. vgl. Übersicht 5, im Anhang.)

a) Landwirtschaftliche Markt- und Preispolitik

Eines der Hauptziele des landwirtschaftlichen "Grundgesetzes" Japans bildete in den 60er Jahren (und dies auch heute noch) die selektive Produktionsförderung. Zur Zeit der Verabschiedung des Gesetzes (1961) wurde erwartet, daß sich die tierische sowie Obst- und Gemüseproduktion weiter ausdehnen (nicht dagegen die Reisproduktion!) und daß die Erzeugung von Gerste und Nacktgerste) für Ernährungszwecke) zurückgehen werde.

Die Expansion der tierischen Produktion implizierte eine Ausweitung der Futterproduktion. Die japanische Agrarstruktur, sprich die spezifischen Anbaubedingungen waren jedoch nicht geeignet für die Futterproduktion und zudem waren die Preisstützungsmaßnahmen vornehmlich auf Hauptnahrungsgüter (v.a. Reis) ausgerichtet, wohingegen bei Futtermitteln das Schwergewicht auf Preisstabilisierungsmaßnahmen lag. Da eine Steigerung der Futtergetreideproduktion aussichtslos erschien, beschränkten sich die Regierungsmaßnahmen in den 60er Jahren auf die Ausweitung des Anbaus von Futterpflanzen oder Gras für die Milchviehhaltung und schlossen in diesem Zusammenhang Förderungsmaßnahmen zugunsten des Grünlandes ein.

Im Hinblick auf die Preispolitik wurden in den 60er Jahren neue Systeme eingeführt mit dem Ziel, die Preise für Schweinefleisch und Milchprodukte zu stabilisieren. Zu diesem Zweck wurde als Interventionsorgan die Körperschaft für die Förderung der tierischen Produktion (Livestock Promotion Corporation) gegründet. Darüber hinaus wurden direkte Ausgleichszahlungen (deficiency payments) für Werkmilch, für bestimmte Gemüsearten (bei saisonalem Preisabfall) sowie für Sojabohnen und Körnerraps eingeführt. Des weiteren wurden Preisstabilisierungsmaßnahmen zugunsten des heimisch produzierten Zuckers eingeleitet.

Die Preissetzung beim Reis erfolgte in den 60er Jahren auf der Basis der Produktionskosten- und Einkommensausgleichsrechnung. Dies führte zu einem überproportionalen Preisanstieg: In der zweiten Hälfte der 60er Jahre war der Inlandpreis (= Preis für die Produzenten) doppelt so hoch wie der Weltmarktpreis (= cif-Preis).

Bei der Reisversorgung stellten sich vor und um die Mitte der 60er Dekade unerwarteterweise Produktions- und folglich Versorgungsengpässe ein, was zur Folge hatte, daß in den

Jahren 1964 (0,5 Mio. t), 1965 (1,05 Mio. t), 1966 (0,68 Mio. t) erstmalig seit den 50er Jahren wieder Reis in größerem Umfang importiert werden und seitens der Regierung erneut Maßnahmen für die Steigerung der Reisproduktion ergriffen werden mußten[124]. OGURA nennt als Gründe für die zu beoachtende Stagnation in der Reisproduktion die Knappheit an Arbeitskräften, d.h. für die Landbewirtschaftung verfügbarer Arbeitszeit, und den Mangel an zur Verfügung stehender arbeitssparender Agrartechnologie[125].

Paradox muß es erscheinen, daß nach den Jahren einer gewissen Mangellage in der Reisversorgung um die Mitte der 60er Jahre die Situation ab 1967 plötzlich in eine Phase akuter Reisüberschüsse einmündete und daß die Wirkungsanalyse hinsichtlich der bereits getroffenen bzw. noch zu treffenden Maßnahmen ebenfalls in das Gegenteil umschlug: Jetzt kamen die Experten zu dem Ergebnis, daß die Regierung während der ersten Jahre der sogenannten "Agrarpolitik unter dem landwirtschaftlichen 'Grundgesetz`" augenscheinlich zu großes Gewicht auf die Förderung der Reisproduktion gelegt hatte[126]. Dies war einerseits ablesbar an den beträchtlichen staatlichen Aufwendungen für den Reisanbau (Landverbesserung, Forschung, Beratung etc.), andererseits an den enorm angestiegenen Ausgaben für die Reispreisstützung und letztlich an den nunmehr stark anwachsenden strukturellen Produktionsüberschüssen beim Reis und den damit verbundenen Kosten (Lagerkosten, Kapitalkosten, Schwund, Einbuße bei inferiorer Verwertung etc.).

Da der Konsumentenpreis in weniger hohem Maße angehoben wurde als der Erzeugerpreis, stiegen die Defizite der Reisausgleichskasse (rice support account) beträchtlich an. Einen besonders beachtlichen Schub erhielten die Fehlbeträge, beginnend mit der Reisrekordernte in 1967 und dem

---
124) Vgl. T.OGURA, Agrarian Problems ..., a.a.O., Pg. 45.
125) Siehe EBENDA.
126) FAO, International Agricultural Adjustment. A Case Study of Japan. Rome, Nov. 1973, Pg. 8.

danach akut werdenden Reisüberschußproblem[127].

Allerdings kam beim Reispreis oder besser: der Setzung des Reispreises ein sehr starkes politisches Moment hinzu: So wurde angesichts eines ständig wachsenden Drucks seitens der landwirtschaftlichen Interessengruppen letztlich der im "Grundgesetz" für die Landwirtschaft bekundete Vorsatz einer stärkeren Betonung der Strukturpolitik zugunsten einer aktiven (Reis-)Preispolitik geopfert[128].

Die Reisproduktion stieg von 12,7 Mio. t in 1966 auf 14,5 Mio. t in 1967. Als Folge dieser überdurchschnittlichen Produktionssteigerung wuchsen die staatlich Reislagerbestände von 3,7 Mio. t in 1966 auf 6,4 Mio. t in 1967[129].

Die überaus positive Produktionsentwicklung war zu einem nicht unwesentlichen Teil auf die außerordentlich günstigen Witterungsverhältnisse zurückzuführen. Darüber hinaus schufen ohne Zweifel die unbegrenzte staatliche Aufkaufpflicht zu garantierten Preisen sowie die starke Verminderung des Witterungsrisikos als Folge des Ernteversicherungssystems

---

127) Von 28,1 Mrd. Yen (100) in 1960 stiegen sie auf 268,3 Mrd. Yen (955) in 1968, 1970 lagen sie bereits bei 360,8 Mrd. Yen (1284). In Klammern sind die Meßzahlen zur Basis 1960 =100 ausgewiesen. Daten von bzw. berechnet nach Y. KURODA, The Present State of Agriculture in Japan. In: E.N. CASTLE and K. HEMMI with S.A. SKILLINGS (Eds.), US-Japanese Agricultural Trade Relations. Washington 1982, pp. 91-147, hier Table 5-7, Pg. 164.
128) "The principal government goal for Agriculture after 1961 was formaly expressed in the Basic Agriculture Law. But basic structural change is no easy matter and requires a period of transition and adjustment, except under extraordinary circumstances which permit a strong dose of authoritarian politics. ... In the face of constant political pressure from farm groups politicians turned to rice prices". Zit. in M.W. DONNELLY, Setting the Price of Rice. A Study in Political Decision Making. In: T.J. PEMPEL, Policymaking in Contemporary Japan. Ithaca and London 1977, pp. 143-200. Pg. 150. Bezüglich einer aktuellen Betrachtung über den Einfluß der agrarischen Interessenvertretung Japans auf die Agrarpolitik vgl. A.D. GEORGE, Japan's Agricultural Cooperatives (Nokyo) as a Pressure Group. Ph.D. Dissertation, Australian National University, Canberra 1980.
129) Vgl. hierzu FAO, International Agricultural Adjustment ..., a.a.O., Pg. 19 (Table 7).

einen erheblichen Anreiz für die Ausweitung der Reisproduktion. Weitere mit zu der enormen Produktionssteigerung beitragende Faktoren bildeten die Verwendung von verbessertem Saatgut, die Steigerung des Düngemittel- und Agrarchemikalieneinsatzes, die Einführung moderner Maschinen, die Verbesserung der Bewässerungseinrichtungen, die Intensivierung der Beratung, die Verbreitung verbesserter Anbautechniken etc.[130]

Angesichts der wachsenden Überschüsse beim Reis war die Regierung gezwungen, eine vorsichtigere Preispolitik einzuleiten (Einfrieren des Reispreises) und vermehrt Schwergewicht auf Strukturmaßnahmen zu legen. Im weiteren Sinne können hierunter auch die 1969 erstmalig durchgeführten Flächenstillegungsprogramme beim Reis subsumiert werden.

b) Agrarstrukturpolitik

Bei den Maßnahmen für die Agrarstrukturverbesserung handelte es sich einesteils um längerfristig strukturwirksame Eingriffe, insbesondere in Verbindung mit Maßnahmen zur Bodenneuordnung, anderenteils um administrativ-legislative Aktivitäten, um die intrasektorale (v.a. bezogen auf den Faktor "Boden") und die intersektorale (v.a. bezogen auf den Faktor "Arbeit") Mobilität wichtiger in der Landwirtschaft gebundener Produktionsfaktoren zu erhöhen.

Die längerfristig strukturwirksamen Eingriffe beim Faktor "Boden" hatten ihr Schwergewicht vornehmlich bei den Naßfeldern, d.h. zielten auf das Hauptprodukt Reis.

Eine derartige Prioritätensetzung stand eigentlich nicht im Einklang mit dem landwirtschaftlichen "Grundgesetz" - und hier speziell der Zielsetzung der selektiven Produktionsförderung. Daß letztlich entgegen den ursprünglichen Zielab-

---

[130] Vgl. FAO, International Agricultural Adjustment ..., a.a.O., Pg. 18.

sichten entschieden wurde, war begründet in der nach 1962 zu beobachtenden Stagnation der Bodenproduktion[131] (gemeint sind vor allem die im vorangehendem Abschnitt bereits angesprochenen Produktionsengpässe beim Reis) und der (wieder)aufkommenden Furcht vor einer Zunahme der Abhängigkeit von Auslandsimporten.

Als Maßnahmen zur Erhöhung der Bodenmobilität sind die Gesetzgebungschritte anzuführen, die dem Ziel dienten, Genossenschaften und ähnlichen Zusammenschlüssen den kauf- oder pachtmäßigen Erwerb und die Bewirtschaftung von landwirtschaftlichen Flächen zu ermöglichen[132]. Eine weitere Maßnahme zur Erhöung der Bodenmobilität bildete die unter bestimmten Bedingungen eingeräumte Erlaubnis, die Flächenbesitzhöchstgrenzen zu überschreiten.

Um die Arbeitmobilität zu erhöhen, wurden folgende Aktivitäten durchgeführt:

1) Ausweitung der regionalen Wirtschaftsförderung, Verstärkung der Industrieansiedlung im ländlichen Raum;

2) Maßnahmen zur Erhöhung der Arbeitsmobilität für Angehörige von Landwirtsfamilien (Umschulung, Mobilitätshilfen etc.).

Neben den bereits in Verbindung mit den Maßnahmen zur Erhöhung der Bodenmobilität angesprochenen Aktivitäten zugunsten

---

131) "Als die Stagnation der Agrarproduktion erkennbar war, wurde die Produktionssteigerung erneut zum zentralen Anliegen der Agrarpolitik". Zit. in: T. OUCHI, Grundtendenzen der Agrarpolitik. In: K. Okochi u. Y. Tamanoi (Hrsg.) Wirtschaft Japans (Wirtschaft und Gesellschaft Ostasiens, Bd. 1). Düsseldorf 1973, S. 95-120, hier S. 114.
132) In Verbindung hiermit wurde die Schaffung neuer Organisationsformen der Agrarproduktion gefördert. Als wichtigste sind anzuführen: die 'genossenschaftliche Landbewirtschaftung', die Auftragslandwirtschaft, die Landbewirtschaftung im Gruppenverband und die überbetriebliche Zusammenarbeit. Eine nähere Beschreibung und Charakterisierung der verschiedenen Organisationsformen erfolgt bei O. SCHILLER, Eine neue Phase der japanischen Agrarpolitik. "Berichte über Landwirtschaft", Bd. 47 (1967), S. 197-208.

der landwirtschaftlichen Zusammenschlüsse u.ä. wurden Finanzhilfen für die Anschaffung bzw. Erstellung gemein- oder genossenschaftlich genutzter Einrichtungen, Gebäude, Ausstattungen etc. gewährt.

Der Gesamtkomplex der Fördermaßnahmen stand unter dem Oberbegriff "Koordinierte Programme für die Verbesserung der Agrarstruktur". Sie wurden in 1962 begonnen. Ab 1965 firmierten die Agrarstrukturmaßnahmen unter der Bezeichnung "Landverbesserungsmaßnahmen" (Land Improvement Works). Sie wiederum waren Bestandteil der "Längerfristigen Landverbesserungspläne" (Long-Term Land Improvement Plans). Ausführungen OUCHIs zufolge stießen die Landverbesserungsprojekte - insbesondere im Bereich des Naßfeldbaus - auf wachsenden Widerstand der Bauerndörfer, d.h., die Durchführung der Strukturverbesserungsmaßnahmen wurde zunehmend aussichtsloser[133].

Der Bereich der einzelbetrieblichen Förderung der japanischen Landwirtschaft enthielt in den 60er Jahren als wichtigste Elemente[134]:

1) Das Finanzierungsprogramm der land-, forst- und fischwirtschaftlichen Finanzkörperschaften: Es wurde 1953 begründet und diente insbesondere der Bereitstellung von langfristigen Krediten für die Verbesserung der landwirtschaftlichen Produktion und Struktur, einschließlich Krediten für Landkäufe, zur Stützung der Eigentümerwirtschaften und für Erbabfindungen. Das Schwergewicht der Vergabe verlagerte sich von Krediten zur Stützung der Eigentümerlandwirte (50er Jahre) hin zu Krediten für den Landerwerb (60er Jahre. Als wichtigstes Untersystem des Finanzierungssystems der land-, forst- und fischwirtschaftlichen Finanzkörperschaften wurde 1968 das "Umfassende Finanzierungsprogramm" (Comprehensive

---

[133] Vgl. T. OUCHI, Grundtendenzen der Agrarpolitik, a.a.O., S. 111.
[134] In Anlehnung an OECD, Capital and Finance in Agriculture, Vol. II, Country Studies. Paris 1970. Country Study on Japan, pp. 40-43.

Financing Scheme) eingeführt. Es zielt darauf, "fähige" (eligible) Landwirte mit Finanzmitteln auszustatten und ihre Betriebe so zu vergrößern, daß sie "lebensfähig" (viable) werden.

2) Das Kreditprogramm für die landwirtschaftliche Modernisierung: Es wurde 1961 eingeführt und ermöglicht die Gewährung vornehmlich mittelfristiger zinsverbilligter Darlehen für die Anschaffung landwirtschaftlicher Ausrüstungsgegenstände sowie für Modernisierungszwecke.

3) Das Kreditprogramm für Katastrophenfälle: Es besteht seit 1956 und beinhaltet die Gewährung von Krediten bei Naturkatastrophen.

4) Das Kreditprogramm für Maßnahmen der Agrarstrukturverbesserung: Es wurde ebenfalls 1956 eingeführt und ermöglicht die Kreditvergabe für Förderungsmaßnahmen in folgenden Bereichen: Einführung neuer Produktionstechniken, Verbesserung der Lebensbedingungen, Einführung neuer Produktionszweige seitens der Hofnachfolger.

5) Das Kreditprogramm für Neusiedler: Es wurde bereits 1947 begründet und sichert die kreditmäßige Unterstützung (zinsverbilligte Darlehen) von Neusiedlern.

c) Landwirtschaftliche Sozialpolitik sowie selektiv wirksame Maßnahmen

In diesen Politikbereichen wurden in Japan in den 60er Jahren keine nennenswerten Maßnahmen durchgeführt.

BR DEUTSCHLAND

Ein zentrales Moment innerhalb der bundesdeutschen Agrarpolitik der 60er Jahre bildeten die Maßnahmen zur Angleichung der nationalen Marktordnungen, Finanzierungssysteme etc. an die Bedingungen des Gemeinsamen Marktes.

Wesentliche Maßnahmen der Agrarstrukturpolitik zielten darauf, mittels Veränderungen der Faktorproportionen die Produktivitäts- und hieraus folgend auch die Einkommensrückstände gegenüber den übrigen Sektoren bzw. der Wirtschaft insgesamt zu vermindern.

Neben der fortgesetzten Einkommensdisparität trat in der zweiten Hälfte der 60er Jahre - innerhalb der EWG - die Überschußproblematik bei diversen Agrarprodukten und hieraus resultierend das Problem wachsender struktureller Produktionsüberschüsse[135] und steigender Marktordnungsausgaben[136] in Erscheinung. Und dies Ganze fiel zusammen mit einer spürbaren gesamtwirtschaftlichen Rezession und hieraus erwachsenden Sparzwängen. Für die bundesdeutsche Landwirtschaft traten als weitere Problemfaktoren die EWG-Anpassung und die DM-Abwertung (1969) hinzu.

---

[135] Strukturelle Agrarüberschüsse traten inbesondere bei Zucker, Weichweizen und in alarmierender Weise bei Milch auf. Daneben zeichneten sich auch auf den Märkten gewisser Obstarten (Äpfel und Pfirsiche) strukturelle Produktionsüberschüsse ab. Vgl. H.B. KROHN, Das Gleichgewicht auf den Agrarmärkten. "Agrarwirtschaft", Jg. 18 (1969), S. 53-63, hier S. 53. Die Buttervorräte der EWG erhöhten sich von 103.000 t in 1966 auf 302.000 t in 1969 (Bestände jeweils zum 31. März), also nahezu auf das Dreifache. Daten von H.J. METZDORF, Die Märkte für Milch und Fette. "Agrarwirtschaft", Jg. 18 (1969), 398-404, hier S. 399.
[136] Die Ausgaben des Europäischen Ausrichtungs- und Garantiefonds für die Landwirtschaft, Abteilung Garantie, erhöhten sich für Getreide, Schweinefleisch, Eier, Geflügel, Reis und Milch von 240 Mio. RE in 1965/66 auf 1.827,25 Mio. RE in 1968/69, als auf mehr als das 7,5fache. Daten übernommen bzw. berechnet nach D. MANEGOLD, Agrarpolitische Entwicklung in der EWG. "Agrarwirtschaft", Jg. 18 (1969), S. 378-385, hier S. 385, Übersicht 1.

In diese Phase des Umbruchs und der Anpassungszwänge fielen eine Reihe von verschiedener Seite erarbeiteter Vorschläge für eine Reform der europäischen und nationalen Agrarpolitik. Die Vorschläge unterschieden sich zwar mehr oder minder stark in der Weitgehendheit (Radikalität) der Zielsetzungen und Instrumente, im Tenor war ihnen jedoch gemein, daß Neustrukturierungen des landwirtschaftlichen Faktoreinsatzes, der Produktion etc. als dringend notwendig anerkannt wurden: Es galt, "den Strukturwandel durch koordinierte agrar-, wirtschafts- und sozialpolitische Maßnahmen zu unterstützen und zu beschleunigen"[137].

Als wichtigste Vorschläge sind in diesem Zusammenhang die gemeinhin unter der Bezeichnung Höcherl-[138], Schiller-[139], Mansholt-[140] (jeweils 1968)[141][142] und Ertl-Plan[143] firmierenden Reformvorstellungen anzuführen.

---

137) Zit. in H. EBERSBACH, Das Grundstücksverkehrsrecht im Wandel der Agrarstrukturpolitik. "Berichte über Landwirtschaft", Bd. 49 (1971), S. 550-569, hier S. 552.
138) Siehe BMELF (Hrsg.), Arbeitsprogramm für die Agrarpolitik der Bundesregierung (Agrarprogramm) (Landwirtschaft - Angewandte Wissenschaft, H. 134). Hiltrup 1968.
139) Siehe KOMMISSION DER EUROPÄISCHEN GEMEINSCHAFTEN, Memorandum zur Reform der Landwirtschaft in der Europäischen Wirtschaftsgemeinschaft, KOM (68) 1000, Teil A. Brüssel 1968.
140) BMW, Vorschläge zur Intensivierung und Koordinierung der regionalen Strukturpolitik. Arbeitspapier. Bonn, Sept. 1968.
141) Eine Kurzfassung sowie Neuabdrucke des Höcherl-, Schiller- und Mansholt-Plans sind zu finden in: E. ENGEL, F. FENDT (Hrsg.), Agrarpolitik im Rahmen der drei großen Reformprogramme . Höcherl-Schiller-Mansholt. Informationsdienst der Sparkassen und Girozentralen. Stuttgart 1969.
142) Eine kritische Untersuchung und vergleichende Betrachtung der Reformvorschläge wurde insbesondere von G. SCHMITT und Mitarbeitern, Eine vergleichende Analyse der drei agrarpolitischen Programme von Höcherl, Schiller und Mansholt. In: Th. HEIDHUES und G. SCHMITT und Mitarbeiter, Zur Neuorientierung der Agrarpolitik. "Agrarwirtschaft", Sh 33. Hannover 1969, S. 37-80 vorgenommen. Darüber hinaus finden sich kritische Anmerkungen bei Th. HEIDHUES, Voraussetzungen und Möglichkeiten einer Neuorientierung in der Agrarpolitik. In Th. HEIDHUES und G. SCHMITT und Mitarbeiter, Zur Neuorientierung ..., a.a.O. und bei Th. DAMS, Agrarpolitik der "Großen Pläne", "Berichte über Landwirtschaft", Bd. 47 (1969), S. 223-240.
143) Einzelbetriebliches Förderungs- und soziales Ergänzungsprogramm für die Land- und Forstwirtschaft. "Agra-Europe", Nr. 44/1970.

Die Reformüberlegungen fanden insgesamt ihren Niederschlag in einer Reihe von regional- und wirtschafts- sowie agrarsozial- und agrarstrukturpolitischen Gesetzen und Maßnahmen, die eine Erhöhung der Mobilität des Faktors Arbeit und/oder des Faktors Boden zum Ziel bzw. flankierende Maßnahmen zum Inhalt hatten.

Einige der diesbezüglichen administrativ-legislativen Maßnahmen, über die bereits zu Ende der 60er Jahre entschieden wurde, werden im Abschnitt "Agrarstrukturpolitik behandelt. (Bezüglich eines <u>Gesamt</u>überblicks der in den 60er Jahren verabschiedeten Gesetze, erlassenen Verordnungen etc. vgl. Übersicht 6, im Anhang.)

a) Landwirtschaftliche Markt- und Preispolitik

Durch Schaffung einer für alle Mitglieder verbindlichen Abschöpfungsregelung (zunächst für Getreide, Schweinefleisch sowie Eier und Geflügelfleisch) wurde 1962 die Verschmelzung der Agrarmärkte in der EWG eingeleitet. Für die Bundesrepublik wurden die diesbezüglichen innerstaatlichen Vorschriften im Abschöpfungserhebungsgesetz niedergelegt.

Die Bildung gemeinsamer Marktorganisationen für die wichtigsten landwirtschaftlichen Produkte erfolgte in der Zeitspanne von 1962 bis 1968. Es wurde für die meisten Produkte ein System von Grund(richt)-/ Orientierungspreisen, Interventions- und Schwellen-/ Mindesteinschleusungspreisen eingeführt. Des weiteren wurde einheitliche Qualitätsnormen etc. erlassen sowie zum Zwecke der Markt- und Preisstabilisierung Stabilisierungsfonds (Wein) und staatliche Marktordungsorgane (Auf- und Verkäufe diverser lagerfähiger Agrarprodukte) eingerichtet und/oder die Möglichkeit der Gewährung von staatlichen Lagerbeihilfen, Denaturierungsprämien etc. eröffnet.

Als Grundkonzeption der EWG-Marktordnungen stellt sich folgende[144)145)]:

"- Die Agrarpreise innerhalb der Gemeinschaft werden unabhängig vom Weltmarktpreisniveau, d.h. in der Regel darüber, gestützt.

- Die Preisstützung soll sowohl beim Außenhandel als auch am Binnenmarkt ohne mengenmäßige Beschränkungen erreicht werden.

- Die innergemeinschaftliche Produktion erhält bei gleicher Qualität unterhalb des angestrebten Preisniveaus vollständige Präferenz vor Angeboten dritter Länder".

Die in der Regel bei der Einfuhr anfallenden Abschöpfungen und bei der Ausfuhr zu zahlenden Erstattungen werden über die Europäischen Ausrichtungs- und Garantiefonds für die Landwirtschaft (EAGFL) abgerechnet. Ausführlichere, diesbezügliche Vorschriften wurden erstmalig in der Verordnung über die Finanzierung der Gemeinsamen Agrarpolitik von 1964 niedergelegt.

Das EWG-Anpassungsgesetz von 1965 hatte zum Ziel, die Leistungsfähigkeit der deutschen Landwirtschaft durch Anpassungshilfen gegenüber dem verschärften Wettbewerb in der EWG zu stärken. Die Mittel wurden insbesondere zur Verbesserung der Agrar-, Betriebs- und Marktstruktur eingesetzt. Eine der

---

144) Zitiert in: H. SCHMIDT, Das System der EWG-Marktordnungen. In: Th. DAMS u.a. (Hrsg.), Agrarpolitik in der EWG. München 1968, S. 381-397, hier S. 381.
145) Auf eine ausführlichere Behandlung des komplexen Marktordnungssystems der EWG wird an dieser Stelle verzichtet. Hinsichtlich weiterführenderer Darstellungen siehe H.-H. WÄCHTER, Die Preispolitik für landwirtschaftliche Erzeugnisse in der EWG. "Berichte über Landwirtschaft", Bd. 45 (1967), S. 521-570 sowie Th. DAMS u.a. (Hrsg.), Agrarpolitik in der EWG, a.a.O. - R. PLATE, Agrarmarktpolitik, Bd. 2.: Die Agrarmärkte Deutschlands und der EWG, München 1970. - H.E. Buchholz, Agrarmarkt: EWG-Marktordnungen. In: Handwörterbuch der Wirtschaftswissenschaften, 1. Bd., Tübingen u.a. 1977, S.87-106.

wichtigsten Maßnahmen bildete die Investitionshilfe (s. Abschnitt "Agrarstukturpolitik". Als weitere wesentliche Maßnahmen sah das EWG-Anpassungsgesetz einen Ausgleich von Einkommensminderungen vor, die sich durch die Preisfestsetzung für Getreide ergaben.

Die Harmonisierung der Getreidepreise war vom EWG-Ministerrat Ende 1964 mit Wirkung ab Getreidewirtschaftsjahr 1967/68 beschlossen worden. Für die bundesdeutsche Landwirtschaft bedeutete die Harmonisierung eine 10%ige nominale Preissenkung. Daher wurden der Bundesrepublik für 1967/68 bis 1969/70 degressive gemeinschaftliche Ausgleichszahlungen zugebilligt. An die Landwirte wurde der Ausgleich einesteils durch an die Getreideanbaufläche gebundene direkte Zahlungen, anderenteils durch diverse andere nationale Förderungsmaßnahmen weitergegeben.

Der nahezu vollständige Abbau der Binnenzölle und die weitgehende Angleichung der Außenzölle der EWG, d.h. die Verwirklichung der Zollunion, war bis Mitte 1968 vollzogen.

b) Agrarstrukturpolitik

Die bereits in der Vordekade begonnenen Programme zur Verringerung der Zinssätze ("Zinsverbilligungsaktionen") wurden in den 60er Jahren fortgeführt und teilweise noch ausgeweitet. Die zinsverbilligten Kredite hatten vielerlei Einsatzbereiche: Sie wurden verwandt für die Erhaltung und Verbesserung landwirtschaftlicher Betriebe, für den Bau von Gebäuden für Lohnarbeitskräfte, für die Erstellung von Lagerhäusern und Trocknungsanlagen, für Maßnahmen der Wasserversorgung und Entwässerung, für den Bau von Gemeinschaftseinrichtungen etc.

Ab 1967 wurden in Verbindung mit den Kürzungen der staatlichen Mittelzuwendungen (Sparpolitik) strengere Kriterien an die Auswahl der Projekte geknüpft. Es kamen zukünfig nur noch solche Investitionen in den Genuß zinsverbilligter Kredite, denen ein betrieblicher Investitions- und Entwicklungsplan zugrunde lag. Oberhalb bestimmter Investitionsgrenzen bestand die Pflicht zur Buchführung.

Ähnlich strenge Bestimmungen galten auch hinsichtlich der Vergabe von Mitteln aus dem in Verbindung mit dem EWG-Anpassungsgesetz aufgelegten Investitionshilfeprogramms (1966-1969). Die Beihilfen konnten bis zu 15 % der nachgewiesenen beihilfefähigen Investitionssumme, höchstens jedoch 30.000 DM für den einzelnen Betrieb betragen. Im Bereich des Hofkredits waren Investitionshilfe und zinsverbilligter Kredit miteinander verknüpft.

Neben die klassischen Förderungsmaßnahmen zur Strukturverbesserung ("ländliche Siedlung", "Flurbereinigung", "freiwilliger Landtausch" sowie "besondere Agrarstrukturmaßnahmen") traten in den 60er Jahren in verstärktem Umfang Maßnahmen zur Erhöhung der Mobilität der Faktoren Boden und Arbeit.

Als neues Instrument der Strukturförderung wurde 1969 die Landabgaberente eingeführt. Anspruchsberechtigt waren Kleinlandwirte, die land- und forstwirtschaftliche Nutzflächen zur Verbesserung der Agrar- und Infrastruktur vorzeitig, d.h. vor Erreichen der Altersgrenze (65. Lebensjahr) abgaben, wobei die Möglichkeit des Bezugs frühestens ab dem 60., in Ausnahmefällen ab dem 55. Lebensjahr gegeben war.

Für Eigentümer nichtentwicklungsfähiger landwirtschaftlicher Betriebe, die ihr Land längerfristig verpachteten (mindestens 12 Jahre), bestand seit 1969 die Möglichkeit, eine Verpachtungsprämie in Abspruch zu nehmen (einmalige Prämie von 500 DM je Hektar).

Ferner wurde Kleinlandwirten seit 1969 bei längerfristiger Verpachtung (auf mindestens 18 Jahre) in Verbindung mit Flurbereinigungsverfahren die Freistellung von den Beitragslasten eingeräumt.

Als Instrument zur Erhöhung der Mobilität im landwirtschaftlichen Bereich Erwerbstätiger bzw. dort lebender jüngerer Menschen werden ab 1969 von der Bundesanstalt für Arbeit Hilfen zur Umschulung und Fortbildung Erwachsener sowie zur Ausbildung Jugendlicher in Lehr- und Anlernberufen gewährt.

Im Erzeugungs- und Absatzbereich wurden in den 60er Jahren in verstärktem Umfang Maßnahmen zur Förderung der Produktivität (Milchleistungsprüfung, Mastprüfungsanstalten, Tier- und Pflanzenzucht), der Qualität und des Absatzes landwirtschaftlicher Produkte (Erhöhung der Markttransparenz, Schaffung eines Zentralorgans für die Absatzförderung[146]) sowie zur Förderung der horizontalen (Erzeugergemeinschaften, Kontrollringe etc.) und der vertikalen Verbundwirtschaft (Molkereien, Zuckerfabriken, Gemeinschaftseinrichtungen für die Erfassung, Sortierung, Klassifizierung, Lagerung, Verwertung und den Absatz landwirtschaftlicher Erzeugnisse) durchgeführt.

c) Landwirtschaftliche Sozialpolitik sowie selektiv wirksame Maßnahmen

Als zusätzliche Sozialleistung für Landwirte und deren Ehegatten wurde 1965 im Rahmen des Gesetzes über eine Altershilfe (GAL) die Möglichkeit der Gewährung von Rehabilitätsmaßnahmen (Heilbehandlung, Kuren etc.) sowie von Betriebs- und Haushaltshilfen eingeführt. Bei letzterer handelt es sich um die Übernahme der Kosten für von der landwirtschaftlichen Alterskasse beauftragte oder für selbstbeschaffte Ersatzkräfte während der Zeit von Kur- oder Heilbehandlungen etc.

Als Sozialmaßnahme zur Förderung des landwirtschaftlichen Strukturwandels wurde 1969 die Landabgaberente geschaffen.

---

[146] Auf der Grundlage des Absatzfondsgesetzes wurde 1969 die CMA (Centrale Marketinggesellschaft der deutschen Agrarwirtschaft mbH) gegründet.

(Auf sie wurde bereits weiter vorn in Verbindung mit den agrarstrukturpolitischen Maßnahmen hingewiesen.) Die Landabgaberente enthielt als sozialpoltische Komponente, daß der Kreis der Berechtigten auf Alterskassenmitglieder beschränkt war, deren landwirtschaftliches Unternehmen eine bestimmte Mindestgröße nicht überschritt.

Als selektiv wirksames Maßnahmenbündel wurde 1961 die "Förderung der von Natur benachteiligten Gebiete" eingeleitet. Es handelt sich hierbei um Maßnahmen zugunsten durch Boden-, Klima- und sonstige Standortverhältnisse benachteiligter Gebiete (vor allem Höhenlagen). Der Maßnahmenkatalog beinhaltet einerseits eine Verstärkung der auch in den übrigen Gebieten durchgeführten agrarstrukturellen Maßnahmen (Flurbereinigung, Aussiedlung und Aufstockung, Verbesserung der ländlichen Infrastruktur etc.) sowie andererseits Spezialmaßnahmen (Investitions- und Ausbildungsbeihilfen).

3.5.4 Vergleich der agrarpolitischen Maßnahmen zwischen Japan und der BR Deutschland in der Periode der Vollbeschäftigung (1960-1970)

In Japan erfuhren im Bereich der Agrarmarktpolitik die Marktregulierungssysteme einen weiteren Ausbau. In der Bundesrepublik mußten die Marktordnungssysteme denen der EWG angepaßt werden.

In Verbindung mit der Verabschiedung des landwirtschaftlichen "Grundgesetzes" wuchs in Japan die Einsicht in die Notwendigkeit eines stärkeren Strukturwandels. In der Bundesrepublik bestand eine ähnliche Einsicht in Verbindung mit der EWG-Mitgliedschaft: Im EWG-Durchschnitt war die bundesdeutsche Betriebsgröße zu niedrig, was zur Folge hatte, daß die Betriebe nicht so effizient wirtschaften konnten wie die Betriebe in anderen EWG-Mitgliedsländern.

In beiden Ländern trat in den 60er Jahren das Problem struktureller Überschüsse bei den zentralen Agrarprodukten

(Japan: v.a. Reis; Bundesrepublik: v.a. Milch) in Erscheinung, und als Folge hieraus bestand zunehmend die Notwendigkeit, eine restriktivere Preispolitik zu betreiben und/oder Maßnahmen zur Produktionsbegrenzung einzuleiten.

Im Bereich der Agrarstrukturpolitik standen in beiden Ländern Bemühungen im Vordergrund, die Boden- und Arbeitsmobilität zu erhöhen. Darüber hinaus bestanden Schwergewichte im Bereich der einzelbetrieblichen Investitionsförderung. Ein besonderer Schwerpunkt lag in Japan zudem im Bereich der Förderung genossenschaftlicher o.ä. Zusammenschlüsse.

Wenngleich der landwirtschaftliche Strukturanpassungsprozeß unter Effizienzgesichtspunkten in beiden Ländern sich immer noch nicht rasch genug vollzog, boten die gesamtwirtschaftlichen Bedingungen eine günstige Voraussetzung für die Abwanderung landwirtschaftlicher Arbeitskräfte, und von vielen wurde diese Chance, wie bei der Diskussion der gesamt- und agrarwirtschaftlichen Indikatoren deutlich geworden ist, auch genutzt.

3.6 Agrarwirtschaft und Agrarpolitik in der Periode des abgeschwächten Wirtschaftswachstums (1970-1980)

In der Periode des abgeschwächten Wachstums gingen in beiden Volkswirtschaften die Zuwachsraten des realen Bruttoinlandsprodukts und folglich auch des realen Bruttosozialprodukts je Kopf zurück. Das gleiche betraf auch die gesamtwirtschaftliche Arbeitsproduktivität. Die Zahl der Arbeitslosen stieg in beiden Ländern an. Gleichzeitig verminderte sich auch die Abwanderungsrate landwirtschaftlich Erwerbstätiger. Die relative landwirtschaftliche Arbeitsproduktivität entwickelte sich in beiden Ländern zugunsten des Agrarsektors, d.h. erstmalig seit den 50er Jahren auch in Japan. (In diesem Land insbesondere vor dem Hintergrund des abgeschwächten gesamtwirtschaftlichen Wachstums.)

3.6.1 Wesentliche gesamt- und agrarwirtschaftliche Indikatoren - Globale Betrachtung

a) Bevölkerung

Das Wachstum der Wohnbevölkerung begann sich in Japan (s. Tabelle 17, Abschnitt B, im Anhang) zu Beginn der 70er Jahre zu beschleunigen, begründet darin, daß die geburtenstarke Nachkriegsgeneration zunehmend ins fortpflanzungs- und heiratsfähige Alter gelangte. In der Anschlußphase begann sich das Wachstum abzuschwächen.

In der Bundesrepublik (s. Tabelle 18, Abschnitt B, im Anhang) erfuhr der Rückgang des Wachstums der Wohnbevölkerung in 70er Dekade nicht nur eine Fortführung, sondern es mündete 1975 sogar in den negativen Bereich ein, d.h., die Wohnbevölkerung begann (zumindest zeitweilig) zu schrumpfen.

b) Landwirtschaft in der Gesamtwirtschaft

Der in Japan und der Bundesrepublik wie in allen entwickelten Industrieländern sich vollziehende langfristige relative Bedeutungsverlust des Agrarsektors setzte sich auch in den 70er Jahren fort, d.h., die Anteile der Landwirtschaft an wichtigen volkswirtschaftlichen Aggregatgrößen wie Produktion, Einkommen und Erwerbstätigen gingen weiterhin zurück (s. Tabellen 17 + 18, jeweils Abschnitte C + D, im Anhang).

c) Produktion

Beim gesamtwirtschaftlichen Bruttoinlandsprodukt zu Marktpreisen setzte in beiden Volkswirtschaften eine Abnahme der Zuwächse ein (s. Tabellen 17 + 18, jeweils Abschnitt D, im Anhang).

d) Bruttosozialprodukt je Kopf

Das abgeschwächte Wirtschaftswachstum wird zudem auch durch die Entwicklung des realen Bruttosozialprodukt je Kopf widergespiegelt (s. Tabellen 17 + 18, jeweils Abschnitt D, im Anhang). Der Vergleich der Steigerungsraten der realen Pro-Kopf-Produkte deutet darauf hin, daß es mit fortschreitender Wirtschaftsentwicklung zwischen hochentwickelten Volkswirtschaften offenbar zu einer gewissen Nivellierung des Wachstumstempos kommt: So betrug bspw. die Wachstumsrate in Japan 3,6, in der Bundesrepublik 2,7 v.H. Die Raten lagen somit nicht sehr weit voneinander entfernt.

e) Arbeitsproduktivität

Beim realen gesamtwirtschaftlichen Bruttoinlandsprodukt je Erwerbstätigen (s. Tabellen 17 + 18, jeweils Abschnitt D, im Anhang), d.h. der durchschnittlichen Arbeitsproduktivität, trat in beiden Ländern vor allem als Folge der Abschwächung des Produktionswachstums ebenfalls eine deutliche Minderung des Wachstumstempos ein.

Das reale agrarwirtschaftliche Bruttoinlandsprodukt je Erwerbstätigen stieg in Japan in den 70er Jahren nach einer kurzen Zwischenphase in den 50er Jahren erstmalig wieder schneller als das gesamtwirtschaftliche Äquivalent. Dies war einerseits auf das verminderte Wachstumstempo in der Gesamtwirtschaft und andererseits auf den verminderten Arbeitskräftebestand im Agrarsektor zurückzuführen. In der Bundesrepublik wuchs das reale agrarwirtschaftliche Bruttoinlandsprodukt je Erwerbstätigen in der 70er noch ausgeprägter als in der Vordekade mit gegenüber der Gesamtwirtschaft gesteigerter Zuwachsrate.

f) Preisniveau

Der bereits in den 60er Jahren inbesondere in Japan (s. Tabellen 17 + 18, jeweils Abschnitt E, im Anhang) zu beobachtende inflationäre Preisauftrieb, gemessen am Konsumentenpreisindex und dem impliziten Preisdeflator des Bruttoinlandsprodukts, setzte sich in den 70er Jahren fort.

Der implizite Preisdeflator des landwirtschaftlichen Bruttoinlandsprodukts stieg in Japan in der 70er Dekade nahezu gleichsinnig mit demjenigen des gesamtwirtschaftlichen Bruttoinlandsprodukts an. Die Relation zwischen dem impliziten agrar- und gesamtwirtschaftlichen Preisdeflator, d.h. die Terms of Trade, blieb nahezu unverändert.

In der Bundesrepublik kennzeichnete der Preisdeflator des agrarwirtschaftlichen Bruttoinlandsprodukts in der ersten Hälfte des Jahrzehnts gegenüber den Vorphasen eine merkliche Beschleunigung des Agrarpreisanstiegs. Allerdings schloß sich hieran (bis Ende der 70er Jahre) eine Periode mit erheblich verminderten Steigerungsraten an. Die Relation zwischen implizitem agrar- und gesamtwirtschaftlichem Preisdeflator erweiterte sich, d.h. die Austauschverhältnisse entwickelten sich zuungunsten der Landwirtschaft.

g) Außenwirtschaft

Die wertmäßigen Agrarexporte unterlagen in Japan (s. Tabelle 17, Abschnitt F, im Anhang) in der ersten Hälfte der Dekade einem negativen Wachstumstrend. Sie konnten sich jedoch in der Phase danach wieder erholen. Das Wachstum der wertmäßigen Agrarimporte stieg in der ersten Hälfte der 70er Jahre nicht zuletzt als Folge der extremen Knappheitssituation auf den Welternährungsmärkten und der damit verknüpften Preishausse stark an (Zuwachsraten über 20 v.H.). Im Anschluß hieran stellten sich gemäßigtere Steigerungen ein (jährliche Raten unter 5 v.H.).

Als Folge der unterschiedlichen Wachstumsintensität der wertmäßigen Agrar- und Gesamtexporte verminderte sich in Japan der Anteil der agrarwirtschaftlichen Exporte an den Gesamtexporten von 3,4 v.H. in 1970 auf 1,2 v.H. in 1980. Die Qote der Agrarimporte an den Gesamtimporten erhöhte sich zunächst von 13 1/2 v.H. in 1970 auf etwa 15 v.H. in 1975, und sie verringerte sich danach (bis 1980) auf knapp 10 1/2 v.H.

Die wertmäßigen Agrarexporte stiegen in der Bundesrepublik (s. Tabelle 18, Abschnitt F, im Anhang) in der ersten Hälfte der Dekade, verglichen mit der starken Expansionsphase während der zweiten Hälfte der 60er Jahre, sogar noch mit erhöhter Steigerungsrate. Bei den wertmäßigen Agrarimporten setzten sich die Zuwächse in vergleichbarem Umfang wie in den 60er Jahren fort. Die wertmäßigen Agrarexporte in v.H. der Gesamtexporte, erfuhren in der Bundesrepublik als Folge der zuvor beschriebenen Entwicklungstendenzen in den 70er Jahren eine Ausweitung von 3 1/2 v.H. in 1970 auf annähernd 5 1/2 v.H. in 1980. Bei den Agrarimporten vollzog sich in der Bundesrepublik ein Rückgang von einem Anteil von etwa 19 v.H. in 1970 auf einen Anteil von gut 12 1/2 v.H. in 1980.

Ein zusammenfassender Überblick über die wichtigsten der in den vorstehenden Punkten (a-g) angeführten gesamt- und agrarwirtschaftlichen Indikatoren findet sich in der Tabelle 46.

h) Zusammenfassung

In Japan begann sich das Wachstum der Wohnbevölkerung in den 70er Jahren etwas zu beschleunigen, während es in der Bundesrepublik zeitweilig sogar in den negativen Bereich einmündete. Der relative Bedeutungsverlust des Agrarsektors als Beschäftigungs- und Produktionszweig setzte sich fort. Bei der gesamtwirtschaftlichen Produktion trat in beiden Ländern eine deutliche Abschwächung des Wachstums gegenüber den Vor-

Tabelle 46: Gesamt- und agrarwirtschaftliche Indikatoren, Japan und BR Deutschland, Zusammenfassung, 1970-1980

	Japan			BR Deutschland		
	1970	1980	Jahresdurchschnittliche Veränderungen (nach Zinseszins), in v.H.	1970	1980	Jahresdurchschnittliche Veränderungen (nach Zinseszins), in v.H.
I Bevölkerung, in Mio.	104,7	117,1[1]	+ 1,1	60,7	61,6	+ 0,2
II Landwirtschaftlich Erwerbstätige, in v.H. der Erwerbstätigen insgesamt	17,4	10,4	- 5,0	8,5	5,5	- 4,3
III Landwirtschaftliche Produktion (BIP), in v.H. der Produktion insgesamt (beide zu konst. Preisen von 1976)	6,7	4,4[1]	- 4,4	3,2	2,6	- 2,1
IV Bruttosozialprodukt, in konst. Preisen und US-Dollar von 1976[2]	4 091	5 833	+ 3,6	6 315	8 222	+ 2,7
V Relative landwirtschaftliche Arbeitsproduktivität[3], in v.H.	38,5	40,4[1]	+ 0,5	37,3	47,0	+ 2,3
VI Relative Agrarpreise[4], in v.H.	92,8	90,2	- 0,3	101,9	80,3	- 2,6
VII Agrarexportwerte, in v.H. der Exportwerte insgesamt	3,4	1,2	- 9,6	3,5	5,3	+ 4,2
VIII Agrarimportwerte, in v.H. der Importwerte insgesamt	13,6	10,4	- 2,7	19,1	12,7	- 4,0

1) 1979/80.
2) Umrechnungskurse 1 US-Dollar ≙ 296,55 Yen ≙ 2,518 DM.
3) Agrarwirtschaftliches Bruttoinlandsprodukt : gesamtwirtschaftliches Bruttoinlandsprodukt zu konst. Preisen je Erwerbstätigen in der Gesamtwirtschaft.
4) Agrarwirtschaftlicher BIP-Deflator : gesamtwirtschaftlicher BIP-Deflator.

Quellen: Siehe Tabellen 17 und 18 im Anhang.

dekaden ein. Die durchschnittliche landwirtschaftliche Arbeitsproduktivität wuchs in beiden Ländern schneller als die durchschnittliche gesamtwirtschaftliche. In beiden Ländern war ein nicht unbeträchtlicher Auftrieb des Preisniveaus zu beobachten. Gemessen an den BIP-Deflatoren, blieben die landwirtschaftlichen Terms of Trade in Japan im Durchschnitt der 70er Jahre nahezu unverändert, in der Bundesrepublik setzte sich die für die Landwirtschaft ungünstige Entwicklungstendenz fort. Im Agraraußenhandel blieb die Stellung beider Volkswirtschaften als Nettoimporteure bestehen.

3.6.2 Wesentliche agrarwirtschaftliche Indikatoren – Spezielle Betrachtung

a) Faktoreinsatz und Faktorintensitäten

Bei den Veränderungen der Faktoreinsatzniveaus in der Landwirtschaft zeigte sich in beiden Ländern in den 70er Jahren ein ähnliches Bild wie in den Vordekaden: Kapital wurde vermehrt, Boden und insbesondere Arbeit wurden vermindert eingesetzt (s. Tabellen 21 + 22, jeweils Abschnitt A, im Anhang).

Sich bedingend aus den Wandlungen des Faktoreinsatzes, veränderten sich die Intensitäten in der Weise, daß sich die bodenbezogene Arbeitsintensität weiterhin verringerte, wohingegen sich die boden- und vor allem die arbeitsbezogene Kapitalintensität weiterhin erhöhten (s. Tabellen 21 + 22, jeweils Abschnitt D, im Anhang).

Der Vergleich der Faktorintensitätsänderungen zwischen beiden Ländern für die 70er Jahre läßt gleichgerichte Entwicklungslinien erkennen. Die in der Bundesrepublik sich langsamer vollziehende Ausweitung des Kapitaleinsatzes bedingte jedoch, daß die Kapitalintensität langsamer stieg als in Japan.

b) Produktion

Das Volumen der Agrarproduktion (Bruttoproduktion) wuchs in Japan (s. Tabelle 21, Abschnitt A, im Anhang) , mit einer gegenüber der Vorperiode abgeschwächten Rate. Für die Bundesrepublik (s. Tabelle 22, Abschnitt A, im Anhang) traf das gleiche zu. Allerdings lag die Wachstumsrate hier deutlich höher als in Japan.

c) Partielle Produktivitäten

Bei den partiellen Bruttoproduktivitäten (s. Tabellen 21 + 22, jeweils Abschnitt E, im Anhang) setzten sich die langfristigen Entwicklungstendenzen fort: Arbeits- und Bodenproduktivität erhöhten sich, während die Kapitalproduktivität sich weiterhin vermindert. (Für die Bundesrepublik wird bei der Darstellung der periodenbezogenen agrarwirtschaftlichen Indikatoren für die zweite Hälfte der 60er sowie für die 70er Jahre eine positive Wachstumsrate ausgewiesen. Dieses Ergebnis ist nicht kongruent mit der Langfristanalyse. Die bei den periodenbezogenen agrarwirtschaftlichen Indikatoren verwendeten Daten beinhalten höchstwahrscheinlich eine Unterschätzung des Kapitaleinsatzes.)

d) Output- und Inputpreise sowie Preisverhältnisse

Die Outputpreise, d.h. die Preise der landwirtschaftlichen Produkte, stiegen in Japan (s. Tabelle 23, im Anhang) in den 70er Jahren im Vergleich zum vorangegangenen Jahrzehnt mit noch gesteigerter Intensität. Der stärkste Preiszuwachs in der Gruppe der pflanzlichen Produkte war beim Getreide (ohne Reis zu verzeichnen. Im Vergleich hierzu gemäßigtere Preissteigerungen traten bei Industriefrüchten sowie bei Reis und Gemüse auf. Die geringsten Preisanhebungen erfuhr die Produktkategorie "Obst und Nüsse". Die Preissteigerungen bei

Seidenrohprodukten wären ähnlich denen bei "Obst und Nüssen" als niedrig einzustufen. Eine mittelstarke Preisanhebung realisierten die tierischen Produkte.

Innerhalb der Gruppe der Inputpreise (s. Tabelle 23, im Anhang) erfuhren die Preise für Saat- und Pflanzgut die stärkste Anhebung. Aber auch die Löhne, die Bodenpreise und der Preis für Handelsdünger stiegen kräftig an. Vergleichsweise geringere Preissteigerungen waren bei Zukaufsfuttermitteln sowie bei landwirtschaftlichem Zubehör zu beobachten.

Die landwirtschaftlichen Outputpreise stiegen in Japan in den 70er Jahren fast mit gleicher Rate wie die landwirtschaftlichen Betriebsmittelpreise, d.h., die landwirtschaftlichen Terms of Trade blieben nahezu unverändert. (Dieses Ergebnis wurde bereits im Abschnitt vorher anhand der BIP-Deflatoren ermittelt.)

In der Bundesrepublik (s. Tabelle 24, im Anhang) stiegen die landwirtschaftlichen Outputpreise in den 70er Jahren mit stärkerer Intensität als in der Vordekade. Die kräftigsten Preiszuwächse innerhalb der Gruppe der pflanzlichen Produkte erfuhren Obst und Gemüse. Vergleichsweise geringere Preisanhebungen dagegen konnten bei Getreide und Hülsenfrüchten realisiert werden. Innerhalb der Gruppe der tierischen Produkte erfuhr Milch die stärkste, Schlachtvieh und Eier hingegen die niedrigsten Preisanhebungen.

Bei den Inputpreisen (s. Tabelle 24, im Anhang) lagen die Zuwächse bei Grundstücken und Löhnen an erster Stelle. Eine mittelstarke Anhebung erfuhren die Preise für Bauten, Maschinen und Handelsdünger. Die vergleichsweise geringste Verteuerung war bei den Preisen für Zukaufsfuttermittel zu beobachten.

Die landwirtschaftlichen Terms of Trade gestalteten sich in der Bundesrepublik ähnlich wie in der Vordekade wieder zuungunsten des Agrarsektors. (Auch dieses Ergebnis wurde bereits im Abschnitt vorher mittels der BIP-Deflatoren aufgezeigt.)

Der Vergleich der Entwicklung der landwirtschaftlichen Outputpreise zwischen beiden Ländern läßt erkennen, daß die Preisanhebungen in Japan aufgrund einer vergleichsweise aktiveren Agrarpreispolitik auch in den 70er Jahren kräftiger waren als in der Bundesrepublik. Auch bei den Inputpreisen lagen die Preisniveausteigerungen in Japan oberhalb derjenigen in der Bundesrepublik, dieses nicht zuletzt vor dem Hintergrund einer höheren allgemeinen Inflationsrate.

Die Preisentwicklung bei tierischen im Vergleich zu pflanzlichen Erzeugnissen verlief in Japan - über das ganze Jahrzehnt hinweg betrachtet - zwar nahezu parallel, die differenzierte Sicht führt jedoch zu dem Ergebnis, daß sich die Situation in der Mitte des Jahrzehnts noch vollkommen anders gestaltete: Bis zu diesem Zeitpunkt lag der Preiszuwachs bei pflanzlichen noch deutlich unterhalb desjenigen bei tierischen Produkten. In der Bundesrepublik verlief die Preisentwicklung bei tierischen verglichen zu pflanzlichen Erzeugnissen sowohl über das ganze Jahrzehnt hinweg als auch bei differenzierter Betrachtung zuungunsten der tierischen Produkte.

Bei den Inputpreisen führt die vergleichende Analyse zu dem Ergebnis, daß in beiden Ländern die Löhne und Grundstückspreise die stärksten, die Preise für Futtermittel und landwirtschaftliches Zubehör (Maschinen und Geräte) hingegen die niedrigsten Steigerungen verzeichneten.

Einen zusammenfassenden Überblick über die Entwicklung der wesentlichen der besprochenen Indikatoren (a-d) vermittelt Tabelle 47.

Tabelle 47: Agrarwirtschaftliche Indikatoren, Japan und BR Deutschland, Zusammenfassung, 1970-1980

	Japan			BR Deutschland		
	1970	1980	Jahresdurchschnittliche Veränderungen (nach Zinseszins), in v.H.	1970	1980	Jahresdurchschnittliche Veränderungen (nach Zinseszins), in v.H.
I Faktoreinsatzniveaus, 1970=100						
Arbeit	100,0	63,2	- 4,7	100,0[1]	66,0[2]	- 4,5
Boden	100,0	94,1	- 0,6	100,0[1]	96,6[2]	- 0,4
Kapital	100,0	.	.	100,0[1]	112,3[2]	+ 1,3
II Faktorintensitäten, 1970=100						
Arbeit : Boden	100,0	67,1	- 4,1	100,0[1]	68,3[2]	- 4,2
Kapital : Boden	100,0	.	.	100,0[1]	116,2[2]	+ 1,6
Kapital : Arbeit	100,0	.	.	100,0[1]	170,2[2]	+ 6,1
III Volumen der Agrarproduktion (Bruttoproduktion), 1970=100	100,0	104,7	+ 0,5	100,0[1]	119,2[2]	+ 1,9
IV Struktur der Agrarproduktion (Bruttoproduktion), in v.H.						
Pflanzliche Produktion	73,3	69,8	- 0,5	28,5[1]	31,1[2]	+ 1,0
Seidenproduktion	2,7	1,8	- 4,2	.	.	.
Tierische Produktion	24,0	28,4	+ 1,8	71,5[1]	68,9[2]	- 0,4
V Partielle Produktivitäten, 1970=100						
Bruttoproduktion : Arbeit	100,0	165,6	+ 5,5	100,0[1]	180,7[2]	+ 6,8
Bruttoproduktion : Boden	100,0	111,2	+ 1,1	100,0[1]	123,4[2]	+ 2,4
Bruttoproduktion : Kapital	100,0	.	.	100,0[1]	106,2[2]	+ 0,7
VI Landwirtschaftliche Outputpreise, 1970=100	100,0	234,5	8,9	100,0	139,4[3]	+ 3,8
VII Landwirtschaftliche Betriebsmittelpreise, 1970=100	100,0	224,1	8,4	100,0	159,8[3]	+ 5,3

1) 1970/1.
2) 1979/80.
3) 1979.

Quellen: Siehe Tabellen 21-26 im Anhang.

e) Landwirtschaftliche Betriebe und durchschnittliche Flächenausstattung

Der Betriebsaufgabeprozeß (s. Tabellen 19 + 20, jeweils Abschnitt A, im Anhang) vollzog sich in den 70er Jahren in der Bundesrepublik (jährliche Aufgaberate 2,9 v.H.) mehr als doppelt so schnell wie in Japan (jährliche Aufgaberate 1,4 v.H.). Hieraus folgt, daß auch die durchschnittliche Betriebsgröße in Japan langsamer wuchs als in der Bundesrepublik.

f) Durchschnittlicher flächenbezogener Arbeitsbesatz

Der durchschnittliche flächenbezogene Arbeitsbesatz (AK/100 ha) erfuhr in Japan (s. Tabelle 19, Abschnitt A, im Anhang) auch in den 70er Jahren eine weitere merkliche Einschränkung. Hatte er in 1970 (je nach Datenbasis) zwischen 165 und 200 gelegen, reduzierte er sich bis 1980 auf einen Wert zwischen 113 und 148, in der Bundesrepublik (s. Tabelle 20, Abschnitt A, im Anhang) vollzog sich, gemessen an den jährlichen Rückgängen, eine Japan vergleichbare Entwicklung, jedoch sollten bei dieser Betrachtungsweise die großen Niveauunterschiede nicht außer acht gelassen werden: Verglichen zu den soeben angeführten Daten für Japan, lag der Arbeitskräftebesatz je 100 ha in der Bundesrepublik zwischen 12 und 15 in 1970 sowie zwischen 8 und 10 in 1980.

g) Anbaustruktur

In bezug auf die Änderung der Anbaustruktur stellte sich in Japan (s. Tabelle 19, Abschnitt C, im Anhang) in den 70er Jahren (nach 1975) erstmalig eine Einschränkung des Anteils der Reisanbaufläche ein. Umgekehrt verhielt es sich bei dem übrigen Getreide: Bei ihm konnte nach 1975 eine Ausweitung des Anteils beobachtet werden. Bei Hülsen- und Hackfrüchten setzte sich die Einschränkung des Anteils fort, wohingegen bei Gemüse und Garten- sowie Handelsgewächsen und insbesondere bei Futterpflanzen eine Tendenz zur Ausweitung der Anteile beobachtet werden konnte.

In der Bundesrepublik (s. Tabelle 20, Abschnitt C, im Anhang) weitete sich in den 70er Jahren der Anteil des Getreides an der Gesamtanbaufläche weiterhin aus. Bei Hülsen- und Hackfrüchten sowie Gemüse und Gartengewächsen hingegen schrumpften die Flächenanteile oder blieben konstant. Bei Handelsgewächsen und Futterpflanzen jedoch waren Ausweitungen der Anteile zu beobachten.

Läßt man für Japan Gemüse und Gartengewächse außer Betracht, so kann bezüglich der Entwicklung der Anbaustrukturen die Aussage getroffen werden, daß in beiden Ländern die Tendenz zur Beschränkung des Anbaus auf Hauptkulturfrüchte anhielt und daß daneben ein Entwicklungstrend bestand, derart, den Anbau von Handelsgewächsen und Futterpflanzen flächenanteilig auszuweiten.

h) Viehbesatzdichten

Die Viehbesatzdichten wandelten sich in Japan (s. Tabelle 20, Abschnitt D, im Anhang) in ähnlicher Weise wie in der Vordekade: Die Haltung der Hauptviecharten i.e.S. (Rindvieh, Schweine, Geflügel) wurde weiterhin ausgedehnt, wohingegen die übrigen Viehhaltungszweige (Pferde, Schafe, Ziegen) fortgesetzt an Bedeutung verloren.

In der Bundesrepublik (s. Tabelle 20, Abschnitt D, im Anhang), traten gegenüber den Entwicklungstendenzen in den Vordekaden einige Änderungen ein: Die Geflügelhaltung wurde erstmalig eingeschränkt, Pferde- und Schafhaltung hingegen erfuhren zu erstenmal wieder Aufstockungen.

Der Vergleich der Viehbesatzdichten zwischen beiden Ländern zeigt, daß sich die Hauptvieharten Rindvieh und Schweine weiterhin ausdehnen konnten, wohingegen die Geflügelhaltung in der Bundesrepublik zum erstenmal Einbußen zu erleiden hatte. Bei den übrigen Vieharten (mit Ausnahme der Ziegen) setzte sich in der Bundesrepublik, wie bereits für die zweite Hälfte der 60er Jahre vermerkt, die Tendenz zur Aufstockung fort, während in Japan die Tendenz zur Abstockung anhielt.

i) Produktionsstruktur

Die Struktur des Volumens der Agrarproduktion wandelte sich in Japan (s. Tabelle 21, Abschnitt B, im Anhang) in den 70er Jahren weiterhin zugunsten der tierischen Produktion und somit gleichzeitig zuungunsten des pflanzlichen Produktionszweigs sowie der Seidenrohproduktproduktion. Die Strukturänderungsraten zeigen jedoch, daß sich die Umstrukturierungsprozesse langsamer vollzogen als in den Vordekaden.

In der Bundesrepublik (s. Tabelle 22, Abschnitt B, im Anhang) setzte sich hinsichtlich der Veränderung der Produktionsstruktur der bereits in der zweiten Hälfte der 60er Jahre erkennbar gewordene Entwicklungstrend fort: Die pflanzliche Produktion gewann volumenanteilig hinzu.

Wie aus dem Vorhergehenden abzulesen ist, blieb im Ländervergleich in den 70er Jahren der bereits in der Vordekade sich abzeichnende divergierende Entwicklungstrend hinsichtlich der Volumenanteile bestehen: In Japan dehnte sich die tierische Erzeugung weiterhin aus, wohingegen in der Bundesrepublik sich offensichtlich ein entgegengesetzter Trend verstetigte. (In der Langfristbetrachtung ist eine derartige Veränderung des Entwicklungstrends nicht sichtbar geworden.) Bei der vergleichenden Analyse dürfen jedoch die unterschiedlichen Ausgangsniveaus der Anteile nicht übersehen werden: In Japan lag der Anteil der tierischen Produktion in 1970 bei 24, in der Bundesrepublik dagegen bei 71 1/2 v.H.

j) Physische Produktivitäten

Bei den physischen Ertragszuwächsen der Hauptanbaufrüchte trat in Japan (s. Tabelle 19, Abschnitt F, im Anhang) in den 70er Jahren gegenüber den Vordekaden eine gewisse Abschwächung ein.

In der Bundesrepublik (s. Tabelle 20, Abschnitt F, im Anhang) bestand eine vergleichbare Situation: Auch hier erreichten die Hauptanbaufrüchte im großen und ganzen nicht mehr die Ertragszuwachsraten wie in den 60er Jahren.

Der Ländervergleich läßt, bezogen auf die Ertragszuwächse bei den wichtigsten Anbaufrüchten, erkennen, daß sich in beiden Ländern in den 70er Jahren eine Konsolidierung auf geringerem Niveau vollzog.

Die Leistungskennziffern der tierischen Produktion weisen für Japan (s. Tabelle 19, Abschnitt G, im Anhang) in den 70er Jahren insbesondere bei der durchschnittlichen Milchleistung (Liter pro Kuh und Jahr) gegenüber den Vordekaden noch gesteigerte Produktivitätszuwächse aus. Die Leistungskennziffer für die Hühnerhaltung (Eier pro Henne und Jahr) hingegen zeigt gegenüber den vorherigen Perioden eine gewisse Abschwächung des Produktivitätswachstums.

Für die Bundesrepublik (s. Tabelle 20, Abschnitt G, im Anhang) kann bezüglich der Leistungsentwicklung in der tierischen Produktion ein vergleichbares Bild gezeichnet werden wie für Japan: Bei der durchschnittlichen Milchleistung konnten im Vergleich zu den Vordekaden gesteigerte Zuwächse realisiert werden, während sich die Leistungszuwächse im Bereich der Hühnerhaltung auf niedrigerem Niveau stabilisierten.

Als Ergebnis der vergleichenden Betrachtung der Leistungskennziffern der tierischen Produktion zwischen beiden Ländern kann festgehalten werden, daß im Bereich der Milchproduktion noch deutlich Produktivitätsreserven ausgenutzt werden konnten, während dieses für die Hühner- bzw. Geflügelhaltung nur noch in eingeschränkterem Maße zutraf.

k) Zusammenfassung

Die für entwickelte Volkswirtschaften typische Form des agrarstrukturellen Anpassungsprozesses blieb in beiden Ländern auch in den 70er Jahren bestehen, jedoch schwächte sich die Intensität der Anpassungsprozesse ab, da das gesamtwirtschaftliche Wachstum deutlich niedriger war als in den Vordekaden. Gemessen an den Agrarproduktpreisen in Relation zu den Betriebsmittelpreisen, blieben die Austauschverhältnisse in Japan im Durchschnitt der 70er Jahre nahezu konstant, während sie sich in der Bundesrepublik weiterhin zuungunsten der Agrarprodukte entwickelten. Der Aufgabeprozeß der landwirtschaftlichen Betriebe vollzog sich ähnlich wie in den Vordekaden in der Bundesrepublik schneller als in Japan. In bezug auf die Entwicklung der Anbaustrukturen konnte in Japan in der 70er Dekade erstmalig eine relative Einschränkung der Reisanbauflächen beobachtet werden. Es spiegeln sich hierin die staatlichen Programme zur Diversifizierung der Agrarproduktion wider. In der Bundesrepublik setzte sich der Anteilszuwachs des Getreides fort. Die Struktur der Viehhaltung wandelte sich in Japan weiterhin zugunsten der Hauptviehzweige (Rindvieh, Schweine, Geflügel). In der Bundesrepublik war dagegen eine Einschränkung der Geflügelhaltung zu beobachten. Die Struktur der Agrarproduktion wandelte sich in Japan weiterhin zugunsten der tierischen Erzeugnissse. In der Bundesrepublik war - wenn auch nicht sehr stark ausgeprägt - ein umgekehrter Trend zu beobachten.

3.6.3 Agrarpolitik: Hauptzielsetzungen und Maßnahmen

Hinsichtlich der wesentlichen agrarpolitischen Zielsetzungen vollzogen sich in beiden Ländern in den 70er Jahren deutliche Neuorientierungen sowie Änderungen der Prioritäten.

1. In Japan erfuhr, wie in der Vordekade sich bereits abzeichnend, das Selbstversorgungsziel eine wichtige Aufwertung. Deutlich wird dieses u.a. auch daran, daß die japanische Administration Mitte des Jahrzehnts ein "koordiniertes Programm zur Versorgung Japans mit Nahrungsmitteln" vorlegte. In der Bundesrepublik war keine derartige Bedeutungszunahme zu beobachten. Es zeigte sich hierin insbesondere der positive Effekt der Stabilisierungsmaßnahmen innerhalb des Gemeinsamen EG-Agrarmarktes: So konnte - im Gegensatz zu Japan - die krisenhafte Zuspitzung der Welternährungslage vor Mitte der 70er Jahre und die durch sie ausgelöste Preishausse bei wichtigen Ernährungsgütern zu einem großen Teil von den Agrarmärkten ferngehalten werden.

2. Gewissermaßen in Konkurrenz zum Selbstversorgungsziel bestand insbesondere in Japan das Ziel des weiteren Abbaus des Außenschutzes bei wichtigen Agrargütern. Darüber hinaus wurde auf japanischer Seite das Bemühen verstärkt, die Agrarimporte über bilaterale Abmachungen längerfristig abzusichern.

3. Den landwirtschaftlichen Effizienz- und Wachstumszielen fiel in beiden Ländern in den 70er Jahren ein zunehmendes Gewicht zu. Dieses spiegelte sich in der Erweiterung des agrarstrukturpolitischen Instrumenteneinsatzes wider.

4. Die agrarpolitischen Stabilisierungsziele (Markt- und Preisstabilisierung erlangten in den 70er Jahren insbesondere in Japan einen nicht unerheblichen Bedeutungszuwachs: Angesichts der sich seit der zweiten Hälfte der 1960er Dekade zuspitzenden Reisüberschußprobleme wuchs der Problemdruck, Maßnahmen zur Einschränkung der Reiserzeugung

zu ergreifen und gleichzeitig eine stärkere Diversifizierung der Agrarproduktion zu betreiben.

5. In bezug auf die vorgenannten Stabilisierungsziele ist für beide Länder auch für die 70er Jahre anzumerken, daß sich nicht deutlich trennbar waren von stützungspolitischen, sprich preis- und einkommenspolitischen Zielsetzungen.

Für beide Länder kann für die 70er Dekade festgehalten werden, daß - ausgenommen die Krisenjahre vor Mitte des Jahrzehnts - eine Tendenz einsetzte, den Agrarpreisanstieg bei den Haupternährungsgütern zu bremsen, um auf diese Weise den wachsenden strukturellen Produktionsüberschüssen zu begegnen. Gleichzeitig wurden in beiden Ländern neue Formen der Produktionsbegrenzungen eingeführt.

6. Als neues Ziel fand in beiden Ländern in den 70er Jahren zunehmend der Umweltschutz Einlaß in den agrarpolitischen Zielkatalog. Dieses spiegelt sich in einer Zunahme der diesbezüglich relevanten Gesetzen und Verordnungen wider.

Schwerpunktbereiche der agrarpolitischen Maßnahmen

JAPAN

a) Landwirtschaftliche Markt- und Preispolitik[147]

Weiter oben wurde bereits darauf verwiesen, daß in den späten 60er Jahren erstmalig bei der Hauptanbaufrucht Reis ein Überschußproblem auftrat, wohingegen gleichzeitig bei anderen Erntefrüchten ein knappes Angebot anzutreffen war. Aus dieser Situation heraus wurde deutlich, daß die Landwirtschaft schwierigen strukturellen Anpassungsproblemen gegenüberstand.

Als Reaktion auf das Reisüberschußproblem erfolgte für 1969/70 die Konzeption eines "kleindimensionierten" (small scale) Reislanddiversifizierungsprogramms mit 10 Tsd. ha als angestrebter Umwandlungsfläche.

Die Zielmarke wurde jedoch wegen zu geringer Bemessung der Anreizzahlungen (200 Tsd. Yen pro Hektar) und zu später Bekanntgabe des Programms nur zu 50 v.H. erreicht.

1969/70 lag die Reisproduktion bei 14 Mio. t, die Nachfragemenge wurde um 2 Mio. t überschritten. Dies bedeutete, daß sich die Lagerbestände weiterhin ausdehnten. Es war daher ein "großdimensioniertes" (large scale) Reislanddiversifizierungsprogramm angezeigt.

---

[147] Die Ausführungen in diesem Abschnitt sind - in gekürzter und leicht abgewandelter Form - folgenden Veröffentlichungen entlehnt worden: BMELF (Hrsg.), Angebotssteuerung in der Landwirtschaft. Bericht der Organisation für Wirtschaftliche Zusammenarbeit und Entwicklung (OECD). Bonn 1974, S. 152; OECD, Agricultural Policy in Japan. Paris 1974, S. 62-66; BMELF (Hrsg.), Agrarpolitischer Jahresbericht 1978. Agrarpolitische Berichte der Organisation für Wirtschaftliche Zusammenarbeit und Entwicklung (OECD), H. 2. Bonn 1979, S. 232 ff. Vgl. ferner W.T. COYLE, Japan's Reis Policy. International Economics Division, Economics and Statistics Service, U.S. Department of Agriculture, Foreign Agricultural Economic Report No. 164. Washington D.C., July 1981, S. 5-14.

Ein solches Programm wurde für 1970/71 konzipiert. Das angestrebte Produktionsverminderungsziel konnte diesmal sogar um 40 v.H. übertroffen werden. Innerhalb des Programms wurden 78 v.H. der einbezogenen Naßfelder brachfallen gelassen, nur 22 v.H. der Fläche wurde für alternative Anbaufrüchte genutzt. Die Anreizzahlungen betrugen 350 Tsd. Yen pro Hektar.

Der hohe Anteil an Brachflächen war dadurch zu erklären, daß kein Unterschied in den Anreizprämien für Brachfallen und Anbaudiversifizierung bestand, daß bei den Landwirten die Präferenz für die Aufnahme außerlandwirtschaftlicher Tätigkeiten vorherrschte und daß die Diversifizierung zugunsten anderer Erntefrüchte mit niedrigeren Gewinnen sowie (produktions-)technischen Schwierigkeiten verbunden war.

Vor dem Hintergrund, daß das Brachfallen von Flächen für Japan einen volkswirtschaftlichen Verlust[148] beinhaltet, "Boden" in diesem Land einer außerordentlich knappen Faktor darstellt, bei einigen Anbaufrüchten (außer Reis) auf nationaler Ebene Knappheiten, d.h. geringe Selbstversorgungsgrade, bestehen und Brachflächen bei Fortfallen der Anreizprämie sehr schnell der Produktion wieder zugeführt werden können, begründete die japanische Regierung für 1971/72 bis 1975/76 ein langfristiges Programm zur Regulierung der Reisproduktion, worin ein stärkerer Nachdruck darauf gelegt wurde, die Umstellung von Reis auf alternative Anbaufrüchte zu fördern.

Unter diesem längerfristigen Programm für die Regulierung der Reisproduktion wurde für jedes "Planjahr" ein Produktionskürzungsziel festgelegt, welches zunächst jeder Präfektur und dann - auf der untersten Ebene - jedem Landwirt zugewiesen wurde. Wer das Produktionskürzungsziel

---

148) Eine diesbezügliche Aussage wird seitens der OECD gemacht. Allerdings wird nicht das zugrunde gelegte Referenzsystem explizit ausformuliert. Je nach den getätigten Annahmen könnte man auch zu einem gegenteiligen Ergebnis gelangen.

verfehlte, hatte eine Einbuße dadurch zu erleiden, daß das Kürzungsziel bei der Festlegung der betriebsindividuellen staatlichen Reisaufkaufquoten mit berücksichtigt wurde.

Die Anreizzahlungen unter dem neuen Programm begünstigten die Umstellung (Diversifizierung) auf Nichtreisprodukte gegenüber der Brache sowohl gemessen an der Höhe als auch der zeitlichen Befristung (bei Umstellung auf Alternativfrüchte 5 Jahre, bei Brache 3 Jahre). Besondere Anreize bestanden bei der Umwandlung zugunsten Dauerkulturen, für diversifizierte Flächen, die über Landtransferagenturen verpachtet wurden, und für Flächenumwandlungen, die seitens landwirtschaftlicher Zusammenschlüsse erfolgten.

Die Höhe der Anreizzahlungen betrug 400 Tsd. Yen pro Hektar für Dauerfrüchte und Grünfutteranbau, 350 Tsd. Yen pro Hektar für jährliche Anbaufrüchte und 300 Tsd. Yen pro Hektar für das Brachfallen von Land. Die letztgenannte Prämie wurde 1974 vor dem Hintergrund einer sich verschlechternden Welternährungssituation und der Schwierigkeit der Rechtfertigung von Prämien für das Brachfallen von Anbauflächen in einem landarmen Land wie Japan eingestellt.

Das Produktionsverminderungsziel innerhalb des Programms wurde von 2,3 Mio. t in 1971 schrittweise auf 1 Mio. t in 1975 gesenkt. Die Begründung lag in der Aufstockung der staatlichen Reisvorräte, welche vor dem Hintergrund der "Welternährungskrisen" von 1972 und 1974 beschlossen worden war, sowie in der Zunahme der Reisnachfrage für industrielle Zwecke.

Am Ende der Fünfjahresperiode des Programms war zu erkennen, daß das Reisüberschußproblem fortbestehen würde und daß daher die Zahlung von Prämien für die Verringerung der Reisanbauflächen fortgeführt werden müßte.

1976 wurde daher ein Globalprogramm für die Reislandnutzung mit dreijähriger Laufzeit vorgelegt. Hierbei wurde die Grundkonzeption nahezu unverändert beibehalten, jedoch wurde das Produktionsverminderungsziel noch weiter - auf 0,9 Mio. t herabgesetzt und die Zahl der prämienbegünstigten Alternativkulturen vermindert; des weiteren wurden die Umwandlungsprämien angehoben.

Die Anreizzahlungen unter diesem Programm betrugen 400 Tsd. Yen pro Hektar für Anbaufrüchte wie Sojabohnen, Futtergetreide und Gemüse, 350 Tsd. Yen pro Hektar für "Nahrungsgetreide" (food grains) wie Gerste und Weizen und 300 Tsd. Yen für ausgewählte Erntefrüchte, die nicht für die Ernährung bestimmt waren (nonfood crops). Für das Brachfallen von Land wurden keine Prämien gezahlt.

Angesichts unerwarteter Entwicklungen - überdurchschnittlicher Zuwachs der Reisproduktion bei gleichzeitiger rückläufiger Entwicklung des inländischen Verbrauchs - wurde 1978, d.h. ein Jahr vor Ablauf des Globalprogramms, ein neues "Programm zur Regulierung der Reiserzeugung und zur Bebauung von Reisland mit Alternativkulturen" in Kraft gesetzt. Die Laufzeit des Programms wurde auf zehn Jahre festgelegt, wobei mehrere Teilabschnitte unterschieden werden. Der erste Abschnitt umfaßte die Dreijahresperiode von 1978 bis 1980. Als Produktionsverminderungsziel wurden 1,7 Mio. t Reis je Jahr festgelegt, entsprechend einem Anbaureduzierungsziel von 0,39 Mio. ha.

Als wesentliche Voraussetzung für die Prämienbegünstigung wurde die Verwendung der Fläche für andere Kulturen als Reis oder die Nutzung für andere Zwecke (Umwandlung) festgelegt. Eine Zusatzprämie wird gewährt, wenn die Landwirte gemeinsam mit anderen den Anbau diversifizieren (group diversion) oder wenn eine Genossenschaft oder die Stadt- oder Gemeindeverwaltung als Vermittler auftreten, damit das umzuwandelnde Reisland von anderen Erzeugern für den Anbau alternativer Kulturen genutzt wird (Umwandlung über eine zwischengeschaltete Stelle), oder wenn eine Verbesserung der landwirtschaftlich genutzten Fläche durch Flurbereinigung, Bodenmeliorationen etc. während der Reisanbausaison vorgenommen wird.

Innerhalb des Programms werden für den Anbau von Alternativkulturen zwei Subventionsklassen unterschieden: Für Produkte mit niedrigem Selbstversorgungsgrad (Sojabohnen, Zuckerrüben, Weizen, Gerste, Buchweizen, Grünland und Futterfrüchte) werden höhere Umstellungsprämien gezahlt als für die übrigen Kulturen. Das gleiche gilt auch für den Obstbau (Prämienbegrenzung 5 Jahre) und für Maulbeerpflanzungen (Prämienbegrenzung 3 Jahre)[149]. Die Höhe der Prämien lag in der Periode 1978-80 zwischen 400 und 500 Tsd. Yen pro Hektar.

Überschußverwertungsprogramme für Reis[150] wurden in Japan in den Jahren 1969 bis 1974 durchgeführt. Ein weiteres Programm wurde 1979 eingeleitet.

Bei den verschiedenen Formen der Überschußverwertung ist zwischen Export, Verfütterung und Verwendung als Industriegetreide zu differenzieren.

Im Programm von 1969-74 wurden 7,4 Mio. t Reis verwertet, und zwar 3,1 Mio. t durch Export, 3,5 Mio. t durch Verfütterung und 840 Tsd. t durch industrielle Verwertung. Die Kosten betrugen knapp 3 Mrd. US-Dollar.

Unter dem neueren Programm wurden 1,2 Mio. t im ersten Jahr (1979) verwertet. Als Zielmarke bis 1984 wurden 6,5 Mio. t angestrebt. Die Kosten werden auf 5-10 Mrd. US-Dollar geschätzt.

Im weiteren wird die Änderung von Marktordnungen und anderer gesetzlicher Regelungen behandelt.

---

149) Vgl. zu dem vorstehenden Absatz Bureau of Agricultural Economics (BAE), Japanese Agricultural Policies. Their Origins, Nature and Effects on Production and Trade. Policy Monograph No. 1. Canberra 1980, S. 40.
150) Vgl. hierzu W.T. COYLE, Japan's Rice Policy, a.a.O., S. 14-19. Siehe auch dort bezüglich einer ausführlicheren Darstellung.

Das Konkon- und Rohseidestabilisierungsgesetz von 1951, welchen vorschreibt, daß die japanische Gesellschaft für die Förderung der Seidenproduktion (Japan Sericulture Promotion Corporation) auf den Märkten interveniert, um die Preise innerhalb einer bestimmten Bandbreite zu stabilisieren, wurde 1972 geändert und um ein Instrument des Außenhandelsschutzes erweitert: Es wurde festgelegt, daß die Regierung in Perioden, in denen die Gesellschaft Marktstützungsmaßnahmen vornimmt, als Notmaßnahme Importrestriktionen verfügen kann[151].

Um das Ernterisiko zu vermindern, wurde Obst 1973/74 in das bereits 1947 begründete Ernteversicherungssystem einbezogen[152].

Vor dem Hintergrund des sich in den späten 60er Jahren abzeichnenden Reisüberschußproblems wurden 1969/70 neben dem Programm für die Nichtbestellung von Reisfeldern und der Entscheidung für ein einstweiliges Einfrieren des Reispreises partielle Änderungen beim Absatzsystem für Reis[153] vorgenommen. Ausgewählte Sammelstellen zumeist landwirtschaftliche Genossenschaften - wurde die Erlaubnis erteilt, unter Umgehung der staatlichen Reispreisregelungen begrenzte Mengen an Reis - vornehmlich bessere Qualitäten - auf dem freien Markt zu veräußern. Allerdings gewährte der Staat einige finanzielle Beihilfen für Handel, Absatz und Produktion dieses Reises. Die Regierung erhoffte sich durch die Einführung dieses Systems, daß die Kosten für die Reispreiskontrolle gesenkt und die Verbraucherpräferenz für bessere Reisqualitäten vermehrt im Preis und im Absatz widergespiegelt werden würden.

---

[151] In Anlehnung an OECD, Agricultural Policy in Japan, a.a.O., S. 57.
[152] Vgl. EBENDA, S. 68.
[153] Die Ausführungen bezüglich der Neuregelungen beim Reis stützen sich auf OECD, Agricultural Policy in Japan, a.a.O., S. 53 sowie Bureau of Agricultural Economics (BAE), Japanese Agricultural Policies, a.a.O. S. 40.

Ab 1971/72 wurde aufgrund der Reisproduktionskontrolle die staatliche Aufkaufmenge für Reis begrenzt. Die Regierung kaufte Reis nur in Höhe des von den Landwirten im voraus abzugebenden Lieferangebots auf. Gleichzeitig wurde von diesem Zeitpunkt an für jedes Produktionsjahr unter Berücksichtigung der Entwicklung der inländischen Reisnachfrage ein nationales Produktionslimit (Kontingent) festgesetzt. Die Höhe der dem einzelnen Erzeuger zuzuteilenden Lieferquote orientiert sich neben anderen Kriterien - an der registrierten ehemaligen Liefermenge sowie der Zielmenge der Reduktionsquote. Ab 1978 wurde eine weitere Verschärfung der Quotenregelung vorgenommen: Sofern in einem Jahr das Produktionsverminderungsziel nicht erreicht wird, so ergibt sich ein Zuschlag für das darauf folgende Jahr[154].

Nachfolgend wird auf einige Maßnahmen zur Steigerung der inländischen Erzeugung bestimmter Agrarprodukte[155] näher eingegangen, die bislang noch nicht ausführlich beschrieben worden sind.

1974/75 wurde neben der Gewährung von Prämien für den Anbau alternativer Kulturen auf ehemaligem Reisland in bestimmten Gebieten ein Subventionssystem für die verkauften Mengen von Weizen, Gerste und Sojabohnen installiert. 1975/76 erfolgte die Einführung eines ähnlichen Programms für Raps. Für die Förderung der Bestellung von Reisland mit Winterzwischenfrüchten wurden ab 1976/77 Zusatzprämien gewährt.

Darüber hinaus traten weitere Produktionsförderungsprogramme in Kraft: Zahlung von Zuschüssen zu den Betriebs- und Betriebsführungskosten von Erzeugern, die sich zur Bestellung großer Weizen- und Gerstenanbauflächen zusammenschließen,

---

154) Vgl. BMELF (Hrsg.), Agrarpolitischer Jahresbericht 1978. Agrarpolitische Berichte der Organisation für Wirtschaftliche Zusammenarbeit und Entwicklung (OECD), a.a.O., S. 240 f.
155) Die nachstehende Beschreibung ist angelehnt an BMELF (Hrsg.), Agrarbericht 1974-1976. Entwicklung der Agrarpolitiken der OECD-Länder. Berichte der Organisation für Wirtschaftliche Zusammenarbeit und Entwicklung (OECD). Bonn 1977, S.79 f.

Gewährung von Subventionen für Zusammenschlüsse, die ihr Land mit Futterpflanzen bebauen oder in Magerweide umwandeln.

Zu Beginn der 70er Jahre hob die japanische Regierung eine Reihe von Importrestriktionen bei Agrargütern auf, anzuführen sind in diesem Zusammenhang insbesondere die Liberalisierung der Einfuhr von Grapefruits (1971) und Schweinefleisch (bacon, 1972).

Zur Sicherung der Ernährungslieferungen erfolgte auf bilateraler Ebene der Abschluß mehrerer privater und staatlicher Handelsabkommen. Zu nennen sind vor allem die Handelsverträge über die Lieferung von Weizen und Gerste mit Kanada (1972) sowie mit Australien (1972: Weizen; 1974: Gerste). Darüber hinaus bestehen Abkommen mit den Vereinigten Staaten (Weizen, Sojabohnen und Futtergetreide) sowie mit Australien, Kuba und Thailand (Zucker). In bezug auf die Vereinigten Staaten kamen 1978 noch zusätzlich bilaterale Handelsvereinbarungen über die Lieferung von Rindfleisch, Orangen und Fruchtsäften hinzu.

Zur unmittelbaren Verbesserung der Ernährungssicherheit wurden - als Reaktion auf die Versorgungsengpässe auf diversen Weltmärkten für Nahrungsgüter zu Beginn der 70er Jahre sowie angesichts des US-Sojaembargos von 1973 - Bemühungen unternommen, die Reislagerbestände aufzustocken und die private und staatliche Lagerhaltung bei Weizen, Futtergetreide und Sojabohnen zu erhöhen.

Das US-Sojaembargo (1973) und das spätere US-Weizenembargo gegenüber der Sowjetunion (1980) werden häufig als Beleg dafür angeführt, daß die Beschränkung von Nahrungsgüterlieferungen als strategische Waffe benutzt werden kann, und dies wiederum dient als Argumentationshilfe für die Forderung, den Selbstversorgungsgrad sowie die Lagerhaltung bei bestimmten Agrargütern anzuheben.

b) Agrarstrukturpolitik

Zunächst soll auf Maßnahmen zur Förderung der landwirtschaftlichen Bodennutzung, der Landverbesserung und der Landgewinnung etc.[156] eingegangen werden.

Gewissermaßen als Antwort auf das dem japanischen Parlament vorgelegte Städteplanungsgesetz wurde 1969 das Gesetz über die Begründung landwirtschaftlicher Fördergebiete[157] verabschiedet.

Das Gesetz beinhaltet als Hauptzielsetzung, die (praktische) Agrarpolitik - und hierbei insbesondere die Programme zur Strukturverbesserung - zu fördern, und es definiert Gebiete für die zukünftigen Agrarproduktion (Bestimmung spezifischer landwirtschaftlicher Nutzungen, Aufstellung umfassender Pläne für die Agrarförderung, Einführung einer systematischen Landnutzung).

---

[156] Ein näheres Verständnis bezüglich der Hintergründe für die Notwendigkeit einer besseren Bodennutzungsplanung, eines umfassenderen Schutzes hochwertigen Agrarlandes, der Förderung rationeller Bewirtschaftungsformen, der stärkeren Einbindung der Landwirtschaft in die Umweltplanung etc. im Zuge der fortschreitenden Industrialisierung und Urbanisierung sowie damit verbundener Strukturwandlungen und Probleme aus der Sicht eines spezifischen Standortes heraus vermittelt die Fallstudie über die Stadt Anjo. Siehe hierzu BMELF (Hrsg.), Die Landwirtschaft in Planung und Management periurbaner Gebiete, Bd. 1 (Bericht der Organisation für Wirtschaftliche Zusammenarbeit und Entwicklung: OECD). Bonn 1979. Länderstudie Japan: Die peri-urbane Landwirtschaft um Anjo, S. 121-163.
[157] Die nachstehenden Ausführungen über das Gesetz sind angelehnt an Ministry of Agriculture, Forestry and Fisheries. Government of Japan. Japan's Agricultural Review, Agricultural Land System in Japan, Vol. 81-4, o.O., March 1981, S. 18-20, 27-29.

Eine Änderung des Gesetzes[158]) wurde 1975 vorgenommen, um die legislativen Maßnahmen bezüglich des Schutzes von Land für die agrarwirtschaftliche Nutzung zu bündeln. Innerhalb der Projekte für die Bodennutzungsförderung werden auf regionaler Ebene Maßnahmen ergriffen, um die Bodenmobilität zu erhöhen (insbesondere auf dem Wege der Verpachtung). Städte oder Gemeinden treten gemeinschaftlich und zu einheitlichen Bedingungen als Landnachfrager (Pächter) auf. Das besondere hierbei ist, daß die Pachtverträge im Unterschied zu den zwischen Privatpersonen abgeschlossenen Verträgen nicht den tiefgreifenden Restriktionen des Gesetzes über den landwirtschaftlichen Boden unterliegen: So sind die Verträge beispielsweise zeitlich befristet; eine Verlängerung ist möglich (jedoch nicht zwingend!). Darüber hinaus verfügt das Gesetz Beschränkungen hinsichtlich (unerwünschter) Entwicklungen in den Agrarzonen (Möglichkeit der Versagung der Landnutzung für nichtlandwirtschaftliche Zwecke, Einflußnahme auf die Nutzung von nichtkultivierten Flächen oder Brachflächen sowie von Forstflächen.

1972/73 startete die japanische Regierung ein Programm mit dem Ziel, effizient wirtschaftende regional integrierte Produktionseinheiten zu schaffen (gemeinsame Nutzung von Maschinen und Ausrüstungen, bestimmte Mindestgröße der Produktionseinheiten, Orientierung der Produktion an den Hauptprodukten in der Region). Die Vorhaben innerhalb des Programms wurden von der Regierung subventioniert. In enger Verbindung mit dem Programm stand des weiteren der Aufbau regionaler Verarbeitungs- und Vermarktungsorgane. Sie wurden ebenfalls bezuschußt[159]).

---

158) Der Änderung dieses agrarspezifischen Gesetzes war 1974 die Verabschiedung des Gesetzes über die Bodennutzungsplanung vorausgegangen (Regelung der Flächennutzungsplanung im ganzen Land, Erlaß von Flächennutzungssatzungen, Möglichkeit der Festlegung von Richtpreisen für Bauerwartungsland etc.). Vgl. BMELF (Hrsg.), Bodennutzungspolitik und Landwirtschaft. Bericht der Organisation für Wirtschaftliche Zusammenarbeit und Entwicklung (OECD). Bonn 1976, S. 74 f.
159) Vgl. OECD, Agricultural Policy in Japan, a.a.O., 67 f.

Das im Februar 1973 vorgelegte Langfristprogramm[160] für die Landverbesserung enthielt als ehrgeizige Zielsetzung, umfangreiche Flächenzusammenlegungen etc. vorzunehmen, so daß bis 1982/83 ungefähr 80 v.H. der landwirtschaftlichen Fläche mit auf größere Wirtschaftseinheiten ausgerichteten Maschinen (large-scale machinery) bewirtschaftet werden könne[161]. Allerdings blieb das Programm angesichts gestiegener Baukosten und wegen gedrosselter staatlicher Ausgaben hinter den gesetzten Zielen zurück[162].

In Verbindung mit der 1978 eingeleiteten "Neuen Phase des Programms zur Regulierung der Reiserzeugung" wurde im Bereich der Projekte für Neulandgewinnung und Bodenmelioration die Priorität darauf gelegt, in verstärktem Umfang Naßfelder für die Bebauung mit Trockenlandkulturen herzurichten. Darüber hinaus wurden auch Maßnahmen zur Landgewinnung und Landrückgewinnung gefördert (allerdings nur für den Anbau von Nichtreisprodukten, hierunter auch Grünfutter[163].

Erweiterte legislative Regelungen für die Durchführung von Programmen zur Verbesserung der landwirtschaftlichen Bodennutzung wurden 1980 vorgenommen. Das Gesetz über die Förderung der landwirtschaftlichen Bodennutzung[164] definiert Projekte für die Förderung der Mobilität und der effektiven Nutzung der landwirtschaftlichen Fläche.

---

160) Das Langfristprogramm war einzuordnen unter einer Reihe von Landverbesserungs(Flurbereinigungs-)Programmen, die unter der Regie des Landverbesserungs(Flurbereinigungs-)Gesetzes von 1949 durchgeführt wurden.
161) OECD, Agricultural Policy in Japan, a.a.O., S. 67.
162) BMELF (Hrsg.), Agrarbericht 1974-1976. Berichte der Organisation für Wirtschaftliche Zusammenarbeit und Entwicklung (OECD). a.a.O, S. 77.
163) BMELF (Hrsg.), Agrarpolitischer Jahresbericht 1978. Agrarpolitische Bericht der Organisation für Wirtschaftliche Zusammenarbeit und Entwicklung (OECD), H. 2. Bonn 1979, S. 244.
164) Die nachstehenden Ausführungen erfolgen in Anlehnung an Ministry of Agriculture, Forestry und Fisheries, Government of Japan, Japan's Agricultural Review, Agricultural Land System in Japan, a.a.O., 25f.

Nachstehend soll auf besondere Maßnahmen zur einzelbetrieblichen Förderung ("Verhinderung der Abwanderung qualifizierter Kräfte aus der Landwirtschaft")[165] eingegangen werden.

Um die Produktionskapazität von Betrieben zu sichern, deren männliche Betriebsleiter hauptberuflich in der Landwirtschaft tätig sind und die besonders wichtige Agrarprodukte (Weizen, Gerste, Sojabohnen und Futterpflanzen) anbauen, wurden zur Mitte der 70er Jahre Betriebsführungsbeihilfen eingeführt. Gleichzeitig erhöhte die Finanzierungsgesellschaft für die Land-, Forst- und Fischwirtschaft ihre Gesamtausleihungen im Rahmen des integrierten Darlehensplans, und der von der Regierung und den Präfekturen gemeinsam betriebene Beratungsdienst leitete ein Sonderprogramm für die vorgenannte Gruppe besonders "qualifizierter" Landwirte ein.

Als wichtigste Maßnahmen zur Erhöhung der Bodenmobilität können angeführt werden:

1. Die Änderungen des Gesetzes über den landwirtschaftlichen Boden

Im Jahre 1970 wurde eine Änderung des Gesetzes über den landwirtschaftlichen Boden (Bodengesetz) vorgenommen: Die Höchstgrenze für die Flächenbewirtschaftung fiel fort, die Eignisvoraussetzungen an die 1962 begründeten landwirtschaftlichen Produktionszusammenschlüsse (agricultural production corporates) wurden herabgesetzt, die Restriktionen bezüglich der Pachtverhältnisse wurden abgebaut (u.a. auch Abschaffung der Pachtpreiskontrolle und Ablösung durch ein unverbindliches Standardpachtsystem), und es wurde u.a. die Begründung eines Systems von "landwirtschaftlichen Flächenrationalisierungskörperschaften" (agricultural land holdings rationalization corporations) vorgenommen. Letztere

---

165) Die Abfassung des Abschnitts erfolgte in Anlehnung an BMELF (Hrsg.), Agrarbericht 1974-1976, Berichte der Organisation ..., a.a.O., S. 81.

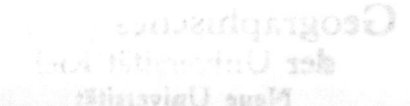

sind legitimiert, landwirtschaftliche Flächentransaktionen (Kauf/Verkauf, Pachtung/Verpachtung) vorzunehmen.

1980 erfolgte eine erneute Änderung des Bodengesetzes. Diesmal wurden Klauseln eingeführt, die Ausnahmen hinsichtlich der Zahlung der monetären Landpachten regelten (bei Zustimmung der Landwirtschaftlichen Kommission) und die (weitere) Erleichterungen hinsichtlich der Eignisvoraussetzungen an das System der landwirtschaftlichen Produktionszusammenschlüsse (agricultural production corporates) brachte. Durch die Änderungen wurde versucht, die Mobilität der landwirtschaftlichen Nutzfläche zu erhöhen (allerdings) in einem Umfang, so daß nicht die Stabilität der landwirtschaftlichen Betriebsführung beeinträchtigt würde[166].

2. Die Landabgaberente und die Landtransferfunktionen des Rentenversicherungsfonds

Um die Bodenmobilität zu erhöhen und zur Verbesserung der Betriebsgrößenstruktur beizutragen, wurde 1971 in Verbindung mit der Konzipierung eines Systems für die landwirtschaftliche Alterssicherung eine Landabgaberente eingeführt. Darüber hinaus wurde der Rentenversicherungsfonds ermächtigt, zur Förderung des Betriebsgrößenstrukturwandels Landtransaktionen vorzunehmen. Im Abschnitt über die Verbesserung der sozialen Sicherung der Landwirte wird auf die vorgenannten Maßnahmenbereiche noch etwas näher eingegangen.

---

166) Vgl. BMELF (Hrsg.), Agrarbericht 1974-1976, Berichte der Organisation ..., a.a.O., S. 20.

3. Die Maßnahmen zur Erhöhung der intersektoralen Mobilität des Faktors Arbeit: Industrieansiedlung in ländlichen Regionen[167]

1971 wurde ein Gesetz verabschiedet, um die Industrieansiedlung im ländlichen Raum zu beschleunigen. Das Gesetz zielte auf eine "harmonische Entwicklung von Industrie und Landwirtschaft" in ländlichen Regionen unter systematischer "Anleitung" (guidance) des Staates. Die Programme wurden auf nationaler und lokaler Ebene durchgeführt. Allerdings war die zeitliche Termininierung etwas "unglücklich" gewählt, da sie in eine Phase wirtschaftlicher Stagnation fiel, während zu der Zeit der Konzeption der Programme von weiterhin hohem wirtschaftlichem Wachstum ausgegangen worden war. Daher blieben die Erfolge hinter den gesetzten Zielen zurück.

Ein (neues) lokales Programm zur Errichtung von industriellen Produktionsstätten in ländlichen Gebieten wurde 1975 vorgelegt. In den Fabrikationsstätten fanden vor allem Personen jüngeren und mittleren Alters Arbeit. Insbesondere von Nebenerwerbslandwirten wurde erwartet, daß sie ihre Betriebe aufgeben und in den Fabriken Vollzeitbeschäftigungen aufnehmen würden. Auch wurde ein Effekt beabsichtigt, die vollständige Abwanderung von (vornehmlich jüngeren) Arbeitskräften aus mehr oder minder peripher gelegenen ländlichen Gebieten zu verhindern.

Ein Vorteil des Programms bestand des weiteren darin, daß durch verbesserte Koordinierung und Planung eine unkontrollierte Ausbreitung von Industriebetrieben im ländlichen Raum verhindert werden konnte. Bei letzterer würde die Gefahr bestehen, daß die Nebenerwerbslandwirtschaft sich zu stark ausdehnen und daraus eine Verschlechterung der Agrarstruktur resultieren könnte. Darüber hinaus würden aus einer über-

---

[167] Die Ausführungen über diesen Themenbereich lehnen sich an an OECD, Part-time Farming. Germany, Japan, Norway, United States, a.a.O. Country Chapter Japan, S. 33-35. Der Hinweis bezüglich der nachteiligen Wirkungen einer übermäßigen Industrieansiedlung auf die ländliche Umwelt wurde vom Verfasser hinzugefügt.

mäßigen Industrieansiedlung auch Gefahren für die ländliche Umwelt erwachsen.

c) Agrarsozialpolitik[168]

Landwirte können in Japan Mitglied der Nationalen Rentenversicherung werden, wenngleich dieses Vorsorgesystem nur eine unzureichende Grundrente bietet. Die 1971 auf der Grundlage des Landwirtschaftlichen Rentenfondsgesetzes von 1970 begründete Rentenversicherung für Landwirte bildet eine Ergänzung zur Nationalen Rentenversicherung.

Die wesentlichen Elemente der landwirtschaftlichen Altersregelung lassen sich wie folgt umreißen:

Die speziellen Leistungen aus der landwirtschaftlichen Altersversicherung können in Gestalt der Landabgaberente, also wenn die bewirtschaftete Fläche abgegeben worden ist, vom 60. bis zum 64. Lebensjahr in Anspruch genommen werden, während die Rente aus der Nationalen Rentenversicherung, d.h. die staatliche Altersrente, erst ab dem 65. Lebensjahr gewährt wird. Ab dem 65. Lebensjahr wird die Landabgaberente um den Betrag der staatlichen Altersrente sowie der ebenfalls ab dem 65. Lebensjahr gezahlten landwirtschaftlichen Altersrente gekürzt. Die Landabgaberente umfaßt dann nur noch 10 v.H. ihres früheren Betrages. Die landwirtschaftliche Altersrente beträgt etwa ein Viertel der (ungekürzten) Landabgaberente und wird zusätzlich zur staatlichen Altersrente gewährt.

---

168) Die Ausführungen sind vor allem angelehnt an T. MATSUGI, Probleme der sozialen Sicherung in der japanischen Landwirtschaft. In: Th. DAMS und K. JOJIMA, Aktuelle Probleme der Sozialpolitik in Japan und in der Bundesrepublik Deutschland. Berlin 1982, S. 163-177, hier S. 164 f. Siehe auch dort hinsichtlich einer ausführlicheren Beschreibung und Analyse des landwirtschaftlichen Alterssicherungssystems in Japan.

Die Ziele des landwirtschaftlichen Alterssicherungssystems sind, älteren Landwirten eine Aufbesserung der bescheidenen Grundrente zu ermöglichen und/oder ihnen den Anreiz zu geben, sich früher zur Ruhe zu setzen und durch den Landtransfer die Betriebsgrößenstruktur und folglich auch die Produktivität der eingesetzten Produktionsfaktoren zu verbessern. MATSUGI[169] zeichnet einige der diesbezüglichen Effekte auf.

Der Rentenversicherungsfonds ist auch ermächtigt, landwirtschaftliche Fläche von landwirtschaftlichen Altersrentnern zu kaufen und an andere Landwirte zu verkaufen. Die Landwirtschaftlichen Kommittees, die bei den Gemeinde- und Stadtverwaltungen eingerichtet sind, übernehmen bei den Landübertragungen Mittlerfunktionen[170].

d) Umweltschutzpolitik[171]

Zu Beginn der 70er Jahre wurden in Japan eine Reihe legislativer Aktivitäten unternommen, um den Umweltschutz allgemein und nicht zuletzt auch im Agrarbereich zu verbessern. Als wichtigste Maßnahmen sind die im Jahre 1970 vorgenommenen (Neu-)Regelungen bezüglich des Einsatzes von Agrarchemikalien sowie zur Verhinderung der Bodenverseuchung, der Wasserverschmutzung und der Luftverunreinigung anzuführen.

So wurden beispielsweise die Richtlinien über Art, Zahl und Toleranzgrenzen chemischer Rückstände in Nahrungsmitteln neugefaßt. Zudem erfolgte das Verbot der Produktion und des Einsatzes bestimmter quecksilberhaltiger und anderer Agrar-

---

169) T. MATSUGI, Probleme der sozialen Sicherung ..., a.a.O.
170) Vgl. OECD, Part-Time Farming ..., a.a.O., S. 36.
171) Bezüglich einer noch etwas detaillierteren Darstellung der landwirtschaftlichen Umweltpolitik in Japan vgl. OECD, Agricultural Policy in Japan, a.a.O., S. 75-77. Eine Skizzierung aktueller umweltpolitischer Ziele und Maßnahmen - insbesondere unter dem Aspekt des Erhalts der grünen Ressourcen - findet sich in Ministry of Agriculture, Forestry and Fisheries, Government of Japan. Japan's Agricultural Review. On the Implementation of The "Basic Direction of Agricultural Policy in the 1980's. Report by Agricultural Policy Council. Vol. 7 & 8, o.O., March 1983, Chapt. 7: "Preservation of Green Resources".

chemikalien, darunter auch DDT[172]). Auch wurde das Problem der Wasserverunreinigung und der Geruchsbeeinträchtigung durch intensive Viehhaltungsbetriebe angegangen. Des weiteren erfolgte der Erlaß gesetzlicher Bestimmungen, um der fortschreitenden Bodenverseuchung (insbesondere durch Kadmium, Kupfer etc.) stärker zu begegnen.

Angesichts immer stärker in Erscheinung tretender Umweltgefahren übt inbesondere SAKAMOTO eine Fundamentalkritik an der fortschreitenden Industrialisierung der japanischen Landwirtschaft, d.h. an der zunehmenden Mechanisierung, dem steigenden Einsatz von Agrarchemikalien (chemische Dünger, Pflanzenschutz- und Schädlingsbekämpfungsmittel etc.) und der Ausweitung der Massentierhaltung[173].

Als Folge der raschen Industrialisierung - und dies vor allem in den 60er Jahren - hatte das Maß an Umweltzerstörungen beängstigend zugenommen, und es wurde seitens der Öffentlichkeit zunehmend insbesondere auch das Verhältnis der Landwirtschaft zum bzw. die Rolle innerhalb des Umweltschutzes diskutiert.

Fragen bezüglich des Erhalts des ökologischen Gleichgewichts durch den Schutz der natürlichen Lebensräume, der grünen Ressourcen etc. rückten immer stärker in den Vordergrund. Zudem leitete sich ein wesentlicher Aspekt des Umweltschutzgedankens auch aus der Notwendigkeit ab, "grüne Räume" (green space) zu erhalten, um den Erholungs- und Freizeitwert der ländlichen Gebiete zu bewahren.

Auf die Vielzahl der (weiteren) Probleme, Maßnahmenbereiche, staatlichen Programme und Forschungsaktivitäten zum Zwecke des Umweltschutzes, des Erhalts der Natur- und Kultur-

---

[172] Siehe OECD, The Problems of Persistent Chemicals. Paris 1971.
[173] Vgl. K. SAKAMOTO, Can Japanese Agriculture Be Revived? "Japanese Economic Studies", o.O., Vol. 4 (1976), H. 3, S. 68-89, hier S. 76-79.

landschaften wowie der natürlichen Wasserressourcen etc. kann an dieser Stelle jedoch nicht näher eingegangen werden.

(Bezüglich eines Gesamtüberblicks der in den 70er Jahren im Bereich der japanischen Agrarpolitik verabschiedeten Gesetze, erlassenen Verordnungen etc. vgl. Übersicht 7, im Anhang.)

BR DEUTSCHLAND

a) Landwirtschaftliche Markt- und Preispolitik[174]

Im Bereich der (Gemeinsamen) Marktorganisationen erfolgten in den 70er und frühen 80er Jahren eine Vielzahl von Neuerungen, Erweiterungen und Veränderungen. So wurden Hopfen und Saatgut 1971 und Schaffleisch 1980 in das Netz der bestehenden Gemeinsamen Marktorganisationen eingegliedert und bezüglich der Zuckermarktordnung 1975 und 1981 diverse Neureglungen vorgenommen. Eine Neuordnung der nationalen Marktordnungsstellen, d.h. der Einfuhr- und Vorratsstellen, erfolgte in 1976: Es wurde eine spezielle Bundesanstalt für landwirtschaftliche Marktordnung begründet, der ursprüngliche Charakter und der Aufgabenbereich blieben jedoch weitgehend erhalten[175].

Um bestehende Milchüberschüsse abzubauen und gleichzeitig verbesserte Anreize für die (Rind-)Fleischproduktion zu schaffen, wurde 1973 eine Prämienregelung für die Umstellung von Milchkuhbeständen auf Bestände der Fleischerzeugung ein-

---

174) In diesem Abschnitt werden neben der eigentlichen Maßnahmenebene der Markt- und Preispolitik auch der besondere Bereich der währungspolitischen und Grenzausgleichsmaßnahmen sowie der Bereich der Einkommenspolitik angesprochen.
175) Die Ausführungen dieses Absatzes stützen sich vornehmlich auf den Agrarbericht, versch. Jg. 1971-1985. Hinsichtlich einer recht spezifischen Übersicht agrarpolitischer Aktivitäten vgl. Agrarbericht 1972, S. 115 ff., Agrarbericht 1976, S. 76 ff. sowie Agrarbericht 1980 (siehe hier die Zusammenstellungen in den jeweiligen Sachkapiteln).

geführt. Jedoch trug diese Maßnahme nur sehr unzureichend dazu bei, die chronische Überschußsituation auf dem Milchmarkt zu beseitigen. Daher sah sich die Kommission der EG 1976 veranlaßt, ein "Aktionsprogramm Milch"[176] vorzuschlagen. Auf der Grundlage dieses Programms wurden seitens des EG-Agrarministerrats 1977 u.a. eine befristete Prämienregelung für die Nichtvermarktung von Milch und Milcherzeugnissen und die Umstellung der Milchkuhbestände auf Bestände der Fleischerzeugung, eine Mitverantwortungsabgabe der Milcherzeuger, eine Regelung über die verbilligte Abgabe von Milch und Milcherzeugnissen an Schüler in Schulen sowie diverse andere Maßnahmen beschlossen. Allerdings vermochte auch dieses Maßnahmenbündel nicht nachhaltig und dauerhaft zu einer Entlastung auf dem Milchmarkt beizutragen. Hieraufhin wurden 1982 für den Milchproduktionsbereich Garantieschwellen festgelegt und 1984 schließlich eine Garantiemengenregelung für Milch sowie eine Milchrente eingeführt.

Außer den in Verbindung mit den Maßnahmen zur Einschränkung der Milchproduktion geschaffenen Anreizen zur Steigerung der (Rind-)Fleischproduktion gingen zusätzlich diesbezügliche Stimula von der 1974 eingeführten befristeten Prämienregelung zugunsten der Rindfleischerzeuger und der seit 1980 gewährten Prämie für die Erhaltung der Mutterkuhbestände aus.

Ähnlich der 1982 für den Milchmarkt beschlossenen Einführung einer Garantieschwelle wurden im gleichen Jahr für den Getreidebereich und 1984 auch für diverse Gemüse- und Obsterzeugnisse derartige Schwellen festgelegt.

Am Beispiel des Getreidemarktes soll das Prinzip der Garantieschwellen kurz erläutert werden[177]: Die Schwellenregelung kommt zum Tragen, wenn der Durchschnitt der letzten drei Ernten den festgelegten Schwellenwert überschreitet. In

---

176) Das Programm war für den Zeitraum 1977-1980 konzipiert und sollte beim Produkt Milch schrittweise das Marktgleichgewicht herstellen. Bezüglich einer Auflistung der Maßnahmen siehe Agrarbericht 1977, S. 67.
177) Vgl. WILHELMI/WINKLER, 1x1 der EG-Getreidemarktordnung. Einführung und sonstige Bestimmungen. Frankfurt/M. 1984, S. 12.

diesem Fall werden Interventions- und Referenzpreis gesenkt, wobei die Preisabschläge jeweils ein Prozent je eine Million Tonnen betragen, um die die Garantieschwelle überschritten wird, höchstens fünf Prozent. Die Garantieschwelle kann erhöht werden, sofern der Import an Getreidesubstituten eine bestimmte Höhe übersteigt[178].

Im weiteren soll auf die Schaffung der gemeinsamen EG-Agrarfinanzierung[179] eingegangen werden.

Sie bildete einen wichtigen Schritt auf dem Wege zu einer größeren finanziellen Eigenständigkeit der Gemeinschaftsorgane: Waren bis 1970 die Ausgaben des Ausrichtungs- und Garantiefonds für die Landwirtschaft (EAGFL) noch über Finanzbeiträge der Mitgliedstaaten aufgebracht worden, so trat jetzt an diese Stelle ein Programm, in dessen Verlauf die Beiträge sukzessive (bis 1975) durch Gemeinschaftseinnahmen, wie Abschöpfungen, Zölle, Restfinanzbeiträge und Mehrwehrtsteuereinnahmen ersetzt werden sollten. Allerdings konnte bezüglich der letzteren wegen Fehlens einer einheitlichen Bemessungsgrundlage der Fahrplan nicht eingehalten werden. Als Übergangslösung wurde ein Finanzierungsschlüssel verwendet, der sich am nationalen Anteil am EG-Bruttosozialprodukt orientierte. Erst ab Haushaltsjahr 1980 konnte der Gemeinschaftshaushalt vollständig über die der Gemeinschaft zugewiesenen Eigenmittel bestritten werden.

---

178) Die derzeitig fixierte Höchstgrenze liegt bei 15 Mio. t.
179) Bezüglich einer aktuellen und umfassenden Darstellung der Gesamtproblematik der gemeinsamen Agrarfinanzierung siehe insbesondere V. PETERSEN, Die Finanzierung der gemeinsamen Agrarpolitik. Eine theoretische und empirische Analyse ihrer Grundlagen, Wirkungen und Alternativen (Agrarwirtschaft, Sh 102). Frankfurt 1985.

Als nächster besonderer Punkt werden währungspolitische und Grenzausgleichsmaßnahmen[180] angesprochen.

Wesentliches Element der EG-Agrarpolitik bildet seit den frühen 60er Jahren die (jährliche) Festlegung gemeinsamer landwirtschaftlicher Marktordnungspreise in Rechnungseinheiten (RE), später (ab 1979) in Europäischen Währungseinheiten (ECU).

In gemeinsamen Währungseinheiten festgelegte Agrarpreise erwiesen sich jedoch nur solange als praktikabel, wie ein hohes Maß an Wechselkursstabilität bestand.

Dies änderte sich schlagartig mit dem Ende der 60er und zu Anfang der 70er Jahre in Erscheinung tretenden Währungsturbulenzen: Franc-Abwertung (Aug. 1969), DM-Aufwertung (Sept. 1969), Freigabe des Wechselkurses der DM und des holländischen Guldens (Mai 1971), Defacto-Dollarabwertung (Washingtoner Währungskonferenz, Dez. 1971) etc.

Für die Bundesrepublik resultierte aus der DM-Aufwertung, daß die Agrarpreise - soweit sie in Rechnungseinheiten (RE) festgelegt waren in nationaler Währung abrupt um den Aufwertungswert sanken[181]. Aufgrund dieses Tatbestandes wurde 1969 ein (vorübergehender) positiver Grenzausgleich eingeführt.

Es handelte sich hierbei um zollähnliche Ausgleichsbeträge auf innergemeinschaftlich gehandelte Güter (Marktordnungsgüter), die darauf ab zielten, die Differenz zwischen tatsäch-

---

180) Vgl. zu diesem Abschnitt die diversen Anmerkungen in den Agrarberichten, Jg. 1971 ff. Bezüglich näherer Erläuterungen zum Grenz- bzw. Währungsausgleich siehe H. STAMER, Landwirtschaftliche Marktlehre. Zweiter Teil. Hamburg und Berlin 1976, S. 72-76. Hinsichtlich einer noch ausführlicheren und aktuelleren Darstellung siehe u.a. G. HÖHN, Der Währungsausgleich in der EG. "Agra-Europe" Nr. 29/1983 (18. Juli 1983), Länderberichte (Sonderbeilage) sowie J. HEYER, Währungsausgleich im Agrarbereich. "Agra-Europe", Nr. 18/1984 (30. April 1984), Länderberichte (Sonderbeilage).
181) Bei einer Abwertung hätte es sich umgekehrt verhalten. Siehe das Beispiel Frankreich.

lichem und "grünem" DM-Wert der Rechnungseinheit (RE) auszugleichen, da ansonsten für die deutschen Landwirte Einkommensverluste entstanden und zudem unerwünschte zwischenstaatliche Warenströme induziert worden wären.

Der Grenzausgleich fiel jedoch fort, sobald das "Gesetz über den Ausgleich für Folgen der Aufwertung der D-Mark" (1970) in Kraft gesetzt worden war. Das Gesetz regelte, daß ein Teil der durch die DM-Aufwertung der Landwirtschaft entstehenden Einkommensverluste über eine Anhebung des Mehrwertsteuersatzes (für pauschalierende Landwirte) bzw. einen gleichhohen Kürzungsanspruck bei der Vorsteuer (für optierende Landwirte) und ein anderer Teil durch direkte Zahlungen auszugleichen waren, welche in bestimmter Weise an der landwirtschaftlichen Nutzfläche bemessen wurden.

Nach der kurzen Zwischenstufe in 1969 wurde der Grenz- oder Währungsausgleich in der Bundesrepublik 1971 endgültig als Kompensationsinstrument für aus Währungsparitätsänderungen resultierende Preis- und folglich auch Einkommensverluste eingeführt, nachdem im Mai des betreffenden Jahres der Wechselkurs der DM freigegeben worden war.

Anfang 1972 schließlich wurde das Währungsausgleichssystem EG-weit eingeführt, da der Dollar - wie bereits erwähnt - als Folge der Beschlüsse der Washingtoner Währungskonferenz defacto abgewertet worden war und dies zu einer gerellen Änderung der faktischen Paritätsverhältnisse geführt hatte.

Das Grenzausgleichssystem erfuhr vom Prinzip her in den 70er Jahren keinen größeren Wandel, allerdings vollzogen sich diverse Änderungen in bezug auf die Organisation des jeweiligen Währungsverbundes und die zugrunde zu legenden Währungsparitäten: So gingen die Bundesrepublik, Frankreich[182], Dänemark und die Beneluxstaaten 1973 zum sogenannten Blockfloaten über (Bildung einer Währungsschlange). Innerhalb des Floating-Blocks waren in der Zeit seines Bestehens eine

---

[182] Frankreich trat 1974 aus dem Verbund aus, kehrte 1975 wieder zurück, um jedoch 1976 dann endgültig auszuscheiden.

Vielzahl von Neujustierungen erforderlich, d.h., es verblieb ein hohes Restmaß an Instabilität. Letzteres gab den Anstoß, 1979 ein verbessertes Währungssystem (Europäisches Währungssystem, EWS) einzuführen. Dem EWS schlossen sich alle EG-Staaten an[183]. Als neue gemeinsame Rechnungseinheit wurde die Europäische Währungseinheit (ECU) eingeführt.

Angesichts der Veränderungen der allgemeinen Wechselkurse mußten auch die "Grünen Paritäten", d.h. die landwirtschaftlichen Umrechnungskurse zwischen Rechnungseinheit (RE) bzw. Europäischer Währungseinheit (ECU) und den Landeswährungen im Zeitablauf schrittweise angepaßt werden. Allerdings erfolgte dies aufgrund nationaler Widerstände zumeist mit nicht unerheblichen Verzögerungen, da Änderungen der (grünen) Währungsparitäten - wie bereits weiter vorn ausgeführt - sich unmittelbar in den nationalen Agrarpreisen und folglich auch in den nationalen Agrareinkommen niederschlagen.

Vor allem erwies sich der Abbau des positiven Währungsausgleichs wegen der mit ihm verknüpften negativen Preis- und folglich auch Einkommenswirkungen in der Vergangenheit vielfach als nicht sehr einfach, insbesondere dann, wenn sich die Ausgleichssätze als Folge mehrfacher Aufwertungen und verzögerter Rückführungen des Währungsausgleichs kumuliert hatten.

Umgekehrt gestaltete sich der Abbau des negativen Währungsausgleichs zumeist unproblematischer, da er für die Landwirte in den betroffenen Ländern Agrarpreisanhebungen und folglich auch höhere Agrareinkommen mit sich brachte. Aber es muß auch die Kehrseite der Medaille betrachtet werde: Höhere Agrarpreise verteuerten die Agrarexporte und wirkten inflationierend auf das allgemeine Preisniveau.

---

183) Jedoch werden seitens Großbritanniens und Griechenlands die bestehenden Wechselkursbestimmungen des EWS noch nicht angewandt.- Für Italien bestehen einige Sonderregelungen.

In ebendiese Richtung zielt die Kritik an der kürzlich (Ende März 1984) seitens des Agrarministerrats beschlossenen Neuregelung des Währungsausgleichs[184].

Die Neuregelung sei nachstehend kurz skizziert: Der positive Ausgleichssatz wird in einem Dreiphasenschritt vollständig abgebaut und die Grüne ECU ist künftig an die jeweils stärkste Währung innerhalb des EWS gebunden. Erfolgt eine Aufwertung dieser Währung, so werden negative Währungsausgleichsbeträge erforderlich. Verliert die Währung ihren ersten "Rangplatz", so wird dieser automatisch von einer anderen Währung belegt, und letztere bildet dann bei einer Aufwertung ihrerseits die Bezugsbasis für negative Ausgleichssätze.

An der Skizzierung der Neuregelung wird deutlich, daß für die Zukunft zwar das lästige Problem des Abbaus der positiven Ausgleichssätze beseitigt worden ist, jedoch könnte sich das neugeschaffene Währungsausgleichssystem - wie die bisherigen Erfahrungen mit negativen Ausgleichssätzen gezeigt haben - als "Inflationsmaschine"[185].

Im weiteren werden besondere administrativ-legislative Maßnahmen im Bereich der landwirtschaftlichen Einkommen[186] behandelt.

Es sollen innerhalb dieses Maßnahmensbereichs vornehmlich diejenigen staatlichen Aktivitäten skizziert werden, die unmittelbar das landwirtschaftliche Einkommen beeinflussen, wie direkte Einkommenszahlungen und die Reformierung wesentlicher Steuer- und anderer eng damit verknüpfter Regelungen.

---

184) Vgl. hierzu den Artikel von G. SCHMITT und S. TANGERMANN, Erkennen die europäischen Regierungschefs die Gefahr. Währungsausgleich wird Inflationsmaschine. "Frankfurter Allgemeine Zeitung" vom 17. März 1984, Nr. 66, S. 14.
185) Siehe G. SCHMITT und S. TANGERMANN, Erkennen die europäischen Regierungschefs ..., a.a.O.
186) Die Skizzierung der Maßnahmen stützt sich im wesentlichen auf die hierzu in den jährlichen Agrarberichten vorgenommenen Ausführungen. Vgl. insbesondere die Jg. 1975-1977 sowie 1985.

Ausdrücklich in die Betrachtung mit einbezogen werden dabei auch Preis- und folglich Einkommenskompensationen, die über Änderungen der landwirtschaftlichen Mehrwertsteuer erfolg(t)en.

Zur Gruppe der direkten Einkommenszahlungen zählen insbesondere die 1971 eingeführten befristeten Liquiditätshilfen. Sie wurden - wie weiter vorn bereits ausgeführt - als partieller Ausgleich (Direktausgleich) für die den deutschen Landwirten als Folge der Aufwertung der D-Mark entstehenden Einkommensverluste gewährt. Im Prinzip ähnelten diese Ausgleichszahlungen den Hilfen, wie sie bereits in der zweiten Hälfte der 60er Jahre in Verbindung mit dem Getreidepreisausgleich gewährt worden waren.

Neben den soeben besprochenen Liquiditätshilfen wurde in den 70er Jahren als neue Form direkter Einkommensübertragung im Rahmen des neugeschaffenen Bergbauernprogramms (1974) die Ausgleichszulage eingeführt. Sie richtet sich nach der in Großvieheinheiten gemessenen Viehhaltung der Betriebe. Wichtige Anspruchsvoraussetzungen betreffen u.a. eine vorgeschriebene Mindestbetriebsgröße (3 ha), eine Weiterbewirtschaftungsverpflichtung des Betriebes (5 Jahre) sowie eine Viehhaltungsbegrenzung (max. 1 GVE/ha).

Als Zielsetzung der Ausgleichszulage wird angeführt, einen "sinnvollen Strukturwandel" in den Regionen mit ungünstigen Ausgangsbedingungen abzusichern, die Einkommenssituation der hier ansässigen Landwirte zu verbessern und ihnen gleichzeitig die Möglichkeit zu geben, einen Beitrag zur Erhaltung der Kulturlandschaft zu leisten.

Auf die vielfältigen Neuerungen steuerlicher und hiermit verknüpfter anderer Gesetze, Verordnungen etc. kann im Detail nicht eingegangen werden.

Im Hinblick auf diesbezüglich besonders wichtig erscheinende legislative Maßnahmen ist zunächst auf die 1970 erfolgte Änderung und Ergänzung bewertungsrechtlicher Vorschriften und des Einkommensteuergesetzes zu verweisen. Im Zuge der gesetzlichen Neuregelung wurde insbesondere kleinen und mittleren Betrieben die Möglichkeit eröffnet, ihre steuerlich zulässige Höchstzahl an Vieheinheiten anzuheben, d.h., es wurde der im Zuge der ökonomisch-technischen Entwicklung erforderlichen Erhöhung der Viehhaltungsintensität (Tiere je Flächeneinheit) Rechnung getragen.

Die bislang gesondert geregelte Einkommensbesteuerung der Landwirte nach Durchschnittssätzen wurde 1974 in das Einkommensteuergesetz (§ 13a) übernommen und gleichzeitig das Verfahren in einigen Punkten geändert. Als bedeutendste Neuerungen sind anzuführen, daß die Gewinnermittlung auf die Basis der Einheitswertfeststellung von 1964 umgestellt und die Ansätze für den Wert der Arbeitsleistung angepaßt wurde. Die Neuregelung der steuerlichen Gewinnermittlung bewirkte eine Anhebung der Durchschnittssatzgewinne um angenähert 20 bis 25 v.H.

Eine grundlegende Reform der Einkommensbesteuerung der Landwirte erfolgte 1980. Als wesentliche Motive der Neuregelung wurden seitens der Bundesregierung angeführt, die Einkommensbesteuerung in der Landwirtschaft gerechter zu machen und gleichzeitig sollte die Reform durch eine maßvolle Steuermehrbelastung zu einer ausgewogeneren Einkommenbesteuerung dieses Wirtschaftszweiges gegenüber den übrigen Steuerpflichtigen beitragen[187].

Die wesentlichen Zielrichtungen des Gesetzes betrafen zum ersten die Anhebung der Wertansätze für die Gewinnermittlung nach Durchschnittssätzen (Anhebung auf 50 bis 80 v.H. der tatsächlichen Gewinne), zum zweiten die Beschränkung die Anwendungsbereichs dieser Gewinnermittlungsart, zum dritten die Verpflichtung zur Durchführung einer Einnahmen-Ausgaben-Überschußrechnung, die aus der Gewinnermittlung nach Durchschnittssätzen herausfallen, aber noch nicht buchführungs-

---

187) Vgl. Agrarbericht 1981, S. 67. Zur Diskussion des Gesetzentwurfes vgl. M. KÖHNE, Zum Stand der Reform der Einkommensbesteuerung in der Landwirtschaft. "Agrarwirtschaft", 29. Jhrg. (1980), S. 1-5.

pflichtig sind, und zum vierten die Einführung einer Buchführungspflicht für Betriebe oberhalb bestimmter Wirtschaftswert- oder Gewinngrenzen[188].

Ergänzend zu den eingangs dieses Abschnitts erwähnten direkten Liquiditätshilfen bestand ein weiterer Teil des zu Beginn der 70er Jahre (und darüber hinaus) gewährten Aufwertungsausgleichs - wie dies auch bereits in Verbindung mit den währungspolitischen und Grenzausgleichsmaßnahmen erwähnt worden ist - in einer (3 %igen) Anhebung der auf landwirtschaftliche Erzeugnisse zu zahlenden Mehrwertsteuer (Sonderreglung Mehrwertsteuer). Der Ausgleich wurde über die ursprüngliche Befristung (1973) hinaus mit vollem Satz bis 1975 und mit jährlich sukzessiv um einhalb Prozentpunkte ermäßigten Satz bis 1981 fortgeführt.

Zur Milderung der Brüsseler Agrarbeschlüsse vom März 1984[189], aufgrund derer der positive deutsche Grenzausgleich zu Beginn 1985 eine 5 %ige Kürzung erfuhr, wurde ab Juli 1984 ein erneuter Einkommensausgleich über die Mehrwertsteuer geschaffen. Dieser soll von Juli 1984 bis Dezember 1988 5 Prozentpunkte und von Januar 1989 bis Dezember 1991 3 Prozentpunkte betragen.

b) Agrarstrukturpolitik[190]

Im Bereich der Agrarstrukturpolitik setzte sich beim Faktor Boden die bereits in der zweiten Hälfte der 60er Jahre er-

---

188) Bezüglich einer noch etwas ausführlicheren Darstellung der skizzierten Punkte siehe Agrarbericht 1981, S. 67.
189) Siehe in diesem Zusammenhang die Ausführungen, die diesbezüglich in Verbindung mit den währungspolitischen und Grenzausgleichsmaßnahmen gemacht worden sind.
190) Die Erläuterungen zu den einzelnen Maßnahmen wurden vornehmlich an den diesbezüglichen Informationen der Agrarberichte orientiert. Siehe Agrarbericht, Jg. 1971 ff. Hinsichtlich noch detaillierterer Informationen siehe auch BMELF, Die Verbesserung der Agrarstruktur in der Bundesrepublik Deutschland, Bonn 1971 ff. (die Berichte erschienen bis 1973 jährlich, danach zweijährlich).

kennbar gewordene Tendenz eines höheren Maßes an staatlicher Eingriffsintensität fort, inbesondere galt dieses für (bebauungsfähiges) Land in Stadt- oder Orts(rand)lagen.

Im Hinblick auf die Agrarstrukturverbesserung wurde das Bestreben verstärkt, die Flurbereinigungs- und die anderen überbetrieblichen Maßnahmen, integriert mit raum-, wirtschafts-, regional- und infrarstrukturpolitischen sowie die Landschafts- und Landespflege, Landschaftsgestaltung, Natur- und Umweltschutz etc. betreffenden Aktivitäten durchzuführen, d.h., die früher überwiegend auf landwirtschaftliche Belange ausgerichteten Maßnahmen erfuhren nicht unwesentliche Gewichtsverlagerungen zugunsten anderer Maßnahmenbereiche.

Im agrarrechtlichen Bereich wurde mit der Novellierung der Höfeordnung das in Nordwestdeutschland bestehende Anerbenrecht (Grundsatz der geschlossenen Hofübergabe) fortgeschrieben, jedoch erfolgten - neben diversen anderen Änderungen - Neufestlegungen hinsichtlich der Fristen für die Nachabfindungsansprüche weichender Erben sowie der am Wirtschaftswert orientierten Abgrenzung der obligatorisch oder fakultativ der Höfeordnung unterworfenen Betriebe (Bestimmung der Hofeigenschaft). Für obligatorisch dem Höferecht unterworfene Betriebe wurde die Möglichkeit einer Umwandlung der obligatorischen in eine fakultative Hofeigenschaft geschaffen, während vorher nur die Möglichkeit bestanden hatte, eine fakultative in eine obligatorische Hofeigenschaft zu überführen. Insgesamt kann der Neufestlegung der Wertgrenzen sowie der Wahlmöglichkeit für ein fakultatives Höferecht eine bodenmobilitätsfördernde, der Verlängerung der Nachabfindungsfristen hingegen eher eine bodenmobilitätshemmende Wirkung zugeschrieben werden.

Für den Bereich der einzelbetrieblichen Förderung ist als wichtigste Agrarpolitikmaßnahme zu Beginn der 70er Jahre die Verabschiedung des Einzelbetrieblichen Förderungsprogramms[191]) anzuführen. Mit ihm wurde eine Zusammenfassung, Vereinheitlichung und effizientere Durchführung einzelbetrieblicher Maßnahmen angestrebt. Die einzelbetriebliche Förderung sollte sich - innerhalb des Kernprogramms[192]) - zukünftig auf den langfristig entwicklungsfähigen Betrieb konzentrieren. Als wichtigste Hilfsmittel für das Erkennen der Entwicklungsfähigkeit wurden die Buchführung und der Betriebsentwicklungsplan empfohlen.

Eine "Förderschwelle"[193]), d.h. ein spezifischer Einkommensmaßstab, sollte darüber entscheiden, welcher Betrieb als förderungswürdig anzusehen ist. In Nebenerwerbsbetrieben sollten - innerhalb des Gesamtprogramms - Investitionen nur gefördert werden, soweit sich die Betriebe an Vorhaben der überbetrieblichen Zusammenarbeit beteiligen, die die Bodenbewirtschaftung betreffen und soweit sie Investitionen im Interesse solcher Vorhaben vornehmen[194]). Die Anpassung der Förderungsgrundsätze für einzelbetriebliche Investitionen an die 1972 vom Ministerrat der EG erlassene Strukturrichtlinie (Modernisierungsrichtlinie) erfolgte 1973. Als wichtigstes Element beeinhaltete diese Anpassung eine Neudefinition der "Förderschwelle"[195]).

Für Betriebe, die die Förderungsschwelle nicht erreichen konnten, wurde die Möglichkeit eröffnet, Leistungen eines (sozialen) Ergänzungsprogramms in Anspruch zu nehmen, wie

---

191) Dieses Programm wird oft als kombinierter Begriff mit dem später verabschiedeten "sozialen Ergänzungsprogramm" als "Ertl-Programm" bezeichnet.
192) Für dieses Kernprogramm wird häufig die Abkürzung "EFP" verwendet.
193) "Der Antragsteller muß nachweisen, daß er spätestens 4 Jahre nach Einsetzen der Förderungsmaßnahmen ein bestimmtes Reineinkommen zuzüglich Fremdlöhne erreichen kann ("Förderungsschwelle")". Definition im Agrarbericht 1971, S. 74.
194) Vgl. Agrarbericht 1971, S. 74.
195) "Als Maßstab für die Beurteilung der Entwicklungsfähigkeit von Betrieben (Förderungsschwelle) gilt nicht mehr der Gewinn (exakter ausgedrückt: ein erweiterter Gewinnbegriff; siehe FN 193, der Verf.), sondern das Arbeitseinkommen entsprechend der Definition im Sinne des Anhangs II EWG-Vertrag. Außerdem muß eine angemessene Kapitalverzinsung gewährleistet sein". Bezüglich dieser Definition siehe Agrarbericht 1974, S. 98.

Maßnahmen zur Verbesserung des Wohnteils, soziale Maßnahmen im Falle der Aufgabe der landwirtschaftlichen Tätigkeit und Überbrückungsbeihilfe[196] (auf einzelne dieser Leistungen wird an anderer Stelle noch näher eingegangen werden).

Ein Programm für landwirtschaftliche Betriebe in Berggebieten und in bestimmten benachteiligten Gebieten wurde, nachdem vom EG-Ministerrat 1973 hierzu eine gemeinsame Strukturrichtlinie beschlossen worden war, in der Bundesrepublik 1974 vorgelegt. Das gewöhnlich unter dem Kürzel "Bergbauernprogramm" firmierende Maßnahmenbündel enthält - neben Regelungen über direkte Einkommenszahlungen (Ausgleichszulage) - im Bereich der einzelbetrieblichen Förderung diverse diese Betriebsgruppe begünstigende Sonderkonditionen[197][198].

Eine Reihe besonderer Maßnahmen zugunsten der Nebenerwerbslandwirte wurde 1975 eingeleitet, zu nennen sind in diesem Zusammenhang die Einführung einer Umstellungs- und einer Anpassungshilfe[199] sowie die Öffnung aller Kooperationen für Nebenerwerbslandwirte. Des weiteren wurden im Bereich der Nebenerwerbslandwirtschaft verschiedene Modellvorhaben initiiert, u.a. um "neue Formen arbeitssparender Betriebsorganisation und extensiver Produktion" zu erproben.

Als zusätzliche (neue) Maßnahme im Bereich der einzelbetrieblichen Investitionsförderung wurde 1976 die Aufstiegshilfe beschlossen, um Betrieben zu helfen, die das vergleichbare Arbeitseinkommen noch nicht erreichen und die auch keine agrarsozialen Maßnahmen in Anspruch nehmen können.

---

196) Siehe Agrarbericht 1971, S. 74.
197) Bezüglich einer Auflistung siehe Agrarbericht 1975, S. 121.
198) Das "Bergbauerprogramm" löste in der Bundesrepublik das seit 1961 durchgeführte Programm zur Förderung der Landwirtschaft in von Natur benachteiligten Gebieten ab.
199) Die Umstellungs- und Anpassungshilfe erlangte jedoch keine große Bedeutung. Sie wurde daher ab 1982 ausgesetzt. Siehe Agrarbericht 1982, S. 71.

1978 wurden für das Kernprogramm der einzelbetrieblichen Investitionsförderung (EFP) wichtige Änderungen vorgenommen. So wurden u.a. Landwirte mit hohem Einkommen aus der Förderung ausgeschlossen (Verschärfung der bisherigen Prosperitätsklausel), und es erfolgte eine Einschränkung der Förderung im Bereich der Milchviehhaltung, später auch im Bereich der Schweinehaltung (1981), und Ende 1983 schließlich wurden Kapazitätserweiterungen in der Milchviehhaltung ganz aus der Förderung ausgeschlossen. Bezüglich des Zugangs zu den Fördermitteln des EFP traten ab 1984 durch den Fortfall der Förderschwelle gewisse Erleichterungen ein.

Neben den skizzierten Maßnahmen der einzelbetrieblichen Förderung wurden in den 70er und frühen 80er Jahren noch verschiedene andere Investitionsförderungsprogramme aufgelegt. Als Schlagworte sind zu nennen "Investitionszulage (1974)", "Förderung von Maßnahmen zur Energieeinsparung (1975)", "Sonderkreditprogramm[200] (1978)" und Agrarkreditprogramm (1984)".

Als grundsätzliche Kritik ist in bezug auf die einzelbetriebliche Investitionsförderung zu äußern, daß die anfänglich insbesondere mit dem Kernprogramm (EFP) verfolgte "streng struktur(anpassungs)politische, sprich allokations- und wachstumspolitische Zielsetzung im Zeitablauf durch die schrittweise Einführung weiterer Investitionshilfen (Überbrückungshilfe, Bergbauernprogramm, Nebenerwerbsförderung, Sonderkreditprogramm, Agrarkreditprogramm etc.) sowie letztendlich durch den Fortfall der Förderschwelle zunehmend "verwässert" und "aufgeweicht" wurde.

---

200) Für das Sonderkreditprogramm findet sich auch der Terminus "Agrarkreditprogramm". Siehe z.B. U. WERSCNNITZKY, F.R. HERREN und A. WENZ, Das Agrarkreditprogramm im Jahre 1979. "Berichte über Landwirtschaft", Bd. 59 (1981), S. 181-184 oder J. REINICKE und W. NELLES: Agrarkreditprogramm und Einzelbetriebliches Förderungsprogramm. "Berichte über Landwirtschaft", Bd. 59 (1981), S. 195-200. Eine derartige Bezeichnung empfiehlt sich jedoch nicht, weil ansonsten in Verbindung mit dem neuerlich (1984) aufgelegten Agrarkreditprogramm der Bundesregierung eine Begriffsverwirrung entsteht.

Die praktische Agrar(struktur)politik verfiel zunehmend wieder dem Kardinalfehler der 50er sowie frühen und mittleren 60er Jahren und kehrte zu dem ungezielten und ineffizienten "Gießkannenprinzip" zurück[201].

Des weiteren ist auszuführen, daß die einzelbetrieblichen Förderungsmaßnahmen - und hier speziell auch das EFP - zunehmend in Konflikt gerieten mit anderen agrarpolitischen Zielsetzungen, insbesondere im Bereich der landwirtschaftlichen Markt- und Preispolitik: Es stellte sich zunehmend die Frage, ob eine agrar(struktur)politische Maßnahme sinnvoll sein kann, die letztlich zu einer weiteren Verschärfung der Überschußsituation sowie des Preisdrucks auf bestimmten Agrarmärkten beiträgt. Als folgerichtige Reaktionen wurden - wie weiter vorn ausgeführt - Fördermaßnahmen zugunsten bestimmter Produktionszweige (Milchvieh- und Mastschweinehaltung) eingeschränkt bzw. ganz eingestellt. Eine Einschränkung des EFP ingesamt ergab sich darüber hinaus als Folge von Budgetknappheiten und/oder zunehmender Konkurrenz durch breiter gefächerte Investitionsförderungsprogramme (v.a. Sonderkreditprogramm sowie Agrarkreditprogramm).

Angesichts der bestehenden Überschußsituation im Agrarbereich wäre es sicherlich ratsam, derzeitig auf jegliche Maßnahmen zur Investitionsförderung zu verzichten. Allerdings würde die Fortführung eines "gezielten EFP" sicherlich ein kleineres Übel bilden gegenüber der in den letzten Jahren beobachteten Tendenz einer breiteren Streuung der Investitionsförderung. Jedoch müßte dieses "gezielte EFP" verknüpft sein mit einem Bündel ausgewählter (agrar)struktur- sowie

---

[201] Vgl. hierzu insbesondere die bereits 1977 von G. SCHMITT vorgetragene Kritik. Siehe G. SCHMITT, Das Einzelbetriebliche Förderungsprogramm als strukturpolitische Maßnahme im Rahmen der deutschen und europäischen Agrar- und Wirtschaftspolitik. Referat, gehalten am 11.2.1977 in der Evangelischen Akademie Loccum. Siehe ferner H.J. BLOCK, Analyse und Beurteilung der Investitionshilfen des Einzelbetrieblichen Förderungsprogramms für die Landwirtschaft. "Berichte über Landwirtschaft", Bd. 55 (1977), s. 214-232. Siehe auch die dort bezüglich der einzelbetrieblichen Investitionsförderung angeführte Literatur.

agrarmarkt- und agrarpreispolitischer Maßnahmen, um die bestehende Agrarüberschußsituation zu beseitigen.

In bezug auf den Faktor Arbeit wurden zu Beginn der 70er Jahre zusätzliche mobilitätsfördernde Maßnahmen eingeleitet. Zu verweisen ist in diesem Zusammenhang zunächst auf die 1971 geschaffene Möglichkeit der Nachentrichtung von Beiträgen zur gesetzlichen Rentenversicherung seitens ehemaliger landwirtschaftlicher Unternehmer und mithelfender Familienangehöriger. Für die erstgenannte gewährt der Bund zu den nachzuentrichtenden Beiträgen einen Zuschuß von 70 v.H., sofern die Abgabe des landwirtschaftlichen Unternehmens strukturverbessernd im Sinne der Regelungen für die Landabgaberente erfolgt[202]. Als weitere Maßnaheme ist die Anpassungshilfe für ältere landwirtschaftliche Arbeitnehmer (über 55 Jahre) anzuführen (1973). Sie wird gewährt, wenn der landwirtschaftliche Arbeitsplatz wegen Auflösung oder Stillegung des Betriebes oder Betriebsteilen verlorengegangen ist und keine neue Tätigkeit in der Landwirtschaft aufgenommen wird[203]. Darüber hinaus sind als wichtige mobilitätsfördernde Maßnahmen die vielfältigen Bemühungen und Aktivitäten anzuführen, im Rahmen der neugeschaffenen Gemeinschaftsaufgabe "Verbesserung der regionalen Wirtschaftsstruktur" (1973) auf mittlere und längere Sicht, die Zahl der außerlandwirtschaftlichen Arbeitsplätze im ländlichen Bereich zu erhöhen.

Im Bereich der marktstrukturverbessernden Maßnahmen wurden im Zuge der Änderung des Marktstrukturgesetzes (1975) u.a. die Beihilfekonditionen für landwirtschaftliche Erzeugergemeinschaften und deren Vereinigungen verbessert. Die Verabschiedung des Gesetzes über die Kaufmannseigenschaft von Land- und Fortwirten diente insbesondere dem Ziel, die Bedingungen für die Bildung land- und forstwirtschaftlicher Kooperationen zu fördern und erleichtern.

---

202) Vgl. Agrarbericht 1971, S. 78.
203) Vgl. Agrarbericht 1973, S. 94.

c) Agrarsozialpolitik

Zunächst wird auf Maßnahmen zur sozialen Absicherung der Landwirte und deren Familienangehörige[204] eingegangen.

Als Teil des bereits erwähnten Ertl-Planes wurden zu Beginn der 70er Jahre verstärkt die Bemühungen fortgesetzt, die soziale Sicherung der in der Landwirtschaft Tätigen zu verbessern und zu ergänzen ("Soziales Ergänzungsprogramm", 1970). Das Programm hatte zum Ziel, Inhabern nichtentwicklungsfähiger Betriebe die Aufgabe der Landwirtschaft und die anderweitige Sicherung der Existenz zu erleichtern, desgleichen sollten auch für mithelfende Familienarbeitskräfte zusätzliche Anreize geschaffen werden, außerlandwirtschaftlich erwerbstätig zu werden: In diesem Zusammenhang ist insbesondere die Einführung der Nachentrichtungsmöglichkeit von Beiträgen zur gesetzlichen Rentenversicherung zu nennen. Landwirten, die eine strukturverbessernde Aufgabe ihres Betriebes entsprechend den Regelungen der Landabgaberente vornehmen, wurde zu den Beitragsnachzahlungen ein Zuschuß von 70 v.H. eingeräumt (weiter vorn wurde hierauf bereits eingegangen).

Darüber hinaus beinhaltete das Soziale Ergänzungsprogramm (Leistungs-)Verbesserungen der Landabgaberente, des landwirtschaftlichen Altersgeldes sowie der landwirtschaftlichen Unfallversicherung.

Einen weiteren wesentlichen Schritt zur Minderung der sozialen Risiken von Landwirten und mithelfenden Familienangehörigen bildete 1972 die Einführung der landwirtschaftlichen Krankenversicherung. Als wichtigen Bestandteil beinhaltete sie u.a. auch die Möglichkeit der Gewährung von Betriebs-

---

204) Bezüglich der Skizzierung der Maßnahmen wurde auf die Agrarberichterstattung zurückgegriffen. Vgl. Agrarbericht, Jg. 1971 ff. Im Hinblick auf eine umfassende Darstellung und Problematisierung vgl. insbesondere K. HAGEDORN, Agrarsozialpolitik in der Bundesrepublik Deutschland. Berlin 1982.

und Haushaltshilfen im Krankheitsfall (Übernahme der Kosten für selbstbeschaffte Ersatzkräfte, Betriebshelfer, Dorfhelferinnen o.ä.).

Als zusätzliche Maßnahmen in den 70er und frühen 80er Jahren, zielend auf eine Verbesserung und Erweiterung des landwirtschaftlichen Sozialversicherungssysems , sind vor allem die Dynamisierung des landwirtschaftlichen Altersgeldes (1975), die Einführung eines Waisengeldes (1975), eines Hinterbliebenengeldes (1980) sowie einer Pflichtversicherung für hauptberuflich mitarbeitende Familienangehörige zwischen dem 50. und 60. Lebensjahr (1980) herauszustellen.

Als nächstes sollen einige besondere Maßnahmen zur Verbesserung der sozialen Situation land- und forstwirtschaftlicher Arbeitnehmer angesprochen werden.

Als besondere Sozialmaßnahme für ältere land- und forstwirtschaftliche Arbeitnehmer (über 55 Jahre), die ihren Arbeitsplatz wegen Auflösung oder Stillegung des Betriebes oder von Betriebsteilen verlieren und keine neue Tätigkeit in der Land- und Forstwirtschaft aufnehmen wurde 1973 die Anpassungshilfe eingeführt (s. auch weiter vorn).

Des weiteren erfolgte 1974 aufgrund einer Tarifvertragsregelung die Einrichtung einer überbetrieblichen Zusatzaltersversorgung für land- und forstwirtschaftliche Arbeitnehmer. Es lag dabei die Erkenntnis zugrunde, daß die aus strukturellen Gründen besonders niedrigen Altersrenten dieser Arbeitnehmergruppe dringend einer Aufstockung bedurften. Arbeitnehmer, die durch diese Tarifvertragsneuregelung nicht mehr oder nur noch kurzzeitig erfaßt wurden, erhielten eine entsprechende Ausgleichsleistung aus Bundesmitteln.

d) Umweltschutzpolitik

Der Begriff der Umwelt- und Umweltschutzpolitik soll an dieser Stelle in einem sehr umfassenden Sinne verstanden werden: In die Betrachtung einzubeziehen sind zu einen die traditionellen Bereiche wie Naturschutz, Landschaftspflege etc., zum anderen die "neueren" Bereiche des Umweltschutzes wie Pflanzenschutzrecht, Lebensmittelrecht etc.

An der Darstellung der vielfältigen umwelt- und umweltschutzpolitischen Maßnahmen wird deutlich, daß die "neueren" Aufgabenbereiche ab Beginn der 70er Jahre sukzessive an Bedeutung gewannen, jedoch wurden auch die traditionellen Bereiche nicht vernachlässigt, sondern erfuhren eine Vertiefung und stärkere Integration in andere Maßnahmengruppen.

So wurde beispielsweise im Agrarbericht (1973) als Absichtserklärung formuliert, bei allen Maßnahmen der Agrarstrukturverbesserung zukünftig die ökologischen Belange stärker zu berücksichtigen und daß, wenn möglich, - insbesondere bei der Flurbereinigung und in der Forstwirtschaft - ökologische Ausgleichsfunktionen zu verbessern seien[205]. Im gleichen Agrarbericht wird als ernährungspolitische Zielsetzung folgendes definiert: "Ziel der Ernährungspolitik im Bereich der landwirtschaftlichen Erzeugung ist die Bereitstellung solcher Nahrungsgüter in ausreichender Menge und zu angemessenen Preisen, die günstige Verwertungs- und ernährungsphysiologische Eigenschaften aufweisen *und die frei sind von Rückständen oder Kontiminationen (Verunreinigungen) der verschiedenen Herkunft oder die Rückstände nur in solchen Mengen enthalten, daß sie für den Verbraucher gesundheitlich unbedenklich sind*"[206]. An dem (vom Verfasser besonders gekennzeichneten) Zusatz zur ernährungspolitischen Zielsetzung wird deutlich, daß seitens des Staates stärkeres Augenmerk auf die Rückstandsproblematik schädlicher Stoffe in Nahrungsmitteln gelegt wurde.

---

205) Vgl. Agrarbericht 1973, S. 89.
206) Zitat entnommen aus Agrarbericht 1973, S. 41.

Als umfassendes Dokument der zukünftigen Orientierung der Umwelt(schutz)politik der Bundesregierung in den 70er Jahren ist das Umweltprogramm[207] von 1971 anzuführen. Für den Agrarbereich leiteten sich aus ihm neben dem (soeben angesprochenen) Ziel der Versorgung der Bevölkerung mit gesundheitlich einwandfreien und hochwertigen Erzeugnissen folgende Zielsetzungen ab:

"- Erhaltung und Entwicklung der besonderen Eigenart, Vielfalt und Schönheit der Landschaft (einschl. Pflanzen- und Tierwelt,

- Beitrag zur Erhaltung, Wiederherstellung und Entwicklung der Leistungs- und Nutzungsfähigkeit des Naturhaushaltes"[208].

Wichtigste Grundsätze dieses Programms bilde(te)n das Vorsorgeprinzip (Schutz und schonende Inanspruchnahme der Naturgrundlagen durch vorausschauende und gestaltende planerische Maßnahmen), das Verursacherprinzip (Kosten zur Vermeidung, zur Beseitigung oder zum Ausgleich von Umweltbelastungen sind vom Verursacher zu tragen) sowie das Kooperationsprinzip (frühzeitige Beteiligung der gesellschaftlichen Kräfte am umweltpolitischen Willensbildungs- und Entscheidungsprozeß)[209].

Darüber hinaus ist in diesem Zusammenhang anzumerken, daß in verstärktem Maß die Erforschung umweltrelevanter Fragen im Bereich der Agrar- und Ernährungswirtschaft in Angriff genommen wurde[210].

Auf eine vertiefende Darstellung der zahlreichen administrativ legislativen Maßnahmen im Umweltbereich wird an

---
207) Bundestagsdrucksache VI/2710.
208) Vgl. bzw. siehe Zitat in Agrarbericht 1973, S. 89.
209) Vgl. Agrarbericht 1977, S. 79.
210) Siehe hierzu Sammelbericht Umweltschutz in Land- und Forstwirtschaft. Erster Teil: Naturhaushalt; Zweiter Teil: Pflanzliche Produktion; Dritter Teil: Tierische Produktion. "Berichte über Landwirtschaft", Sh. 50. Hamburg und Berlin 1972.

dieser Stelle verzichtet, stattdessen soll nachfolgend (und abschließend) eine Systematisierung der vielfältigen Problembereiche vorgenommen werden. Letztere charakterisieren gleichzeitig die wesentlichen Anknüpfungspunkte der vielfältigen umweltpolitischen Maßnahmen:[211]

1. Inanspruchnahme und Belastung von Landwirtschaft und Naturgütern durch die technische und wirtschaftliche Entwicklung: zunehmende Überbauung von Flächen, erhöhter Rohstoff- und Energieverbrauch, Zunahme von Abfällen, Abwässern und Abgasen, Veränderung in der Bodenbewirtschaftung, steigender Flächenbedarf für Freizeit und Erholung;

2. Belastung (Pflanzenschutz, Düngung etc.) in Verbindung mit der pflanzlichen Produktion, Verringerung des Artenreichtums von Flora und Fauna, Belastung von Oberflächen- und Grundwasser, Störung des mikrobiellen Lebens im Boden;

3. Belastungem durch bestimmte Produktionsverfahren in der tierischen Produktion, Abfälle aus Massentierhaltung (v.a. Gülleproblem), Umweltgefahren durch Futterkonservierung (Sickersäfte), Geruchsbelästigung durch intensive Tierhaltung;

4. Belastungen in Verbindung mit der Be- und Verarbeitung von Produkten der Agrarwirtschaft: Verunreinigungen der Luft und des Wassers sowie Abfallproblematik.

(Bezüglich eines chronologischen <u>Gesamt</u>überblicks der in den 70er und frühen 80er Jahren im Bereich der bundesdeutschen Agrarpolitik verabschiedeten Gesetze, erlassenen Verordnungen etc. vgl. Übersicht 8, im Anhang.)

---

[211] Das nachstehende Gliederungsprinzip (einschließlich der Problemspezifizierung wurde - geringfügig modifiziert und erweitert - nach dem Agrarbericht 1974, S. 124 ff. zusammengestellt.

3.6.4 Vergleich der agrarpolitischen Maßnahmen zwischen Japan und der BR Deutschland in der Periode des abgeschwächten Wachstums (1970-1980)

Im Zentrum der landwirtschaftlichen Markt- und Preispolitik standen in Japan in den 70er Jahren verschiedene Programme zur Produktionsbegrenzung beim Reis und zur Diversifizierung der Agrarproduktion. Es bestand hierbei als Zielsetzung, den Selbstversorgungsgrad bei alternativen Produkten zum Reis anzuheben. Auch die Programme zur Landnutzungsplanung und zur Landverbesserung wurden so konzipiert, daß die Produktion von Nichtreisprodukten gefördert wurde. Zudem wurden Betriebsführungshilfen für "besonders wichtige" Agrarprodukte (Weizen,Gerste, Sojabohnen und Futterpflanzen) eingeführt.

Vergleichbare Bemühungen zur Produktionsbegrenzung bestanden in der Bundesrepublik bzw. in der EG im Rahmen der landwirtschaftlichen Markt- und Preispolitik insbesondere in bezug auf das Produkt Milch. Als wichtigste Maßnahmen sind die Prämienregelungen sowie jüngst die Garantiemengenregelung und die Milchrente anzuführen. Eine vergleichbare Betonung des Selbstversorgungsziels wie in Japan bestand in der Bundesrepublik im Bereich der landwirtschaftlichen Markt- und Preispolitik nicht. Dies nicht zuletzt vor dem Hintergrund, daß dieses Land aufgrund der Einbindung in die EG-Marktordnungen und deren Stabilisierungsfunktion von der sogenannten "Welternährungskrise" zu Beginn der 70er Jahre weitgehend unberührt blieb. Als Besonderheit im Vergleich zu Japan bestand in der Bundesrepublik - wie in den 60er Jahren - das Problemfeld EG, also Schwierigkeiten die sich als Folge der EG-Mitgliedschaft (Gemeinsame Marktordnungen, Gemeinsame Agrarpreise, Gemeinsames Finanzierungssystem) ergaben.

Im Bereich der Agrarstrukturpolitik standen in Japan als Folge der bereits angesprochenen besonderen Betonung des Selbstversorgungsziels, aber auch teilweise in Verbindung mit umweltplanerischen Zielsetzungen, Maßnahmen zur Förderung der landwirtschaftlichen Bodennutzung, der Landverbesserung und der Landgewinnung im Vordergrund. Darüber hinaus bestanden weiterhin besondere Maßnahmen zur Erhöhung der Arbeits- und Flächenmobilität. Daneben gab es in Japan jedoch auch ein Programm, um die Abwanderung besonders qualifizierter Arbeitskräfte aus der Landwirtschaft zu verhindern.

In der Bundesrepublik bestanden im Bereich der Agrarstrukturpolitik in bezug auf die Bodennutzungsplanung und die Flurbereinigung insofern vergleichbare Bestrebungen wie in Japan, als der Umweltgedanke in ihr eine stärkere Betonung erfahren sollte. Die in den späten 60er Jahren eingeleiteten Maßnahmen zur Erhöhung der Arbeits- und Bodenmobilität wurden in den 70er Jahren fortgeführt. Bei einigen der Maßnahmen (Maßnahmen zur Umschulung, Industrieansiedlung im ländlichen Raum, Landabgaberente,) zeigen sich Parallelen zu Japan. Zu Anfang der 70er Jahre wurden die Maßnahmen zur Faktormobilisierung in der Bundesrepublik durch eine vergleichsweise restriktiv gehandhabte Investitionsförderung (EFP) unterstützt, durch neu hinzutretende breit gefächerte Fördermaßnahmen wurde dieser Effekt jedoch im Verlauf der Dekade aufgehoben.

Im Vergleich zwischen beiden Ländern ähnliche Zielsetzungen und demzufolge auch Maßnahmen, wenn auch nicht in vollem Umfang, bestanden in den Bereichen Agrarsozialpolitik und Umweltschutzpolitik, wobei in bezug auf den Bereich der agrarsozialen Sicherung auszuführen ist, daß sie in der Bundesrepublik einen weiteren Ausbau erfuhr, während sie in Japan erst im Aufbau begriffen war.

4 Zusammenfassung

Als erstes wird zusammenfassend die langfristige Entwicklung der volkswirtschaftlichen Rahmendaten beschrieben. In diesem Zusammenhang soll ermittelt werden, in welchem Umfang die wichtigsten wirtschaftspolitischen Zielvorstellungen in der Betrachtungsperiode realisiert werden konnten:

1. Gemessen am realen Bruttosozialprodukt je Kopf konnte die Zielsetzung "'angemessenes` wirtschaftliches Wachstum" in beiden Ländern in den 50er und 60er Jahren am erfolgreichsten verwirklicht werden. Weniger erfolgreich war die Wirtschaftspolitik in bezug auf das Wachstumsziel dagegen in der 70er Dekade: Sowohl in Japan als auch in der Bundesrepublik trat eine deutliche Abschwächung des Wirtschaftswachstums ein.

Über die gesamte Betrachtungsperiode hinweg gesehen, war das wirtschaftliche Wachstum in Japan kräftiger als in der Bundesrepublik, allerdings ausgehend von einem bedeutend niedrigerem Ausgangsniveau des realen Pro-Kopf-Einkommens.

Als Folge der ungünstigeren gesamtwirtschaftlichen Entwicklung in den 70er Jahren haben sich in beiden Ländern auch die Rahmenbedingungen in bezug auf eine Steigerung der Nachfrage nach Nahrungsmitteln verschlechtert. Eine schwächere Steigerung der Nachfrage nach Agrargütern ergibt sich zudem auch daraus, daß mit steigendem Volkswohlstand die Einkommenselastizität der mengenmäßigen Nachfrage nach Agrarprodukten sinkt.

Für beide Länder ist des weiteren die Aussage zu treffen, daß auch vom Wachstum der Wohnbevölkerung zukünftig keine wesentlichen Impulse im Hinblick auf eine Ausweitung des Volumens der Nahrungsgüternachfrage ausgehen werden: In der Bundesrepublik ist eine Stagnation, in Japan sind abgeschwächte Zuwächse der Wohnbevölkerung zu beobachten.

2. Läßt man den durch den Koreaboom ausgelösten Preisauftrieb zu Beginn der 50er Jahr außer Betracht, so war die Inflationsbekämpfung in beiden Ländern in den 50er Jahren am wirkungsvollsten, ablesbar an der Entwicklung des Preisindexes der Lebenshaltung bzw. des BIP-Deflators. In den 60er und noch stärker in der 70er Dekade begann sich der Preisni-

veauanstieg in beiden Ländern - und hier vor allem in Japan - wieder zu beschleunigen.

Die vergleichende Betrachtung der Intensität des Preisniveauanstiegs läßt erkennen, daß das wirtschaftspolitische Leitziel "Preisniveaustabilität" in der Bundesrepublik wesentlich erfolgreicher realisiert werden konnte als in Japan.

3. Die Arbeitsmarktsituation, beurteilt an der Entwicklung der Arbeitslosenquote, gestaltete sich in beiden Ländern wie folgt: Die 50er Jahre waren insbesondere mit Blick auf die Bundesrepublik durch ein vergleichbar hohes Maß an Arbeitslosigkeit zu kennzeichnen. Die 60er Jahre bilden für beide Länder die Dekade mit der niedrigsten Arbeitslosenquote: daher auch die Bezeichnung "Periode der Vollbeschäftigung". Die 70er Jahre brachten für beide Länder eine kräftige Ausweitung der Arbeitslosigkeit mit sich.

Im Ländervergleich zeigt sich, daß die Arbeitslosenquote in Japan zumeist merklich niedriger ausfällt als in der Bundesrepublik. Jedoch sind die Daten nicht voll miteinander vergleichbar: Für Japan besteht aufgrund eines anderen Erhebungskonzepts eine nicht unerhebliche Unterschätzung der Arbeitslosigkeit.

4. Das außenwirtschaftliche Gleichgewicht, etwas abweichend von der üblichen Darstellung an der Import-Export-Relation gemessen, entwickelte sich in folgender Weise: In Japan bestand in den 50er Jahren ein nicht unerheblicher Importüberschuß, während die Bundesrepublik bereits einen Exportüberschuß verbuchen konnte. Auch in den 60er Jahre bestand in Japan noch ein Importüberschuß (wenn auch in geringerem Umfang als in der Vordekade), in der Bundesrepublik dagegen war weiterhin ein Exportüberschuß anzutreffen. Erst in den 70er Jahren entwickelte sich Japan wie die Bundesrepublik zum Nettoexporteur.

Als Gemeinsamkeit im Vergleich zwischen Japan und der Bundesrepublik ist in bezug auf die Entwicklung seit den 70er Jahren zu nennen, daß beide Länder fortgesetzt Exportüberschüsse erzielen und von daher in beiden Ländern eine unausgeglichene Handelsbilanz besteht.

Als nächstes wird ebenfalls im Rahmen einer Langfristbetrachtung zusammenfassend auf die Entwicklung der Stellung der Agrarwirtschaft in der Gesamtwirtschaft eingegangen.

1. Als grundsätzliche Ähnlichkeiten zwischen den Vergleichsländern als auch im Vergleich zu anderen sich entwickelnden Volkswirtschaften sind anzuführen, daß der Anteil der Landwirtschaft an

- den Erwerbstätigen,
- der Produktion (reales BIP zu Marktpreisen) und
- dem Einkommen (reales NIP zu Faktorkosten)

stetig zurückgegangen ist.

2. Der Anteil der agrarwirtschaftlichen Produktion an der Gesamtproduktion lag langfristig in beiden Ländern nicht unerheblich unterhalb des Anteils der landwirtschaftlich Erwerbstätigen an den Erwerbstätigen insgesamt, d.h., die sektorale Durchschnittsproduktivität lag unterhalb der gesamtwirtschaftlichen.

3. Die relative Arbeitsproduktivität in der Landwirtschaft (sektorale Durchschnittsproduktivität in v.H. der gesamtwirtschaftlichen Durchschnittsproduktivität) stieg langfristig in der Bundesrepublik an, während sie in Japan rückläufig war. Jedoch bestand in Japan nach Mitte der 50er und nach Beginn der 70er zeitweilig eine Umkehrung dieses Trends. Anzumerken ist, daß die durchschnittliche gesamtwirtschaftliche Arbeitsproduktivität in Japan rascher wuchs als in der Bundesrepublik, wenngleich ausgehend von einem niedrigeren Ausgangsniveau.

4. Das relative landwirtschaftliche Durchschnittseinkommen (sektorales Nettoinlandsprodukt je Erwerbstätigen in v.H. des gesamtwirtschaftlichen Nettoinlandsprodukt je Erwerbstätigen) ging in beiden Ländern zurück. In Japan bestand allerdings nach Mitte der 60er und nach Beginn der 70er Jahre jeweils eine Umkehrung des langfristigen Trendverlaufs.

5. Die relativen Agrarpreise (sektoraler BIP-Deflator in v.H. des gesamtwirtschaftlichen BIP-Deflators) entwickelten sich in Japan langfristig leicht zugunsten, in der Bundesrepublik dagegen deutlich zuungunsten der Landwirtschaft. Die Preisentwicklung spiegelt sich zudem in den realen Agrarpreisen: In Japan entwickelten sie sich zugunsten, in der Bundesrepublik zuungunsten der Agrarwirtschaft.

6. Als grundsätzliche Tendenz ist erkennbar, daß die Entwicklung der relativen landwirtschaftlichen Arbeitsproduktivität in beiden Ländern offensichtlich negativ korreliert ist mit derjenigen der relativen Agrarpreise. Es ist in diesem Zusammenhang zu vermuten, daß - sofern von der Agrarpreispolitik als staatlicher Instrumentvariable ausgegangen wird - in Japan durch eine vergleichsweise aktive Preispolitik das Wachstum der relativen Arbeitsproduktivität gehemmt, während es in der Bundesrepublik durch eine vergleichsweise weniger aktive Preispolitik stimuliert wurde.

Im weiteren erfolgt eine zusammenfassende Betrachtung über den landwirtschaftlichen Strukturwandel. Es wird die langfristige Veränderung der wichtigsten Niveau-, Verhältnis-und Strukturgrößen dargestellt:

1. Wie in allen sich entwickelnden Volkswirtschaften üblicherweise beobachtbar, wurden auch in der japanischen und bundesdeutschen Agrarwirtschaft der Einsatz von Arbeit und - in begrenzterem Umfang auch von Boden stetig eingeschränkt, während der Einsatz von Kapital stetig ausgeweitet wurde. M.a.W., Arbeit und Boden wurden durch Kapital und ebenso natürlich Arbeit durch Boden substituiert.

Der Faktor Arbeit wurde in der Bundesrepublik schneller eingeschränkt als in Japan, sofern die zugrunde gelegte Datenbasis dieses richtig wiedergibt. Allerdings vollzog sich in Japan ein stärkerer Übergang zum landwirtschaftlichen Nebenerwerb. Der Faktor Kapital wurde in der japanischen Agrarwirtschaft stärker ausgeweitet als in der bundesdeutschen. Als Erklärung kann einerseits das niedrigere Ausgangsniveau des Kapitalbestandes in der japanischen Landwirtschaft sowie andererseits der vergleichsweise gemäßigtere reale Preisanstieg bei landwirtschaftlichen Investitionsgütern angeführt werden.

2. Die längerfristige Entwicklung des Selbstversorgungsgrades, abgebildet mittels der wichtigsten Produktionsgüter bzw. als Aggregatgröße, läßt erkennen, daß das Selbstversorgungsniveau in Japan im Zeitablauf im großen und ganzen gesunken ist, während es in der Bundesrepublik gestiegen ist. Die Erklärung findet sich für Japan insbesondere in dem hohen Zuwachs des Getreide- und Sojabohnenverbrauchs in der tierischen Veredlung, der größtenteils durch Importe gedeckt werden muß. Die heimische Produktion vermag nur einen Bruchteil des Futtermittelbedarfs zu befriedigen, und zudem ist die relative Vorzüglichkeit des Anbaus von Getreide (o. Reis) und Sojabohnen, beide wurden vorwiegend als Zweitfrüchte angebaut, im Zeitablauf gesunken, und folglich ist auch der Selbstversorgungsgrad bei diesen Anbaufrüchten zurückgegangen. Im Rahmen der Reislanddiversifizierungsprogramme wird versucht, die Eigenerzeugung von Getreide (o. Reis) und Sojabohnen wieder anzuheben. In der Bundesrepublik konnte der Selbstversorgungsgrad durch eine Intensivierung der Agrarproduktion angehoben werden.

3. Die Preisrelation Arbeit:Boden entwickelte sich in beiden Agrarwirtschaften zuungunsten des Faktors Boden. Die Preisverhältnisse Kapital:Boden und Kapital:Arbeit gestalteten sich jeweils zuungunsten des Faktors Kapital.

4. Richtung und Ausmaß der sich in beiden Agrarwirtschaften vollziehenden Substitutionsprozesse spiegeln sich in den

veränderten landwirtschaftlichen Faktorintensitäten wider: Die flächenbezogene Arbeitsintensität (Man-Land-Ratio) ist ständig zurückgegangen, während die arbeits- und flächenbezogene Kapitalintensität stetig angestiegen sind. Die Abnahmeraten der bodenbezogenen Arbeitsintensität betrugen in Japan 3 v.H., in der Bundesrepublik 4,4 v.H. Die arbeitsbezogene Kapitalintensität stieg in Japan jährlich um 6,8 v.H., in der Bundesrepublik um 8,2 v.H. Bei der bodenbezogenen Kapitalintensität lagen die Zuwachsraten in Japan bei 3,7 v.H., in der Bundesrepublik bei 3 v.H.

Der Rückgang der bodenbezogenen Arbeitsintensität vollzog sich in der Bundesrepublik, vor allem begründet in der höheren Abwanderungsrate der landwirtschaftlich Beschäftigten, rascher als in Japan, während die bodenbezogene Kapitalintensität vornehmlich wegen der höheren Kapitalzuwachsrate in Japan schneller anstieg als in der Bundesrepublik.

5. Insbesondere in Japan hat der Anteil der tierischen Produktion an der Gesamtproduktion zugenommen. Es spiegeln sich hierin die veränderten Ernährungsgewohnheiten wider.

6. Die arbeits- und flächenbezogenen Bruttoproduktivitäten konnten in beiden Ländern in ähnlichem Maß gesteigert werden. Die kapitalbezogene Produktivität ging, die 50er Jahre ausgenommen, kontinuierlich zurück.

7. Der Faktoreinsatz entwickelte sich in beiden Agrarwirtschaften langfristig reziprok zu den realen Faktorpreisen: Der "teure" Faktor Arbeit wurde durch den "billigen" Faktor Kapital und natürlich auch durch den "nicht ganz so teuren" Faktor Boden substituiert. Darüber hinaus gab es natürlich auch Substitutionen von Boden durch Kapital, und zudem vollzogen sich Austauschprozesse zwischen den genannten Faktoren und den landwirtschaftlichen Vorleistungsgütern (Betriebsmitteln), m.a.W.: Die relativ teureren Faktoren wurden jeweils durch die relativ billigeren Faktoren ersetzt.

8. Bei der Preisrelation Agrarprodukte:Kapital und Agrarprodukte:Betriebsmittel zeigt sich im Ländervergleich eine divergierende Entwicklung. In Japan wandelten sich die Austauschverhältnisse jeweils zugunsten, in der Bundesrepublik jeweils zuungunsten der Agrarprodukte.

9. In der Bundesrepublik war der Realeinkommensanstieg je Arbeitseinheit ausschließlich der gesteigerten arbeitsbezogenen Flächenintensität, d.h. der verbesserten Land-Man-Ratio, zuzuschreiben, und diese mußte zudem noch den Rückgang des flächenbezogenen Realeinkommens kompensieren. In Japan trug die Verbesserung der Land-Man-Ratio nur zu etwa 60 v.H. zum arbeitsbezogenen Realeinkommenszuwachs bei, der andere Teil war folglich auf das gestiegene Realeinkommen je Flächeneinheit zurückzuführen. Die Steigerung des Realeinkommens je Flächeneinheit bzw. der Agrareinkommen allgemein war nicht zu einem unwesentlichen Teil der vergleichsweise günstigen Entwicklung der landwirtschaftlichen Terms of Trade zuzuschreiben. Die positive Entwicklung der Austauschverhältnisse ihrerseits hatte ihre Begründung einerseits in der vergleichsweise aktiven japanischen Agrarpreispolitik und den demzufolge vergleichsweise kräftig gestiegenen Agrarpreisen sowie andererseits in der vergleichsweise gemäßigten Entwicklung der realen Betriebsmittelpreise.

10. Japan besitzt im Vergleich zur Bundesrepublik eine geringe Flächenausstattung je Betrieb: 1980 betrug die durchschnittliche Betriebsgröße 1,17 ha, in der Bundesrepublik 15,27 ha. Die Zahl der Arbeitseinheiten je Betrieb verminderte sich jedoch in beiden Agrarwirtschaften in ähnlichem Umfang.

11. Der sektorale Kapitalbesatz je Betrieb lag in der Bundesrepublik über die gesamte Betrachtungsperiode hinweg um ein Mehrfaches oberhalb der japanischen Vergleichsgröße. Der Mechanisierungsprozeß bzw. der Übergang zu kapitalintensiveren Produktionsverfahren beschleunigte sich in Japan im Vergleich zu Bundesrepublik. Jedoch ist bezüglich Japans das vergleichsweise niedrigere Ausgangsniveau zu beachten.

12. Der landwirtschaftliche Hofaufgabeprozeß und folglich auch der Betriebsgrößenstrukturwandel vollzogen sich in der Bundesrepublik rascher (mehr als doppelt so schnell). Die Betriebsaufgabe trug in Japan somit ungleich weniger zur Bodenmobilität bei als in der Bundesrepublik.

13. Betriebe mit (ausschließlich) Eigenland gewannen in Japan anteilsmäßig ziemlich kräftig zuungunsten der Betriebe mit (ausschließlich) Pachtland sowie insbesondere der Betriebe mit Pacht- und Eigenland hinzu, während in der Bundesrepublik die Entwicklung konträr verlief, d.h., der Anteil der Betriebe mit (ausschließlich) Eigenland ging zugunsten des Anteils der Betriebe mit Pacht- und Eigenland zurück. Bei den Betrieben mit (ausschließlich) Pachtland stellte sich bis zu Beginn der 70er Jahre zunächst ein Anstieg, danach jedoch ein Rückgang des Anteilsniveaus ein. Bezüglich der Entwicklung in Japan ist zu deuten, daß die Verpachtung im Zeitablauf an relativer Bedeutung verloren hat. Dieses Ergebnis steht im Widerspruch zu den vielfältigen Bemühungen der japanischen Administration in den 60er und insbesondere 70er Jahre, die Verpachtung zu fördern. Die gebotenen Anreize reichten offensichtlich nicht aus, daß Mißtrauen gegenüber der Verpachtung abzubauen (die negative Erfahrung mit der Landreform, restriktive Bestimmungen hinsichtlich der Verpachtung im Gesetz über den landwirtschaftlichen Boden wirkten nach). In der Bundesrepublik bestand eine umgekehrte Situation wie in Japan: Hier gewann die Verpachtung absolut und relativ an Bedeutung hinzu. Die Begründung ist in dem vergleichsweise geringerem Pächterschutz zu suchen.

14. In Japan verloren Vollerwerb und Zuerwerb in der Langfristbetrachtung zugunsten des Nebenerwerbs an relativem Gewicht. In der Bundesrepublik gewannen Vollerwerb und Nebenerwerb gegenüber dem Zuerwerb langfristig an relativer Bedeutung. Läßt man die statistischen Mängel der Vergleichbarkeit außer acht, so ist vorsichtig zu deuten, daß der Nebenerwerb in Japan eine größere Bedeutung besitzt als in der

Bundesrepublik. Als Begründung kann die unzureichende Einkommenskapazität der Mehrzahl der Betriebe angeführt werden.

15. In beiden Agrarwirtschaften ging der Anteil der mithelfenden Familienangehörigen sowie der Lohn- und Gehaltsempfänger zugunsten des Anteils der Selbständigen zurück. Jedoch hat sich bei der Kategorie Lohn- und Gehaltsempfänger eine Umkehr des längerfristigen Trends vollzogen. In beiden Agrarwirtschaften dominiert die Familienarbeitsverfassung, mit fortschreitender Entwicklung gewinnt jedoch offensichtlich die Lohnarbeitsverfassung wieder an relativer Bedeutsamkeit hinzu.

16. Die Zahl der ständigen Arbeitskräfte ist in beiden Agrarwirtschaften kontinuierlich sowohl absolut als auch anteilig (relativ) zurückgegangen. Die Zahl der nichtständigen Arbeitskräfte stieg in Japan absolut als auch anteilsbezogen, in der Bundesrepublik hingegen nur anteilsbezogen an. In beiden Agrarwirtschaften gewann somit die Teilzeitbeschäftigung an relativer Bedeutung.

17. In beiden Agrarsektoren ist eine absolute und relative Bedeutungszunahme der außerlandwirtschaftlichen Einkünfte zu beobachten. Dieses Ergebnis stützt die These, daß die Teilzeitbeschäftigung längerfristig an Bedeutsamkeit hinzugewonnen hat.

Als nächstes erfolgt eine zusammenfassende Betrachtung über die zentralen Zielsetzungen und Maßnahmen der Agrarpolitik.

1. Die wichtigsten agrarpolitischen Zielsetzungen der frühen Nachkriegszeit waren in beiden Ländern die "Sicherung und Verbesserung der Nahrungsmittelversorgung" und das gesellschaftspolitisch motivierten Ziel "Demokratisierung". Zudem bestand das Bestreben, die Nahrungsgüterpreise möglichst niedrig zu halten.

2. Die in Verbindung mit dem Ausbruch des Korea-Krieges (1951) entstehende Preishausse veranlaßte die Agrarpolitiker

in beiden Ländern, eine Preisstützungspolitik einzuleiten, um Anreize für die Steigerung der nationalen Agrarproduktion zu schaffen. Es fiel somit die Entscheidung für eine protektionistische anstatt für eine stärker "freihändlerische" Agrarpolitik, und es rückten zunehmend einkommenspolitische Zielsetzungen in den Vordergrund.

3. Im Bereich der Agrarstrukturpolitik wurden in beiden Agrarwirtschaften in den 50er Jahren diverse Flurbereinigungs- bzw. Landverbesserungsmaßnahmen eingeleitet bzw. fortgeführt. In der Sparte der Agrarsozialpolitik erfolgte in der Bundesrepublik in 1957 die Einführung einer landwirtschaftlichen Altersrente.

4. Im Rahmen der Markt- und Preispolitik wurden in der Bundesrepublik in der 50er Dekade Marktordnungen für die zentralen Agrarprodukte geschaffen und verschiedene Faktor- und Produktsubventionen eingeführt. In Japan wurden bereits in der Kriegszeit eingeleitete Markt- und Preisregulierungen beibehalten bzw. umgestaltet, so daß sie als Preisstützungsinstrumente verwendet werden konnten.

5. Eine Kodifizierung wichtiger agrarpolitischer Zielsetzungen wurde in beiden Ländern in besonderen Landwirtschaftsgesetzen, für die Bundesrepublik zusätzlich im EWG-Vertrag vorgenommen.

6. In Verbindung mit dem überdurchschnittlichen Wirtschaftswachstum der 50er und - vor allem in Japan - während der 60er Jahre wuchs das Problem der landwirtschaftlichen Einkommensdisparität, und es verstärkte sich die Forderung der landwirtschaftlichen Interessenvertretung, das Preisstützungsniveau anzuheben.

7. Diese Forderung stand im Widerspruch zu den seitens verschiedener Vertreter der Agrarpolitik geäußerter Empfehlungen, das Einkommen über eine Forcierung des landwirtschaftlichen Strukturwandels, d.h. insbesondere der Erhöhung der Abwanderung landwirtschaftlicher Arbeitskräfte, zu steigern.

8. In Japan hatte die landwirtschaftliche Interessenvertretung mit ihrer Forderung insofern Erfolg, als im Jahre 1960 die Produktionskosten- und Einkommensausgleichsrechnung bei Reis eingeführt wurde, welche eine Steigerung des Reispreises u.a. in Abhängigkeit vom Zuwachs der Industriearbeiterlöhne beinhaltet. Da die Industriearbeiterlöhne in den 60ern überproportional anstiegen, stieg auch der Reispreis kräftig an.

9. In der Bundesrepublik war der Weg einer stärkeren Agrarpreisstützung wegen der EWG-Mitgliedschaft nicht gangbar. Stattdessen mußte beim Getreide in Verbindung mit dem Übergang zur gemeinsamen EWG-Agrarpreispolitik sogar eine nominale Einbuße von 10% hingenommen werden. Als Ausgleich wurden den Landwirten direkte flächengebundene Beihilfen gezahlt.

10. Im Bereich der Agrarstrukturpolitik wurden in beiden Ländern verschiedene Programme zur langfristigen Strukturanpassung eingeleitet.

11. In den 70er Jahren gewann in Japan in Verbindung mit der sogenannten "Welternährungskrise" vor Mitte des Jahrzehnts die Zielsetzung "Versorgungssicherung" weiter an Priorität hinzu. Für die Bundesrepublik traf dieses nicht zu.

12. Für Japan äußerte sich die stärkere Betonung der Versorgungssicherung darin, daß in Verbindung mit den Maßnahmen zur Diversifizierung der Reisproduktion das Schwergewicht der staatlichen Förderungen auf Produkte mit niedrigem Selbstversorgungsgrad gelegt wurde.

13. In der Bundesrepublik lag das Schwergewicht der agrarmarktpolitischen Maßnahmen in den 70ern insbesondere im Bereich der Milchproduktion (Abschlachtprämien, Mitverantwortungsabgabe etc.).

14. Im Bereich der Agrarstruktur- und Agrarsozialpolitik wurden in Japan zu Beginn der 70er Jahre eine Land-

abgaberente und eine landwirtschaftlichen Altersrente eingeführt. In der Bundesrepublik erfolgte die Einführung des Einzelbetrieblichen Förderungsprogramms sowie eine Verbesserung verschiedener Maßnahmen zur sozialen Sicherung.

Im nächsten zusammenfassenden Abschnitt wird die längerfristige Entwicklung des Volumens und der Struktur der finanzpolitischen Agrarförderung sowie die längerfristige Entwicklung der preispolitischen Agrarförderung dargestellt.

1. Die 50er Jahre außer acht lassend, hat sich das Volumen der finanzpolitischen Agrarförderung in Japan in stärkerem Maße erhöht als in der Bundesrepublik. Zurückzuführen war dieses vor allem auf die starke Zunahme der Reispreisstützung in den 60er Jahren. Setzt man das Jahr 1960 gleich 1, so erhöhte sich die Agrarförderung in Japan bis 1979 auf nahezu das 7fache, in der Bundesrepublik bis zum gleichen Zeitpunkt nur auf das 1,6fache.

2. Bei der Struktur der finanzpolitischen Agrarförderung ist für beide Länder kein einheitliches Entwicklungsbild erkennbar. Als Gemeinsamkeit erweist sich jedoch, daß der einkommenspolitischen Agrarförderung vom Anteilsniveau her tendenziell die größte Bedeutung zufällt. Als zweitgrößte Ausgabensparte folgt der strukturpolitische und als drittgrößter Ausgabenposten schließlich der als "sonstige Förderungsmaßnahmen" definierte Bereich.

3. Der Vergleich zentraler produktspezifischer nominaler Protektionsraten läßt für beide Länder erkennen, daß die preispolitische Agrarförderung, also das Protektionsniveau, in Japan höher ausfällt als in der Bundesrepublik, daß es bis 1970 anstieg und daß es danach (1975) rückläufig war, um in der Anschlußphase - dies betraf vor allem Japan - jedoch wieder anzusteigen. Legt man der nominalen Protektionsrate statt einzelner Agrarprodukte einen gewichteten Warenkorb von Agrarprodukten zugrunde, so bestätigt sich für Japan das höhere nominale Protektionsniveau. Allerdings ist in diesem Fall für dieses Land im Gegensatz zur Bundesrepublik zur

Mitte des Jahrzehnts kein Rückgang der Protektionsrate zu beobachten.

Im folgenden soll zusammenfassend auf die mittelfristigen Entwicklungsverläufe in der Agrarwirtschaft und in der Agrarpolitik Japans und der Bundesrepublik eingegangen werden. Es wird mit der frühen Nachkriegsperiode (1945-1950) begonnen.

1. Die gesamt- und agrarwirtschaftliche Ausgangslage in der unmittelbaren Nachkriegszeit war dadurch zu charakterisieren, daß im landwirtschaftlichen Beschäftigungsbereich zusätzlich Arbeitskräfte aufgenommen werden mußten . Im landwirtschaftlichen Produktionsbereich war die Nachkriegsdepression deutlich erkennbar. Im Außenhandelsbereich war eine Zunahme der Ernährungsgüterimporte zu verzeichnen. Wegen Devisenknappheit bestand das Erfordernis, die heimische Agrarproduktion zu forcieren (Importsubstitution). Im Währungsbereich bestanden in beiden Ländern - und hier vor allem in Japan - inflationäre Tendenzen.

2. Die sektorspezifische Ausgangslage war durch einen Rückgang der Bruttobodenproduktion zu kennzeichnen. Dieser wiederum war zurückzuführen auf die Knappheit an Vorleistungsgütern und Kapital. Der Faktor Arbeit hingegen war reichlich vorhanden. Bei der Zahl landwirtschaftlicher Betriebe war in Japan als Folge der Bodenreform eine Zunahme zu verzeichnen. In der Bundesrepublik blieb die Zahl landwirtschaftlicher Betriebe nahezu unverändert. Die ohnehin niedrige durchschnittliche Betriebsgröße erfuhr in Japan eine Abnahme. In der Bundesrepublik blieb sie unverändert. Die Struktur der Agrarproduktion wandelte sich in beiden Agrarwirtschaften zugunsten der pflanzlichen Produkte.

3. Die wirtschafts- und agrarpolitische Ausgangslage stand im Zeichen des kriegsfolgebedingten Rückgangs vor allem der Industrie- und Agrarproduktion. Es bestanden im Agrarsektor Produktions- und Versorgungsengpässe, und es mußten die während des Krieges eingeleiteten Maßnahmen zur Zwangsbewirt-

schaftung sowie die Festpreisysteme beibehalten werden. Die staatlichen Kontrollen vermochten jedoch Schwarzmarkt- und Kompensationsgeschäfte nicht zu unterbinden. Neben dem Produktionsziel (Wiederankurbelung der Produktion, Verbesserung der Versorgungssicherung, Importsubstitution) bestanden das Demokratisierungsziel (es forderte die Neuordnung der Wirtschaft etc.), das Beschäftigungsziel (Aufnahme zusätzlicher Arbeitskräfte seitens der Landwirtschaft) und das "Transferziel" (Kapital- und Finanztransfers aus dem Agrarsektor in die übrigen Sektoren).

4. Die Landreform in Japan bewirkte inbesondere eine Änderung der Besitzverhältnisse: Die früheren Pächter wurden Eigentümer der Wirtschaftsflächen. Darüber hinaus wurde jedoch auch eine Reihe neuer Betriebe geschaffen. In der Bundesrepublik wurde eine Bodenreform im eigentlichen Sinne nicht durchgeführt. Stattdessen wurden verschiedene siedlungspolitische Maßnahmen vorgenommen.

Als nächstes werden die Aufbaujahre (1950-1960) behandelt.

1. Die gesamt- und agrarwirtschaftlichen Indikatoren indizieren für die Aufbaujahre, daß der in der unmittelbaren Nachkriegsperiode beobachtete starke Zuwachs der Wohnbevölkerung sich abschwächte. Der Anteil der Landwirtschaft an den Erwerbstätigen insgesamt begann sich zu vermindern. Das gleiche betraf auch den Anteil an der gesamtwirtschaftlichen Produktion und den gesamtwirtschaftlichen Einkommen. Die Anteile lagen deutlich unterhalb des Anteils der landwirtschaftlich Erwerbstätigen. Es zeigt sich hierin die Produktivitätslücke sowie die Einkommensdisparität. Die gesamtwirtschaftliche Produktion war durch hohe Zuwachsraten zu kennzeichnen: Japan 9 v.H., Bundesrepublik 8 v.H. Die Phase des Koreabooms ausgenommen, bestand in beiden Ländern eine relativ hohe Preisniveaustabilität.

2. Für die Aufbaujahre kennzeichnen die agrarwirtschaftlichen Indikatoren u.a. die Verlagerung des Faktoreinsatzes vom Faktor Arbeit und - in abgeschwächterem Maße - vom

Faktor Boden auf den Faktor Kapital, d.h., die bodenbezogene Arbeitsintensität verminderte sich und die boden- und arbeitsbezogene Kapitalintensität erhöhten sich. Die Bruttoproduktion der Landwirtschaft wuchs in beiden Ländern um 4,2 (Japan) und 3,7 v.H. (Bundesrepublik). Die Produktivitätsentwicklung verlief zunächst bei allen Faktoren positiv, zum Ende der 50er Jahre beim Faktor Kapital negativ. (Der Kapitaleinsatz stieg schneller als die Produktion.)

3. Innerhalb der Hauptzielsetzungen und Maßnahmen der Agrarpolitik der Aufbaujahre standen preis- und einkommenspolitische Zielsetzungen und Maßnahmen zunehmend im Vordergrund. Dieses beinhaltete die Schaffung von Marktordnungssystemen o.ä. Es fiel somit die Entscheidung für den Interventionismus statt für den freien Markt. In Japan erfolgte die Einführung einer Indexautomatik (Paritätsindex) für die Preise von Getreide und Reis. Darüber hinaus wurden in beiden Ländern Maßnahmen zur Verminderung der Steuer- und Abgabenlast der Landwirte vorgenommen. In der Bundesrepublik wurden zudem Faktorsubventionen für Dieselöl und Dünger sowie Produktsubventionen für Milch und Eier eingeführt. Im Bereich der strukturpolitischen Maßnahmen wurden in beiden Agrarwirtschaften vor allem die Flurbereinigung oder ähnliche Maßnahmen sowie die einzelbetriebliche Förderung forciert. Auf legislativer Ebene erfolgte in Japan die Verabschiedung des Gesetzes über den landwirtschaftlichen Boden (1952) (es entfaltete bodenmobilitätshemmende Wirkungen), in der Bundesrepublik die Verabschiedung des Landpachtgesetzes (1952) (ihm werden bodenmobilitätsfördernde Wirkungen zugeschrieben). Im agrarsozialen Bereich wurde in der Bundesrepublik in 1957 das Gesetz über eine Altershilfe für Landwirte verabschiedet.

4. In beiden Ländern erfolgte Mitte der 50er (Bundesrepublik) bzw. zu Anfang der 60er Jahre (Japan) die Inkraftsetzung eines Landwirtschaftsgesetzes. In ihm wurde die Kodifizierung wesentlicher agrarpolitischer Zielsetzungen vorgenommen. Beiden Gesetzen ist gemeinsam, daß sie sehr

allgemein formuliert sind und somit jede gesellschaftliche Gruppe spezifische Forderungen aus ihnen ableiten kann.

Als nächstes wird auf die Periode der Vollbeschäfigung (1960-1970) eingegangen.

1. In der Periode der Vollbeschäftigung bestand ein gemäßigtes Wachstum der Wohnbevölkerung. Im Zuge des gesamtwirtschaftlichen Strukturwandels gingen die Anteile der Landwirtschaft an den Erwerbstätigen insgesamt, an der gesamtwirtschaftlichen Produktion und den gesamtwirtschaftlichen Einkommen weiter zurück. Es bestand ein hohes Wachstum des realen Bruttosozialprodukts je Kopf. Die Produktivitäts- und Einkommenslücke zwischen Gesamt- und Agrarwirtschaft blieb bestehen. Für die Bundesrepublik vermochte die Produktivitätslücke etwas geschlossen zu werden. Der Verbraucherpreisindex sowie der BIP-Deflator kennzeichneten für Japan einen erheblichen Preisauftrieb. Im Agrarbereich bestanden sogar noch stärkere Preisauftriebstendenzen. In der Bundesrepublik war demgegenüber ein vergleichsweise stabileres Preisniveau anzutreffen. Die Austauschverhältnisse entwickelten sich in Japan zugunsten, in der Bundesrepublik zuungunsten des Agrarsektors.

2. Beim Faktoreinsatz und den Faktorintensitäten setzte sich in der Priode der Vollbeschäftigung das Entwicklungsbild der Vordekade fort. Bei den partiellen Bruttoproduktivitäten stiegen die Arbeits- und Boden produktivität weiter an, während die Kapitalproduktivität rückläufig war. Ferner konnte in beiden Ländern - und hier vor allem in der Bundesrepublik - eine Beschleunigung des betrieblichen Strukturwandels beobachtet werden.

3. Am Beginn der Periode der Vollbeschäftigung stand in Japan die weiter oben erwähnte Verabschiedung eines Landwirtschaftsgesetzes ("landwirtschaftliches Grundgesetz") (1961). Dem Gesetz zufolge sollte die selektive Produktionsförderung zukünftig einen zentralen Schwerpunkt bilden. In der Reali-

tät wurde jedoch aus Angst vor einem Rückgang des Selbstversorgungsgrades bei Reis Schwergewicht auf die Förderung der Reisproduktion gelegt. Die ebenfalls zu Beginn des Jahrzehnts (1960) eingeführte Produktionskosten- und Einkommensausgleichrechnung als Basis für die Fixierung des Reispreises führte zu einem überproportionalen Preisanstieg. Die mit dem landwirtschaftlichen "Grundgesetz" eigentlich beabsichtigte stärkere Betonung der Strukturpolitik wurde zugunsten einer aktiven Preispolitik beim Reis geopfert. In der zweiten Hälfte der 60er Jahre stellten sich beim Reis wachsende Überschüsse ein. Wegen der mit ihnen verbundenen immensen Kosten war die japanische Administration gezwungen, eine vorsichtigere Reispreispolitik zu betreiben und Maßnahmen zur Eindämmung der Überschußproduktion einzuleiten. Durch eine Änderung des Gesetzes über den landwirtschaftlichen Boden versuchte die japanische Regierung, die Bodenmobilität zu erhöhen: So durften beispielsweise landwirtschaftliche Genossenschaften o.ä. Zusammenschlüsse als Landerwerber auftreten und unter bestimmten Bedingungen durften die Flächenbesitzhöchstgrenzen, welche im Gesetz über den landwirtschaftlichen Boden festgelegt sind, überschritten werden. Zur Erhöhung der Arbeitsmobilität wurden in Japan die regionale Wirtschaftsförderung verstärkt, die Industrieansiedlung im ländlichen Raum gefördert sowie Maßnahmen zur Erhöhung der Mobilität von Familienangehörigen (Umschulung, Mobilitätshilfen) ergriffen.

4. Zentrales Moment der Agrarpolitik der Bundesrepublik bildeten in den 60er Jahren die Maßnahmen zur Angleichung der nationalen Marktordnungen an die Bedingungen des Gemeinsamen Marktes. In diesen Rahmen mit einzuordnen ist das EWG-Anpassungsgesetz. Es schuf einen Ausgleich für Einkommensminderungen aus einer nominalen Getreidepreissenkung. Durch direkte flächenbezogene Beihilfen sollte die Leistungsfähigkeit der bundesdeutschen Landwirtschaft gegenüber dem verschärften Wettbewerb in der EWG gesteigert werden. Die Endphase der 60er Dekade stand im Zeichen wachsender struktureller Überschüsse bei zentralen Agrarprodukten (v.a. Milch). In diese Phase fallen diverse Vorschläge für eine

Reform der EWG-Agrarpolitik (Höcherl-, Schiller- und Mansholt-Plan). Im Bereich der einzelbetrieblichen Investitionsförderung wurden strengere Maßstäbe an die Mittelvergabe gestellt. Als neue Mittel der Strukturförderung wurden die Landabgaberente, die Verpachtungsprämie und die Freistellung von den Kosten der Flurbereinigung bei langfristiger Verpachtung eingeführt. Darüber hinaus wurden die Agrarsozialleistungen verbessert.

Abschließend erfolgt eine zusammenfassende Betrachtung über die Periode des abgeschwächten Wirtschaftswachstums (1970-1980).

1. In der Periode des rückläufigen Wachstums kam es bei der Wohnbevölkerung Japans zu einer zeitweiligen Beschleunigung des Wachstumstempos, in der Bundesrepublik hingegen zeigten sich erstmalig negative Wachstumraten. Der langfristige relative Bedeutungsverlust des Agrarsektors (Produktion, Einkommen, Beschäftigte) setzte sich fort. Beim Wachstum des realen gesamtwirtschaftlichen Bruttoinlandsprodukts sowie des realen Bruttosozialprodukts je Kopf bestanden abgeschwächte Steigerungsraten. Das reale agrarwirtschaftliche Bruttoinlandsprodukt je Erwerbstätigen (Arbeitsproduktivität) wuchs in der Bundesrepublik fortgesetzt schneller als das gesamtwirtschaftliche Äquivalent. Auch in Japan wuchs die agrarsektorale Arbeitsproduktivität erstmalig seit den 50er Jahren wieder schneller als die gesamtwirtschaftliche Arbeitsproduktivität. Die landwirtschaftlichen Terms of Trade (sektoraler:gesamtwirtschaftlicher BIP-Deflator) blieben in Japan nahezu unverändert, in der Bundesrepublik verschlechterten sie sich.

2. Die längerfristigen Substitutionsprozesse der eingesetzten Faktoren fanden in den 70er Jahren eine Fortführung. Das gleiche galt auch für die Entwicklung der Faktorproduktivitäten. Der Betriebsaufgabeprozeß vollzog sich in der Bundesrepublik doppelt so schnell wie in Japan.

3. Die Agrarpolitik Japans stand in der Periode des abgeschwächten Wirtschaftswachstums im Zeichen vielfältiger Bemühungen, den Reisanbau zugunsten bestimmter Alternativfrüchte mit niedrigem Selbstversorgungsgrad zu diversifizieren. Für Landwirte, die hauptberuflich Alternativprodukte (v.a. Weizen, Gerste und Sojabohnen anbauen, wurden Betriebsführungsbeihilfen eingeführt. Zur Erhöhung der Bodenmobilität wurden u.a. Programme konzipiert, die den gemeinsamen Anbau von Alternativfrüchten fördern. Des weiteren erfolgte die Einführung einer Landabgaberente. Zur Verbesserung der sozialen Situation wurde eine landwirtschaftliche Altersrente eingeführt. Darüber hinaus bestanden vielfältige legislative Aktivitäten im umweltpolitischen Bereich.

4. In der Bundesrepublik lag das Schwergewicht der agrarpolitischen Maßnahmen beim Überschußprodukt Milch. Darüber hinaus stand die Agrarpolitik im Zeichen von Maßnahmen, die die Schaffung der Gemeinsamen EG-Agrarfinanzierung sowie währungspolitische und Grenzausgleichsmaßnahmen betrafen. Im Rahmen direkter einkommenspolitischer Maßnahmen erfolgte die Einführung befristeter Liquiditätshilfen wegen der DM-Aufwertung, die Einführung des Bergbauernprogramms sowie die Einführung eines Einkommensausgleichs über die Mehrwertsteuer für den Abbau des Grenzausgleichs. Im Bereich der einzelbetrieblichen Investitionsförderung wurde ein einzelbetriebliches Förderungsprogramm (EFP) eingeführt. Das ursprünglich nur für entwicklungsfähige Betriebe konzipierte Programm wurde jedoch durch Änderungen des Programms sowie durch neuhinzutretende Programme zunehmend "verwässert". Darüber hinaus erfolgten verschiedene gesetzgeberische Maßnahmen auf dem Gebiet der Umweltschutzpolitik.

5. Welche Lehren können aus dem Ländervergleich von Agrarwirtschaft und Agrarpolitik gezogen werden?

Trotz der enormen Unterschiede in den Faktorausstattungen (Man-Land-Ratio, Kapitalausstattung je Hektar oder je Arbeitskraft, durchschnittliche Betriebsgröße etc.) zeigen sich im Vergleich zwischen beiden Ländern in bezug auf die Agrarwirtschaftsentwicklung und die Agrarpolitik große Ähnlichkeiten.

Dies gilt zum einen hinsichtlich der historischen Entscheidung für den Agrarprotektionismus zu Beginn der 50er Jahre und zum andern hinsichtlich der sukzessiven Ausweitung der Agrargüter, die durch Marktordnungen o.ä. geregelt werden.

Wie die Analyse der längerfristigen Entwicklung gezeigt hat, stieg die Protektion in Japan rascher an als in der Bundesrepublik. Dies betraf vor allem die 60er Jahre. Diese Phase war insbesondere in Japan durch ein ausgeprägtes gesamtwirtschaftliches Wachstum zu kennzeichnen. Die mit dem Wirtschaftswachstum einhergehende Prosperität, u.a. deutlich werdend an den gefüllten Staatskassen, begünstigte zweifellos eine großzügige Agrarpreispolitik (vor allem beim Hauptprodukt Reis). In der Bundesrepublik stieg die Protektion weniger rasch als in Japan. Dies erklärt sich zu einem großen Teil aus der EG-Mitgliedschaft. Ohne letztere wären die Agrarpreiszuwächse sicherlich höher ausgefallen, und folglich wäre auch das Protektionsniveau stärker angewachsen.

Die Agrarpreisstützung und die anderen marktregulierenden Maßnahmen führten in beiden Ländern zur Bildung von strukturellen Überschüssen bei zentralen Agrarprodukten, und die hieraus resultierenden Kosten dominierten in den Agrarhaushalten und beschnitten die Aufwendungen für andere dringende agrarpolitische Maßnahmen wie etwa im Bereich der Agrarstrukturpolitik.

Die hohen Marktordnungskosten u.ä. zwangen beide Länder, bei den Überschußprodukten eine restriktivere Preispolitik zu betreiben und/oder andere mengenbegrenzende Maßnahmen wie etwa die Kontingentierung einzuleiten und diverse Maßnahmen zur Überschußverwertung zu ergreifen. Doch all diese Maßnahmen bildeten nur ein Kurieren am Symptom. Sinnvoller wäre es gewesen, die Preise freizugeben und die Preisbildung Angebot und Nachfrage zu überlassen.

Eine solche Preisfreigabe scheiterte jedoch in beiden Ländern am starken Einfluß der landwirtschaftlichen Interessenvertretung, die in der Preispolitik immer noch das entscheidende Moment für die Einkommenspolitik sieht und anderen Formen der Einkommenspolitik wie etwa direkten Einkommensübertragungen ablehnend gegenübersteht.

Daß von einer vergleichsweise weniger aktiven Preispolitik günstige Wirkungen auf die Faktorallokation ausgehen, zeigt das Beispiel der Bundesrepublik: Während in der Bundesrepublik sich die Entwicklung der relativen Arbeitsproduktivität zugunsten des Agrarsektors vollzog, traf für Japan das Gegenteil zu. Insbesondere die Periode des überdurchschnittlichen Wirtschaftswachstums in den 60er Jahren hätte die Chance geboten, die Strukturanpassung in der Landwirtschaft, d.h. insbesondere die Abwanderung von landwirtschaftlichen Arbeitskräften, zu forcieren.

Die hohen Agrarpreisstützungen in Japan vor allem während der 60er Jahre haben kürzerfristig zweifellos positive Wirkungen auf die Agrareinkommen entfaltet. Für die längere Sicht trifft dieses als Folge der allokationshemmenden Wirkungen nicht zu.

Die Zielsetzung "paritätische Einkommen" wurde durch die Preisstützung nicht erreicht. Daß die japanischen Landwirte dennoch einkommensmäßig Anschluß an die gesamtwirtschaftliche Entwicklung fanden, war der starken Zunahme des Anteils der außerlandwirtschaftlichen Einkünfte am Familieneinkommen zuzuschreiben.

In beiden Agrarwirtschaften wurde die Palette der Marktordnungsprodukte sukzessive ausgeweitet, um den Landwirten alternative Produktionszweige zu den Überschußprodukten zu erschließen. Für Japan sind in diesem Zusammenhang die Reislanddiversifizierungsprogramme, für die Bundesrepublik insbesondere die Suche nach Agrarrohstoffen, die zur Energiegewinnung genutzt werden können, zu nennen.

LITERATURVERZEICHNIS

Abstract of Statistics on Agriculture, Forestry and Fisheries, verschd. Jhrg.

Agrarbericht, versch. Jhrg.

Agrarbericht (Materialband), verschd. Jhrg.

AMED, Z., Land Reforms in South-East Asia. New Delhi 1975.

ANDREWS, D., MITCHEL, M., WEBER, A., The Development of Agriculture in Germany and the UK: 3. Comparative Time Series 1870-1975. Ashford 1979;

BARING, A. und SASE, M. (Hrsg.), Zwei zaghafte Riesen. Deutschland und Japan seit 1945. Stuttgart-Zürich 1977.

BEHRENS, R., und HAEN, H. de, Vergleich der gesamten Produktion, des aggregierten Faktoreinsatzes und der Produktivität in der Landwirtschaft der EG-Länder 1963-1976 (Göttinger Schriften zur Agrarökonomie, H. 48). Göttingen 1980.

BEHRENS, R., Vergleichende Analyse der Entwicklung der Produktionsfaktoren in der Landwirtschaft der Europäischen Gemeinschaft. Diss. Göttingen 1981.

BELLERBY, J.R., Agriculture and Industry. Relative Income. London 1956.

Bericht über Maßnahmen der Bundesregierung (Grüner Plan), verschd. Jhrg.

BETHUSY-HUC, V. Gräfin v., Demokratie und Interessenpolitik. Wiesbaden 1962.

BLOCK, H.J., Analyse und Beurteilung der Investitionshilfen des Einzelbetrieblichen Förderungsprogramms für die Landwirtschaft. "Berichte über Landwirtschaft", Bd. 55 (1977), S. 214-232.

BMELF (Hrsg.), Arbeitsprogramm für die Agrarpolitik der Bundesregierung (Agrarprogramm) (Landwirtschaft - Angewandte Wissenschaft, H. 134). Hiltrup 1968.

DASSELBE (Hrsg.), Angebotssteuerung in der Landwirtschaft. Bericht der Organisation für Wirtschaftliche Zusammenarbeit und Entwicklung (OECD). Bonn 1974.

DASSELBE (Hrsg.), Agrarpolitik in der Bundesrepublik Deutschland. Berichte der Organisation für wirtschaftliche Zusammenarbeit (OECD). Bonn 1975.

DASSELBE (Hrsg.), Bodennutzungspolitik und Landwirtschaft. Bericht der Organisation für Wirtschaftliche Zusammenarbeit und Entwicklung (OECD). Bonn 1976.

DASSELBE (Hrsg.), Agrarbericht 1974-1976. Entwicklung der Agrarpolitiken der OECD-Länder. Berichte der Organisation für Wirtschaftliche Zusammenarbeit und Entwicklung (OECD). Bonn 1977.

DASSELBE (Hrsg.), Agrarpolitischer Jahresbericht 1978. Agrarpolitische Berichte der Organisation für Wirtschaftliche Zusammenarbeit und Entwicklung (OECD). Bonn 1979.

DASSELBE (Hrsg.), Die Landwirtschaft in Planung und Management peri-urbaner Gebiete, Bd. 1 (Bericht der Organisation für Wirtschaftliche Zusammenarbeit und Entwicklung: OECD). Bonn 1979.

DASSELBE (Hrsg.), Nebenerwerbslandwirtschaft in der Diskussion (Schriftenreihe des BMELF, Reihe A: Angewandte Wissenschaft, H. 264). Bonn 1982.

DASSELBE, Die Verbesserung der Agrarstruktur in der Bundesrepublik Deutschland, Bonn, verschd. Jhrg.

DASSELBE, Statistisches Jahrbuch über Ernährung, Landwirtschaft und Forsten der Bundesrepublik Deutschland, verschd. Jhrg.

BMW, Vorschläge zur Intensivierung und Koordinierung der regionalen Strukturpolitik. Arbeitspapier. Bonn, Sept. 1968.

BÖCKENHOFF, E., u.a. (Hrsg.), Landwirtschaft unter veränderten Rahmenbedingungen (Schriften der Gesellschaft für Wirtschafts- und Sozialwissenschaften e.V., Bd. 19). Münster-Hiltrup 1982.

BRAUN, J. v., Analyse und Projektion der Arbeitskräfte in der Landwirtschaft der Bundesrepublik Deutschland (Agrarwirtschaft, Sh. 77). Hannover 1979.

BRITTON, D.K., The Development of Agriculture in Germany and the UK: 4. A Comparison of Output, Structure and Productivity. Ashford 1981.

BRONNY, H.M., Struktur und Entwicklung der japanischen Landwirtschaft, "Zeitschrift für Agrargeographie", 4. Jhrg. (1986), S. 155-182.

BUCHHOLZ, H.E., Agrarmarkt: EWG-Marktordnungen. In: Handwörterbuch der Wirtschaftswissenschaften, 1. Bd., Tübingen u.a. 1977, S.87-106.

BUCHHOLZ, H.E., SCHMITT, G., and WÖHLKEN, E., (Hrsg.), Landwirtschaft und Markt. Arthur Hanau zum 80. Geburtstag. Hannover 1982.

Bundesministerium der Finanzen, Finanzbericht, verschd. Jhrg.

Bundestagsdrucksache VI/2710.

Bureau of Agricultural Economics (BAE), Japanese Agricultural Policies. Their Origins, Nature and Effects on Production and Trade (Policy Monograph No. 1). Canberra 1980.

CASSEL, D., GUTMANN, G., und THIEME, H.J.(Hrsg.), 25 Jahre Marktwirtschaft in der Bundesrepublik Deutschland. Konzeption und Wirklichkeit. Stuttgart 1972.

CASSEL, D. (Hrsg.), Wirtschaftspolitik im Systemvergleich. München 1984.

CASTLE, E.N., and HEMMI, K. with SKILLINGS, S.A., (Eds.), US-Japanese Agricultural Trade Relations. Washington 1982.

COYLE, W.T., Japan's Rice Policy. International Economics Division, Economics and Statistics Service, U.S. Department of Agriculture, Foreign Agricultural Economic Report No. 164. Washington, D.C., July 1981.

DAMS, Th., Agrarpolitik der "Großen Pläne", "Berichte über Landwirtschaft", Bd. 47 (1969), S. 223-240.

DAMS, Th., u.a. (Hrsg.), Agrarpolitik in der EWG. München 1968.

DAMS, Th.,und JOJIMA, K. (Hrsg.), Internationale Wirtschaftsbeziehungen. Japan - Europäische Gemeinschaften - Bundesrepublik Deutschland (Schriften zu Regional- und Verkehrsproblemen in Industrie- und Entwicklungsländern, Bd. 38), Berlin 1983, S. 190-206.

DAMS, Th., und MIZUNO, M. (Hrsg.), Entscheidungsprozesse auf mikro- und makroökonomischer Ebene, dargestellt an ausgewählten Beispielen in Japan und der Bundesrepublik Deutschland (Schriften zu Regional- und Verkehrsproblemen in Industrie- und Entwicklungsländern, Bd. 41). Berlin 1985.

DENISON, E.F., Why Growth Rates Differ. Postwar Experience in Nine Western Countries. Washinton, D.C. 1967.

DENISON, E.F., and CHUNG, W.K., Economic Growth and its Sources. In: PATRICK, H.,and ROSOVSKY, H. (Eds.), Asia's New Giant. How the Japanese Economy Works. Washington, D.C. 1976, 67-151 pp.

DENISON, E.F., and CHUNG, W.K, How Japan's Economy Grew so Fast. The Sources of Postwar Expansion. Washington, D.C. 1976.

Deutsches Institut für Wirtschaftsforschung (DIW), Daten zur Entwicklung des Produktionspotentials, des Einsatzes von Arbeitskräften und Anlagevermögen sowie der Einkommensverteilung in den Wirtschaftsbereichen der Bundesrepublik Deutschland, 1950-1975. Berlin 1977.

DIETZE, C. v., Grundzüge der Agrarpolitik. Hamburg und Berlin 1967.

DONNELLY, M.W., Setting the Price of Rice. A Study in Political Decision Making. In: T.J. PEMPEL, Policymaking in Contemporary Japan. Ithaca-London 1977, pp. 143-200.

DORE, R.P., Land Reform in Japan. London-New York-Toronto 1959 (1st Print), London 1984 (2nd Print).

DOVRING, F., The State of Agriculture in a Growing Population. In: Monthly Bulletin of Agricultural Econmics and Statistics, Vol. 8, No. 8/9, Rome 1959. Neu abgedruckt und übersetzt (von H. GERHARDT) unter dem Titel "Der landwirtschaftliche Anteil an einer wachsenden Bevölkerung". In: E. GERHARDT und P. KUHLMANN (Hrsg.), Agrarwirtschaft und Agrarpolitik (Neue Wissenschaftliche Bibliothek, Bd. 30), Köln und Berlin 1969, S. 346-366.

EBERSBACH, H., Das Grundstücksverkehrsrecht im Wandel der Agrarstrukturpolitik. "Berichte über Landwirtschaft", Bd. 49 (1971), S. 550-569.

EGAITSU, F., Japanese Agricultural Policy. In: CASTLE, E.N., HEMMI, K., SKILLINGS, S.A. (Eds.), 1982: U.S.-Japanese Agricultural Trade Relations. Tokyo 1982, pp. 148-181.

Einzelbetriebliches Förderungs- und soziales Ergänzungsprogramm für die Land- und Forstwirtschaft. "Agra-Europe", Nr. 44/1970.

ENDERS, U., Die Bodenreform in der amerikanischen Besatzungszone 1945-1949 unter besonderer Berücksichtigung Bayerns (Studien zur Wirtschafts- und Sozialgeschichte, Bd. 2). Ostfildern 1982.

ENGEL, E., und FENDT, F. (Hrsg.), Agrarpolitik im Rahmen der drei großen Reformprogramme . Höcherl-Schiller-Mansholt. Informationsdienst der Sparkassen und Girozentralen. Stuttgart 1969.

ERNST, A., Arbeitslosigkeit und Unterbeschäftigung in Japan. In: Mitteilungen aus der Arbeitsmarkt und Berufsforschung, 11. Jg. (1978), H. 1, S. 34-38.

DIESELBE, Beschäftigungsprobleme und Beschäftigungspolitik in Japan. In: Mitteilungen aus der Arbeitsmarkt- und Berufsforschung in Japan, 14. Jg. (1981), H.2, S. 81-98.

FAO (Ed.), International Agricultural Adjustment, A Case Study of Japan. Rome 1973.

DIESELBE, Production Yearbook, verschd. Jhrg.

FASTERDING, F., Berufliche Mobilität der Inhaber landwirtschaftlicher Betriebe und ihrer Familienangehörigen (Institut für Strukturforschung, FAL Braunschweig-Völkerode, Arbeitsbericht 83/6). Braunschweig, August 1983.

FEUERSTEIN, H., Bodenpreis und Bodenmarkt (Agrarwirtschaft, Sh 44), Hannover 1971.

FRANCKE, H.H., Notenbankpolitik und internationaler Handel: National differierende Strategien. Eine Fallstudie: Japan - Bundesrepublik Deutschland. In: DAMS, Th, und JOJIMA, K. (Hrsg.), Internationale Wirtschaftsbeziehungen. Japan - Europäische Gemeinschaften - Bundesrepublik Deutschland (Schriften zu Regional- und Verkehrsproblemen in Industrie- und Entwicklungsländern, Bd. 38), Berlin 1983, S. 170 - 189.

FUKUTAKE, F., Japanese Rural Society. Translated by R.P. DORE. Tokyo 1965.

GEBAUER, R.G., und SCHMITT, G., Anmerkungen zum Agrarbericht 1984 der Bundesregierung. "Agrarwirtschaft", Jg. 33 (1984), S. 97-104.

GEBAUER, R.H., Sozialökonomische Differenzierungsprozesse in der Landwirtschaft der Bundesrepublik Deutschland - Bestimmungsgründe und Konsequenzen. Diss. Göttingen (in Vorbereitung).

GEORGE, A.D., Japan's Agricultural Cooperatives (Nokyo) as a Pressure Group. Ph.D. Dissertation, Australian National University, Canberra 1980.

GERHARDT, E., und KUHLMANN, P. (Hrsg.), Agrarwirtschaft und Agrarpolitik (Neue Wissenschaftliche Bibliothek, Bd. 30), Köln und Berlin 1969.

GIESLER, H.-B. (Hrsg.), Die Wirtschaft Japans. Düsseldorf und Wien 1971.

GLASTETTER, W., PAULERT, R., und SPÖREL, U., Die wirtschaftliche Entwicklung in der Bundesrepublik Deutschland 1950-1980. Frankfurt 1983.

GUTH, E., Analyse des Marktes für landwirtschaftliche Arbeitskräfte (Agrarwirtschaft, Sh. 52). Hannover 1973

HAGEDORN, K., Agrarsozialpolitik in der Bundesrepublik Deutschland. Berlin 1982.

HAMM, U., Projektion der Agrarmärkte in der BR Deutschland für die 80er Jahre. (Agrarwirtschaft, Sh 97.) Hannover 1983.

HAMMER, U., Faktorallokation und Produktivitätsfortschritte als Erklärungskomponenten des Produktionswachstums in der Bundesrepublik Deutschland und in Japan während der Nachkriegszeit (Europäische Hochschulschriften Bd. 187, Reihe V, Volks- und Betriebswirtschaft), Frankfurt 1978.

HANAU, A., Probleme der Agrarpreispolitik. In: Vorträge zur Hochschultagung der Landwirtschaftlichen Fakultät der Christian-Albrechts-Universität zu Kiel, Heft 8, 1952, S. 9-26.

DERSELBE, Die Stellung der Landwirtschaft in der Sozialen Marktwirtschaft. "Agrarwirtschaft", Jg. 1958, H. 1, S. 1-15. Neu abgedruckt in: GERHARDT, E., und KUHLMANN, P. (Hrsg.), Agrarwirtschaft und Agrarpolitik (Neue Wissenschaftliche Bibliothek, Bd. 30), Köln und Berlin 1969, S. 70-95.

HARTWIG, K.W, Bundesrepublik Deutschland: Wirtschaftspolitik in der Sozialen Marktwirtschaft. In: CASSEL, D. (Hrsg.), Wirtschaftspolitik im Systemvergleich. München 1984, S. 179-195.

HAYAMI, Y., A Century of Agricultural Growth in Japan. Tokyo 1975.

HEIDHUES, Th., Voraussetzungen und Möglichkeiten einer Neuorientierung in der Agrarpolitik. In: HEIDHUES, Th. und SCHMITT, G., und Mitarbeiter, Zur Neuorientierung der Agrarpolitik. "Agrarwirtschaft", Sh. 33. Hannover 1969, S. 1-36.

HEIDHUES, Th., und SCHMITT, G., und Mitarbeiter, Zur Neuorientierung der Agrarpolitik. "Agrarwirtschaft", Sh. 33. Hannover 1969.

HERLEMANN, H.H., und STAMER, H., Produktionsgestaltung und Betriebsgröße in der Landwirtschaft unter dem Einfluß der wirtschaftlich-technischen Entwicklung (Kieler Studien, H. 44). Kiel 1958.

HEWES, L.I., Japan - Land and Men. An Account of the Japanese Land Reform Program 1945-51. Westport 1974 (Reprint).

HEYER, J., Währungsausgleich im Agrarbereich. "Agra-Europe", Nr. 18/1984 (30. April 1984), Länderberichte (Sonderbeilage).

HÖHN, G., Der Währungsausgleich in der EG. "Agra-Europe" Nr. 29/1983 (18. Juli 1983), Länderberichte (Sonderbeilage).

HONMA, M., and HAYAMI, Y., Structure of Agricultural Protectionism in Industrial Countries. "Journal of International Economics", Vol. 20 (1986), pp. 115-129.

HUSSMANN, K., Bevölkerung, Beschäftigungsstruktur und Arbeitsmarkt. In: GIESLER, H.-B. (Hrsg.), Die Wirtschaft Japans. Düsseldorf-Wien 1971, S. 104-126.

IIASA-Datenpool, Laxenburg 1981.

Japan Statistical Yearbook, verschd. Jhrg.

JOHNSTON, B.F., Agriculture and Economic Development: The Relevance of the Japanese Experience. In: Food Research Institute Studies, VI, No. 3 (1966), pp. 251-312.

DERSELBE, The Japanese "Model" of Agricultural Development. Its Relevance to Developing Nations. In: OHKAWA, K., JOHNSTON, B.F., and KANEDA, H., Agriculture and Economic Growth: Japan's Experience. Princeton-Tokyo 1970, S. 58-102.

KADA, R., Part-Time Family Farming. Off-Farm Employment and Farm Adjustments in the United States and Japan. Tokyo 1980.

KAJITA, M., Land Reform in Japan (Agriculture, Forestry and Fisheries Conference. Agricultural Development Series, No. 2). Tokyo 1965.

KANEDA, H.,Structural Change and Policy Response in Japanese Agriculture after the Land Reform. "Economic and Cultural Change", Vol. 28 (1979), No. 1, pp. 469-507.

KAWAMURUA, Y., Urbanization, Part-Time Farm Households and Community Agriculture: Japan's Experience after World War II. Cornell University, Ph. D. 1978.

KOBAYASHI, T., The Land Reform in Japan. Ph.D., Berkely 1970.

KÖHNE, M., Zum Stand der Einkommensbesteuerung der Landwirtschaft. "Agrarwirtschaft", 29. Jhrg. (1980), S. 1-5.

KÖTTER, H., SCHMITT,G., u.a., Auf dem Lande leben (Kohlhammer Taschenbücher, Bd. 1066). Stuttgart 1983.

KURODA, Y., The Present State of Agriculture in Japan. In: CASTLE, E.N., and HEMMI, K., with SKILLINGS, S.A., (Eds.), US-Japanese Agricultural Trade Relations. Washington 1982, pp. 91-147.

KOMMISSION DER EUROPÄISCHEN GEMEINSCHAFTEN, Memorandum zur Reform der Landwirtschaft in der Europäischen Wirtschaftsgemeinschaft, KOM (68) 1000, Teil A. Brüssel 1968.

KRAUS, W., Japan: Wirtschaftspolitik jenseits von Markt und Plan. In: CASSEL, D. (Hrsg.), Wirtschaftspolitik im Systemvergleich. München 1984, S. 247-262.

KROHN, H.B., Das Gleichgewicht auf den Agrarmärkten. "Agrarwirtschaft", Jg. 18 (1969), S. 53-63.

LEMPER, A. (Hrsg.), Japan in der Weltwirtschaft (Probleme der Weltwirtschaft, Studien, Bd. 17). München 1974.

MANEGOLD, D., Agrarpolitische Entwicklung in der EWG. "Agrarwirtschaft", Jg. 18 (1969), S. 378-385.

DERSELBE, Zusammenhänge zwischen Agrarpreisen, Erzeugereinkommen und Verbraucherausgaben unter den Bedingungen des gemeinsamen Marktes. In: BUCHHOLZ, H.E., SCHMITT, G., und Wöhlken, E. (Hrsg.), Landwirtschaft und Markt. Arthur Hanau zum 80. Geburtstag. Hannover 1982, S. 61-85.

MAGURA, W., Chronik der Agrarpolitik und Agrarwirtschaft in der Bundesrepublik Deutschland von 1945-1967 (Berichte über Landwirtschaft, N.F., Sh 185). Hamburg-Berlin 1970.

MATSUGI, T., Probleme der sozialen Sicherung in der japanischen Landwirtschaft. In: DAMS, Th., und JOJIMA, K., Aktuelle Probleme der Sozialpolitik in Japan und in der Bundesrepublik Deutschland. Berlin 1982, S. 163-177.

MEHLER, F., Ziel-Mittel-Konflikte als Problem der Wirtschaftspolitik. Ein Beitrag zur Theorie der Wirtschaftspolitik, exemplifiziert an der praktischen Agrarpolitik. Berlin 1970.

Memorandum des Deutschen Bauernverbandes zur agrarpolitischen Lage, "Deutsche Bauernkorrespondenz", Nr. 9 vom 21.2.1951.

METZDORF, H.J., Die Märkte für Milch und Fette. "Agrarwirtschaft", Jg. 18 (1969), 398-404.

Ministry of Agriculture, Forestry and Fisheries, Government of Japan, Outline of Japanese Agriculture. Tokyo 1980.

DASSELBE, Japan's Agricultural Review, verschd. Ausgaben.

Monthly Statistics of Agriculture, Forestry and Fisheries, verschd. Ausgaben.

NEANDER, E., Agrarstrukturwandlungen in der Bundesrepublik Deutschland. "Zeitschrift für Agrargeographie", 1. Jhrg. (1983), S. 201-238.

OECD, Agrarpolitik 1966. Deutsche Übersetzung vom Bundesministerium für Wirtschaft und dem Bundesministerium für Ernährung, Landwirtschaft und Forsten. Bonn 1968.

DIESELBE, Capital and Finance in Agriculture, Vol. II, Country Studies. Paris 1970. Country Study on Japan, pp. 40-43.

DIESELBE, Agricultural Policy in Japan. Paris 1974.

DIESELBE, Part-Time Farming. Germany, Japan, Norway, United States. Paris 1977.

DIESELBE, The Problems of Persistent Chemicals. Paris 1971.

DIESELBE, Food Policy. Country Notes on: Germany, Canada, Italy, Japan, Norway. Paris 1981.

DIESELBE, National Accounts, Paris, verschd. Ausgaben.

DIESELBE, Labour Force Statistics, verschd. Jhrg.

DIESELBE, Main Economic Indicators, verschd. Ausgaben.

DIESELBE, Review of Agricultural Policies in OECD-Countries, verschd. Ausgaben.

OEEC, Agrarpolitik in Europa und Nordamerika. Deutsche Übersetzung vom Bundesministerium für Wirtschaftliche Zusammenarbeit. Bonn 1956.

DIESELBE, Landwirtschaftliche Preis- und Einkommenspolitik in Europa und Nordamerika. Deutsche Übersetzung vom Bundesministerium für Wirtschaft in Zusammenarbeit mit dem Bundesministerium für Ernährung, Landwirtschaft und Forsten. Bonn 1958.

OGURA, T.(Ed.), Agricultural Development in Modern Japan. Japan FAO Association, Tokyo 1963.

DERSELBE, Agrarian Problems and Agricultural Policy in Japan (I.A.E.A., Occasional Papers Series No. 1). Tokyo 1967.

DERSELBE, Implications of Japan's Declining Food Self-Sufficiency Ratio. " The Developing Economies", Vol. 14 (1976), pp.417-448.

DERSELBE, Can Japanese Agriculture Survive? A Historical Approach. Tokyo 1979.

OJALA, E.M., Agriculture and Economic Progress. London 1952. 486.

OHKAWA, K., JOHNSTON, B.F., and KANEDA, H. (Eds.), Agriculture and Economic Growth: Japan's Experience. Princeton and Tokyo 1970.

OHKAWA, K., and SHINOHARA, M., with MEISSNER, L., Patterns of Japanese Economic Development. A Quantitative Appraisal. New Haven and London 1979.

o.V., Retrospect on and Documents of Land Reform in Japan. "The Developing Economies", Vol. 4 (1966), pp. 195-219.

OKOCHI, K., und TAMANOI, Y. (Hrsg.), Wirtschaft Japans (Wirtschaft und Gesellschaft Ostasiens, Bd. 1) Düsseldorf 1973.

OUCHI, T.. The Japanese Landreform. Its Efficacy and Limitations. "The Developing Economies", Vol. 4 (1966), pp. 129-150.

DERSELBE, Grundtendenzen der Agrarpolitik. In: OKOCHI, K., und TAMANOI, Y. (Hrsg.), Wirtschaft Japans (Wirtschaft und Gesellschaft Ostasiens, Bd. 1) Düsseldorf 1973, S. 95-120.

PATRICK, H., and ROSOVSKY, H., (Eds), Asia's New Giant. How the Japanese Economy Works. Washington, D.C., 1976.

PEMPEL, T.J., Policymaking in Contemporary Japan. Ithaca-London 1977.

PETERSEN, V., Die Finanzierung der gemeinsamen Agrarpolitik. Eine theoretische und empirische Analyse ihrer Grundlagen, Wirkungen und Alternativen (Agrarwirtschaft, Sh 102). Frankfurt 1985.

PLATE, R., und WOERMANN, E., Landwirtschaft im Strukturwandel der Volkswirtschaft (Agrarwirtschaft, Sh 14). Hannover 1962.

PLATE, R., Agrarmarktpolitik, Bd. 2.: Die Agrarmärkte Deutschlands und der EWG, München 1970.

POPPINGA, O., Bauernland in Junkerhand. Bodenreform in Hessen (Schriftenreihe des Fachbereichs Stadtplanung/Landschaftsplanung Gesamthochschule Kassel GhK, Bd. 5). Darmstadt 1983.

PÜTZ, TH., Grundlagen der theoretischen Wirtschaftspolitik. Stuttgart 1975.

PUVOGEL, C., Der Weg zum Landwirtschaftgesetz. Bonn, München, Wien 1957.

REINICKE, J., und NELLES, W., Agrarkreditprogramm und Einzelbetriebliches Förderungsprogramm. "Berichte über Landwirtschaft", Bd. 59 (1981), S. 195-200.

SAKAMOTO, K., Can Japanese Agriculture Be Revived? "Japanese Economic Studies", Vol. 4 (1976), pp. 68-89.

Sammelbericht Umweltschutz in Land- und Forstwirtschaft. Erster Teil: Naturhaushalt; Zweiter Teil: Pflanzliche Produktion; Dritter Teil: Tierische Produktion. "Berichte über Landwirtschaft", Sh. 50. Hamburg-Berlin 1972.

SATO, H. and SCHMITT, G., Political Management of Agriculture in Postwar Japan and the Federal Republic of Germany. Draft Paper, Sept. 1983.

SCHARRER, H.-E., HESSE, W., und KRÄGENAU, H., Japans Wirtschaftsentwicklung, Außenhandel und Wettbewerbsfähigkeit, Hamburg 1982.

SCHILLER, O., Eine neue Phase der japanischen Agrarpolitik. "Berichte über Landwirtschaft", Bd. 47 (1967), S. 197-208.

SCHMIDT, H., Das System der EWG-Marktordnungen. In: Th. DAMS u.a. (Hrsg.), Agrarpolitik in der EWG. München 1968,

SCHMIDT, P., Eine Theorie der Struktur und Dynamik der staatlichen Landwirtschaftsförderung. Diss. Göttingen 1976.

SCHMITT, G., Diskriminierung des landwirtschaftlichen Nebenerwerbs? "Innere Kolonisation", 17. Jhrg. (1968), S. 391-393.

DERSELBE, Landwirtschaft in der Marktwirtschaft. In: CASSEL, D., GUTMANN, G., und THIEME, H.J.(Hrsg.), 25 Jahre Marktwirtschaft in der Bundesrepublik Deutschland. Konzeption und Wirklichkeit. Stuttgart 1972, S. 329-350.

DERSELBE, The Relationship between Agricultural Policy, the Economy and Economic Policy on the National Level in Different Economic Systems at Varying Stages of Economic Development: Concepts, Frictions and Solutions: Western Industrialized Countries with Market Economic Systems (Working Paper No. 35 des Instituts für Agrarökonomie der Universität Göttingen). Göttingen 1976.

DERSELBE, Das Einzelbetriebliche Förderungsprogramm als strukturpolitische Maßnahme im Rahmen der deutschen und europäischen Agrar- und Wirtschaftspolitik. Referat, gehalten am 11.2.1977 in der Evangelischen Akademie Loccum.

DERSELBE, Veränderte Rahmenbedingungen und sozialökonomischer Strukturwandel in der Landwirtschaft. "Agrarwirtschaft", Jhrg. 31 (1982), S. 1 - 6.

DERSELBE, Der Strukturwandel der deutschen Landwirtschaft. In: KÖTTER, H., SCHMITT, G., u.a., Auf dem Lande leben (Kohlhammer Taschenbücher, Bd. 1066). Stuttgart 1983, S. 24-42.

DERSELBE, Vernachlässigte Aspekte der Anpassungsflexibilität der Landwirtschaft und ihre agrarpolitischen Implikationen. "Agrarwirtschaft", Jg. 32 (1983), S. 1-13.

DERSELBE, Zur Ermittlung der "sozialen Lage der in der Landwirtschaft tätigen Menschen" in den Agrarberichten der Bundesregierung. "Agrarwirtschaft", Jg. 33 (1984), S. 301-307.

DERSELBE, Die andere Dimension der fortschreitenden Integration der Landwirtschaft in eine wachsende Volkswirtschaft: Das Beispiel der Vereinigten Saaten. "Berichte über Landwirtschaft", Bd. 62 (1984), S. 13-39.

SCHMITT, G., und Mitarbeiter, Eine vergleichende Analyse der drei agrarpolitischen Programme von Höcherl, Schiller und Mansholt. In: HEIDHUES, Th. und SCHMITT, G., und Mitarbeiter, Zur Neuorientierung der Agrarpolitik. "Agrarwirtschaft", Sh. 33. Hannover 1969, S. 37-80.

SCHMITT, G., und TANGERMANN, S., Die zukünftige Rolle der Agrarpreispolitik der EG (Göttinger Schriften zur Agrarökonomie, H. 56). Göttingen 1983

DIESELBEN, Erkennen die europäischen Regierungschefs die Gefahr. Währungsausgleich wird Inflationsmaschine. "Frankfurter Allgemeine Zeitung" vom 17. März 1984, Nr. 66, S. 14.

SCHULTZ, Th.W., Agriculture in an Unstable Economy. New York and London 1945.

SHIMANO, T., Wirtschaftspolitik und wirtschaftlicher Aufstieg Japans und der Bundesrepublik. In: BARING, A. und SASE, M. (Hrsg.), Zwei zaghafte Riesen. Deutschland und Japan seit 1945. Stuttgart- Zürich 1977, S. 385-408.

STAMER, H., Landwirtschaftliche Marktlehre. Zweiter Teil. Hamburg-Berlin 1976.

Statistical Yearbook of Ministry of Agriculture, Forestry and Fisheries, verschd. Jhrg.

Statistische Bundesamt (Hrsg.), Wirtschaftskunde der Bundesrepublik Deutschland, Stuttgart-Köln 1955.

DASSELBE, Lange Reihen, 1950 bis 1984 (Volkswirtschaftliche Gesamtrechnungen, Fachserie 18, Reihe S. 7), Stuttgart-Mainz, Juli 1985.

DASSELBE, Fachserie 3, Reihe 2.1.6, Besitzverhältnisse, Grundstücksverkehr; fachliche Vorbildung der Betriebsleiter. Stuttgart-Mainz, verschd. Ausgaben.

DASSELBE, Lange Reihen zur Wirtschaftsentwicklung, Stuttgart-Mainz, verschd. Ausgaben.

Statistisches Jahrbuch für die Bundesrepublik Deutschland, verschd. Jhrg.

Statistisches Handbuch über Ernährung, Landwirtschaft und Forsten, Jhrg. 1956.

Statistisches Jahrbuch über Ernährung, Landwirtschaft und Forsten, verschd. Jhrg.

TANGERMANN, S., Landwirtschaft im Wirtschaftswachstum. Verlauf, Ursachen und agrarpolitische Beeinflussung des landwirtschaftlichen Anpassungsprozesses. Hannover 1975.

DERSELBE, Entwicklung von Produktion, Faktoreinsatz und Wertschöpfung in der deutschen Landwirtschaft seit 1950/51 (Working Paper No. 32 des Instituts für Agrarökonomie der Universität Göttingen). Göttingen 1976.

TAYAMA, T., Die Entwicklung des landwirtschaftlichen Bodenrechts in der japanischen Neuzeit (Schriftenreihe des Instituts für Landwirtschaftsrecht der Universität Göttingen, Bd. 19). Köln 1978.

TRITTEL, G.J., Die Bodenreform - ein Beitrag der Besatzungsmächte zur gesellschaftlichen Strukturreform Nachkriegsdeutschlands 1945-1949. "Zeitschrift für Agrargeschichte und Agrarsoziologie", 30. Jg. (1982), S. 28-47.

DERSELBE, "Siedlung" statt "Bodenreform". Die Erhaltung der Agrarbesitzstruktur in Westdeutschland (1948/49). "Zeitschrift für Agrargeschichte und Agrarsoziologie", 27. Jg. (1979), S. 181-207.

TSUCHIYA, K., Productivity and Technical Progress in Japanese Agriculture. Tokyo 1976.

WÄCHTER, H.-H., Die Preispolitik für landwirtschaftliche Erzeugnisse in der EWG. "Berichte über Landwirtschaft", Bd. 45 (1967), S. 521-570.

WEBER, A., Productivity Growth in German Agriculture 1850 to 1970. Staff Paper P73-1, Minnesota, Aug. 1973.

WEBER, H., Die Landwirtschaft in der volkswirtschaftlichen Entwicklung. Eine Betrachtung über Beschäftigung und Einkommen (Berichte über Landwirtschaft, Sh. 161). Hamburg und Berlin 1955.

WEINSCHENK, G., Agrarpolitik, II. Strukturpolitik. In: Handwörterbuch der Wirtschaftswissenschaften, 1. Bd., Tübingen u.a. 1977, S. 128-147.

WERSCNNITZKY, U., HERREN, F.R. und WENZ, A., Das Agrarkreditprogramm im Jahre 1979. "Berichte über Landwirtschaft", Bd. 59 (1981), S. 181-184.

WILHELMI/WINKLER, 1x1 der EG-Getreidemarktordnung. Einführung und sonstige Bestimmungen. Frankfurt/M. 1984.

YAMADA, S., Changes in Output and in Conventional and Nonconventional Inputs in Japanese Agriculture since 1880. "Food Research Institute Studies", Vol. VII, No. 3, 1967, Pg. 371-413.

DERSELBE, Country Study on Agricultural Productivity, Measurement and Analysis: 1945-1980. Draft Paper, Oct. 1984.

YAWATA, Y., Hintergründe, Instrumentarium und Daten der japanischen Außenhandelspolitik. In: LEMPER, A. (Hrsg.), Japan in der Weltwirtschaft (Probleme der Weltwirtschaft, Studien, Bd. 17). München 1974, S. 59-94.

ZEDDIES, J., und HENZE, A., Einkommenswirkung der Produktivitätsentwicklung (Schriftenreihe des BMELF, Reihe A: Angewandte Wissenschaft, H. 270). Münster-Hiltrup 1982.

ANHANG

Besonderer Quellenhinweis

Der Erstellung der Tabellen und Schaubilder im **Gliederungspunkt 2** (Langfristige gesamt- und agrarwirtschaftliche Entwicklungstendenzen (1950-1980)) liegen folgende Quellen zugrunde (die Tabellen bzw. Schaubilder wurden in den Quellenverweisen mit dem Vermerk "Siehe Anhangtabellen" gekennzeichnet):

Japan Statistical Yearbook, verschd. Jahrgänge (Tab.: 2, 3, 4, 5, 6, 7, 8, 9, 10, 11, 12 13, 15, 16, 17, 21, 22, 23, 24, 25, 26, 27, 28, 29, 30, 31, 32, 33, 35, 35a, 36, 37; Schaub.: 1, 2, 4, 6, 7, 8, 9, 10, 13, 14, 15, 16, 17, 19, 20, 21, 22, 23, 24, 25); Statistical Yearbook of Ministry of Agriculture, Forestry and Fisheries, verschd. Jahrgänge (Tab.: 18, 19, 21, 22, 25; Schaub.: 16, 17, 20); Abstract of Statistics on Agriculture, Forestry and Fisheries, verschd. Jahrgänge (Tab.: 18, 19, 20, 21, 22, 23, 24, 25, 26, 27, 35, 35a; Schaub.: 16, 17, 18, 19, 20, 22, 23); Monthly Statistics of Agriculture, Forestry and Fisheries, verschd. Ausgaben (Tab.: 25, 26; Schaub.: 20); YAMADA, S., Country Study on Agricultural Productivity, Measurement and Analysis: 1945-1980. Draft Paper. Tokyo, Oct. 1984 (Tab.: 18, 19, 23, 28, 25; Schaub.: 16, 17, 19); Agrarbericht, verschd. Jhrg. (Tab. 34); Agrarbericht (Materialband), verschd. Jhrg. (Tab.: 18, 19, 27, 28, 31; Schaub.: 16, 17, 23); Statistisches Jahrbuch für die Bundesrepublik Deutschland, verschd. Jahrgänge (Tab.: 2, 4, 5, 6, 7, 8, 9, 10, 11, 12, 13, 14, 15, 16, 17, 18, 19, 25, 26, 28, 29, 32, 35, 35a; Schaub.: 1, 2, 3, 4, 5, 6, 7, 8, 9, 10, 11, 12, 13, 14, 15, 16, 17, 19, 20, 21, 22); Statistisches Jahrbuch über Ernährung, Landwirtschaft und Forsten, verschd. Jahrgänge (Tab. 18, 19, 20, 21, 22 , 30, 33, 36, 37; Schaub.: 16, 17, 18, 24, 25); OECD, National Accounts, Paris, verschd. Ausgaben (Tab. 3, 12, 13, 14, 17, 25; Schaub.: 3, 4, 8, 9, 10, 11, 12, 20); Statistisches Bundesamt, Lange Reihen zur Wirtschaftsentwicklung, Stuttgart-Mainz, verschd. Ausgaben (Tab.: 3, 4, 5, 6, 7, 8, 9, 10, 11, 12, 13, 14, 15, 16, 17, 18, 19, 21, 23, 24, 25, 26, 28, 29, 32, 35, 35a, 36, 37; Schaub.: 3, 4, 5, 6, 7, 8, 9, 10, 11, 12, 13, 14, 15, 16, 20, 21, 22, 24, 25); DASSELBE, Fachserie 3, Reihe 2.1.6, Besitzverhältnisse, Grundstücksverkehr; fachliche Vorbildung der Betriebsleiter. Stuttgart-Mainz, verschd. Ausgaben (Tab. 30); DASSELBE, Lange Reihen, 1950 bis 1984 (Volkswirtschaftliche Gesamtrechnungen, Fachserie 18, Reihe S. 7), Stuttgart-Mainz, Juli 1985 (Tab.: 18, 19; Schaub.: 16, 17); Bundesministerium der Finanzen, Finanzbericht, Bonn, verschd. Ausgaben (Tab.: 36; Schaub.: 24, 25); SCHMIDT, P., Eine Theorie der Struktur und Dynamik der staatlichen Landwirtschaftsförderung. Diss. Göttingen 1976 (Tab. 37); WEBER, A., Productivity Growth in German Agriculture 1850 to 1970. Staff Paper P73-1. Minnesota, Aug. 1973 (Tab. 25, 26, 35; Schaub. 20).

Den im **Gliederungspunkt 3** (Entwicklung und Wandel der Agrarsektoren und der Agrarpolitiken) eingefügten Tabellen liegen die Daten der <u>nachfolgenden</u> Tabellen zugrunde.

Tabelle 1: Gesamt- und agrarwirtschaftliche Indikatoren, Japan, 1950-1960[a] (I)

	1950 (t_1)		1955 (t_2)		1960 (t_3)		Jahresdurchschnittliche Veränderungen (nach Zinseszins)		
	Absolut-, Index- oder Anteilswert	Meßzahl/ Index 1950=100	Absolut-, Index- oder Anteilswert	Meßzahl/ Index 1950=100	Absolut-, Index- oder Anteilswert	Meßzahl/ Index 1950=100	t_2:t_1	t_3:t_2	t_3:t_1
A Wirtschaftsfläche und landwirtschaftliche Fläche									
1 Wirtschaftsfläche (WF), in 1 000 ha[1]	36 303	100,0	36 966	101,8	36 966	101,8	- 0,4	± 0,0	+ 0,2
2 Landwirtschaftliche Nutzfläche (mit Grünland) LN, in 1 000 ha[1]	6 495	100,0	6 582	101,3	6 661	102,6	+ 0,3	+ 0,2	+ 0,3
3 Landwirtschaftliche Nutzfläche (ohne Grünland) LN*, in 1 000 ha[1]	5 858	100,0	5 982	102,1	6 071	103,6	+ 0,4	+ 0,3	+ 0,4
4 LN:WF, in v.H.	17,9	100,0	17,8	99,5	18,0	100,7	- 0,1	+ 0,2	+ 0,1
5 LN*:WF, in v.H.	16,1	100,0	16,2	100,3	16,4	101,8	+ 0,1	+ 0,3	+ 0,2
B Bevölkerung, landwirtschaftliche Bevölkerung und Bevölkerungsdichte									
6 Gesamtbevölkerung (Bev), in 1 000[2]	83 200	100,0	89 276	107,3	93 419	112,3	+ 1,4	+ 0,9	+ 1,2
7 Agrarbevölkerung (Bev_L), in 1 000[3]	37 811	100,0	36 469	96,5	34 546	91,4	- 0,7	- 1,1	- 0,9
8 Bev_L:Bev, in v.H.	45,4	100,0	40,8	89,9	37,0	81,4	- 2,1	- 2,0	- 2,0
9 Einwohner pro qkm WF	229,2	100,0	241,5	105,4	252,7	110,3	+ 1,1	+ 0,9	+ 1,0
10 Einwohner pro qkm LN	1 281,0	100,0	1 356,4	105,9	1 402,5	109,5	+ 1,2	+ 0,7	+ 0,9
11 Einwohner pro qkm LN*	1 420,3	100,0	1 492,4	105,1	1 538,8	108,3	+ 1,0	+ 0,6	+ 0,8
C Erwerbstätige insgesamt und landwirtschaftliche Erwerbstätige									
12 Gesamtzahl der Erwerbstätigen (ET), in 1 000[5,a]	35 720[4]	100,0	41 310[4]	115,6	43 691[5]	122,3	+ 3,0	+ 1,1	+ 2,0
13a Erwerbstätige in der Agrarwirtschaft (ET_L), in 1 000[5,a]	18430[6]	100,0	17 720[6]	96,1	14 236[5]	77,2	- 0,8	- 4,2	- 2,5
13b dgl. (andere Datenquelle)	15 990[7]	100,0	15 410[7]	96,4	13 390[7]	83,7	- 0,7	- 2,8	- 1,8
14a ET_L:ET, in v.H.	51,6	100,0	42,9	83,1	32,6	63,2	- 3,6	- 5,4	- 4,5
14b dgl. (siehe 13b)	44,8	100,0	37,3	83,3	30,6	68,5	- 3,6	- 3,9	- 3,7

Anmerkungen und Quellen: Siehe Tabelle 1 (III).

Tabelle 1: Gesamt- und agrarwirtschaftliche Indikatoren, Japan, 1950-1960[a] (II)

	1950 (t_1)		1955 (t_2)		1960 (t_3)		Jahresdurchschnittliche Veränderungen (nach Zinseszins)		
	Absolut-, Index- oder Anteilswert	Meßzahl/ Index 1950=100	Absolut-, Index- oder Anteilswert	Meßzahl/ Index 1950=100	Absolut-, Index- oder Anteilswert	Meßzahl/ Index 1950=100	$t_2:t_1$	$t_3:t_2$	$t_3:t_1$

D Produktions-, Produktivitäts- und Einkommensentwicklung in Gesamt-/Industrie- und Agrarwirtschaft

15 Industriewirtschaftlicher Produktionsindex (PI_I, Ø 1952-56=100)[8)c]	75,1	100,0	105,7	140,7	222,9	296,8	+ 12,1	+ 16,1	+ 14,6
16 Agrarwirtschaftlicher Produktionsindex (FAO) (PI_L, Ø 1952-56=100)[9)b]	97,0	100,0	113,0	116,5	118,0	121,6	+ 5,2	+ 0,9	+ 2,5
17 $PI_L:PI_I$, in v.H.	129,2	100,0	106,9	87,8	52,9	41,0	- 6,1	- 13,1	- 10,6
18 Gesamtwirtschaftliches Bruttoinlandsprodukt zu Marktpreisen (BIP^n_{M10})[c], in Mrd. Yen, nominal	6 903	100,0	8 599	124,6	15 806	229,0	+ 11,6	+ 12,9	+ 12,6
19 Agrarwirtschaftliches Bruttoinlandsprodukt zu Marktpreisen ($BIP^n_{M,L}$)[10)c], in Mrd. Yen, nominal	1 350	100,0	1 802	133,5	2 098	155,4	+ 15,5	+ 3,1	+ 6,5
20 $BIP^n_{M,L}:BIP^n_M$, in v.H.	19,6	100,0	21,0	107,2	13,3	67,9	+ 3,5	- 8,7	- 5,4
21 BIP^r_M (Gesamtwirtschaft), in Mrd. Yen, real) in konst. Preisen von 1976)[11)c]	23 157	100,0	27 441	118,5	43 131	186,3	+ 8,9	+ 9,5	+ 9,3
22 $BIP^r_{M,L}$ (Agrarwirtschaft), in Mrd. Yen, real (in konst. Preisen von 1976)[11)c]	5 255	100,0	7 168	136,4	7 583	144,3	+ 16,8	+ 1,1	+ 5,4
23 $BIP^r_{M,L}:BIP^r_M$, in v.H.	22,7	100,0	26,1	115,1	17,6	77,5	+ 7,3	- 7,6	- 3,5
24 BSP^r_M/Bev (Bruttosozialprodukt pro Kopf der Bevölkerung), in Yen, real (in konst. Preisen von 1976)[12)c]	285 319	100,0	326 040	114,3	473 478	165,9	+ 6,9	+ 7,7	+ 7,5
25 BIP^r_M/ET (pro Erwerbstätigen), in Yen, real (in konst. Preisen von 1976)[13)c]	587 442	100,0	664 270	113,1	987 183	168,0	+ 6,3	+ 8,2	+ 7,7
26 BIP^r_M/ET (pro landwirtschaftlichem Erwerbstätigen), in Yen; real (in konst. Preisen von 1976)[14)c]	311 131	100,0	404 515	130,0	532 664	171,2	+ 14,0	+ 5,7	+ 8,0
27a $BIP^r_{M,L}/ET_L:BIP^r_M/ET$, in v.H.	53,0	100,0	60,9	115,0	54,0	101,9	+ 7,2	- 2,4	+ 0,3
27b dgl. (andere Datenquelle)	57,9	100,0	70,0	120,9	57,4	99,0	+ 9,9	- 3,9	- 0,1

Anmerkungen und Quellen: Siehe Tabelle 1 (III).

Tabelle 1: Gesamt und agrarwirtschaftliche Indikatoren, Japan, 1950-1960[a] (III)

	1950 (t_1)		1955 (t_2)[9]		1960 (t_3)		Jahresdurchschnittliche Veränderungen (Zinseszins)		
	Absolut-, Index- oder Anteilswerte	Meßzahl/ Index 1950=100	Absolut-, Index- oder Anteilswerte	Meßzahl/ Index 1950=100	Absolut-, Index- oder Anteilswerte	Meßzahl Index 1950=100	$t_2:t_1$	$t_2:t_3$	$t_3:t_1$
E Preisniveauentwicklung in Gesamt- und Agrarwirtschaft									
28 Preisindex für die Lebenshaltung, 1976=100[15),c]	26,8	100,0	28,2	105,2	30,4	113,4	+ 2,6	+ 1,5	+ 1,8
29 Impliziter DIP-Deflator (Gesamtwirtschaft, G) 1976=100[16),c]	29,8	100,0	31,3	105,7	36,6	122,8	+ 2,8	+ 3,2	+ 3,0
30 Impliziter DIP-Deflator (Agrarwirtschaft, L) 1976=100[16),c]	25,7	100,0	25,1	97,7	27,7	107,8	- 1,2	+ 2,0	+ 1,1
31 BIP-Defl. L:BIP-Defl. G, in v.H.	86,2	100,0	80,2	93,0	75,6	89,4	- 3,3	- 1,2	- 1,7
F Gesamt- und Agrar-/Ernährungsaußenhandel[17)]									
32 Gesamtexporte (Ex) in 100 Mio. Yen (nominal)[10)]	2 980	100,0	7 238	242,9	14 596	489,8	+ 19,4	+ 15,1	+ 17,2
33 Ernährungsexporte (Ex_L) in 100 Mio. Yen (nominal)[10)]	187	100,0	454	242,8	921	492,5	+ 19,4	+ 15,2	+ 17,3
34 Ex_L:Ex, in v.H.	6,3	100,0	6,3	100,0	6,3	100,6	- 0,01	+ 0,1	+ 0,06
35 Gesamtimporte (Im) in 100 Mio. Yen (nominal)[10)]	3 482	100,0	8 897	255,5	16 168	464,3	+ 20,6	+ 12,7	+ 16,6
36 Ernährungsimporte (Im_L) in 100 Mio. Yen (nominal)[10)]	1 117	100,0	2 250	201,4	1 789	160,2	+ 15,0	- 4,5	+ 4,8
37 Im_L:Im. in v.H.	32,1	100,0	25,3	78,8	11,1	34,5	- 4,6	- 15,2	- 10,1

Anmerkungen:
a Ausgewählte Jahre.
b Angabe für 1950: 1952.
c Angabe für 1950: 1953.

1) Japan Statistical Yearbook (versch. Jahrg. 1952-1966). Daten bezüglich des Grünlandes sind wegen wechselnder Abgrenzungen nur bedingt aussagefähig.
2) Dasselbe (1982), Pg. 14. Die Angaben der offiziellen Statistik weichen geringfügig von den OECD-Midyear Estimates ab. Siehe hierzu bspw. OECD, Manpower Statistics, (1963), Pg. 134.
3) Japan Statistical Yearbook (1966), Pg. 86.
4) Dasselbe (1958), Pg. 44.
5) Dasselbe (1978), Pg. 60.
6) Dasselbe (1958), Pg. 44.
7) LTES (1966), Pg. 219. Die Angaben über die Zahl der Erwerbstätigen, insbesondere diejenigen der Agrarwirtschaft, weichen innerhalb der verschiedenen Statistiken (LTES, OECD, nationale Statistiken) wegen unterschiedlicher Abgrenzungskriterien teilweise erheblich voneinander ab.
8) Japan Statistical Yearbook (1963), Pg. 208. Originalbasis 1960=100.
9) FAO, Production Yearbook (1970), Pg. 30.
10) OHKAWA (1979), 281 pp.
11) Deflationiert mit impliziten BIP-Preisdeflator: Siehe hierzu Anmerkung unter Fußnote 17). Bezüglich der Grunddaten siehe OHKAWA (1979), 281 pp.
12) Deflationiert mit implizitem BSP-Preisdeflator: Siehe hierzu Anmerkung unter Fußnote 17). Grunddaten: BSP zu laufenden Preisen: OECD, National Accounts (1971), Pg. 84; Bevölkerungsdaten: OECD-Midyear Estimates, siehe OECD, Manpower Statistics (1963), Pg. 134.
13) Zugrunde gelegte Erwerbstätigenzahl für 1953 (in Tausend): 39 420. Quelle: Siehe Fußnote 4).
14) Zugrunde gelegte Erwerbstätigenzahl für 1953 (in Tausend): 16 890 resp. 15 440. Quellen: Siehe Fußnote 6) resp. 7).
15) Consumer Price Index. Gebildet durch Verkettung und Umbasierung (Warenkörbe mit wechselnden Gewichten). Berechnet nach Japan Statistical Yearbook (versch. Jahrg.).
16) Als Berechnungsbasis für den Preisdeflator dienten die Nominal- und Realwerte, die den unter den Fußnoten 11)-12) angeführten Quellen zu entnehmen sind. An weiteren Statistiken wurden herangezogen: OECD, National Accounts (1981), 32 pp. Es wurde eine Verkettung und Umbasierung der Indices auf 1976=100 vorgenommen.
17) Japan Statistical Yearbook (1966), Pg. 293.

Quellen:

Statistics Bureau, Prime Minister's Office, Japan Statistical Yearbook, versch. Jahrgänge, 1952-1982
OECD, Manpower Statistics, Paris 1963.
DIESELBE, National Accounts of OECD-Countries, 1953-1978 resp. 1962-1979. Paris 1971.resp. 1981 (zitiert "National Accounts").
M. UMEMURA u.a. (Eds.), Estimates of Long-Term Economic Statistics of Japan since 1868, Vol. 9: Agriculture and Forestry. Tokyo 1966 (zitiert "LTES").
K. OHKAWA and M. SHINOHARA with L. MEISSNER, Patterns of Japanese Economic Development. A Quantitative Appraisal. New Haven and London 1979 (zitiert "OHKAWA").
FAO, Production Yearbook, 1970.

Tabelle 2: Gesamt- und agrarwirtschaftliche Indikatoren, Bundesrepublik Deutschland, 1950-1960 (I)

	1950 (t_1)		1955 (t_2)		1960 (t_3)		Jahresdurchschnittliche Veränderungen (nach Zinseszins)		
	Absolut-, Index- oder Anteilswert	Meßzahl/ Index 1950=100	Absolut-, Index- oder Anteilswert	Meßzahl/ Index 1950=100	Absolut-, Index- oder Anteilswert	Meßzahl/ Index 1950=100	$t_2:t_1$	$t_3:t_x$	$t_3:t_1$
A Wirtschaftsfläche und landwirtschaftliche Fläche									
1 Wirtschaftsfläche (WF), in 1 000 ha[1)a,d]	24 680	100,0	24 737	100,2	24 734	100,2	+ 0,05	- 0,0	+ 0,02
2 Landwirtschaftliche Nutzfläche (mit Grünland) LN, in 1 000 ha[1)a,d]	14 185	100,0	14 403	101,5	14 266	100,6	+ 0,03	- 0,2	+ 0,06
3 Landwirtschaftliche Nutzfläche (ohne Grünland) LN*, in 1 000 ha[1)a,d]	7 983	100,0	8 168	102,3	7 982	100,0	+ 0,5	- 0,5	- 0,0
4 LN:WF, in v.H.	57,5	100,0	58,2	101,3	57,7	100,4	+ 0,3	- 0,2	+ 0,03
5 LN*:WF, in v.H.	32,3	100,0	33,0	102,1	32,3	99,8	+ 0,4	- 0,5	- 0,02
B Bevölkerung, landwirtschaftliche Bevölkerung und Bevölkerungsdichte									
6 Gesamtbevölkerung (Bev), in 1 000[2)a,c]	49 989	100,0	52 382	104,8	56 175	112,7	+ 2,4	+ 1,2	+ 1,0
7 Agrarbevölkerung (Bev$_L$), in 1 000[2)c]	7 040	100,0			4 500	63,9			- 5,0
8 Bev$_L$:Bev, in v.H.	14,1	100,0			8,0	56,9			- 5,0
9 Einwohner pro qkm WF	202,5	100,0	211,8	104,5	227,1	112,1	+ 0,9	+ 1,2	+ 1,0
10 Einwohner pro qkm LN	352,4	100,0	363,7	103,2	393,8	111,7	+ 0,6	+ 1,3	+ 1,0
11 Einwohner pro qkm LN*	626,2	100,0	641,3	102,4	703,8	112,4	+ 0,5	+ 1,6	+ 1,1
C Erwerbstätige insgesamt und landwirtschaftliche Erwerbstätige									
12 Gesamtzahl der Erwerbstätigen (ET), in 1 000[3)a]	20 000	100,0	22 830	114,2	24 923[4)]	124,6	+ 2,7	+ 1,8	+ 2,2
13 Erwerbstätige in der Agrarwirtschaft (ET$_L$), in 1 000[3)a]	4 965	100,0	4 250	85,6	3 596[4)]	72,4	- 3,1	- 3,3	- 3,2
14 ET$_L$:ET, in v.H.	24,8	100,0	18,6	75,0	14,4	58,1	- 5,6	- 5,0	- 5,3

Anmerkungen und Quellen: Siehe Tabelle 2 (III).

Tabelle 2: Gesamt- und agrarwirtschaftliche Indikatoren, Bundesrepublik Deutschland, 1950-1960 (II)

Zeile	1950 (t_1)		1955 (t_2)		1960 (t_3)		Jahresdurchschnittliche Veränderungen (nach Zinseszins)		
	Absolut-, Index- oder Anteilswert	Meßzahl/ Index 1950=100	Absolut-, Index- oder Anteilswert	Meßzahl/ Index 1950=100	Absolut-, Index- oder Anteilswert	Meßzahl/ Index 1950=100	$t_2:t_1$	$t_3:t_2$	$t_3:t_1$
D. Produktions-, Produktivitäts- und Einkommensentwicklung in Gesamt-/Industrie- und Agrarwirtschaft									
15 Industriewirtschaftlicher Produktionsindex (PI_I, Ø 1952-56=100)	80,4	100,0	112,8	140,3	158,8	197,5	+ 7,0	+ 7,1	+ 7,0
16 Agrarwirtschaftlicher Produktionsindex (FAO) (PI_L, Ø 1952-56=100)6)	95,0	100,0	101,0	106,3	122,0	128,4	+ 1,2	+ 3,9	+ 2,5
17 PI_L:PI_I, in v.H.	118,2	100,0	89,5	75,8	76,8	65,0	- 5,4	- 3,0	- 4,2
18 Gesamtwirtschaftliches Bruttoinlandsprodukt zu Marktpreisen (BIP_M^n), in Mio. DM; nominal	98 050	100,0	182 000	185,6	284 770	290,4	+ 13,2	+ 9,4	+ 11,3
19 Agrarwirtschaftliches Bruttoinlandsprodukt zu Marktpreisen7)($BIP_{M,L}^n$) in Mio. DM; nominal	9 980	100,0	14 230	142,6	17 110	171,4	+ 7,4	+ 3,8	+ 5,5
20 $BIP_{M,L}^n$:BIP_M^n, in v.H.	10,2	100,0	7,8	76,8	6,0	59,0	- 5,1	- 5,1	- 5,1
21 BIP_M^r (Gesamtwirtschaft), in Mio. DM; real) in konst. Preisen von 1976)	279 828	100,0	439 896	157,2	603 319	215,6	+ 9,5	+ 6,5	+ 8,0
22 $BIP_{M,L}^r$ (Agrarwirtschaft), in Mio. DM; real (in konst. Preisen von 1976)	19 588	100,0	23 142	118,1	26 981	137,7	+ 3,4	+ 3,1	+ 3,3
23 $BIP_{M,L}^r$:BIP_M^r, in v.H.	7,0	100,0	5,3	75,2	4,5	63,9	- 5,6	- 3,7	- 4,4
24 BSP_M^r/Bev8)b (Bruttosozialprodukt pro Kopf der Bevölkerung), in DM; real (in konst. Preisen von 1976)	5 621	100,0	8 437	150,1	10 934	194,5	+ 8,5	+ 5,3	+ 6,9
25 BIP_M^r/ET (pro Erwerbstätigen), in DM; real (in konst. Preisen von 1976)	13 991	100,0	19 268	137,7	24 207	173,0	+ 6,6	+ 4,7	+ 5,6
26 $BIP_{M,L}^r$/ET_L (pro landwirtschaftlichem Erwerbstätigen), in DM; real (in konst. Preisen von 1976)	3 945	100,0	5 445	138,0	6 732	170,6	+ 6,7	+ 4,3	+ 5,5
27 $BIP_{M,L}^r$/ET_L:BIP_M^r/ET, in v.H:	28,2	100,0	28,3	100,2	27,8	98,6	+ 0,04	- 0,3	- 0,1

Anmerkungen und Quellen: Siehe Tabelle 2 (III).

VIII

Tabelle 2: Gesamt- und agrarwirtschaftliche Indikatoren, Bundesrepublik Deutschland, 1950-1960 (!!!)

Zeile	1950 (t_1)		1955 (t_2)		1960 (t_3)		Jahresdurchschnittliche Veränderungen (nach Zinseszins)		
	Absolut-, Index- oder Anteilswert	Meßzahl/ Index 1950=100	Absolut-, Index- oder Anteilswert	Meßzahl/ Index 1950=100	Absolut-, Index- oder Anteilswert	Meßzahl/ Index 1950=100	$t_2:t_1$	$t_3:t_2$	$t_3:t_1$
E Preisniveauentwicklung in Gesamt- und Agrarwirtschaft									
28 Preisindex für die Lebenshaltung, 1976=100[9]	46,2	100,0	50,8	110,0	55,6	120,3	+ 1,9	+ 1,8	+ 1,9
29 Impliziter BIP-Deflator (Gesamtwirtschaft, G) 1976=100[8]	35,0	100,0	41,4	118,3	47,2	134,9	+ 3,4	+ 2,7	+ 3,0
30 Impliziter BIP-Deflator (Agrarwirtschaft, L) 1976=100[8]	50,9	100,0	61,5	120,8	63,4	124,6	+ 3,9	+ 0,6	+ 2,2
31 BIP-Defl. G:BIP-Defl.L, in v.H.	145,4	100,0	148,9	102,1	134,3	92,4	+ 0,4	- 2,0	- 0,8
F Gesamt- und Agrar-/Ernährungsaußenhandel									
32 Gesamtexporte (Ex), in Mio. DM; (nominal)[10]	8 362	100,0	25 717	307,5	47 946	573,4	+ 25,2	+ 13,3	+ 19,1
33 Ernährungsexporte (Ex_L), in Mio. DM (nominal)[10]	196	100,0	683	348,5	1 091	556,6	+ 28,4	+ 9,8	+ 18,7
34 Ex_L:Ex, in v.H.	2,3	100,0	2,7	113,3	2,3	97,1	+ 2,5	- 3,0	- 0,3
35 Gesamtimporte (Im), in Mio. DM (nominal)[10]	11 374	100,0	24 472	215,2	42 723	375,6	+ 16,6	+ 11,8	+ 14,1
36 Ernährungsimporte (Im_L), in Mio. DM (nominal)[10]	5 013	100,0	7 635	152,3	11 246	224,3	+ 8,8	+ 8,1	+ 8,4
37 Im_L:Im, in v.H.	44,1	100,0	31,2	70,8	26,3	59,7	- 6,7	- 3,3	- 5,0

Anmerkungen:
a Ausgewählte Jahre
b Bundesgebiet ausschließlich W-Berlin und Saarland
c Bundesgebiet einschließlich W-Berlin und Saarland
d Übernommene Daten wurden teilweise gerundet
e Berechnet nach Zinseszins

1) Lange Reihen zur Wirtschaftsentwicklung (1973), S. 36.
2a) Siehe ebenda, S. 23. Angabe für 1960 enthält Werte von 1961.
2b) Statistisches Jahrbuch über Ernährung, Landwirtschaft und Forsten (1977), S. 7. Angabe für 1960 enthält Wert von 1961.
3) Statistisches Jahrbuch (1965), S. 151.
4) Geschätzt mit Hilfe der gesamtbundesgebietlichen Änderungsrate.
5) Berechnet nach Statistisches Jahrbuch (1969), S. 210.
6) FAO, Production Yearbook (1969), S. 30.
7) Lange Reihen zur Wirtschaftsentwicklung (1973), S. 150 f.
8) Realwerte wurden mittels des impliziten BIP-Deflators ermittelt, ursprüngliches Basisjahr für die ausgewiesenen Werte bildete 1962. Als Berechnungsgrundlage für den Deflator dienten die in den Langen Reihen zur Wirtschaftsentwicklung (1973 resp. 1980), S. 150 ff. resp. S. 166 ff. ausgewiesenen Nominal- und Realwerte.
9) 4-Personen-Arbeitnehmerhaushalt mit mittlerem Einkommen, verketteter Index, zugrunde gelegte Verbrauchsstruktur von 1962. Siehe Statistisches Jahrbuch (1981), S. 508.
10) Lange Reihen zur Wirtschaftsentwicklung (1973), S. 98 ff.

Quellen: Statistisches Bundesamt, Lange Reihen zur Wirtschaftsentwicklung, Stuttgart und Mainz, Ausgb. 1973 sowie 1980.
Dasselbe, Statistisches Jahrbuch für die Bundesrepublik Deutschland, Stuttgart und Mainz, versch. Jahrg.
BMELF, Statistisches Jahrbuch über Ernährung, Landwirtschaft und Forsten, Hamburg und Berlin 1977.
FAO, Production Yearbook, 1969.

Tabelle 3: Agrarwirtschaftliche Indikatoren, Japan, 1950-1960[a] (I)

Zeile	1950 (t_1)		1955 (t_2)		1960 (t_3)		Jahresdurchschnittliche Veränderungen (nach Zinseszins)		
	Absolut-, Index- oder Anteilswert	Meßzahl/ Index 1950=100	Absolut-, Index- oder Anteilswert	Meßzahl/ Index 1950=100	Absolut-, Index- oder Anteilswert	Meßzahl/ Index 1950=100	$t_2:t_1$	$t_3:t_2$	$t_3:t_1$

A Landwirtschaftliche Fläche, landwirtschaftliche Arbeitskräfte und landwirtschaftliche Betriebe

Zeile	t_1 abs	t_1 idx	t_2 abs	t_2 idx	t_3 abs	t_3 idx	$t_2:t_1$	$t_3:t_2$	$t_3:t_1$
1a Landwirtschaftliche Nutzfläche (mit Dauergrünland), LN (I), in 1 000 ha[1]	5 721	100,0	5 750	100,5	5 780	101,0	+ 0,1	+ 0,1	+ 0,1
1b dgl. andere Datenbasis; LN (II)[2]	6 013*	100,0	6 149	102,3	6 249	103,9	+ 0,4	+ 0,3	+ 0,4
2a Landwirtschaftliche Nutzfläche (ohne Dauergrünland), LN* (I), in 1 000 ha[3]	5 091	100,0	5 183	101,8	5 323	104,6	+ 0,4	+ 0,5	+ 0,4
2b dgl. andere Datenbasis; LN* (II)[4]	5 858	100,0	5 982	102,1	6 071	103,6	+ 0,4	+ 0,3	+ 0,4
2c Landwirtschaftliche Nutzfläche (ohne Acker- und Dauergrünland), LN** (I), in 1 000 ha[5]	5 041	100,0	5 136	101,9	5 293*	105,0	+ 0,4	+ 0,6	+ 0,5
2d Landwirtschaftliche Anbaufläche, LA, in 1 000 ha[7]	7 635	100,0	8 146	106,7	8 072	105,7	+ 1,3	- 0,2	+ 0,6
3a LN* (I):LN (I) (Ackerlandanteil i.w.S.), in v.H.	85,5	100,0	87,1	101,8	93,7	109,5	+ 0,4	+ 1,5	+ 0,9
3b /dgl. LN* (II):LN (II)	87,9	100,0	90,9	103,5	91,1	103,7	+ 0,7	+ 0,06	+ 0,4
3c LN** (I):LN (I) (Ackerlandanteil i.e.S.), in v.H.	99,0	100,0	99,1	100,1	99,4	100,4	+ 0,02	+ 0,07	+ 0,04
3e LA:LN* (II)(Landnutzungsgrad), in v.H.	130,3	100,0	136,1	104,5	133,0	102,0	+ 0,9	- 0,5	+ 0,2
4a Landwirtschaftliche Arbeitskräfte, AK (I), in 1 000[8]	15 350	100,0	14 780	96,3	12 730	82,9	- 0,8	- 2,9	- 1,9
4b dgl., andere Datenquelle[9], AK (II)	16 000	100,0	15 410	96,3	13 390	83,7	- 0,7	- 2,8	- 1,8
5a Landwirtschaftliche Betriebe insgesamt, B_L^G, in 1 000[10]	6 176	100,0	6 043	97,8	6 056	98,1	- 0,4	+ 0,04	- 0,2
5b dgl. Vollerwerbsbetriebe, B_L^1[10]	3 086	100,0	2 105	68,2	2 078	67,3	- 7,4	- 0,3	- 3,9
5c dgl. Zuerwerbsbetriebe, B_L^2[10]	1 753	100,0	2 275	129,8	2 036	116,1	+ 5,4	- 2,2	+ 1,5
5d dgl. Nebenerwerbsbetriebe, B_L^3[10]	1 337	100,0	1 663	124,4	1 942	145,3	+ 4,5	+ 3,2	+ 3,8

Anmerkungen und Quellen: Siehe Tabelle 3 (III).

Tabelle 3: Agrarwirtschaftliche Indikatoren, Japan, 1950-1960 (II)

Zeile	1950 (t_1)		1955 (t_2)		1960 (t_3)		Jahresdurchschnittliche Veränderungen (nach Zinseszins)		
	Absolut-, Index- oder Anteilswert	Meßzahl/ Index 1950=100	Absolut-, Index- oder Anteilswert	Meßzahl/ Index 1950=100	Absolut-, Index- oder Anteilswert	Meßzahl/ Index 1950=100	$t_2:t_1$	$t_3:t_2$	$t_3:t_1$

A Landwirtschaftliche Fläche, landwirtschaftliche Arbeitskräfte und landwirtschaftliche Betriebe (Tabelle (I), Fortsetzung)

Zeile	1950		1955		1960		$t_2:t_1$	$t_3:t_2$	$t_3:t_1$
6a Durchschnittliche Betriebsgröße, LN (I):B_L^G, in ha/Betrieb	0,96	100,0	0,98	102,2	0,94	97,3	+ 0,4	- 1,0	- 0,3
6b dgl. LN (II):B_L^G	1,08	100,0	1,09	100,9	1,10	101,9	+ 0,2	+ 0,2	+ 0,2
6c dgl. LN* (I):B_L^G	0,82	100,0	0,86	104,0	0,88	106,6	+ 0,8	+ 0,5	+ 0,6
6d dgl. LN* (II):B_L^G	0,95	100,0	0,99	104,4	1,00	105,7	+ 0,9	+ 0,3	+ 0,6
7a Durchschnittlicher flächenbezogener Arbeitsbesatz AK (I)/100 ha LN* (I)	301,5	100,0	285,2	94,6	239,2	79,3	- 1,1	- 3,5	- 2,3
7b dgl. AK (II)/100 ha LN* (I)	314,3	100,0	297,3	94,6	251,5	80,0	- 1,1	- 3,3	- 2,2
8a Durchschnittlicher betriebsbezogener Arbeitsbesatz AK (I)/B_L^G	2,5	100,0	2,4	98,4	2,1	84,6	- 0,3	- 3,0	- 1,7
8b dgl. AK (II)/B_L^G	2,6	100,0	2,6	98,4	2,2	85,3	- 0,3	- 2,8	- 1,7

B Landwirtschaftlicher Maschinenbesatz, Maschinen pro 1 000 ha LN[11])

9 E-Motoren	118,1	100,0	156,2	211,2	178,9	178,9	+ 9,3	+ 2,7	+ 6,0
10 Verbrennungsmotoren	75,2	100,0	218,8	290,8	318,6	423,5	+ 23,8	+ 7,8	+ 15,5
11 Kultivatoren	2,6	100,0	17,2	672,5	97,1	3 803,6	+ 46,4	+ 41,4	+ 43,9
12 Regner	3,1	100,0	16,8	534,1	99,4	3 162,1	+ 39,8	+ 42,7	+ 41,3
13a Drescher	162,6	100,0	393,2	241,8	465,2	286,0	+ 19,3	+ 3,4	+ 11,1
13b Reisenthülsungsmaschinen	74,2	100,0	133,1	179,3	158,4	213,3	+ 12,4	+ 3,5	+ 7,9

C Gliederung des Ackerlandes nach Hauptgruppen des Anbaus, in v.H.[12])

14a Reis	39,4	100,0	39,6	100,3	41,0	103,9	+ 0,1	+ 0,7	+ 0,4
14b Getreide (ohne Reis)	28,1	100,0	24,1	85,9	20,9	74,6	- 3,0	- 2,8	- 2,9
15 Hülsenfrüchte	8,2	100,0	9,1	110,5	8,5	103,2	+ 2,0	- 1,4	+ 0,3
16 Hackfrüchte	7,7	100,0	7,2	93,3	6,6	85,6	- 1,4	- 1,7	- 1,5
17 Gemüse und Gartengewächse	6,6	100,0	7,7	116,8	9,3	141,6	+ 3,1	+ 3,9	+ 3,5
18 Handelsgewächse	6,0	100,0	7,4	124,4	7,4	123,2	+ 4,5	- 0,2	+ 2,1
19 Futterpflanzen	3,9	100,0	4,9	123,9	6,3	159,0	+ 4,4	+ 5,1	+ 4,7

D Entwicklung der Tierbesatzdichte, Tiere pro 1 000 ha LN[12])

20a Rindvieh	481,2	100,0	590,0	122,6	594,2	123,5	+ 4,2	+ 0,1	+ 2,1
20b Milchvieh	38,9	100,0	81,2	208,9	158,8	398,0	+ 15,9	+ 13,8	+ 14,8
20c Milchkühe[13])					97,5				
21 Schweine	119,4	100,0	159,2	133,3	360,1	301,5	+ 5,9	+ 17,7	+ 11,7
22a Geflügel	3 249,9	100,0	8 820,2	271,4	9 797,7	301,5	+ 22,1	+ 2,1	+ 11,7
22b Legehennen[14])			7 638,0	100,0	8 359,9	109,5		+ 1,8	
23 Pferde	210,4	100,0	178,9	85,0	126,4	60,1	- 3,2	- 6,7	- 5,0
24 Schafe	70,5	100,0	151,3	214,5	148,0	209,9	+ 16,5	- 0,4	+ 7,7
25 Ziegen	81,1	100,0	102,8	126,8	105,4	129,7	+ 4,9	+ 0,5	+ 2,7

Anmerkungen und Quellen: Siehe Tabelle 3 (III).

Tabelle 3: Agrarwirtschaftliche Indikatoren, Japan, 1950-1960 (III)

Zeile	1950 (t_1)		1955 (t_2)		1960 (t_3)		Jahresdurchschnittliche Veränderungen (nach Zinseszins)		
	Absolut-, Index- oder Anteilswert	Meßzahl/ Index 1950=100	Absolut-, Index- oder Anteilswert	Meßzahl/ Index 1950=100	Absolut-, Index- oder Anteilswert	Meßzahl/ Index 1950=100	$t_2:t_1$	$t_3:t_2$	$t_3:t_1$
E Index der Agrarproduktion nach Hauptproduktionsbereichen, Ø 1950-1952=100[15]									
26a Pflanzliche Produktion (P_{pfl})	96,5	100,0	121,7	126,1	130,8	135,5	+ 6,0	+ 1,5	+ 3,4
26b Seidenproduktion (P_{seid})	101,2	100,0	124,3	122,8	121,8	120,4	+ 5,3	- 0,4	+ 1,7
27 Tierische Produktion (P_{tier})	106,5	100,0	173,3	162,7	263,4	247,3	+12,9	+ 8,7	+10,6
28 $P_{tier}:P_{pfl}$, in v.H.	110,4	100,0	142,4	129,0	201,4	182,5	+ 6,6	+ 7,2	+ 6,9
F Ertragsentwicklung der Hauptfruchtarten, dt/ha[16]									
29a Reis	30,4	100,0			36,5	120,1			+ 3,7
29b Weizen	20,3	100,0			21,9	107,9			+ 1,5
30 Gerste	25,6	100,0			27,4	107,0			+ 1,4
31 Süßkartoffeln	153,2	100,0			182,5	119,1			+ 3,6
31b Kartoffeln	127,6	100,0			153,0	119,9			+ 3,7
32 Zuckerrüben	175,0	100,0			237,2	135,5			+ 6,3
G Einige Leistungskennziffern der tierischen Produktion[17]									
33 Durchschnittlicher jährlicher Milchertrag kg/Kuh	3 415	100,0			3 544	103,8			+ 1,2
34 Durchschnittliche jährliche Legeleistung Eier/Henne	177	100,0			194	109,6			+ 3,1

Anmerkungen:
1) Ermittelt durch Summation der von den landwirtschaftlichen Betrieben bewirtschafteten Flächen (= Ackerland i.w.S.) mit dem Dauergrünland (hilfsweise herangezogen: meadows, pasture, grazing forests). Siehe Japan Statistical Yearbook (1963), 82 pp. Die Daten der von den landwirtschaftlichen Betrieben bewirtschafteten Flächen (total cultivated land in operation) wurden entsprechend den Angaben anderer Jahrbücher nach oben korrigiert.Die unkorrigierten Angaben lauten: 1950: 5 048; 1955: 5 140; 1960: 5 280.
2) Berechnet bzw. geschätzt (*) unter Zugrundelegung der Daten von OHKAWA (1979), Pg. 296 sowie der aus dem Japan Statistical Yearbook (1958, 1960; Pg. 2) zu entnehmenden Grünlandangaben (privat land, pasture). Letztere wurden mangels anderer verfügbarer Daten nur hilfsweise herangezogen.
3) Siehe "total cultivated land in operation" (Fußnote 1).
4) Siehe OHKAWA-Daten (Fußnote 2).
5) "Total cultivated land in operation" abzüglich Ackergrünland, d.h. Trockenfeldflächen, die als Grünland genutzt werden. Letztere übernommen bzw. geschätzt (*) nach Japan Statistical Yearbook (1958), Pg. 72.
6) Quellenangaben bzgl. Anbauflächen vgl. Tabelle 25 im Anhang.
7) Angabe für 1950: geschätzt mit Hilfe der Datenrelation 1955:50 nach OHKAWA (1979), Pg. 296. 1955 und 1960: Japan Statistical Yearbook (1978), Pg. 51.
8) Siehe OHKAWA (1979), Pg. 296.
9) Japan Statistical Yearbook (1982), Pg. 117.
10) Zugrunde gelegte Fläche: LN* (1). Hinsichtlich Grundzahlen für Maschinen siehe KAJITA (1965), Pg. 47 und FUKUTAKE (1967), Pg. 20.
11) Zugrunde gelegte Fläche: LN* (1). Bezüglich Viehbestandsdaten siehe Tabelle 26 im Anhang sowie Japan Statistical Yearbook (1982), Pg. 146 pp.
12) Milchvieh des Alters von 2 und mehr Jahren.
13) Basisjahr 1955=100.
14) Japan Statistical Yearbook (1963), Pg. 207. Angabe für 1950: 1951.
15) Berechnet nach ebenda, 97 pp. Angabe für 1950: Ø 1950-54, für 1960: Ø 1955-59.
16) Berechnet nach ebenda, Pg. 105. Angabe für 1950: Ø 1954-56, für 1960: Ø 1957-59.

Quellen: Statistics Bureau, Prime Minister's Office, Japan Statistical Yearbook, versch. Jahrgänge, 1952-1982
K. OHKAWA and M. SHINOHARA with L. MEISSNER, Patterns of Japanese Economic Development. A Quantitative Appraisal. New Haven and London 1979 (zitiert "OHKAWA").

M. Kajita, Landreform in Japan. Tokyo 1965.

F. Fukutake, Japanese Rural Society. Translated by **R.P. Dore. Tokyo 1967.**

Tabelle 4: Agrarwirtschaftliche Indikatoren, Bundesrepublik Deutschland, 1950-1960[a] (I)

Zeile	1950 (t_1)		1955 (t_2)		1960 (t_3)		Jahresdurchschnittliche Veränderungen (nach Zinseszins)		
	Absolut-, Index- oder Anteilswert	Meßzahl/ Index 1950=100	Absolut-, Index- oder Anteilswert	Meßzahl/ Index 1950=100	Absolut-, Index- oder Anteilswert	Meßzahl/ Index 1950=100	$t_2:t_1$	$t_3:t_2$	$t_3:t_1$
A Landwirtschaftliche Fläche, landwirtschaftliche Arbeitskräfte und landwirtschaftliche Betriebe									
1 Landwirtschaftliche Nutzfläche (mit Grünland), LN, in 1 000 ha[1]	13 487	100,0			13 101	97,1			- 0,26
2 Landwirtschaftliche Nutzfläche (ohne Grünland), LN*, in 1 000 ha[1]	7 590	100,0			7 330	96,6			- 0,32
3 LN*:LN (Ackerlandanteil), in v.H.	56,3	100,0			55,9	99,4			- 0,05
4a Landwirtschaftliche Arbeitskräfte (ständige $AK = AK_L^{st}$), in 1 000[2]c	5 146	100,0	4 132	80,3	3 441	66,9	- 4,3	- 4,5	- 4,4
4b Landwirtschaftliche Arbeitskräfte (nichtständige $AK=AK_L^{nst}$), in 1 000[2]c	1 630	100,0	1 970	120,9	1 689	103,6	+ 3,9	- 3,8	+ 0,4
4c Landwirtschaftliche Arbeitskräfte (Voll-AK = AK_L^v), in 1 000[2]c	3 885	100,0	3 172	81,6	2 561	65,9	- 4,0	- 5,2	- 4,5
5 Landwirtschaftliche Betriebe (B_L) in 1 000[4]	1 939	100,0			1 618	83,4			- 1,6
6a Durchschnittliche Betriebsgröße (LN:B_L) ha/Betrieb	7,0	100,0			8,1	116,4			+ 1,0
6b Durchschnittliche Betriebsgröße (LN*:B_L), ha/Betrieb	4,0	100,0			4,5	112,7			+ 1,3
7a Durchschnittlicher flächenbezogener Arbeitsbesatz (I) AK_L^{st}/100 ha LN	38,4	100,0			26,3	68,5			- 4,1
7b Durchschnittlicher flächenbezogener Arbeitsbesatz (II) AK_L^{nst}/100 ha LN	12,1	100,0			12,9	106,1			+ 0,7
7c Durchschnittlicher flächenbezogener Arbeitsbesatz (III) AK_L^v/100 ha LN	29,0	100,0			19,5	67,5			- 4,3
8a Durchschnittlicher betriebsbezogener Arbeitsbesatz (I), AK_L^{st}/Betrieb	2,7	100,0			2,1	77,5			- 2,8
8b Durchschnittlicher betriebsbezogener Arbeitsbesatz (II), A_L^{nst}/Betrieb	0,9	100,0			1,0	120,1			+ 2,1
8c Durchschnittlicher betriebsbezogener Arbeitsbesatz (III), A_L^v/Betrieb	2,1	100,0			1,6	76,4			- 2,9

Anmerkungen und Quellen: Siehe Tabelle 4 (III).

XIII

Tabelle 4: Agrarwirtschaftliche Indikatoren, Bundesrepublik Deutschland, 1950-1960 (II)

Zeile	1950 (t_1)		1955 (t_2)		1960 (t_3)		Jahresdurchschnittliche Veränderungen (nach Zinseszins)		
	Absolut-, Index- oder Anteilswert	Meßzahl/ Index 1950=100	Absolut-, Index- oder Anteilswert	Meßzahl/ Index 1950=100	Absolut-, Index- oder Anteilswert	Meßzahl/ Index 1950=100	$t_2:t_1$	$t_3:t_2$	$t_3:t_1$
B Landwirtschaftlicher Maschinenbesatz, Maschinen pro 1 000 ha LN [5)e]									
9 E-Motoren	907,5	100,0			1 511,4	166,5			+ 4,7
10 Verbrennungsmotoren	4,6	100,0			3,9	84,5			- 1,5
11 Melkmaschinen	0,4	100,0			23,7	5 702,9			+ 44,9
12 Schlepper	5,5	100,0			60,8	1 100,3			+ 24,3
13 Mähdrescher			1,4	100,0	4,1	301,7			+ 44,5
C Gliederung des Ackerlandes nach Hauptgruppen des Anbaus, in v.H. [6)]									
14 Getreide	52,7	100,0	58,8	111,7	62,1	117,8	+ 2,2	+ 1,3	+ 1,8
15 Hülsenfrüchte	1,8	100,0	0,7	36,8	0,4	23,2	- 18,1	- 10,9	- 14,8
16 Hackfrüchte	25,6	100,0	25,1	98,1	23,3	91,2	- 0,4	- 1,8	- 1,0
17 Gemüse und Gartengewächse	2,1	100,0	0,9	45,3	1,0	49,9	- 14,6	+ 2,4	- 7,5
18 Handelsgewächse	1,8	100,0	0,6	34,1	0,9	46,4	- 19,3	+ 8,0	- 8,2
19 Futterpflanzen	16,0	100,0	13,8	86,4	12,3	76,8	- 2,9	- 2,9	- 3,7
D Entwicklung der Tierbesatzdichte, Tiere pro 1 000 ha LN [7)e]									
20a Rindvieh	828,9	100,0	870,2	105,0	916,1	110,5	+ 1,0	+ 1,7	+ 1,3
20b Milchkühe	449,0	100,0	428,7	95,5	422,7	94,1	- 0,9	- 0,5	- 0,8
21 Schweine	883,9	100,0	1 099,3	124,4	1 112,7	125,9	+ 4,5	+ 0,4	+ 2,9
22a Geflügel	3 573,3	100,0	3 939,9	110,3	4 351,2	121,8	+ 2,0	+ 3,4	+ 2,5
22b Legehennen	3 330,1	100,0	3 743,9	112,4	4 123,0	123,8	+ 2,4	+ 3,3	+ 2,7
23 Pferde	116,7	100,0	82,8	70,9	68,9	59,0	- 6,6	- 6,0	- 6,4
24 Schafe	122,1	100,0	89,5	73,3	84,0	68,8	- 6,0	- 2,1	- 4,6
25 Ziegen	100,1	100,0	57,7	57,6	36,6	36,5	- 10,4	- 14,1	- 11,8

Anmerkungen und Quellen: Siehe Tabelle 4 (III).

Tabelle 4: Agrarwirtschaftliche Indikatoren, Bundesrepublik Deutschland, 1950-1960 (III)

Zeile		1950 (t_1)		1955 (t_2)		1960 (t_3)		Jahresdurchschnittliche Veränderungen (nach Zinseszins)		
		Absolut-, Index- oder Anteilswert	Meßzahl/ Index 1950=100	Absolut-, Index- oder Anteilswert	Meßzahl/ Index 1950=100	Absolut-, Index- oder Anteilswert	Meßzahl/ Index 1950=100	$t_2:t_1$	$t_3:t_2$	$t_3:t_1$
E	Index der Agrarproduktion nach Hauptproduktionsbereichen, 1950=100 [8)]									
26	Pflanzliche Produktion (P_{pfl})	100,0		96,8		126,0		- 2,5	+ 5,4	+ 2,3
27	Tierische Produktion (P_{tier})	100,0		123,1		150,9		- 4,2	+ 4,2	+ 4,2
28	$P_{tier}:P_{pfl}$, in v.H.	100,0		127,2		119,8		+ 4,9	- 1,2	+ 1,8
F	Ertragsentwicklung der Hauptfruchtarten, dt/ha [9)d]									
29	Winterweizen	27,2	100,0			31,7	116,5			+ 1,7
30	Winterroggen	23,9	100,0			26,1	109,2			+ 1,0
31	Spätkartoffeln	218,5	100,0			226,4	103,6			+ 0,4
32	Zuckerrüben	335,3	100,0			354,3	105,7			+ 0,6
G	Eine Leistungskennziffern der tierischen Produktion [10)b]									
33	Durchschnittlicher jährlicher Milchertrag l/Kuh	2 779	100,0			3 164	113,9			+ 1,5
34	Durchschnittliche jährliche Legeleistung Eier/Henne	113	100,0			123	108,8			+ 0,9

Anmerkungen:

a Ausgewählte Jahre
b Bundesgebiet ohne W-Berlin und Saarland
c Bundesgebiet ohne W-Berlin, Saarland, Hamburg und Bremen
d Bundesgebiet mit Saarland, ohne W-Berlin
e Daten enthalten geringfügige Ungenauigkeiten wegen Änderung der gebietlichen Abgrenzung

Bei der Berechnung der Relationen sowie der Veränderungsraten wurden teilweise Interpolationen bzw. Schätzungen vorgenommen, um gebietsabgrenzungs- sowie zeitraumbedingte Verzerrungen gering zu halten.

1) Lange Reihen... (1973), S. 35. Angaben für 1950: Erhebung von 1949. Die LN* wurde geschätzt. LN: Fläche der landwirtschaftlichen Betriebe im Sinne der jeweiligen Definition der Hauptproduktionsrichtung.
2) Statistisches Jahrbuch über Ernährung, Landwirtschaft und Forsten (1963), S. 41. Angaben für 1950: WJ 1950/51.
3) Ebenda, S. 43. Angaben für 1950: WJ 1950/51.
4) Lange Reihen... (1973), S. 35. Angabe von 1949: Erhebung von 1949.
5) Daten über Maschinenbestand (ohne Melkmaschinen): 1950 (Erhebungsjahr 1949) siehe Statistisches Jahrbuch (1952), S. 112 f.; 1950 (Melkmaschinen, Erhebungsjahr 1949), 1955 (Mähdrescher, Erhebungsjahr 1957) sowie 1960 (Gesamtbestand) siehe Statistisches Jahrbuch über Ernährung, Landwirtschaft und Forsten (1963), S. 62.
6) Siehe Tabelle 25 im Anhang und die dort angeführten Quellen.
7) Bezüglich der zugrunde gelegten Tierbestandszahlen siehe Tabelle 26 im Anhang sowie Statistisches Jahrbuch über Ernährung, Landwirtschaft und Forsten (1957, S. 95 f.; 1960, S. 123 f.; Angaben für die WJ 1950/51, 1955/56 und 1958/59). Sonstige Angaben sind bezogen auf 1950, 1955 und 1960.
8) Volumenindices, Nominalwerte deflationiert mit jeweiligen Preisindices (Originalbasis 1957/58/1958/59=100); Datengrundlage: Statistisches Jahrbuch über ELF, versch. Jahrg. (1957-1963), Nominalwerte: Tabelle "Geldwert der Nahrungsmittelproduktion nach Erzeugnissen" sowie "Index der Erzeugerpreise landwirtschaftlicher Produkte".
9) Berechnet nach Statistisches Jahrbuch über ELF (1980), S. 79. Angabe für 1950: Ø 1949-1954, Angabe für 1960: Ø 1955-60.
10) Berechnet nach Statistisches Jahrbuch über ELF (1957, S. 95 f.; 1960, S. 123 f.). Angabe für 1950: Ø 1950/51-1954/55, Angabe für 1960: Ø 1955/56-1959/60.

Quellen: Statistisches Jahrbuch über Ernährung, Landwirtschaft und Forsten, Jahrg. 1957-1963 sowie 1980
 Statistisches Jahrbuch für die Bundesrepublik Deutschland, Jahrg. 1952.
 Statistisches Bundesamt, Lange Reihen zur Wirtschaftsentwicklung, Stuttgart und Mainz, 1973.
 Eigene Berechnungen. - Übernommene Daten wurden teilweise gerundet.

Tabelle 5: Veränderungen in der Produktion, der Produktionsstruktur, dem Input, der Intensität und der Produktivität in der japanischen Landwirtschaft, 1950-1960 (Preise zur Basis 1934-36=100) (I)

Zeile	1950 (t_1)		1955 (t_2)		1960 (t_3)		Jahresdurchschnittliche Veränderungen (nach Zinseszins)		
	Absolut-, Index- oder Anteilswert	Meßzahl/ Index 1950=100	Absolut-, Index- oder Anteilswert	Meßzahl/ Index 1950=100	Absolut-, Index- oder Anteilswert	Meßzahl/ Index 1950=100	$t_2:t_1$	$t_3:t_2$	$t_3:t_1$
A Entwicklung des landwirtschaftlichen Produktionsvolumens									
1 Bruttoproduktion, BP, in 100 Mio. Yen[1)]	31,58	100,0	42,67	135,1	47,77	151,3	+ 6,2	+ 2,3	+ 4,2
2 Vorleistungen, VL, in 100 Mio. Yen[2)]	7,09	100,0	9,84	138,8	12,84	181,1	+ 6,8	+ 5,5	+ 6,1
3 Nettoproduktion, NP, in 100 Mio. Yen	24,49	100,0	32,83	134,1	34,93	142,6	+ 6,0	+ 1,2	+ 3,6
4 NP:BP, in v.H.	77,5	100,0	76,9	99,2	73,1	94,3	- 0,2	- 1,0	- 0,6
B Volumenstruktur der Agrarproduktion, Anteilswerte (BP_i:BP) in v.H.[4)]									
5 Pflanzliche Produktion insgesamt	92,3	100,0	87,6	94,9	84,5	91,6	- 1,0	- 0,7	- 0,9
6 Reis	56,0	100,0	53,2	94,9	49,3	88,1	- 1,0	- 1,5	- 1,3
7-10a Übrige pflanzliche Erzeugnisse	36,3	100,0	34,4	94,9	35,2	97,0	- 1,0	+ 0,4	- 0,3
10b Seidenproduktion	2,6	100,0	2,8	107,0	2,4	93,2	+ 1,4	- 2,7	- 0,7
11-13 Tierische Erzeugnisse insgesamt	5,1	100,0	9,6	188,0	13,0	255,8	+ 13,5	+ 6,4	+ 9,8

Anmerkungen und Quellen: Siehe Tabelle 5 (II).

Tabelle 5: Veränderungen in der Produktion, der Produktionsstruktur, dem Input, der Intensität und der Produktivität in der japanischen Landwirtschaft, 1950-1960[a] (Preise zur Basis 1934-36=100) (II)

Zeile	1950 (t_1)		1955 (t_2)		1960 (t_3)		Jahresdurchschnittliche Veränderungen (nach Zinseszins)		
	Absolut-, Index- oder Anteilswert	Meßzahl/ Index 1950=100	Absolut-, Index- oder Anteilswert	Meßzahl/ Index 1950=100	Absolut-, Index- oder Anteilswert	Meßzahl/ Index 1950=100	$t_2:t_1$	$t_3:t_2$	$t_3:t_1$
C Faktoreinsatz, F[5)]									
14 Faktor Arbeit A Landwirtschaftliche AK, in Mio. AK	16,00	100,0	15,41	96,3	13,39	83,7	- 0,7	- 2,8	- 1,8
15 Faktor Kapital, K, in Mrd. Yen	4,60	100,0	5,53	120,2	7,13	155,0	+ 3,8	+ 5,2	+ 4,5
16 Faktor Boden, B, in Mio. ha	5,86	100,0	5,98	102,0	6,07	103,6	+ 0,4	+ 0,3	+ 0,4
D Entwicklung der Faktorintensitäten, 1950=100									
17 Arbeitsintensität (A:B)		100,0		94,4		80,8	- 1,2	- 3,1	- 2,1
18 Bodenbezogene Kapitalintensität (K:B)		100,0		117,8		149,6	+ 3,3	+ 4,9	+ 4,1
19 Arbeitsbezogene Kapitalintensität (K:A)		100,0		124,8		185,2	+ 4,5	+ 8,2	+ 6,4
E Produktivitätsentwicklung, 1950=100									
20 Arbeitsproduktivität (BP:A)		100,0		140,3		180,8	+ 7,0	+ 5,2	+ 6,1
21 Kapitalproduktivität (BP:K)		100,0		112,4		97,6	+ 2,4	- 2,8	- 0,2
22 Bodenproduktivität (BP:B)		100,0		132,4		146,0	+ 5,8	+ 2,0	+ 3,9

Anmerkungen:
a Ausgewählte Jahre.
b Prices at the farm gate (≙ Marktpreise).
1) Total agricultural production. Siehe OHKAWA (1979), 290 pp.
2) Differenz zwischen Bruttoproduktion (agricultural production) und Nettoproduktion, d.h. der Bruttowertschöpfung (gross value added).
3) Gross value added. Siehe OHKAWA (1979), 290 pp.
4) Berechnet nach ebenda.
5) Ebenda, Pg. 296.

Quellen: K. OHKAWA und M. SHINOHARA with L. MEISSNER (Eds.), Patters of Japanese Economic Development. A Quantitative Appraisal. New Haven and London 1979.

XVII

Tabelle 6: Veränderungen in der Produktion, der Produktionsstruktur, dem Input, der Intensität und der Produktivität in der bundesdeutschen Landwirtschaft, 1950/51-1960/61 (Preise zur Basis 1950/51=100) (I)

Zeile		1950/51 (t_1)		1955/56 (t_2)		1960/61 (t_3)		Jahresdurchschnittliche Veränderungen (nach Zinseszins)		
		Absolut-, Index- oder Anteilswert	Meßzahl/ Index 1950=100	Absolut-, Index- oder Anteilswert	Meßzahl/ Index 1950=100	Absolut-, Index- oder Anteilswert	Meßzahl/ Index 1950=100	$t_2:t_1$	$t_3:t_2$	$t_3:t_1$
A Entwicklung des landwirtschaftlichen Produktionsvolumens										
1	Bruttoproduktion, BP, in Mrd. DM[1]	13,00	100,0	15,02	115,5	18,68	143,7	+ 2,9	+ 4,5	+ 3,7
2	Vorleistungen, VL, in Mrd. DM[2]	4,05	100,0	5,18	127,9	6,60	163,0	+ 5,0	+ 5,0	+ 5,0
3	Nettoproduktion, NP, in Mrd. DM	8,95	100,0	9,84	109,9	12,08	135,0	+ 1,9	+ 4,2	+ 3,0
4	NP:BP, in v.H.	68,8	100,0	65,5	95,2	64,7	93,9	- 1,0	- 0,3	- 0,6
B Volumenstruktur der Agrarproduktion, Anteilswerte (BP_i:BP) in v.H.										
5	Pflanzliche Produktion insgesamt	28,7	100,0	24,0	83,7	25,1	87,6	- 3,5	+ 0,9	- 1,3
6	Getreide und Hülsenfrüchte	8,3	100,0	9,1	109,9	8,2	98,9	+ 1,9	- 2,1	- 0,1
7	Hackfrüchte	9,2	100,0	7,2	77,4	6,6	71,7	- 5,0	- 1,5	- 3,3
8	Gemüse	2,8	100,0	1,9	67,0	1,9	65,8	- 7,7	- 0,4	- 4,1
9	Obst	4,2	100,0	3,0	71,9	5,0	120,5	- 6,4	+ 10,1	+ 1,9
10	Sonstige pflanzliche Erzeugnisse	4,2	100,0	2,9	68,8	3,5	82,8	- 7,2	+ 3,8	- 1,9
11	Tierische Erzeugnisse insgesamt	71,3	100,0	76,0	106,5	74,9	105,0	+ 1,3	- 0,3	+ 0,5
12	Fleischerzeugnisse	38,8	100,0	46,1	125,3	44,2	120,2	+ 4,6	- 0,8	+ 1,9
13	Sonstige tierische Erzeugnisse	34,6	100,0	29,9	86,6	30,7	88,8	- 2,8	+ 0,5	- 1,2

Anmerkungen und Quellen: Siehe Tabelle 6 (II).

XVIII

Tabelle 6: Veränderungen in der Produktion, der Produktionsstruktur, dem Input, der Intensität und der Produktivität in der bundesdeutschen Landwirtschaft, 1950/51-1960/61 (Preise zur Basis 1950/51=100) (II)

Zeile	1950/51 (t_1)		1955/56 (t_2)		1960/61 (t_3)		Jahresdurchschnittliche Veränderungen (nach Zinseszins)		
	Absolut-, Index- oder Anteilswert	Meßzahl/ Index 1950=100	Absolut-, Index- oder Anteilswert	Meßzahl/ Index 1950=100	Absolut-, Index- oder Anteilswert	Meßzahl/ Index 1950=100	$t_2:t_1$	$t_3:t_2$	$t_3:t_1$
C Faktoreinsatz, F									
14 Faktor Arbeit A									
14a Ständige landwirtschaftliche AK (AI), in Mio. AK [3)]	5,15	100,0	4,13	80,2	3,30	64,1	- 4,3	- 4,4	- 4,4
14b Landwirtschaftliche Voll-AK (AII), in Mio. AK [4)]	3,99	100,0	3,17	79,4	2,38	59,6	- 4,5	- 5,6	- 5,0
15 Faktor Kapital, K, in MRd. DM	29,29	100,0	33,54	114,5	42,79	146,1	+ 2,7	+ 5,0	+ 3,9
16 Faktor Boden, B, in Mio. ha	14,08	100,0	14,27	101,3	14,10	100,1	+ 0,3	- 0,2	+ 0,01
E Produktivitätsentwicklung, 1950/51=100									
20a Arbeitsproduktivität I (BP:AI)	100,0		144,0		224,2		+ 7,6	+ 9,1	+ 8,4
20b Arbeitsproduktivität II (BP:AII)	100,0		145,4		240,9		+ 7,8	+ 10,6	+ 9,2
21 Kapitalproduktivität (BP:K)	100,0		100,9		98,4		+ 0,2	- 0,5	- 0,2
22 Bodenproduktivität (BP:B)	100,0		127,6		167,9		+ 5,0	+ 5,6	+ 5,3
D Entwicklung der Faktorintensitäten, 1950/51=100									
17a Arbeitsintensität I (AI:B)	100,0		79,1		64,0		- 4,6	- 4,2	- 4,4
17b Arbeitsintensität II (AII:B)	100,0		78,4		59,6		- 4,8	- 5,3	- 5,0
18 Bodenbezogene Kapitalintensität (K:B)	100,0		113,0		145,9		+ 2,5	+ 5,2	+ 3,8
19a Arbeitsbezogene Kapitalintensität (K:AI)	100,0		142,8		228,0		+ 7,4	+ 9,8	+ 8,6
19b Arbeitsbezogene Kapitalintensität (K:AII)	100,0		144,1		244,9		+ 7,6	+ 11,1	+ 9,4

Anmerkungen:
Bei den ausgewiesenen Zahlen handelt es sich um grob angenäherte Globaldaten
a   Ausgewählte Jahre
b   Bundesgebiet ohne Saarland und W-Berlin
c   Wertgrößen wurden mittels der in den Statistiken ausgewiesenen Preisindices in Volumengrößen umgerechnet. Datengrundlage: Statistisches Jahrbuch über ELF, versch. Jahrg. (1957-1963), Nominalwerte: Tabelle "Geldwert der Nahrungsmittelproduktion nach Erzeugnissen" sowie "Index der Erzeugerpreise landwirtschaftlicher Produkte (Originalbasis 1957/58/1958/59=100)
1) Siehe Anmerkung c.
2) Näherungsweise ermittelt anhand ausgewählter Positionen der Betriebsausgaben, die Deflationierung erfolgte mittels des Betriebsmittelpreisindexes (Originalbasis 1958/59=100). Datengrundlage Betriebsausgaben: Statistisches Jahrbuch über ELF (1961, S. 134; 1963, S. 150); Betriebsmittelpreisindex: Ebenda (1962), S. 232.
3) Statistisches Jahrbuch über ELF (1963), S. 41.
4) Ebenda, S. 43.
5) Hilfsweise Bruttoanlagevermögen der Land- und Forstwirtschaft in konstanten Preisen von 1950/51, deflationiert mittels des Preisindexes für Bruttoanlageinvestitionen. Datengrundlage: DIW (1977), S. A7, A8.
6) Gebietsbereinigt, d.h. bezogen auf Bundesgebiet ohne Saarland und W-Berlin. Geschätzt anhand der gesamtbundesgebietlichen Bodennutzungsdaten (Lange Reihen ..., 1973, S. 36) sowie derjenigen des Saarlandes und W-Berlins von 1957 (Statistisches Jahrbuch über ELF, 1957, Anhang).

Quellen: Statistisches Jahrbuch über Ernährung, Landwirtschaft und Forsten, Jahrg. 1957-1963
         Statistisches Bundesamt, Lange Reihen zur Wirtschaftsentwicklung. Stuttgart und Mainz 1973
         Deutsches Institut für Wirtschaftsforschung (DIW), Daten zur Entwicklung des Produktionspotentials, des Einsatzes von Arbeitskräften und Anlagevermögen sowie der Einkommensverteilung in den Wirtschaftsbereichen der Bundesrepublik Deutschland, 1950-1975, Berlin 1977
         Eigene Berechnungen. - Übernommene Daten wurden teilweise gerundet

Tabelle 7: Entwicklung wichtiger agrarwirtschaftlicher Output- und Inputpreise, Japan, 1952-1960[a] (Preisindices, Basisjahr 1952=100)[b]

	1952 (t_1)	Ø 1952 - 1955 (d_1)	1955 (t_2)	Ø 1955 - 1960 (d_2)	1960 (t_3)	Jahresdurchschnittliche Veränderungsraten (nach Zinseszins)		
						$d_1:t_1$	$d_2:t_1$	$d_2:d_1$
Outputpreise								
- Produktpreise insgesamt	100,0	110,8	109,8	108,5	112,9	+ 7,1	+ 1,5	- 0,5
- Preise pflanzlicher Produkte	100,0	114,7	116,1	112,7	114,8	+ 9,6	+ 2,2	- 0,4
. Reis	100,0	112,5	113,2	111,2	111,2	+ 8,2	± 1,9	- 0,3
. Getreide	100,0	99,7	99,6	100,0	99,2	- 0,2	± 0	+ 0,1
. Hackfrüchte (Kartoffeln)	100,0	111,2	102,6	99,6	98,7	+ 7,3	- 0,1	+ 0,1
. Obst und Nüsse	100,0	156,2	191,8	143,9	148,8	+ 34,6	+ 6,8	- 2,0
. Gemüse	100,0	121,2	111,2	127,3	144,2	+ 13,7	+ 4,5	+ 1,2
. Industriefrüchte	100,0	106,5	107,9	102,3	104,9	+ 4,3	+ 0,4	- 1,0
- Preise für Seidenrohprodukt (Kokons)	100,0	98,9	90,5	90,3	107,5	- 0,7	- 1,8	- 2,2
- Preise tierischer Produkte	100,0	102,8	96,4	101,0	110,6	+ 1,9	+ 0,2	- 0,4
Inputpreise								
- Betriebsmittel insgesamt	100,0	101,3	99,7	99,8	100,8	+ 0,9	- 0,04	- 0,4
. Handelsdünger	100,0	95,9	92,1	85,0	78,9	- 2,8	- 2,9	- 3,0
. Zukaufsfutter	100,0	100,8	103,0	101,7	98,1	+ 0,5	+ 0,3	+ 0,2
. Saat- und Pflanzgut	100,0	114,0	116,4	111,7	118,8	+ 9,1	+ 2,0	- 0,5
. Landwirtschaftliches Zubehör (Maschinen, Geräte etc.)	100,0	107,6	114,8	126,0	129,4	+ 5,0	+ 4,3	+ 4,0
- Löhne (Meßzahl)	100,0	114,3	125,0	138,4	155,9	+ 9,3	+ 6,1	+ 4,9
- Grundstückspreise (Meßzahlen)								
. Naßfelder	100,0	177,6	159,5	347,1	417,4	+ 46,7	+ 25,4	+ 18,2
. Trockenfelder	100,0	167,4	237,1	324,9	392,4	+ 41,0	+ 23,9	+ 18,0

Anmerkungen:
a Ausgewählte Jahre
b Originalbasis 1957=100

Quellen: Datengrundlage: Output- und Betriebsmittelpreise: Japan Statistical Yearbook, 1961, 326 pp.
Meßzahl über Lohnentwicklung berechnet nach K. OHKAWA and M. SHINOHARA with L. MEISSNER (Eds.), Patterns of Japanese Economic Development. A Quantitative Appraisal. New Haven and London 1979, Pg. 391.
Meßzahlen über Bodenpreisentwicklung ermittelt nach Japan Statistical Yearbook, 1963, Pg. 106.
Eigene Berechnungen. Übernommene Daten wurden teilweise gerundet.

Tabelle B: Entwicklung wichtiger agrarwirtschaftlicher Output- und Inputpreise, Bundesrepublik Deutschland, 1950/51-1960/61 (Preisindices, Basisjahr 1950/51=100)

	1950/51 t_1	Ø 1950/51 - 1955/56 (d_1)	1955/56 (t_2)	Ø 1950/51 - 1955/56 (d_2)	1960/61 (t_3)	Jahresdurchschnittliche Veränderungsraten (nach Zinseszins)		
						$d_1:t_1$	$d_2:t_1$	$d_2:d_1$
Outputpreise								
- Produktpreise insgesamt	100,0	113,2	113,2	128,3	127,2	+ 5,1	+ 3,4	+ 2,5
- Preise pflanzlicher Produkte	100,0	130,0	143,6	147,3	132,0	+ 11,1	+ 5,3	+ 2,5
. Getreide und Hülsenfrüchte	100,0	124,1	128,0	129,1	128,8	+ 9,0	+ 3,5	+ 0,8
. Hackfrüchte	100,0	140,3	168,0	163,5	150,8	+ 14,5	+ 6,8	+ 3,1
. Obst	100,0	117,7	143,1	164,2	127,3	+ 6,7	+ 6,8	+ 6,9
. Gemüse	100,0	188,9	180,2	218,1	194,6	+ 28,9	+ 10,9	+ 2,9
- Preise tierischer Produkte	100,0	105,7	133,3	119,5	122,7	+ 2,3	+ 2,4	+ 2,5
. Schlachtvieh	100,0	104,3	109,5	113,3	117,6	+ 1,7	+ 1,7	+ 1,7
. Milch	100,0	109,4	119,5	131,2	132,7	+ 3,7	+ 3,7	+ 3,7
. Eier	100,0	105,9	113,1	102,6	101,8	+ 2,3	+ 0,4	- 0,6
Inputpreise								
- Betriebsmittel insgesamt	100,0	112,3	116,8	123,6	129,8	+ 4,7	+ 2,9	+ 1,9
. Handelsdünger	100,0	102,1	105,0	111,2	119,5	+ 0,8	+ 1,4	+ 1,7
. Zukauffuttermittel	100,0	114,9	120,5	120,2	119,4	+ 5,7	+ 2,5	+ 0,9
. Bauten	100,0	114,9	126,1	140,6	150,1	+ 5,7	+ 4,6	+ 4,1
. Maschinen	100,0	116,3	124,2	131,2	138,3	+ 6,2	+ 3,7	+ 2,4
- Löhne	100,0	130,4	156,5	185,0	219,4	+ 11,2	+ 8,6	+ 7,3
- Grundstückspreise	100,0	113,7	127,4	141,1	154,7	+ 5,3	+ 4,7	+ 4,4

Quellen: Datengrundlage für Output- resp. Betriebsmittelpreise: Statistisches Bundesamt, Lange Reihen zur Wirtschaftsentwicklung, Stuttgart und Mainz 1973, S. 130 f. (Originalbasis 1961/62-1962/63 resp. 1962/63 =100); für Löhne und Grundstückspreise: A. WEBER, Productivity Growth in German Agriculture 1850 to 1970. Staff Paper P73-1, Minnesota, Aug. 1973, Appendix Pg. 68. Siehe auch die dort angeführten Quellen. Der Bodenpreis für 1954 wurde nach HRUBESCH (siehe Anmerkung A. WEBER, Appendix Pg. 47) angepaßt. - Eigene Berechnungen.

XXI

Tabelle 9: Gesamt- und agrarwirtschaftliche Indikatoren, Japan, 1960-1970[a] (I)

Zeile	1960 (t_1)		1965 (t_2)		1970 (t_3)		Jahresdurchschnittliche Veränderungen (nach Zinseszins)		
	Absolut-, Index- oder Anteilswert	Meßzahl/ Index 1960=100	Absolut-, Index- oder Anteilswert	Meßzahl/ Index 1960=100	Absolut-, Index- oder Anteilswert	Meßzahl/ Index 1960=100	$t_2:t_1$	$t_3:t_2$	$t_3:t_1$
A Wirtschaftsfläche und landwirtschaftliche Fläche									
1 Wirtschaftsfläche (WF), in 1 000 ha[1)]	36 966	100,0	36 977	100,0	37 249	100,8	+ 0,01	+ 0,1	+ 0,1
2 Landwirtschaftliche Nutzfläche (mit Grünland) LN, in 1 000 ha[2)]	6 249	100,0	6 196	99,2	5 978	95,7	- 0,2	- 0,7	- 0,4
3 Landwirtschaftliche Nutzfläche (ohne Grünland) LN*, in 1 000 ha[2)]	6 071	100,0	6 004	98,9	5 796	95,5	- 0,2	- 0,7	- 0,5
4 LN:WF, in v.H.	16,9	100,0	16,8	99,1	16,0	94,9	- 0,2	- 0,9	- 0,5
5 LN*:WF, in v.H.	16,4	100,0	16,2	98,9	15,6	94,7	- 0,2	- 0,8	- 0,5
B Bevölkerung, landwirtschaftliche Bevölkerung und Bevölkerungsdichte									
6 Gesamtbevölkerung (Bev), in 1 000[4)]	93 419	100,0	98 275	105,2	103 720	111,0	+ 1,0	+ 1,0	+ 1,1
7 Agrarbevölkerung (Bev_L), in 1 000[5)]	34 411	100,0	30 083	87,4	26 282	76,4	- 2,7	- 2,7	- 2,7
8 Bev_L:Bev, in v.H.	36,8	100,0	30,6	83,1	25,3	68,8	- 3,6	- 3,7	- 3,7
9 Einwohner pro qkm WF	252,7	100,0	265,8	105,2	278,5	110,2	+ 1,0	+ 0,9	+ 1,0
10 Einwohner pro qkm LN	1 494,9	100,0	1 586,1	106,1	1 735,0	116,1	+ 1,2	+ 1,8	+ 1,5
11 Einwohner pro qkm LN*	1 538,8	100,0	1 636,8	106,4	1 789,5	116,3	+ 1,2	+ 1,8	+ 1,5
C Erwerbstätige insgesamt und landwirtschaftliche Erwerbstätige									
12a Gesamtzahl der Erwerbstätigen (ET), in 1 000[6)]	43 691	100,0	47 610	109,0	52 235	119,6	+ 1,7	+ 1,9	+ 1,8
12b dgl. andere Datenquelle[7)]	44 360	100,0	47 300	106,6	50 940	114,8	+ 1,3	+ 1,5	+ 1,4
13a Erwerbstätige in der Agrarwirtschaft (ET_L), in 1 000[6)]	14 236	100,0	11 732	82,4	10 075	70,8	- 3,8	- 3,0	- 3,4
13b dgl. andere Datenquelle[7)]	13 400	100,0	11 130	83,1	8 860	66,1	- 3,6	- 4,5	- 4,1
14a ET_L:ET, in v.H.	32,6	100,0	24,6	75,6	19,3	59,2	- 5,4	- 4,8	- 5,1
14b dgl. (siehe 12b und 13b)	30,2	100,0	23,5	77,9	17,4	57,6	- 4,9	- 5,9	- 5,4

Anmerkungen und Quellen: Siehe Tabelle 9 (III).

XXII

Tabelle 9: Gesamt- und agrarwirtschaftliche Indikatoren, Japan, 1960-1970[a] (II)

Zeile	1960 (t_1)		1965 (t_2)		1970 (t_3)		Jahresdurchschnittliche Veränderungen (nach Zinseszins)		
	Absolut-, Index- oder Anteilswert	Meßzahl/ Index 1960=100	Absolut-, Index- oder Anteilswert	Meßzahl/ Index 1960=100	Absolut-, Index- oder Anteilswert	Meßzahl/ Index 1960=100	$t_2:t_1$	$t_3:t_2$	$t_3:t_1$
D Produktions-, Produktivitäts- und Einkommensentwicklung in Gesamt-/Industrie- und Agrarwirtschaft									
15 Industriewirtschaftlicher Produktionsindex (PI_I, Ø 1952-56=100)[8)c]	222,9	100,0	384,3	172,4	709,8	318,4	+ 11,5	+ 16,6	+ 13,7
16 Agrarwirtschaftlicher Produktionsindex (FAO) (PI_L, Ø 1952-56=100)[9)c]	118,0	100,0	135,0	114,4	159,0	134,7	+ 2,7	+ 4,2	+ 3,4
17 $PI_L:PI_I$ in v.H.	52,9	100,0	35,1	66,4	22,4	42,3	- 77,9	- 10,6	- 9,1
18a Gesamtwirtschaftliches Bruttoinlandsprodukt zu Marktpreisen (BIP^n_M) in Mrd. Yen, nominal[10)]	15 806	100,0	31 522	199,4	70 296	444,7	+ 14,8	+ 17,4	+ 16,1
18b dgl. (andere Datenquelle)[11)b]			32 750	100,0	73 285	223,8		+ 17,5	
19a Agrarwirtschaftliches Bruttoinlandsprodukt zu Marktpreisen ($BIP^n_{M,L}$), in Mrd. Yen, nominal[10)]	2 098	100,0	3 153	150,3	4 691	223,6	+ 8,5	+ 8,3	+ 8,4
19b dgl. (andere Datenquelle)[11)b]			2 982	100,0	4 463	149,7		+ 8,4	
20a $BIP^n_{M,L}:BIP^n_M$, in v.H.	13,3	100,0	10,0	75,4	6,7	50,3	- 5,5	- 7,8	- 6,6
20b Dgl. (s. 18b und 19b)			9,1	100,0	6,1	66,9		- 7,7	
21a BIP^r (Gesamtwirtschaft), in Mrd. Yen, real (in konst. Preisen von 1976)[12)]	43 131	100,0	67 795	157,2	117 643	272,8	+ 9,5	+ 11,7	+ 10,6
21b dgl. (andere Datenquelle)[13)b]			70 436	100,0	122 645	174,1		+ 11,7	
22a BIP^r_L (Agrarwirtschaft), in Mrd. Yen, real (in konst. Preisen von 1976)[12)]	7 583	100,0	7 978	105,2	8 638	113,9	+ 1,0	+ 1,6	+ 1,3
22b dgl. (andere Datenquelle)[13)b]			7 545	100,0	8 218	108,9		+ 1,7	
23a $BIP^r_{M,L}:BIP^r_M$, in v.H.	17,6	100,0	11,8	66,9	7,3	41,8	- 7,7	- 9,0	- 8,3
23b dgl. (siehe 21b und 22b)			10,7	100,0	6,7	62,6		- 9,0	
24 BSP^r/Bev (Bruttosozialprodukt pro Kopf der Bevölkerung), in Yen, real (in konst. Preisen von 1976)[14)]	473 479	100,0	750 910	100,0	1 213 060	256,2	+ 9,7	+ 10,1	+ 9,9
25a BIP^r_M/ET (pro Erwerbstätigen), in Yen, real (in konst. Preisen von 1976)[15)]	987 183	100,0	1 423 966	144,2	2 252 187	228,1	+ 7,6	+ 9,6	+ 8,6
25b dgl. (andere Datenquelle)[16)b]			1 479 437	100,0	2 347 947	158,7		+ 9,7	
26a $BIP^r_{M,L}$/ET (pro landwirtschaftlichem Erwerbstätigen), in Yen, real (in konst. Preisen von 1976)[15)c]	532 664	100,0	680 020	127,7	857 437	161,0	+ 5,0	+ 4,7	+ 4,9
26b dgl. (andere Datenquelle)[16)b]			643 113	100,0	815 682	126,8		+ 4,9	
27a $BIP^r_{M,L}$/ET:BIP^r_M/ET, in v.H.	54,0	100,0	47,8	88,5	38,1	70,6	- 2,4	- 4,4	- 3,4
27b dgl. (siehe 25b und 26b)			43,5	100,0	34,7	79,7		- 4,4	

Anmerkungen und Quellen: Siehe Tabelle 9 (III).

XXIII

Tabelle 9: Gesamt- und agrarwirtschaftliche Indikatoren, Japan, 1960-1970[b] (III)

Zeile	1960 (t_1)		1965 (t_2)		1970 (t_3)		Jahresdurchschnittliche Veränderungen (nach Zinseszins)		
	Absolut-, Index- oder Anteilswert	Meßzahl/ Index 1960=100	Absolut-, Index- oder Anteilswert	Meßzahl/ Index 1960=100	Absolut-, Index- oder Anteilswert	Meßzahl/ Index 1960=100	$t_2:t_1$	$t_3:t_2$	$t_3:t_1$
E Preisniveauentwicklung in Gesamt- und Agrarwirtschaft									
28 Preisindex für die Lebenshaltung, 1976=100[17])	30,4	100,0	40,7	133,9	53,1	174,7	+ 6,0	+ 5,5	+ 5,7
29 Impliziter BIP-Deflator (Gesamtwirtschaft, G), 1976=100[18])	36,6	100,0	46,5	127,0	59,8	163,4	+ 4,9	+ 5,2	+ 5,0
30 Impliziter BIP-Deflator (Agrarwirtschaft, L), 1976=100[19])	27,7	100,0	39,5	142,6	54,3	196,0	+ 7,4	+ 6,6	+ 7,0
31 BIP-Defl. L:BIP-Defl. G, in v.H.	75,7	100,0	84,9	112,2	90,8	120,0	+ 2,3	+ 1,3	+ 1,8
F Gesamt- und Agrar-/Ernährungsaußenhandel[19])									
32 Gesamtexporte (Ex)[10]) in 100 Mio. Yen (nominal)	14 596	100,0	30 426	208,5	69 544	476,5	+ 15,8	+ 18,0	+ 16,9
33 Ernährungsexporte (Ex$_L$)[10]) in 100 Mio. Yen (nominal)	921	100,0	1 238	134,4	2 332	253,2	+ 6,1	+ 13,5	+ 9,7
34 Ex$_L$:Ex, in v.H.	6,3	100,0	4,1	64,5	3,4	53,1	- 8,4	- 3,8	- 6,1
35 Gesamtimporte (Im)[10]) in 100 Mio. Yen (nominal)	16 168	100,0	29 408	181,9	67 972	420,4	+ 12,7	+ 18,2	+ 15,4
36 Ernährungsimporte (Im$_L$)[10]) in 100 Mio. Yen (nominal)	1 971	100,0	5 292	268,5	9 267	470,2	+ 21,8	+ 11,9	+ 16,7
37 Im$_L$:Im, in v.H.	12,2	100,0	18,0	147,6	13,6	111,8	+ 8,1	- 5,4	+ 1,1

Anmerkungen:
a   Ausgewählte Jahre.
b   Meßzahl/Index zur Basis 1955=100.
c   Wert für 1970: 1969.
1) Japan Statistical Yearbook (1965, 1967, 1971: Pg. 1).
2) Ermittelt durch Summation der Kulturfläche (total cultivated land, Japan Statistical Yearbook, 1982, Pg. 124 oder OHKAWA, 1979, 296 pp.) mit dem Dauergrünland (private land pasture; Japan Statistical Yearbook, 1982, Pg. 6). Beide Datenreihen sind nur bedingt konsistent; diejenige für das Dauergrünland wurde hilfsweise herangezogen.
3) Siehe Quelle "Kulturfläche" unter Fußnote 2).
4) Japan Statistical Yearbook (1982), Pg. 14-15.
5) Ebenda, Pg. 121.
6) Japan Statistical Yearbook (1978), Pg. 60.
7) OECD, Labour Force Statistics, versch. Jahrg.
8) Berechnet nach Japan Statistical Yearbook (1963, Pg. 208; 1971, Pg. 244). Originalbasis 1960 bzw. 1965=100.
9) FAO, Production Yearbook (1970), Pg. 30.
10) OHKAWA (1979), Pg. 281-282.
11) OECD, National Accounts (Vol. II; 1981), Pg. 32-33.
12) Nominalwerte (siehe Quelle unter Fußnote 10)) deflationiert mit implizitem BIP- bzw. BIP$_L$-Preisdeflator (siehe Anmerkung unter Fußnote 20)).
13) Nominalwerte (siehe Quelle unter Fußnote 11)) deflationiert mit impliziten BIP- bzw. BIP$_L$-Preisdeflator (siehe Anmerkung unter Fußnote 18)).
14) Deflationiert mit implizitem BSP-Preisdeflator. Grunddaten: BSP zu laufenden Preisen: OECD, National Accounts (1971), Pg. 84 sowie DIESELBE, Main Economic Indicators (1981), Pg. 10; BSP-Deflator: DIESELBE, Main Economic Indicators (1973, Pg. 2; 1981, Pg. 10). Bevölkerung (mid year estimates): OECD, National Accounts (Vol. I, 1980, Pg. 89).
15) Grunddaten: siehe Quellen unter Fußnoten 8) und 15).
16) Grunddaten: siehe Quellen unter Fußnoten 8) und 15).
17) Consumer Price Index. Gebildet durch Verkettung und Umbasierung (Warenkörbe mit wechselnden Gewichten). Berechnet nach Japan Statistical Yearbook, versch. Jahrg.
18) Als Berechnungsbasis für die Preisdeflatoren dienten die Nominal- und Realwerte, die den unter den Fußnoten 10)-11) angeführten Quellen zu entnehmen sind. Es wurde eine Verkettung und Umbasierung der Indices auf 1976=100 vorgenommen.
19) Japan Statistical Yearbook (1982), Pg. 318-319.

Quellen:
Statistics Bureau, Prime Minister's Office, Japan Statistical Yearbook, versch. Jahrgänge.
OECD, Labour Force Statistics, versch. Jahrgänge.
DIESELBE, National Accounts of OECD-Countries, 1953-1969 (Vol. I) resp. 1962-1979 (Vol. II). Paris 1971 resp. 1981 (zitiert "National Accounts").
DIESELBE, Main Economic Indicators, Supplement No. 1 resp. No. 5 to Historical Statistics, Aug. 1973 resp. Aug. 1981 (zitiert "Main Economic Indicators").
K. OHKAWA and M. SHINOHARA with L. MEISSNER, Patterns of Japanese Economic Development. A Quantitative Appraisal. New Haven and London 1979 (zitiert OHKAWA).
FAO, Production Yearbook 1970.

Tabelle 10: Gesamt- und agrarwirtschaftliche Indikatoren, Bundesrepublik Deutschland, 1960-1970[a] (I)

	1960 (t_1)		1965 (t_2)		1970 (t_3)		Jahresdurchschnittliche Veränderungen (nach Zinseszins)		
	Absolut-, Index- oder Anteilswert	Meßzahl/ Index 1960=100	Absolut-, Index- oder Anteilswert	Meßzahl/ Index 1960=100	Absolut-, Index- oder Anteilswert	Meßzahl/ Index 1960=100	$t_2:t_1$	$t_3:t_2$	$t_3:t_1$
A Wirtschaftsfläche und landwirtschaftliche Fläche									
1 Wirtschaftsfläche (WF), in 1 000 ha[1]	24 734	100,0	24 752	100,1	24 750	100,1	+ 0,01	− 0,0	+ 0,01
2 Landwirtschaftliche Nutzfläche (mit Grünland) LN, in 1 000 ha[1]	14 266	100,0	14 071	98,6	13 848	97,1	− 0,3	− 0,4	− 0,3
3 Landwirtschaftliche Nutzfläche (ohne Grünland) LN*, in 1 000 ha[1]	7 982	100,0	7 653	95,9	7 571	98,9	− 0,8	− 0,3	− 0,6
4 LN:WF, in v.H.	57,7	100,0	56,8	98,6	56,0	97,0	− 0,3	− 0,4	− 0,3
5 LN*:WF, in v.H.	32,3	100,0	30,9	95,8	30,6	94,8	− 0,9	− 0,3	− 0,6
B Bevölkerung, landwirtschaftliche Bevölkerung und Bevölkerungsdichte									
6 Gesamtbevölkerung (Bev), in 1 000	56 175	100,0	58 619	101,4	60 651	108,0	+ 1,1	+ 0,7	+ 0,9
7 Agrarbevölkerung (Bev_L), in 1 000[2]	4 500	100,0			2 827	62,8			− 5,0
8 Bev_L:Bev, in v.H.	8,0	100,0			4,7	58,2			− 5,8
9 Einwohner pro qkm WF	227,1	100,0	236,8	104,3	245,1	107,9	+ 1,1	+ 0,7	+ 0,8
10 Einwohner pro qkm LN	393,8	100,0	416,6	105,8	438,0	105,8	+ 1,4	+ 1,0	+ 1,2
11 Einwohner pro qkm LN*	703,8	100,0	766,0	108,8	801,1	113,8	+ 2,1	+ 0,9	+ 1,4
C Erwerbstätige insgesamt und landwirtschaftliche Erwerbstätige									
12 Gesamtzahl der Erwerbstätigen (ET), in 1 000[3]	26 247	100,0	26 887	102,4	26 668	101,6	+ 0,5	− 0,2	+ 0,2
13 Erwerbstätige in der Agrarwirtschaft (ET_L), in 1 000[2]	3 581	100,0	2 876	80,3	2 262	63,2	− 4,3	− 4,7	− 4,5
14 ET_L:ET, in v.H.	13,6	100,0	10,7	78,4	8,5	62,2	− 4,8	− 4,5	− 4,6

Anmerkungen und Quellen: Siehe Tabelle 10 (III).

Tabelle 10: Gesamt- und agrarwirtschaftliche Indikatoren, Bundesrepublik Deutschland, 1960-1970[a] (II)

	1960 (t_1)		1965 (t_2)		1970 (t_3)		Jahresdurchschnittliche Veränderungen (nach Zinseszins)		
	Absolut-, Index- oder Anteilswert	Meßzahl/ Index 1960=100	Absolut-, Index- oder Anteilswert	Meßzahl/ Index 1960=100	Absolut-, Index- oder Anteilswert	Meßzahl/ Index 1960=100	$t_2:t_1$	$t_3:t_2$	$t_3:t_1$

D Produktions-, Produktivitäts- und Einkommensentwicklung in Gesamt-/Industrie- und Agrarwirtschaft

15 Industriewirtschaftlicher Produktionsindex (PI_I, Ø 1952-56=100)[4]	158,8	100,0	208,4	131,5	258,7	162,9	+ 5,6	+ 5,5	+ 5,6
16 Agrarwirtschaftlicher Produktionsindex (FAO) (PI_L, Ø 1952-56=100)[5]	122,0	100,0	118,0	96,7	142,0	116,4	- 0,7	+ 4,7	+ 1,7
17 $PI_L:PI_I$, in v.H.	76,8	100,0	56,5	73,6	54,9	71,4	- 6,0	- 0,7	- 3,7
18 Gesamtwirtschaftliches Bruttoinlandsprodukt zu Marktpreisen (BIP_M^n), in Mio. DM; nominal	302 710	100,0	459 170	151,7	675 300	223,1	+ 8,7	+ 8,0	+ 8,4
19 Agrarwirtschaftliches Bruttoinlandsprodukt zu Marktpreisen ($BIP_{M,L}^n$), in Mio. DM; nominal[6]	17 660	100,0	20 010	113,3	21 780	123,3	+ 2,5	+ 1,7	+ 2,1
20 $BIP_{M,L}^n:BIP_M^n$, in v.H.	5,8	100,0	4,4	74,7	3,2	55,3	- 5,7	- 5,8	- 5,8
21 BIP_M^r (Gesamtwirtschaft), in Mio. DM; real (in konst. Preisen von 1976)[7]	611 520	100,0	779 710	127,5	956 600	156,4	+ 5,0	+ 4,2	+ 4,6
22 BIP_M^r (Agrarwirtschaft), in Mio. DM; real (in konst. Preisen von 1976)	26 580	100,0	24 890	93,6	30 250	113,8	- 1,3	+ 4,0	+ 1,3
23 $BIP_{M,L}^r:BIP_M^r$, in v.H.	4,3	100,0	3,2	73,4	3,2	72,8	- 6,0	- 0,2	- 3,1
24 BSP^r/Bev (Bruttosozialprodukt pro Kopf der Bevölkerung), in DM; real (in konst. Preisen von 1976)	11 066	100,0	13 284	120,0	15 787	142,7	+ 3,7	+ 3,5	+ 3,6
25 BIP_M^r/ET (pro Erwerbstätigen), in DM; real (in konst. Preisen von 1976)	23 299	100,0	29 000	124,5	35 871	154,0	+ 4,5	+ 4,3	+ 4,4
26 BIP_M^r/ET (pro landwirtschaftlichem Erwerbstätigen), in DM; real (in konst. Preisen von 1976)	7 423	100,0	8 654	116,7	13 373	180,2	+ 3,1	+ 9,1	+ 6,1
27 $BIP_{M,L}^r/ET_L:BIP_M^r/ET$, in v.H.	31,9	100,0	29,8	93,7	37,3	117,0	- 1,3	+ 4,6	+ 1,6

Anmerkungen und Quellen: Siehe Tabelle 10 (III).

Tabelle 10: Gesamt- und agrarwirtschaftliche Indikatoren, Bundesrepublik Deutschland, 1960-1970[a] (III)

	1960 (t_1)		1965 (t_2)		1970 (t_3)		Jahresdurchschnittliche Veränderungen (nach Zinseszins)		
	Absolut-, Index- oder An- teilswert	Meßzahl/ Index 1960=100	Absolut-, Index- oder An- teilswert	Meßzahl/ Index 1960=100	Absolut-, Index- oder An- teilswert	Meßzahl/ Index 1960=100	$t_2:t_1$	$t_3:t_2$	$t_3:t_1$
E Preisniveauentwicklung in Gesamt- und Agrarwirtschaft									
28 Preisindex für die Lebenshaltung, 1976=100[1]	55,6	100,0	63,8	114,7	71,5	128,6	+ 2,8	+ 2,3	+ 2,6
29 Impliziter BIP-Deflator (Gesamtwirtschaft, G) 1976=100[8]	49,5	100,0	58,9	119,0	70,6	142,6	+ 3,5	+ 3,7	+ 3,6
30 Impliziter BIP-Deflator (Agrarwirtschaft, L) 1976=100[8]	66,4	100,0	80,4	121,6	72,0	108,4	+ 3,9	- 2,2	+ 0,8
31 BIP-Defl.L:BIP-Defl. G, in v.H.	134,1	100,0	136,5	101,8	102,0	76,0	+ 0,3	- 5,7	- 2,7
F Gesamt- und Agrar-/Ernährungsaußenhandel									
32 Gesamtexporte (Ex), in Mio. DM (nominal)[10]	47 946	100,0	71 651	149,4	125 276	261,3	+ 8,4	+ 11,8	+ 10,1
33 Ernährungsexporte (Ex_L), in Mio. DM (nominal)[10]	1 091	100,0	1 981	181,6	4 380	401,5	+ 12,1	+ 17,2	+ 14,9
34 Ex_L:Ex, in v.H.	2,3	100,0	2,8	121,5	3,5	153,6	+ 4,0	+ 4,8	+ 4,4
35 Gesamtimporte (Im), in Mio. DM (nominal)[10]	42 723	100,0	70 448	164,9	109 606	265,6	+ 10,5	+ 9,2	+ 9,9
36 Ernährungsimporte (Im_L), in Mio. DM (nominal)[10]	11 246	100,0	16 852	149,8	20 924	186,1	+ 8,4	+ 4,4	+ 6,4
37 Im_L:Im, in v.H.	26,3	100,0	23,9	90,9	19,1	72,5	- 1,9	- 4,4	- 3,2

Anmerkungen:

a   Ausgewählte Jahre

1) Lange Reihen (1982, S. 59). Angabe für 1970: 1969.
2) Statistisches Jahrbuch über ELF (1977), S. 7. Angabe für 1960: 1961.
3) Lange Reihen, 1982, S. 42f.
4) Berechnet nach: Lange Reihen (1973), S. 64f.
5) FAO, Production Yearbook (1970), S. 64f.
6) Lange Reihen 1982, S. 198ff.
7) Ebenda, S. 202ff.
8) Ebenda, E. 196f.
9) Statistisches Jahrbuch (1983), S. 508.
10) Als Berechnungsgrundlage für die BIP-Deflatoren dienten die in den Langen Reihe 81982), S. 198ff ausgewiesenen Nominal- und Realwerte.
11) Lange Reihen (1980), S. 11f.
12) Ebenda, S. 114f.

Quellen:

Statistisches Bundesamt, Lange Reihen zur Wirtschaftsentwicklung, Stuttgart und Mainz, 1982, (zit. "Lange Reihen"):
Dasselbe, Statistisches Jahrbuch für die Bundesrepublik Deutschland, 1983, (zit. "Statistisches Jahrbuch").
BMELF, Statistisches Jahrbuch über Ernährung, Landwirtschaft und Forsten, Jg. 1977.
FAO, Production Yearbook 1970.
Eigene Berechnungen. - Übernommene Daten wurden teilweise gerundet.

Tabelle 11: Agrarwirtschaftliche Indikatoren, Japan, 1960-1970[a] (I)

Zeile	1960 (t_1)		1965 (t_2)		1970 (t_3)		Jahresdurchschnittliche Veränderungen (nach Zinseszins)		
	Absolut-, Index- oder Anteilswert	Meßzahl/ Index 1960=100	Absolut-, Index- oder Anteilswert	Meßzahl/ Index 1960=100	Absolut-, Index- oder Anteilswert	Meßzahl/ Index 1960=100	$t_2:t_1$	$t_3:t_2$	$t_3:t_1$
A Landwirtschaftliche Fläche, landwirtschaftliche Arbeitskräfte und landwirtschaftliche Betriebe									
1a Landwirtschaftliche Nutzfläche (mit Dauergrünland), LN (I), in 1 000 ha[1]	5 944	100,0	5 663	95,3	5 357	90,1	- 1,0	- 1,1	- 1,0
1b dgl. andere Datenbasis; LN (II)[2]	6 249	100,0	6 196	99,2	5 978	95,7	- 0,2	- 0,7	- 0,4
2a Landwirtschaftliche Nutzfläche (ohne Dauergrünland), LN* (I), in 1 000 ha[3]	5 324	100,0	5 134	96,4	5 109	96,0	- 0,7	- 0,1	- 0,4
2b dgl. andere Datenbasis; LN* (II)[4]	6 071	100,0	6 004	98,9	5 796	95,5	- 0,2	- 0,7	- 0,5
2c Landwirtschaftliche Nutzfläche (ohne Acker- und Dauergrünland), LN** (I), in 1 000 ha[5]	5 294*	100,0	4 995*	94,4	4 837	91,4	- 1,2	- 0,6	- 0,9
2d Landwirtschaftliche Anbaufläche, LA, in 1 000 ha[6]	8 072	100,0	7 430	92,0	6 311	78,2	- 1,6	- 3,2	- 2,4
3a LN* (I):LN (I) (Ackerlandanteil i.w.S.), in v.H.	89,6	100,0	90,7	101,2	95,4	106,5	+ 0,2	+ 1,0	+ 0,6
3b dgl. LN* (II):LN (II)	97,2	100,0	96,9	99,7	97,0	99,8	- 0,1	+ 0,01	- 0,02
3c LN**(I):LN (I) (Ackerlandanteil i.e.S.), in v.H.	89,1	100,0	88,2	99,0	90,3	101,4	- 0,2	+ 0,5	+ 0,1
3d LA:LN* (II) (Landnutzungsgrad), in v.H.	133,0	100,0	123,8	93,1	108,9	81,9	- 1,4	- 2,5	- 2,0
4a Landwirtschaftliche Arbeitskräfte, AK (I), in 1 000[7]	13 390	100,0	11 170	83,4	9 320	69,6	- 3,6	- 3,6	- 3,6
4b dgl., andere Datenquelle[8], AK (II)	14 542	100,0	11 514	79,2	10 252	70,5	- 4,6	- 2,3	- 3,4
4c Landwirtschaftliche Arbeitskräfte (ständige AK = AK_L^{st})	13 096	100,0	9 614	73,4	8 428	64,4	- 6,0	- 2,6	- 4,3
4d Landwirtschaftliche Arbeitskräfte (nichtständige $AK_L = AK_L^{nst}$)	1 446	100,0	1 900	131,4	1 824	126,1	+ 5,6	- 0,8	+ 2,3
5a Landwirtschaftliche Betriebe insgesamt, B_L^G, in 1 000[7]	6 057	100,0	5 665	93,5	5 342	88,2	- 1,3	- 1,2	- 1,2
5b dgl. Vollerwerbsbetriebe, B_L^{V9}	2 078	100,0	1 219	58,7	831	40,0	- 10,1	- 7,4	- 8,8
5c dgl. Zuerwerbsbetriebe, B_L^{Z9}	2 036	100,0	2 081	102,2	1 802	88,5	+ 0,4	- 2,8	- 1,2
5d dgl. Nebenerwerbsbetriebe, B_L^{N9}	1 942	100,0	2 365	121,8	2 709	139,5	+ 4,0	+12,8	+ 3,4

Anmerkungen und Quellen: Siehe Tabelle 11 (III).

XXVIII

Tabelle 11: Agrarwirtschaftliche Indikatoren, Japan, 1960-1970[a] (II)

Zeile	1960 (t_1)		1965 (t_2)		1970 (t_3)		Jahresdurchschnittliche Veränderungen (nach Zinseszins)		
	Absolut-, Index- oder Anteilswert	Meßzahl/ Index 1960=100	Absolut-, Index- oder Anteilswert	Meßzahl/ Index 1960=100	Absolut-, Index- oder Anteilswert	Meßzahl/ Index 1960=100	$t_2:t_1$	$t_3:t_2$	$t_3:t_1$
A Landwirtschaftliche Fläche, landwirtschaftliche Arbeitskräfte und landwirtschaftliche Betriebe (Tabelle (I), Fortsetzung)									
6a Durchschnittliche Betriebsgröße, LN (I):B_L^U, in ha/Betrieb	0,98	100,0	1,00	101,9	1,00	102,2	+ 0,4	+ 0,1	+ 0,2
6b dgl. LN (II):B_L^G	1,03	100,0	1,09	106,0	1,11	108,5	+ 1,2	+ 0,5	+ 0,8
6c dgl. LN* (I):B_L^G	0,88	100,0	0,91	103,1	0,96	108,8	+ 0,6	+ 1,1	+ 0,8
6d dgl. LN* (II):B_L^G	1,00	100,0	1,06	105,7	1,08	108,2	+ 1,1	+ 0,5	+ 0,8
7a Durchschnittlicher flächenbezogener Arbeitsbesatz AK (I)/100 ha LN* (I)	251,5	100,0	217,6	86,5	182,4	72,5	- 2,9	- 3,5	- 3,2
7b dgl. AK (II)/100 ha LN* (I)	273,1	100,0	224,3	82,1	200,7	73,5	- 3,9	- 2,2	- 3,0
8a Durchschnittlicher betriebsbezogener Arbeitsbesatz AK (I)/B_L^G	2,2	100,0	2,0	89,2	1,7	78,9	- 2,3	- 2,4	- 2,3
8b dgl. AK (II)/B_L^G	2,4	100,0	2,0	84,7	1,9	79,9	- 3,3	- 1,1	- 2,2
B Landwirtschaftlicher Maschinenbesatz, Maschinen pro 1 000 ha LN[10)]									
9 Verbrennungsmotoren	318,6[K]	100,0	344,0	108,0			+ 1,5		
10 Kultivatoren	97,1[K]	100,0	488,7	503,3	679,8	699,2	+ 38,2	+ 6,8	+ 21,5
11a Regner	43,6	100,0	96,2	220,8	224,9	516,1	+ 17,2	+ 18,5	+ 17,8
11b Sprühregner	13,7	100,0	40,1	292,6	244,9	1 785,8	+ 24,0	+ 43,6	+ 33,4
12 Drescher	461,7	100,0	580,8	125,8			+ 4,7		
C Gliederung des Ackerlandes nach Hauptgruppen des Anbaus, in v.H.[11)]									
13a Reis	41,0	100,0	43,8	106,9	46,3	112,9	+ 1,3	+ 1,1	+ 1,2
13b Getreide (ohne Reis)	20,9	100,0	14,1	67,1	8,2	39,3	- 7,7	- 10,2	- 8,9
14 Hülsenfrüchte	8,5	100,0	6,5	76,7	5,3	62,8	- 5,2	- 3,9	- 4,5
15 Hackfrüchte	6,6	100,0	6,2	93,3	4,4	66,8	- 1,4	- 6,5	- 4,0
16 Gemüse und Gartengewächse	9,3	100,0	14,1	151,0	17,5	187,1	+ 8,6	+ 4,4	+ 6,5
17 Handelsgewächse	7,4	100,0	7,1	96,8	6,6	90,3	- 0,7	- 1,4	- 1,0
18 Butterpflanzen	6,3	100,0	8,2	131,1	11,6	185,6	+ 5,6	+ü 7,2	+ 6,4
D Entwicklung der Tierbesatzdichte, Tiere pro 100 ha LN[12)]									
19a Rindvieh	594,1	100,0	618,4	104,1	703,3	118,4	+ 0,8	+ 2,6	+ 1,7
19b Milchkühe[13)]	154,8	100,0	167,3	108,1	234,5	151,5	+ 1,6	+ 6,9	+ 4,2
20 Schweine	360,1	100,0	774,4	215,1	1 240,0	344,4	+ 16,6	+ 9,9	+ 13,2
21a Geflügel	9 795,8	100,0	26 972,3	275,3	43 752,4	446,6	+ 22,5	+ 10,2	+ 16,1
21b Legehennen	8 358,4	100,0	18 375,4	219,8	23 135,8	276,8	+ 17,1	+ 4,7	+ 10,7
22 Pferde	126,4	100,0	63,0	49,9	26,8	21,2	- 13,0	- 15,7	- 14,4
23 Schafe	148,0	100,0	40,5	27,4	4,1	2,8	- 22,8	- 36,7	- 30,1
24 Ziegen	105,4	100,0	63,6	60,4	31,5	29,9	- 9,6	-13,1	- 11,4

Anmerkungen und Quellen: Siehe Tabelle 11 (III).

XXIX

Tabelle 11: Agrarwirtschaftliche Indikatoren, Japan, 1960-1970[a] (III)

Zeile	1960 (t_1)		1965 (t_2)		1970 (t_3)		Jahresdurchschnittliche Veränderungen (nach Zinseszins)		
	Absolut-, Index- oder Anteilswert	Meßzahl/ Index 1960=100	Absolut-, Index- oder Anteilswert	Meßzahl/ Index 1960=100	Absolut-, Index- oder Anteilswert	Meßzahl/ Index 1960=100	$t_2:t_1$	$t_3:t_2$	$t_3:t_1$
E Index der Agrarproduktion nach Hauptproduktionsbereichen, 1965=100 [14)]									
25a Pflanzliche Produktion (P_{pfl})	101,0	100,0	100,0	99,0	103,8	102,8	- 0,2	+ 0,7	+ 0,3
25b Seidenproduktion (P_{seid})	105,0	100,0	100,0	95,2	106,2	101,1	- 1,0	+ 1,2	+ 0,1
26 Tierische Produktion (P_{tier})	53,6	100,0	100,0	186,6	147,1	274,4	+ 13,3	+ 8,0	+ 10,6
27 $P_{tier}:P_{pfl}$, in v.H.	53,1	100,0	100,0	188,4	141,7	267,0	+ 13,5	+ 7,2	+ 10,3
F Ertragsentwicklung der Hauptfruchtarten, dt/ha [15)]									
28a Reis	39,8	100,0			42,5	106,8			+ 1,3
28b Weizen	(25,7)[I]	100,0			(26,6)[II]	103,5			+ 0,7
29 Gerste	(31,1)[III]	100,0			33,2	106,8			+ 1,3
30a Süßkartoffeln	(193,5)[IV]	100,0			191,5	99,0			- 0,2
30b Kartoffeln	174,7	100,0			196,4	112,4			+ 2,4
31 Zuckerrüben	237,7	100,0			327,6	137,8			+ 6,6
G Einige Leistungskennziffern der tierischen Produktion									
32 Durchschnittlicher jährlicher Milchertrag kg/Kuh	3 758	100,0			3 952	105,2			+ 1,0
33 Durchschnittliche jährliche Legeleistung Eier/Henne	217	100,0			233	107,4			+ 1,4

Anmerkungen:
a Ausgewählte Jahre.
1) Ermittelt durch Summation der von den landwirtschaftlichen Betrieben bewirtschafteten Flächen (= Ackerland i.w.S.) mit dem Dauergrünland (total pasture). Siehe Japan Statistical Yearbook (1982), pg. 126.
2) Ermittelt durch Summation der Kulturfläche (total cultivated land; Japan Statistical Yearbook, 1982, Pg. 124) mit dem Dauergrünland (private land pasture, Japan Statistical Yearbook, 1982, Pg. 6). Beide Datenreihen sind nur bedingt konsistent; diejenige für das Dauergrünland wurde hilfsweise herangezogen.
3) Siehe unter Fußnote 1) (Quelle für "Ackerland i.w.S.").
4) Siehe unter Fußnote 2) (Quelle für "Kulturfläche").
5) Siehe unter Fußnote 1) (Quelle für "Ackerland i.w.S.") abzüglich Ackergrünland, d.h. Trockenfeldflächen, die als Grünland genutzt werden (Angaben für 1960 und 1965 geschätzt (*); Angabe für 1970, Japan Statistical Yearbook, 1982, Pg. 126: meadows).
6) Vgl. Tabelle 25 im Anhang. Aggregierte Daten der Einzelkulturen: Teilweise bestehen geringfügige statistische Diskrepanzen.
7) OHKAWA (1979), Pg. 296-297.
8) Japan Statistical Yearbook (1982), Pg. 121.
9) Ebenda, Pg. 117.
10) Datengrundlage bezüglich der landwirtschaftlichen Maschinen: siehe KAJITA (1965), Pg. 47, markiert mit "K" sowie Japan Statistical Yearbook (1966, Pg. 106-107; 1972, Pg. 117).
11) Siehe Tabelle 26 im Anhang.
12) Datengrundlage: Bezüglich der Tierbestandszahlen: siehe Tabelle-26 im Anhang sowie Japan Statistical Yearbook (1982), 146 pp.
13) Milchvieh des Alters von 2 und mehr Jahren.
14) Japan Statistical Yearbook, versch. Jahrgänge (1966-1972), Table "Indexes of Agriculture, Forestry and Fishery Production".
15) Berechnet nach ebenda, Table "Agricultural Production". Angabe für 1960: Ø 1960-64, für 1970: Ø 1965-69. In Klammern gesetzte Ertragsdaten wurden wegen außergewöhnlicher Ernteschwankungen bereinigt. Die unbereinigten Werte lauten: I: 25,7; II: 26,3; III: 31,1; IV: 197,4.
16) Berechnet nach ebenda, Table "Farm Household RAising Livestock or Chickens, ...". Angabe für 1960: Ø 1960-64, für 1970: Ø 1965-69.

Quellen: Statistics Bureau, Prime Minister's Office, Japan Statistical Yearbook, Tokyo, versch. Jahrgänge.
K. OHKAWA and M. SHINOHARA with L. MEISSNER (Eds.), Patterns of Japanese Economic Development. A Quantitative Appraisal. New Haven and London 1979.
M. KAJITA, Land Reform in Japan (Agricultural Policy Research Committee). Tokyo 1965.
Eigene Berechnungen. Übernommene Daten wurden teilweise gerundet.

Tabelle 12: Agrarwirtschaftliche Indikatoren, Bundesrepublik Deutschland, 1960-1970[a] (I)

	1960 (t_1)		1965 (t_2)		1970 (t_3)		Jahresdurchschnittliche Veränderungen (nach Zinseszins)		
	Absolut-, Index- oder Anteilswert	Meßzahl/ Index 1960=100	Absolut-, Index- oder Anteilswert	Meßzahl/ Index 1960=100	Absolut-, Index- oder Anteilswert	Meßzahl/ Index 1960=100	$t_2:t_1$	$t_3:t_2$	$t_3:t_1$

A Landwirtschaftliche Fläche, landwirtschaftliche Arbeitskräfte und landwirtschaftliche Betriebe

	1960 Abs.	1960 Idx	1965 Abs.	1965 Idx	1970 Abs.	1970 Idx	$t_2:t_1$	$t_3:t_2$	$t_3:t_1$
1 Landwirtschaftliche Nutzfläche (mit Grünland), LN, in 1 000 ha[1b]	13 101	100,0	12 980	99,1	12 854	98,1	- 0,2	- 0,2	- 0,2
2 Landwirtschaftliche Nutzfläche (ohne Grünland), LN*, in 1 000 ha[1b]	7 551*	100,0			7 418*	98,2			- 0,2
3 LN*:LN (Ackerlandanteil), in v.H.	57,6	100,0			57,7	100,1			+ 0,01
4a Landwirtschaftliche Arbeitskräfte (ständige $AK=AK_L^{st}$), in 1 000[2b,c]	3 006	100,0	2 529*	84,1	1 831*	60,9	- 3,4	- 6,3	- 4,8
4b Landwirtschaftliche Arbeitskräfte (nichtständige AK_L^{nst}), in 1 000[2b,c]	1 549	100,0	1 460*	94,3	1 544*	99,7	- 1,2	+ 1,1	- 0,03
4c Landwirtschaftliche Arbeitskräfte (Voll-AK = AK_L^v), in 1 000[2b,c]	2 400	100,0	1 999*	83,3	1 547*	64,5	- 3,6	- 5,0	- 4,3
5 Landwirtschaftliche Betriebe (B_L), in 1 000[3b]	1 618	100,0	1 453*	89,7	1 244*	76,9	- 2,1	- 3,0	- 2,6
6a Durchschnittliche Betriebsgröße ($LN:B_L$) ha/Betrieb	8,1	100,0	8,9	110,4	10,3	127,6	+ 2,0	+ 2,9	+ 2,5
6b Durchschnittliche Betriebsgröße ($LN^*:B_L$), ha/Betrieb	4,7	100,0			6,0	127,8			+ 2,5
7a Durchschnittlicher flächenbezogener Arbeitsbesatz (I) AK_L^{st}/100 ha LN	22,9	100,0	19,5	84,9	14,2	62,1	- 3,2	- 6,1	- 4,7
7b Durchschnittlicher flächenbezogener Arbeitsbesatz (II) AK_L^{nst}/100 ha LN	11,8	100,0	11,2	95,1	12,0	101,6	- 1,0	+ 1,3	+ 1,6
7c Durchschnittlicher flächenbezogener Arbeitsbesatz (III) AK_L^v/100 ha LN	18,3	100,0	15,4	84,1	12,0	65,7	- 3,4	- 4,8	- 4,1
8a Durchschnittlicher betriebsbezogener Arbeitsbesatz (I), AK_L^{st}/Betrieb	1,9	100,0	1,7	93,8	1,5	79,2	- 1,3	- 3,3	- 2,3
8b Durchschnittlicher betriebsbezogener Arbeitsbesatz (II), A_L^{nst}/Betrieb	1,0	100,0	1,0	105,0	1,2	129,6	+ 1,0	+ 4,3	+ 2,6
8c Durchschnittlicher betriebsbezogener Arbeitsbesatz (III), A_L^v/Betrieb	1,5	100,0	1,4	92,8	1,2	83,8	- 1,5	- 2,0	- 1,7

Anmerkungen und Quellen: Siehe Tabelle 12 (III).

Tabelle 12: Agrarwirtschaftliche Indikatoren, Bundesrepublik Deutschland, 1960-1970[a] (II)

	1960 (t_1)		1965 (t_2)		1970 (t_3)		Jahresdurchschnittliche Veränderungen (nach Zinseszins)		
	Absolut-, Index- oder Anteilswert	Meßzahl/ Index 1960=100	Absolut-, Index- oder Anteilswert	Meßzahl/ Index 1960=100	Absolut-, Index- oder Anteilswert	Meßzahl/ Index 1960=100	$t_2:t_1$	$t_3:t_2$	$t_3:t_1$
B Landwirtschaftlicher Maschinenbesatz, Maschinen pro 1 000 ha LN[4]									
9 E-Motoren									
10 Verbrennungsmotoren									
11 Melkmaschinen	22,2	100,0	40,2	180,7	40,4	181,6	+ 12,6	+ 0,1	+ 6,1
12 Schlepper	60,9	100,0	93,2	153,2	103,8	170,6	+ 8,9	+ 2,2	+ 5,5
13 Mähdrescher	2,5	100,0	11,2	452,0	12,4	501,0	+ 35,2	+ 2,1	+ 17,5
C Gliederung des Ackerlandes nach Hauptgruppen des Anbaus, in v.H.[5]									
14 Getreide	62,0	100,0	65,2	105,1	69,0	111,3	+ 1,0	+ 1,2	+ 1,1
15 Hülsenfrüchte	0,4	100,0	0,5	140,6	0,4	108,8	+ 7,0	- 5,0	+ 0,8
16 Hackfrüchte	23,5	100,0	19,9	84,5	16,8	71,3	- 3,3	- 3,3	- 3,3
17 Gemüse und Gartengewächse	1,3	100,0	1,1	89,9	1,1	86,2	- 2,1	- 0,8	- 1,5
18 Handelsgewächse	0,8	100,0	1,1	147,4	1,6	201,7	+ 8,1	+ 6,5	+ 7,3
19 Futterpflanzen	12,1	100,0	12,2	100,7	11,2	92,5	+ 0,1	- 1,7	- 0,8
D Entwicklung der Tierbesatzdichte, Tiere pro 1 000 ha LN									
20a Rindvieh[6]	982,1	100,0	1 067,8	108,7	1 091,2	111,1	+ 1,7	+ 0,4	+ 1,1
20b Milchkühe[7]	437,7	100,0	449,5	102,7	454,4	103,8	+ 0,5	+ 0,2	+ 0,4
21 Schweine[6]	1 204,2	100,0	1 365,4	113,4	1 631,3	135,5	+ 2,5	+ 3,6	+ 3,1
22a Geflügel[6]	4 582,4	100,0	6 340,1	138,4	7 670,8	167,4	+ 6,7	+ 3,9	+ 5,3
22b Legehennen[7]	3 984,4	100,0	4 815,1	120,8	5 445,8	136,7	+ 3,9	+ 2,5	+ 3,2
23 Pferde[6]	54,2	100,0	27,7	51,2	19,7	36,3	- 12,5	- 6,6	- 9,6
24 Schafe[6]	79,0	100,0	61,4	77,7	65,6	83,0	- 4,9	+ 1,3	- 1,8
25 Ziegen[6]	26,9	100,0	9,4	35,0	3,9	14,5	- 18,9	- 16,2	- 17,6

Anmerkungen und Quellen: Siehe Tabelle 12 (III).

Tabelle 12: Agrarwirtschaftliche Indikatoren, Bundesrepublik Deutschland, 1960-1970[a] (III)

	1960 (t_1)		1965 (t_2)		1970 (t_3)		Jahresdurchschnittliche Veränderungen (nach Zinseszins)		
	Absolut-, Index- oder Anteilswert	Meßzahl/ Index 1960=100	Absolut-, Index- oder Anteilswert	Meßzahl/ Index 1960=100	Absolut-, Index- oder Anteilswert	Meßzahl/ Index 1960=100	$t_2:t_1$	$t_3:t_2$	$t_3:t_1$
E Index der Agrarproduktion nach Hauptproduktionsbereichen, 1962/63=100[8]									
26 Pflanzliche Produktion (P_{pfl})		100,0		96,5		123,7	- 1,2	+ 5,1	+ 2,7
27 Tierische Produktion (P_{tier})		100,0		106,2		124,7	+ 2,0	+ 3,3	+ 2,8
28 $P_{tier}:P_{pfl}$, in v.H.		100,0		110,1		100,8	+ 3,2	- 1,7	+ 0,1
F Ertragsentwicklung der Hauptfruchtarten, dt/ha[9]									
29 Winterweizen	33,5	100,0			39,3	117,3			+ 3,2
30 Winterroggen	26,8	100,0			31,4	117,2			+ 3,2
31 Spätkartoffeln	251,4	100,0			282,7	112,5			+ 2,4
32 Zuckerrüben	371,8	100,0			443,9	119,4			+ 3,6
G Eine Leistungskennziffern der tierischen Produktion[10]									
33 Durchschnittlicher jährlicher Milchertrag l/Kuh	3 495				3 729	106,7			+ 1,3
34 Durchschnittliche jährliche Legeleistung Eier/Henne	169	100,0			206	121,9			+ 4,0

Anmerkungen:

a Ausgewählte Jahre
b Angabe für Betriebe ab 0,5 ha LN
c Bundesgebiet ohne Berlin (West), Bremen und Hamburg

1) Berechnet bzw. geschätzt (*) nach Lange Reihe (1973), S. 35 sowie Statistisches Jahrbuch über ELF (1963, S. 76 f.; 1974, S. 67 f.).
2) Übernommen bzw. geschätzt (*) nach Statistisches Jahrbuch über ELF (1974), S. 44 und S. 47.
3) Lange Reihe (1973), S. 35.
4) Zugrunde gelegte Bestandszahlen: siehe Statistisches Jahrbuch über ELF (1972), S. 57 ff.
5) Siehe Tabelle 25 im Anhang.
6) Bezüglich Tierbestandszahlen siehe Tabelle 26 im Anhang.
7) Milchkühe, Legehennen (Jahresdurchschnitte): Statistisches Jahrbuch über ELF (1965, S. 118 ff.; 1972, S. 119 f.), Wj. 1960/61, 1965/66, 1970/71.
8) Abgeleitet von den jeweiligen aggregierten Volumengrößen, siehe Statistisches Jahrbuch über ELF (1973), S. 135. Originalpreisbasis 1963/64=100. Werte: 1960: Wj. 1962/63, 1965: Wj. 1965/66, 1970: Wj. 1970/71.
9) Grunddaten siehe Statistisches Jahrbuch über ELF (versch. Jahrgänge 1962-1972), Tabelle "Durchschnittliche Erträge einiger Hauptfeldfrüchte".
10) Statistisches Jahrbuch über ELF (1965, S. 118 ff.; 1972, S. 119 ff.). Angaben für 1960: Ø Wj. 1960/61-1964/65, für 1970: Ø Wj. 1965/66-1969/70.

Quellen:

Statistisches Bundesamt, Lange Reihen zur Wirtschaftsentwicklung. Stuttgart und Mainz 1973 (zit. "Lange Reihen").
BMELF, Statistisches Jahrbuch über Ernährung, Landwirtschaft und Forsten, versch. Jahrgänge (zit. "Statistisches Jahrbuch über ELF").

XXXIII

Tabelle 13: Veränderungen in der Produktion, der Produktionsstruktur, dem Input, der Intensität und der Produktivität in der japanischen Landwirtschaft. 1960-1970 (Preise zur Basis 1934-36=100) (I)

Zeile	1960 (t_1)		1965 (t_2)		1970 (t_3)		Jahresdurchschnittliche Veränderungen (nach Zinseszins)		
	Absolut-, Index- oder Anteilswert	Meßzahl/ Index 1960=100	Absolut-, Index- oder Anteilswert	Meßzahl/ Index 1960=100	Absolut-, Index- oder Anteilswert	Meßzahl/ Index 1960=100	$t_2:t_1$	$t_3:t_2$	$t_3:t_1$
A Entwicklung des landwirtschaftlichen Produktionsvolumens									
1 Bruttoproduktion, BP, in 100 Mio. Yen	47,77	100,0	51,88	108,6	58,27	122,0	+ 1,7	+ 2,4	+ 2,0
2 Vorleistungen, VL, in 100 Mio. Yen	12,84	100,0	13,29	103,5	15,87	123,6	+ 0,7	+ 3,6	+ 2,1
3 Nettoproduktion, NP, in 100 Mio. Yen	34,93	100,0	38,59	110,5	42,40	121,4	+ 2,0	+ 1,9	+ 2,0
4 NP:BP, in v.H.	73,1	100,0	74,3	101,7	72,8	99,5	+ 0,3	- 0,4	- 0,05
B Volumenstruktur der Agrarproduktion, Anteilswerte (BP_i:BP), in v.H.[2]									
5 Pflanzliche Produktion insgesamt	84,5	100,0	75,9	89,8	69,1	81,8	- 2,1	- 1,9	- 2,0
6 Reis	49,3	100,0	43,9	88,9	39,9	80,9	- 2,3	- 1,9	- 2,1
7-10a Übrige pflanzliche Erzeugnisse	35,2	100,0	32,1	91,1	29,2	83,0	- 1,8	- 1,9	- 1,9
10b Seidenproduktion	2,4	100,0	2,0	82,6	1,9	77,8	- 3,7	- 1,2	- 2,5
11-13 Tierische Erzeugnisse insgesamt	13,0	100,0	22,1	169,2	29,0	222,3	+ 11,1	+ 5,6	+ 8,3

Anmerkungen und Quellen: Siehe Tabelle 13 (II).

XXXIV

Tabelle 13: Veränderungen der Produktion, der Produktionsstruktur, dem Input, der Intensität und der Produktivität in der japanischen Landwirtschaft, 1960-1970[a] (Preise zur Basis 1934-36=100) (II)

Zeile	1960 (t_1)		1965 (t_2)		1970 (t_3)		Jahresdurchschnittliche Veränderungen (nach Zinseszins)		
	Absolut-, Index- oder Anteilswert	Meßzahl/ Index 1960=100	Absolut-, Index- oder Anteilswert	Meßzahl/ Index 1960=100	Absolut-, Index- oder Anteilswert	Meßzahl/ Index 1960=100	$t_2:t_1$	$t_3:t_2$	$t_3:t_1$
C Faktoreinsatz[5]									
14 Faktor Arbeit A Landwirtschaftliche AK, in Mio. AK	13,39	100,0	11,17	83,4	9,32	69,6	- 3,6	- 3,6	- 3,6
15 Faktor Kapital, K, in Mrd. Yen	7,13	100,0	11,18	156,8	16,61	233,0	+ 9,4	+ 8,2	+ 8,8
16 Faktor Boden, B, in Mio. ha	6,07	100,0	6,01	99,0	5,80	95,6	- 0,2	- 0,7	- 0,5
D Entwicklung der Faktorintensitäten, 1960=100									
17 Arbeitsintensität (A:B)		100,0		84,3		72,8	- 3,4	- 2,9	- 3,1
18 Bodenbezogene Kapitalintensität (K:B)		100,0		158,4		243,8	+ 9,6	+ 9,0	+ 9,3
19 Arbeitsbezogene Kapitalintensität (K:A)		100,0		188,0		334,7	+ 13,5	+ 12,2	+ 12,8
E Produktivitätsentwicklung, 1960=100									
20 Arbeitsproduktivität (BP:A)		100,0		130,2		175,3	+ 5,4	+ 6,1	+ 5,8
21 Kapitalproduktivität (BP:K)		100,0		69,3		52,4	- 7,1	- 5,4	- 6,3
22 Bodenproduktivität (BP:B)		100,0		109,7		127,7	+ 1,9	+ 3,1	+ 2,5

Anmerkungen:
a Ausgewählte Jahre.
b Prices at the farm gate (≙ Marktpreise).
1) Total agricultural production. Siehe OHKAWA (1979), 290 pp.
2) Differenz zwischen Bruttoproduktion (agricultural production) und Nettoproduktion, d.h. der Bruttowertschöpfung (gross value added).
3) Gross value added. Siehe OHKAWA (1979), 290 pp.
4) Berechnet nach ebenda.
5) Ebenda, Pg. 296-297.

Quellen: K. OHKAWA and M. SHINOHARA with L. MEISSNER (Eds.), Patterns of Japanese Economic Development. A Quantitative Appraisal. New Haven and London 1979.

Tabelle 14: Veränderungen in der Produktion, der Produktionsstruktur, dem Input, der Intensität und der Produktivität in der bundesdeutschen Landwirtschaft. 1962/63-1970/71 (Preise zur Basis 1962/63=100) (I)

	1962/63 (t_1)		1965/66 (t_2)		1970/71 (t_3)		Jahresdurchschnittliche Veränderungen (nach Zinseszins)		
	Absolut-, Index- oder Anteilswert	Meßzahl/ Index	Absolut-, Index- oder Anteilswert	Meßzahl/ Index	Absolut-, Index- oder Anteilswert	Meßzahl/ Index	$t_2:t_1$	$t_3:t_2$	$t_3:t_1$
A Entwicklung des landwirtschaftlichen Produktionsvolumens									
1 Bruttoproduktion, BP*, in Mrd. DM	28,28	100,0	29,42	104,0	36,47	129,0	+ 1,3	+ 4,4	+ 3,2
2 Vorleistungen, VL*, in Mrd. DM	11,86	100,0	14,26	120,2	16,09	135,7	+ 6,3	+ 2,4	+ 3,9
3 Nettoproduktion, NP*, in Mrd. DM	16,42	100,0	15,16	92,3	20,38	124,1	- 2,6	+ 6,1	+ 2,7
4 NP*:BP*, in v.H.	58,1	100,0	51,5	88,7	55,9	96,2	- 3,9	+ 1,6	- 0,5
B Volumenstruktur der Agrarproduktion, Anteilswerte ($BP_i:BP$) in v.H. [4]									
5 Pflanzliche Produktion insgesamt	28,7	100,0	26,7	93,3	28,5	99,5	- 2,3	+ 1,3	- 0,1
6 Getreide und Hülsenfrüchte	9,8	100,0	7,9	80,4	7,9	80,0	- 7,0	- 0,1	- 2,8
7 Hackfrüchte	5,8	100,0	5,0	85,0	4,8	82,1	- 5,3	- 0,1	- 2,4
8 Gemüse	2,2	100,0	2,0	90,9	1,7	80,3	- 3,1	- 2,5	- 2,7
9 Obst	4,0	100,0	3,2	79,7	3,8	94,7	- 7,3	+ 3,5	- 0,7
10 Sonstige pflanzliche Erzeugnisse	6,8	100,0	8,7	128,0	10,3	151,5	+ 8,6	+ 3,4	+ 5,3
11 Tierische Erzeugnisse insgesamt	71,3	100,0	73,3	102,7	71,5	100,2	+ 0,9	- 0,5	+ 0,03
12 Fleischerzeugnisse	40,2	100,0	40,7	101,1	42,4	105,5	+ 0,4	+ 0,8	+ 0,1
13 Sonstige tierische Erzeugnisse	31,1	100,0	32,6	104,7	29,0	93,4	+ 1,5	- 2,3	- 0,1

Anmerkungen und Quellen: Siehe Tabelle 14 (II).

Tabelle 14: Veränderungen in der Produktion, der Produktionsstruktur, dem Input, der Intensität und der Produktivität in der bundesdeutschen Landwirtschaft, 1962/63-1970/71 (Preise zur Basis 1962/63=100) (1))

	1962/63 (t_1)		1965/66 (t_2)		1970/71 (t_3)		Jahresdurchschnittliche Veränderungen (nach Zinseszins)		
	Absolut-, Index- oder Anteilswert	Meßzahl/ Index	Absolut-, Index- oder Anteilswert	Meßzahl/ Index	Absolut-, Index- oder Anteilswert	Meßzahl/ Index	$t_2:t_1$	$t_3:t_2$	$t_3:t_1$
C Faktoreinsatz, F									
14 Faktor Arbeit A									
14a Ständige landwirtschaftliche AK (AI), in Mio. AK[5)]	2,81	100,0	2,53*	90,0	1,83*	65,1	- 3,4	- 6,3	- 5,2
14b Landwirtschaftliche Voll-AK (AII), in Mio. AK[6)]	2,24	100,0	2,00*	89,2	1,55*	69,2	- 3,7	- 5,0	- 4,5
15 Faktor Kapital, K, in Mrd. DM	90,99	100,0	106,07	116,6	124,36	136,7	+ 5,2	+ 3,2	+ 4,0
16 Faktor Boden, B, in Mio. ha	14,18	100,0	14,05	99,1	13,77	97,1	- 0,3	- 0,4	- 0,4
D Produktivitätsentwicklung, 1962/63=100									
20a Arbeitsproduktivität I (BP:AI)		100,0		115,5		198,0	+ 4,9	+11,4	+ 8,9
20b Arbeitsproduktivität II (BP:AII)		100,0		116,5		186,4	+ 5,2	+ 9,8	+ 8,1
21 Kapitalproduktivität (BP:K)		100,0		89,2		94,4	- 3,7	+ 1,1	- 0,7
22 Bodenproduktivität (BP:B)		100,0		105,0		132,8	+ 1,6	+ 4,8	+ 3,6
E Entwicklung der Faktorintensitäten, 1962/63=100									
17a Arbeitsintensität I (AI:B)		100,0		90,9		67,1	- 3,1	- 5,9	- 4,9
17b Arbeitsintensität II (AII:B)		100,0		90,1		71,3	- 3,4	- 4,6	- 4,1
18 Bodenbezogene Kapitalintensität (K:B)		100,0		117,7		140,7	+ 5,6	+ 3,6	+ 4,4
19a Arbeitsbezogene Kapitalintensität (K:AI)		100,0		129,5		209,9	+ 9,0	+10,1	+ 9,7
19b Arbeitsbezogene Kapitalintensität (K:AII)		100,0		130,6		197,5	+ 9,3	+ 8,6	+ 8,9

Anmerkungen:
1) BP* entspricht dem Produktionswert, stimmt allerdings nicht völlig überein mit der Größe BP (sie enthält neben BP* einen Ansatz für Dienstleistungen auf der landwirtschaftlichen Erzeugerstufe, für sonstige Aufwendungen und ist vermindert um gezahlte Subventionen). Bezüglich der Daten siehe Statistisches Jahrbuch über ELF (1973), S. 133.
2) Siehe ebenda.
3) Siehe ebenda (NP* entspricht dem Beitrag des Bereichs Landwirtschaft - ohne Forstwirtschaft und Fischerei - zum Bruttoinlandsprodukt, zu Marktpreisen).
4) Berechnet nach ebenda, S. 135.
5) Übernommen bzw. geschätzt (*) nach Statistisches Jahrbuch über ELF (1974), S. 44 und S. 47.
6) Übernommen bzw. berechnet nach Lange Reihen (1973), S. 36.
7) Hilfsweise Bruttoanlagevermögen der Land- und Forstwirtschaft in konstanten Preisen von 1963/64, deflationiert mittels des Preisindexes für Anlageinvestitionen (Originalbasis 1970=100). Datengrundlage: DIW (1977), S. A8-9, A20-21.

Quellen:
BMELF, Statistisches Jahrbuch über Ernährung, Landwirtschaft und Forsten, Jhrg. 1973 und 1974 (zit. "Statistisches Jahrbuch über ELF").
Statistisches Bundesamt, Lange Reihen zur Wirtschaftsentwicklung. Stuttgart und Mainz 1973.
Deutsches Institut für Wirtschaftsforschung (DIW), Daten zur Entwicklung des Produktionspotentials, des Einsatzes von Arbeitskräften und Anlagevermögen sowie der Einkommensverteilung in den Wirtschaftsbereichen der Bundesrepublik Deutschland, 1950-1975. Berlin 1977.
Eigene Berechnungen. - Übernommene Daten wurden teilweise gerundet.

XXXVII

Tabelle 15: Entwicklung wichtiger agrarwirtschaftlicher Output- und Inputpreise, Japan, 1960-1970[a] (Preisindices, Basisjahr 1960=100)[b]

	1960 (t_1)	Ø 1960 - 1965 (d_1)	1965 (t_2)	Ø 1965 - 1970 (d_2)	1970 (t_3)	Jahresdurchschnittliche Veränderungsraten (nach Zinseszins)		
						$d_1:t_1$	$d_2:t_1$	$d_2:d_1$
Outputpreise								
- Produktpreise insgesamt	100,0	123,1	148,8	174,0	194,9	+ 8,7	+ 7,7	+ 7,2
- Preise pflanzlicher Produkte	100,0	135,0	164,2	193,9	228,4	+ 12,8	+ 9,2	+ 7,5
. Reis	100,0	123,5	155,0	182,6	196,9	+ 8,8	+ 8,4	+ 8,1
. Getreide	100,0	110,2	127,6	144,8	160,7	+ 4,0	+ 5,1	+ 5,6
. Hackfrüchte (Kartoffeln)	100,0	122,5	147,7	163,3	185,5	+ 8,5	+ 6,8	+ 5,9
. Obst und Nüsse	100,0	163,8	153,4	177,4	232,7	+ 21,8	+ 7,9	+ 1,6
. Gemüse	100,0	156,4	198,8	240,4	319,3	+ 19,6	+ 12,4	+ 9,0
. Industriefrüchte	100,0	128,6	151,7	179,5	218,1	+ 10,6	+ 8,1	+ 6,9
- Preise für Seidenrohprodukt (Kokons)	100,0	120,9	135,3	193,4	233,6	+ 7,9	+ 9,2	+ 9,9
- Preise tierischer Produkte	100,0	107,0	120,8	136,3	138,6	+ 2,7	+ 4,2	+ 5,0
Inputpreise								
- Betriebsmittel insgesamt	100,0	107,5	115,7	126,0	134,0	+ 2,9	+ 3,1	+ 3,2
. Handelsdünger	100,0	102,0	104,2	101,2	108,5	+ 0,8	+ 0,2	- 0,2
. Zukaufsfutter	100,0	105,8	112,4	114,3	119,2	+ 2,3	+ 5,5	+ 1,6
. Saat- und Pflanzgut	100,0	137,1	141,4	208,4	270,9	+ 13,5	+ 10,3	+ 8,7
. Landwirtschaftliches Zubehör (Maschinen, Geräte etc.)	100,0	100,8	102,5	107,2	112,6	+ 0,3	+ 0,9	+ 1,2
- Löhne	100,0	157,4	212,7	282,3	378,5	+ 6,3	+ 14,8	+ 12,4
- Grundstückspreise (Meßzahlen)								
. Naßfelder	100,0	104,6	109,3	140,1	175,6	+ 1,8	+ 4,6	+ 6,0
. Trockenfelder	100,0	104,6	109,3	136,1	164,6	+ 1,8	+ 4,2	+ 5,4

Anmerkungen:
a Ausgewählte Jahre
b Originalbasis 1965=100

Quellen: Datengrundlage: Output- und Betriebsmittelpreise: Japan Statistical Yearbook 1971, Pg. 374-375.
Meßzahl über Lohnentwicklung berechnet nach K. OHKAWA und M. SHINOHARA with L. MEISSNER (Eds.), Patterns of Japanese Economic Development. A Quantitative Appraisal. New Haven and London 1979, Pg. 391.
Meßzahlen über Bodenpreisentwicklung: Abgeleitet nach Japan Statistical Yearbook, versch. Jahrgänge 1962-1972, Table "Real Farm Rent and Price of Farm Land ...".
Eigene Berechnungen. Übernommene Daten wurden teilweise gerundet.

Tabelle 16: Entwicklung wichtiger agrarwirtschaftlicher Output- und Inputpreise, Bundesrepublik Deutschland, 1960/61-1970/71[a]
(Preisindices, Basisjahr 1962/63=100)

	1960/61 (t_1)	Ø1960/61 -1965/66 (d_1)	1965/66 (t_2)	Ø1965/66 -1970/71 (d_2)	1970/71 (t_3)	Jahresdurchschnittliche Veränderungsraten (nach Zinseszins)		
						$d_1:t_1$	$d_2:t_1$	$d_2:d_1$
Outputpreise[b]								
- Produktpreise insgesamt	95,3	103,4	114,1	108,7	106,0	+ 3,3	+ 1,8	+ 1,0
- Preise pflanzlicher Produkte	82,9	96,5	108,5	97,3	92,3	+ 6,3	+ 2,2	+ 0,2
. Getreide und Hülsenfrüchte	98,9	99,8	100,8	94,4	91,9	+ 3,6	- 0,6	- 1,1
. Hackfrüchte	84,9	99,5	121,2	102,8	92,4	+ 6,6	+ 2,6	+ 0,7
. Obst	63,5	93,8	115,5	92,7	84,5	+ 16,9	+ 5,2	- 0,2
. Gemüse	65,0	90,0	108,1	97,9	102,7	+ 13,9	+ 5,6	+ 1,7
- Preise tierischer Produkte	99,5	105,7	115,9	112,5	110,6	+ 2,4	+ 1,7	+ 1,3
. Schlachtvieh	102,0	106,8	118,6	114,9	112,3	+ 1,9	+ 1,6	+ 1,5
. Milch	94,1	104,3	112,9	112,1	113,6	+ 4,2	+ 2,4	+ 1,5
. Eier	106,5	100,9	105,2	87,3	73,7	- 2,1	- 2,6	- 2,9
Outputpreise								
- Betriebsmittel[b] insgesamt	94,1	101,0	107,7	112,5	120,8	+ 2,9	+ 2,4	+ 2,2
. Handelsdünger	98,0	103,6	107,4	107,0	107,7	+ 2,2	+ 1,2	+ 0,6
. Zukauffuttermittel	92,9	98,7	104,6	104,1	104,2	+ 2,5	+ 1,5	+ 1,1
. Bauten	86,7	101,3	113,0	123,2	149,7	+ 6,4	+ 4,8	+ 4,0
. Maschinen	94,3	100,6	107,0	116,5	132,5	+ 2,6	+ 2,9	+ 3,0
- Löhne (Meßzahl)	(100,0)[1)]	(114,8)[2)]	130,5	150,0	179,8	+ 9,6	+ 7,7	+ 6,9
- Grundstückspreise (Meßzahl)	91,3	107,3	129,0	143,3	154,2	+ 6,7	+ 6,2	+ 6,0

Anmerkungen:
a Ausgewählte Jahre bzw. Mehrjahresdurchschnitte.
b Ab 1967/68 einschließlich Umsatz-(Mehrwert-)steuer.
1) Gilt für 1962/63
2) Durchschnitt des Zeitraumes Wj. 1962/63-1965/66.

Quellen:
Datengrundlage: Output- und Betriebsmittelpreise: Statistisches Bundesamt, Lange Reihen zur Wirtschaftsentwicklung. Stuttgart und Mainz 1973.
Meßzahl über Lohnentwicklung berechnet auf der Basis des Facharbeitertariflohns, siehe BMELF, Statistisches Jahrbuch über Ernährung, Landwirtschaft und Forsten (1972), S. 258.
Meßzahlen über Bodenpreisentwicklung abgeleitet bzw. geschätzt nach A. WEBER, Productivity Growth in German Agriculture 1850 to 1970. Staff Paper P73-1, Minnesota, Aug. 1973, Appendix Pg. 68 (Zeitraum: 1960-1963) sowie BMELF, Statistisches Jahrbuch über Ernährung ... (1974, S. 251; 1975, S. 247), Basis: durchschnittliche Kaufwerte landwirtschaftlicher Stückländereien (Zeitraum: 1963-1970).
Eigene Berechnungen und Schätzungen. Übernommene Daten wurden teilweise gerundet.

XXXIX

Tabelle 17: Gesamt- und agrarwirtschaftliche Indikatoren, Japan, 1970-1980[a] (I)

Zeile	1970 (t_1)		1975 (t_2)		1980 (t_3)		Jahresdurchschnittliche Veränderungen (nach Zinseszins)		
	Absolut-, Index- oder Anteilswert	Meßzahl/ Index 1970=100	Absolut-, Index- oder Anteilswert	Meßzahl/ Index 1970=100	Absolut-, Index- oder Anteilswert	Meßzahl/ Index 1970=100	$t_2:t_1$	$t_3:t_2$	$t_3:t_1$
A Wirtschaftsfläche und landwirtschaftliche Fläche									
1 Wirtschaftsfläche (WF), in 1 000 ha[1)]	37 749	100,0	37 753	100,0	37 771	100,1	+ 0,0	+ 0,0	+ 0,0
2 Landwirtschaftliche Nutzfläche (mit Grünland) LN, in 1 000 ha[2)]	5 978	100,0	5 753	96,2	5 656	94,6	- 0,7	- 0,3	- 0,6
3 Landwirtschaftliche Nutzfläche (ohne Grünland) LN*, in 1 000 ha[3)]	5 796	100,0	5 572	96,1	5 461	94,1	- 0,8	- 0,4	- 0,6
4 LN:WF, in v.H.	15,8	100,0	15,2	96,2	15,0	94,6	- 0,8	- 0,3	- 0,6
5 LN*:WF, in v.H.	15,4	100,0	14,8	96,1	14,5	94,2	- 0,8	- 0,4	- 0,6
B Bevölkerung, landwirtschaftliche Bevölkerung[b] und Bevölkerungsdichte									
6 Gesamtbevölkerung (Bev), in 1 000[4)]	104 680*	100,0	111 940	106,9	117 060	111,8	+ 1,4	+ 0,9	+ 1,1
7 Agrarbevölkerung (Bev_L), in 1 000[5)]	26 282	100,0	23 197	88,3	21 366	81,3	- 2,5	- 1,6	- 2,0
8 Bev_L:Bev, in v.H.	25,1	100,0	20,7	82,5	18,3	72,7	- 3,8	- 2,5	- 3,1
9 Einwohner pro qkm WF	277,3	100,0	296,5	106,9	309,9	111,8	+ 1,3	+ 0,9	+ 1,1
10 Einwohner pro qkm LN	1 751,1	100,0	1 945,8	111,1	2 069,7	118,2	+ 2,1	+ 1,2	+ 1,7
11 Einwohner pro qkm LN*	1 806,0	100,0	2 009,0	111,2	2 144,0	118,7	+ 2,2	+ 1,3	+ 1,7
C Erwerbstätige insgesamt und landwirtschaftliche Erwerbstätige									
12 Gesamtzahl der Erwerbstätigen (ET), in 1 000[6)]	50 940	100,0	52 230	102,5	55 360	108,7	+ 0,5	+ 1,2	+ 0,8
13 Erwerbstätige in der Agrarwirtschaft (ET_L), in 1 000[6)]	8 860	100,0	6 610	74,6	5 770	65,1	- 5,7	- 2,7	- 4,2
14 ET_L:ET, in v.H.	17,4	100,0	12,7	72,8	10,4	59,9	- 6,2	- 3,8	- 5,0

Anmerkungen und Quellen: Siehe Tabelle 17 (III).

Tabelle 17: Gesamt- und agrarwirtschaftliche Indikatoren, Japan, 1970-1980[a] (II)

Zeile		1970 (t_1)		1975 (t_2)		1980 (t_3)		Jahresdurchschnittliche Veränderungen (nach Zinseszins)		
		Absolut-, Index- oder Anteilswert	Meßzahl/ Index 1970=100	Absolut-, Index- oder Anteilswert	Meßzahl/ Index 1970=100	Absolut-, Index- oder Anteilswert	Meßzahl/ Index 1970=100	$t_2:t_1$	$t_3:t_2$	$t_3:t_1$

D Produktions-, Produktivitäts- und Einkommensentwicklung in Gesamt-/Industrie- und Agrarwirtschaft

15	Industriewirtschaftlicher Produktionsindex (PI_I, Ø 1969-71=100)[7]	103,2	100,0	114,0	110,5	161,6	156,6	+ 2,0	+ 7,2	+ 4,6
16	Agrarwirtschaftlicher Produktionsindex (FAO) (PI_L, Ø 1969-71=100)[8]	101,0	100,0	110,0	108,9	98,0	97,0	+ 1,7	− 2,3	− 0,3
17	$PI_L:PI_I$, in v.H.	97,9	100,0	96,5	98,6	60,6	62,0	− 0,3	− 8,9	− 4,7
18	Gesamtwirtschaftliches Bruttoinlandsprodukt zu Marktpreisen (BIP^n_M) in Mrd. Yen, nominal[9]	73 285	100,0	148 031	202,0	227 264[c]	310,1	+ 15,1	+ 10,0	+ 12,6
19	Agrarwirtschaftliches Bruttoinlandsprodukt zu Marktpreisen ($BIP^n_{M,L}$), in Mrd. Yen, nominal[9]	4 463	100,0	8 130	182,2	9 192[c]	206,0	+ 12,7	+ 2,8	+ 7,9
20	$BIP^n_{M,L}:BIP^n_M$, in v.H.	6,1	100,0	5,5	90,2	4,0	66,4	− 2,0	− 6,6	− 4,2
21	BIP^r_M (Gesamtwirtschaft), in Mrd. Yen, real (in konst. Preisen von 1976)[10]	122 645	100,0	156 321	127,5	196 771	160,4	+ 5,0	+ 5,2	+ 5,1
22	$BIP^r_{M,L}$ (Agrarwirtschaft), in Mrd. Yen, real (in konst. Preisen von 1976)[10]	8 218	100,0	9 295	113,1	8 587	104,5	+ 2,5	− 1,7	+ 0,5
23	$BIP^r_{M,L}:BIP^r_M$, in v.H.	6,7	100,0	5,9	88,7	4,4	65,1	− 2,4	− 6,6	− 4,4
24	BSP^r/Bev (Bruttosozialprodukt pro Kopf der Bevölkerung), in Yen, real (in konst. PReisen von 1976)[11]	1 213 060	100,0	1 410 623	116,3	1 700 896[c]	140,2	+ 3,0	+ 4,2	+ 3,6
25	BIP^r/ET (pro Erwerbstätigen), in Yen, real (in konst. Preisen von 1976)[11]	2 407 636	100,0	2 992 935	124,3	3 572 783[c]	148,4	+ 4,4	+ 4,0	+ 4,2
26	$BIP^r_{M,L}$/ET (pro landwirtschaftlichem Erwerbstätigen), in Yen; real (in konst. Preisen von 1976)	927 540	100,0	1 406 203	151,6	1 443 193[c]	155,9	+ 8,7	+ 0,6	+ 4,8
27	$BIP^r_{M,L}$/ET:BIP^r_M/ET, in v.H.	38,5	100,0	47,0	121,2	40,4	104,9	+ 4,0	− 3,3	+ 0,5

Anmerkungen und Quellen: Siehe Tabelle 17 (III).

Tabelle 17: Gesamt- und agrarwirtschaftliche Indikatoren, Japan, 1970-1980[a] (III)

Zeile	1970 (t_1)		1975 (t_2)		1980 (t_3)		Jahresdurchschnittliche Veränderungen (nach Zinseszins)		
	Absolut-, Index- oder Anteilswert	Meßzahl/ Index	Absolut-, Index- oder Anteilswert	Meßzahl/ Index	Absolut-, Index- oder Anteilswert	Meßzahl/ Index	$t_2:t_1$	$t_3:t_2$	$t_3:t_1$

E   Preisniveauentwicklung in Gesamt- und Agrarwirtschaft

28 Preisindex für die Lebenshaltung, 1975=100[3)]	53,1	100,0	91,5	172,2	125,5	236,3	+ 11,5	+ 6,5	+ 9,0
29 Impliziter BIP-Deflator (Gesamtwirtschaft, G) 1976=100[4)]	58,5	100,0	94,3	161,2	117,2	200,3	+ 10,0	+ 4,4	+ 7,2
30 Impliziter BIP-Deflator (Agrarwirtschaft, L), 1976=100[5)]	54,3	100,0	87,5	161,1	105,7	194,7	+ 10,0	+ 3,9	+ 6,9
31 BIP-Defl. L:BIP-Defl. G, in v.H.	92,8	100,0	92,8	100,0	90,2	97,2	- 0,0	- 0,6	- 0,3

F   Gesamt- und Agrar-/Ernährungsaußenhandel[16)]

32 Gesamtexporte $(Ex)_{10}$ in 100 Mio. Yen (nominal)	69 544	100,0	165 453	137,9	293 825	422,5	+ 18,9	+ 12,2	+ 15,5
33 Ernährungsexporte $(Ex_L)_{10}$ in 100 Mio.Yen (nominal)	2 332	100,0	2 255	96,7	3 592	154,0	- 0,7	+ 9,8	+ 4,4
34 $Ex_L:Ex$, in v.H.	3,4	100,0	1,4	40,6	1,2	36,5	- 16,5	- 2,1	- 9,6
35 Gesamtimporte $(Im)_{10}$ in 100 Mio. Yen (nominal)	67 972	100,0	171 700	252,6	319 953	470,7	+ 20,4	+ 13,3	+ 16,8
36 Ernährungsimporte $(Im_L)_{10}$ in 100 Mio. Yen (nominal)	9 267	100,0	26 147	282,2	33 264	359,0	+ 23,1	+ 4,9	+ 13,6
37 $Im_L:Im$, in v.H.	13,6	100,=	15,2	111,7	10,4	76,3	+ 2,2	- 7,3	- 2,7

Anmerkungen:
a   Ausgewählte Jahre
b   Einschl. Okinawa.
c   Für 1980: Ø 1979-80.
1) Japan Statistical Yearbook (1971, 1976, 1981; Pg. 1).
2) Ermittelt durch Summation der Kulturfläche (total cultivated land; Japan Statistical Yearbook, 1982, Pg. 124) mit dem Dauergrünland (private land, pasture, Japan Statistical Yearbook, 1982, Pg. 6). Beide Datenreihen sind nur bedingt konsistent; diejenige für das Dauergrünland wurde hilfsweise herangezogen.
3) Siehe Quelle "Kulturfläche" unter Fußnote 2).
4) Japan Statistical Yearbook (1983), Pg. 15. Die Bevölkerungszahl für 1970 wurde geschätzt (*). Die Daten weichen geringfügig von den OECD Midyear Estimates ab (siehe unter Fußnote 13).
5) Ebenda, Pg. 121.
6) Ebenda, Pg. 61.
7) Japan Statistical Yearbook (1973/74, Pg. 238; 1977: Pg. 236; 1982, Pg. 252).
8) FAO, Production Yearbook (1979, 1981; Pg. 76).
9) OECD, National Accounts (Vol. II, 1983, Pg. 32-33).
10) Nominalwerte (siehe unter Fußnote 9) deflationiert mit implizitem BIP- bzw. BIP_L- Preisdeflator.
11) Deflationiert mit implizitem BSP-Preisdeflator. Grunddaten: BSP zu lfd. Preisen sowie Preisdeflatoren: OECD, Main Economic Indicators (1981), Pg. 10. Bevölkerung (mid year estimates): OECD, National Accounts (Vol. I, 1982), Pg. 89.
12) Zugrunde gelegte ET-Zahl für Ø 1979/80: ET: 55 075; ET, : 5 950.
13) Berechnet nach Japan Statistical Yearbook (1980), Pg. 584 sowie Monthly Statistics of Agriculture, Forestry and Fisheries (1981), Pg. 9.
14) Berechnet nach OECD, National Accounts (Vol. I, 1983), Pg. 90. Originalbasis: 1975=100.
15) Als Berechnungsbasis für die BIP_L-Preisdeflatoren dienten die Nominal- und Realwerte, die den unter der Fußnote 9) angeführten Quellen zu entnehmen sind. Es wurde eine Verkettung und Umbasierung der Indices auf 1976=100 vorgenommen.
16) Japan Statistical Yearbook (1982), Pg. 318-319.

Quellen: Statistics Bureau, Prime Minister's Office, Japan Statistical Yearbook, versch. Jahrgänge 1971-1982.
Statistics & Information Department, Ministry of Agriculture, Forestry & Fisheries, Government of Japan, Monthly Statistics of Agriculture, Forestry & Fisheries, Tokyo, July 1981.
OECD, National Accounts (Vol. 1 und Vol. II), Paris 1983 (zitiert "National Accounts").
Dieselbe, Main Economic Indicators, Supplement No. 5 to Historical Statistics, Paris, Aug. 1981 (zitiert "Main Economic Indicators").
FAO, Production Yearbook, 1979 und 1981.

XLII

Tabelle 18: Gesamt- und agrarwirtschaftliche Indikatoren, Bundesrepublik Deutschland, 1970-1980[a] (I)

	1970 (t_1)		1975 (t_2)		1980 (t_3)		Jahresdurchschnittliche Veränderungen (nach Zinseszins)		
	Absolut-, Index- oder Anteilswert	Meßzahl/ Index 1970=100	Absolut-, Index- oder Anteilswert	Meßzahl/ Index 1970=100	Absolut-, Index- oder Anteilswert	Meßzahl/ Index 1970=100	$t_2:t_1$	$t_3:t_2$	$t_3:t_1$

A. Wirtschaftsfläche und landwirtschaftliche Fläche

1 Wirtschaftsfläche (WF), in 1 000 ha[1)	24 777	100,0	24 745	99,9	24 744	100,0	- 0,03	- 0,0	- 0,02
2 Landwirtschaftlich genutzte Fläche (mit Grünland), LF, in 1 000 ha[1)	13 578	100,0	13 303	97,9	13 176	97,0	- 0,4	- 0,3	- 0,4
3 Landwirtschaftlich genutzte Fläche (ohne Grünland), LF*, in 1 000 ha[1)	7 539	100,0	7 538	100,0	7 505	99,5	- 0,0	- 0,1	- 0,6
4 LF:WF, in v.H.	54,8	100,0	53,8	98,1	53,2	97,2	- 0,4	- 0,0	- 0,3
5 LF*:WF, in v.H.	30,4	100,0	30,5	100,1	30,3	99,7	+ 0,02	- 0,1	- 0,03

B. Bevölkerung, landwirtschaftliche Bevölkerung und Bevölkerungsdichte

6 Gesamtbevölkerung (Bev), in 1 000	60 651[2)	100,0	61 829[3)	101,9	61 566[3)	101,5	+ 0,4	- 0,1	+ 0,2
7 Agrarbevölkerung (Bev_L), in 1 000	2 827[2)	100,0							
8 Bev_L:Bev, in v.H.	4,7	100,0							
9 Einwohner pro qkm WF[b]	244,8	100,0	249,9	102,1	248,8	101,6	+ 0,4	- 0,1	+ 0,2
10 Einwohner pro qkm LF[b]	446,7	100,0	464,8	104,0	467,3	104,6	+ 0,8	+ 0,1	+ 0,5
11 Einwohner pro qkm LF*[b]	804,5	100,0	820,2	102,0	820,3	102,0	+ 0,4	+ 0,0	+ 0,2

C. Erwerbstätige insgesamt und landwirtschaftliche Erwerbstätige

12 Gesamtzahl der Erwerbstätigen (ET), in 1 000	26 668[4)	100,0	25 810[5)	96,8	26 302[5)	98,6	- 0,7	+ 0,4	- 0,1
13 Erwerbstätige in der Agrarwirtschaft (ET_L), in 1 000	2 262[4)	100,0	1 773[5)	78,4	1 436[5)	63,5	- 4,8	- 4,1	- 4,4
14 ET_L:ET, in v.H.	8,5	100,0	6,9	81,0	5,5	64,4	- 4,1	- 4,5	- 4,3

Anmerkungen und Quellen: Siehe Tabelle 18 (III).

XLIII

Tabelle 18: Gesamt- und agrarwirtschaftliche Indikatoren, Bundesrepublik Deutschland, 1970-1980[a] (II)

	1970 (t_1)		1975 (t_2)		1980 (t_3)		Jahresdurchschnittliche Veränderungen (nach Zinseszins)		
	Absolut-, Index- oder Anteilswert	Meßzahl/ Index 1970=100	Absolut-, Index- oder Anteilswert	Meßzahl/ Index 1970=100	Absolut-, Index- oder Anteilswert	Meßzahl/ Index 1970=100	$t_2:t_1$	$t_3:t_2$	$t_3:t_1$

D Produktions-, Produktivitäts- und Einkommensentwicklung in Gesamt-/Industrie- und Agrarwirtschaft

15 Industriewirtschaftlicher Produktionsindex (PI_I, Ø 1969-71=100)[6,7]	101,4	100,0	113,5	111,9	126,3	124,6	+ 2,3	+ 2,2	+ 2,2
16 Agrarwirtschaftlicher Produktionsindex (FAO) (PI_L, Ø 1969-71=100)[6]	100,0	100,0	102,0	102,0	113,0	113,0	+ 0,4	+ 2,1	+ 1,2
17 $PI_L:PI_I$, in v.H.	98,6	100,0	89,9	91,1	89,5	90,7	- 1,8	- 0,1	- 1,0
18 Gesamtwirtschaftliches Bruttoinlandsprodukt zu Marktpreisen (BIP_M^n), in Mio. DM; nominal	675 300	100,0	1 026 510	152,0	1 481 070	219,3	+ 8,7	+ 7,6	+ 8,2
19 Agrarwirtschaftliches Bruttoinlandsprodukt zu Marktpreisen ($BIP_{M,L}^n$), in Mio. DM; nominal	21 780	100,0	28 470	130,7	30 520	140,1	+ 5,5	+ 1,4	+ 3,4
20 $BIP_{M,L}^n:BIP_M^n$, in v.H.	3,2	100,0	2,8	86,0	2,1	63,6	- 3,0	- 5,8	- 4,4
21 BIP_M^r (Gesamtwirtschaft), in Mio. DM; real (in konst. Preisen von 1976)	956 600	100,0	1 061 430	111,0	1 261 800	131,9	+ 2,1	+ 3,5	+ 2,8
22 $BIP_{M,L}^r$ (Agrarwirtschaft), in Mio. DM; real (in konst. Preisen von 1976)	30 250	100,0	30 960	102,3	32 350	106,9	+ 0,5	+ 0,9	+ 0,7
23 $BIP_{M,L}^r:BIP_M^r$, in v.H.	3,2	100,0	2,9	92,2	2,6	81,1	- 1,6	- 2,5	- 2,1
24 BSP^r/Bev[8] (Bruttosozialprodukt pro Kopf der Bevölkerung), in DM; real (in konst. Preisen von 1976)	15 787	100,0	17 207	109,0	20 535	130,1	+ 1,7	+ 3,5	+ 2,7
25 BIP_M^r/ET (pro Erwerbstätigen), in DM; real (in konst. Preisen von 1976)[8,a]	35 871	100,0	41 125	114,6	47 974	133,7	+ 2,8	+ 3,1	+ 2,9
26 $BIP_{M,L}^r/ET_L$ (pro landwirtschaftlichem Erwerbstätigen), in DM; real (in konst. Preisen von 1976)[8,a]	13 373	100,0	17 462	130,6	22 528	168,5	+ 5,5	+ 5,2	+ 5,4
27 $BIP_{M,L}^r/ET_L:BIP_M^r/ET$, in v.H.	37,3	100,0	42,5	113,9	47,0	126,0	+ 2,6	+ 2,0	+ 2,3

Anmerkungen und Quellen: Siehe Tabelle 18 (III).

XLIV

Tabelle 18: Gesamt- und agrarwirtschaftliche Indikatoren, Bundesrepublik Deutschland, 1970-1980[a] (III)

	1970 (t_1)		1975 (t_2)		1980 (t_3)		Jahresdurchschnittliche Veränderung (nach Zinseszins)		
	Absolut-, Index- oder Anteilswerte	Meßzahl/ Index 1970=100	Absolut-, Index- oder Anteilswerte	Meßzahl/ Index 1970=100	Absolut-, Index- oder Anteilswerte	Meßzahl/ Index 1970=100	$t_2:t_1$	$t_2:t_3$	$t_3:t_1$
E Preisniveauentwicklung in Gesamt- und Agrarwirtschaft									
28 Preisindex für die Lebenshaltung, 1976=100 [1])	71,5	100,0	95,8	134,0	116,0	162,2	+ 6,0	+ 3,9	+ 5,0
29 Impliziter BIP-Deflator (Gesamtwirtschaft, G) [12]	70,6	100,0	96,7	137,0	117,4	166,3	+ 6,5	+ 4,0	+ 5,0
30 Impliziter BIP-Deflator (Agrarwirtschaft, L), 1976=100	72,0	100,0	92,0	127,8	94,3	131,0	+ 5,0	+ 0,5	+ 2,7
31 BIP-Defl. L: BIP-Defl. G, in v.H.	101,9	100,0	95,1	93,3	80,3	279,6	- 2,2	- 2,9	- 2,6
F Gesamt- und Agrar-/Ernährungsaußenhandel									
32 Gesamtexporte (Ex), in Mio. DM (nominal) [13])	125 276	100,0	221 589	176,9	350 328	279,6	+ 12,1	+ 9,6	+ 10,8
33 Ernährungsexporte (Ex_L) in Mio. DM (nominal) [13])	4 380	100,0	10 397	237,4	18 471	421,7	+ 18,9	+ 12,2	+ 15,5
34 Ex_L:Ex, in v.H.	3,5	100,0	4,7	134,2	5,3	150,8	+ 6,1	+ 2,4	+ 4,2
35 Gesamtimporte (Im) in Mio. DM (nomonal) [14])	109 606	100,0	184 313	168,2	341 380	311,5	+ 11,0	+ 13,1	+ 12,0
36 Ernährungsimporte (Im_L), in Mio. DM (nominal) [14])	20 924	100,0	31 127	148,8	43 363	207,2	+ 8,3	+ 6,9	+ 7,6
37 Im_L:IM, in v.H.	19,1	100,0	16,9	88,5	12,7	66,5	- 2,4	- 5,5	- 4,0

Anmerkungen:
a Ausgewählte Jahre
b Geringfügige Verzerrungen wegen unberücksichtigter Flächenänderung 1978-80.

1) Lange Reihen (1982), S. 59. Werte für 1980:1978.
2) Statistisches Jahrbuch über ELF (1977), S. 7.
3) Lange Reihen (1982), S. 35.
4) Ebenda, S. 42f.
5) Statistisches Jahrbuch (1983), S. 98.
6) Statistisches Jahrbuch (1976), S.248, (1979), S. 77, (1981), S. 176.
7) FAO, Production Yearbook (1979), Pg. 76, (1981), Pg. 76.
8) Lange Reihen (1982), S. 198ff.
9) Ebenda, S. 202ff.
10) Ebenda, S. 196f.
11) Statistisches Jahrbuch (1983), S. 508.
12) Als Berechnungsgrundlage für die BIP-Deflatoren dienten die in den Langen Reihen (9182), S. 198ff ausgewiesenen Nominal- und Realwerte.
13) Lange Reihen (1982), s. 140f.
14) Ebenda, S. 138f.

Quellen:
Statistisches Bundesamt, Lange Reihen zur Wirtschaftsentwicklung. Stuttgart und Mainz 1982, (zit. "Lange Reihen").
Dasselbe, Statistisches Jahrbuch für die Bundesrepublik Deutschland, versch. Jhrg. (zit. "Statistisches Jahrbuch").
BMELF, Statistisches Jahrbuch über Ernährung, Landwirtschaft und Forsten, Jhrg. 1977 (zit. "Statistisches Jahrbuch über ELF).
FAP, Production Yearbollk, 1979 und 1981.
Eigene Berechnungen. -Übernommene Daten wurden teilweise gerundet.

Tabelle 19: Agrarwirtschaftliche Indikatoren, Japan, 1970-1980[a] (I)

Zeile	1970 (t_1)		1975 (t_2)		1980 (t_3)		Jahresdurchschnittliche Veränderungen (nach Zinseszins)		
	Absolut-, Index- oder Anteilswert	Meßzahl/ Index 1970=100	Absolut-, Index- oder Anteilswert	Meßzahl/ Index 1970=100	Absolut-, Index- oder Anteilswert	Meßzahl/ Index 1970=100	$t_2:t_1$	$t_3:t_2$	$t_3:t_1$
A Landwirtschaftliche Fläche, landwirtschaftliche Arbeitskräfte und landwirtschaftliche Betriebe									
1a Landwirtschaftliche Nutzfläche (mit Dauergrünland), LN (I), in 1 000 ha[1])	5 357	100,0	4 893	91,3	4 792	89,5	- 1,8	- 0,4	- 1,1
1b dgl. andere Datenbasis; LN (II)[2])	5 978	100,0	5 753	96,2	5 656	94,6	- 0,8	- 0,3	- 0,6
2a Landwirtschaftliche Nutzfläche (ohne Dauergrünland), LN* (I), in 1 000 ha[3])	5 109	100,0	4 783	93,6	4 706	92,1	- 1,3	- 0,3	- 0,8
2b dgl. andere Datenbasis; LN* (II)[4])	5 796	100,0	5 572	96,1	5 461	94,2	- 0,8	- 0,4	- 0,6
2c Landwirtschaftliche Nutzfläche (ohne Acker- und Dauergrünland), LN** (I), in 1 000 ha[5])	4 873	100,0	4 391	90,8	4 277	88,4	- 1,9	- 0,5	- 1,2
2d Landwirtschaftliche Anbaufläche, LA, in 1 000 ha[6])	6 318	100,0	5 756	91,1	5 636	89,2	- 1,8	- 0,4	- 1,1
3a LN* (I):LN (I) (Ackerlandanteil i.w.S.), in v.H.	95,4	100,0	97,8	102,5	98,2	103,0	+ 0,5	+ 0,1	+ 0,3
3b dgl. LN* (II):LN (II)	97,0	100,0	96,9	99,9	96,6	99,6	- 0,02	- 0,06	- 0,04
3c LN** (I):LN (I) (Ackerlandanteil i.e.S.), in v.H.	90,3	100,0	89,7	99,4	89,3	98,8	- 0,1	- 0,1	- 0,1
3d LA:LN* (I) (Landnutzungsgrad), in v.H.	105,7	100,0	100,1	94,7	99,6	94,3	- 1,1	- 0,1	-.0,6
4a Landwirtschaftliche Arbeitskräfte, AK (I), in 1 000[7])	8 420	100,0	6 180	73,4	5 320	63,2	- 6,0	- 3,0	- 4,5
4b dgl., andere Datenquelle[8]), AK (II)	10 252	100,0	7 907	77,1	6 973	68,0	- 5,1	- 2,5	- 3,8
4c Landwirtschaftliche Arbeitskräfte (ständige AK = AK^{st}_L)	8 428	100,0	6 565	77,8	6 036	71,6	- 4,9	- 1,7	- 3,3
4d Landwirtschaftliche Arbeitskräfte (nichtständige AK = AK^{nst}_L)	1 824	100,0	1 342	73,6	937	51,4	- 6,0	- 6,9	- 6,4
5 Landwirtschaftliche Betriebe insgesamt B^G_L, in 1 000[9])	5 342	100,0	4 953	92,7	4 661	87,3	- 1,5	- 1,2	- 1,4

Anmerkungen und Quellen: Siehe Tabelle 19 (III).

XLVI

Tabelle 19: Agrarwirtschaftliche Indikatoren, Japan, 1970-1980[a] (II)

Zeile	1970 (t_1)		1975 (t_2)		1980 (t_3)		Jahresdurchschnittliche Veränderungen (nach Zinseszins)		
	Absolut-, Index- oder Anteilswert	Meßzahl/ Index 1970=100	Absolut-, Index- oder Anteilswert	Meßzahl/ Index 1970=100	Absolut-, Index- oder Anteilswert	Meßzahl/ Index 1970=100	t_2:t_1	t_3:t_2	t_3:t_1
A Landwirtschaftliche Fläche, landwirtschaftliche Arbeitskräfte und landwirtschaftliche Betriebe (Tabelle (I), Fortsetzung)									
6a Durchschnittliche Betriebsgröße, LN(I):B_L^U, in ha/Betrieb	1,00	100,0	0,99	98,5	1,03	102,5	- 0,3	+ 0,8	+ 0,2
6b dgl. LN (II):B_L^G	1,12	100,0	1,16	103,8	1,21	108,4	+ 0,7	+ 0,9	+ 0,8
6c dgl. LN* (I):B_L^U	0,96	100,0	0,97	101,0	1,01	105,6	+ 0,2	+ 0,9	+ 0,5
6d dgl. LN* (II):B_L^G	0,99	100,0	1,12	113,4	1,17	118,1	+ 2,5	+ 0,8	+ 1,7
7a Durchschnittlicher flächenbezogener Arbeitsbesatz (AK (I)/100 ha LN* (I)	164,8	100,0	129,2	78,4	113,0	168,6	- 4,8	- 2,6	- 3,7
7b dgl. AK (II)/100 ha LN* (I)	200,7	100,0	165,3	82,4	148,2	73,8	- 3,8	- 2,2	- 3,0
8a Durchschnittlicher betriebsbezogener Arbeitsbesatz AK (I)/B_L^U	1,6	100,0	1,2	79,2	1,1	72,4	- 4,6	- 1,8	- 3,2
8b dgl. AK (II)/B_L^G	1,9	100,0	1,6	83,2	1,5	78,0	- 3,6	- 1,3	- 2,5
B Landwirtschaftlicher Maschinenbesatz, Maschinen pro 1 000 ha LN[10])									
9a Kultivatoren	679,0	100,0	816,2	120,2	897,8	132,2	+ 3,8	+ 1,9	+ 2,8
9b Reispflanzmaschinen	9,0	100,0	218,7	2 428,9	401,0	4 453,5	+ 89,3	+ 12,9	+ 46,2
10a Regner	225,0	100,0	277,0	123,2	333,4	148,2	+ 4,3	+ 3,8	+ 4,0
10b Sprühregner	244,9	100,0	329,1	134,4	381,4	155,8	+ 6,1	+ 3,0	+ 4,5
11a Erntemaschinen, (Drescher, Binder)	113,9	100,0	313,2	274,9	442,8	388,7	+ 22,4	+ 7,2	+ 14,5
11b Mähdrescher	16,4	100,0	89,5	544,3	195,0	1 184,0	+ 40,3	+ 16,8	+ 28,0
C Gliederung des Ackerlandes nach Hauptgruppen des Anbaus, in v.H.[119]									
12a Reis	46,3	100,0	48,0	103,8	44,1	95,3	+ 0,7	- 2,1	- 0,5
12b Getreide (ohne Reis)	8,2	100,0	3,6	43,7	5,2	63,8	- 15,3	+ 9,9	- 4,9
13 Hülsenfrüchte	5,3	100,0	4,5	83,6	4,5	84,0	- 3,5	+ 0,1	- 1,9
14 Hackfrüchte	4,4	100,0	3,5	79,1	3,2	73,0	- 4,6	- 2,0	- 3,4
15 Gemüse und Gartengewächse	17,5	100,0	18,5	105,6	18,5	107,0	+ 1,1	+ 0,02	+ 0,6
16 Handelsgewächse	6,6	100,0	6,8	102,7	6,8	102,0	+ 0,5	- 0,2	+ 0,2
18 Futterpflanzen	11,6	100,0	15,1	130,1	17,7	152,0	+ 5,4	+ 4,0	+ 4,8
D Entwicklung der Tierbesatzdichte, Tiere pro 1 000 ha LN[12])									
18a Rindvieh	703,3	100,0	761,9	108,3	881,9	125,4	+ 1,6	+ 3,7	+ 2,5
18b Milchkühe[13]	234,5	100,0	258,2	110,1	307,5	131,1	+ 1,9	+ 4,5	+ 3,1
19 Schweine	1 240,0	100,0	1 606,5	129,6	2 016,8	162,6	+ 5,3	+ 5,9	+ 5,6
20a Geflügel	43 752,4	100,0	50 629,9	115,7	62 015,5	141,7	+ 3,0	+ 5,2	+ 4,0
20b Legehennen	23 135,8	100,0	24 340,4	105,2	26 289,8	113,6	+ 1,0	+ 1,9	+ 4,0
21 Pferde	26,8	100,0	9,0	33,5	4,7	1774	- 19,6	- 15,1	- 17,6
22 Schafe	4,1	100,0	2,5	61,0	2,5	62,0	- 9,4	- 0,4	- 5,2
23 Ziegen	31,5	100,0	23,2	73,6	15,1	47,9	- 5,9	- 10,2	- 7,9

Anmerkungen und Quellen: Siehe Tabelle 19 (III).

XLVII

Tabelle 19: Agrarwirtschaftliche Indikatoren, Japan, 1970-1980[d] (III)

Zeile	1970 (t_1)		1975 (t_2)		1980 (t_3)		Jahresdurchschnittliche Veränderungen (nach Zinseszins)		
	Absolut-, Index- oder Anteilswert	Meßzahl/ Index 1970=100	Absolut-, Index- oder Anteilswert	Meßzahl/ Index 1970=100	Absolut-, Index- oder Anteilswert	Meßzahl/ Index 1970=100	$t_2:t_1$	$t_3:t_2$	$t_3:t_1$
E Index der Agrarproduktion nach Hauptproduktionsbereichen, 1975=100[14]									
24a Pflanzliche Produktion (P_{pfl})	94,7	100,0	100,0	105,6	98,7	104,2	+ 1,1	- 0,3	+ 0,4
24b Seidenproduktion (P_{seid})	122,4	100,0	100,0	81,7	80,3	65,6	- 4,0	- 4,3	- 4,1
25 Tierische Produktion (P_{tier})	88,8	100,0	100,0	112,6	125,4	141,2	+ 2,4	+ 4,6	+ 3,5
26 $P_{tier}:P_{pfl}$, in v.H.	93,8	100,0	100,0	106,6	127,1	135,5	+ 1,3	+ 4,9	+ 3,1
F Ertragsentwicklung der Hauptfruchtarten, dt/ha[15]									
27a Reis	44,7	100,0			47,3	105,8			+ 1,1
27b Weizen	(26,6)[I]	100,0			29,7	111,7			+ 2,2
28 Gerste	(33,0)[II]	100,0			33,6	101,8			+ 0,4
29a Süßkartoffeln	193,6	100,0			209,5	108,2			+ 1,6
29b Kartoffeln	222,8	100,0			260,6	117,0			+ 3,2
30 Zuckerrüben	437,2	100,0			483,4	110,6			+ 2,0
G Einige Leistungskennziffern der tierischen Produktion[16]									
31 Durchschnittlicher jährlicher Milchertrag kg/Kuh	3 980	100,0			4 277	107,5			+ 1,4
32 Durchschnittliche jährliche Legeleistung Eier/Henne	242	100,0			258	106,6			+ 1,3

Anmerkungen:

a Ausgewählte Jahre.
1) Ermittelt durch Summation der von den landwirtschaftlichen Betrieben bewirtschafteten Flächen (= Ackerland i.w.S.) mit dem Dauergrünland (total pasture). Siehe Japan Statistical Yearbook (1982), Pg. 126.
2) Ermittelt durch Summation der Kulturfläche (total cultivated land; Japan Statistical Yearbook, 1982, Pg. 124) mit dem Dauergrünland (private land pasture, Japan Statistical Yearbook, 1982, Pg. 6). Beide Datenreihen sind nur bedingt konsistent; diejenige für das Dauergrünland wurde hilfsweise herangezogen.
3) Siehe unter Fußnote 1) (Quelle für "Ackerland i.w.S.").
4) Siehe unter Fußnote 2) (Quelle für "Kulturfläche").
5) Siehe unter Fußnote 1) (Quelle für "Ackerland i.w.S.") abzüglich Ackergrünland, d.h. Trockenfeldflächen, die als Grünland genutzt werden (Angaben für 1960 und 1965 geschätzt (*); Angabe für 1970, Japan Statistical Yearbook, 1982, Pg. 126: meadows).
6) Vgl. Tabelle 25 im Anhang. Aggregierte Daten der Einzelkulturen: Teilweise bestehen geringfügige statistische Diskrepanzen.
7) Japan Statistical Yearbook (1982), Pg. 61.
8) Ebenda, Pg. 121.
9) Ebenda, Pg. 117.
10) Datengrundlage bezüglich der landwirtschaftlichen Maschinen: Siehe Japan Statistical Yearbook (1972, Pg. 117; 1982, Pg. 135); Angabe für 1970: 1971, für 1975: 1976, für 1980: 1981. Flächenbasis: LN* (I).
11) Siehe Tabelle 26 im Anhang. Wertangabe für 1980: 1979.
12) Datengrundlage bezüglich der Tierbestandszahlen: siehe Tabelle 26 im Anhang sowie die dort angeführten Quellen. Wertangabe für 1980: Tierbestände von 1979, Fläche von 1980.
13) Milchvieh des Alters von 2 und mehr Jahren.
14) Japan Statistical Yearbook, versch. Jahrgänge (1972-1982), Table "Indexes of Agriculture, Forestry and Fishery Production".
15) Berechnet nach Ebenda, Table "Agricultural Production". Angabe für 1970: Ø 1970-74, für 1980: Ø 1975-79. In Klammern gesetzte Ertragsdaten wurden wegen außergewöhnlicher Ernteschwankungen bereinigt. Die unbereinigten Werte lauten: I: 26,6; II: 33,0.
16) Berechnet nach ebenda, Table "Farm Households Raising Livestock or Chickens, ...". Angabe für 1970: Ø 1970-74, für 1980: Ø 1975-79.

Quellen: Statistics Bureau, Prime Minister's Office, Japan Statistical Yearbook. Tokyo, versch. Jahrgänge.

XLVIII

Tabelle 20: Agrarwirtschaftliche Indikatoren, Bundesrepublik Deutschland, 1970-1980[a] (I)

	1970 (t_1)		1975 (t_2)		1980 (t_3)		Jahresdurchschnittliche Veränderungen (nach Zinseszins)		
	Absolut-, Index- oder Anteilswert	Meßzahl/ Index 1970=100	Absolut-, Index- oder Anteilswert	Meßzahl/ Index 1970=100	Absolut-, Index- oder Anteilswert	Meßzahl/ Index 1970=100	$t_2:t_1$	$t_3:t_2$	$t_3:t_1$
A Landwirtschaftliche Fläche, landwirtschaftliche Arbeitskräfte und landwirtschaftliche Betriebe									
1 Landwirtschaftlich genutzte Fläche (mit Grünland), in 1 000 ha[b]	12 490	100,0	12 338	98,8	12 023	96,3	- 0,2	- 0,5	- 0,4
2 Landwirtschaftlich genutzte Fläche (ohne Grünland), LF*, in 1 000 ha[b]	7 205	100,0	7 243	100,5	7 190	99,8	+ 0,1	- 0,1	- 0,02
3 LF*:LF (Ackerlandanteil), in v.H.	57,7	100,0	58,7	101,8	59,8	103,7	+ 0,4	+ 0,4	+ 0,4
4a Landwirtschaftliche Arbeitskräfte (ständige $AK=AK_L^{st}$), in 1 000[b,c]	1 876	100,0	1 459	77,8	1 212	64,6	- 4,9	- 3,6	- 4,3
4b Landwirtschaftliche Arbeitskräfte (nichtständige $AK=AK_L^{nst}$) in 1 000[b,c]	1 167	100,0	1 123	96,2	1 086	93,1	- 0,8	- 0,7	- 0,7
4c Landwirtschaftliche Arbeitskräfte (Voll-AK= AK_L^v), in 1 000[b,c]	1 517	100,0	1 160	74,5	980	64,6	- 5,2	- 3,3	- 4,3
5 Landwirtschaftliche Betriebe (B_L) in 1 000[b]	928	100,0	782	84,3	694	74,8	- 3,4	- 2,4	- 2,9
6a Durchschnittliche Betriebsgröße (LN:B_L) ha/Betrieb	13,5	100,0	15,8	117,2	17,3	128,7	+ 3,2	+ 1,9	+ 2,6
6b Durchschnittliche Betriebsgröße (LN*:B_L), ha/Betrieb	7,8	100,0	9,3	119,3	10,4	133,4	+ 3,6	+ 2,3	+ 2,9
7a Durchschnittlicher flächenbezogener Arbeitsbesatz (I) AK_L^{st}/100 ha LF	15,0	100,0	11,8	78,7	10,1	67,1	- 4,7	- 3,1	- 3,9
7b Durchschnittlicher flächenbezogener Arbeitsbesatz (II) AK_L^{nst}/100 ha LF	9,3	100,0	9,1	97,4	9,0	96,7	- 0,5	- 0,2	- 0,3
7c Durchschnittlicher flächenbezogener Arbeitsbesatz (III) AK_L^v/100 ha LF	12,1	100,0	9,4	77,4	8,2	67,1	- 5,0	- 2,8	- 3,9
8a Durchschnittlicher betriebsbezogener Arbeisbesatz (I), AK_L^{st}/Betrieb	2,0	100,0	1,9	92,3	1,7	86,4	- 1,6	- 1,3	- 1,5
8b Durchschnittlicher betriebsbezogener Arbeitsbesatz (II), A_L^{nst}/Betrieb	1,3	100,0	1,4	114,2	1,6	124,4	+ 2,7	+ 1,7	+ 2,2
8c Durchschnittlicher betriebsbezogener Arbeitsbesatz (III), A_L^v/Betrieb	1,6	100,0	1,5	90,7	1,4	86,4	- 1,9	- 1,0	- 1,5

Anmerkungen und Quellen: Siehe Tabelle 20 (III).

Tabelle 20: Agrarwirtschaftliche Indikatoren, Bundesrepublik Deutschland, 1970-1980[a] (II)

	1970 (t_1)		1975 (t_2)		1980 (t_3)		Jahresdurchschnittliche Veränderungen (nach Zinseszins)		
	Absolut-, Index- oder Anteilswert	Meßzahl/ Index 1970=100	Absolut-, Index- oder Anteilswert	Meßzahl/ Index 1970=100	Absolut-, Index- oder Anteilswert	Meßzahl/ Index 1970=100	$t_2:t_1$	$t_3:t_2$	$t_3:t_1$
B Landwirtschaftlicher Maschinenbesatz, Maschinen pro 1 000 ha LF									
9 E-Motoren									
10 Verbrennungsmotoren									
11 Melkmaschinen[3)b]	37,5	100,0	37,2	99,1			- 0,2		
12 Schlepper[3)b]	101,2	100,0	103,3	102,1			+ 0,4		
13 Mähdrescher[3)b]	11,2	100,0	14,4	128,2			+ 5,1		
C Gliederung des Ackerlandes nach Hauptgruppen des Anbaus, in v.H.[4)]									
14 Getreide	69,0	100,0	70,4	102,0	71,2	103,1	+ 0,4	+ 0,2	+ 0,3
15 Hülsenfrüchte	0,40	100,0	0,37	93,2	0,20	50,1	- 1,4	-11,7	- 6,7
16 Hackfrüchte	16,8	100,0	14,6	87,1	12,8	76,6	- 2,7	- 2,6	- 2,6
17 Gemüse und Gartengewächse	1,1	100,0	1,0	91,4	0,9	85,6	- 1,8	- 1,3	- 1,5
18 Handelsgewächse	1,6	100,0	1,7	111,8	2,1	131,9	+ 2,3	+ 3,4	+ 2,8
19 Futterpflanzen	11,2	100,0	11,9	106,5	12,8	114,7	+ 1,3	+ 1,5	+ 1,4
D Entwicklung der Tierbesatzdichte, Tiere pro 1 000 ha LF									
20a Rindvieh[5)]	1 123,0	100,0	1 174,7	104,6	1 253,3	111,6	+ 0,9	+ 1,3	+ 1,1
20b Milchkühe[6)]	471,3	100,0	436,9	92,7	453,7	96,3	- 1,5	+ 0,8	- 0,4
21 Schweine[4)]	1 678,9	100,0	1 605,2	95,6	1 875,8	111,7	- 0,9	+ 3,2	+ 1,1
22a Geflügel[5)]	8 062,5	100,0	7 289,7	90,4	7 121,4	88,3	- 2,0	- 0,5	- 1,2
22b Legehennen[6)]	5 605,4	100,0	5 041,3	90,0	4 607,8	82,2	- 2,1	- 1,8	- 1,9
23 Pferde[5)]	20,3	100,0	27,6	136,4	31,8	156,9	+ 6,4	+ 2,8	+ 4,6
24 Schafe[5)]	67,5	100,0	88,1	130,5	98,1	145,3	+ 5,5	+ 2,2	+ 3,8
25 Ziegen[5)]	4,0	100,0	3,0	74,0	.	.	- 5,8	.	.

Anmerkungen und Quellen: Siehe Tabelle 20 (III).

Tabelle 20: Agrarwirtschaftliche Indikatoren, Bundesrepublik Deutschland, 1970-1980[a] (III)

	1970 (t_1)		1975 (t_2)		1980 (t_3)		Jahresdurchschnittliche Veränderungen (nach Zinseszins)		
	Absolut-, Index- oder Anteilswert	Meßzahl/ Index 1970=100	Absolut-, Index- oder Anteilswert	Meßzahl/ Index 1970=100	Absolut-, Index- oder Anteilswert	Meßzahl/ Index 1970=100	$t_2:t_1$	$t_3:t_2$	$t_3:t_1$

E Index der Agrarproduktion nach Hauptproduktionsbereichen, 1970=100 [7]

26 Pflanzliche Produktion (P_{pfl})	100,0		116,1		130,3		+ 3,0	+ 2,9	+ 3,0
27 Tierische Produktion (P_{tier})	100,0		104,8		115,4		+ 0,9	+ 2,4	+ 1,6
28 $P_{tier}:P_{pfl}$, in v.H.	100,0		90,3		88,5		- 2,0	- 0,5	- 1,3

F Ertragsentwicklung der Hauptfruchtarten, dt/ha [8]

29 Winterweizen	45,2	100,0			47,8	105,8			+ 1,1
30 Winterroggen	35,1	100,0			36,4	103,7			+ 0,7
31 Spätkartoffeln	291,0	100,0			283,6	97,5			- 0,5
32 Zuckerrüben	445,0	100,0			460,6	103,5			+ 0,7

G Einige Leistungskennziffern der tierischen Produktion [9]

33 Durchschnittlicher jährlicher Milchertrag l/Kuh	3 917				4 246	108,4			+ 1,6
34 Durchschnittliche jährliche Legeleistung Eier/Henne	233				241	103,4			+ 0,7

Anmerkungen:
a Ausgewählte Jahre.
b Angabe für Betriebe ab 2 ha LF.
c Bundesgebiet ohne Berlin (West), Bremen und Hamburg. Bei den die Fläche einbeziehenden Berechnungen bestehen teilweise geringfügige Verzerrungen wegen der Abweichungen der Erhebungs- von den gewählten Betrachtungsjahren.
1) Berechnet nach Statistisches Jahrbuch über ELF (1974, S. 67 f.; 1978, S. 70; 1982, S. 78). Angaben für 1970: 1971, 1975: 1974, 1980: 1979.
2) Berechnet nach Statistisches Jahrbuch über ELF (1982), S. 49 f.
3) Basisdaten für Maschinen siehe Statistisches Jahrbuch über ELF (1982), S. 65.
4) Vgl. Tabelle 25 im Anhang.
5) Bezüglich Tierbestandszahlen vgl. Statistisches Jahrbuch über ELF (1982), S. 105.
6) Milchkühe, Legehennen (Jahresdurchschnitte): vgl. ebenda, S. 120 f. Milchkühe 1970, 1975, 1980; Legehennen Wj. 1970//1, 1975/76, 1980/81.
7) Abgeleitet von den jeweiligen aggregierten Volumengrößen, siehe Statistisches Jahrbuch über ELF (1977, S. 135; 1980, S. 135; 1981, S. 129). Originalpreisbasis: 1970=100. Werte: 1970: WJ 1970/71, 1975: Wj. 1975/76; 1980: Wj 1979/80.
8) Hinsichtlich Grundzahlen siehe Statistisches Jahrbuch über ELF, Jhrg. 1972-82, Tabelle "Durchschnittliche Erträge einiger Hauptfeldfrüchte". Winterroggen ≙ ab 1979 "Roggen" (Winter- + Sommerroggen). Angaben für 1970: Ø 1971-75, für 1980: Ø 1976-80.
9) Statistisches Jahrbuch über ELF (1978, S. 122 f.; 1982, S. 120 f.). Angabe für 1970: Ø 1971-75, für 1980: Ø 1976-80; bei Legehennen: jeweils Wj. (1972/72 ... 1980/81).

Quellen:
BMELF, Statistisches Jahrbuch über Ernährung, Landwirtschaft und Forsten, verschd. Jhrg. (zit. "Statistisches Jahrbuch über ELF").
Eigene Berechnungen. - Übernommene Daten wurden teilweise gerundet.

Tabelle 21: Veränderungen in der Produktion, der Produktionsstruktur, dem Input, der Intensität und der Produktivität in der japanischen Landwirtschaft, 1970-1980 (Preise zur Basis 1970=100) (I)

Zeile	1970 (t_1)		1975 (t_2)		1980 (t_3)		Jahresdurchschnittliche Veränderungen (nach Zinseszins)		
	Absolut-, Index- oder Anteilswert	Meßzahl/ Index 1970=100	Absolut-, Index- oder Anteilswert	Meßzahl/ Index 1970=100	Absolut-, Index- oder Anteilswert	Meßzahl/ Index 1970=100	$t_2:t_1$	$t_3:t_2$	$t_3:t_1$
A Entwicklung des landwirtschaftlichen Produktionsvolumens									
1 Bruttoproduktion, BP, in 100 Mio. Yen [1]	46,65	100,0	50,23	107,7	48,82	104,7	+ 1,5	- 0,6	+ 0,5
B Volumenstruktur der Agrarproduktion, Anteilswerte (BP$_i$:BP) in v.H. [2]									
2 Pflanzliche Produktion insgesamt	73,3	100,0	73,8	100,6	69,8	95,2	+ 0,1	- 1,2	- 0,5
3 Reis	37,9	100,0	36,8	97,1	31,3	82,7	- 0,6	- 3,5	- 2,0
4 Übrige pflanzliche -7a Erzeugnisse	35,5	100,0	37,0	104,3	38,5	108,5	+ 0,8	+ 0,9	+ 0,9
7b Seidenproduktion	2,7	100,0	2,0	74,2	1,8	66,5	- 5,8	- 2,4	- 4,2
8 Tierische Erzeugnisse -10 insgesamt	24,0	100,0	24,2	101,1	28,4	118,5	+ 0,2	+ 3,6	+ 1,8

Anmerkungen und Quellen: Siehe Tabelle 21 (II).

Tabelle 21: Veränderungen in der Produktion, der Produktionsstruktur, dem Input, der Intensität und der Produktivität in der japanischen Landwirtschaft, 1970-1980[a] (Preise zur Basis 1970=100) (II)

Zeile	1970 (t_1)		1975 (t_2)		1980 (t_3)		Jahresdurchschnittliche Veränderungen (nach Zinseszins)		
	Absolut-, Index- oder Anteilswert	Meßzahl/ Index 1970=100	Absolut-, Index- oder Anteilswert	Meßzahl/ Index 1970=100	Absolut-, Index- oder Anteilswert	Meßzahl/ Index 1970=100	$t_2:t_1$	$t_3:t_2$	$t_3:t_1$
C Faktoreinsatz[5]									
11 Faktor Arbeit A									
11a Landwirtschaftliche AK, in Mio. AK, AI[3]	8,42	100,0	6,18	73,4	5,32	63,2	- 6,0	- 3,3	- 4,7
11b dgl[4]) andere Datenquelle, AII	10,25	100,0	7,91	77,2	6,97	68,0	- 5,1	- 2,8	- 4,0
12 Faktor Kapital, K., in Mrd. Yen	14,23	100,0	19,50	137,0			+ 6,5		
13 Faktor Boden, B, in Mio. ha	5,80	100,0	5,57	96,0	5,46	94,1	- 0,8	- 0,4	- 0,6
D Entwicklung der Faktorintensitäten, 1970=100									
14a Arbeitsintensität (AI:B)		100,0		76,4		67,1	- 5,2	- 2,8	- 4,1
14b dgl. (AII:B)		100,0		80,4		72,2	- 4,3	- 2,3	- 3,4
15 Bodenbezogene Kapitalintensität (K:B)		100,0		142,7			+ 7,4		
16a Arbeitsbezogene Kapitalintensitä (K:AI)		100,0		186,7			+ 13,3		
16b dgl. (K:AII)		100,0		177,6			+ 12,2		
E Produktivitätsentwicklung, 1970=100									
17a Arbeitsproduktivität (BP:AI)		100,0		146,7		165,6	+ 8,0	+ 2,7	+ 5,5
17b dgl. (BP:AII)		100,0		139,5		153,9	+ 6,9	+ 2,2	+ 4,6
18 Kapitalproduktivität (BP:K)		100,0		78,6			- 4,7		
19 Bodenproduktivität (BP:B)		100,0		112,1		111,2	+ 2,3	- 0,2	+ 1,1

Anmerkungen:
a Ausgewählte Jahre:
B Originalbasis 1975=100
1) Nominalwerte (gross agricultural output), deflationiert mit jeweiligen Preisindices: Nominalwerte: siehe Statistical Yearbook of MAF 1976/77 resp. 1980/81, Pg. 415 resp. Pg. 405. Preisindices: siehe ebenda, 200pp. rsp. 194pp.
2) Datengrundlage: siehe Fußnote 1).
3) Japan Statisticsal Yearbook (1982), Pg. 61.
4) Ebenda, Pg. 121.
5) Daten bereitgestellt von IIASA (1981). "SICHRA, Files in Request: list. 110.22."
6) Japan Statistical Yearbook (1982), Pg. 124.

Quellen: Statistics Bureau, Prime Minister's Office, Japan Statistical Yearbook. Tokyo 1982.
Statistics and Information Department, Ministry of Agriculture and Forestry, Statistical Yearbook of Ministry of Agriculture and Forestry. Tokyo, Jhrg. 1975/76 sowie 1980/81 (zitiert "Statistical Yearbook of MAF").
IIASA-Datenpool, Laxenburg 1981.
Eigene Berechnungen. Übernommene Daten wurden teilweise gerundet.

Tabelle 22: Veränderungen in der Produktion, der Produktionsstruktur, dem Input, der Intensität und der Produktivität in der bundesdeutschen Landwirtschaft, 1970//1-1979/80 (Preise zur Basis 1970=100) (I)

	1970/71 (t_1)		1975/76 (t_2)		1979/80 (t_3)		Jahresdurchschnittliche Veränderungen (nach Zinseszins)		
	Absolut-, Index- oder Anteilswert	Meßzahl/ Index 1970=100	Absolut-, Index- oder Anteilswert	Meßzahl/ Index 1970=100	Absolut-, Index- oder Anteilswert	Meßzahl/ Index 1970=100	$t_2:t_1$	$t_3:t_2$	$t_3:t_1$
A Entwicklung des landwirtschaftlichen Produktionsvolumens									
1 Bruttoproduktion, BP**, in Mrd. DM[1]	36,82	100,0	39,61	107,6	43,89	119,2	+ 1,5	+ 2,6	+ 1,9
2 Vorleistungen, VL**, in Mrd. DM[2]	17,71	100,0	18,19	102,7	21,21	119,8	+ 0,5	+ 3,9	+ 2,0
3 Nettoproduktion, NP**, in Mrd. DM[3]	19,11	100,0	21,42	112,1	22,68	118,7	+ 2,3	+ 1,4	+ 1,9
4 NP:BP, in v.H.	51,9	100,0	54,1	104,2	51,7	99,6	+ 0,8	− 1,1	− 0,05
B Volumenstruktur der Agrarproduktion, Anteilswerte (BP_i:BP) in v.H.[4]									
5 Pflanzliche Produktion insgesamt	28,5	100,0	30,7	107,5	31,1	108,9	+ 1,5	+ 0,3	+ 1,0
6 Getreide und Hülsenfrüchte	6,4	100,0	8,2	127,8	10,1	157,0	+ 5,0	+ 5,3	+ 5,1
7 Hackfrüchte	5,8	100,0	5,6	97,0	5,2	89,0	− 0,6	− 2,1	− 1,3
8 Gemüse	2,0	100,0	1,7	82,9	1,6	76,7	− 3,7	− 1,9	− 2,9
9 Obst	4,1	100,0	3,6	87,6	3,3	80,5	− 2,6	− 2,1	− 2,4
10 Sonstige pflanzliche Erzeugnisse	10,1	100,0	11,5	114,0	11,0	108,3	+ 2,6	− 1,3	+ 0,9
11 Tierische Erzeugnisse insgesamt	71,5	100,0	69,3	97,0	68,9	96,4	− 0,6	− 0,1	− 0,4
12 Fleischerzeugnisse	43,4	100,0	42,3	97,5	43,0	99,0	− 0,5	+ 0,4	− 0,1
13 Sonstige tierische Erzeugnisse	27,8	100,0	27,0	97,2	25,9	93,3	− 0,7	− 1,0	− 0,8

Anmerkungen und Quellen: Siehe Tabelle 22 (II).

Tabelle 22: Veränderungen in der Produktion, der Produktionsstruktur, dem Input, der Intensität und der Produktivität in der bundesdeutschen Landwirtschaft, 1970/71-1979/80 (Preise zur Basis 1970=100) (II)

	1970/71 (t_1)		1975/76 (t_2)		1979/80 (t_3)		Jahresdurchschnittliche Veränderungen (nach Zinseszins)		
	Absolut-, Index- oder Anteilswert	Meßzahl/ Index	Absolut-, Index- oder Anteilswert	Meßzahl/ Index	Absolut-, Index- oder Anteilswert	Meßzahl/ Index	$t_2:t_1$	$t_3:t_2$	$t_3:t_1$
C Faktoreinsatz, F									
14 Faktor Arbeit A									
14a Ständige landwirtschaftliche AK (AI), in Mio. AK	1,88	100,0	1,46	77,7	1,24	66,0	- 6,1	- 4,0	- 4,5
14b Ständige landwirtschaftliche AK (AII), in Mio. AK	1,52	100,0	1,16	76,3	0,99	65,1	- 5,3	- 3,9	- 4,7
15 Faktor Kapital, K, in Mrd. DM	108,88	100,0	115,55*	106,1	122,22*	112,3	+ 1,2	+ 1,4	+ 1,3
16 Faktor Boden, B, in Mio. ha	13,54	100,0	13,29	98,2	13,08	96,6	- 0,4	- 0,4	- 0,4
D Entwicklung der Faktorintensitäten, 1970/71=100									
17a Arbeitsintensität I (AI:B)		100,0		79,1		68,3	- 4,6	- 3,6	- 4,2
17b Arbeitsintensität II (AII:B)		100,0		77,8		67,4	- 4,9	- 3,5	- 4,3
18 Bodenbezogene Kapitalintensität (K:B)		100,0		108,1		116,2	+ 1,5	+ 1,8	+ 1,6
19a Arbeitsbezogene Kapitalintensität (K:AI)		100,0		136,7		170,2	+ 6,4	+ 5,6	+ 6,1
19b Arbeitsbezogene Kapitalintensität (K:AII)		100,0		139,1		173,3	+ 6,8	+ 5,5	+ 6,2
E Produktivitätsentwicklung, 1970/71=100									
20a Arbeitsproduktivität I (BP:AI)		100,0		138,5		180,7	+ 6,7	+ 6,9	+ 6,8
20b Arbeitsproduktivität II (BP:AII)		100,0		141,0		183,0	+ 7,1	+ 6,7	+ 6,9
21 Kapitalproduktivität (BP:K)		100,0		101,4		106,2	+ 0,3	+ 1,2	+ 0,7
22 Bodenproduktivität (BP:B)		100,0		109,6		123,4	+ 1,9	+ 3,0	+ 2,4

Anmerkungen:
1) BP** entspricht dem Produktionswert, stimmt allerdings nicht überein mit der Größe BP (sie enthält neben BP** einen Zuschlag für Dienstleistungen auf der landwirtschaftlichen Erzeugerstufe). Bezüglich der Daten siehe Statistisches Jahrbuch über ELF (1980, S. 138; 1981, S. 132).
2) Siehe ebenda.
3) Siehe ebenda (NP** entspricht dem Beitrag der Landwirtschaft - ohne Forstwirtschaft und Fischerei - zur Bruttowertschöpfung).
4) Berechnet nach Statistisches Jahrbuch über ELF (1977, S. 135; 1980, S. 135; 1981, S. 129).
5) Berechnet nach Statistisches Jahrbuch über ELF (1982), S. 49 f. Arbeitskräfte in Betrieben ab 2 ha LF.
6) Berechnet bzw. geschätzt (*) nach DIW (1977), S. A21 sowie Statistisches Jahrbuch (1979, S. 527; 1982, S. 547).
7) Bruttoanlagevermögen der Land- und Forstwirtschaft: berechnet bzw. geschätzt (*) nach Lange Reihen (1980), S. 38 sowie Statistisches Jahrbuch über ELF (1982), S. 75. Preisbasis: 1970=100.

Quellen:
Statistisches Bundesamt, Lange Reihen zur Wirtschaftsentwicklung. Stuttgart und Mainz 1980 (zit. "Lange Reihen").
Dasselbe, Statistisches Jahrbuch für die Bundesrepublik Deutschland, Jhrg. 1979 und 1982 (zit. "Statistisches Jahrbuch").
BMELF, Statistisches Jahrbuch über Ernährung, Landwirtschaft und Forsten, Jhrg. 1977, 1980-1982.
Eigene Berechnungen. - Übernommene Daten wurden teilweise gerundet.

Tabelle 23: Entwicklung wichtiger agrarwirtschaftlicher Output- und Inputpreise, Japan, 1970-1980[a] (Preisindices, Basisjahr 1970=100)

	1970 (t_1)	Ø 1970 - 1975 (d_1)	1975 (t_2)	Ø 1975 - 1980 (d_2)	1980 (t_3)	Jahresdurchschnittliche Veränderungsraten nach Zinseszins		
						$d_1:t_1$	$d_2:t_1$	$d_2:d_1$
Outputpreise								
- Produktpreise insgesamt	100,0	129,6	181,2	202,9	234,5	+ 10,9	+ 9,9	+ 9,4
- Preise pflanzlicher Produkte	100,0	127,5	177,0	202,7	223,0	+ 10,2	+ 9,9	+ 9,7
. Reis	100,0	131,2	187,6	209,8	222,0	+ 11,5	+ 10,4	+ 9,8
. Getreide	100,0	130,9	182,5	257,5	312,8	+ 11,4	+ 13,4	+ 14,5
. Hackfrüchte (Kartoffeln)	100,0	160,3	246,9	268,9	344,4	+ 20,8	+ 14,1	+ 10,9
. Obst und Nüsse	100,0	102,9	126,4	144,5	149,2	+ 1,2	+ 5,0	+ 7,0
. Gemüse	100,0	124,9	170,4	190,8	211,2	+ 9,3	+ 9,0	+ 8,8
. Industriefrüchte	100,0	134,2	182,8	210,7	236,6	+ 12,5	+ 10,4	+ 9,4
- Preise für Seidenrohprodukt (Kokons)	100,0	118,3	145,3	175,1	187,9	+ 7,0	+ 7,8	+ 8,2
- Preise tierischer Produkte	100,0	140,0	196,1	204,5	221,6	+ 14,4	+ 10,0	+ 7,9
Inputpreise								
- Betriebsmittel insgesamt	100,0	133,5	181,5	196,6	224,1	+ 12,3	+ 9,2	+ 8,0
. Handelsdünger	100,0	136,8	206,6	223,2	264,5	+ 13,4	+ 11,3	+ 10,3
. Zukaufsfutter	100,0	129,8	172,1	170,3	186,6	+ 11,0	+ 7,4	+ 5,6
. Saat- und Pflanzgut	100,0	146,6	210,5	263,1	309,7	+ 16,5	+ 13,4	+ 12,4
. Landwirtschaftliches Zubehör (Maschinen, Geräte etc.)	100,0	123,8	161,3	172,5	188,2	+ 8,9	+ 7,5	+ 6,9
- Löhne[c]								
. Männliche Arbeitskräfte	100,0	143,1[d]	196,5	237,4	272,7	+ 19,6	+ 13,1	+ 11,9
. Weibliche Arbeitskräfte	100,0	142,0[d]	194,2	231,2	265,2	+ 19,2	+ 12,7	+ 11,4
- Grundstückspreise (Meßzahlen)								
. Naßfelder	100,0	138,6	191,2	234,6	283,3	+ 13,9	+ 12,0	+ 11,1
. Trockenfelder	100,0	147,3	210,0	253,5	301,4	+ 16,8	+ 13,2	+ 11,5

Anmerkungen:
a Ausgewählte Jahre
b Originalbasis 1975=100
c Zur Basis 1971=100
d Ø 1971-1975

Quellen: Datengrundlage: Output- und Betriebsmittelpreise: Statistical Yearbook of Ministry of Agriculture and Forestry, Tokyo 1976/77, 200 pp. sowie Japan Statistical Yearbook, 1981 resp. 1982, Pg. 394-395 resp. Pg. 402-403.
Indices über Lohnentwicklung abgeleitet nach Statistical Yearbook of Ministry of Agriculture and Forestry, Tokyo 1976/77 resp. 1980/81, Pg. 222 resp. Pg. 214.
Meßzahlen über Bodenpreisentwicklung berechnet nach Japan Statistical Yearbook, versch. Jahrgänge 1972-1982, Table "Real Farm Rent and Price of Farm Land ...".
Eigene Berechnungen. Übernommene Daten wurden teilweise gerundet.

LVI

Tabelle 24: Entwicklung wichtiger agrarwirtschaftlicher Output- und Inputpreise, Bundesrepublik Deutschland, 1970-1979
(Preisindices, Basisjahr 1970=100)

	1970 (t_1)	Ø 1970 - 1975 (d_1)	1975 (t_2)	Ø 1975 - 1979 (d_2)	1979 (t_3)	Jahresdurchschnittliche Veränderungsraten (nach Zinseszins)		
						$d_1:t_1$	$d_2:t_1$	$d_2:d_1$
Outputpreise[a]								
– Produktpreise insgesamt	100,0	115,3	134,3	140,5	139,4	+ 5,9	+ 5,0	+ 4,5
– Preise pflanzlicher Produkte	100,0	116,5	141,9	151,4	149,7	+ 6,3	+ 6,1	+ 6,0
. Getreide und Hülsenfrüchte	100,0	105,6	120,6	126,8	126,8	+ 2,2	+ 3,5	+ 4,1
. Hackfrüchte	100,0	113,4	162,4	159,7	134,2	+ 5,2	+ 6,9	+ 7,9
. Obst	100,0	161,3	220,6	219,6	204,4	+ 21,1	+ 11,9	+ 7,1
. Gemüse	100,0	127,4	155,0	173,3	171,3	+ 10,2	+ 8,2	+ 7,1
– Preise tierischer Produkte	100,0	114,9	131,6	136,6	135,8	+ 5,7	+ 4,6	+ 3,9
. Schlachtvieh	100,0	111,3	126,8	128,2	124,9	+ 4,4	+ 3,6	+ 3,2
. Milch	100,0	117,4	140,3	149,7	155,5	+ 6,6	+ 5,9	+ 5,5
. Eier	100,0	130,1	127,0	139,5	125,4	+ 11,1	+ 4,9	+ 1,6
Inputpreise								
– Betriebsmittel[a] insgesamt	100,0	117,9	139,0	150,4	159,8	+ 6,8	+ 6,0	+ 5,6
. Handelsdünger	100,0	120,1	154,7	155,6	157,3	+ 7,6	+ 6,5	+ 5,9
. Zukauffuttermittel	100,0	112,2	120,7	132,1	132,2	+ 4,7	+ 4,1	+ 3,7
. Bauten	100,0	122,0	139,4	155,4	177,4	+ 8,3	+ 6,5	+ 5,5
. Maschinen	100,0	118,8	143,3	155,4	166,7	+ 7,1	+ 6,5	+ 6,1
– Löhne (Meßzahl)	100,0	129,2	164,9	193,2	221,1	+ 10,8	+ 9,9	+ 9,4
– Grundstückspreise (Meßzahl)	100,0	111,8	126,7	168,4	224,6	+ 4,6	+ 7,7	+ 9,5

Anmerkungen:
a Einschließlich Umsatz-(Mehrwert-)steuer

Quellen:
Datengrundlage: Output- und Betriebsmittelpreise, Statistisches Bundesamt, Statistisches Jahrbuch für die Bundesrepublik Deutschland (1976, S. 438 ff.; 1980, S. 464 ff.).
Meßzahl über Lohnentwicklung berechnet auf der Basis des Facharbeitertariflohns, siehe BMELF, Statistisches Jahrbuch über Ernährung, Landwirtschaft und Forsten (1978, S. 255; 1980, S. 272; 1982, S. 275).
Meßzahl über Bodenpreisentwicklung abgeleitet bzw. geschätzt nach ebenda (1975, S. 247: durchschnittliche Kaufwerte für Stückländereien, Zeitraum: 1970-1973) sowie ebenda (1978, S. 251; 1982, S. 272: Kaufwerte für landwirtschaftlichen Grundbesitz nach Flächengröße und Ertragsmeßzahlen, Zeitraum 1974-1979).
Eigene Berechnungen und Schätzungen. – Übernommene Daten wurden teilweise gerundet.

Tabelle 25:
Anbauflächen nach Hauptgruppen[1], Japan und BR Deutschland[2], 1950-1979

Absolutwerte und Gliederungszahlen, in 1 000 ha bzw. in (v.H.)

Jahr	Hauptanbaugruppen								Anbauflächen[3] insgesamt
	Reis	Getreide (o. Reis)	Getreide (m. Reis)	Hülsenfrüchte	Hackfrüchte[a]	Gemüse und Gartengewächse[b]	Handelsgewächse[c]	Futterpflanzen[d]	
I. Japan									
1950[4]	3 011,0 (39,4)	2 143,5 (28,1)	5 154,5 (67,5)	629,8 (8,2)	590,4 (7,7)	503,4 (6,6)	455,7 (6,0)	301,2 (3,9)	7 635,0 (100,0)[2]
1955[4]	3 222,0 (39,6)	1 964,3 (24,1)	5 186,3 (64,7)	742,3 (9,1)	587,5 (7,2)	627,1 (7,7)	604,7 (7,4)	398,3 (4,9)	8 146,2 (100,0)
1960[4]	3 308,0 (41,0)	1 689,6 (20,9)	4 997,6 (62,0)[2]	686,8 (8,5)	534,1 (6,6)	753,4 (9,3)	593,3 (7,4)	506,3 (6,3)	8 071,5 (100,0)[2]
1965	3 255,0 (43,8)	1 044,3 (14,1)	4 299,3 (57,9)	485,2 (6,5)	458,9 (6,2)	1 047,4 (14,1)	528,4 (7,1)	610,8 (8,2)	7 430,0 (100,0)
1970	2 923,0 (46,3)	519,3 (8,2)	3 442,3 (54,5)	337,7 (5,3)	279,3 (4,4)	1 103,7 (17,5)	419,6 (6,6)	735,6 (11,6)	6 318,2 (100,0)[2]
1975	2 764,0 (48,0)	206,7 (3,6)	2 970,7 (51,6)	257,1 (4,5)	201,3 (3,5)	1 062,1 (18,5)	392,4 (6,8)	871,9 (15,1)	5 755,5 (100,0)
1979	2 497,0 (44,1)	296,8 (5,2)	2 793,8 (49,3)	254,2 (4,5)	182,7 (3,2)	1 045,6 (18,5)	383,5 (6,8)	1 002,0 (17,7)	5 661,8 (100,0)
II. BR Deutschland[2]									
1950			4 204,0 (52,7)	147,0 (1,8)	2 043,0 (25,6)	165,0 (2,1)	147,0 (1,8)	1 277,0 (16,0)	7 983,0 (100,0)
1955			4 770,0 (58,8)	55,0 (0,7)	2 037,0 (25,1)	76,0 (0,9)	51,0 (0,6)	1 121,0 (13,8)	8 110,0 (100,0)[2]
1959			4 934,0 (62,1)	34,0 (0,4)	1 856,0 (23,3)	82,0 (1,0)	68,0 (0,9)	977,0 (12,3)	7 951,0 (100,0)[2]
1960			4 899,0 (62,1)	29,0 (0,4)	1 859,0 (23,6)	82,0[5] (1,0)	61,0 (0,8)	954,0 (12,1)	7 884,0 (100,0)
1965			4 924,0 (65,2)	39,0 (0,5)	1 503,0 (19,9)	86,0 (1,1)	86,0 (1,1)	919,0 (12,2)	7 557,0 (100,0)
1970			5 184,0 (69,0)	30,0 (0,4)	1 261,0 (16,8)	82,0 (1,1)	117,0 (1,6)	839,0 (11,2)	7 513,0 (100,0)[2]
1975			5 293,0 (70,4)	28,0 (0,4)	1 100,0 (14,6)	75,0 (1,0)	131,0 (1,7)	895,0 (11,9)	7 522,0 (100,0)
1979			5 234,0 (71,9)	13,0 (0,2)	847,0 (11,6)	58,0 (0,8)	157,0 (2,2)	970,0 (13,3)	7 279,0 (100,0)

Anmerkungen:

a) Für Japan: irish potatoes and sweet potatoes excl. sugar beets.
b) Für Japan: green vegetables and fruits. Für BR Deutschland: ohne Haus- und Nutzgärten sowie Obst- und Rebanlagen (Dauerkulturen).
c) Für Japan: incl. sugar beets, mulberries, and tea.
d) Für Japan: incl. green manure.
1) Abgrenzung: Für Japan: Aggregate area planted; für BR Deutschland: Ackerland.
2) BR Deutschland: 1950, 1955, 1959: ohne Saarland und Berlin (West); 1960: ohne Berlin (West).
3) Summation der Spaltenwerte; teilweise bestehen geringfügige Differenzen gegenüber den in den Quellen ausgewiesenen Originalwerten.
4) Gerundete Werte: bei Reis auf volle Tausend, bei übrigen Anbaugruppen auf volle Hundert.
5) Korrigierter Wert (Angabe von 1959), der Originalwert beträgt 100.

Quellen: Eigene Berechnungen. - Datengrundlage: Für Japan: Japan Statistical Yearbook, Table "Aggregate Area Planted and Production by Prefectures".
Für BR Deutschland: Statistisches Jahrbuch über Ernährung, Landwirtschaft und Forsten, Tabelle "Das Ackerland nach Hauptgruppen des Anbaus"; jeweils versch. Jahrgänge.

Tabelle 26:
Bestandsentwicklung der Hauptvieharten, Japan und BR Deutschland[1], 1950-1979

Viehbestände, in 1 000 bzw. als Meßzahl (Basis: 1950=100)

Jahr	Hauptvieharten[a]					
	Rindvieh	Schweine	Geflügel[b]	Pferde	Schafe	Ziegen[c]
I. Japan[3]						
1950	2 450 (100,0)	608 (100,0)	16 545 (100,0)	1 071 (100,0)	359 (100,0)	413 (100,0)
1955	3 058 (124,8)	825 (135,7)	45 715 (276,3)	927 (86,6)	784 (218,4)	533 (129,1)
1960	3 163 (129,1)	1 917 (315,3)	52 153 (315,2)	673 (62,8)	788 (219,5)	561 (135,8)
1965	3 175 (129,6)	3 976 (653,9)	138 476 (837,0)	322 (30,1)	207 (57,7)	325 (78,7)
1970	3 593 (146,7)	6 335 (1 041,9)	223 531 (1 351,0)	137 (12,8)	21 (5,8)	161 (39,0)
1975	3 644 (148,7)	7 684 (1 263,8)	242 163 (1 463,7)	43 (4,0)	12 (3,3)	111 (26,9)
1979	4 150 (169,4)	9 491 (1 561,0)	291 845 (1 763,9)	22 (2,1)	12 (3,3)	71 (17,2)
II. BR Deutschland						
1950	11 149 (100,0)	11 890 (100,0)	48 064 (100,0)	1 570 (100,0)	1 643 (100,0)	1 347 (100,0)
1955	11 552 (103,6)	14 593 (122,7)	52 302 (108,8)	1 099 (70,0)	1 188 (72,3)	766 (56,9)
1958	12 065 (108,2)	14 654 (123,2)	57 305 (119,2)	907 (57,8)	1 106 (67,3)	482 (35,8)
1960	12 867 (115,4)	15 776 (132,7)	60 034 (124,9)	710 (45,2)	1 035 (63,0)	352 (26,1)
1965	13 680 (122,7)	17 723 (149,1)	82 295 (171,2)	360 (22,9)	797 (48,5)	122 (9,1)
1970	14 026 (125,8)	20 969 (176,4)	98 601 (205,1)	253 (16,1)	843 (51,3)	50 (3,7)
1975[4]	14 493 (130,0)	19 805 (166,6)	88 705 (184,6)	341 (21,7)	1 087 (66,2)	36 (2,7)
1979	15 050 (135,0)	22 374 (188,2)	84 932 (176,7)	380 (24,2)	1 165 (70,9)	o.A. .

Anmerkungen: a) Für die BR Deutschland jeweils Dezemberzählung.
b) Hühner, ohne übriges Geflügel.
c) In der BR Deutschland seit 1977 nicht mehr erhoben.
1) 1950, 1955, 1958 ohne Saarland und Berlin (West); 1960 ohne Berlin (West).
2) Für die BR Deutschland ergeben sich infolge der Gebietszugänge bei der Indexberechnung geringfügige Verzerrungen.
3) Bestandsangaben wurden auf volle Tausend gerundet.
4) Für die Vieheart Ziegen wird für 1975 jeweils das Zählergebnis von 1977 zugrunde gelegt.

Quellen: Eigene Berechnungen. - Datengrundlage: Für Japan: Japan Statistical Yearbook, Table "Farm Households Raising Livestock or Chickens, ..."; für die BR Deutschland: Statistisches Jahrbuch über Ernährung, Landwirtschaft und Forsten, Tabellen "Viehbestand" sowie "Geflügelhaltung"; jeweils versch. Jahrgänge.

LIX

Übersicht 1 : Überblick über den agrarpolitischen Instrumenteneinsatz und über wichtige Markierungspunkte
in der agrarwirtschaftlichen Entwicklung in Japan, vom Ernährungsgüterkontrollgesetz (1942)
bis Ende der 1940er Jahre

Jahr/ Zeitraum	Agrarpolitischer Instrumenteneinsatz (Gesetze, Verordnungen, Maßnahmen etc.) und wichtige Markierungspunkte in der agrarwirtschaftlichen Entwicklung
1942	Ernährungsgüterkontrollgesetz (Food Control Law)
Dez. 1945	Besatzungsmacht: Übergabe einer Erklärung zur Frage der Landreform (Memorandum on Landreform)
Dez. 1945	Japanisches Parlament: Änderung des Landregulierungsgesetzes (Amendment to the Farmland Adjustment Law): Erste Landreform, Gesetz wurde von den Alliierten nicht akzeptiert
Sept. 1945	Erneute Revision des Landregulierungsgesetzes (2nd Amendment to the Farmland Adjustment Law), gleichzeitig Verabschiedung des Gesetzes über Sondermaßnahmen zur Schaffung von Eigentümerlandwirtschaften (Bill Concerning the Special Measures for Establishment of Owner Farmers); beide Gesetze zusammen: Zweite Landreform
1945-1949	Einführung von Bonusgütersystem bei Reis - Bonussystem für frühzeitige Lieferung (nach 1945) - Bonussystem für vollständige Lieferung (nach 1949) - Bonussystem für Lieferungen oberhalb der zugeteilten Ablieferungsquote (nach 1947)
1946-1951	Preisfestsetzungen für Reis: Zugrundelegung der Preisparitätsrechnung (Price Parity Formula)
1946	Verabschiedung des Tabakmonopolgesetzes (Tobacco Monopol Law)
1946	Gesetz über Notmaßnahmen bezüglich der Versorgung mit Ernährungsgütern (Food Emergency Act): Möglichkeit der Enteignung nicht abgelieferten Reises
1947	Gesetz über die Versicherung gegen landwirtschaftliche Verluste (Compensation against Agricultural Loss Law)
1948	Gesetz über die Verbesserung und Förderung der Landwirtschaft (Agricultural Improvement and Promotion Act): v.a. Verbesserung des landwirtschaftlichen Beratungswesens
1948-1950	Gesetz über Notmaßnahmen zur Sicherstellung der Ernährung (Law for the Emergency Measures to Ensure Food Supply): Festlegung der Reislieferquote zum Zeitpunkt der Pflanzung anstatt zum Zeitpunkt der Ernte
1949	Begründung des Beirates für die Festlegung des Reispreises (Rice Price Council)
1949	Landverbesserungs- oder Flurbereinigungsgesetz (Land Improvement Law)
1949-1951	Regierungsverordnung betreffend Notmaßnahmen zur Sicherung der Ernährung (Government Ordinance Concerning Emergency Measures to Ensure Food Supply): Möglichkeit der nachträglichen Quotenerhöhung bei Reis; Fortführung des Gesetzes als Regierungsverordnung (1951)

Quelle: Die Auflistung erfolgte insbesondere in Anlehnung an die bei T. OGURA (Ed.), Agricultural Development in Modern Japan, Tokyo 1962, an diversen Textstellen angeführten Gesetze, Verordnungen etc.

Übersicht 2: Überblick über den agrarpolitischen Instrumenteneinsatz und über wichtige Markierungspunkte in der agrarwirtschaftlichen Entwicklung in der BR Deutschland, 1946 bis 1949

Jahr/ Zeitraum	Agrarpolitischer Instrumenteneinsatz (Gesetze, Verordnungen, Maßnahmen etc.) und wichtige Markierungspunkte in der agrarwirtschaftlichen Entwicklung
1946*	Diverse Verordnungen über Ernährungsgüterablieferungen (u.a. Brotgetreide, Zucker, Speisekartoffeln, Milch, Fette, Eier)
Aug. 1946*	Verordnung über die Errichtung von Einfuhr- und Vorratsstellen für Getreide und Futtermittel, Vieh und Fleisch, Fette und Eier, Kartoffeln, Fische und Gartenbauerzeugnisse
Dez. 1946*	Errichtung einer Saatenzentrale (Sicherstellung der Versorgung mit Saat- und Pflanzgut)
Sept. 1947**	Gesetz über die öffentliche Kontrolle der landwirtschaftlichen Ablieferungen
Dez. 1947**	Verordnung zur Sicherung der Versorgung der Land-, Ernährungs- und Forstwirtschaft mit Betriebsmitteln (Verordnung über land- und forstwirtschaftliche Betriebsmittel)
1947/1948**	Diverse Gesetze/Verordnungen über die Bewirtschaftung von Getreide und Futtermitteln, Vieh und Fleisch, Milch und Milcherzeugnisse, Öle, Fette, Zuckerrüben, Zucker, Kartoffeln, Stärke, Fische, Fischwaren etc.
Jan. 1948**	Nothilfegesetz zur Ermittlung, Erfassung und Verteilung von Lebensmittelbeständen
Apr. 1948**	Marshallplan/Organisation für europäische Zusammenarbeit (OEEC): "Steuerung und Verteilung von Marshallplanmitteln zur Verbesserung der Ernährung und Hebung der landwirtschaftlichen und gewerblichen Produktion"
Mai-Aug. 1948**	Aufhebung der Bewirtschaftung bei weniger bedeutsamen Agrarprodukten (Heu, Stroh, Gartenbauerzeugnissen, ein Teil des Saatgutes, Geflügel, Eier, Honig etc.)
Juni 1948**	Anordnung über Preisfestsetzung und Preisüberwachung nach der Währungsreform (u.a. Erlaß von Höchst-, Fest- und Mindestpreisen bei landwirtschaftlichen Erzeugnissen)
Sept. 1948**	Gesetz zur Sicherung von Forderungen für den Lastenausgleich (Hypothekensicherungsgesetz)
Okt. 1948**	Gesetz über Notmaßnahmen auf dem Gebiet der Wirtschaft, der Ernährung und des Verkehrs (Bewirtschaftungsnotgesetz)
Okt. 1948**	Neuordnung, Anhebung der landwirtschaftlichen Preise (Getreide- und Schlachtviehpreise)
1949**	Bisher verbilligte Ernährungsgüter- und Betriebsmitteleinfuhren (30 Dollarcents/DM) mußten zum vollen Dollarpreis abgerechnet werden (ab Mai 1949), ferner mußten Hafenkosten, Frachten und sonstige inländische Kosten, die bislang hatten abgezogen werden können, übernommen werden (ab März 1949); um die Stabilität des inländischen Preisniveaus nicht zu gefährden, wurden Importerstattungen gewährt (insbesondere für Weizen, Ölsaaten und Düngemittel)
April 1949**	Zweites Gesetz zur vorläufigen Neuordnung von Steuern (Kleine Steuerreform): Verminderung der überhöhten Steuerlast, Inangriffnahme des Abbaus der konfiskatorischen alliierten Steuergesetze
Mai 1949**	Gesetz über die Deutsche Genossenschaftskasse; Gesetz über die Landwirtschaftliche Rentenbank; Gesetz über die Rentenbankgrundschuld
Juli 1949**	Gesetz über Maßnahmen auf dem Gebiet der tierischen Erzeugung
Aug. 1949**	Gesetz zur Änderung des Gesetzes zum Schutz der landwirtschaftlichen Kulturpflanzen
Aug. 1949**	Gesetz zur Milderung dringender sozialer Notstände (Soforthilfegesetz - SHG; Vorläufer des späteren Lastenausgleichsgesetzes)
Aug. 1949**	Gesetz über die Festsetzung und Verrechnung von Ausgleichs- und Unterschiedsbeträgen für Einfuhrgüter der Land- und Ernährungsgüter (Importausgleichsgesetz)
Aug. 1949**	Gesetz zur Förderung der Eingliederung von Heimatvertriebenen in die Landwirtschaft (Flüchtlingssiedlungsgesetz)

Fortsetzung Übersicht 2

Jahr/ Zeitraum	Agrarpolitischer Instrumenteneinsatz (Gesetze, Verordnungen, Maßnahmen etc.) und wichtige Markierungspunkte in der agrarwirtschaftlichen Entwicklung
Sept. 1949	Abwertung der DM: der Wechselkurs wurde von 3,337 DM/US-Dollar auf 4,20 DM/US-Dollar heraufgesetzt, die hieraus resultierende preissteigernde Wirkung auf wichtige Ernährungsgüter sollte durch Subventionen aufgefangen werden, wobei letztere allerdings nur vorübergehenden Charakters sein sollten
1949-1951	Diverse Anordnungen zur Verlängerung der Geltungsdauer der Anordnungen über die Bewirtschaftung und Marktregelung von Erzeugnissen der Landwirtschaft
1949 ff.	Vergabe zinsverbilligter Kredite aus ERP-Mitteln

Anmerkung: Geltungsbereich: Britische Zone (*), Vereinigtes Wirtschaftsgebiet (Bizone) (**), ansonsten BR Deutschland. Zahlreiche für die Bizone geltende Gesetze, Verordnungen etc. wurden für das spätere Gebiet der BR Deutschland übernommen.

Quelle: Die Auflistung der Gesetze, Verordnungen etc. erfolgte insbesondere in Anlehnung an W. MAGURA, Chronik der Agrarpolitik und Agrarwirtschaft in der Bundesrepublik Deutschland von 1945-1967 (Berichte über Landwirtschaft, N.F., Sh. 185). Hamburg und Berlin 1970.

Übersicht 3 : Überblick über den agrarpolitischen Instrumenteneinsatz und über wichtige Markierungspunkte in der agrarwirtschaftlichen Entwicklung in Japan, Anfang der 1950er bis Anfang der 1960er Jahre

Jahr/ Zeitraum	Agrarpolitischer Instrumenteneinsatz (Gesetze, Verordnungen, Maßnahmen etc.) und wichtige Markierungspunkte in der agrarwirtschaftlichen Entwicklung
1950	Gesetz über den Wiederaufbau und die Neuorganisation der land-, forst- und fischwirtschaftlichen Genossenschaften (Agriculture, Forestry and Fisheries Cooperative Association Reconstruction and Reorganization Law)
1950	Gesetz über die Förderung der Neuorganisation der Zusammenschlüsse der land-, forst- und fischwirtschaftlichen Genossenschaften (Federation of Agriculture, Forestry, and Fisheries Cooperative Association Reorganization Promotion Law)
1950	Gesetz über die Unterstützung und Begründung von Eigentümerlandwirtschaften durch Darlehen (Owner Farmer Maintenance and Establishment Loan Law)
1950	Kokon- und Rohseidepreisstabilisierungsgesetz (Cocoon and Raw Silk Price Stabilization Law)
1950	Gesetz über die Einrichtung eines Fonds zur Förderung von Milchviehbetrieben (Dairy Farming Development Fund Law)
1950	Gesetz betreffend die Quarantäne bei Pflanzen (Plant Quarantine Law)
1950	Gesetz über die Standardisierung und ordnungsgemäße Zeichnung landwirtschaftlicher Produkte (Agricultural Products Standardisation and Propper Labelling Act 1950)
1950	Abschaffung der Bodenpreiskontrolle
1950	Abschaffung der Bewirtschaftung bei Futtergetreide und Dünger
1950	Gesetz über die Stabilisierung von Nachfrage und Angebot bei Futtermitteln (Feedstuff Demand and Supply Stabilization Law)
1951	Liberalisierung der Futtermittelimporte
1951-1954	Regierungsverordnung über den jährlichen Ankauf von Reis (Government Ordinance for the Annual Purchase of Rice Crop)
1951	Notgesetz über die Entwicklung von schneereichen und Kaltklimagebieten mit Monokulturen (Emergency Act for the Development of Heavy Snowfall and Cold Climate Monocultural Act)
1951	Land-, forst- und fischwirtschaftliches Darlehensgesetz (Agricultural, Forestry and Fisheries Loans Law)
1951	Gesetz über die landwirtschaftlichen Ausschüsse (Agricultural Commission Law): Vereinheitlichung/Verschmelzung seiner bestehenden Ausschußorgane und zwar der Landreformausschuß, der Ausschuß über die Zuteilung der Reisquoten sowie der Beratungsausschuß für Landtechnik
1951	Änderung des Ernährungsgüterkontrollgesetzes (Amendment of the Food Control Law): Für Kartoffeln, Süßkartoffeln und diverse (weniger bedeutsame) Getreideprodukte verlor es seine Gültigkeit; Weizen, Gerste und Nacktgerste wurden von der direkten zur indirekten Kontrolle überführt.
1952	Besatzungsmacht erhebt angesichts des Ausbruchs des Korea-Krieges (1951) Einspruch gegen die geplante Aufgabe der Bewirtschaftungsmaßnahmen bei Reis
1952	Gesetz über den landwirtschaftlichen Boden (Agricultural Land Law)
1952	Gesetz über die Verbesserung der landwirtschaftlichen Fläche (Cultivated Land Improvement Law)
1952-1959	Preisfestsetzung für Reis: Einführung der Einkommensparitätsrechnung (Income Parity Formula)
1953	Kokon- und Rohseidestabilisierungsgesetz (Cocoons and Raw Silk Price Stabilization Act)
1953	Gesetz über die Förderung der landwirtschaftlichen Mechanisierung (Agricultural Mechanization Law)

Fortsetzung Übersicht 3

Jahr/ Zeitraum	Agrarpolitischer Instrumenteneinsatz (Gesetze, Verordnungen, Maßnahmen etc.) und wichtige Markierungspunkte in der agrarwirtschaftlichen Entwicklung
1953	Gesetz über land-, forst- und fischwirtschaftliche Finanzkörperschaften (Agricultural, Forestry, and Fisheries Finance Corporation Law)
1953	Landwirtschaftliches Preisstabilisierungsgesetz (Agricultural Price Stabilizing Law): einbezogene Produkte: Kartoffeln, Süßkartoffeln, Kartoffelstärke, Raps, Sojabohnen, Zuckerrüben
1953	Gesetz über Sondermaßnahmen zur Begründung von Viehhaltungsbetrieben (Law for the Special Measures for Establishing Animal Raising Farmers)
1954	Gesetz über Beihilfen aus dem Landverbesserungsfonds und über umfassende Maßnahmen zur Begründung neuer Bauern- und Fischerdörfer (Agricultural Improvement Fund Aid Law and the Comprehensive Measures for the Creation of New Agricultural and Fishing Villages)
1954	Gesetz über die vorübergehende Stabilisierung von Nachfrage und Angebot bei Düngemitteln (Fertilizer Demand and Supply Stabilization Law)
1954	Gesetz über vorübergehende Maßnahmen zur Stabilisierung von Ammonsulfat-Exporten (Temporary Measure Law of Ammonium Sulphate Exports)
1954	Gesetz über die landwirtschaftlichen Ausschüsse und andere Maßnahmen (Law Concerning the Agricultural Commission and other Measures) Ablösung des Gesetzes von 1951
1955	Gesetz über die Vergabe von Darlehen zur Stützung und Begründung von Eigentümer-Landwirtschaften (Owner-Farmers Maintenance and Establishment Loan Law)
1955	Gesetz über Darlehen bei Naturkatastrophen (Natural Desaster Loan Law)
1955	Einführung eines freiwilligen Zeichnungssystems für Reislieferungen (Subscription System Based on Voluntary Sale Offers): u.a. Gewährung von Vorauszahlungen, Steuererlassen etc.
1955	Erhöhung der staatlichen Ausgaben für Weizen und Gerste - Weizen: Die staatlichen Aufkaufpreise wurden 1955 erstmals stärker angehoben als die staatlichen Abgabepreise - Gerste: nach 1955: Rückgang des Konsums, Entstehung von Überschußproblemen
1956	Gesetz über Sondermaßnahmen zur Neuorganisation der landwirtschaftlichen Genossenschaften (Law for the Special Measures for the Reorganization of Agricultural Cooperative Association)

Quellen: Zusammengestellt auf der Grundlage von T. Ogura (Ed.), Agricultural Development in Modern Japan. Japan FAO Association, Tokyo 1963.

Übersicht 4: Überblick über den agrarpolitischen Instrumenteneinsatz und über wichtige Markierungspunkte in der agrarpolitischen Entwicklung in der BR Deutschland, Anfang der 1950er bis Anfang der 1960er Jahre

Jahr/Zeitraum	Agrarpolitischer Instrumenteneinsatz (Gesetze, Verordnungen, Maßnahmen etc.) und wichtige Markierungspunkte in der agrarwirtschaftlichen Entwicklung
1950	Anhebung der Brotgetreidepreise (Juli 1950), d.h. Annäherung an das Weltmarktpreisniveau; Freigabe der Schlachtviehpreise (Mai 1950) sowie der Futtergetreidepreise (Juli 1950)
Juni 1950	Ausbruch der Koreakrise, Anstieg der Weltmarktpreise für Ernährungsgüter, Anstieg bei Subventionslast beim Importgetreide
Nov. 1950	Gesetz über den Verkehr mit Getreide und Futtermitteln (Getreidegesetz)
1950 ff.	Diverse Gesetze über Preise für Getreide inländischer Erzeugung für die jeweiligen Getreidewirtschaftsjahre und über besondere Maßnahmen in der Getreide- und Futtermittelwirtschaft
1950 ff.	Diverse Verordnungen über Schädlingsbekämpfung und Pflanzenschutz
1950 ff.	Diverse Verordnungen über Tierzucht und Tierhaltung, Veterinärwesen, Fisch- und Forstwirtschaft
1950/51	Errichtung von Einfuhr- und Vorratsstellen (EVSt)
Jan. 1951	Gesetz über den Verkehr mit Zucker (Zuckergesetz)
Febr. 1951	Gesetz über den Verkehr mit Milch, Milcherzeugnissen und Fetten (Milch- und Fettgesetz)
März 1951	Erneute Anhebung der Brotgetreidepreise, Wiedereinführung der Bindung der Futtergetreidepreise
März 1951	Verordnung zur Regelung der Hopfenanbaufläche
Apr. 1951	Gesetz über den Verkehr mit Vieh und Fleisch (Vieh- und Fleischgesetz)
Aug. 1951	Zolltarifgesetz (u.a. auch Regelungen bezüglich der Agrarzölle)
Aug. 1951	Pachtkreditgesetz (Möglichkeit der Einräumung von Krediten an Pächter; Einräumung eines besitzlosen Pächterpfandrechts
Dez. 1951	Gesetz über die Außenhandelsstelle für Erzeugnisse der Ernährung und Landwirtschaft
Dez. 1951	Gesetz über gesetzliche Handelsklassen für Erzeugnisse der Landwirtschaft und Fischerei
1951 ff.	Förderung der überbetrieblichen Maschinenverwendung (bis 1955: ERP-Mittel sowie Haushaltsmittel des Bundes; 1956: Beihilfemittel aus dem Grünen Plan)
1951 ff.	Gewährung von Dieselölsubventionen
1955/56-1962/63	Verbilligung des Bezugs von Dünger (Düngersubventionen)
März 1952	Gesetz zur Abwicklung der landwirtschaftlichen Entschuldung
Juni 1952	Gesetz über das landwirtschaftliche Pachtwesen (Landpachtgesetz)
Nov. 1952	Bundesjagdgesetz
Mai 1953	Gesetz zur Förderung der landwirtschaftlichen Siedlung
Juni 1953	Gesetz über Sortenschutz und Saatgut von Kulturpflanzen (Saatgutgesetz)
Juni 1953	Flurbereinigungsgesetz
Okt. 1954	Gesetz über die Deutsche Genossenschaftskasse
Aug. 1955	Gesetz über den Verkehr mit Fischen und Fischwaren (Fischgesetz)
Sept. 1955	Landwirtschaftsgesetz
März 1956	Gesetz zur Förderung der deutschen Eierwirtschaft (Subventionierung des Eierpreises)

Fortsetzung Übersicht 4

Jahr/ Zeitraum	Agrarpolitischer Instrumenteneinsatz (Gesetze, Verordnungen, Maßnahmen etc.) und wichtige Markierungspunkte in der agrarwirtschaftlichen Entwicklung
1956 ff.	Zinsverbilligungsmaßnahmen im Rahmen des Grünen Planes
Juli 1957	Vertrag über die Europäische Wirtschaftsgemeinschaft
Juli 1957	Gesetz über eine Altershilfe für Landwirte (GAL)
Juli 1957	Gesetz zur Ordnung des Wasserhaushaltes
1957 ff.	Zahlungen zur Erhöhung des Milchauszahlungspreises (Milchsubventionen)
1957	Förderung von Landarbeitersiedlung und -wohnungsbau
Dez. 1958	Gesetz über Bodennutzungserhebung und Ernteberichterstattung

Quellen: Die Auflistung der Gesetze, Verordnungen etc. erfolgte in Anlehnung an W. MAGURA, Chronik der Agrarpolitik und Agrarwirtschaft in der Bundesrepublik Deutschland von 1945-1967 (Berichte über Landwirtschaft, N.F., Sh. 1985). Hamburg und Berlin 1970; BMELF, Agrarpolitik in der Bundesrepublik Deutschland (Berichte der Organisation für wirtschaftliche Zusammenarbeit, OECD). Bonn 1975 sowie Bericht über Maßnahmen der Bundesregierung (Grüner Plan), versch. Jahrgänge.

Übersicht 5: Überblick über den agrarpolitischen Instrumenteneinsatz und über wichtige Markierungspunkte in der agrarwirtschaftlichen Entwicklung in Japan, Anfang bis Ende der 1960er Jahre

Jahr/ Zeitraum[1]	Agrarpolitischer Instrumenteneinsatz (Gesetze, Verordnungen, Maßnahmen etc.) und wichtige Markierungspunkte in der agrarwirtschaftlichen Entwicklung
1960	Preisfestsetzung für Reis: Einführung der Produktionskosten- und Einkommensausgleichsrechnung (Formula of Production Cost and Income Compensation Formula)
1961	Erhöhung der staatlichen Ausgaben für Reis: Produzentenpreis wird 1961 erstmals stärker angehoben als Konsumentenpreis
1961	Landwirtschaftliches Grundgesetz (Agricultural Basic Law)
1961	Gesetz über die Subventionierung des landwirtschaftlichen Modernisierungsfonds (Law of Subsidizing the Agricultural Modernization Fund)
1961	Gesetz zur Stabilisierung der Preise bei tierischen Erzeugnissen (Livestock Products Price Stabilisation Act)
1961	Begründung einer halbstaatlichen Körperschaft zur Förderung des tierischen Produktionssektors (Livestock Industry Promotion Corporation)
1961	Gesetz über die Gewährung von Ausgleichszahlungen bei Sojabohnen und Körnerraps (The Soybeans and Rapeseed Deficiency Payment Act)
1961	Einführung eines Programmes zur Förderung der Strukturverbesserung in der Landwirtschaft (Programme for Promoting Structural Improvement in Agriculture)
1961	Gesetz über Sondermaßnahmen für die Förderung der Obsterzeugung (Special Measures Act for the Promotion of Fruit Production)
1961	Gewährung von Krediten zur Modernisierung der Landwirtschaft (Agricultural Modernisation Credit Scheme)
1961	Liberalisierung der Sojabohnen-Importe
1961	Gesetz über die vorübergehende Subventionierung der Sojabohnen- und Körnerrapspreise (Soybeans and Rapeseed Price Subsidy Temporary Measures Act)
1961	Gesetz zur Förderung des Zusammenschlusses landwirtschaftlicher Genossenschaften (Agricultural Co-operative Amalgamation Assistance Act)
1962	Revision des landwirtschaftlichen Genossenschaftsgesetzes (Revision of the Agricultural Cooperative Association Law): u.a. Einräumung der Möglichkeit des Landerwerbs und der Landbewirtschaftung
1962	Änderung des Gesetzes über den landwirtschaftlichen Boden (Agricultural Land Law) sowie des Gesetzes über die landwirtschaftlichen Genossenschaften (Agricultural Cooperative Act)
1962	Einführung eines längerfristigen Programmes zur Beschleunigung der Strukturverbesserung (Programme for Promoting Structural Improvement)
1963	Begründung einer Finanzkörperschaft für Landwirtschaft, Forstwirtschaft und Fischerei (Agriculture, Forestry and Fisheries Finance Corporation)
1963	Liberalisierung der Rohzuckereinfuhren
1964	Gesetz über Sonderprogramme im Bereich des Zuckerrübenanbaus (Special Programmes Act on Sugar Crops)
1965	Zuckerpreisstabilisierungsgesetz (Sugar Price Stabilization Act)
1965	Entscheidung über die Grundsätze der Modernisierung der Milchwirtschaft (Basic Plan for Dairy Farming Modernization)
1965	Gesetz über Ausgleichszahlungen an die Produzenten von Werkmilch (Manufacturing Milk Producers Deficiency Payment Act)
1965	Gesetz über die Förderung von Berggebieten (Mountainous Areas Development Act)
1965-1974	Langfristiges Landverbesserungsprogramm (Long-term Land Improvement Plan)
1966	Gesetz über die Stabilisierung von Produktion und Absatz von Gemüse (Vegetable Production and Marketing Stabilisation Act)
1966	Begründung einer Körperschaft zur Stabilisierung der Produktion und Vermarktung von Gemüse (Vegetable Production and Marketing Stabilisation Fund Corporation)

Fortsetzung Übersicht 5

Jahr/Zeitraum[1]	Agrarpolitischer Instrumenteneinsatz (Gesetze, Verordnungen, Maßnahmen etc.) und wichtige Markierungspunkte in der agrarwirtschaftlichen Entwicklung
1967	Ministerium für Landwirtschaft und Forsten erläßt Richtlinien für die Strukturpolitik (Basic Guideline for Structural Policy)
1968	Schaffung eines umfassenden Finanzierungssystems für die Landwirtschaft (Comprehensive Financing System)
1968	Verabschiedung eines Städteplanungsgesetzes (City Planning Act)
1969	Auflage eines neuen Langfristprogrammes für die Förderung der Strukturverbesserung (Programme for Promoting Structural Improvement)
1969	Gesetz über die Aufrechterhaltung und Förderung landwirtschaftlicher Produktionsgebiete (Law Concerning Establishment of Agricultural Promotion Areas)
1969	Einfrieren des Reispreises (1969 und 1970) bzw. Festlegung gemäßigter Anhebungsraten (1971)
1969	Kleines Programm zur Beschränkung der Reisproduktion (Small-Scale Rice Diversion Programme)

1) Die Jahresangaben beziehen sich teilweise auf Fiskaljahre 1. April (n_0) - 31. März (n_1).

Quelle: Zusammengestellt unter Zugrundelegung insbesondere von T. OGURA, Can Japanese Agriculture Survive. A Historical Approach, Toyko 1979, S. 817f sowie OECD, Agricultural Policy in Japan (Agricultural Policy in Japan), Paris 1974 sowie DIESELBE, Review of Agricultural Policies in OECD Member Countries (verschiedene Ausgaben), Paris 1977, 1979, 1983.

Übersicht 6 : Überblick über den agrarpolitischen Instrumenteneinsatz und über wichtige Markierungspunkte in der agrarwirtschaftlichen Entwicklung in der BR Deutschland, Anfang bis Ende der 1960er Jahre

Jahr/Zeitraum	Agrarpolitischer Instrumenteneinsatz (Gesetze, Verordnungen, Maßnahmen etc.) und wichtige Markierungspunkte in der agrarwirtschaftlichen Entwicklung)
Juli 1961	Gesetz über Maßnahmen zur Verbesserung der Agrarstruktur und zu Sicherung der land- und forstwirtschaftlichen Betriebe
Aug. 1961	Gesetz über Maßnahmen auf dem Gebiet der Weinwirtschaft
1961	Einleitung von Fördermaßnahmen für die von Natur aus benachteiligten Gebiete
April 1962	Verordnungen des EWG-Rates über die schrittweise Errichtung einer gemeinsamen Marktorganisation für Getreide, Schweinefleisch, Eier und Geflügelfleisch, Obst und Gemüse sowie Wein
Juli 1962	Ausweitung der Zinsverbilligungsmaßnahmen ("Zinsverbilligungsaktionen")
Juli 1962	Gesetz über die Erhebung der Abschöpfungen nach Maßgabe der Verordnung der EWG über die schrittweise Errichtung gemeinsamer Marktorganisationen für die landwirtschaftlichen Erzeugnisse (Abschöpfungserhebungsgesetz)
Aug. 1962	Gesetz über den Verkehr mit Düngemitteln (Düngemittelgesetz)
1962-1964	EWG-Verordnung über die Finanzierung der Gemeinsamen Agrarpolitik (Verabschiedung in Verbindung mit den ersten gemeinsamen Marktorganisationen der EWG
Juni 1963	Inkraftsetzen von Richtlinien für die Gewährung von Beihilfen zur Förderung der baulichen Verbesserungen von Landarbeiterstellen und landwirtschaftlichen Werkwohnungen
Juli 1963	Neufassung der "Richtlinien für die Förderung von Aussiedlungen, baulichen Maßnahmen in Altgehöften und Aufstockungen aus Mitteln des Grünen Planes".
1963	Beginn der Bezuschussung der landwirtschaftlichen Berufsgenossenschaften
1963	Grüner Plan: Erweiterung der Untergruppen des agrarpolitischen Maßnahmenkataloges
Febr. 1964	Verordnung des EWG-Rates über die schrittweise Errichtung einer gemeinsamen Marktorganisation für Rindfleisch
Febr.; Okt. 1964	EWG-Verordnung über die schrittweise Errichtung einer gemeinsamen Marktorganisation für Milch und Milcherzeugnisse (Febr. 1964) sowie Verabschiedung eines Bundesgesetzes zur Durchführung dieser Verordnung (Okt. 1964)
Apr. 1964	Altershilfe und Unfallversicherung werden in einer neuen Maßnahmengruppe ausgewiesen
Juni 1964	Gesetz über Bodennutzung und Ernteerhebung
März 1965	Befreiung der Landwirtschaft von der Kraftfahrzeugsteuer
Aug. 1965	Gesetz über die Sicherstellung von Leistungen auf dem Gebiet der Wasserwirtschaft für Zwecke der Verteidigung (Wassersicherstellungsgesetz)
Aug. 1965	Gesetz über die Sicherstellung der Versorgung mit Erzeugnissen der Ernährungs- und Landwirtschaft sowie der Forst- und Holzwirtschaft (Ernährungssicherstellungsgesetz)
Aug. 1965	Gesetz über die Zusammenlegung der Deutschen Landesrentenbank und der Deutschen Siedlungsbank
Aug. 1965	Grundsteuergesetz
Sept. 1965	Gesetz zur Förderung der Eingliederung der deutschen Landwirtschaft in den Gemeinsamen Markt (EWG-Anpassungsgesetz)
Sept. 1965 (1); Febr. 1968 (2)	Gesetz über die Ermittlung des Gewinns aus Land- und Forstwirtschaft nach Durchschnittssätzen (1) sowie Neufassung desselben (2)
Dez. 1965	Bewertungsgesetz (neue Hauptfeststellung der landwirtschaftlichen Einheitswerte)

Fortsetzung Übersicht 6

Jahr/ Zeitraum	Agrarpolitischer Instrumenteneinsatz (Gesetze, Verordnungen, Maßnahmen etc.) und wichtige Markierungspunkte in der agrarwirtschaftlichen Entwicklung)
1965	Einführung der Gewährung von Betriebs- und Haushaltshilfen (im Rahmen der landwirtschaftlichen Altershilfe)
Sept. 1966	EWG-Verordnung über die Errichtung einer gemeinsamen Marktorganisation für Fette
Okt. 1966	EWG-Verordnung mit zusätzlichen Vorschriften für die gemeinsame Marktorganisation für Obst und Gemüse
1966	Neugliederung der Maßnahmengruppen des Grünen Planes
Febr. 1967	EWG-Verordnung über einzelne Maßnahmen zur gemeinsamen Marktorganisation für Zucker
März 1967 (1); Juni 1967 (2)	Verordnung des EWG-Rates über die Einführung einer gemeinsamen Handelsregelung für Eier und Milchalbumin (1) sowie Änderung (2)
Mai 1967	Umsatzsteuer-(Mehrwertsteuer-)Gesetz
Juni 1967	Gesetz zur Durchführung der gemeinsamen Marktorganisation für Getreide, Reis, Schweinefleisch, Eier und Geflügelfleisch (Durchführungsgesetz EWG Getreide, Reis, Schweinefleisch, Eier und Geflügelfleisch)
Aug. 1967	EWG-Verordnung über die Gewährung von Beihilfen für Ölsaaten (Beihilfeverordnung Ölsaaten)
1967	10%ige Preissenkung bei Getreide und Einführung eines Systems degressiver Ausgleichszahlungen von 1967/68 bis 1969/70
1967	Erneute Änderung des Einteilungsprinzips des Grünen Planes
Febr. 1968	EWG-Verordnung über die Errichtung einer gemeinsamen Marktorganisation für lebende Pflanzen und Waren des Blumenhandels
Juli 1968	EWG-Verwirklichung der Zollunion: Abschaffung der Zölle zwischen den Partnerstaaten, Anwendung eines einheitlichen Zolltarifs nach außen; Vollendung des Gemeinsamen Agrarmarktes
1968	Einführung von Sonderprogrammen zur wirtschaftlichen Umstrukturierung kleinbäuerlicher Gebiete
1968	Neugliederung des agrarpolitischen Förderungsmaßnahmenkataloges; die Bezeichnung "Grüner Plan" entfällt
Aug. 1969	Einführung einer Landabgaberente (2. Teil des Gesetzes über eine landwirtschaftliche Altershilfe)
1969	Einführung einer Landabgabeprämie für längerfristige Verpachtung
1969	Vergabe von Zuschüssen zu den Ausführungskosten der Flurbereinigung zum Zwecke der langfristigen Verpachtung
Juni 1969	Bundesarbeitsförderungsgesetz (auch Landwirte und mithelfende Familienangehörige haben einen Anspruch)
1969 ff.	Gewährung eines Aufwertungsausgleichs: Direktausgleich über flächengebundene Zahlungen (ab 1970), Teilausgleich über Mehrwertsteuer (ab 1970)
1969	Einführung der Gemeinschaftsaufgaben
1969	Verabschiedung des Marktstrukturgesetzes und des Absatzfondsgesetzes

Quellen: Die Auflistung der Gesetze, Verordnungen etc. erfolgte in Anlehnung an W. MAGURA, Chronik der Agrarpolitik und Agrarwirtschaft in der Bundesrepublik Deutschland von 1945-1967 (Berichte über Landwirtschaft, N.F., Sh. 185). Hamburg und Berlin 1970; BMELF, Agrarpolitik in der Bundesrepublik Deutschland (Bericht der Organisation für wirtschaftliche Zusammenarbeit, OECD). Bonn 1975 sowie Bericht über Maßnahmen der Bundesregierung (Grüner Plan), versch. Jahrgänge

Übersicht 7: Überblick über den agrarpolitischen Instrumenteneinsatz und über wichtige Markierungspunkte in der agrarwirtschaftlichen Entwicklung in Japan, Anfang der 1970er bis Anfang der 1980er Jahre

Jahr/ Zeitraum	Agrarpolitischer Instrumenteneinsatz (Gesetze, Verordnungen, Maßnahmen etc.) und wichtige Markierungspunkte in der agrarwirtschaftlichen Entwicklung
1970	Programm zur Förderung einer umfassenden Agrarpolitik (Promotion of Comprehensive Agricultural Policy)
1970	Gesetz über eine Altersversicherung für Landwirte (Farmers' Pension Act)
1970	Änderung des Gesetzes über den landwirtschaftlichen Boden von 1952 (Amendment of the Agricultural Land Act of 1952)
1970	Großes Programm für die Beschränkung der Reisproduktion (Large-Scale Production Control Programme)
1970	Änderung des Gesetzes über den Einsatz von Agrarchemikalien von 1948 (Amendment of the Agricultural Chemicals Regulation Act of 1948)
1970	Gesetz zur Verhinderung der Verseuchung des landwirtschaftlichen Bodens (Agricultural Land Soil Pollution Prevention Act)
1970	Gesetz zur Verhinderung der Wasserverschmutzung (Water Pollution Prevention Act)
1971	Gesetz zur Verhinderung der Verunreinigung der Luft (Bad Smells Prevention Act)
1971	Marktgesetz für den Großhandel (Wholesale Market Act); Ablösung des Marktgesetzes für den Hauptgroßhandel (Central Wholesale Market Act)
1971	Gesetz über die Förderung der Industrieansiedlung im ländlichen Raum (Rural Areas Industries Introduction Promotion Act); Liberalisierung der Einfuhr einer Reihe von Agrargütern, darunter insbesondere Grapefruits und Schweinefleisch
1971-1975	Programm zur Beschränkung der Reiserzeugung und zur Diversifizierung der Agrarproduktion (Rice Production Control and Diversion Programme)
1972	Änderung des Preisstabilisierungsgesetzes für Kokons und Rohseide von 1951 (Cocoons and Raw Silk Price Stabilization Act of 1951)
1972	Integrierte regionale Programme zur Förderung der Agrarproduktion (Regional Agricultural Production Integration Programme)
1972-1974	Weltweite Verknappung bei Ernährungsgütern
1973	Langfristprogramm für die Landverbesserung (Long-term Land Improvement Programme)
1973-1977	Einbezug von Obst (fruits) in das Gesetz über die Versicherung gegen landwirtschaftliche Verluste ("Compensation against Agricultural Loss Law" "Desaster Compensation Act"); Programm zur Verbesserung der Lebensbedingungen im ländlichen Raum (Rural Living Environment Development Programme)
1974	Verabschiedung des Gesetzes über die Landnutzung (Land Utilization Plan Law)
1975	Koordiniertes Programm für die Nahrungsmittelversorgung (Co-ordinated Food Supply Programme)
1975	Änderung des Gesetzes über die Begründung ländlicher Fördergebiete (Amendment of the Law Concerning Establishment of agricultural Promotions Areas)
1975	Programm über die Nutzung von Reisfeldern (Paddy Field Utilization Programme)
1975	Integriertes Programm zur Förderung der Landnutzung für die Grün- und Rauhfuttergewinnung (Integrated Project for the Promotion of Forage and Roughage Production)
1975	Einführung eines integrierten Darlehensplans für die landwirtschaftlichen Betriebe (Integrated Farm Expansion Loan)
1976-1978	Globalprogramm für die Reislandnutzung (Integrated Paddy Field Utilization Programme)
1978-1980	Programm zur Regulierung der Reiserzeugung und zur Bebauung von Reisland mit Alternativkulturen (Paddy Field Utilisation Re-orientation Programme)

Fortsetzung Übersicht 7

Jahr/ Zeitraum	Agrarpolitischer Instrumenteneinsatz (Gesetze, Verordnungen, Maßnahmen etc.) und wichtige Markierungspunkte in der agrarwirtschaftlichen Entwicklung
1978	Einleitung eines Projekts für Bodenmelioration und Neulandgewinnung (Farmland Improvement and Reclamation Project)
1978	Sonderprojekt zur Förderung der Umwandlung von Reisland (Special Project for the Promotion of Crop Diversion)
1978	Amerikanisch-Japanische Handelsvereinbarungen (US-Japan Trade Negotiations): Anhebung der japanischen Importe von Rindfleisch, Orangen und Fruchtsäften
1979	Entscheidung über umfassende Maßnahmen hinsichtlich der Neuregelung der Reislandnutzung (Comprehensive Measures for Reorganizing Paddy Field Utilization)
1979	Fünfjahresprogramm bezüglich der inferioren Verwertung von Reis (5-year Rice Disposal Programme)
1980	Änderung des Gesetzes über den landwirtschaftlichen Boden (Amendment of the Agricultural Land Law)
1980	Gesetz über die Förderung der Landnutzung (Agricultural Land Use Promotion Law)

Quellen: Zusammengestellt insbesondere unter Zugrundlegung von T. Ogura, Can Japanese Agriculture Survive, a.a.O., S. 818f; OECD, Agricultural Policy in Japan, a.a.O.; Dieselbe, Review of Agricultural Policies in OECD Member Countries (verschiedene Ausgaben), Paris 1977, 1979 und 1983); Ministry of Agriculture, Forestry and Fisheries, Government of Japan, Japan's Agricultural Review.
Agricultural Land System in Japan. Vol. 81-4, March 1981.

Übersicht 8: Überblick über den agrarpolitischen Instrumenteneinsatz und über wichtige Markierungspunkte in der agrarwirtschaftlichen Entwicklung in der BR Deutschland, Anfang der 1970er bis Anfang der 1980er Jahre

Jahr/ Zeitraum	Agrarpolitischer Instrumenteneinsatz (Gesetze, Verordnungen, Maßnahmen etc.) und wichtige Markierungspunkte in der agrarwirtschaftlichen Entwicklung
April 1970	Europäische Wirtschaftsgemeinschaft beschließt zukünftige Finanzierung aus eigenen Mitteln
1970	Gesetz zur Änderung und Ergänzung bewertungsrechtlicher Vorschriften und des Einkommensteuergesetzes
1970	Gesetz über die Errichtung eines zentralen Fonds zur Absatzförderung; Gründung der CMA (Centrale Marketing-Gesellschaft)
Jan. 1971	Inkrafttreten des Gesetzes zur Verbesserung und Ergänzung sozialer Maßnahmen in der Landwirtschaft sowie
Juli 1971	Inkrafttreten des Einzelbetrieblichen Förderungsprogramms (beide Gesetze werden häufig unter der Bezeichnung Einzelbetriebliches Förderungs- und Ergänzungsprogramm = "Ertl-Plan" zusammengefaßt)
1971	Beschränkung der Verwendung bestimmter Substanzen in Pflanzenschutzmitteln (aus toxikologischen Gründen)
1971	Verabschiedung des Städtebauförderungsgesetzes
April 1971	Gewährung einer zusätzlichen Finanzhilfe (Liquiditätshilfe seitens der EG) sowie zusätzliche Zinsverbilligung
Juli 1971	Verabschiedung einer gemeinsamen Marktorganisation für Hopfen
Okt. 1971	Verabschiedung einer gemeinsamen Marktorganisation für Saatgut
Juni 1972	Verabschiedung des Abfallbeseitigungsgesetzes (Höchstausbringungsmengen für Stallmist und flüssige Dünger)
Okt. 1972	Inkrafttreten des Gesetzes über die Krankenversicherung der Landwirte
Jan. 1973	Gesetz über die Gemeinschaftsaufgabe "Verbesserung der regionalen Wirtschaftsstruktur"
Jan. 1973	Gesetz über die Gemeinschaftsaufgabe "Verbesserung der Agrarstruktur und des Küstenschutzes"
Jan. 1973	Großbritannien, Dänemark und Irland treten der EG bei
März 1973	Bildung eines gemeinsamen Währungsverbunds (Währungsschlange) seitens der EG-Staaten außer Großbritannien, Italien und Irland; Frankreich scheidet später aus
1973	Einführung einer Anpassungshilfe für landwirtschaftliche Arbeitnehmer
April 1974	Immissionsschutzgesetz
Mai 1975	Bundeswaldgesetz
1975	Einführung eines speziellen Förderungsprogramms für die Nebenerwerbslandwirte
März 1976	Zweites Gesetz zur Änderung der Höfeordnung (Geltungsbereich: ehemals britische Besatzungsgebiete: Niedersachsen, Nordrhein-Westfalen, Hamburg und Schleswig-Holstein)
März 1976	Novellierung des Flurbereinigungsgesetzes
April 1976	Novellierung des Wasserhaushaltsgesetzes
Dez. 1976	Novellierung der Verordnung über Anwendungsverbote und -beschränkung von Pflanzenschutzmitteln
Juli 1976	Neufassung des Futtermittelrechts (Erlaß von Höchstgehaltsregelungen bzgl. Schadstoffen)

Fortsetzung Übersicht 8

Jahr/ Zeitraum	Agrarpolitischer Instrumenteneinsatz (Gesetze, Verordnungen, Maßnahmen etc.) und wichtige Markierungspunkte in der agrarwirtschaftlichen Entwicklung
Nov. 1976	EG-Richtlinie über die Festsetzung von Höchstgehalten an Rückständen von Schädlingsbekämpfungsmitteln auf und in Obst und Gemüse
Dez. 1976	Verabschiedung des Bundesnaturschutzgesetzes
1976	Einführung einer neuen Maßnahme für die Investitionsförderung (Aufstiegshilfe)
Jan. 1977	Novelle des Bundesbaugesetzes von 1960
Jan. 1977	Tierzuchtgesetz
April 1977	Verabschiedung gemeinsamer Strukturrichtlinien für die EG
Mai 1977	EG-Verordnung: Einführung einer Prämienregelung für die Nichtvermarktung von Milch- und Milcherzeugnissen und die Umstellung der Milchkuhbestände auf Bestände der Fleischerzeugung
Mai 1977	EG-Verordnung: Verbilligte Abgabe von Milch und Milcherzeugnissen an Schüler in Schulen
Mai 1977	Einführung einer Mitverantwortungsabgabe und Maßnahmen zur Erweiterung der Märkte für Milch und Milcherzeugnisse
Dez. 1977	Beschluß der Bundesregierung zur Wiederaufstockung und Fortführung der zivilen Verteidigungsreserve
Mai 1978	Einführung eines Sonderkreditprogramms für die Landwirtschaft (Abwicklung über die Kreditanstalt für Wiederaufbau)
Juli 1978	Der Europäische Rat beschließt die Schaffung eines Europäischen Währungssystems
Jan. 1979	Erlaß der Ernährungsbewirtschaftungsverordnung (Sicherstellung der Ernährung in einem Spannungs- und Verteidigungsfall)
März 1979	Inkraftsetzung des Europäischen Währungssystems
Juni 1980	Inkrafttreten des Gesetzes zur Neuregelung der Einkommensbesteuerung der Land- und Forstwirtschaft
1980	Zweites Agrarsoziales Ergänzungsgesetz (u.a. Einführung eines Hinterbliebenengeldes sowie einer Pflichtversicherung für hauptberuflich mitarbeitende Familienangehörige zwischen dem 50. und 60. Lebensjahr)
1980	Prämie für die Erhaltung des Mutterkuhbestandes
1982	Festlegung von Garantieschwellen im Bereich der Milchproduktion und der Getreideerzeugung
1984	Einführung des Agrarkreditprogramms
1984	Festlegung von Garantieschwellen für Gemüse- und Getreideerzeugnisse
1984	Einführung einer Garantiemengenregelung bei Milch sowie Einführung einer Milchrente
1984	Neuregelung des Währungsausgleichs (Kürzung des positiven deutschen Grenzausgleichs, Schaffung eines Einkommensausgleichs über die Mehrwertsteuer)

Quellen: Die Auflistung der Gesetze, Verordnungen etc. erfolgte in Anlehnung an Agrarberichte der Bundesregierung, verschiedene Jahrgänge (1970-1985) sowie BMELF, Agrarpolitik in der BR Deutschland, Bericht der Organisation für wissenschaftliche Zusammenarbeit und Entwicklung (OECD). Bonn 1975.

Agrarökonomische Monographien und Sammelwerke

J. Michalek: Technological Progress in West German Agriculture: A Quantitative Approach. 1988, 157 pages. ISBN 3-8175-0036-X.

Ch. Noell: Zukünftige Meßtechnik zur Steuerung pflanzlicher Produktionsprozesse. 1988, 200 Seiten. ISBN 3-8175-0024-6.

Policy Coordination in World Agriculture. Ed. by H. von Witzke, C. F. Runge, B. Job. Contributors: Vernon W. Ruttan, Yujiro Hayami, C. Ford Runge, Harald von Witzke and Shelley J. Thompson, Gordon C. Rausser and Brian D. Wright, G. Edward Schuh, Robert L. Paarlberg, Alex F. McCalla. 1989, 245 pages. ISBN 3-8175-0040-8.

The Superlevy. Is there an Alternative? Final Report of an Investigation into the Functioning of the Superlevy in the European Community and the Consequences of a Number of Policy Alternatives for the Period 1989-1997, by A. J. Oskam et al. 1988, 128 pages. ISBN 3-8175-0027-0.

E.-S. El Basiony: Entwicklungsmöglichkeiten der Fischwirtschaft in Ägypten. Eine empirische Analyse. 1987, 214 Seiten. ISBN 3-8175-0021-1.

Chaiwoot Chaipan: Auswirkungen der EG-Agrarmarktpolitik auf die Reisimporte aus Drittländern. 1987, 107 Seiten. ISBN 3-8175-0016-5.

Patrice A. Harou: Essays in Forestry Economics: Appraisal and Evaluation of Public Forestry Investments and Programmes. 1987, 195 Seiten. ISBN 3-8175-0017-3.

Bernd Heilig: Die gesamtwirtschaftliche Bedeutung der Agrar- und Ernährungswirtschaft. Möglichkeiten der empirischen Untersuchung mit Hilfe der Input-Output Analyse. 1986, 180 Seiten. ISBN 3-922 553-80-X.

Heinrich A. Höper: Die Bestimmungsfaktoren des Bodenpreises, die Bodenpreisbildung und die Auswirkungen staatlicher Eingriffe gemäß Grundstücksverkehrsgesetz auf den Bodenmarkt. 1985, 209 Seiten. ISBN 3-922 553-62-1.

Folkhard Isermeyer: Produktionsstrukturen, Produktionskosten und Wettbewerbsstellung der Milcherzeugung in Nordamerika, Neuseeland und der EG. 1988, 430 Seiten. ISBN 3-8175-0022-X.

Annerose Jung: Zur Verwendung von Antwortmodellen in der quantitativen agrarökonomischen Analyse. 1984, 143 Seiten. ISBN 3-922 553-39-7.

Béatrice Knerr: Mindesteinkommenssicherung und Sozialhilfe für die landwirtschaftliche Bevölkerung. 1981, 123 Seiten. ISBN 3-922 553-02-8.

Heinrich von Kobylinski: Das Umweltrecht in der landwirtschaftlichen Bodennutzung. Struktur und Hintergründe. 1986, 129 Seiten. ISBN 3-922 553-84-2.

Dirk Lange: Bestimmungsgründe des Weltagrarhandels. Der Einfluß wirtschaftlicher Entwicklung auf die länderspezifischen Agrarhandelsstrukturen. 1987, 179 Seiten. ISBN 3-8175-0018-1.

Wissenschaftsverlag Vauk Kiel, Postfach 4403, D-2300 Kiel 1

Kontrolle und Steuerung im landwirtschaftlichen Betrieb. Sonderband zur Jahrestagung der GEWISOLA 1982 in Gießen, Beiträge zur Arbeitsgruppe ,,Kontrolle und Steuerung im landwirtschaftlichen Betrieb". Hrsg. von C.-H. Hanf und K. Riebe. 1983, 108 Seiten. ISBN 3-922 553-21-4.

Heinz-Jörg Nölck: Zur Entwicklung der Schweinemast in Schleswig-Holstein. 1987, 191 Seiten. ISBN 3-8175-0011-4.

Die österreichische Landwirtschaft in Regionalwissenschaft und Raumplanung. Festschrift zum 65. Geburtstag von Friedrich Schmittner. Herausgegeben von Rudolf Reichsthaler und Hans-Karl Wytrzens. 1987, 327 Seiten. ISBN 3-8175-0025-7.

Rechnergestützte Beratungsmodelle zur Planung des landwirtschaftlichen Betriebes. Sonderband zur Jahrestagung der GEWISOLA 1983 in Hannover. Hrsg. von H.-J. Budde. 1984, 133 Seiten. ISBN 3-922 553-38-9.

Margot Thomsen: Untersuchungen zur historischen und künftigen Entwicklung der Getreideerträge in Schleswig-Holstein. 1987, 209 Seiten. ISBN 3-8175-0013-0.

Adolf Weber und Manfred Sievers: Instability in World Food Production. Statistical Analysis, Graphical Presentation and Interpretation. 1985, 154 pages. ISBN 3-922 553-72-9.

Agrarökonomische Studien
Hrsg.: C.-H. Hanf (geschäftsf.), U. Koester, W. Scheper, G. Schiefer   (ISSN 0721-4731)

Band 1 **Dieter Kirschke:** Wohlstandstheoretische Analyse der Agrarpreispolitik in der EG auf der Grundlage des Konzepts der Zahlungsbereitschaft.
1981, 282 Seiten. ISBN 3-922 553-03-6.

Band 2 **Herbert Voigt:** Wirkungsanalyse alternativer Bufferstock-Politiken auf Weltmärkten von Agrarrohstoffen — Eine Simulationsstudie.
1981, 240 Seiten. ISBN 3-922 553-04-4.

Band 3 **Edwin Ryll:** Abschöpfungssystem, Angebotskontingentierung, produktneutrale und produktgebundene staatliche Einkommensübertragungen als agrarmarktpolitische Instrumente. Eine vergleichende theoretische Analyse, dargestellt am Beispiel des EG-Milchmarktes.
1981, 300 Seiten. ISBN 3-922 553-05-2.

Band 4 **Roland Herrmann:** Exportinstabilität auf agrarischen Rohstoffmärkten — Situationsanalyse und Eingriffsmöglichkeiten.
1981, 292 Seiten. ISBN 3-922 553-06-0.

Band 5 **Hannelore Baumann:** Die Nutzung von Preisinformationen in der Landwirtschaft. Eine theoretische und empirische Analyse, dargestellt am Beispiel der Schlachtschweineproduzenten. 1983, 137 Seiten. ISBN 3-922 553-26-5.

Wissenschaftsverlag Vauk Kiel, Postfach 4403, D-2300 Kiel 1

Band 6 **Valentin H. von Massow:** Einfuhrbegünstigungen und Ausfuhrpolitik der EG bei Rindfleisch — Eine Analyse der Wirkungen mit einer Diskussion entwicklungspolitischer Aspekte am Beispiel der AKP-Quote.
1984, 197 Seiten. ISBN 3-922 553-37-0.

Band 7 **Karl-Joachim Trede:** Entwicklung und Analyse von Zielen der offiziellen Agrarpolitik in der Bundesrepublik Deutschland. Eine Studie unter Verwendung organisationstheoretischer Ansätze. 1985, 226 Seiten.
ISBN 3-922 553-59-1.

Band 8 **Stephan Jürgensen:** Bestimmung und Beurteilung von Protektion auf vertikal und horizontal verknüpften Märkten — Das Beispiel des EG-Schweine- und Futtermittelmarktes. 1985, 270 Seiten. ISBN 3-922 553-45-1.

Band 9 **Wolfgang Riggert:** Dynamische Stabilisierungsmodelle. Eine Simulationsstudie. 1985, 200 Seiten. ISBN 3-922 553-63-X.

Band 10 **Arno Schäfer:** Zur Anwendung von Frontier- und Dualitätsansätzen in der Landwirtschaft. 1985, 161 Seiten. ISBN 3-922 553-73-7.

Band 11 **Reiner Kühl:** Wettbewerbstheoretische Analyse des Landwarenmarktes in der Bundesrepublik Deutschland. 1986, 80 Seiten. ISBN 3-922-553-79-6.

Band 12 **Siegfried Bauer:** Zur Analyse von Allokations- und Verteilungsproblemen im Agrarbereich: Theorie, Methoden und empirische Forschung.
1986, 272 Seiten. ISBN 3-922 553-86-9.

Band 13 **Ernst August Nuppenau:** Darstellung und Weiterentwicklung von Modellen zur Analyse, Bewertung und Politikempfehlung bei Instabilitäten auf Agrarmärkten — Diskutiert am Beispiel des Kartoffelmarktes der EG —.
1987, 313 Seiten. ISBN 3-8175-0002-5.

Agrarpolitische Länderberichte: EG-Staaten
Hrsg.: H. Priebe, W. Scheper, W. v. Urff

Band 1 **K.-J. Trede:** Agrarpolitik und Agrarsektor in den Niederlanden.
1983, 128 Seiten. ISBN 3-922 553-28-1.

Band 2 **A. Matthews, K.-J. Trede:** Agrarpolitik und Agrarsektor im Vereinigten Königreich. 1983, 116 Seiten. ISBN 3-922 553-29-X.

Band 3 **A. Matthews, K.-J. Trede:** Agrarpolitik und Agrarsektor in Irland.
1983, 105 Seiten. ISBN 3-922 553-30-3.

Band 4 **K.-J. Trede:** Agrarpolitik und Agrarsektor in Dänemark.
1983, 119 Seiten. ISBN 3-922 553-31-1.

Wissenschaftsverlag Vauk Kiel, Postfach 4403, D - 2300 Kiel 1

Band 5	K.-J. Trede, W. Filter: Agrarpolitik und Agrarsektor in der Bundesrepublik Deutschland. 1983, 125 Seiten. ISBN 3-922 553-32-X.
Band 6	W. Treiber: Agrarpolitik und Agrarsektor in Frankreich. 1983, 129 Seiten. ISBN 3-922 553-33-8.
Band 7	H. von Meyer: Agrarpolitik und Agrarsektor in Italien. 1983, 123 Seiten. ISBN 3-922 553-34-6.
Band 8	H. von Meyer: Agrarpolitik und Agrarsektor in Belgien und Luxemburg. 1983, 128 Seiten. ISBN 3-922 553-35-4.
Band 9	S. Katranidis: Agrarpolitik und Agrarsektor in Griechenland. 1985, 146 Seiten. ISBN 3-922 553-74-5.
Band 10	M. Mahlau: Agrarpolitik und Agrarsektor in Spanien. 1985, 108 Seiten. ISBN 3-922 553-75-3.
Band 11	M. Mahlau: Agrarpolitik und Agrarsektor in Portugal. 1985, 92 Seiten. ISBN 3-922 553-76-1.

Agrarsektorale Länder- und Regionalstudien

Gerhard Andermann: Agrarwirtschaft und Agrarpolitik in Japan und in der Bundesrepublik Deutschland nach dem Zweiten Weltkrieg. Eine international vergleichende Analyse. 1989, 448 Seiten. ISBN 3-8175-0048-3.

Stylianos Katranidis: Entwicklungsprobleme und -möglichkeiten ländlicher Räume in Griechenland, Spanien und Portugal — Eine Studie unter besonderer Berücksichtigung des Beitrages des landwirtschaftlichen Sektors in einer erweiterten EG. — 1987, 350 Seiten. ISBN 3-8175-0004-1.

Ralf Neubauer: Analyse des vertikalen Produktions- und Absatzsystems sowie der Marktpolitik für Gemüse in Ostjordanien. 1986, 209 Seiten. ISBN 3-922 553-95-8.

Agribusiness Management
Kurzberichte und Fallstudien zur Betriebsführung in Agrar- und Ernährungswissenschaft
Hrsg.: G. Schiefer

Band 1	S. Schmidt-Tiedemann: Entscheidungshilfen zur effizienten Tourenplanung. Fallstudie zur Tourenplanung in Molkereien. 1986, 65 Seiten. ISBN 3-8175-0019-X.

Wissenschaftsverlag Vauk Kiel, Postfach 4403, D-2300 Kiel 1

Arbeiten zur Agrarwirtschaft in Entwicklungsländern

Ch. Chantachaeng: Land Settlement Policy, Agricultural Income and Farm Organization in Thailand. 1988, 199 pages. ISBN 3-8175-0042-4.

O. Badiane: National Food Security and Regional Integration in West Africa. 1988, 205 pages. ISBN 3-8175-0032-7.

H. W. Strubenhoff: Probleme des Übergangs von der Handhacke zum Pflug. Eine ökonomische Analyse der Einführung der tierischen Anspannung in Ackerbausysteme Togos. 1988, 206 Seiten. ISBN 3-8175-0031-9.

Werner Doppler: Planung, Evaluierung und Management von Entwicklungsprojekten. 1985, 460 Seiten. ISBN 3-922 553-52-4.

Winfried Manig: Integrierte rurale Entwicklung. Konzept und Versuch einer Operationalisierung komplexer Entwicklungsansätze. 1985, 192 Seiten. ISBN 3-922 553-61-3.

Henning H. von Platen: Appropriate Land Use Systems of Smallholder Farms on Steep Slopes in Costa Rica. A Study on Situation and Development Possibilities. 1985, 187 Seiten. ISBN 3-922 553-69-9.

Karl-Josef Schneider: Das Selbstbeschränkungsabkommen zwischen Thailand u. d. Europäischen Gemeinschaft. Darst., Auswirkungen u. Folgerungen für die Umorientierung der thailänd. Landwirtschaft. 1986, 228 Seiten. ISBN 3-922 553-82-6.

Nico van Tienhoven: Smallholder Farming in Nicaragua. Situation and Development Possibilities with Special Reference to Labour Economy. 1985, 244 Seiten. ISBN 3-922 553-70-2.

Berichte der Gesellschaft für Pflanzenbauwissenschaften

(ISSN 0934-3490)

Band 1 **Dauerversuche zur Lösung aktueller Probleme im Ackerbau.** Berichte der 31. Jahrestagung 1./2. Oktober 1987 in Freising-Weihenstephan, hrsg. von K. Bäumer im Auftrag der Gesellschaft für Pflanzenbauwissenschaften. 1988, 203 Seiten. ISBN 3-8175-0034-3.

Bildschirmtext in Agrar- und Ernährungswirtschaft
Aktuelle Kurzberichte
Hrsg. G. Schiefer   (ISSN 0177-0683)

Nr. 1   **Renan Goetz:** Marktberichterstattung über Bildschirmtext und Agrarpresse im Vergleich. 1985, 72 Seiten. ISBN 3-922 553-57-5.

Wissenschaftsverlag Vauk Kiel, Postfach 4403, D - 2300 Kiel 1

Nr. 2	**Ulrich Graumann:** Bildschirmtext, Landwirtschaft und Beratung: Ein Überblick über Technik, Informationsangebot und Entwicklungstendenzen. 1985, 84 Seiten. ISBN 3-922 553-58-3.
Nr. 3	**Amelie Streibel:** Bildschirmtext im Agrarbereich. Beschreibung und Vergleich wichtiger Angebote. 1986, 136 Seiten. ISBN 3-922 553-88-5.
Nr. 4	**Uta Fontaine:** Bildschirmtext in der Landwirtschaft. Stand, Entwicklungsfähigkeit, Anforderungen. 1986, 101 Seiten. ISBN 3-922 553-89-3.
Nr. 5	**Uwe Weiß:** Bildschirmtext im Landwarenhandel. Möglichkeiten der Integration in die betriebliche Datenverarbeitung. 1986, 116 Seiten. ISBN 3-922 553-90-7.
Nr. 6	**Birgit Römer:** Bildschirmtext in Europa. Eine vergleichende Diskussion unter besonderer Berücksichtigung des Agrarbereichs. 1986, 108 Seiten. ISBN 3-922 553-92-3.
Nr. 7	**Andrea Harm:** Landwirtschaftliche Buchführung über Bildschirmtext. Möglichkeiten und Grenzen verschiedener Modellansätze. 1987, 100 Seiten. ISBN 3-8175-0000-9.
Nr. 8	**Gerhard Schiefer:** Nutzung und Akzeptanz von Bildschirmtext in landwirtschaftlichen Betrieben. 1987, 50 Seiten. ISBN 3-8175-0001-7.
Nr. 9	**Birgit Höhne:** Bildschirmtext in der Verbraucherarbeit. 1987, 86 Seiten. ISBN 3-8175-0012-2.

Empirische Studien zur Agrarökonomie
Hrsg.: C.-H. Hanf   (ISSN 0177-0675)

Band 1	**Maria Lehmbrock:** Die Agrarpreisrelationen in der Bundesrepublik Deutschland unter besonderer Berücksichtigung der Verteilungseffekte. 1985, 204 Seiten. ISBN 3-922 553-56-7.
Band 2	**Béatrice Knerr:** Die intrasektorale Verteilung staatlicher Transferzahlungen an den Agrarsektor in der Bundesrepublik Deutschland. 1985, 242 Seiten. ISBN 3-922 553-54-0.
Band 3	**Wolf-Rüdiger Schulte-Ostermann:** Analyse der Einkommensbestimmung und Einkommensentwicklung in Marktfruchtbetrieben. 1985, 196 Seiten. ISBN 3-922 553-64-8.
Band 4	**Willi Cordts:** Einkommensreserven in der Milchproduktion — Eine empirische Analyse. 1985, 277 Seiten. ISBN 3-922 553-68-0.
Band 5	**Ludwig Reeßing:** Analyse der Wettbewerbsfähigkeit von Extensivblattfrüchten in Niedersachsen unter ökonomischen und ökologischen Gesichtspunkten. 1986, 251 Seiten. ISBN 3-922 553-81-8.

Wissenschaftsverlag Vauk Kiel, Postfach 4403, D - 2300 Kiel 1

Band 6 Volker Petersen: Entwicklung eines Entscheidungsmodells zur Optimierung der Stickstoffdüngung im Weizenbau 1986, 275 Seiten. ISBN 3-922 553-85-0.

Band 7 K.-H. Engel: Die Wirkung von Preissenkung und Angebotskontingentierung auf die Entwicklung der Milchviehhaltung in Schleswig-Holstein. 1988, 183 Seiten. ISBN 3-8175-0037-8.

Farming Systems and Resource Economics in the Tropics
Ed.: W. Doppler (ISSN 0932-6154)

Vol. 1 F. Brandl: The Economics of Trypanosomiasis Control in Cattle. 1988, 245 pages. ISBN 3-8175-0023-8.

Vol. 2 H.-Ch. Schäfer-Kehnert: Institutions and Technical Change in the Development of Smallholder Agriculture. An Economic Analysis of Cooperatives Promoting Coffee and Cocoa Production in Cameroon. 1988, 272 pages. ISBN 3-8175-0029-7.

Vol. 3 H. Steinfeld: Livestock Development in Mixed Farming Systems. A Study of smallholder livestock production systems in Zimbabwe. 1988, 244 pages. ISBN 3-8175-0030-0.

Vol. 4 A. Waters-Bayer: Dairying by Settled Fulani Agropastoralists in Central Nigeria. 1988, 344 pages. ISBN 3-8175-0033-5.

Vol. 5 W. März and W. Doppler: The Economics of Neem Production and its Use in Integrated Pest Control. 1988, ca. 300 pages. ISBN 3-8175-0038-6.

Vol. 6 W. Dangelmaier: Economics of Composite Watershed Management in Traditional Smallholdings in South India. 1988, ca. 280 pages. ISBN 3-8175-0039-4.

Forum
Reports on Current Research in Agricultural Economics and Agribusiness Management
Editorial Board: G. Schiefer (Managing Editor, FRG), J. M. Boussard (France), C. Csáki (Hungary), C.-H. Hanf (FRG), U. Koester (FRG), W. Scheper (FRG), S. Tarditi (Italy)
(ISSN 0721-474X)

No. 6 C. Csáki, Z. Harnos, I. Lang: Agricultural Development and Ecological Potential: The Case of Hungary. 1984, 129 pages. ISBN 3-922 553-47-8.

No. 7 A. Weber and M. Sievers: Growth and Instability of Grain Production in the Soviet Union. A Comparative Assessment. 1984, 70 pages. ISBN 3-922 553-48-6.

Wissenschaftsverlag Vauk Kiel, Postfach 4403, D-2300 Kiel 1

No. 8	**H. Ahrens:** South Asia's Agricultural Exports to the EEC. Determinants and Perspectives. 1984, 50 pages. ISBN 3-922 553-50-8.
No. 9	**B. Yon:** Industrial Strategy and Biological Research. 1985, 57 pages. ISBN 3-922 553-51-6.
No. 10	**S. J. Thompson:** A Model of Off-Farm Employment. 1985, 56 pages. ISBN 3-922 553-60-5.
No. 11	**J. M. Alston:** The Effects on the European Community's Common Agricultural Policy in Inrernational Markets for Poultry Meat. 1985, 88 pages. ISBN 3-922 553-65-6.
No. 12	**C. F. Runge and H. von Witzke:** The Market for Institutional Innovation in the Common Agricultural Policy of the European Community. 1986, 44 pages. ISBN 3-922 553-83-4.
No. 13	**U. Koester und R. Herrmann:** The EC-ACP Convention of Lomé. 1987, 98 pages. ISBN 3-8175-0003-3.
No. 14	**H.-J. Winterling and S. Tangermann:** Economic Implications of Restricting Manioc Trade between Thailand and the EEC. 1987, 138 pages. ISBN 3-8175-0008-4.
No. 15	**B. Hartwig and S. Tangermann:** Legal Aspects of the Restricting Manioc Trade between Thailand and the EEC. 1987, 65 pages. ISBN 3-8175-0009-2.
No. 16	**H. Terwitte:** Risk Management Alternatives for the European Feedingstuffs Industry. 1987, 75 pages. ISBN 3-8175-0010-6.
No. 17	**Adolf Weber:** Assessing Food Production Potentials in the Final State of Stationary Population. An Explorative Study. 1988, 59 pages. ISBN 3-8175-0014-9.
No. 18	**K. Hagedorn:** Political Economics in Social Programmes for Resource Adjustment in EC Agriculture. 1989, 81 pages. ISBN 3-8175-0047-5.

Information, Kommunikation, Datenverarbeitung

Information, Beratung, Markt: Bildschirmtext in der Landwirtschaft. Sammelband mit Abschlußbericht des bundesweiten Feldversuchs „Btx-Agrar" und Vorträgen der Anbietertagung „Btx-Agrar 86" hrsg. v. Gerhard Schiefer und Ulrich Graumann.
1987, 300 Seiten. ISBN 3-8175-0007-6.

Agrarinformatik im Studium der Agrarwissenschaften. Vorträge der Arbeitstagung „Informationsmanagement, Datenverarbeitung und neue Medien im Studium der Agrarwissenschaften", Kiel, 1987, hrsg. von G. Schiefer. 1988, 133 Seiten. ISBN 3-8175-0026-2.

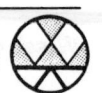

Wissenschaftsverlag Vauk Kiel, Postfach 4403, D - 2300 Kiel 1

Kieler Schriften zur Finanzwirtschaft

Hrsg.: R. Schmidt, Inst. f. Betriebswirtschaftlehre der Univ. Kiel (ISSN 0932-206X)

Band 1	**Berhard Iber:** Entwicklung der Aktionärsstruktur börsennotierter deutscher Aktiengesellschaften. Eine theoretische und empirische Analyse für den Zeitraum 1963 - 1983. 1987, 288 Seiten. ISBN 3-8175-0015-7.
Band 2	**Thomas Wittleder:** Finanzterminkontrakte als Instrument betrieblicher Finanzpolitik. 1987, 320 Seiten. ISBN 3-8175-0020-3.
Band 3	**Jörg Schill:** Fiananzielle Beziehungen, Vertrags- und Kooperationsformen beim Industriegüterexport aus der Bundesrepublik Deutschland. 1988, 222 Seiten. 3-8175-0041-6
Band 4	**Michael Soormann:** Wissensbasierte Systeme für die Anlageberatung. 1989, 318 Seiten. ISBN 3-8175-0043-2.

Landwirtschaft und Umwelt
Schriften zur Umweltökonomik
Hrsg.: H. de Haen (ISSN 0176-7909)

Band 1	**Sabine O'Hara:** Externe Effekte der Stickstoffdüngung. Probleme ihrer Bewertung und Ansätze zu ihrer Verminderung aus ökonomischer und ökologischer Sicht. 1984, 234 Seiten. ISBN 3-922 553-49-4.
Band 2	**Jürgen Ohlhoff:** Spezialisierung im Ackerbau aus ökonomischer und ökologischer Sicht. Bestimmungsgründe und Reaktion auf veränderte Preis-Kosten-Verhältnisse. 1987, 311 Seiten. ISBN 3-922 553-97-4.

Lehrtexte

Horst Seuster: Investitionsrechnung für die landwirtschaftliche Unternehmung. 2. überarb. und erw. Auflage. 1985, 328 Seiten. ISBN 3-922 553-66-4.

Mitteilungen der Gesellschaft für Pflanzenbauwissenschaften
(ISSN 0934-5116)

Band 1	32. Jahrestagung am 6. und 7. Oktober 1988 in Berlin. Kurzfassungen der Vorträge und Postervorträge. Hrsg. von G. Geisler und W. Diepenbrock. 1988, 255 Seiten. ISBN 3-8175-0045-9.

Wissenschaftsverlag Vauk Kiel, Postfach 4403, D-2300 Kiel 1

Schriften zum Agribusiness
Hrsg.: G. Schiefer (geschäftsf.), A. Weber und H. Weindlmaier   (ISSN 0722-8082)

Band 1	**Andrea A. von Wahl:** Multinationale Unternehmen in der Agroindustrie — Struktur und Determinanten. 1982, 355 Seiten. ISBN 3-922 553-13-3.
Band 2	**Rainer Kühl u. C.-Hennig Hanf:** Der Landwarenhandel in der Bundesrepublik Deutschland. 1985, 180 Seiten. ISBN 3-922 553-71-0.
Band 3	**Heinrich Terwitte:** Absicherung auf internationalen Terminmärkten. Eine Chance für die europäische Futtermittelbranche. 1986, 263 Seiten. ISBN 3-922 553-94-X.
Band 4	**F. Zeller:** Konkurrenzsituation auf dem Weltzuckermarkt. Verdrängungseffekte nationaler Import- und Exportpolitiken unter besonderer Berücksichtigung der EG. 1988, 279 Seiten. ISBN 3-8175-0035-1.
Band 5	**Thomas E. Hambüchen:** Innovationen als produktpolitische Maßnahme in der Milchwirtschaft der Bundesrepublik Deutschland. 1989, 413 Seiten. ISBN 3-8175-0044-0.

Symposien-Reihe der EAAE

Consideration and Modelling of Risk in the Agribusiness Sector. Proceedings of the Second Symposium of the European Association of Agricultural Economists (EAAE), Kiel, September 16-18, 1980, ed. by C.-Hennig Hanf and Gerhard Schiefer.
1981. 200 pages. ISBN 3-922 553-00-1. (out of print)

Decision and Information in Agribusiness. Proceedings of the Third European Symposium of the European Association of Agricultural Economists (EAAE), Kiel, May 27-29, 1982, ed. by C.-Hennig Hanf and Gerhard Schiefer.
1982, 359 pages. ISBN 3-922 553-14-1.

System Theory and System Analysis in Agricultural Economics. Proceedings of the Fourth European Symposium of the European Association of Agricultural Economists (EAAE), Budapest, June 14-17, 1982, ed. by Sc. Csáki and I. Gönczi.
1982, 308 pages. ISBN 3-922 553-19-2. (out of print)

Agriculture and the Management of Natural Resources. Proceedings of the Eight Symposium of the European Association of Agricultural Economists (EAAE), Milan (Italy), April 17-18, 1984, ed. by F. Lechi. 1985, 485 pages. ISBN 3-922 553-46-X.

Wissenschaftsverlag Vauk Kiel, Postfach 4403, D-2300 Kiel 1

Implementation of Farm Management Information Systems. Proceedings of the 9th Symposium of the European Association of Agricultural Economists (EAAE), Copenhagen (Denmark), November 4-6, 1985, ed. by Johs. Christensen, A. Hjortshøj, A. H. Nielsen, and Dorthe E. Pedersen. 1986, 250 pages. ISBN 3-922 553-91-5.

Multipurpose Agriculture by Government in Agriculture. Proceedings of the 11th Symposium of the European Association of Agricultural Economists (EAAE), Padova (Italy), April 28 - 3 May, 1986, ed. by Maurizio Merlo. 1987, 600 pages. ISBN 3-922 553-93-1.

Supply Management by Government in Agriculture. Proceedings of the 12th Symposium of the European Association of Agricultural Economists (EAAE), Espoo (Finnland), May 26 - 29, 1986, ed. by Lauri Kettunen. 1987, 330 pages. ISBN 3-922 553-96-6.

Income Disparities among Farm Households and Agricultural Policy/Disparités de revenu des familles d' agriculteurs et implications pour la politique agricole. Proceedings of the 14th Symposium of the European Association of Agricultural Economists (EAAE), Rennes (France), September 3 - 5, 1986, ed. by Yves Léon and Louis Mahé. 1987, 505 pages. ISBN 3-8175-0005-X

Videotex, Information and Communication in European Agriculture. Proceedings of the 15th Symposium of the European Association of Agricultural Economists (EAAE), Kiel (FRG), February 16 - 18, 1987, ed. by Gerhard Schiefer 1987, 220 pages. ISBN 3-8175-0006-8.

Agricultural Sector Modelling. Proceedings of the 16th European Symposium of the European Association of Agricultural Economists (EAAE), Bonn (FRG), April 14 - 15, 1988, ed. by W. Henrichsmeyer and S. Bauer 1988, 500 pages. ISBN 3-8175-0028-9.

Eine Auswahl weiterer Titel

Peter Knorr: Meßwerte der Informationsnachfrage in komplexen Beurteilungsprozessen.
1985, 241 Seiten. ISBN 3-922 553-77-X.

Harald Krehl: Der Informationsbedarf der Bilanzanalyse. Ableitung und empirische Validierung eines Fragenkatalogs zur Analyse von Jahresabschlüssen.
1985, 345 Seiten. ISBN 3-922 553-55-9.

Thomas Holzhüter: Der Erklärungswert des Dynamischen Input-Output-Modells für die Veränderung der sektoralen Struktur der Produktion in der Bundesrepublik Deutschland.
1984, 244 Seiten. ISBN 3-922 553-27-3.

Hartmut Wiedey: Tourenplanung bei großer Kundenzahl.
1982, 208 Seiten und Anhang. ISBN 3-922 553-16-8.

Wissenschaftsverlag Vauk Kiel, Postfach 4403, D - 2300 Kiel 1